文/白/对/照

资治通鑑

第十册

〔宋〕司马光　　编撰
〔清〕康熙 乾隆　御批
〔清〕申涵煜　　点评
　　　萧祥剑　　主编
　　中华文化讲堂　译

团结出版社

目 录

资治通鉴卷第一百一十二　晋纪三十四

起重光赤奋若,尽玄黓摄提格,凡二年。

【译文】起辛丑(公元401年),止壬寅(公元402年),共二年。

【题解】本卷记录了公元401年至402年间,即晋安帝司马德宗隆安五年至元兴元年共两年间东晋与各国的大事。主要记录了孙恩抢掠作乱,被官军打败投海自尽,孙恩妹夫卢循继续作乱,桓玄命刘裕把他击败;记录了东晋朝廷讨伐桓玄,桓玄策反刘牢之,入建康,总览大权。桓玄杀司马道子、司马元显父子,夺刘牢之兵权使其起兵反抗,在众叛亲离中自杀;记录了后秦攻后凉,西凉、南凉、北凉称臣;记录了北魏战胜后秦,因柔然侵犯撤军;记录了后凉、北凉内乱,部将夺权;南凉君主死,秃发傉檀即位;记录了南凉、北凉进攻后凉,以及后燕内乱,慕容熙乘机称帝等等。

安皇帝丁

隆安五年(辛丑,公元四〇一年)春,正月,武威王利鹿孤欲称帝,群臣皆劝之。安国将军鍮勿仑曰:“吾国自上世以来,被发左衽,无冠带之饰,逐水草迁徙,无城郭室庐,故能雄视沙漠,抗衡中夏。今举大号,诚顺民心。然建都立邑,难以避患,储畜仓库,启敌人心;不如处晋民于城郭,劝课农桑以供资储,帅国人以习战射,邻国弱则乘之,强则避之,此久长之良策也。且虚

1

名无实，徒足为世之质的，将安用之！"利鹿孤曰："安国之言是
也。"乃更称河西王，以广武公祎檀为都督中外诸军事、凉州牧、
录尚书事。

【译文】隆安五年（辛丑，公元 401 年）春季，正月，武威王
利鹿孤想要自己登基称帝，朝廷中的群臣也都劝他称帝。但是
安国将军鍮勿仑说："我们的国家从世代以来，百姓都是披散着
头发，穿左襟的衣服，没有什么冠带的装饰，喜欢追随有水草
的地方迁徙，没有一个城池和固定的住屋，所以我们才能够在
沙漠里雄视一切，与中原地区相互抗衡。如果现在自称帝号的
话，是顺应了民心。但是建都城，立城邑之后，我们就很难轻
易地躲避敌人侵袭的祸患。而且只要我们的仓库中有积存的
物品，就很容易引起敌人窥伺的心理。所以我们不如将晋朝的
百姓安置在城里，然后劝导他们努力耕田种桑，让他们来提供
我们国家的给养储备。率领本国人学习作战射箭的本领，等到
邻国越来越衰弱的时候，我们就可以乘机去攻击他们；如果邻
国越来越强，我们也可以很快地躲避他们，这才是最长远的好
计策。而且虚名对我们来说也没有什么实用，只是徒然成为世
人们的目标所在，那到底有什么用呢？"利鹿孤听完鍮勿仑说的
话之后，说："安国将军说的话非常正确。"因此打消了称帝的念
头，并改称为河西王，任命广武公祎檀为都督中外诸军事、凉
州牧、录尚书事。

二月，丙子，孙恩出浃口，攻句章，不能拔。刘牢之击之，
恩复走入海。

秦王兴使乞伏乾归还镇苑川，尽以其故部众配之。

凉王纂嗜酒好猎，太常杨颖谏曰："陛下应天受命，当以道

守之。今疆宇日蹙，崎岖二岭之间，陛下不兢兢夕惕以恢弘先业，而沈湎游畋，不以国家为事，臣窃危之。"纂逊辞谢之，然犹不悛。

【译文】二月，丙子日（初一），孙恩带领着军队离开了浃口去攻打句章，可是久久没能攻取下来。刘牢之接到消息后马上率领着军队去攻打孙恩，孙恩只好带着军队再次逃到海上。

秦王姚兴派遣乞伏乾归带兵回去镇守苑川，并且把乾归以前所有的部属全都分配给他。

凉王吕纂这个人很喜欢喝酒打猎，太常杨颖经常劝谏他说："陛下顺应了天理接受大命管理这个国家，就应当用正道来守住我们这个国家。现在我们的疆土渐渐减少，一天比一天窘迫，而我们被困守在洪池岭和丹岭两岭之间，陛下不仅没有提高警惕，加强戒备，努力与大臣们一起来发扬先祖的基业，反而沉迷在游乐打猎中，不去管理国家政事，臣私下为此感到担忧，我认为陛下如果一直这样下去的话，我们的国家会很危险的。"凉王吕纂听了杨颖的劝谏后，用非常谦逊的言辞向杨颖道歉，但是他仍然不知悔改。

番禾太守吕超擅击鲜卑思盘，思盘遣其弟乞珍诉于纂，纂命超及思盘皆入朝。超惧，至姑臧，深自结于殿中监杜尚。纂见超，责之曰："卿恃兄弟桓桓，乃敢欺吾，要当斩卿，天下乃定！"超顿首谢。纂本以恐愒超，实无意杀之。因引超、思盘及群臣同宴于内殿。超兄中领军隆数劝纂酒，纂醉，乘步挽车，将超等游禁中。至琨华堂东阁，车不得过，纂亲将窦川、骆腾倚剑于壁，推车过阁。超取剑击纂，纂下车禽超，超刺纂洞胸；川、腾与超格战，超杀之。纂后杨氏命禁兵讨超，杜尚止之，皆舍仗不战。

将军魏益多入，取纂首，杨氏曰："人已死，如土石，无所复知，何忍复残其形骸乎！"益多骂之，遂取纂首以徇，曰："纂违先帝之命，杀太子而自立，荒淫暴虐。番禾太守超顺人心而除之，以安宗庙，凡我士庶，同兹休庆！"

【译文】番禾的太守吕超擅自带兵去攻打鲜卑的首领思盘，于是思盘派他的弟弟乞珍去向凉王吕纂投诉。吕纂知道后立即命令吕超和思盘两人入朝廷觐见。吕超知道思盘向凉王吕纂告状之后，感到非常害怕，等他到了姑臧的时候，赶紧和殿中监杜尚结纳，让他美言。凉王吕纂见到吕超之后，责备他说："你依恃着你勇武的兄弟，竟都敢欺侮我，看来我必须把你给杀了，天下才能够安定啊！"吕超听了凉王吕纂说的话之后立即磕头谢罪，请求凉王吕纂宽恕他。凉王吕纂本来也只是打算吓一吓吕超，让他收敛一点而已，没有要杀他的意思。误会解除之后，凉王吕纂就带领着吕超、思盘和群臣们一同在内殿里举行酒宴。酒宴期间，吕超的哥哥中领军吕隆几次劝凉王吕纂喝酒，所以吕纂很快就喝醉了。喝醉后的凉王吕纂乘坐着用人力拉的车，带领着吕超等人一起去游览禁中，他们游到了琨华堂东阁，吕纂坐的车子过不去，吕纂就下车亲自把窦川和骆腾手里的剑倚在壁上，然后一起推着车过了琨华堂东阁。吕超拿起剑要去刺杀凉王吕纂，吕纂立即下车去捉吕超，在俩人打斗的过程中吕超把吕纂的胸刺穿了一个洞。窦川和骆腾立即拔出佩剑与吕超格斗，但是窦川和骆腾两人都不敌吕超，皆被吕超杀死了。凉王吕纂的后妃杨氏得知吕纂被刺杀之后，命令禁兵去讨伐吕超。而杜尚制止了禁兵行动，禁兵都丢下武器不敢作战。将军魏益多进入园中，要用剑取下吕纂的头颅，杨氏想要阻止他，便说："他的人都已经死了，就像土石一样不会动，不会再有知觉了，你怎么还忍心再去残害他的形体呢?"魏益多嘴里一边骂着，一边用手上的剑取下了吕纂的头颅，并将他的头颅示众，说:"吕纂违背了先帝的命令，先是用阴谋杀死了太子自立为王，接着又荒诞淫乱，残暴苛虐。现在番禾太守吕超顺从人心把他给除掉了，让我们的宗庙能够安定下来，凡是我们国家的士人和老百姓们，一定要一同来表示欢欣庆贺啊!"

纂叔父巴西公佗、弟陇西公纬皆在北城。或说纬曰:"超为逆乱，公以介弟之亲，仗大义而讨之，姜纪、焦辨在南城，杨桓、田诚在东苑，皆吾党也，何患不济!"纬严兵欲与佗共击超。佗妻梁氏止之曰:"纬、超俱兄弟之子，何为舍超助纬，自为祸首乎!"佗乃谓纬曰:"超举事已成，据武库，拥精兵，图之甚难。且吾老矣，无能为也。"超弟邈有宠于纬，说纬曰:"纂贼杀兄弟，隆、超顺人心而讨之，正欲尊立明公耳。方今明公先帝之长子，当主社稷，人无异望，夫复何疑!"纬信之，乃与隆、超结盟，单马入城;超执而杀之。让位与隆，隆有难色。超曰:"今如乘龙上天，岂可中下!"隆遂即天王位，大赦，改元神鼎。尊母卫氏为太后;妻杨氏为后;以超为都督中外诸军事、辅国大将军、录尚书书事，封安定公;谥纂曰灵帝。

【译文】吕纂的叔叔巴西公吕佗和他的弟弟陇西公吕纬此时都戍守在北城。有人去告诉吕纬说:"吕超等人犯上作乱弑君，你作为吕纂的弟弟，应该立刻主持大义，率领大军去讨伐他。姜纪和焦辨两人现在都在南城，杨桓和田诚两人现在也都在东苑，他们几个人都是我们的同党，你何必担心不能成功呢?"吕纬听完之后立即整顿军队，想要和吕佗一起去攻击吕超。吕佗的妻子梁氏却不同意这样做，她制止吕佗说:"吕纬和吕超两人都是我们兄弟的儿子，我们为什么要舍弃吕超而选择去帮助吕纬，让自己去做祸患的魁首呢？"吕佗觉得妻子说得很对，于是就告诉吕纬说："吕超举事如今已经成功了，而且他现在还占据了武器兵库，拥有精良的军队，我们现在想要去算计他是很难的。再加上我已经年老了，也不会再有什么大的作为了。"吕超的弟弟吕邈很得吕纬的宠爱，他告诉吕纬说："吕纂那个贼人杀死了自己的兄弟，吕隆和吕超他们都是顺从人心而去讨伐他的，正准备要尊崇拥立明公您啊。现在您是先帝最年长的儿子，就应当成为国家的主人，没有任何人有什么异议的，您又有什么可怀疑的呢？"吕纬相信了他说的话，因此和吕隆、吕超两人缔结了盟约。当吕纬独自一个人骑着马进入都城时，吕超立即下令把他抓起来，并杀了他。吕纬死后，吕超要让位给吕隆，吕隆感到很为难。吕超就对吕隆说："你现在就好像乘着龙上天了一样，怎么可以就这样中途下来了呢？"于是吕隆就登上了皇位，并且下令大赦，改年号为神鼎。将他的母亲卫氏尊奉为太后，他的妻子杨氏为皇后。吕隆还下令任命吕超为都督中外诸军事，担任辅国大将军，录尚书事，并封赐他为安定公，另外赐吕纂谥号为灵帝。

纂后杨氏将出宫，超恐其挟珍宝，命索之。杨氏曰："尔兄弟不义，手刃相屠，我且夕死人，安用宝为！"超又问玉玺所在，杨氏曰："已毁之矣。"后有美色，超将纳之，谓其父右仆射桓曰："后若自杀，祸及卿宗！"桓以告杨氏。杨氏曰："大人卖女与氏以图富贵，一之谓甚，其可再乎！"遂自杀，谥曰穆后。桓奔河西王利鹿孤，利鹿孤以为左司马。

【译文】凉王吕纂死后，他的皇后杨氏准备离开宫门。而吕超害怕她会挟带珍宝出去，便命令士兵去搜索她的物件。杨氏知道后十分生气，说："你们兄弟两人都是不讲道义的人，相互之间手里都拿着刀屠杀，我如今已经是一个早晚都要死的人了，再要那些珠宝还能有什么用呢？"吕超又逼问杨氏玉玺藏在了哪里，杨氏回答说："玉玺已经被毁坏了。"杨氏长得很漂亮，吕超看上她了，准备要娶她。吕超告诉杨氏的父亲右仆射杨桓说："王后现在如果自杀的话，那灾祸一定会延及你的宗族！"杨桓最后只好把吕超的话告诉杨氏，杨氏对他的父亲说："父亲把女儿卖给氐人来寻求得到荣华富贵，这样的事做了一次已经很过分了，又怎么可以再来一次呢？"于是杨氏自杀了，她死后谥号为穆后。杨桓在杨氏自杀之后就去投奔了河西王利鹿孤，利鹿孤任命他为左司马。

三月，孙恩北趣海盐，刘裕随而拒之，筑城于海盐故治。恩日来攻城，裕屡击破之，斩其将姚盛。

城中兵少不敌，裕夜偃旗匿众，明晨开门，使羸疾数人登城。贼遥问刘裕所在，曰："夜已走矣。"贼信之，争入城。裕奋击，大破之。恩知城不可拔，乃进向沪渎，裕复弃城追之。

【译文】三月，孙恩率领着部下向北往海盐去了，刘裕紧紧地跟随在他的后面抵抗，他在海盐以前的城址上重新筑城。孙恩一连几天都带兵前来攻城，刘裕几次都把他给打败了，还杀死了他的部将姚盛。

城里的军队越来越少了，就快要抵挡不住孙恩的进攻了。于是刘裕只好想别的计策应对，到了晚上，他让士兵们把军旗都藏起来，并在城里藏匿了许多士兵。等到第二天早晨打开城门的时候，只派遣几个身体残弱的人登上城头。贼兵们从远处打听刘裕在哪里，身体羸弱的士兵们说："他已经在昨天晚上逃走了。"贼兵相信了他们说的话，就争相进入城里。于是刘裕和藏匿起来的士兵们奋勇作战，大败贼兵。孙恩经此一战之后知道这座城很难再攻取下来，因此又率领着剩下的军队向沪渎出发了，而刘裕又弃城带兵去追击孙恩。

海盐令鲍陋遣子嗣之帅吴兵一千，请为前驱。裕曰："贼兵甚精，吴人不习战，若前驱失利，必败我军；可在后为声势。"嗣之不从。裕乃多伏旗鼓，前驱既交，诸伏皆出。裕举旗鸣鼓，贼以为四面有军，乃退。嗣之追之，战没。裕且战且退，所领死伤且尽，至向战处，令左右脱取死人衣以示闲暇。贼疑之，不敢逼。裕大呼更战，贼惧而退，裕乃引归。

河西王利鹿孤伐凉，与凉王隆战，大破之，徙二千馀户而归。

【译文】海盐的县令鲍陋派他的儿子鲍嗣之率领着一千名吴兵，请求做刘裕部队的前锋先去出战。刘裕对鲍嗣之说："贼兵很是聪明，这些吴人不熟悉他们作战的战略，贸然出击一定会吃亏的，如果一上来我们的前锋部队就战败的话，那么一定会使我们的军队士气大降，我军以后的作战就会很快失败了，所以你可以先带着他们在后面作为声援，等时机到了再出战。"鲍嗣之仍然不答应，刘裕便只好让他做了前锋。于是刘裕把更多的军旗和战鼓都潜伏起来。等到前锋部队已经交战了，所有的伏兵才都出来杀敌。刘裕高举军旗，为战士们击鸣战鼓，贼兵听到四周的鼓声以为四面都有军队，因此立即退兵了。鲍嗣之便立刻带兵前去追击贼兵，最后鲍嗣之在这场战役中战死了。鲍嗣之死了之后刘裕一方面继续作战，一方面带领军队往后退，最后刘裕所带领的士兵们都要死伤完了，又回到了他们双方原来作战的地方。刘裕命令身边的人把死人的衣服脱下来，表示自己很悠闲空暇。贼兵看到刘裕他们的行为感到很怀疑，都不敢再轻易逼近。而刘裕此时又趁机大声呼喊再来作战，贼兵们听到之后就害怕地退走了，刘裕这才带着军队回去了。

河西王利鹿孤率领军队去攻打凉国，他和凉王吕隆正面交锋，利鹿孤大败吕隆，把两千多户人家迁移走了，然后就率领军队回去了。

夏，四月，辛卯，魏人罢邺行台，以所统六郡置相州，以庾岳为刺史。

乞伏乾归至苑川，以边芮为长名，王松寿为司马，公卿、将帅皆降为僚佐偏裨。

北凉王业惮沮渠蒙逊勇略，欲远之；蒙逊亦深自晦匿，业以门下侍郎马权代蒙逊为张掖太守，权素豪隽，为业所亲重，常轻侮蒙逊。蒙逊谮之于业曰："天下不足虑，惟当忧马权耳。"业遂杀权。

【译文】夏季，四月，辛卯日（十七日），北魏朝廷撤销了设置在邺城的行台，根据所统领的六个郡城设置了相州，并且让庾岳担任刺史一职。

乞伏乾归带领着自己的人到达苑川之后，任命边芮为长史，王松寿为司马，并下令将公卿和将帅都降为僚佐、偏将和裨将等小官。

北凉王段业害怕沮渠蒙逊的勇敢和谋略，想要疏远他，而沮渠蒙逊自己也韬光养晦，很会藏匿自己的实力，最后段业决定让门下侍郎马权代替沮渠蒙逊担任张掖太守，马权平时很豪雄隽慧，北凉王段业十分亲信敬重他，所以他常常轻视侮辱沮渠蒙逊。沮渠蒙逊于是就向段业诬谮说："天下没有什么人是再值得忧虑的了，而现在我们只应该担忧马权罢了。"段业听了沮渠蒙逊的话之后，立即下令杀死了马权。

蒙逊谓沮渠男成曰："段公无鉴断之才，非拨乱之主，向所惮者惟索嗣、马权。今皆已死，蒙逊欲除之以奉兄，何如？"男成曰："业本孤客，为吾家所立，恃吾兄弟，犹鱼之有水。夫人亲信我而图之，不祥。"蒙逊乃求为西安太守。业喜其出外，许之。

蒙逊与男成约同祭兰门山，而阴使司马许咸告业曰："男成欲以取假日为乱。若求祭兰门山，臣言验矣。"至期，果然。业收男成，赐死。男成曰："蒙逊先与臣谋反，臣以兄弟之故，隐而不言。今以臣在，恐部众不从，故约臣祭山而返诬臣，其意欲王之杀臣也。乞诈言臣死，暴臣罪恶，蒙逊必反；臣然后奉王命而讨之，无不克矣。"业不听，杀之。蒙逊泣告众曰："男成忠于段王，而段王无故枉杀之，诸君能为报仇乎？且始者共立段王，欲以安众耳，今州土纷乱，非段王所能济也。"男成素得众心，众皆愤泣争奋，比至氏池，众逾一万。镇军将军臧莫孩帅所部降之，羌、胡多起兵应蒙逊者。蒙逊进壁侯坞。

【译文】沮渠蒙逊告诉沮渠男成说："北凉王段业这个人没有什么特别的才能，处事也不够果断，不是一个能够在乱世里治理好一个国家的君主，而我们从前所害怕的一些人，只是索嗣和马权而已，但现在他们两人也都已经死了，所以我想把段业杀掉，然后尊奉哥哥你登上王位，哥哥你觉得我的这个计策怎么样？"沮渠男成听完沮渠蒙逊说的话之后，说："段业本来就只是一个孤身客居在此的外乡人，他因为受到我们家的拥立，依仗着我们兄弟两人，就像是鱼得到了水一样快活。但是他那么信任我，把我当作亲信对待，如果我还对他有算计，心怀不轨的话，这一定会是不祥的事。"沮渠蒙逊被沮渠男成拒绝之后就向段业请求去西安当太守，段业很高兴他能够自己主动到外地去，于是很快就同意了他的请求。

沮渠蒙逊和沮渠男成相约，说要一同到兰门山祭祀，但是沮渠蒙逊却又暗中派司马许咸去告诉段业说："沮渠男成想要在他假借休假的日子带兵犯上作乱，您要是不相信的话，就等着看他会不会向您请求去兰门山祭祀，如果他向您请求的话那么臣的话就应验了。"沮渠男成等到了和沮渠蒙逊约定的日子，就去向段业请求想要去兰门山祭祀，段业接到沮渠男成的请求之后，立即想到沮渠蒙逊的话果然应验了。于是段业就立即下令派人去捉拿沮渠男成，把他抓住之后要赐他自杀。沮渠男成被抓之后知道是沮渠蒙逊陷害了自己，于是挣扎着对段业说："沮渠蒙逊开始的时候曾经游说臣，要臣和他一起计谋造反，臣拒绝他之后又因为我们是兄弟的缘故，所以一直把这件事隐藏在自己的心里而没有告发他。但是因为现在朝廷中有臣的存在，他怕那些部属们都不会听从他的指挥，所以就先设计说要约臣一起去兰门山祭祀，然后再反过来诬告臣要谋反，他的意思就是想要借着您的手来铲除掉臣这个威胁。您可以对外假说臣已经被您给处死了，并把臣的罪过都给宣扬出来，那么沮渠蒙逊就一定会带兵造反的，到那时您再让臣率领着军队去讨伐他，这样做的话一定能够成功地除掉这个叛逆的。"但是段业没有相信沮渠男成的话，依然下令把他给杀了。沮渠男成死了之后沮渠蒙逊就假惺惺地哭着告诉众人说："大家都知道沮渠男成这个人对段王非常忠心，可是段王却无缘无故冤枉他要谋反，并把他给杀死了，各位能替他报仇吗？而且当初我们一同拥立段王的时候，是希望他登位之后能够好好安抚众人，治理好国家。但是现在州府里十分纷乱，这已经不再是凭段王自己的能力能够平定的了。"因为沮渠男成平时很得民心，所以众人在听了沮渠蒙逊的话之后，都悲愤哭泣着、相互争着，要为沮渠男成报仇，等沮渠蒙逊带着气愤的众人到达氐池的时候，自动组织而来的士众已经超过一万人了。镇军将军臧莫孩看到大势已去之后，也立即率领着部队向沮渠蒙逊投降了，羌族、胡人也有很多人一起起兵来响应沮渠蒙逊。于是沮渠蒙逊就率领着大军继续向侯坞逼进了。

业先疑右将军田昂，因之；至是召昂，谢而赦之，使与武卫将军梁中庸共讨蒙逊。别将王丰孙言于业曰："西平诸田，世有反者，昂貌恭而心险，不可信也。"业曰："吾疑之久矣，但非昂无可以讨蒙逊者。"昂至侯坞，帅骑五百降于蒙逊，业军遂溃，中庸亦诣蒙逊降。

【译文】北凉王段业刚开始的时候怀疑右将军田昂会背叛自己，于是下令派人去把他关了起来。后来沮渠蒙逊叛变后，段业知道自己误会了田昂于是立即召见他，并且向他致歉，还赦免了他，让他和武卫将军梁中庸一起带兵去讨伐沮渠蒙逊。别将王丰孙知道这件事之后告诉段业说："西平许多姓田的人，他们世代中都会有造反的人，田昂表面上看着很恭敬，其实他的内心十分险诈，您不可以完全相信他。"段业回答说："我知道他的为人，也怀疑他很久了，但是在如今这种情况下除了田昂就没有人能够带兵去讨伐沮渠蒙逊了。"田昂率领着军队到了侯坞的时候，就立即率领着五百名骑兵向沮渠蒙逊投降了，于是段业的军队很快就轻易地溃败了，而梁中庸得知消息之后也带着自己的部下去向沮渠蒙逊投降了。

五月，蒙逊至张掖，田昂兄子承爱斩关内之，业左右皆散。蒙逊至，业谓蒙逊曰："孤孑然一己，为君家所推，愿匄馀命，使得东还与妻子相见。"蒙逊斩之。

业，儒素长者，无他权略，威禁不行，群下擅命；尤信卜筮、巫觋，故至于败。

沮渠男成之弟富占、将军俱僽帅户五百降于河西王利鹿孤。僽，石子之子也。

【译文】五月，沮渠蒙逊率领着军队到达了张掖，田昂的侄子田承爱把守关的人给杀死了，自己控制了整个张掖，然后开城迎接沮渠蒙逊的大军。北凉王段业身边的人听到沮渠蒙逊带兵杀来了之后都四处逃散。沮渠蒙逊率领着大军到了之后，段业就告诉沮渠蒙逊说："我原本就是孤独的一个人，因为受到了你们家的推举才坐上了这个王位，现在我只希望你能够放过我，保住我残余的生命，让我回到东边去和我的妻子儿女相见吧。"沮渠蒙逊最终也没有答应段业的请求，还是下令把他给杀了。

段业本来是一个忠厚的长者，读过很多书，根本就没有什么大的权谋和智略，所以他登上王位之后颁布的威严禁令都不能够顺利地推行，群臣们都把持着朝政，独揽大权，而他自己又特别相信卜筮和巫觋，所以才导致了他最后这一失败的结果。

沮渠男成的弟弟富占和将军俱僽看到现在这个局势之后，都率领着五百户人家去向河西王利鹿孤投降了。俱僽，是俱石子的儿子。

【申涵煜评】业寄命于沮渠氏，乃信蒙逊之诈，戮男成之衷，腐儒尸位，聩聩固不足怪。至蒙逊弑君而以兄为饵，则真豺狼矣。然以汉唐而分羹喋血，此又固其所也。

【译文】段业将性命寄托于沮渠氏，于是相信沮渠蒙逊的诈伪，杀戮沮渠男成的性命，以迂腐的儒生身份空占着位置，他昏聩糊涂本来就不觉得奇怪。等到沮渠蒙逊杀死段业并以兄长沮渠男成作为诱饵，沮渠蒙逊真是豺狼般的人。然而以汉唐以来父子之间分羹相食、兄弟之间喋血相斗，这又是本来就有的恶习。

孙恩陷沪渎，杀吴国内史袁崧，死者四千人。

凉王隆多杀豪望以立威名，内外嚣然。人不自保。魏安人焦朗遣使说秦陇西公硕德曰："吕氏自武皇弃世，兄弟相攻，政纲不立，竞为威虐，百姓饥馑，死者过半。今乘其篡夺之际，取之易于返掌，不可失也。"硕德言于秦王兴，帅步骑六万伐凉，乞伏乾归帅骑七千从之。

【译文】孙恩带兵攻陷了沪渎之后，进到城里下令杀死了吴国的内史袁崧，这场战役死了四千人。

凉王吕隆为了树立自己的声威名望，就暗中下令杀了很多豪族里有威望的人，朝廷内外听闻此事之后，都议论纷纷，害怕不能自保。魏安人焦朗派遣使者去告诉秦国陇西公姚硕德说："吕氏一族自从武皇吕光死去以后，他们兄弟内部之间互相攻打，政府的朝纲根本就无法建立，人们只是相互竞争看谁更蛮横暴虐，不管百姓的死活，致使百姓挨饿受冻，死了大半。我们现在正好可以趁着他们在忙着篡位夺权的时候，率领大军去攻打他们，一定易如反掌，所以这个天赐良机我们一定不能失去。"姚硕德将魏安人焦朗的话转告给了秦王姚兴，于是姚兴立

资治通鉴

即下令率领着六万名步兵和骑兵去攻打凉国,另外还下令让乞伏乾归率领着七千名骑兵在后面紧紧跟随。

六月,甲戌,孙恩浮海奄至丹徒,战士十馀万,楼船千馀艘,建康震骇。乙亥,内外戒严,百官入居省内。冠军将军高素等守石头,辅国将军刘袭栅断淮口,丹阳尹司马恢之戍南岸,冠军将军桓谦等备白石,左卫将军王嘏等屯中堂,征豫州刺史谯王尚之入卫京师。

刘牢之自山阴引兵邀击恩,未至而恩已过,乃使刘裕自海盐入援。裕兵不满千人,倍道兼行,与恩俱至丹徒。裕众既少,加以涉远疲劳,而丹徒守军莫有斗志。恩帅众鼓噪,登蒜山,居民皆荷担而立。裕帅所领奔击,大破之,投崖赴水死者甚众,恩狼狈仅得还船。然恩犹恃其众,寻复整兵径向京师。后将军元显帅兵拒战,频不利。会稽王道子无佗谋略,唯日祷蒋侯庙。恩来渐近,百姓恟惧,谯王尚之帅精锐驰至,径屯积弩堂。恩楼船高大,溯风不得疾行,数日乃至白石。恩本以诸军分散,欲掩不备;既而知尚之在建康,复闻刘牢之已还,至新洲,不敢进而去,浮海北走郁洲。恩别将攻陷广陵,杀三千人。宁朔将军高雅之击恩于郁洲,为恩所执。

【译文】六月,甲戌日(初一),孙恩率领着军队乘船渡海,大军很快就到了丹徒。他带出来的士兵一共有十多万人,楼船有一千多艘,这使得到消息的东晋都城建康震惊恐慌。乙亥日(初二),朝廷下令都城内外都加强戒备,百官也都要求住进了尚书省内。冠军将军高素等人带兵防守在石头,辅国将军刘袭为了断绝舟船之间的往来在淮口树立了许多的栅栏,丹阳尹司马恢之率领部下戍守在南岸，冠军将军桓谦等人带领军队守备在白石，左卫将军王嘏等人也率领着军队驻扎防守在中堂，还征调了豫州刺史谯王司马尚之率领着部下来到朝廷卫守京师。

刘牢之本打算从山阴带兵去迎击孙恩，可是他还没来得及赶到，孙恩就已经带着军队过去了，于是刘牢之就只好再让刘裕从海盐带兵前来赶去支援。刘裕带来的兵力还不到一千人，日夜兼程，一路急行，到达丹徒的时候才追赶上孙恩。刘裕带来的部属本来就很少，再加上他们又马不停蹄地跋涉远路，士兵们已经十分疲劳了，而且丹徒的守军看上去也没有什么斗志。孙恩率领着大军在城外击鼓喧叫，他们登上蒜山，看到居民都是肩上背着扁担一类的东西站着。刘裕指挥着他所带领的人向前去攻击，孙恩的军队被打得大败，有的人掉下了山崖，有的人跌入了水里，孙恩自己也被弄得非常狼狈，所以只好下令撤退，带领着剩下的人回到了船上。可是孙恩仍然没有放弃，仰仗自己兵多，不久又整顿好军队直接向京师出发了。后将军元显率领着军队顽强抵抗，但是形势对他十分不利。会稽王道子在这种时候没有任何计谋应对，只是天天去蒋侯庙祈祷神明保佑。最后孙恩的大军越来越逼近了，老百姓都感到很害怕，就在此时谯王尚之率领着一批精锐部队很快赶到了，他直接将大军驻扎防守在积弩堂。因为孙恩乘坐的楼船十分高大，在逆风的情况下不能走得很快，所以他们花了好几天才到达了白石。孙恩本来打算是在京师的各军都很分散的时候，趁他们还来不及防备时加以攻击，但是后来知道尚之已经到达建康了，还听说刘牢之也已经带领军队回来了，所以当他带着自己的部下到达新洲之后，就不敢再继续前进了，最后也只好离开，率领大军又渡海向北到郁洲去了。但是孙恩仍然另外派遣了军队去攻陷广陵，杀死了三千人。宁朔将军高雅之率领军队和孙恩在郁洲开战了，最后高雅之战败被孙恩俘虏了。

桓玄厉兵训卒，常伺朝廷之隙，闻孙恩逼京师，建牙聚众，上疏请讨之。元显大惧。会恩退，元显以诏书止之，玄乃解严。

梁中庸等共推沮渠蒙逊为大都督、大将军、凉州牧、张掖公，赦其境内，改元永安。蒙逊署从兄伏奴为张掖太守、和平侯，弟挐为建忠将军、都谷侯，田昂为西郡太守，臧莫孩为辅国将军，房晷、梁中庸为左、右长史，张骘、谢正礼为左右司马。擢任贤才，文武咸悦。

河西王利鹿孤命群臣极言得失。西曹从事史暠曰："陛下命将出征，往无不捷。然不以绥宁为先，唯以徙民为务；民安土重迁，故多离叛，此所以斩将拔城而地不加广也。"利鹿孤善之。

【译文】桓玄加快制造兵器，加强训练士兵，总是在窥伺着朝廷的动向，寻找机会。他听说孙恩带领着军队逼近京师了，就立即建立牙旗，聚结了很多的士众，然后向朝廷上奏疏请求让自己带兵去讨伐孙恩。元显了解到桓玄的真正目的之后，感到非常害怕。正巧此时孙恩已经退兵了，于是元显立即下诏书给桓玄让他不用带兵前去了，桓玄此时只好解除戒备，解散了士众。

梁中庸等人商量好共同推举沮渠蒙逊担任大都督、大将军、凉州牧和张掖公，沮渠蒙逊上任后下令大赦，改年号为永安。紧接着沮渠蒙逊又让他的堂哥伏奴担任张掖太守，并赐封他为和平侯；他的弟弟沮渠挐担任建忠将军，赐封为都谷侯；还让田昂担任西郡太守，让臧莫孩担任辅国将军，让房晷和梁中庸分别担任左右长史，让张骘和谢正礼分别担任左右司马；还下令将有才能的人提拔重用，文武官吏对沮渠蒙逊很满意，都感到很高兴。

河西王利鹿孤命令群臣们都尽量向自己陈述自己在政治方面的得与失。西曹从事史暠为人耿直，他对河西王利鹿孤说："只要是陛下您下命令派将军们带兵出去征伐的，没有一个将军不是凯旋的。但是您攻取下来每座城之后，都不先去安抚百姓，不以这为首要任务，只是把迁徙百姓作为主要工作。其实所有百姓都只是喜欢安定的生活而已，他们不会喜欢到处搬家的，所以才会有那么多的人想要叛离，同时这就是为什么我们的国家经常杀敌攻城可土地却一直不能增加扩大的原因。"利鹿孤听完史暠的话之后，觉得他说得很有道理。

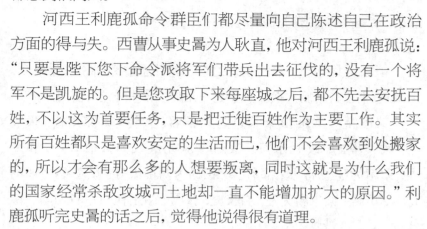

秋，七月，魏兖州刺史长孙肥将步骑二万南徇许昌，东至彭城，将军刘该降之。

秦陇西公硕德自金城济河，直趣广武，河西王利鹿孤摄广武守军以避之。秦军至姑臧，凉王隆遣辅国大将军超、龙骧将军邈等逆战，硕德大破之，生擒邈，俘斩万计。隆婴城固守，巴西公佗帅东苑之众二万五千降于秦。西凉公暠、河西王利鹿孤、沮渠蒙逊各遣使奉表入贡于秦。

【译文】秋，七月，魏国兖州刺史长孙肥带领着两万名步兵和骑兵向南出发，经过了许昌；向东出发，到达了彭城。这一路中，将军刘该率领着自己的部下向长孙肥投降了。

秦国的陇西公姚硕德率领着自己的军队从金城渡河，直接往广武出发了。河西王利鹿孤得到消息之后，收服了在广武守卫的军队，让他们躲到了城内来避开姚硕德。当秦国的军队到达了姑臧的时候，凉王吕隆就下令派遣辅国大将军吕超和龙骧将军吕邈等人带兵出城去迎战，最后吕超、吕邈等人被姚硕德给打败，活捉了吕邈，并斩杀俘虏数以万计。吕隆得知前方战败后，下令士兵们围绕着城池加强巩固防守。巴西公吕佗知道消息之后，就立即率领着东苑的部属两万五千人向秦国投降了。西凉公李暠、河西王利鹿孤和沮渠蒙逊也都看清局势，各派遣了使者带着奏疏和丰厚的礼品去向秦国求和。

初，凉将姜纪降于河西王利鹿孤，广武公祎檀与论兵略，甚爱重之，坐则连席，出则同车，每谈论，以夜继昼。利鹿孤谓祎檀曰："姜纪信有美才，然视候非常，必不久留于此，不如杀之。纪若入秦，必为人患。"祎檀曰："臣以布衣之交待纪，纪必不相负也。"八月，纪将数十骑奔秦军，说硕德曰："吕隆孤城无援，明公以大军临之，其势必请降；然彼徒文降而已，未肯遂服也。请给纪步骑三千，与王松匆因焦朗、华纯之众，伺其衅隙，隆不足取也。不然，今秃发在南，兵强国富，若兼姑臧而据之，威势益盛，沮渠蒙逊、李暠不能抗也，必将归之，如此，则为国家之大敌矣。"硕德乃表纪为武威太守，配兵二千，屯据晏然。

【译文】当初，凉国的将军姜纪率领着自己的部下向河西王利鹿孤投降之后，广武公祎檀就经常和他在一起讨论作战策略，对他甚是喜欢、看重。他们俩坐的时候，位子都是靠在一起的；他们出门的时候，也都是同坐一部车；他们每次在一起谈论的时候，也可以从白天一直谈到晚上。河西王利鹿孤知道他们的关系之后告诉祎檀说："姜纪这个人非常有才华，但是就因为他自认为才华高，所以他的欲望也很高，他不可能会安稳地只想待在这里，他一定还要走的，既然如此我们还不如现在就把他给杀了。一旦有一天姜纪要是到了秦国，他一定会成为我们的心腹大患。"祎檀不相信利鹿孤的猜测，回答他说："臣用百姓间的心与他相处，真诚地对待姜纪，所以姜纪一定不会辜负我的。"八月的时候，姜纪就带领着数十名骑兵投奔秦军去了。他告诉陇西公姚硕德说："凉王吕隆现在是独自一人在城池里防守，他根本就没有任何援兵了，只要您率领着大军到达他所在的城池，他一定会向您请求投降的。但是他这时只是在假装向您投降而已，一定不肯就此听从您的命令的。所以只要您给我姜纪三千名步兵和骑兵，再让我和王松匆利用焦朗、华纯的部属去窥伺他，等到他们内部之间出现矛盾的时候，就立即去攻打，那么吕隆就可以很容易地被我们给逮捕了。如果我们不趁着这时解决这个大患的话，依照河西王利鹿孤现在在南方的势力，他的兵力已经越来越强大，国家也越来越富有了，要是再让他攻取下姑臧而据守，那他的威力声势就会更加强盛。到那时连沮渠蒙逊和李暠也再没有办法去抵抗他了，那么他们就一定会选择归附他，这样想的话，他现在就成了国家的大敌了。"姚硕德听完姜纪的计策之后非常高兴，向朝廷上奏让姜纪担任武威太守，并且给他配了两千名军队，让他屯兵据守晏然。

秦王兴闻杨桓之贤而徵之，利鹿孤不敢留。

诏以刘裕为下邳太守，讨孙恩于郁洲，累战，大破之。恩由是衰弱，复缘海南走，裕亦随而邀击之。

燕王盛惩其父宝以懦弱失国，务峻威刑，又自矜聪察，多所猜忌，群臣有纤介之嫌，皆先事诛之。由是宗亲、勋旧，人不自保。丁亥，左将军慕容国与殿上将军秦舆、段赞谋帅禁兵袭盛，事发，死者五百馀人。壬辰夜，前将军段玑与秦舆之子兴、段赞之子泰潜于禁中鼓噪大呼。盛闻变，帅左右出战，贼众逃溃。玑被创，匿厢屋间。俄有一贼从暗中击盛，盛被伤，辇升前殿，申约禁卫，事宁而卒。

【译文】秦王姚兴听说杨桓这个人很贤明，于是下诏令要重用他，利鹿孤知道之后就不敢再留用他了。

东晋朝廷下诏令让刘裕担任下邳太守，并让他带兵到郁洲去讨伐孙恩，刘裕与孙恩屡次作战，孙恩都被刘裕给打败了。于是孙恩的军队就这样衰弱下去了，他只好带着剩下的人又沿着海的南边逃走了，而刘裕此时也紧紧地跟随在他后面，想要乘胜追击。

燕王慕容盛因为他的父亲慕容宝太过于懦弱，没有管理好国家，导致国家亡在他的手中，所以他很讲究用威势治理朝政，刑罚非常严峻。而他自己又特别自大，觉得自己聪敏明察，多方猜疑畏忌，他只要觉得群臣中谁有一点点嫌疑，就会立即下令让人抓捕他，然后杀掉，根本就不会等到真正查出来有可杀的罪行才杀，因此，即便是宗亲和有功勋的旧臣们，也都不能自保。丁亥日（十五日），左将军慕容国和殿上将军秦舆、段赞三人偷偷地谋划率领禁兵去偷袭燕王慕容盛，但是这件事情后来被人给告发了，然后与此事相关的人死了五百多人。壬辰日（二十日）的晚上，前将军段玑和秦舆的儿子秦兴、段赞的儿子段泰他们暗中躲藏在禁中，突然击鼓大声地叫喊。慕容盛听到外面有兵变的声音，就立即率领着身边的侍卫出去迎战，最后贼兵都被打得四处逃散溃败。段玑被人给砍伤了，最后躲藏在了廊下的屋里。一片混乱的时候，忽然有名贼兵从黑暗中跳出，很快地去攻击慕容盛，使慕容盛受到重伤，侍卫们用轿子把慕容盛抬上了前殿，慕容盛重申了宫里的警备防卫，在事情安定了以后就死掉了。

中垒将军慕容拔、冗从仆射郭仲白太后丁氏，以为国家多难，宜立长君。时众望在盛弟司徒、尚书令、平原公元，而河间公熙素得幸于丁氏，丁氏乃废太子定，密迎熙入宫。明旦，群臣入朝，始知有变，因上表劝进于熙。熙以让元，元不敢当。癸巳，熙即天王位，捕获段玑等，皆夷三族。甲午，大赦。丙申，平原公元以嫌赐死。闰月，辛酉，葬盛于兴平陵，谥曰昭武皇帝，庙号中宗。丁氏送葬未还，中领军慕容提、步军校尉张佛等谋立故太子定，事觉，伏诛，定亦赐死。丙寅，大赦，改元光始。

秦陇西公硕德围姑臧累月，东方之人在城中者多谋外叛，魏益多复诱扇之，欲杀凉王隆及安定公超，事发，坐死者三百馀家。硕德抚纳夷、夏，分置守宰，节食聚粟。为持久之计。

【译文】中垒将军慕容拔和冗从仆射郭仲告诉太后丁氏，现在我们的国家正处在多灾多难的时期，所以我们应该选择一个年长的人来当未来的国君。当时众人都对慕容盛的弟弟司徒、尚书令、平原公慕容元很看重，都希望他能继承王位。可是河间公慕容熙平时很得丁氏的宠幸，于是丁氏就表面上下令废掉了太子慕容定，暗中派人去迎接慕容熙入宫。等到第二天早晨，群臣入朝的时候，才知道昨夜已经发生了兵变，于是只好上表劝慕容熙登上皇位。慕容熙说自己不能胜任，要让给慕容元，可慕容元此时哪里还敢接受。癸巳日（二十一日），慕容熙顺利地登上了王位，他还加紧捉捕段玑等人，把他们这些反叛的人的三族都给灭了。甲午日（二十二日），慕容熙又下令大赦。丙申日（二十四日），因为平原公慕容元有犯罪的嫌疑，于是慕容熙就下令赐他自杀了。闰月，辛酉日（十九日），慕容熙下令把慕容盛埋葬在兴平陵，谥号为昭武皇帝，庙号为中宗。在丁氏去送葬还没有回来的时候，中领军慕容提和步军校尉张佛等人暗中结盟，密谋拥立以前的太子慕容定为王。可是事情很快就被人发觉了，慕容熙知道之后把他们抓起来都给杀死了，然后赐慕容定自杀。丙寅日（二十四日），下令大赦，改年号为光始。

秦国的陇西公姚硕德带领着军队围攻了姑臧好几个月，很多东方的人在城里早已经想要叛变了，再加上魏益多又总是在诱惑煽动他们，于是他们就计划要去杀死凉王吕隆和安定公吕超，但是事情最后还是被人给告发了，因为此事被连累而死的人有三百多家。姚硕德于是立即下令安抚接纳当地夷族、汉族的所有居民，还分别给他们设置了守宰。姚硕德下令所有人都要节约粮食，并把能找到的所有粮食都聚集起来，做好了长久的打算。

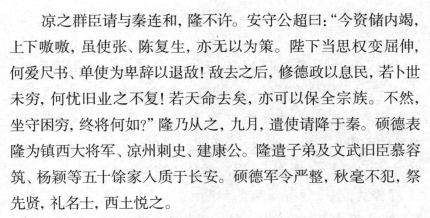

凉之群臣请与秦连和，隆不许。安守公超曰："今资储内竭，上下嗷嗷，虽使张、陈复生，亦无以为策。陛下当思权变屈伸，何爱尺书、单使为卑辞以退敌！敌去之后，修德政以息民，若卜世未穷，何忧旧业之不复！若天命去矣，亦可以保全宗族。不然，坐守困穷，终将何如？"隆乃从之，九月，遣使请降于秦。硕德表隆为镇西大将军、凉州刺史、建康公。隆遣子弟及文武旧臣慕容筑、杨颖等五十馀家人质于长安。硕德军令严整，秋毫不犯，祭先贤，礼名士，西土悦之。

【译文】凉国的群臣向凉王吕隆提建议，想要和秦国结盟和好，可是吕隆没有答应他们的请求。安定公吕超对吕隆说："您也明白我们现在所处的情况，城里所有储存的粮食和物资都已经竭尽了，现在所有人都只能挨饿，这时即便是张良和陈平能够活过来，也不可能有什么良好的计策。陛下现在应该懂得权宜变通，大丈夫能伸能屈的道理，何必看重那一纸书信和一介使节呢，还不如用谦卑的文辞，让敌人心满意足后退兵。等到敌人退去了以后，您再用德政治理国家，让百姓们安居乐业，这样的话我们的国家就还有希望，福祚就还没有穷尽，那么又何须再担忧旧的基业不能够再恢复呢？这样当我们的天命失去的时候，也可以保全宗族。不然的话，我们落到这个困穷的地步，死守在这里，又能改变什么呢？"吕隆觉得吕超说得很有道理，于是就按照他的意见，九月，派遣使者去向秦国递交降书请求投降。姚硕德向皇上上奏让吕隆担任镇西大将军、凉州刺史，并封为建康公。凉王吕隆为了表示自己投降的决心，就派遣他的子弟和他的文武旧臣慕容筑和杨颖等五十多家人口到长安去做人质。姚硕德的军队严肃整齐，军纪严明，吕隆的人质来了之后，姚硕德的士兵们一点都不去侵犯他们，祭祀他们的先贤，还礼聘他们中的名士，所以在西方生活的百姓都很高兴。

沮渠蒙逊所部酒泉、凉宁二郡叛降于西凉，又闻吕隆降秦，大惧，遣其弟建忠将军挐、牧府长史张潜见硕德于姑臧，请帅其众东迁。硕德喜，拜潜张掖太守，挐建康太守。潜劝蒙逊东迁。挐私谓蒙逊曰："姑臧未拔，吕氏犹存，硕德粮尽将还，不能久也，何为自弃土宇，受制于人乎！"臧莫孩亦以为然。

【译文】沮渠蒙逊率领着酒泉和凉宁两郡的人叛降于西凉，后来他又听说吕隆投降于秦国，因此感到非常害怕，立即派遣他的弟弟建忠将军沮渠挐和牧府长史张潜到姑臧去见姚硕德，请求姚硕德让他率领自己的部属东迁。姚硕德知道后很高兴，即刻拜张潜为张掖太守、沮渠挐为建康太守。张潜回来劝沮渠蒙逊率领着军队东迁。沮渠挐私下里去跟沮渠蒙逊说："姑臧还没有完全攻取下来，再加上吕氏还在，姚硕德他们的粮食吃完了就一定会回去的，不可能在这里久留，我们又何必放弃自己的领土，而去受到别人的牵制呢？"臧莫孩对沮渠挈的看法也很赞同。

蒙逊遣子奚念为质于河西王利鹿孤，利鹿孤不受，曰："奚念年少，可遣挈也。"冬，十月，蒙逊复遣使上疏于利鹿孤曰："臣前遣奚念具披诚款，而圣旨未昭，复征弟挈。臣窃以为苟有诚信，则子不为轻；若其不信，则弟不为重。今寇难未夷，不获奉诏，愿陛下亮之。"利鹿孤怒，遣张松侯俱延、兴城侯文支将骑一万袭蒙逊，至万岁临松，执蒙逊从弟鄯善苟子，虏其民六千馀户。蒙逊从叔孔遮入朝于利鹿孤，许以挈为质，利鹿孤乃归其所掠，召俱延等还。文支，利鹿孤之弟也。

【译文】沮渠蒙逊派遣他的儿子沮渠奚念去河西王利鹿孤那里做人质，但是利鹿孤不接受，他对沮渠蒙逊说："你的儿子沮渠奚念的年纪太小了，要是做人质的话，就派沮渠挈来。"冬，十月，沮渠蒙逊又派遣使者带着奏疏去给利鹿孤上奏说："臣前些时候为了表明自己的忠诚，想把自己的儿子沮渠奚念送来给您做人质，这已经表露出臣非常真诚的心意了，可是这么长时间过去了陛下一直没有答复，而现在您又要征派我的弟弟沮渠挈。在臣看来，一个人如果真的有诚心的话，那么儿子不算是没有分量，如果没有一点诚心的话，那么弟弟也不见得就会有多少分量。现在我们国家面临寇贼的祸难还没有平定，所以没有办法立即奉行诏命，希望陛下能够明察。"利鹿孤接到沮渠蒙逊的奏疏之后非常生气，立即下令派遣张松侯俱延和兴城侯文支带领着一万名骑兵去侵袭沮渠蒙逊，等到他们带领军队打到万岁临松的时候，他们成功地抓住了沮渠蒙逊的堂弟鄯善苟子，并俘虏了他的百姓六千多户。沮渠蒙逊的堂叔沮渠孔遮得知消息之后，立即去朝拜河西王利鹿孤，并且答应了利鹿孤让沮渠挐做人质，利鹿孤这才归回他所掳掠的人，并且召令俱延率领军队回去。文支，是利鹿孤的弟弟。

南燕主备德宴群臣于延贤堂，酒酣，谓君臣曰：“朕可方自古何等主？”青州刺史鞠仲曰：“陛下中兴圣主，少康、光武之俦。”备德顾左右赐仲帛千匹，仲以所赐多，辞之。备德曰：“卿知调朕，朕不知调卿邪！卿所以非实，故朕亦以虚言赏卿耳。”韩范进曰：“天子无戏言，今日之论，君臣俱失。”备德大悦，赐范绢五十匹。

【译文】南燕的君主慕容备德在延贤堂设宴宴请群臣，宴席中慕容备德喝得有些酣醉，他告诉群臣说：“朕的功绩可以和古代的什么国君相比了？”青州刺史鞠仲回答说：“陛下您是中兴的圣主，就像少康和光武一样。”慕容备德听到他的话之后看看身边的人，下令赏赐给了鞠仲一千匹帛。鞠仲因为得到的赏赐太多了，于是就向慕容备德辞谢了。慕容备德对鞠仲说：“卿知道去戏弄朕，朕难道不知道戏弄卿吗？卿回答的话根本就不是实话，所以朕也可以用虚言赏赐卿。”韩范向慕容备德进言，说：“天子没有说戏谑的话，今天君主和大臣说的所有的言论，大家都有过失。”慕容备德听了韩范说的话之后非常高兴，下令赏赐了韩范五十匹绢。

备德母及兄纳皆在长安，备德遣平原人杜弘往访之。弘曰：“臣至长安，若不奉太后动止，当西如张掖，以死为效。臣父雄年逾六十，乞本县之禄以申乌鸟之情。”中书令张华曰：“杜弘未行而求禄，要君之罪大矣。”备德曰：“弘为君迎母，为父求禄，忠孝备矣，何罪之有！"以雄为平原令。弘至张掖，为盗所杀。

【译文】南燕王慕容备德的母亲和他的哥哥慕容纳都住在长安，慕容备德派遣平原人杜弘去访问他们。杜弘接到命令后对慕容备德说："臣到了长安之后，如果还不能知道太后的消息，就要立即向西到张掖去了，我一定誓死尽力完成拜访的事。但是臣的父亲杜雄年纪已经超过六十了，我希望陛下能够给他一份本县的职位，让他能够有一些俸禄来养活自己，也让臣表达自己孝敬的心意。"中书令张华知道杜弘的请求之后说："杜弘现在还没有出发就想向皇上求取俸禄，这是要挟国君的大罪呀！"南燕王慕容备德对张华说："杜弘此次出去是为了国君去迎接太后的，他在出发前为自己的父亲向朕求取俸禄，这样忠孝兼备的事，又哪里有什么罪过呢？"于是不久之后，慕容备德就下令任命杜弘的父亲杜雄为平原县令。当杜弘寻访到张掖的时候，被盗匪给杀死了。

十一月，刘裕追孙恩至沪渎、海盐，又破之，俘斩以万数，恩遂自浃口远窜入海。

十二月，辛亥，魏主珪遣常山王遵、定陵公和跋帅众五万袭没弈干于高平。

乙卯，魏虎威将军宿沓干伐燕，攻令支；乙丑，燕中领军宇文拔救之。壬午，宿沓干拔令支而戍之。

【译文】十一月，刘裕率领着军队将孙恩追赶到了沪渎和海盐，又一次打败了孙恩，并且俘虏斩杀了一万多人，于是孙恩只好再次带着剩下的人从浃口远逃到海上去了。

十二月，辛亥日（十一日），魏国的君主拓跋珪派遣常山王拓跋遵和定陵公和跋率领着五万名军队在高平偷袭没弈干。

乙卯日(十五日)，魏国的虎威将军宿沓干率领着军队出发去讨伐燕国，攻打令支。乙丑日(二十五日)，燕国的中领军宇文拔立即率领着自己的部下前往燕国去救助。壬午日(十二月无此日)，宿沓干成功地攻取下令支后，立即下令士兵们严加防守。

吕超攻姜纪，不克，遂攻焦朗。朗遣其弟子嵩为质于河西王利鹿孤以请迎，利鹿孤遣车骑将军祎檀赴之。比至，超已退，朗闭门拒之。祎檀怒，将攻之，镇北将军俱延谏曰："安土重迁，人之常情。朗孤城无食，今年不降，后年自服，何必多杀士卒以攻之! 若其不捷，彼必去从佗国。弃州境士民以资邻敌，非计也；不如以善言谕之。"祎檀乃与朗连和，遂曜兵姑臧，壁于胡阬。

【译文】吕超率领着军队去攻打姜纪，但是很长时间都没有攻取下来，于是吕超就率领着军队改去攻打焦朗。焦朗派他的侄子焦嵩到河西王利鹿孤那里去做人质，希望利鹿孤能够派兵去救助他们。利鹿孤收到请求之后，立即派遣车骑将军祎檀带兵前去救援。但是等到祎檀率领着军队到达的时候，吕超已经退兵了，而焦朗则紧紧关闭城门拒绝祎檀带领军队入城。祎檀感到非常生气，于是准备指挥军队攻打焦朗。镇北将军俱延劝谏他说："将士们都习惯在自己的故乡，不愿意搬家，这也是人之常情。况且依照焦朗现在的情况，他带兵孤守城池，又非常缺少食物。即使他今年不向我们投降，后年也自然会被情势逼得听服于我们的，所以我们又何必动用武力，牺牲更多的士卒去攻打呢? 更何况如果他战败了，那么他一定会想尽办法去附从别的国家。这样一来，我们就是放弃了全州境内的土地和百姓而去资助了邻国的敌人，所以攻打他不是一个好的计策，我

资治通鉴

们还不如用好话劝谕他。"祎檀听了俱延的话后觉得很有道理，于是就和焦朗讲和结盟，在姑臧炫耀兵力，并且扎营在胡阬。

祎檀知吕超必来斫营，畜火以待之。超夜遣中垒将军王集帅精兵二千斫祎檀营，祎檀徐严不起。集入垒中，内外皆举火，光照如昼；纵兵击之，斩集及甲首三百馀级。吕隆惧，伪与祎檀通好，请于苑内结盟，祎檀遣俱延入盟，俱延疑其有伏，毁苑墙而入。超伏兵击之，俱延失马步走，凌江将军郭祖力战拒之，俱延乃得免。祎檀怒，攻其昌松太守孟祎于显美。隆遣广武将军荀安国、宁远将军石可帅骑五百救之。安国等惮祎檀之强，遁还。

桓玄表其兄伟为江州刺史，镇夏口；司马刁畅为辅国将军、督八郡军事，镇襄阳；遣其将皇甫敷、冯该戍湓口。移沮、漳蛮二千户于江南，立武宁郡；更招集流民，立绥安郡。诏征广州刺史刁逵、豫章太守郭昶之，玄皆留不遣。

【译文】祎檀知道吕超一定会带兵前来砍拔军营的。于是早早地准备好火把等物等待他们的突袭。果然一到夜晚，吕超就派遣中垒将军王集率领着两千名精良的士兵去砍拔祎檀的军营，祎檀察觉到他们来了之后，慢慢地不惊动他们。等到王集带的人都进到了营垒的里面，立即下令内外埋伏的士兵一起举火，火光把黑夜照得像白天一样。祎檀又即刻下令让士兵们加强攻击，斩杀了王集和他的士兵三百多人。凉王吕隆知道这个消息后非常害怕，就假装通知祎檀，想要和他讲和，并且请求在城苑内缔结盟约。祎檀收到要结盟的消息之后，派遣俱延前去代表商量结盟一事。可是俱延怀疑凉王吕隆设有埋伏，便下令士兵们毁坏城苑然后再进去。一进到城苑，吕超的伏兵便马上开始攻击他，俱延失足从马上掉下来，然后改用步行逃跑。

因为凌江将军郭祖奋力作战，顽强抵抗，保护俱延，俱延这才免于遇难。祎檀知道凉王吕隆的阴谋后非常生气，立即下令在显美去攻打昌松太守孟祎。吕隆得知消息后也即刻派遣广武将军荀安国和宁远将军石可率领着五百名骑兵赶去救援。但是荀安国等人害怕祎檀的兵力太强，就逃回来了。

桓玄向朝廷上奏让他的哥哥桓伟担任江州刺史，并且带兵镇守在夏口；让司马刁畅担任辅国将军，并监督管理八郡的军事，带兵镇守在襄阳；同时派遣他的部将皇甫敷和冯该带兵戍守溢口。将沮和漳蛮的两千户人家迁移到江南，还设立了武宁郡。另外招集了流寓的百姓，设立了绥安郡。诏令征调广州的刺史刁逵和豫章的太守郭昶之，桓玄都留下来不派遣。

玄自谓有晋国三分之二，数使人上己符瑞，欲以惑众；又致笺于会稽王道子曰："贼造近郊，以风不得进，以雨不致火，食尽故去耳，非力屈也。昔国宝死后，王恭不乘此威入统朝政，足见其心非侮于明公也，而谓之不忠。今之贵要腹心，有时流清望者谁乎？岂可云无佳胜？直是不能信之耳！尔来一朝一夕，遂成今日之祸。在朝君子皆畏祸不言，玄忝任在远，是以披写事实。"元显见之，大惧。

张法顺谓元显曰："桓玄承籍世资，素有豪气，既并殷、扬，专有荆楚，第下之所控引止三吴耳。孙恩为乱，东土涂地，公私困竭，玄必乘此纵其奸凶，窃用忧之。"元显曰："为之奈何？"法顺曰："玄始得荆州，人情未附，方务绥抚，未暇他图。若乘此际使刘牢之为前锋，而第下以大军继进，玄可取也。"元显以为然。会武昌太守庾楷以玄与朝廷构怨，恐事不成，祸及于己，密使人自结于元显，云："玄大失人情，众不为用，若朝廷遣军，己当为内应。"元显大喜，遣张法顺至京口，谋于刘牢之；牢之以为难。法顺还，谓元显曰："观牢之言色，必贰于我，不如召入杀之；不尔，败人大事。"元显不从。于是，大治水军，征兵装舰，以谋讨玄。

【译文】桓玄自己认为统率管理着晋朝三分之二的土地，所以屡次派人去给自己制造一些符命兆瑞，想要通过这种手段来欺惑大众。同时他还写信给会稽王道子说："敌兵们到了近郊的地方，因为风太大不能继续前进，又因为下雨不能生火，并且他们的食粮已尽，所以才不得不离开，而不是因为他们的力量不足。从前王国宝死了以后，王恭并没有趁此机会向朝廷发起威猛的进攻，也没有趁机进朝统领朝政，由此可见他并没有侮辱您的意思，但是，您却说他不忠。现在位居要职的官员，深孚众望、获得清高名声的有谁呢？怎么能说没有美好的人呢？只是您不能够信任他们罢了！就是这样，一朝一夕地继续下去，最终形成了今天这样的祸患。那些在朝廷中的王公大臣们都害怕给自己招惹祸事，所以不敢随便说话，而玄忝任在远处做官，才有胆量把事实给泄露出来。"元显看了桓玄的这封信之后，非常害怕。

张法顺告诉元显说："桓玄继承祖先的荣耀，凭借祖先世代的资历声望，平常的时候就很有豪壮的气势，现如今他又收服了殷仲堪和杨佺期，将荆楚的地方也拉到了他的管辖范围之内。而阁下您现在能控制的地方也只剩下三吴了。孙恩率领着自己的军队作乱，东方土地上的百姓死伤很惨，无论是官府还是百姓都穷困枯竭，桓玄一定会抓住这个机会，将他的奸邪凶残完全暴露出来，所以我觉得我们应该为此感到担忧。"元显听完之后，又接着问张法顺说："那我们现在应该怎么办呢？"张法顺回答说："桓玄此时才刚刚得到荆州，人心还没有完全归附，所以他现在一定会急于努力地去绥宁安抚百姓，根本没有其他空暇时间来想其他图谋。所以我们如果趁着这时，派遣刘牢之率领将士做前锋，阁下您率领着大军在后面继续跟进，那么桓玄很快就能打败俘虏。"元显觉得张法顺的建议不错，便同意了他的看法。正巧此时武昌太守庚楷知道桓玄与朝廷结怨，他害怕桓玄的事迹败露之后，灾祸会连及自己，所以先暗中派人去向元显示好，想要与他结交。他派人对元显说："桓玄现在已经完全失去人心了，大家都不愿意再为他卖命，如果朝廷和他打起来，要派遣军队来的话，我愿意做内应帮助你们。"元显听完庚楷的话后，非常高兴，立即下令派遣张法顺到京口去，与刘牢之商量计策。刘牢之听到他们的计划后，觉得很难成功。后来张法顺回来，告诉元显说："我拿出计策跟刘牢之商量的时候，我看刘牢之的言语和脸色都不是很坚定，所以我猜他一定会叛逆我们。我们不如把他召到京城来杀掉，不然的话，一旦我们实施计划，他一定会来败坏我们的大事。"元显没有听从张法顺的意见。开始大量训练水军，加强兵力，并征调士兵补充军舰，按照计划率领军队去讨伐桓玄。

元兴元年(壬寅，公元四〇二年）春，正月，庚午朔，下诏罪状桓玄，以尚书令元显为骠骑大将军、征讨大都督、都督十八州诸军事，加黄钺，又以镇北将军刘牢之为前锋都督，前将军谯王尚之为后部，因大赦，改元，内外戒严；加会稽王道子太傅。

元显欲尽诛诸桓。中护军桓修，骠骑长史王诞之甥也，诞有宠于元显，因陈修等与玄志趣不同，元显乃止。诞，导之曾孙也。

张法顺言于元显曰："桓谦兄弟每为上流耳目，宜斩之以杜奸谋。且事之济不，系在前军，而牢之反覆，万一有变，则祸败立至。可令牢之杀谦兄弟以示无贰心，若不受命，当逆为其所。"元显曰："今非牢之，无以敌玄；且始事而诛大将，人情不安。"再三不可。又以桓氏世为荆土所附，桓冲特有遗惠，而谦，冲之子也，乃自骠骑司马除都督荆、益、宁、梁四州诸军事、荆州刺史，欲以结西人之心。

【译文】元兴元年（壬寅，公元 402 年）春季，正月，庚午朔日（初一），东晋朝廷下诏令向天下公布桓玄的罪状，并让尚书令元显担任骠骑大将军、征讨大都督，监督管理十八州的所有军事，还御加黄钺。又让镇北将军刘牢之担任前锋都督，前将军谯王司马尚之率领后卫部队。同时大赦天下，将年号改为元兴。在朝廷内外也都加强了戒备，加赠会稽王道子为太傅。

元显想要把所有姓桓的人都杀掉。中护军桓修，是骠骑长史王诞的外甥，而王诞深得元显的宠幸，王诞向元显说桓修等人和桓玄是不一样的，他们的志趣不同，为人也不同，对您非常忠诚。元显这才停止诛杀姓桓的人。王诞，是王导的曾孙。

张法顺告诉元显说："桓谦兄弟在朝廷上充当桓玄的耳目，来刺探我们的消息，所以我们应该把他们给杀掉，这样才能杜绝奸邪的阴谋。而且大事的成功与否，关键就在于前军。可是刘牢之总是反复不定，万一到时候他叛变了，那么我们的灾祸就会马上到来的，战败也会马上到来的。所以我们可以先命令刘牢之去杀死桓谦兄弟来证明他没有叛逆的心，如果他不肯接受命令，就说明他果然心怀不轨，这样我们就可以在祸患没发生前就把他给杀死。"元显说："如果我们现在没有了刘牢之，便没法抵抗桓玄。而且假若我们在一开始发动军事的时候，就将将领给杀死，容易使人心得不到安定。"所以元显一直没有同意张法顺的看法。因为桓氏世代为荆州百姓所归附，桓冲又对他们的先祖留有很多恩惠，再加上桓谦是桓冲的儿子，所以才把桓谦由骠骑司马调任为都督荆益宁梁四州诸军事、荆州刺史，想要以此来结合西方的人心。

丁丑，燕慕容拔攻魏令支成，克之，宿沓干走，执魏辽西太守那颉。燕以拔为幽州刺史，镇令支，以中坚将军辽西阳豪为本郡太守。丁亥，以章武公渊为尚书令，博陵公虔为尚书左仆射，尚书王腾为右仆射。

戊子，魏材官将国和突攻黜弗、素古延等诸部，破之。初，魏主珪遣北部大人贺狄干献马千匹求昏于秦，秦王兴闻珪已立慕容后，止狄干而绝其昏；没弈干、黜弗、素古延，皆秦之属国也，而魏攻之，由是秦、魏有隙。庚寅，珪大阅士马，命并州诸郡积谷于平阳之乾壁，以备秦。

【译文】丁丑日（初八），燕国的慕容拔率领着军队出发前去攻打魏国令支成，获得了胜利，而宿沓干最后偷偷逃走了，慕容拔抓住了魏国的辽西太守那颉。凯旋的慕容拔被燕国任为幽州刺史，带兵镇守在令支，并让中坚将军辽西人阳豪担任本郡太守。丁亥日（十八日），让章武公慕容渊担任尚书令，让博陵公慕容虔担任尚书左仆射，让尚书王腾担任右仆射。

戊子日（十九日），魏国的材官将军国和突率兵去攻打黜弗和素古延等各部，最后魏国的材官将军将他们都打败了。当初，魏国的君主拓跋珪派遣北部大人向秦国献了一千匹马，想要与秦国联姻。可是秦王姚兴听说拓跋珪已经立了慕容氏的人为皇后，于是就扣留了贺狄干，并且拒绝了拓跋珪的求婚。没弈干、黜弗和素古延这三个地方，都是秦的属国，而魏国却去攻打他们，因此，秦国和魏国这两个国家就有了很大的矛盾。庚寅日

（二十一日），拓跋珪大规模地检阅自己的军队，提高军队战斗力，并且命令并州各郡都聚积粮谷在平阳的乾壁，用来防备秦国的进攻。

柔然社仑方睦于秦，遣将救黜弗、素古延；辛卯，和突逆击，大破之，社仑帅其部落远遁漠北，夺高车之地而居之。斛律部帅倍侯利击社仑，大为所败，倍侯利奔魏。社仑于是西北击匈奴遗种日拔也鸡，大破之，遂吞并诸部，士马繁盛，雄于北方。其地西至焉耆，东接朝鲜，南临大漠，旁侧小国皆羁属焉。自号豆代可汗。始立约束，以千人为军，军有将；百人为幢，幢有帅。攻战先登者赐以虏获，畏懦者以石击其首而杀之。

【译文】柔然的社仑正向秦国示好，想要与他结盟，于是派遣将士去救援黜弗和素古延。辛卯日（二十二日），和突逆击，大败了他们，社仑率领着他的部落远逃到漠北去了，将高车的地方抢夺过来，然后在此居住下来。斛律部统帅倍侯利率领着军队去攻打社仑，社仑将倍侯利打得大败而逃，最后倍侯利只好带着剩下的人逃到了魏国。社仑于是率领着军队又向西北去攻击匈奴的遗种日拔也鸡，并成功地将他们都给打败了，然后吞并了各部。因此，这时的社仑士兵马匹都很强盛，在北方称雄。社仑的领土向西到达了焉耆，往东与朝鲜交接，向南又临接大漠，而他国家旁边的一些小国家也都隶属于他，于是他就自称为豆代可汗。紧接着他开始设立制度，将一千人编制为一个军队，每个军队都有一位将领率领；再细分把每一百人编制为一幢，每幢也都有一位统帅。他还规定在军队每次攻击作战的时候，能够勇敢争先、奋勇向前的人，就赏赐给他虏获的东西；而那些畏惧懦弱、胆小怕事的人，就下令用石头打他的头，直到把他杀死为止。

秃发祎檀克显美，执孟祎而责之，以其不早降。祎曰："祎受吕氏厚恩，分符守土；若明公大军甫至，望旗归附，恐获罪于执事矣。"祎檀释而礼之，徙二千馀户而归，以祎为左司马。祎辞曰："吕氏将亡，圣朝必取河右，人无愚智皆知之。但祎为人守城不能全，复忝显任，于心窃所未安。若蒙明公之惠，使得就戮姑臧，死且不朽。"祎檀义而归之。

【译文】秃发祎檀率领着军队攻取下了显美，他把孟祎抓住后，对他大加斥责，因为他迟迟不降。孟祎回答说："我接受了吕氏的厚恩，他让我率领军队守卫领土。如果我在您的大军刚刚到达城外的时候，就打开城门率领着部下向您归附投降，那我一定会得罪现在朝廷中当政的人。"秃发祎檀听了孟祎的解释后就命人把他给释放了，并且对他非常礼遇。最后秃发祎檀带着两千多户人家迁移，撤兵回去了，并且让孟祎担任左司马。孟祎却辞谢了秃发祎檀的好意，他对秃发祎檀说："按照现在的情况吕氏很快就会灭亡了，圣朝一定能够成功取得河右的地方，这件事不论是聪明的人还是愚笨的人都会知道，但是我孟祎替他镇守在城里却不能保全，现在又忝辱显耀的官位，我的心里实在是不能平静。如果明公能多赐我一些恩惠，让我带领部下回到姑臧去接受诛杀，那么我即使是死，也一定会不朽了。"秃发祎檀觉得他说得很好，是个很讲道义的人，于是就放了他让他回去了。

东土遭孙恩之乱，因以饥馑，漕运不继。桓玄禁断江路，商旅俱绝，公私匮乏，以粞、橡给士卒。玄谓朝廷方多忧虞，必未暇讨己，可以蓄力观衅。及大军将发，从兄太傅长史石生密以书报之。玄大惊，欲完聚保江陵。长史卞范之曰："明公英威振于远近，元显口尚乳臭，刘牢之大失物情，若兵临近畿，示以祸福，土崩之势可翘足而待，何有延敌入境，自取穷蹙者乎！"玄从之，留桓伟守江陵，抗表传檄，罪状元显，举兵东下。檄至，元显大惧。二月，丙午，帝饯元显于西池，元显下船而不发。

癸丑，魏常山王遵等至高平，没弈干弃其部众，帅数千骑与刘勃勃奔秦州。魏军追至瓦亭，不及而还，尽获其府库蓄积，马四万馀匹，杂畜九万馀口，徙其民于代都，馀种分进。平阳太守贰尘复侵秦河东，长安大震，关中诸城昼闭，秦人简兵训卒以谋伐魏。

【译文】孙恩带着军队在东方的土地上掠夺，战乱四起，导致百姓们都没有饭吃，水路的粮食运输也不能继续下去。桓玄率领着军队将长江的通路给断绝了，官府和百姓们都很缺乏粮食，士兵们最后只好用谷皮和橡实来充饥，填饱肚子。桓玄认为照现在这种情况朝廷一定有很多忧虑的事，根本就没有空再派兵来讨伐自己，所以他可以好好利用这个机会来培养自己的力量，并时刻观察朝廷的动向，等待机会。等到朝廷的大军准备好要出发的时候，桓玄的堂哥太傅长史石生立即暗中写信去通报他。桓玄收到信后大吃一惊，想要将兵力全部聚守在江陵。他的长史卞范之对他说："明公您的英略威名，远近的人没有不知道的，而元显的年纪还小，还只是乳臭未干，况且刘牢之又已经失去了人心。如果我们把大部队抢先开拔到都城建康的邻近地区，向他指明安危祸福，那么他们瓦解的局势，我们就可以马上看到了，所以我们为什么还要招揽敌人到自己的境内，自取穷困失败呢？"桓玄听了卞范之的意见后，下令让桓伟带兵留守在江陵，然后向朝廷上表传达了军书，将元显的罪状一一罗列出来，并且派兵向东而下。军书送到朝廷之后，元显非常害怕。二月，丙午日（初七），晋安帝在西池设宴请元显去吃饭，想要借此为他饯行，可是元显下了船之后一直没有出发。

癸丑日（十四日），魏国的常山王慕容遵等人率领着军队到达了高平，没弈干知道之后就放弃了他的部属，率领着数千名的骑兵和刘勃勃逃奔到秦州去了。魏国的军队追赶他们到瓦亭也没有追赶上，于是只好撤兵回去。慕容遵虏获了没弈干丢弃在城内的全部的府库和积储的粮食，一共有四万多匹马和九万多只杂畜，还下令把他的百姓迁移到代都去，而其余的种族也全都分散了。平阳的太守贰尘又率领着自己的军队去侵略秦国的河东，长安得知这个消息后大受惊动，下令关中各城的城门紧闭，连白天也都紧闭着，此时秦国国内还在加强训练军队，计划着去讨伐魏国。

秦王兴立子泓为太子，大赦。泓孝友宽和，喜文学，善谈咏，而懦弱多病；兴欲以为嗣，而狐疑不决，久乃立之。

姑臧大饥，米斗直钱五千，人相食，饥死者十馀万口。城门昼闭，樵采路绝，民请出城为胡虏奴婢者，日有数百，吕隆恶其沮动众心，尽坑之，积尸盈路。

沮渠蒙逊引兵攻姑臧，隆遣使求救于河西王利鹿孤，利鹿孤遣广武公祎檀帅骑一万救之，未至，隆击破蒙逊军，蒙逊请与隆盟，留谷万馀斛遣之而还。祎檀至昌松，闻蒙逊已退，乃徙凉泽段冢民五百馀户而还。

【译文】秦国的君主姚兴册封他的儿子姚泓为太子，还颁布诏令大赦境内。姚泓这个人为人孝顺友爱，对人也非常宽厚和顺，还很喜欢文学，很会谈论歌咏，但是他的性格很懦弱，而且经常生病。姚兴本来就想着要立他为继承人，可是一直因为这个原因而犹豫不决，但是很久之后还是决定立他了。

姑臧这年发生了大饥荒，一斗米竟然价值五千钱，还出现了人吃人的现象，城内饿死的人有十多万。再加上城门白天一直都是关闭着的，所以连出去砍木柴的路途都被断绝了。于是走投无路的百姓自动请求要出城去做胡人的俘虏和奴婢，这样的人每天都有数百人。吕隆非常讨厌他们的沮丧，觉得如果一直这样下去的话一定会动摇大众的心理，所以下令命人将这些人全部给活埋了，尸首堆积成山，盈满了道路。

沮渠蒙逊带兵去攻打姑臧，凉王吕隆知道后派遣使者去向河西王利鹿孤求救。河西王利鹿孤收到求救信之后，马上派遣广武公祎檀率领着一万名骑兵前去救援。但是在祎檀的大军还没有到达姑臧的时候，吕隆就已经击败了沮渠蒙逊的军队。沮渠蒙逊于是就向吕隆请求想要和他结盟，沮渠蒙逊将一万多斛的粮谷留下来送给了吕隆，然后就带着剩下的人回去了。祎檀率领着大军赶到昌松的时候，听说沮渠蒙逊已经退兵了，于是就将凉泽段家的五百多户人家迁移走了，随后又带着大军回去了。

中散骑常侍张融言于利鹿孤曰："焦朗兄弟据魏安，潜通姚氏，数为反覆，今不取，后必为朝廷忧。"利鹿孤遣祎檀讨之，朗面缚出降，祎檀送于西平，徙其民于乐都。

桓玄发江陵，虑事不捷，常为西还之计。及过寻阳，不见官军，意甚喜，将士之气亦振。

庾楷谋泄，玄囚之。

【译文】中散骑常侍张融对河西王利鹿孤说："焦朗他们兄

弟两人在魏安据守的时候，就暗中和姚氏有所勾结，好几次都反复不定，如果我们现在不趁着这个机会派兵去攻取他们的话，那以后他们一定会成为朝廷的忧患的。"利鹿孤听了中散骑常侍张融的话之后觉得很有道理，于是立即下令派遣祎檀带兵去讨伐他们。焦朗得知祎檀率领着军队来攻打自己后，自己给自己的背上绑着绳子然后出城投降。祎檀于是就派人把焦朗送到了西平，并且将他的百姓迁徙到乐都去了。

桓玄带领着自己的部下在江陵发生兵变，但是他又怕事情最后不能成功，所以总是在做回西方的打算。等到他率领着军队过了寻阳的时候，一直都没有看见官军，心里就放松下来，感到很高兴，而将士们的士气也振作起来了。

庾楷等人的阴谋被泄露出来之后，桓玄就立即下令派人把他给关起来了。

丁巳，诏遣齐王柔之以驺虞幡宣告荆、江二州，使罢兵；玄前锋杀之。柔之，宗之子也。

丁卯，玄至姑孰，使其将冯该等攻历阳，襄城太守司马休之婴城固守。玄军断洞浦，焚豫州舟舰。豫州刺史谯王尚之帅步卒九千阵于浦上，遣武都太守杨秋屯横江，秋降于玄军。尚之众溃，逃于涂中，玄捕获之。司马休之出战而败，弃城走。

刘牢之素恶骠骑大将军元显，恐桓玄既灭，元显益骄恣，又恐己功名愈盛，不为元显所容，且自恃材武，拥强兵，欲假玄以除执政，复伺玄之隙而自取之，故不肯讨玄。元显日夜昏酣，以牢之为前锋。牢之骤诣门，不得见，及帝出饯元显，遇之公坐而已。

【译文】丁巳日（十八日），东晋朝廷下诏命令派遣齐王司马柔之用驺虞的旗子向荆州和江州宣告，希望能够以此叫他们罢兵，可是桓玄的前锋却把司马柔之给杀死了。司马柔之是司马宗的儿子。

丁卯日（二十八日），桓玄率领着军队到达了姑孰，他派遣他的将领冯该等人先带领着部下去攻打历阳，襄城太守司马休之在城内严加防守。桓玄的军队隔断洞浦，烧毁了豫州的舟舰。豫州的刺史谯王尚之率领着九千名步兵在浦水布阵，并且派遣武都太守杨秋屯守横江，但是杨秋却带着自己的部下向桓玄的军队投降了。谯王尚之的部属们听到这个消息之后都溃散了，他自己也逃到涂中去了，但最后桓玄还是把他捕获了。司马休之带着士兵出城作战，被敌军打败了，然后就弃城独自逃走了。

刘牢之平时就不是很喜欢骠骑大将军元显，他担心现在桓玄被消灭了，那么元显就会更加骄傲恣肆，又害怕自己的功名越来越鼎盛，不能被元显所容纳。而元显现在还自恃有才能且勇武，拥有强兵，想要利用桓玄来除掉当政的人，又时常在窥伺桓玄的漏洞，想要找机会将他消灭，所以刘牢之一直不肯带兵去讨伐桓玄。元显整日整夜都沉迷在饮酒作乐中，晋安帝任命刘牢之为前锋，刘牢之多次去他的家里拜访，但是一直没有见到面，等到晋安帝为元显设宴饯行的时候，刘牢之才在公座上遇见他。

牢之军溧洲，参军刘裕请击玄，牢之不许。玄使牢之族舅何穆说牢之曰："自古戴震主之威，挟不赏之功而能自全者，谁邪？越之文种，秦之白起，汉之韩信，皆事明主，为之尽力，功成之日，犹不免诛夷，况为凶愚者之用乎！君如今日战胜则倾宗，战败则覆族，欲以此安归乎！不若翻然改图，则可以长保富贵矣。古人射钩、斩祛，犹不害为辅佐，况玄与君无宿昔之怨乎！"时谯王尚之已败，人情愈恐，牢之颇纳穆言，与玄交通。东海中尉东海何无忌，牢之之甥也，与刘裕极谏，不听。其子票骑从事中郎敬宣谏曰："今国家衰危，天下之重在大人与玄。玄藉父、叔之资，据有全楚，割晋国三分之二，一朝纵之使陵朝廷，玄威望既成，恐难图也，董卓之变，将在今矣。"牢之怒曰："吾岂不知！今日取玄如反覆手耳；但平玄之后，令我奈票骑何！"三月，乙巳朔，牢之遣敬宣诣玄请降。玄阴欲诛牢之，乃与敬宣宴饮，陈名书画共观之，以安悦其意；敬宣不之觉，玄佐吏莫不相视而笑。玄板敬宣为谘议参军。

【译文】刘牢之将军队驻守在溧洲，他的参军刘裕自动请求要带兵去攻击桓玄，可是刘牢之一直没有答应。桓玄派遣刘牢之的族舅何穆去向刘牢之游说，说："自古以来，能够震惧君主的威势，挟有无法再奖赏的功劳，而最后又能够保全自己性命的人，有谁呢？越国的文种，秦国的白起，汉朝的韩信，他们都是侍奉的明主，替他们打江山拼尽了全力，可是到了成功的时候，仍然面对的是被诛灭的结局，更何况我们现在是给凶险愚笨的人所用呢？如果你今天打了胜仗，就会被下令灭宗，如果打了败仗，就会被下令灭族，你在这样的情况下，还能够安全地回去吗？现在只有赶快改变你的计划，你才可以长久保持富贵呀！过去的人像管仲射中桓公的带钩、寺人披斩重耳的衣袖，他们仍然可以继续做辅佐的臣子，何况桓玄和你没有旧有的怨恨呢？"当时谯王尚之的军队已经失败了，人心越来越惊恐。刘牢之觉得何穆的话说得很有道理，于是就采纳了他的意见和桓玄联络。东海中尉东海人何无忌，是刘牢之的外甥，他和刘裕极力劝谏刘牢之，希望他不要这样做，但是刘牢之不听。他的儿子骠骑从事中郎刘敬宣也劝谏他说："现在我们的国家十分

资治通鉴

衰弱，内忧外患不断，天下的重任都押在了父亲和桓玄的身上。桓玄凭借他父亲和他叔父的资望，占据了全部的楚地，还割占了晋国三分之二的土地，如果我们现在继续放纵他，使他的力量超过朝廷，让他的威望形成以后，我们恐怕就很难对付他了。而像当年董卓那样的变乱，也将会在今天重演了。"刘牢之听了敬宣的话后很生气地说："我又怎么会不知道这些道理呢？我要是想现在捉拿桓玄根本就是易如反掌，但是我把桓玄给除去了之后呢，你叫我再拿什么来对付骠骑将军元显呢？"三月，乙巳朔日（三月无此日），刘牢之派遣敬宣去代替自己向桓玄请求投降。桓玄暗中想要杀害刘牢之，于是就设宴表面上与敬宣宴乐饮酒，并且拿出有名的书画与他一同观赏，通过这样来安抚他，让他愉悦，消除他的戒心，而敬宣被假象所迷惑，一点也没有发觉出桓玄的阴谋，桓玄的佐吏没有一个不是在下面相视偷笑的。桓玄下令任命敬宣为谘议参军。

元显将发，闻玄已至新亭，弃船，退屯国子学；辛未，陈于宣阳门外。军中相惊，言玄已至南桁，元显引兵欲还宫。玄遣人拔刀随后大呼曰："放仗！"军人皆崩溃，元显乘马走入东府，唯张法顺一骑随之。元显问计于道子，道子但对之涕泣。玄遣太傅从事中郎毛泰收元显送新亭，缚于舫前而数之，元显曰："为王诞、张法顺所误耳。"

【译文】元显整理军队准备发兵，可是当他听说桓玄率领着军队已经到了新亭的时候，就丢弃了船只，退守到国子学。辛未日（初三），陈列军队于宣阳门外。军中互相惊恐，一片混乱，有人说桓玄的军队已经到了南桁，于是元显就带领着军队想要退回到宫里。桓玄追上来之后，派人拔出刀子跟在后面大声地叫喊："都放下武器!"军士和百姓们都四处逃散,溃不成军,而元显则立即骑着马逃到了东府,当时他的身边只有张法顺一个人骑着马跟随。元显去向道子询问应对桓玄的计策,而道子却只能对着他哭泣而已。桓玄派遣他的太傅从事中郎毛泰带兵去捉捕元显,毛泰抓住元显之后将他送到了新亭,把他给绑在了船的前面,然后责备他。元显回答说:"我是被王诞和张法顺他们所误导的。"

壬申,复隆安年号。帝遣侍中劳玄于安乐渚。玄入京师,称诏解严,以玄总百揆、都督中外诸军事、丞相、录尚书事、扬州牧、领徐、荆、江三州刺史,假黄钺。玄以桓伟为荆州刺史,桓谦为尚书左仆射,桓修为徐、兖二州刺史,桓石生为江州刺史,卞范之为丹杨尹。

【译文】壬申日(初四),晋安帝下令恢复了隆安的年号,还派遣侍中在安乐渚设宴慰劳桓玄。桓玄带着自己的部下进入了京师,皇上颁布诏书解除戒备,并且任命桓玄总管百官,都督中外诸军事,还担任丞相一职,录尚书事、扬州牧,领徐荆江三州刺史,假黄钺。桓玄上任后让桓伟担任荆州刺史,让桓谦担任尚书左仆射,还让桓修担任徐州和兖州刺史,让桓石生担任江州刺史,卞范之担任丹杨尹。

初,玄之举兵,侍中王谧奉诏诣玄,玄亲礼之。及玄辅政,以谧为中书令。谧,导之孙也。新安太守殷仲文,觊之弟也,玄姊为仲文妻。仲文闻玄克京师,弃郡投玄,玄以为谘议参军。刘迈往见玄,玄曰:"汝不畏死,而敢来邪?"迈曰:"射钩斩祛,并迈为三。"玄悦,以为参军。

癸酉，有司奏会稽王道子酗纵不孝，当弃市，诏徙安成郡；斩元显及东海王彦璋、谯王尚之、庾楷、张法顺、毛泰等于建康市。桓修为王诞固请，得流岭南。

【译文】当初，桓玄举兵的时候，侍中王谧曾奉诏命去看桓玄，桓玄亲自接待，对他礼遇有加。现在等到桓玄辅政的时候，他让王谧担任中书令。王谧是王导的孙子。新安的太守殷仲文，是殷觊的弟弟，而桓玄的姐姐是殷仲文的妻子。殷仲文在听说桓玄带兵攻下了京师之后，就丢弃自己的城郡去投奔桓玄了，桓玄任命他为谘议参军。刘迈独自一人前去面见桓玄，桓玄对他说：“你不怕死吗，现在还敢来见我！”刘迈回答他说：“射桓公带钩的管仲、斩重耳衣袖的寺人披，以及现在的我刘迈合而为三。”桓玄听了刘迈说的话之后很高兴，于是就下令任命他为参军。

癸酉日（初五），有司奏说会稽王道子这个人喜欢喝酒，为人又太过于放纵，还不孝顺，应该把他杀死来示众。于是晋安帝就诏令把他给迁移到安成郡去了，还下令杀死了元显及东海王彦璋、谯王尚之、庾楷、张法顺和毛泰等人，并将他们的尸体悬挂在建康的街市上。桓修坚持替王诞向晋安帝求情，结果晋安帝就下令把他长久地流放到岭南去了。

玄以刘牢之为会稽内史。牢之曰：“始尔，便夺我兵，祸其至矣！”刘敬宣请归谕牢之使受命，玄遣之。敬宣劝牢之袭玄，牢之犹豫不决，移屯班渎，私告刘裕曰：“今当北就高雅之于广陵，举兵以匡社稷，卿能从我去乎？”裕曰：“将军以劲卒数万，望风降服，彼新得志，威震天下，朝野人情皆已去矣，广陵岂可得至邪！裕当反服还京口耳。”何无忌谓裕曰：“我将何之？”裕曰：“吾观镇北必不免，卿可随我还京口。桓玄若守臣节，当与卿事之；不然，当与卿图之。"

【译文】桓玄让刘牢之担任会稽内史。刘牢之说："现在才刚刚开始就这样夺走我的兵权，我们的祸患马上就要到了。"刘敬宣向桓玄请求派自己去说服刘牢之，让刘牢之接受命令。桓玄答应了刘敬宣的请求，派他去说服刘牢之。刘敬宣回来见到刘牢之后，劝刘牢之带兵去侵袭桓玄，刘牢之有些犹疑不定，他只是将士兵转移屯驻班渎，并且私下里对刘裕说："现在我要带着部队向北去归附在广陵的高雅之，打算找准时机举兵匡定国家，你能跟从我去吗？"刘裕回答他说："将军您拥有数万名强劲的士卒，对桓玄不也是听见风声就去投降臣服，现在他刚刚得志，威名又震动天下，朝野的人心都已经归附到他那里去了，您又如何能到得了广陵呢？我如今要脱下这身戎装，改换回常服，回到京口去。"何无忌对刘裕说："我现在要到哪里去好呢？"刘裕对他说："我看镇北将军（指刘牢之）这次一定不能够免除灾难，所以你可以跟随我一起回京口。桓玄如果能坚守作为一个臣子的节操，那么我会和你一起在他的手下做事；如若不然的话，我要和你一起除掉他。"

于是，牢之大集僚佐，议据江北以讨玄。参军刘袭曰："事之不可者莫大于反。将军往年反王兖州，近日反司马郎君，今复反桓公；一人三反，何以自立！"语毕，趋出，佐吏多散走。牢之惧，使敬宣之京口迎家；失期不至，牢之以为事已泄，为玄所杀，乃帅部曲北走，至新洲，缢而死。敬宣至，不暇哭，即渡江奔广陵。将吏共殡敛牢之，以其丧归丹徒。玄令斫棺斩首，暴尸于市。

【译文】刘牢之私下里聚集了很多僚属，并且商议着据守江北然后去讨伐桓玄。他的参军刘袭对他说："一个人最不能做的事情就是造反。将军几年前背叛了王兖州（王恭），近日又背叛了司马郎君（元显），如果现在又要背叛桓公，一个人背叛别人三次，又怎么能够再在这个世上自立呢？"刘袭的话说完之后，就很快地走出去了，而刘牢之身边的很多佐吏也都分散走开了。刘牢之此时感到很害怕，他叫刘敬宣到京口去迎接家人，但是过了期限刘敬宣还没有到达。于是刘牢之就以为自己谋划的事情已经泄露了，连刘敬宣恐怕也已经被桓玄给杀了，所以立刻下令率领自己的部属向北走，等刘牢之到了新洲的时候就自杀身亡了。等刘敬宣赶到约定的地点以后才知道刘牢之已死，还没有来得及哭，就不得不立刻渡江逃奔到广陵去了。将吏们一起殡殓刘牢之，把他的灵柩送回了丹徒。桓玄命令人打开刘牢之的棺木，斩他的尸首，把他的尸体暴露在市上。

【乾隆御批】刘牢之欲收鹬蚌之利，其计谲矣。岂知元显既除，则元威柄独操，牢之亦入其掌握。卒至党恶灭身，宁非自取？

又：法顺劝令牢之杀桓谦兄弟，以示无二，本为失算。而元显不用其谋，反致牢之降元，如虎傅翼。南桁之败自取灭亡，乃谓为法顺所误，是直童昏无识，虽死不悟者也。

【译文】刘牢之想做渔翁收取鹬蚌之争的利益，他的计谋十分诡诈。他哪里知道除掉司马元显，桓玄就会独自掌控权柄，刘牢之也进入桓玄的掌握。最终在党派斗争中身灭，他难道不是自取灭亡吗？

又：张法顺劝说司马元显，让他命令刘牢之杀死桓谦兄弟，以此表明他没有二心，这本来就是失算。然而司马元显不采用他的计谋，反而导致刘牢之去投降桓玄，这简直是如虎添翼。南桁的失败正是他自取灭亡的结果，他却说被张法顺耽误，简直像小孩子没有知识，到死还不悔悟啊。

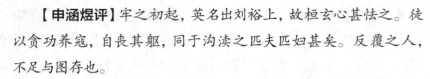

【申涵煜评】牢之初起，英名出刘裕上，故桓玄心甚怯之。徒以贪功养寇，自丧其躯，同于沟渎之匹夫匹妇甚矣。反覆之人，不足与图存也。

【译文】刘牢之刚开始起兵的时候，卓越的名声在刘裕之上，因此桓玄心里更害怕他。刘牢之白白地因为贪图功劳姑息纵容贼寇，导致丧命，比同处于沟渎之中的匹夫匹妇更加困厄。这样反复无常的卑鄙小人，不值得和他共图大业。

大赦，改元大亨。

桓玄让丞相、荆江徐三州，改授太尉、都督中外诸军事、扬州牧、领豫州刺史，总百揆；以琅邪王德文为太宰。

司马休之、刘敬宣、高雅之俱奔洛阳，各以子弟为质于秦以求救。秦王兴与之符信，使于关东募兵，得数千人，复还屯彭城间。

【译文】朝廷下令大赦天下，并且改年号为大亨。

桓玄退让丞相和荆江徐三州的职位，改授为太尉、都督中外诸军事、扬州牧、领豫州刺史，总管百官。然后任命琅邪王德文为太宰。

司马休之、刘敬宣和高雅之都逃奔到洛阳去了，他们都各自把自己的子弟送给秦国去做人质，希望秦国能够给他们派来救兵。秦王姚兴接到他们的求救后就给了他们符信，让他们在关中招兵，招到了数千人，然后又回去屯驻在彭城之间。

孙恩寇临海，临海太守辛景击破之，恩所虏三吴男女，死亡殆尽。恩恐为官军所获，乃赴海死，其党及妓妾从死者以百数，谓之"水仙"。馀众数千人复推恩妹夫卢循为主。循，谌之曾孙也，神采清秀，雅有材艺。少时，沙门惠远尝谓之曰："君虽体涉风素，而志存不轨，如何？"太尉玄欲抚安东土，乃以循为永嘉太守。循虽受命，而寇暴不已。

【译文】孙恩带着自己的人入侵临海，临海的太守辛景率领着自己的军队把他给打败了，而且孙恩在三吴俘虏的男女，差不多快死完了。孙恩怕被辛景派的追兵给俘获了，便逃到海上后自杀了，他的党徒和妓妾中跟随他一起死的有一百人左右，被称为"水仙"。孙恩剩余的部属有数千人，孙恩死了之后他们又推举孙恩的妹夫卢循担任主帅。卢循是卢谌的曾孙。他的神态风采清秀雅静，为人多才多艺。他小的时候，有一个叫惠远的和尚曾经告诉过他："你虽然身具风雅儒素，但是却存有不依正道的心志，这该怎么办呢？"太尉桓玄想要管理东方的土地，于是就让卢循担任永嘉太守。卢循虽然接受了桓玄的命令，但是依然为非作歹，行劫施暴。

甲戌，燕大赦。

河西王秃发利鹿孤寝疾，遣令以国事授弟傉檀。初，秃发思复鞬爱重傉檀，谓诸子曰："傉檀器识，非汝曹所及也。"故诸兄不以传子而传于弟。利鹿孤在位，垂拱而已，军国大事皆委于傉檀。利鹿孤卒，傉檀袭位，更称凉王，改元弘昌，迁于乐都，谥利鹿孤曰康王。

【译文】甲戌日（初六），燕国大赦境内。

河西王秃发利鹿孤重病在床，他遗命把国事交给他的弟弟傉檀处理。当初，秃发思复鞬很喜爱傉檀，非常器重他，曾告诉自己其他的儿子说："傉檀的器量识见，不是你们这些人所能赶得上的。"所以几个哥哥都不传位给自己的儿子而是传给弟弟。利鹿孤在位时，对朝政也只是垂衣拱手，自然无为，军国大事他都委交给了傉檀。在利鹿孤死了之后，傉檀承袭了君位，然后改称为凉王，改年号为弘昌，把都城迁到了乐都，追谥利鹿孤为康王。

夏，四月，太尉玄出屯姑孰，辞录尚书事，诏许之，而大政皆就谘焉，小事则决于尚书令桓谦及卞范之。

自隆安以来，中外之人厌于祸乱。及玄初至，黜奸佞，擢俊贤，京师欣然，冀得少安。既而玄奢豪纵逸，政令无常，朋党互起，陵侮朝廷，裁损乘舆供奉之具，帝几不免饥寒，由是众心失望。三吴大饥，户口减半，会稽减什三、四，临海、永嘉殆尽，富室皆衣罗纨，怀金玉，闭门相守饿死。

【译文】夏，四月，太尉桓玄带兵去屯守姑孰，向晋安帝辞掉录尚书事的职位，晋安帝下诏令同意了他的请求，但是一遇到了大的政事还是要向他请示，而小事则由尚书令桓谦和卞范之决定。

从隆安时期以来，朝廷内外的人都非常讨厌兵祸灾乱。当初桓玄初来的时候，罢黜了奸邪谄佞的小人，提拔了很多有才能的人，京师的人都觉得很高兴，并且希望能够一直像这样安定下去。但是后来的桓玄奢侈豪华，纵欲逸乐，朝廷里也没有一定的政令，朋党也在朝廷中相互兴起，欺凌侮辱朝廷，还私下里减损了天子的坐车和供奉给天子的东西，当时晋安帝几乎就要挨饿受冻，因此大家对他感到非常失望。三吴发生了很大的饥荒，户口减少了一半，会稽的人口减少了十分之三四，而临海和永嘉差不多快没有了，有钱的人家穿着丝绸细软的衣服，佩带着金玉，把门紧紧地关起来，然后全家相处在一起饿死了。

乞伏炽磐自西平逃归苑川，南凉王祚檀归其妻子。乞伏乾归使炽磐入朝于秦，秦主兴以炽磐为兴晋太守。

五月，卢循自临海入东阳，太尉玄遣抚军中兵参军刘裕将兵击之，循败，走永嘉。

高句丽攻宿军，燕平州刺史慕容归弃城走。

资治通鉴卷第一百一十二 晋纪三十四

【译文】乞伏炽磐独自从西平逃回到苑川的时候，南凉王祚檀将他的妻子儿女送回给他了。乞伏乾归派遣乞伏炽磐到秦国去朝见秦王，秦王姚兴任命乞伏炽磐为兴晋太守。

五月，卢循带着自己的部下从临海到了东阳，太尉桓玄派遣抚军中兵参军刘裕带领着军队去攻打他，卢循输给了刘裕，只好逃到永嘉去了。

高句丽派兵去攻打宿军城，燕国平州的刺史慕容归放弃守城逃走了。

秦主兴大发诸军，遣义阳公平、尚书右仆射狄伯支等将步骑四万伐魏，兴自将大军继之，以尚书令姚晃辅太子泓守长安，没弈干权镇上邽，广陵公钦权镇洛阳。平攻魏乾壁六十馀日，拔之。秋，七月，魏主珪遣毗陵王顺及豫州刺史长孙肥将六万骑为前锋，自将大军继发以击之。

八月，太尉玄讽朝廷以玄平元显功封豫章公，平殷、杨功封桂阳公，并本封南郡如故。玄以豫章封其子昇，桂阳封其兄子俊。

【译文】秦国的君主姚兴大规模地发动各军，他先派遣义阳公姚平和尚书右仆射狄伯支等人带领着步兵和骑兵四万名去讨伐魏国，姚兴自己则带领着大军跟在他们的后面。姚兴的大军临出发前任命尚书令姚晃去辅佐太子姚泓，在长安防守，没弈干暂时在上邽镇守，广陵公姚钦暂时在洛阳镇守。姚平率领军队去攻打魏国乾壁城六十多天，终于把它攻取了下来。秋季，七月，魏国的君主拓跋珪派遣毗陵王拓跋顺和豫州刺史长孙肥带领着六万名骑兵为前锋，自己带领着大军跟随在后面去攻击他们。

八月，太尉桓玄上书讽示朝廷，因为桓玄自己平定了元显立有功劳，所以封桓玄为豫章公，平定了殷仲堪、杨佺期有功，所以又封桓玄为桂阳公，并且依旧保持他原来受封的南郡公的爵位。桓玄把豫章这个地方封给了他的儿子桓升，将桂阳封给了他的侄子桓俊。

魏主珪至永安，秦义阳公平遣骁将帅精骑二百觇魏军，长孙肥逆击，尽禽之。平退走，珪追之，乙巳，及于柴壁。平婴城固守，魏军围之。秦王兴将兵四万七千救之，将据天渡运粮以馈平。魏博士李先曰："兵法：高者为敌所栖，深者为敌所囚。今秦皆犯之，宜及兴未至，遣奇兵先据天渡，柴壁可不战而取也。"珪命增筑重围，内以防平之出，外以拒兴之入。广武将军安同曰："汾东有蒙坑，东西三百馀里，蹊径不通。兴来，必从汾西直临柴壁；如此，虏声势相接，重围虽固，不能制也。不如为浮梁，渡汾西，筑围以拒之。虏至，无所施其智力矣。"珪从之。兴至蒲阪，惮魏之强，久乃进兵。甲子，珪帅步骑三万逆击兴于蒙坑之南，斩首千馀级，兴退走四十馀里，平亦不敢出。珪乃分兵四据险要，使秦兵不得近柴壁。兴屯汾西，赁堑为垒，束柏村从汾上流纵之，欲以毁浮梁，魏人皆钩取以为薪蒸。

【译文】魏国的君主拓跋珪带着自己的部下到了永安，秦国的义阳公姚平派遣骁勇的将军率领着两百名精良的骑兵去探视魏国军队，长孙肥带兵前去迎击他们，最后姚平派的人全部被长孙肥给活捉了。

于是姚平只好退兵逃走，拓跋珪立即带人前去追赶。乙巳日(初九)，拓跋珪在柴壁将姚平追到。姚平将全部兵力围城防守，魏国的军队在外围将他们包围起来。秦王姚兴得知这个消息后立即带领着四万七千名士兵前去救助姚平，准备据守天渡运送粮食给姚平。魏国的博士李先对拓跋珪说："兵法上说：处在高处的时候，容易让敌人围困；而处在低处的时候，容易让敌人囚禁。现在他们秦国同时犯了这两个毛病，所以我们应该趁着秦王姚兴还没有到达的时候，马上派遣一支奇兵先去据守天渡，那么柴壁就可以不战而胜了。"拓跋珪听了李先的建议后，觉得很有道理，于是立即命令增加筑防重重包围，对内防止姚平逃出来，对外抵拒姚兴进入。广武将军安同对拓跋珪建议说："汾河东边有一个蒙坑，东西有三百多里，路狭不通。姚兴如果要来的话，一定是从汾河的西边直接到达柴壁的，这样一来，敌人的声势就会相互衔接，我们的重重包围虽然很坚固，但是仍然不能够制伏他们。所以我们不如做浮桥，渡过汾河的西边，构筑起围墙来抵抗，等到敌人到达的时候，他们就无从施展自己的智慧能力了。"拓跋珪听从了广武将军安同的意见。姚兴率领着军队赶到蒲阪的时候，因为害怕魏国军队的强大，拖延了很久才下令进兵。甲子日(二十八日)，拓跋珪率领着三万名步兵和骑兵在蒙坑的南边埋伏迎击姚兴，杀死一千多人。战败的姚兴只好退走四十多里，而城里坚守的姚平也不敢再出来了。于是拓跋珪将兵力分散四处据守在险要的地方，让秦兵不能再接近柴壁。姚兴逃走后驻守在汾河的西边，他凭借山谷的优势，将其作为堡垒，捆绑柏树从汾河的上游顺流放下去，想要以此来毁掉浮桥，魏国的士兵们用钩子把那些柏树都勾起来，然后拿来做烧饭的木柴。

冬，十月，平粮竭矢尽，夜，悉众突西南围求出；兴列兵汾西，举烽鼓噪为应。兴欲平力战突免，平望兴攻围引接，但叫呼相和，莫敢逼围。平不得出，计穷，乃帅麾下赴水死，诸将多从平赴水；珪使善游者钩捕之，无得免者。执狄伯支及越骑校尉唐小方等四十余人，馀众二万余人皆敛手就禽。兴坐视其穷，力不能救，举军恸哭，声震山谷。数遣使求和于魏，珪不许，乘胜进攻蒲阪，秦晋公绪固守不战。会柔然谋伐魏，珪闻之，戊申，引兵还。

或告太史令晁崇及弟黄门侍郎懿潜召秦兵，珪至恶阳，赐崇、懿死。

【译文】冬季，十月，姚平的粮食吃完了，箭也射光了。晚上，他率领着所有的部众，从西南面进行突击，想要冲出包围圈。而姚兴将兵力布在汾河的西边，让士兵们举烽火击鼓喧噪作为呼应。姚兴希望姚平能够奋力作战突围脱险，而姚平希望姚兴能够攻打围困的军队来接应自己，只是叫喊相和，不敢逼近包围的魏兵。姚平没有办法出去，计策也已经用完了，于是只好率领着部下跳到水里自杀，众将很多也都跟随着姚平跳到了水里。拓跋珪派遣很会游泳的人下到水里用钩子去捕捉他们，没有一个人逃得掉。最后拓跋珪抓住了狄伯支和越骑校尉唐小方等四十多人，其余部属两万多人都束手被擒了。秦王姚兴眼睁睁看着姚平他们穷途末路，可是凭自己的力量根本就不能去救助他们，于是全军都悲恸大哭，声音震动山谷。最后姚兴只好屡次派遣使者去向魏兵求和，但是拓跋珪一直没有答应，他还趁着胜利即刻带兵去进攻蒲阪，秦国的晋公姚绪在城内坚固防守，不肯出城作战。正巧此时柔然计划要去攻打魏国，所以当拓跋珪听到这个消息后，只好马上带兵回去了。

有人告诉拓跋珪太史令晁崇和他的弟弟黄门侍郎晁懿在暗中召纳秦国的军队，拓跋珪到了晋阳之后，就立即下令赐晁崇和晁懿自杀了。

秦徙河西豪右万馀户于长安。

太尉玄杀吴兴太守高素、将军竺谦之及谦之从兄朗之、刘袭并袭弟季武，皆刘牢之北府旧将也。袭兄冀州刺史轨邀司马休之、刘敬宣、高雅之等共据山阳，欲起兵攻玄，不克而走，将军袁虔之、刘寿、高长庆、郭恭等皆往从之。将奔魏，至陈留南，分为二辈：轨、休之、敬宣奔南燕；虔之、寿、长庆、恭奔秦。

魏主珪初闻休之等当来，大喜。后怪其不至，令兖州求访，获其从者，问其故，皆曰："魏朝威声远被，是以休之等咸欲归附；既而闻崔逞被杀，故奔二国。"珪深悔之。自是士人有过，颇见优容。

【译文】秦国将河西的豪强大户迁移了一万多家到长安去了。

太尉桓玄杀死了吴兴太守高素、将军竺谦之和竺谦之的堂哥竺朗之、刘袭以及刘袭的弟弟刘季武，这些人都曾是刘牢之北府的旧将。刘袭的哥哥冀州刺史刘轨邀请司马休之、刘敬宣和高雅之等人聚集，一起据守在山阳，想要起兵去攻打桓玄，但是他们最后还是没有成功，一个个都逃走了。将军袁虔之、刘寿、高长庆和郭恭等人也都前往跟随，准备要奔往魏国。等他们一伙人逃到了陈留的南方的时候，他们就分为了两伙：刘轨、司马休之和刘敬宣三人逃奔到南燕去了；而袁虔之、刘寿、高常庆和郭恭四人则逃奔到秦国去了。

魏国的君主拓跋珪当初听说司马休之等人要来归附他，非常高兴。可是后来司马休之等人没有来，于是感到奇怪，命令兖州刺史长孙肥去查访这中间的原因，长孙肥捕获了他们的随从，问他们原因，他们的随从都回答说："魏朝的声威传布远方，因此司马休之等人都想来归附，但是后来他们听说崔逞被杀了，所以就逃到了其他两国。"拓跋珪知道事情的原因之后，深深地感到后悔。从此之后，读书人即使犯了错，大多数是能够得到饶恕和宽容的。

南凉王祎檀攻吕隆于姑臧。

燕王熙纳故中山尹苻谟二女，长曰娀娥，为贵人，幼曰训英，为贵嫔，贵嫔尤有宠。丁太后怨恚，与兄子尚书信谋废熙立章武公渊；事觉，熙逼丁太后令自杀，葬以后礼，谥曰献幽皇后。十一月，戊辰，杀渊及信。

辛未，熙畋于北原，石城令高和与尚方兵于后作乱，杀司隶校尉张显，入掠宫殿，取库兵，胁营署，闭门乘城。熙驰还，城上人皆投仗开门；尽诛反者，唯和走免。甲戌，大赦。

【译文】南凉王祎檀率领军队在姑臧攻打吕隆。

燕王慕容熙迎娶了从前的中山尹苻谟的两个女儿，年长的那个叫作娀娥，封为了贵人；年纪小的那个叫作训英，封为了贵嫔，贵嫔特别受到慕容熙的宠幸。丁太后心中的怨恨很深，她和她的侄子尚书丁信密谋想要废除慕容熙，拥立章武公慕容渊为帝。丁太后他们的阴谋最后还是被慕容熙发觉了，慕容熙逼迫丁太后自杀，然后用皇后的礼节将她埋葬了，并且追谥她为献幽皇后。十一月，戊辰日（初三），慕容熙命人杀了慕容渊和丁信。

辛未日（初六），燕王慕容熙率领着军队到北原去打猎，石城令高和与尚方令所掌领的军队在后方趁机作乱，杀死了司隶校尉张显，并进入到宫殿里去抢掠，夺取了府库的兵器，威胁营兵及寺署官吏们，将城门紧闭，登上城楼。慕容熙得知消息之后即刻快马加鞭赶回去。城上的人知道慕容熙杀回来之后都丢下了武器，打开了城门，最后燕王慕容熙将造反的人全都杀死了，只有高和逃走了免于一死。甲戌日（初九），大赦天下。

魏以庾岳为司空。

十二月，辛亥，魏主珪还云中。

柔然可汗社仑闻珪伐秦，自参合陂侵魏，至豺山，及善无北泽，魏常山王遵以万骑追之，不及而还。

太尉玄使御史杜林防卫会稽文孝王道子至安成，林承玄旨，鸩道子，杀之。

沮渠蒙逊所署西郡太守梁中庸叛，奔西凉。蒙逊闻之，笑曰："吾待中庸，恩如骨肉，而中庸不我信，但自负耳，孤岂在此一人邪！"乃尽归其孥。

【译文】魏国君主下令让庾岳担任司空。

十二月，辛亥日（十七日），魏国君主拓跋珪率领着军队回到了云中。

柔然的可汗社仑听说拓跋珪带兵去攻打秦国了，于是就从参合陂带兵去侵略魏国，当社仑率领着军队到达豺山和善无北边的沼泽的时候，魏国的常山王拓跋遵带领着一万名骑兵去追赶他们，但是没能追赶上，于是只好回去了。

太尉桓玄派遣御史杜林防卫会稽文孝王道子到安成去，杜林奉桓玄的命令，将道子给毒杀了。

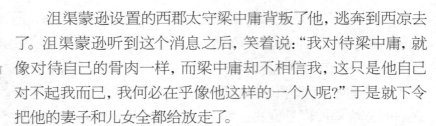

　　沮渠蒙逊设置的西郡太守梁中庸背叛了他，逃奔到西凉去了。沮渠蒙逊听到这个消息之后，笑着说："我对待梁中庸，就像对待自己的骨肉一样，而梁中庸却不相信我，这只是他自己对不起我而已，我何必在乎像他这样的一个人呢？"于是就下令把他的妻子和儿女全都给放走了。

　　西凉公暠问中庸曰："我何如索嗣？"中庸曰："未可量也。"暠曰："嗣才度若敌我者，我何能于千里之外以长绳绞其颈邪？"中庸曰："智有短长，命有成败。殿下之与索嗣，得失之理，臣实未之能详。若以身死为负，计行为胜，则公孙瓒岂贤于刘虞邪？"暠默然。

　　袁虔之等至长安，秦王兴问曰："桓玄才略何如其父？卒能成功乎？"虔之曰："玄乘晋室衰乱，盗据宰衡，猜忌安忍，刑赏不公。以臣观之，不如其父远矣。玄今已执大柄，其势必将篡逆，正可为它人驱除耳。"兴善之，以虔之为广州刺史。

　　【译文】西凉公李暠问梁中庸说："我和索嗣这个人相比怎么样？"梁中庸回答说："这个是不能比较的。"李暠又问他说："如果索嗣的才识和气度能够比得上我，那我怎么可能在千里以外的地方，用长绳子绞杀了他的头颈呢？"梁中庸回答说："一个人的智慧有短有长，一个人的命运也注定了有成功和失败。那么在殿下和索嗣之间，得失的道理，我实在是不知道怎么区分清楚。如果说把身亡作为失败，把计谋得逞作为成功的话，那么，公孙瓒又哪里会比刘虞贤明呢？"李暠听了梁中庸的回答之后默然无言。

　　袁虔之等人到了长安之后，秦王姚兴接见他们时，问道："桓玄这个人的才干智略与他的父亲相比怎么样？他最后能够成

资治通鉴

功吗?"袁虔之回答说:"桓玄趁着晋朝王室中的衰乱,盗据了宰相的地位,他为人猜疑畏忌,安于残忍,刑罚奖赏也很不公平,以臣的观点来说,他实在是远不如他的父亲。桓玄现在已经掌握了朝政大权,看他的趋势是一定会篡位叛逆的,那么他正好可以被别人消灭罢了。"姚兴觉得袁虔之说得很有道理,于是就下令派他担任广州刺史。

是岁,秦王兴立昭仪张氏为皇后,封子懿、弼、洸、宣、谌、愔、璞、质、逵、裕、国儿皆为公,遣使拜秃发傉檀为车骑将军、广武公,沮渠蒙逊为镇西将军、沙州刺史、西海侯,李暠为安西将军、高昌侯。

秦镇远将军赵曜帅众二万西屯金城,建节将军王松忽帅骑助吕隆守姑臧。松忽至魏安,傉檀弟文真击而虏之。傉檀大怒,送松忽还长安,深自陈谢。

【译文】这一年,秦王姚兴册封后宫的昭仪张氏为皇后,封他的儿子姚懿、姚弼、姚洸、姚宣、姚谌、姚愔、姚璞、姚质、姚逵、姚裕和姚国都为公,并且派遣使者拜秃发傉檀为车骑将军、广武公,沮渠蒙逊为镇西将军、沙州刺史、西海侯,李暠为安西将军、高昌侯。

秦国的镇远将军赵曜率领着两万人向西屯守在金城,建节将军王松忽率领着骑兵在姑臧协助吕隆一起防守。王松忽带着自己的部下到了魏安的时候,傉檀的弟弟文真带兵去攻打他,并且把王松忽给俘虏了。傉檀知道这件事情之后,非常生气,他下令将王松忽送回到了长安,并且深深地向王松忽陈情谢罪。

资治通鉴卷第一百一十三　晋纪三十五

起昭阳单阏，尽阏逢执徐，凡二年。

【译文】起癸卯（公元403年），止甲辰（公元404年），共二年。

【题解】本卷记录了公元403年至404年，即晋安帝司马德宗元兴二年至元兴三年共两年间东晋与各国的大事。主要记录了桓玄篡位，刘裕、何无忌、刘毅等人合谋讨伐，拥立刘裕为盟主；记录了桓玄称帝后怯懦无能，朝政凋敝，刘裕攻入建康城后为晋室除贼，桓玄的作为反衬出刘裕的大公无私，英勇无畏；记录了桓玄挟持晋安帝四处逃窜，被冯迁击杀，桓玄太子桓昇在江陵被斩，桓玄余党与官军再起战端；此外还记录了后凉主吕隆向后秦投降；后燕主慕容熙不惜百姓，残暴奢侈；记录了卢循被刘裕打败后攻克广州等等。

安皇帝戊

元兴二年（癸卯，公元四〇三年）春，正月，卢循使司马徐道覆寇东阳；二月，辛丑，建武将军刘裕击破之。道覆，循之姊夫也。

乙卯，以太尉玄为大将军。

丁巳，玄杀冀州刺史孙无终。

玄上表请帅诸军扫平关、洛，既而讽朝廷下诏不许，乃云：

"奉诏故止。"玄初欲饬装，先命作轻舸，载服玩、书画。或问其故，玄曰："兵凶战危，脱有意外，当使轻而易运。"众皆笑之。

【译文】 元兴二年（癸卯，公元 403 年）春季，正月，卢循派遣司马徐道覆带兵去侵略东阳。二月，辛丑日（初八），建武将军刘裕率领军队把他给打败了。徐道覆，是卢循的姐夫。

乙卯日（二十二日），晋安帝下令任命太尉桓玄为大将军。

丁巳日（二十四日），桓玄杀死了冀州刺史孙无终。

桓玄向上面上奏表请求让自己率领各军去扫除平定关、洛，后来讽示朝廷下诏令不同意，于是他说："我是奉了诏令才停止的。"桓玄当初想要整饬行装，于是就下命令先让轻便的船装载被服玩器和书画等，有人问他是什么原因。桓玄回答说："敌人很凶恶，仗打起来会很危险，万一有什么意外的话，这些轻便的东西会容易运送一些。"大家听到后都笑话他。

夏，四月，癸巳朔，日有食之。

南燕主备德故吏赵融自长安来，始得母兄凶问，备德号恸吐血，因而寝疾。

司隶校尉慕容达谋反，遣牙门皇璆帅众攻端门，殿中帅侯赤眉开门应之；中黄门孙进扶备德逾城匿于进舍。段宏等闻宫中有变，勒兵屯四门。备德入宫，诛赤眉等。达出奔魏。

【译文】 夏季，四月，癸巳朔日（初一），日食。

南燕的君主慕容备德在旧官吏赵融从长安回来后，才知道母亲和哥哥已经去世的坏消息，慕容备德大声痛哭，以致吐血，因此得了重病。

司隶校尉慕容达密谋造反，派牙门皇璆带兵去攻打端门，殿中帅侯赤眉将城门打开去响应他。中黄门孙进得知消息之后，扶着慕容备德越过城墙躲在了孙进的家里。段宏等人听说宫中发生了变乱之后，就派遣士兵屯守四个城门。南燕王慕容备德回到宫里之后，杀死了侯赤眉等人，慕容达则逃奔到魏国去了。

备德优迁徙之民，使之长复不役；民缘此迭相荫冒，或百室合户，或千丁共籍，以避课役。尚书韩𧮪请加隐核，备德从之，使𧮪巡行郡县，得荫户五万八千。

泰山贼王始聚众数万，自称太平皇帝，署置公卿；南燕桂林王镇讨禽之。临刑，或问其父及兄弟安在，始曰："太上皇蒙尘于外，征东、征西为乱兵所害。"其妻怒之曰："君正坐此口，奈何尚尔！"始曰："皇后不知，自古岂有不亡之国！朕则崩矣，终不改号！"

【译文】南燕王慕容备德对待迁徙的百姓非常好，给他们永远免除了赋役。普通的民众因此经常在暗中冒充迁徙的百姓，有的是一百家合成一户，有的是一千名壮丁，共为一户籍，以此来逃避课税徭役。尚书韩𧮪向慕容备德请求对他们加以审度核实，慕容备德听从他的意见，然后派遣他到各个郡县去巡视，最后韩𧮪查得荫庇的户口有五万八千家。

泰山的盗贼王始聚集了数万民众，然后自称是太平皇帝，还署任设置公卿。南燕的桂林王慕容镇带兵前去讨伐他，成功地将王始给擒住了。在王始快要被行刑的时候，问他的父亲和兄弟们现在在哪里。而王始回答说："太上皇现在蒙难流落在外，而我的征东将军和征西将军也已经被乱兵给杀害了。"他的妻子听到他这样说之后，很生气地对他说："你就是因为喜欢乱讲话，才落到了今天这个地步，现在快要死了怎么能还是如此呢？"王始对他的妻子说："皇后你不知道，自古以来怎么会有不灭亡的国家呢！朕现在已经要死了，但是仍然不愿意改君王的称号！"

【申涵煜评】始以泰山贼僭号，至死不悔。人传其"太上蒙尘"数语以为笑柄。予以为古今逆乱之臣谋事不成者，皆始之类，当彼时桓玄亦其匹也。

【译文】王始以一个泰山贼寇的名义僭越称帝，到死也没有反悔。人们散布他的"太上皇在外蒙尘"等几句话并作为取笑的材料。我认为古今以来的叛逆作乱的臣子谋事不成功的人，都是王始这类人，在当时只有桓玄也能和他相匹配。

五月，燕王熙作龙腾苑，方十馀里，役徒二万人。筑景云山于苑内，基广五百步，峰高十七丈。

秋，七月，戊子，魏主珪北巡，作离宫于豺山。

平原太守和跋奢豪喜名，珪恶而杀之，使其弟毗等就与诀。跋曰："灅北土瘠，可迁水南，勉为(主)〔生〕计。"且使之背己，曰："汝何忍视吾之死也！"毗等谕其意，诈称使者，逃入秦。珪怒，灭其家。中垒将军邓渊从弟尚书晖与跋善，或谮诸珪曰："毗之出亡，晖实送之。"珪疑渊知其谋，赐渊死。

【译文】五月，燕王慕容熙修建龙腾苑，方圆有十多里，动用了两万百姓做苦役。建筑景云山在龙腾苑里面，地基就有五百步宽，山峰的高度也有十七丈。

秋季，七月，戊子日(二十七日)，魏国君主拓跋珪带着大部队向北继续巡行，在豺山建造了行宫。

平原太守和跋这个人非常奢侈豪华，很喜欢虚名，拓跋珪非常讨厌他，想要将他杀死，拓跋珪让他的弟弟毗等人和他诀别。和跋对他的弟弟说："灅水北边的土地十分贫瘠，你们可以迁移到灅水的南边，还可以勉强维持生计。"而且让他们背对着自己，说："你们怎么能忍心看着我去死呢？"毗等人明白了和跋话中的意思，于是就假装说自己是使者，逃到秦国去了。拓跋珪知道之后非常生气，于是就下令灭了他们的家族。中垒将军邓渊的堂弟尚书邓晖与和跋的交情很好，有人向拓跋珪诬告说："毗等人能够成功逃亡，其实是邓晖暗中送走的。"拓跋珪怀疑邓渊已经知道了他们的计谋，于是就让邓渊自杀了。

南凉王祎檀及沮渠蒙逊互出兵攻吕隆，隆患之。秦之谋臣言于秦王兴曰："隆藉先世之资，专制河外，今虽饥窘，尚能自支，若将来丰赡，终不为吾有。凉州险绝，土田饶沃，不如因其危而取之。"兴乃遣使征吕超入侍。隆念姑臧终无以自存，乃因超请迎于秦。兴遣尚书左仆射齐难、镇西将军姚诘、左贤王乞伏乾归、镇远将军赵曜帅步骑四万迎隆于河西，〔南〕凉王祎檀摄昌松、魏安二戍以避之。八月，齐难等至姑臧，隆素车白马迎于道旁。隆劝难击沮渠蒙逊，蒙逊使臧莫孩拒之，败其前军。难乃与蒙逊结盟，蒙逊遣弟挐入贡于秦。难以司马王尚行凉州刺史，配兵三千镇姑臧，以将军阎松为仓松太守，郭将为番禾太守，分戍二城，徙隆宗族、僚属及民万户于长安。兴以隆为散骑常侍，超为安定太守，自馀文武随才擢叙。

【译文】南凉王祎檀和沮渠蒙逊互相出兵去攻打凉王吕隆，吕隆得知这个消息之后，非常担心。秦国的谋臣告诉秦王姚兴说："吕隆凭借先代的资望，在河外专权控制，现在他虽然面临着饥饿的困窘，但是还能够被我们支配，如果将来他富有了，那么最后就不能为我们所有了。凉州的地势险要隔绝，土地十分肥沃，我们不如利用当地的危险将这个地方攻取下来。"姚兴听了谋臣的话之后，就派遣使者征召吕超入朝侍从。吕隆一想姑臧最后根本就没有办法自求生存，于是他利用吕超，去请求向秦国奉迎。姚兴派遣尚书左仆射齐难、镇西将军姚诘、左贤王乞伏乾归和镇远将军赵曜，率领着四万多步兵和骑兵到河西去迎接吕隆，南凉王祎檀将昌松和魏安两戍的兵收回来，以避开他们。八月，齐难等人率领着自己的部下到了姑臧，吕隆坐着素色的车子，白色的马，在路旁去迎接他们。吕隆劝齐难带兵去攻打沮渠蒙逊，沮渠蒙逊得知这个消息之后立即派遣臧莫孩率领军队前去抵抗，打败了他的前军，于是齐难只好和沮渠蒙逊缔结了盟约。而沮渠蒙逊将他的弟弟沮渠拏派遣到了秦国去进贡。齐难让司马王尚代理凉州刺史一职，并且给他配备了三千名士兵，让他在姑臧镇守，还任命了将军阎松为仓松太守，让郭将担任番禾太守，分别让他们戍守在了这两个城里。齐难下令将吕隆的宗族、僚属和一万户百姓都迁徙到长安去了。姚兴任命吕隆为散骑常侍，让吕超担任安定太守一职。而对于其余的文武官吏们，姚兴根据他们自身的才能，都对他们加以提拔叙用了。

初，郭黁常言"代吕者王"，故其起兵，先推王详，后推王乞基；及隆东迁，王尚卒代之。黁从乞伏乾归降秦，以为灭秦者晋也，遂来奔，秦人追得，杀之。

沮渠蒙逊伯父中田护军亲信、临松太守孔笃，皆骄恣为民患，蒙逊曰："乱吾法者，二伯父也。"皆逼之使自杀。

秦遣使者梁构至张掖，蒙逊问曰："秃发祎檀为公而身为侯，何也？"构曰："祎檀凶狡，款诚未著，故朝廷以重爵虚名羁縻之。

将军忠贯白日，当入赞帝室，岂可以不信相待也！圣朝爵必称功，如尹纬、姚晃，佐命之臣，齐难、徐洛，一时猛将，爵皆不过侯伯，将军何以先之乎！昔窦融殷勤固让，不欲居旧臣之右，不意将军忽有此问！"蒙逊曰："朝廷何不即封张掖而更远封西海邪？"构曰："张掖，将军已自有之，所以远授西海者，欲广大将军之国耳。"蒙逊悦，乃受命。

【译文】当初，郭黁经常说："将来能够代替吕氏的是姓王的人。"所以他在起兵的时候，先是推举了王详，后来又推举了王乞基。而等到吕隆东迁的时候，王尚终于代替了他。最后郭黁跟随乞伏乾归一起向秦国投降了，可是他又认为晋朝会把秦国给灭掉，于是立即逃往晋朝去，但在逃跑的路上被秦人追上，把郭黁杀死了。

沮渠蒙逊的伯父中田护军亲信和临松太守孔笃，他们都非常骄傲恣肆，是百姓最大的忧患。沮渠蒙逊说："把我制定的法律弄混乱的，是我的两位伯父。"于是沮渠蒙逊逼迫他们自杀了。

秦国派遣使者梁构到张掖去见沮渠蒙逊，沮渠蒙逊问秦国的使者说："秃发祎檀是公的身份，而我只能被称为侯，这是什么原因呢？"梁构回答沮渠蒙逊说："秃发祎檀这个人十分凶险狡猾，他的真诚并没有完全表现出来，所以朝廷才会封给他高的爵位，然后用虚的声名来羁绊他。将军您的忠心上澈皓日，应该会进入朝廷辅助帝室的，所以我又怎么可以用不相信的心理来对待您呢？圣朝所封赐给的爵位，一定是会和他的功绩相称的。就比如说尹纬和姚晃，他们两人都是辅佐君命的臣子；齐难和徐洛，他们两人都是一代猛将，而他们的爵位也不过只是个侯伯而已，将军为什么想要处于他们前面呢？从前窦融很诚恳地坚持要退让，不愿意再次处在旧臣的上位，我没有想到

将军忽然会有这样一个问题!"沮渠蒙逊又问梁构，说:"朝廷为
什么不下令马上封了张掖，而是封在了更远的西海泥?"梁构又
回答说:"张掖这个地方，将军现在已经自己拥有了，之所以建
议将军颁授比较远的西海，是想要扩大将军的国土呀!"沮渠蒙
逊听了梁构的回答后，非常高兴，于是接受了命令。

荆州刺史桓伟卒，大将军玄以桓修代之。从事中郎曹靖之
说玄曰:"谦、修兄弟专据内外，权势太重。"玄乃以南郡相桓石康
为荆州刺史。石康，豁之子也。

刘裕破卢循于永嘉，追至晋安，屡破之，循浮海南走。

何无忌潜诣裕，劝裕于山阴起兵讨桓玄。裕谋于土豪孔靖，
靖曰:"山阴去都道远，举事难成;且玄未篡位，不如待其已篡，
于京口图之。"裕从之。靖，愉之孙也。

【译文】荆州刺史桓伟死了，大将军桓玄让桓修去顶替桓伟
原来的职位。从事中郎曹靖之对桓玄说:"桓谦和桓修兄弟两
人专权，在朝廷内外把持朝政，权力声势太重了。"桓玄听了他
说的话之后，就立即让南郡的宰臣桓石康担任荆州刺史。桓石
康，是桓豁的儿子。

刘裕率领着军队在永嘉将卢循给打败了，卢循战败后被刘
裕追赶到晋安，紧接着几次战役又都输给了刘裕，最后卢循只
好渡海向南逃走了。

何无忌暗中去看刘裕，并且劝刘裕在山阴起兵去讨伐桓
玄。刘裕听了何无忌说的话之后就去与本地的豪杰孔靖商量，
孔靖对刘裕说:"山阴这个地方距离都城非常遥远，如果在这里
起事的话是很难成功的。而且现在桓玄还没有篡夺帝位，我们
不如等到他已经篡了帝位之后，再在京口计谋讨伐他。"刘裕听

了孔靖的话之后，觉得很有道理，于是就采纳了他的意见。孔靖，是孔愉的孙子。

九月，魏主珪如南平城，规度灅南，将建新都。

侍中殷仲文、散骑常侍卜范之劝大将军玄早受禅，阴撰九锡文及册命。以桓谦为侍中、开府、录尚书事，王谧为中书监、领司徒，桓胤为中书令，加桓修抚军大将军。胤，冲之孙也。丙子，册命玄为相国，总百揆，封十郡，为楚王，加九锡，楚国置丞相以下官。

桓谦私问彭城内史刘裕曰："楚王勋德隆重，朝廷之情，咸谓宜有揖让，卿以为何如？"裕曰："楚王，宣武之子，勋德盖世，晋室微弱，民望久移，乘运禅代，有何不可？"谦喜曰："卿谓之可即可耳。"

【译文】九月，魏国的君主拓跋珪率领着自己的部下到达了南平城，规划在灅水的南边建造新都。

侍中殷仲文和散骑常侍卜范之他们两人都劝大将军桓玄早一点接受禅位，并且暗中撰写了九锡文和册命。让桓谦担任侍中、开府、录尚书事，让王谧担任中书监和领司徒，让桓胤担任中书令，并且还加封桓修为抚军大将军。桓胤，是桓冲的孙子。丙子日（十六日），颁布诏令册令桓玄为相国，总管着百官，封给他十个郡，为楚王，加封九锡，然后楚国又设置了丞相以下的官吏。

桓谦私下里问彭城的内史刘裕说："楚王的功勋德业都十分崇大，按照朝廷现在的情形，大家都说应该禅位给他，你对此事是怎么认为的呢？"刘裕回答说："楚王本来就是宣武公桓温的儿子，再加上他的功勋德业为一世之冠，而现在的晋室衰微倾弱，百姓很久以前就想换个君主了，现在这种情况下配合时运禅位给他，又有什么不可以的呢？"桓谦对刘裕的回答感到很高兴，他对刘裕说："你说可以那就可以了。"

新野人庾仄，殷仲堪之党也，闻桓伟死，石康未至，乃起兵袭雍州刺史冯该于襄阳，走之。仄有众七千，设坛，祭七庙，云欲讨桓玄，江陵震动。石康至州，发兵攻襄阳，仄败，奔秦。

高雅之表南燕主备德请伐桓玄曰："纵未能廓清吴、会，亦可收江北之地。"中书侍郎韩范亦上疏曰："今晋室衰乱，江、淮南北，户口无几，戎马单弱。重以桓玄悖逆，上下离心；以陛下神武，发步骑一万临之，彼必土崩瓦解，兵不留行矣。得而有之，秦、魏不足敌也。拓地定功，正在今日。失时不取，彼之豪杰诛灭桓玄，更修德政，岂惟建康不可得，江北亦无望矣。"备德曰："朕以旧邦覆没，欲先定中原，乃平荡荆、扬，故未南征耳。其令公卿议之。"因讲武城西，步卒三十七万人，骑五万三千匹，车万七千乘。公卿皆以为玄新得志，未可图，乃止。

【译文】新野人庾仄是殷仲堪的同党，他听说桓伟死了，而桓石康还没有到达后，就在襄阳起兵了，然后率领着自己的军队去偷袭雍州的刺史冯该，并且成功地把他给赶走了。庾仄有七千名部属，他设置了祭坛，祭祀了七庙，说是"想要去讨伐桓玄"，江陵都受到了震动。等到石康到了荆州之后，他发动军队去攻打襄阳，庾仄战败，最后只好逃奔到秦国去了。

高雅之向南燕的君主慕容备德上奏表，请求慕容备德让他带兵去讨伐桓玄。他对慕容备德说："纵使我这一次不能够清除吴郡和会稽，但是一定可以收复江北的地方。"中书侍郎韩范也向慕容备德上奏疏说："现在的晋朝处在衰微混乱的时期，江、淮南北的地方，都没有多少户口，而且军队的力量也十分单薄弱小。再加上桓玄此时犯上作乱，他们内部上下根本就不能够同心协力。所以以陛下您的神明英武，如果我们现在派遣一万名步兵和骑兵到达，那么他们必定会土崩瓦解，士兵们也都会逃走而不留下来。等我们取得了这个地方以后，我们就不需要再怕秦国和魏国了。拓展我国的土地，成就千秋的功劳，就在今天了。如果我们失去了这次机会不去进攻的话，等到其他的豪杰们消灭桓玄以后，再修行德政，我们不只是得不到建康了，就连江北也可能没有希望了。"慕容备德对大臣们说："朕是因为旧的邦国已经被灭掉了，所以想先将中原安定下来。因此平定扫荡了荆州和扬州，而没有下令向南征伐。这应该让诸位大臣公卿研议的。"于是在城西演练军队，步兵有三十七万人，骑兵有五万三千匹马，车辆一万七千部。公卿都认为现在的桓玄刚刚得志，根本就没有什么办法去图谋他，于是止住了这个计划。

冬，十月，楚王玄上表请归藩，使帝作手诏固留之。又诈言钱塘临平湖开，江州甘露降，使百僚集贺，用为己受命之符。又以前世皆有隐士，耻于己时独无，求得西朝隐士安定皇甫谧六世孙希之，给其资用，使隐居山林；征为著作郎，使希之固辞不就，然后下诏旌礼，号曰高士。时人谓之"充隐"。又欲废钱用谷、帛及复肉刑，制作纷纭，志无一定，变更回复，卒无所施行。性复贪鄙，人士有法书、好画及佳园宅，必假蒲博而取之；尤爱珠玉，未尝离手。

【译文】冬季，十月，楚王桓玄向晋安帝上奏表请求要回到藩国，还让晋安帝亲自下了手诏坚持挽留他。又欺骗说钱塘临平湖的长草，自动把湖面给拨开了（临平湖草常蓁塞，开则天下太平）；江州降下了甘露，教百官齐集祝贺，作为自己接受天命的符兆；又因为前代都有隐居的名士，而到自己的时候没有，感到很羞愧，于是找到了晋室东迁后在洛阳的隐士安定人皇甫谧的六世孙子皇甫希之，供给他费用，让他隐居在山林里。然后一边征调他做著作郎，一边还让皇甫希之坚持推辞说不能够接受，然后再下诏令旌表礼敬，号称高士。当时的人都说他是"冒充的隐士"。桓玄又想要下令废除掉钱币，用稻谷和丝帛来作通货，还想要恢复肉刑。制度非常混乱，根本就没有统一的意见，还总是在来回反复变更，导致制度都无法实行。桓玄的性情又非常贪婪和鄙吝，如果知道某个人有了好的字或者好的画，又或是好的花园住宅，那么他一定会假借赌博的方式，将它们都据为己有。他特别喜欢珠宝玉石，对这些东西爱不释手。

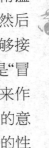

乙卯，魏主珪立其子嗣为齐王，加位相国；绍为清河王，加征南大将军；熙为阳平王；曜为河南王。

丁巳，魏将军伊谓帅骑二万袭高车馀种袁纥、乌频；十一月，庚午，大破之。

诏楚王玄行天子礼乐，妃为王后，世子为太子。丁丑，下范之为禅诏，使临川王宝逼帝书之。宝，晞之曾孙也。庚辰，帝临轩，遣兼太保、领司徒王谧奉玺绶，禅位于楚。壬午，帝出居永安宫。癸未，迁太庙神主于琅邪国，穆章何皇后及琅邪王德文皆徙居司徒府。百官诣姑孰劝进。十二月，庚寅朔，玄筑坛于九井山北，壬辰，即皇帝位。册文多非薄晋室，或谏之，玄曰："揖让之文，正可陈之于下民耳，岂可欺上帝乎！"大赦，改元永始。以南康之平固县封帝为平固王，降何后为零陵县君，琅邪王德文为石阳县公，武陵王遵为彭泽县侯。追尊文温为宣武皇帝，庙号太祖，南康公主为宣皇后，封子昇为豫章王。以会稽内史王愉为尚书仆射, 愉子相国左长史绥为中书令。绥, 桓氏之甥也。戊戌, 玄入建康宫, 登御坐, 而床忽陷, 群下失色。殷仲文曰: "将由圣德深厚, 地不能载。"玄大悦。梁王珍之国臣孔朴奉珍之奔寿阳。珍之, 晞之曾孙也。

资治通鉴

【译文】乙卯日(二十五日), 魏国的君主拓跋珪册封他的儿子拓跋嗣为齐王, 还加封了相国的地位; 册封拓跋绍为清河王, 加封为征南大将军; 册封拓跋熙为阳平王; 册封拓跋曜为河南王。

丁巳日(二十七日), 魏国的将军伊谓率领着两万名骑兵去侵袭高车的馀种袁纥和乌频。十一月, 庚午日(十一日), 伊谓将他们打得大败。

诏令楚王桓玄施行天子的礼乐, 册封他的妃子为王后, 他的世子为太子。丁丑日(十八日), 卞范之制作禅位的诏令, 教临川王司马宝去逼迫晋安帝书写诏令。司马宝是司马晞的曾孙。庚辰日(二十一日), 晋安帝到了厅堂, 派遣兼太保、领司徒王谧将玉玺及组绶奉上, 然后禅位给了楚王。壬午日(二十三日), 晋安帝出了皇宫, 住在了永安宫。癸未日(二十四日), 将太庙司马氏族的历代祖先的牌位迁到了琅邪国, 穆章何皇后和琅邪王德文都搬到了司徒府。百官们到姑孰之后, 就劝桓玄登位。十二月, 庚寅朔日(初一), 桓玄在九井山北边搭建祭坛, 壬辰日(初三), 桓玄正式登上了皇上位。册文中有很多地方指责及藐视了晋朝的王室, 于是就有人对桓玄加以劝谏, 桓玄回答说: "册文中揖让谦逊的话, 只可以是对普通的老百姓说说而已, 怎么可以用来欺骗帝王呢? 这个必须据实陈说。"桓玄登位之后立即下令大赦天下, 并且改年号为永始。他将南康的平固县赐给了原来的晋安帝, 封他为平固王, 并且把何后降级为零陵县君, 琅邪王司马德文为石阳县公, 武陵王司马遵为彭泽县侯。追加尊奉他的父亲桓温为宣武皇帝，庙号为太祖，南康公主为宣皇后，封他的儿子桓升为豫章王。让会稽内史王愉担任尚书仆射，让王愉的儿子相国左长史王绥担任中书令。王绥是桓氏的外甥。戊戌日（初九），桓玄进入了建康宫，真正登上了皇帝的宝座，而他的坐床却忽然发生了下陷的情况，群臣的脸色都变了。殷仲文对此解释说："大概是圣上您的道德太过深厚，连地都不能够承载得了。"桓玄听了殷仲文说的话之后非常高兴。梁王司马珍之的国臣孔朴帮助司马珍之逃奔去了寿阳。司马珍之是司马晞的曾孙。

戊申，燕王熙尊燕主垂之贵嫔段氏为皇太后。段氏，熙之慈母也。己酉，立苻贵嫔为皇后，大赦。

辛亥，桓玄迁帝于寻阳。

燕以卫尉悦真为青州刺史，镇新城；光禄大夫卫驹为并州刺史，镇凡城。

癸丑，纳桓温神主于太庙。桓玄临听讼观阅囚徒，罪无轻重，多得原放；有干舆乞者，时或恤之。其好行小惠如此。

是岁，魏主珪始命有司制冠服，以品秩为差。然法度草创，多不稽古。

【译文】戊申日（十九日），燕王慕容熙将燕主慕容垂的宠妃段氏尊奉为皇太后。段氏是慕容熙的亲生母亲。己酉日（二十日），燕王慕容熙又册封苻贵嫔为皇后。下令大赦。

辛亥日（二十二日），桓玄派人把晋安帝迁到了寻阳。

燕国下令让卫尉悦真担任青州的刺史，让他带兵镇守在新城。让光禄大夫卫驹担任并州刺史，带兵镇守在凡城。

癸丑日（二十四日），桓玄将神主接纳到太庙里。桓玄亲自去听讼观看囚徒，不管犯人们犯的是轻罪还是重罪，他们中很多人都获得了原谅，然后被放行了。有人干犯乘舆乞讨饮食者，就经常给予一些周济。他喜欢做这些小恩小惠的事情。

这一年，魏国的君主拓跋珪开始命令官吏们制作冠服，然后根据品秩分等级。可是他的很多法度都是刚刚建立的，都没有稽考古制。

元兴三年（甲辰，公元四〇四年）春，正月，桓玄立其妻刘氏为皇后。刘氏，乔之曾孙也。玄以其祖彝以上名位不显，不复追尊立庙。散骑常侍徐广曰："敬其父则子悦，请依故事立七庙。"玄曰："礼，太祖东向，左昭右穆。晋立七庙，宣帝不得正东向之位，何足法也！"秘书监卞承之谓广曰："若宗庙之祭果不及祖，有以知楚德之不长矣。"广，邈之弟也。

玄自即位，心常不自安。二月，己丑朔，夜，涛水入石头，流杀人甚多，讙哗震天。玄闻之，惧，曰："奴辈作矣！"

玄性苛细，好自矜伐。主者奏事，或一字不体，或片辞之谬，必加纠擿，以示聪明。尚书答诏误书"春蒐"为"春菟"，自左丞王纳之以下，凡所关署，皆被降黜。或手注直官，或自用令史，诏令纷纭，有司奉答不暇，而纪纲不治，奏案停积，不能知也。又性好游畋，或一日数出。迁居东宫，更缮宫室，土木并兴，督迫严促，朝野骚然，思乱者众。

【译文】元兴三年（甲辰，公元404年）春季，正月，桓玄册封他的妻子刘氏为皇后，刘氏是刘乔的曾孙女。桓玄因为他的祖父桓彝以上的名位都不显著，于是就没有再追尊立庙。散骑常侍徐广对桓玄说："'尊敬他的父亲则儿子喜悦。'请您依照过去的例子立七庙。"桓玄回答徐广说："根据礼制的规定，太祖的位置面向东，左三昭，右三穆。晋朝立了七庙，但是宣帝不能够在正东向的位置，这样的做法哪里值得我去效法呢？"秘书监卞承之告诉徐广说："如果宗庙的祭祀真的不推及到祖父的话，那么就可以知道楚王的福祚不会太长了。"徐广是徐邈的弟弟。

桓玄自从登基做皇帝以后，心里常常感到不安，不能平定。二月，己丑朔日（初一），这天夜晚，波涛冲入了石头城，被水流冲走然后死去的人有很多，群众都十分惊慌。桓玄听了这个消息之后，心里感到非常害怕，他说："这是奴辈想要作乱了！"

桓玄的本性是非常苛刻琐细的，他喜欢恃功自夸。主事的人上奏的时候，有时有一个字的上下偏旁不合体，又或者是哪一句话不对，他都一定要加以纠正指摘，以此来表现他的聪明。尚书回答诏书时误把"春蒐"两字写成了"春菟"，桓玄就下令从左丞王纳之以下，凡是在这份诏书上盖过章的、签过字的，都被降职免官了。桓玄有时会亲手指派入值的官，有时会自己任用令史，诏令颁布得非常纷乱，主管官吏们应答不暇。而朝廷纪纲不治，公文停顿堆积，都无法知晓。他又非常喜欢游乐打猎，有时候一天要出去好几次。他从东宫搬出来，另外修建了宫室，土木工程一起进行，督促得十分紧迫，朝野里都很骚乱，想要趁此机会作乱的人有很多。

玄遣使加益州刺史毛璩散骑常侍、左将军。璩执留玄使，不受其命。璩，宝之孙也。玄以桓希为梁州刺史，分命诸将戍三巴以备之。璩传檄远近，列玄罪状，遣巴东太守柳约之、建平太守罗述、征虏司马甄季之击破希等，仍帅众进屯白帝。

刘裕从徐、兖二州刺史，安成王桓修入朝。玄谓王谧曰："裕风骨不常，盖人杰也。"每游集，必引接殷勤，赠赐甚厚。玄后刘氏，有智鉴，谓玄曰："刘裕龙行虎步，视瞻不凡，恐终不为人下，不如早除之。"玄曰："我方平荡中原，非裕莫可用者；俟关、河平定，然后别议之耳。"

玄以桓弘为青州刺史，镇广陵；刁逵为豫州刺史，镇历阳。弘，修之弟；逵，彝之子也。

【译文】桓玄派遣使者给益州刺史毛璩加官为散骑常侍和左将军。毛璩将桓玄的使者抓住扣留了，他不接受桓玄的任命。毛璩是毛宝的孙子。桓玄颁布诏令让桓希担任梁州刺史，分别命令众将戍守三巴加以防备。毛璩将军书传送给各处，将桓玄的罪状一一陈列出来，派遣巴东的太守柳约之、建平的太守罗述和征房司马甄季之率领军队去击败桓希等人，然后又率领军队进兵屯守在白帝。

刘裕跟从徐、兖二州的刺史安成王桓修一起入朝，桓玄告诉王谧说："刘裕的风神骨法和一般人是不一样的，是人中的豪杰。"每次桓玄组织游览集会，都会很殷勤地引领接待刘裕，并赠送给他丰厚的赏赐。桓玄的皇后刘氏，很有智慧，非常聪明，能知人，她告诉桓玄说："刘裕走路的时候如龙虎一样行走，他的眼光瞻视，不同于一般的人，我担心他终究不会甘心屈居于人下的，所以我们还不如早一点把他给除掉。"桓玄听了她的话后，对她说："我现在要平定中原，如果现在除掉刘裕的话，那我就没有可以任用的人了。还是等到关、河平定以后再另外商议吧！"

桓玄让桓弘担任青州刺史，带兵在广陵镇守；让刁逵担任豫州刺史，带兵在历阳镇守。桓弘，是桓修的弟弟；刁逵，是刁彝的儿子。

刘裕与何无忌同舟还京口，密谋兴复晋室。刘迈弟毅家于京口，亦与无忌谋讨玄。无忌曰："桓氏强盛，其可图乎?"毅曰："天下自有强弱，苟为失道，虽强易弱，正患事主难得耳。"无忌曰："天下草泽之中非无英雄也。"毅曰："所见唯有刘下邳。"无忌笑而不答，还以告裕，遂与毅定谋。

【译文】刘裕和何无忌坐同一条船回到京口，他们暗中计划要复兴晋朝的王室。刘迈的弟弟刘毅的家在京口，他也和何无忌计划要去讨伐桓玄。何无忌说："桓氏现在的力量十分强大，就凭我们现在这样能有办法吗?"刘毅说："天下自有强弱的道理，如果失去了正道，即使力量足够强，也会很容易就衰弱的，我只是担心举事的首领难得罢了!"何无忌说："天下草野之中，不是没有真正的英雄呀!"刘毅说："在我所遇见的人当中，只有刘下邳（刘裕）最适合成为领袖了。"何无忌听了刘毅的话之后，笑着不回答，他回去将他们的话告诉给了刘裕，于是决定和刘毅商量谋略。

初，太原王元德及弟仲德为苻氏起兵攻燕主垂，不克，来奔，朝廷以元德为弘农太守。仲德见桓玄称帝，谓人曰："自古革命诚非一族，然今之起者恐不足以成大事。"

平昌孟昶为青州主簿，桓弘使昶至建康，玄见而悦之，谓刘迈曰："素士中得一尚书郎，卿与其州里，宁相识否?"迈素与昶不善，对曰："臣在京口，不闻昶有异能，唯闻父子纷纷更相赠诗耳。"玄笑而止。昶闻而恨之，既还京口，裕谓昶曰："草间当有英雄起，卿颇闻乎?"昶曰："今日英雄有谁，正当是卿耳!"

【译文】当初，太原王元德和他的弟弟仲德率领着自己的军队替苻氏起兵去攻打燕国的君主慕容垂时，没有成功，于是他们就跑到晋朝来，朝廷接受他们之后，让元德担任弘农的太守。仲德在看见桓玄自称皇帝之后，告诉别人说："从古以来，因为受命而改朝换代的，不是只有这一个族而已，但是今天起义的人，恐怕将来不能成就什么大事。"

平昌人孟昶担任青州主簿一职，桓弘派遣孟昶到建康去，桓玄见了孟昶之后非常高兴，他告诉刘迈说："我在普通的读书人中得到了一个尚书郎，你和他在同一个州里，你们以前认识吗？"刘迈平时和孟昶的关系不好，于是就回答桓玄说："臣在京口的时候，没有听说孟昶有什么特别的才能，只是听说他们父子之间经常会互相赠诗。"桓玄听了刘迈的话之后大笑，也就没再提给孟昶升官的事了。孟昶知道这件事情之后非常气愤。他回到京口后，刘裕告诉孟昶说："草野之中常常会有英雄崛起，你常听说这样的事吗？"孟昶回答刘裕说："今天的英雄会有谁呢？就是你自己吧！"

于是，裕、毅、无忌、元德、仲德、昶及裕弟道规、任城魏咏之、高平檀凭之、琅邪诸葛长民、河内太守随西辛扈兴、振威将军东莞童厚之，相与合谋起兵。道规为桓弘中兵参军，裕使毅就道规及昶于江北，共杀弘，据广陵；长民为刁逵参军，使长民杀逵，据历阳；元德、扈兴、厚之在建康，使之聚众攻玄为内应；刻期齐发。

孟昶妻周氏富于财，昶谓之曰："刘迈毁我于桓公，使我一生沦陷，我决当作贼。卿幸早离绝，脱得富贵，相迎不晚也。"周氏曰："君父母在堂，欲建非常之谋，岂妇人所能谏！事之不成，当于奚官中奉养大家，义无归志也。"昶怅然久之而起。周氏追昶坐，曰："观君举措，非谋及妇人者，不过欲得财物耳。"因指怀中儿示之曰："此儿可卖，亦当不惜。"遂倾赀以给之。昶弟顗妻，周氏之从妹也，周氏绐之曰："昨夜梦殊不祥，门内绛色物宜悉取以为厌胜。"妹信而与之，遂尽缝以为军士袍。

【译文】 因此，刘裕、刘毅、何无忌、王元德、王仲德、孟昶和刘裕的弟弟刘道规、任城人魏咏之、高平人檀凭之、琅邪人诸葛长民、河内太守陇西人辛扈兴、振威将军东莞人童厚之他们这些人，互相勾结起来，密谋起兵造反。刘道规是桓弘的中兵参军，刘裕派遣刘毅率领自己的部下到江北去和刘道规及孟昶的人会合。他们一起将桓弘给杀死了，然后占据了广陵，在广陵防守。诸葛长民是刁逵的参军，他们暗中派遣诸葛长民去杀死了刁逵，然后派人占据了历阳。元德、扈兴和厚之三人都在建康，所以就派遣他们在城内聚合群众攻打桓玄作为内应，等到约定日期一到，他们就一同发动战事。

孟昶的妻子周氏很有钱，孟昶告诉她说："刘迈在桓公面前诋毁污蔑我，让我的一生沦落，所以我决定做叛贼造反。而我希望你能早一点和我断绝夫妻关系，假如有一天我得到了荣华富贵，那时我再来迎娶你也不晚。"周氏听了丈夫说的话之后，对孟昶说："你的父母都还健在，你想要建立不寻常的谋略，这哪是我一妇人所能劝谏的呢？如果你的事情没有成功，即使我会沦为官奴，我也要在奚官中奉养公婆，从道义上来讲，我没有回娘家的打算。"孟昶听了妻子的话之后，心情很是惆怅，他过了很久才站起来，周氏追上孟昶，叫他坐下来与他说："我看你现在的作为，不是来向我商量的，不过是想要向我要些财物罢了。"因此周氏指着自己怀里抱着的女儿说："咱们的这个女儿如果可以拿去卖钱的话，我也不会吝惜的。"于是周氏把自己所有的钱财都给了孟昶。孟昶的弟弟孟顗的妻子，是周氏的堂妹，周氏欺骗她说："昨天晚上我做了一个梦，梦境反映的极为不祥，门内所有红色的东西都应该全部拿下来作为压鬼的东西。"她的堂妹相信她所编造的话，把所有的红布都给了她，于是周氏就用这些布加紧时间缝制了军士的战袍。

何无忌夜于屏风里草檄文，其母，刘牢之姊也，登榆密窥之，泣曰："吾不及东海吕母明矣。汝能如此，吾复何恨！"问所与同谋者，曰："刘裕。"母尤喜，因为言玄必败，举事必成之理以劝之。

乙卯，裕托以游猎，与无忌收合徒众，得百馀人。丙辰，诘旦，京口城开，无忌著传诏服，称敕使，居前，徒众随之齐入，即斩桓修以徇。修司马刁弘帅文武佐吏来赴，裕登城谓之曰："郭江州已奉乘舆返正于寻阳，我等并被密诏，诛除逆党，今日贼玄之首已当枭于大航矣。诸君非大晋之臣乎？今来欲何为？"弘等信之，收众而退。

【译文】何无忌晚上独自一人在屏风里草拟檄文，他的母亲，是刘牢之的姐姐。她爬上凳子暗中偷看何无忌，哭着对他说："我比不上东海吕明的母亲，这是非常显明的事实。但是你能这样做，我又有什么好怨恨的呢？"何无忌的母亲问和他一起同谋起事的是哪些人。何无忌回答说："是刘裕。"母亲听了之后特别高兴，于是就说了许多桓玄一定会失败、你的举事一定会成功的道理来劝慰他。

乙卯日（二十七日），刘裕借口要出去打猎，他和何无忌集合了所有手下，加在一起有一百多人。丙辰日（二十八日），天刚亮的时候，京口的城门刚打开，何无忌就穿着传达诏令的衣服，称自己是来传达诏令的使者，站在队伍的前面，徒众跟着他一起进入了城里，然后他们就把桓修立刻斩杀示众了。桓修的司

马刁弘得知这个消息之后立即率领着文武僚佐前来赴难，刘裕登上城楼，告诉他们说："郭江州（郭昶之）已经将天子奉迎到了寻阳，

要将天下返归正位，我们都收到了密诏，这次来是要诛灭叛逆的贼党，今天贼党的首领桓玄的头已经悬挂在大航了。各位不都是大晋的臣子吗，那么今天你们都来要做些什么呢？"刁弘等人相信了他说的话，于是就召回徒众退去了。

裕问无忌曰："今急须一府主簿，何由得之？"无忌曰："无过刘道民。"道民者，东莞刘穆之也。裕曰："吾亦识之。"即驰信召焉。时穆之闻京口讙噪声，晨起，出陌头，属与信会。穆之直视不言者久之，既而返室，坏布裳为裤，往见裕。裕曰："始举大义，方造艰难，须一军吏甚急，卿谓谁堪其选？"穆之曰："贵府始建，军吏实须其才，仓猝之际，略当无见逾者。"裕笑曰："卿能自屈，吾事济矣。"即于坐署主簿。

孟昶劝桓弘其日出猎，天未明，开门出猎人；昶与刘毅、刘道规帅壮士数十人直入，弘方啖粥，即斩之。因收众济江。裕使毅诛刁弘。

【译文】刘裕问何无忌说："我们现在急需要招一名府主簿，如何才能够得到呢？"何无忌回答说："没有比刘道民更适当的人选。"刘道民就是东莞人刘穆之。刘裕说："我也认识他。"然后就立刻派遣信使去召请他。当时刘穆之听到京口传来了喧闹的声音，他早晨刚起床，走到街头的时候，正巧就碰上了使者。刘穆之看着他没有说话，后来他又回到了屋子里，将布裳撕碎作为戎服，前去和刘裕见面。刘裕对刘穆之说："我们现在是刚开始发动义举，在这起事之初，事事都非常艰难，急需要一名

军吏,你看谁是最适合的人选呢?"刘穆之听了之后,对刘裕说:"贵府现在才刚开始建立,军吏确实是需要很有才干的,而在这紧急时刻,大概没有人能比我更合适的了。"刘裕听了刘穆之说的话之后,笑着对他说:"你能够自己屈就这个职位,那么我的事情就算成功了。"说完之后,刘裕立刻在座上署任他为主簿。

孟昶劝桓弘当天出去打猎,天还没亮的时候,官兵们打开城门让打猎的人出城,孟昶和刘毅、刘道规三人率领着数十名壮士直接进入城里,桓弘正在吃粥,立即把他杀了,于是收拾群众渡过长江。刘裕派刘毅去杀刁弘。

先是,裕遣同谋周安穆入建康报刘迈,迈虽酬许,意甚惶惧;安穆虑事泄,乃驰归。玄以迈为竟陵太守,迈欲亟之郡。是夜,玄与迈书曰:"北府人情云何?卿近见刘裕何所道?"迈谓玄已知其谋,晨起,白之。玄大惊,封迈为重安侯。既而嫌迈不执安穆,使得逃去,乃杀之,悉诛元德、崷兴、厚之等。

众推刘裕为盟,总督徐州事,以孟昶为长史,守京口,檀凭之为司马。彭城人应募者,裕悉使郡主簿刘钟统之。丁巳,裕帅二州之众千七百人,军于竹里,移檄远近,声言益州刺史毛璩已定荆楚,江州刺史郭昶之奉迎主上返正于寻阳,镇北参军王元德等并帅部曲保据石头,扬武将军诸葛长民已据历阳。

【译文】起先,刘裕派遣同谋的人周安穆到建康报告刘迈,刘迈虽然敷衍答应,但心里非常惶恐不安。周安穆担心他们的事情外泄,于是很快就回去了。桓玄任命刘迈为竟陵太守,刘迈想要急着去赴任,当天晚上,桓玄写信给刘迈说:"北府的人心现在怎么样?你最近看见刘裕的时候,他都说了些什么话?"刘迈以为桓玄已经知道了他们的计谋,便在早晨起来以后,马

资治通鉴

上去向桓玄报告。桓玄听了之后大吃一惊，马上封刘迈为重安侯。但是桓玄后来不满意刘迈不抓住安穆，让他给逃走了，于是就下令杀死刘迈。然后又把王元德、辛扈兴和童厚之等人也都给杀死了。

大家都推举刘裕担任盟主，总管督导徐州的事情，任命孟昶为长史，带兵防守在京口，檀凭之为司马。在彭城应召募集来的人，刘裕都交由郡主簿刘钟统领着。丁巳日(二十九日)，刘裕率领着两州百姓一共一千七百人，驻军在竹里，各地传送来军书，都声称益州刺史毛璩已经平定了荆楚，江州刺史郭昶之奉迎了晋安帝回到了寻阳复位，镇北参军王元德等人也一起率领着部属据守在石头，扬武将军诸葛长民已经据守在了历阳。

玄移还上宫，召侍官皆入止省中；加扬州刺史新安王桓谦征讨都督，以殷仲文代桓修为徐、兖二州刺史。谦等请亟遣兵击裕，玄曰："彼兵锐甚，计出万死，若有蹉跌，则彼气成而吾事去矣；不如屯大众于覆舟山以待之。彼空行二百里，无所得，锐气已挫，忽见大军，必惊愕；我按兵坚阵，勿与交锋，彼求战不得，自然散走，此策之上也。"谦等固请击之，乃遣顿丘太守吴甫之、右卫将军皇甫敷相继北上。

玄忧惧特甚。或曰："裕等乌合微弱，势必无成，陛下何虑之深？"玄曰："刘裕足为一世之雄，刘毅家无担石之储，樗蒲一掷百万，何无忌酷似其舅；共举大事，何谓无成！"

【译文】桓玄移回到上宫去了，并且召令侍官们都居住在尚书省中。桓玄又接着下令加封扬州刺史新野王桓谦为征讨都督，让殷仲文代替桓修担任徐州和兖州刺史。桓谦等人向桓玄请求即刻派兵去攻打刘裕。而桓玄听了他们的请求之后，说：

"他们的士兵非常猛锐，而且他们已经下定决心，誓死不回。一旦我们出现了什么意外，他们的气焰就会形成，到那时我的大事一定会失败，所以我们不如将大军驻扎在覆舟山等待他们。他们白走了两百里的路，但是一点收获都没有，士兵们的锐气已经严重受到挫折了。当他们忽然看见我们的大军时，一定会非常惊讶的。所以我们现在只要按兵不动，坚守住阵地，不要和他们有交战就好了，当他们想要求战却又不能如愿时，自然就会流散而走，这才是上等的策略。"桓谦等人听了桓玄的分析与做法之后，依然坚持请求要加以攻击，于是桓玄就派遣顿丘太守吴甫之和右卫将军皇甫敷率领着自己的部下相继从建康北往京口去。

桓玄现在一直感到忧心恐惧。有人对他说："刘裕等人只是一群乌合之众而已，力量还是十分微弱的，他们在形势上一定不能够成功的，所以陛下又何必过分担心呢？"桓玄听了之后说："刘裕算是一代雄才了。刘毅的家里没有一点点积存，而他赌博的时候，一输就是百万钱，可见他的为人十分豪爽，根本就不在乎财物，而何无忌这个人又很像他的舅舅刘牢之，这些人聚在一起举大事，又怎么能那么轻易地说他们不会成功呢？"

南凉王傉檀畏秦之强，乃去年号，罢尚书丞郎官，遣参军关尚使于秦。秦王兴曰："车骑献款称藩，而擅兴兵造大城，岂为臣之道乎？"尚曰："王公设险以守其国，先王之制也。车骑僻在遐藩，密迩勃寇，盖为国家重门之防，不图陛下忽以为嫌。"兴善之。傉檀求领凉州，兴不许。

初，袁真杀朱宪，宪弟绰逃奔桓温。温克寿阳，绰辄发真棺，戮其尸。温怒，将杀之，桓冲请而免之。绰事冲如父，冲薨，绰呕血而卒。刘裕克京口，以绰子龄石为建武参军。三月，戊午朔，裕军与吴甫之遇于江乘。将战，龄石言于裕曰："龄石世受桓氏厚恩，不欲以兵刃相向，乞在军后。"裕义而许之。甫之，玄骁将也，其兵甚锐。裕手执长刀，大呼以冲之，众皆披靡，即斩甫之，进至罗落桥。皇甫敷帅数千人逆战，宁远将军檀凭之败死。裕进战弥厉，敷围之数重，裕倚大树挺战。敷曰："汝欲作何死！"拔戟将刺之，裕瞋目叱之，敷辟易。裕党俄至，射敷中额而踣，裕援刀直进。敷曰："君有天命，以子孙为托。"裕斩之，厚抚其孤。裕以檀凭之所领兵配参军檀祗。祗，凭之之从子也。

【译文】南凉王祎檀十分害怕秦国的强大，因此去除自己国家的年号，罢免了尚书丞郎官，然后派遣参军关尚去出使秦国。秦王姚兴接见使者时说："车骑将军祎檀贡献了自己的财物，自称是藩属，然而却擅自发动军队去兴造大城，这哪里还有身为臣子的道义呢？"关尚回答姚兴说："王公在自己的领域设置一些险阻来防守自己的国家，这是从先王起就有的制度了。车骑将军祎檀又僻处在一个偏远的藩属，紧邻着强大的敌人，兴造大城是为了加强国家多道关门的防卫，根本就没有想到陛下竟然会因为这而产生猜疑。"姚兴觉得关尚说得很有道理，同意他的看法。接着祎檀又向姚兴请求管理凉州，但是姚兴没有答应他的请求。

　　起初，袁真杀死朱宪后，朱宪的弟弟朱绰逃到了桓温那里。等到桓温攻下寿阳，朱绰就打开袁真的棺木，对着袁真的尸体鞭戮。桓温对朱绰的行为非常生气，准备要杀朱绰，但是桓冲出来替朱绰讲情请求，桓温才免了朱绰一死。

　　朱绰侍奉桓冲就像是对待自己的父亲一样，桓冲死了之后，朱绰也因为悲伤过度吐血而死。刘裕率领着军队攻下了京

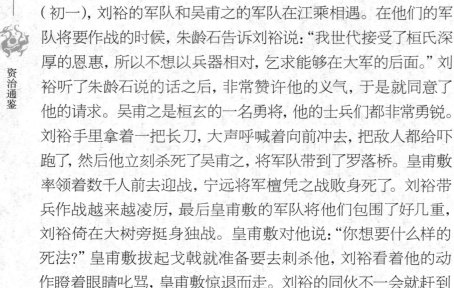

口，他任命朱绰的儿子朱龄石担任建武参军。三月，戊午朔日（初一），刘裕的军队和吴甫之的军队在江乘相遇。在他们的军队将要作战的时候，朱龄石告诉刘裕说："我世代接受了桓氏深厚的恩惠，所以不想以兵器相对，乞求能够在大军的后面。"刘裕听了朱龄石说的话之后，非常赞许他的义气，于是就同意了他的请求。吴甫之是桓玄的一名勇将，他的士兵们都非常勇锐。刘裕手里拿着一把长刀，大声呼喊着向前冲去，把敌人都给吓跑了，然后他立刻杀死了吴甫之，将军队带到了罗落桥。皇甫敷率领着数千人前去迎战，宁远将军檀凭之战败身死了。刘裕带兵作战越来越凌厉，最后皇甫敷的军队将他们包围了好几重，刘裕倚在大树旁挺身独战。皇甫敷对他说："你想要什么样的死法？"皇甫敷拔起戈戟就准备要去刺杀他，刘裕看着他的动作瞪着眼睛叱骂，皇甫敷惊退而走。刘裕的同伙不一会就赶到了，他们用箭射中皇甫敷的额头，皇甫敷跌倒下去，接着刘裕拿着刀直向前去。皇甫敷对刘裕说："你将来一定会大富大贵的，我把我的子孙托付给你了。"刘裕杀死了皇甫敷，然后按照皇甫敷的遗言很宽厚地抚恤他的孤儿。刘裕让檀凭之所带领的军队去配给参军檀祗。檀祗，是檀凭之的侄子。

【申涵煜评】敷知刘裕有天命，仓卒以子孙为托。裕既斩之，当阵乃厚抚其孤。盖知己之言，虽仇敌，生死不忘，况平日握手把臂者忍相负哉？

【译文】皇甫敷知道刘裕拥有上天赋予的命运，急促匆忙之间将子孙托付给刘裕。刘裕在斩杀皇甫敷之后，当场宣布就厚待抚养他的遗孤。大概是知己的言语，即使是仇敌，生死之托也不能忘记，何况是平日里握手把臂的两个人，能忍心互相辜负吗？

玄闻二将死，大惧，召诸道术人推算及为厌胜。问群臣曰："朕其败乎？"吏部郎曹靖之对曰："民怨神怒，臣实惧焉。"玄曰："民或可怨，神何为怒？"对曰："晋氏宗庙，飘泊江滨，大楚之祭，上不及祖，此其所以怒也。"玄曰："卿何不谏？"对曰："辇上君子皆以为尧、舜之世，臣何敢言！"玄默然。使桓谦及游击将军何澹之屯东陵，侍中、后将军卞范之屯覆舟山西，众合二万。

己未，裕军食毕，悉弃其馀粮，进至覆舟山东，使羸弱登山，张旗帜为疑兵，数道并前，布满山谷。玄侦候者还，云"裕军四塞，不知多少"。玄益忧恐，遣武卫将军庾赜之帅精卒副援诸军。谦等士卒多北府人，素畏伏裕，莫有斗志。裕与刘毅等分为数队，进突谦陈；裕以身先之，将士皆殊死战，无不一当百，呼声动天地。时东北风急，因纵火焚之，烟炎熛天，鼓噪之音震动京邑，谦等诸军大溃。

【译文】桓玄听到自己的两名将领死了之后，非常害怕，他马上召命了许多会方术的人，推算自己的吉凶，以及厌伏的方法。他问群臣说："朕现在就要失败了吗？"吏部郎曹靖之回答桓玄说："现在百姓们怨恨，神灵也都对我们发怒了，臣感到非常害怕。"桓玄疑问着说："百姓或许可能会有所怨恨，可是神灵到底为什么会发怒呢？"有人回答说："晋室的宗庙，先是迁到了琅邪国，然后就又迁到了寻阳，在江滨之间漂流，在大楚的祭祀上，又上推不到祖父，这就是神灵会发怒的原因。"桓玄又问说："那你那个时候为什么不对我加以劝谏呢？"曹靖之回答桓玄说："当时陪乘在君王车上的各个大臣们都认为他们现在身在像尧和舜一样的时代里，臣又怎么敢乱讲话呢？"桓玄听了曹靖之的解释之后，变得沉默不言。他立即派遣桓谦和游击将军何澹之率领着军队在东陵驻扎。侍中、后将军卞范之带领着自己的部下在覆舟山的西边驻扎，一共有两万人。

己未日(初二)，刘裕的军队吃完饭之后，把剩余的粮食全部都丢弃了，然后将军队带到了覆舟山的东方。他先是派遣一些残弱的人登上山，在山顶上张扬旗帜作为疑阵，然后数路并进，遍布山谷。桓玄派出去侦测的部队回来报告说："刘裕的军队充塞四方，不知道到底有多少人。"桓玄听了士兵的报告之后，更加忧心恐惧了，他立即派遣武卫将军庾赜之率领着精良的士兵去补充支援各军。桓谦等人率领的士兵都是北府的人，平常很害怕刘裕，根本就没有什么战斗的意志。刘裕和刘毅等人分为了几支部队，进兵突击桓谦的阵地。而刘裕自己更是身先士卒，奋先作战，将士们也都拼了命地去打仗，都是以一当百，呼喊的声音，惊动天地。当时的东北风吹得很急，于是他们放火焚烧，灯雾火焰，弥漫天空，击鼓叫喊的声音震动了京城，最后桓谦等各军结局都是大败。

玄时虽遣军拒裕，而走意已决，潜使领军将军殷仲文具舟于石头；闻谦等败，帅亲信数千人，声言赴战，遂将其子昇，兄子浚出南掖门。遇前相国参军胡藩，执马鞚谏曰："今羽林射手犹有八百，皆是义故，西人受累世之恩，不驱令一战，一旦舍此，欲安之乎!"玄不对，但举策指天，因鞭马而走，西趋石头，与仲文等浮江南走。经日不食，左右进粗饭，玄咽不能下，昇抱其胸而抚之，玄悲不自胜。

裕入建康，王仲德抱元德子方回出候裕，裕于马上抱方回与仲德对哭。追赠元德给事中，以仲德为中军参军。裕止桓谦故营，遣刘钟据东府。庚申，裕屯石头城，立留台百官，焚桓温神主于宣阳门外，造晋新主，纳于太庙。遣诸将追玄，尚书王嘏帅百官奉迎乘舆，诛玄宗族在建康者。裕使臧熹入宫，收图书、器物，封闭府库；有金饰乐器，裕问熹："卿得无欲此乎？"熹正色曰："皇上幽逼，播越非所，将军首建大义，勤劳王家，虽复不肖，实无情于乐。"裕笑曰："聊以戏卿耳。"熹，焘之弟也。

【译文】桓玄虽然已经派遣军队前去抵抗刘裕了，可是他要逃走的心意早就已经决定了。他先是暗中派遣领军将军殷仲文在石头城准备好了船只，当他听到桓谦等人已经战败的消息之后，立即率领着几千名亲信，说是要去前方作战，然后带领着他的儿子桓升和他的侄子桓浚离开了南掖门。途中桓玄遇到了从前的相国参军胡藩，胡藩扯着马缰想要劝谏桓玄说："您现在羽林军中还有八百名射手，他们都是有恩义的旧人，西人历代都接受了桓氏的恩惠，现在不派他们前往最后一战，一旦放弃了这股力量，您还想要到哪里去呢？"桓玄不回答他的话，只是举起了马鞭朝向青天，他的意思是天意亡我。然后就挥着马鞭骑马而去，继续带领部下向西往石头城去了，和殷仲文等人渡过江向南走去。桓玄一整天都没有吃什么东西，身边的侍卫进奉粗劣的米饭，桓玄根本就吞不下去。桓升抱着他的胸口安抚，桓玄悲伤得不能自已。

刘裕率领着自己的军队进入建康，王仲德知道后马上抱着王元德的儿子王方回出城去迎接刘裕，刘裕在马上抱着王方回看着王仲德，然后两个人一起哭了起来。刘裕追赠王元德为给事中，让王仲德担任中兵参军。刘裕停留在桓谦的旧营，派遣刘钟据守在东府。庚申日（初三），刘裕率领军队在石头城驻扎防守，立留尚书台总管百官，在宣阳门外将桓温的神主焚毁了，然后重新造设了晋朝新的神主，奉送到太庙里去，这之后刘裕

资治通鉴卷第一百一十三　晋纪三十五

立即派遣众将带兵去追赶桓玄。尚书王嘏率领着百官奉迎晋安帝的座车，把桓玄在建康的家族全部都给诛灭了。刘裕派遣臧熹到宫里去，收拾图书、器物，然后封闭府库。其中有很多的金饰和乐器，刘裕问臧熹说："难道你心里都不想要这些东西吗?"臧熹很严肃地对刘裕说："皇上现在被幽禁逼迫，沦落到不该到的地方，将军您第一个建立大义，效忠王室，我虽然不够贤明，但是现在实在是没有心情来享受这些。"刘裕听了臧熹说的话之后，笑着对他说："我只是随便和你开个玩笑。"臧熹，是臧焘的弟弟。

壬戌，玄司徒王谧与众议推裕领扬州，裕固辞，乃以谧为侍中、领司徒、扬州刺史、录尚书事，谧推裕为使持节、都督扬、徐、兖、豫、青、冀、幽、并八州诸军事、徐州刺史，刘毅为青州刺史，何无忌为琅邪内史，孟昶为丹阳尹，刘道规为义昌太守。

裕始至建康，诸大处分皆委于刘穆之，仓猝立定，无不允惬。裕遂托以腹心，动止谘焉；穆之亦竭节尽诚，无所遗隐。时晋政宽驰，纲纪不立，豪族陵纵，小民穷蹙，重以司马元显政令违舛。桓玄虽欲厘整，而科条繁密，众莫之从。穆之斟酌时宜，随方矫正；裕以身范物，先以威禁；内外百官皆肃然奉职，不盈旬日，风俗顿改。

【译文】壬戌日(初五)，桓玄的司徒王谧和大家商议一起推举刘裕督领扬州，但是刘裕坚决推辞。于是只好任命王谧为侍中、领司徒、扬州刺史、录尚书事，然后王谧又推举刘裕为使持节、都督扬、徐、兖、豫、青、冀、幽、并八州诸军事、徐州刺史，刘毅担任青州刺史，何无忌担任琅邪内史，孟昶担任丹杨尹，刘道规担任义昌太守。

刘裕刚开始带着自己的部下到达建康的时候，有各种各样重要的事情需要处理，然后他将事情都委交给了刘穆之，很多事情都是在很仓促的情况下决定的，但都是非常稳当的。刘裕因此把他当作身边最亲密的人，一切行动都要先向他请教。而刘穆之对待刘裕交代的事情也都竭尽自己的能力，没有任何遗漏和隐藏。当时的晋朝政治非常松散，朝廷里也没有什么纪纲法律，豪门大族经常凌暴放纵，老百姓们的生活十分穷困危迫，再加上司马元显颁布的政令有谬误，桓玄即使想要厘正整理，但因为科条都太繁杂细密了，众人都无法去适应。刘穆之就针对当时的实际情况，根据需要加以改正。刘裕这个人以身作则，他作为百姓的模范，首先用他的威严戒禁内外。百官们都很恭谨地尽忠职守，各司其职，不满十天，旧的风俗马上得到了整改。

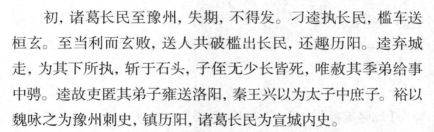

初，诸葛长民至豫州，失期，不得发。刁逵执长民，槛车送桓玄。至当利而玄败，送人共破槛出长民，还趣历阳。逵弃城走，为其下所执，斩于石头，子侄无少长皆死，唯赦其季弟给事中骋。逵故吏匿其弟子雍送洛阳，秦王兴以为太子中庶子。裕以魏咏之为豫州刺史，镇历阳，诸葛长民为宣城内史。

初，裕名微位薄，轻狡无行，盛流皆不与相知，惟王谧独奇贵之，谓裕曰："卿当为一代英雄。"裕尝与刁逵樗蒲，不时输直，逵缚之马柳，谧见之，责逵而释之，代之还直。由是裕深憾逵而德谧。

【译文】起初，诸葛长民率领自己的部下到达豫州时，因为误了约定的时间，不能再贸然发兵了。刁逵抓住诸葛长民之后，就用囚车将他关起来，然后送去给桓玄。等到将诸葛长民送到当利的时候，桓玄就已经战败了。押运囚车的人一同打破了囚车，将诸葛长民给放了出来，然后诸葛长民就回到了历阳。刁逵得知桓玄战败后立即弃城逃走了，但是却被他的部下抓住了，然后他的部下在石头城把刁逵杀害，连同他的子女晚辈，也都不分年长年幼全部给杀死了，只将他最小的弟弟给事中刁骋赦免了。刁逵的旧臣将他的侄子刁雍藏匿起来，最后将他送到洛阳去了，然后秦王姚兴任命他为太子中庶子。刘裕让魏咏之担任豫州刺史，率领自己的部下在历阳镇守，让诸葛长民担任宣城的内史。

资治通鉴

　　起初，在刘裕的声名和地位都很低微，不出名的时候，他是一个轻率狡猾、没有品行的人，士族名流们都不愿意和他交往，只有王谧一人认为他很奇特，觉得他将来一定会显贵的。他告诉刘裕说："你将来一定会成为一代英雄的。"刘裕曾经和刁逵在一起赌博过，刘裕输了无法立刻还钱给刁逵，刁逵就把他绑在了系马的柱子上。王谧看见了这一幕，立即责备训斥刁逵，让刁逵赶快把刘裕放下来，然后还替刘裕还钱给刁逵，从此之后刘裕就深深地痛恨刁逵，而非常感激王谧。

　　【乾隆御批】谧罪万无可贷，裕乃以旧恩保全之。是当其封逆时逆萌已见，篡窃之奸寻至而迭兴，虽有智者亦将无如之何而？况尔时君庸、而臣奸哉！

　　【译文】王谧罪该万死、不可饶恕，刘裕却因为旧日的恩情保全他。当他讨伐叛逆时已经出现叛逆的萌芽，篡权夺位的奸心也不久到来而且不断发展，虽有智者又能拿这有什么办法呢？何况当时君主昏庸、大臣奸猾啊！

萧方等曰：夫蛟龙潜伏，鱼虾亵之。是以汉高赦雍齿，魏武免梁鹄，安可以布衣之嫌而成万乘之隙也！今王谧为公，刁逵亡族，酬恩报怨，何其狭哉！

尚书左仆射王愉及子荆州刺史绥谋袭裕，事泄，族诛，绥弟子慧龙为僧彬所匿，得免。

魏以中土萧条，诏县户不满百者罢之。

【译文】萧方等说："蛟龙潜伏在水里的时候，鱼虾都敢来戏弄它。因此，汉高祖宽赦了雍齿，魏武赦免了梁鹄，您怎么可以把处在平民时期的个人矛盾，成为做了天子之后的衅隙呢？现在您将王谧封公爵，把刁逵的家族都给灭了，酬谢了对自己有恩德的人、报复了那些有仇怨的人，您怎么可以用这样褊狭的角度来解决问题呢！"

尚书左仆射王愉和他的儿子荆州刺史王绥私下里谋划想要去袭击刘裕，他们的事情最终还是被刘裕发现了，于是刘裕下令将王愉全族的人都给杀了。而王绥的弟子慧龙被僧彬藏匿起来了，得以幸免于死。

魏国以中原地区的经济不景气为由，下诏令宣布县里居民不满一百户的，就废除掉。

丁卯，刘裕迁镇东府。

桓玄至寻阳，郭昶之给其器用、兵力。辛未，玄逼帝西上，刘毅帅何无忌、刘道规等诸军追之。玄留龙骧将军何澹之、前将军郭铨与郭昶之守湓口。玄于道自作《起居注》，叙讨刘裕事，自谓经略举无遗策，诸军违节度，以致奔败。专覃思著述，不暇与群下议时事。《起居注》既成，宣示远近。

丙戌，刘裕称受帝密诏，以武陵王遵承制总百官行事，加侍中、大将军，因大赦，惟桓玄一族不宥。

【译文】丁卯日(初十)，刘裕率领着自己的军队回去镇守东府。

桓玄带着自己的部下到达寻阳之后，郭昶之给他提供了很多器物用品和兵力。辛未日(十四日)，桓玄逼迫晋安帝下命令向西行进，刘毅率领着何无忌和刘道规等众军前去追赶。桓玄将龙骧将军何澹之、前将军郭铨与郭昶之都留下来在一同防守溢口。桓玄在行军的路上亲自撰写了《起居注》，叙述了自己带兵去讨伐刘裕的事情，他自认为自己的经营谋略和所有实行的措施，都是没有任何错误的，最终失败的原因是由于各军都不听从他的命令和指挥造成的。桓玄一直专心沉浸在自己的著作中，根本就没空和他的群属们商量时事。最后《起居注》完成的时候，桓玄宣布给了远近的人知道。

丙戌日(二十九日)，刘裕声称自己接到了晋安帝下达的秘密诏示，让武陵王司马遵承制总管百官行事，并且加封他为侍中、大将军，还因此大赦了天下，但是这些政策只对桓玄一族不加宽赦。

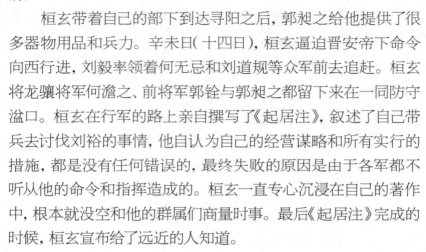

刘敬宣、高雅之结青州大姓及鲜卑豪帅谋杀南燕主备德，推司马休之为主。备德以刘轨为司空，甚宠信之。雅之欲邀轨同谋，敬宣曰："刘公衰老，有安齐之志，不可告也。"雅之卒告之，轨不从。谋颇泄，敬宣等南走，南燕人收轨，杀之，追及雅之，又杀之。敬宣、休之至淮、泗间，闻桓玄败，遂来归，刘裕以敬宣为晋陵太守。

南燕主备德闻桓玄败，命北地王钟等将兵欲取江南，会备德有疾而止。

【译文】刘敬宣和高雅之两人结合了青州的大姓和鲜卑的豪

勇统帅们，共同商量谋杀南燕王慕容备德的事，他们还推举了司马休之为谋主。慕容备德让刘轨担任司空，对他非常宠信。于是高雅之就想要邀请刘轨与他们一起共谋这件大事。刘敬宣听了之后，对高雅之说："刘公他已经很衰老了，早就有了安于齐土的心志，所以我们不可以将这个计划告诉他。"但是高雅之没有听从刘敬宣的劝告，把这件事情告诉了刘轨，刘轨听完高雅之的计策后没有答应他。刘敬宣等人的阴谋有一些被泄露了，于是他们决定立即向南逃走。南燕人就将刘轨抓起并把他杀死。然后他们又追上了高雅之，把他也给杀死了。刘敬宣和司马休之两人逃到了淮水和泗水之间的地带，他们听说桓玄的军队已经失败了，于是决定来归附刘裕，刘裕让刘敬宣担任晋陵太守。

南燕的君主慕容备德听说桓玄战败了，于是就命令北地王慕容钟等人带领着军队想要去占取江南，但碰巧此时慕容备德生病了，所以他们不得不停止这个计划。

【乾隆御批】桓元一经败衄百事俱废，乃于仓皇奔窜中犹以覃思著述为事。所为欲盖弥彰。视六艺文奸者又豚、犊矣。

【译文】桓玄一遇到战事挫败就百事全都荒废，在仓皇逃窜中却还以深思编纂为大事。正是想掩盖坏事的真相，反而更明显地暴露出来。用六艺来文饰自己奸坏的人像小猪、小牛一样。

夏，四月，己丑，武陵王遵入居东宫，内外毕敬；迁除百官称制书，教称令书。以司马休之监荆、益、梁、宁、秦、雍六州诸军事、领荆州刺史。

庚寅，桓玄挟帝至江陵，桓石康纳之。玄更署置百官，以下范之为尚书仆射。自以奔败之后，恐威令不行，乃更增峻刑罚，众益离怨。殷仲文谏，玄怒曰："今以诸将失律，天文不利，故还都旧楚；而群小纷纷，妄兴异议！方当纠之以猛，未可施之以宽也。"荆、江诸郡闻玄播越，有上表奔问起居者，玄皆不受，更令所在贺迁新都。

资治通鉴

【译文】夏季，四月，己丑日（初二），武陵王司马遵进入到朝廷里，住在了东宫，朝廷内外的人都对他很尊敬。他入朝之后将任免文武百官的命令叫作制书，把普通行政通告叫作令书。还任命司马休之监督荆益梁宁秦雍六州各地的所有军事、领荆州刺史。

庚寅日（初三），桓玄挟持着晋安帝一路跑到了江陵，桓石康接纳了他们。桓玄改换了署置百官，任命卞范之为尚书仆射。桓玄怕自己这次奔溃失败以后，威令就不那么管用了，于是又增加了许多更严厉的刑罚，但是结果却是让大家更为叛离怨恨了。殷仲文去劝谏桓玄，桓玄很生气地对他说："由于现在众将们都不守规律，天时对我们已经很不利了，所以我们才回到了旧有的楚地，在这里设都。但是仍然有许多成群的小人把我扰得不安，导致现在到处都是不同的议论，我此时更应该用威猛的严刑来对此现象加以纠正，不可以施行太宽厚的政治。"荆州和江州各郡的人听说他流离迁移，于是就有人上奏表前来探问他的起居生活，但是桓玄都不予接受，还叫当地的人庆贺迁移新都。

初，王谧为玄佐命元臣，玄之受禅，谧手解帝玺绶；乃玄败，众谓谧宜诛，刘裕特保全之。刘毅尝因朝会，问谧玺绶所在。谧内不自安，逃奔曲阿。裕笺白武陵王，迎还复位。

桓玄兄子歆引氐帅杨秋寇历阳，魏咏之帅诸葛长民、刘敬宣、刘钟共击破之，斩杨秋于练固。

　　玄使武卫将军庾稚祖、江夏太守桓道恭帅数千人就何澹之等共守湓口。何无忌、刘道规至桑落洲，庚戌，澹之等引舟师逆战。

　　澹之常所乘舫羽仪旗帜甚盛，无忌曰："贼帅必不居此，欲诈我耳，宜亟攻之。"众曰："澹之不在其中，得之无益。"无忌曰："今众寡不敌，战无全胜，澹之既不居此舫，战士必弱，我以劲兵攻之，必得之；得之，则彼势沮而我气倍，因而薄之，破贼必矣。"道规曰："善!"遂往攻而得之，因传呼曰："已得何澹之矣!"澹之军中惊扰。无忌之众亦以为然，乘胜进攻澹之等，大破之。无忌等克湓口，进据寻阳，遣使奉送宗庙主祏还京师。加刘裕都督江州诸军事。

　　【译文】起初，王谧作为桓玄辅佐发令的重要大臣，在桓玄接受禅位的时候，王谧亲手解开了晋安帝的国玺丝带。桓玄失败了之后，大家都说王谧应该被杀，但是刘裕特意保全了他。刘毅曾经利用朝廷聚会的时候，私下里偷偷向王谧询问玺绶在哪里。王谧的内心一直不能够安宁，于是他想办法逃到了曲阿。刘裕得知王谧逃走之后，立即写信告诉了武陵王，然后迎接王谧回来恢复了他的原位。

　　桓玄哥哥的儿子桓歆带领着氐人的统帅杨秋去入侵历阳，魏咏之率领着诸葛长民、刘敬宣和刘钟几人一起去击败他们，在练固就把杨秋给杀死了。

　　桓玄派遣武卫将军庾稚祖和江夏太守桓道恭率领着数千人去配合何澹之等人共同在湓口防守。何无忌和刘道规两人带着自己的部下到达了桑落洲，庚戌日(二十三日)，何澹之等人又带领着水军前去迎战。

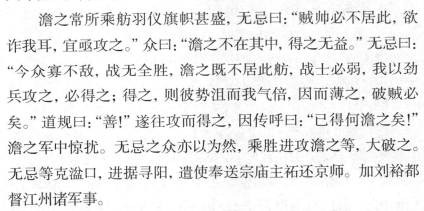

何澹之常常在自己乘坐的船上，插上很多羽毛作为装饰的仪仗和旗帜。何无忌看到之后说："贼兵的元帅一定不会坐在这艘船上的，这是他们想要欺骗我们罢了，我们应该赶快去攻这艘船。"大家听到何无忌说的话之后都说："既然知道了何澹之不在这条船上，那么我们得到了这艘船也没有任何的益处。"何无忌说："现在我们军队的人数不比他们多，打起仗来，不一定能够全部获胜，何澹之既然不住在这艘船上，那么战斗力一定很弱，我们用强劲的兵力去攻打的话，一定能够得手的，等到我们得手了以后，他们的气势就会很沮丧，而我们的气势就会倍增，那时我们再加以逼迫他们，就一定会打败敌人的。"刘道规听了何无忌说的话之后，觉得很有道理，于是就对他说："你说的办法很好。"然后就马上派兵前去攻打，并且很快就顺利地得到了船。因此他们一一相传呼喊道："我们已经把何澹之给抓起来了！"何澹之的军队听到这样的消息后，受到了惊扰。而何无忌的军队也相信了事实确实如此，然后就趁着胜利的士气继续去攻打何澹之等人，将他们给打得大败。何无忌等人攻下了溢口，带兵据守在寻阳，然后派遣使者奉送宗庙的神主、石匣回到京师。诏令加封刘裕都督江州诸军事。

桑落之战，胡藩所乘舰为官军所烧，藩全铠入水，潜行三十许步，乃得登岸。时江陵路已绝，乃还豫章。刘裕素闻藩为人忠直，引参领军军事。

桓玄收集荆州兵，曾未三旬，有众二万，楼船、器械甚盛。甲寅，玄复帅诸军挟帝东下，以苻宏领梁州刺史，为前锋；又使散骑常侍徐放先行，说刘裕等曰："若能旋军散甲，当与之更始，各授位任，令不失分。"

刘裕以诸葛长民都督淮北诸军事，镇山阳；以刘敬宣为江州刺史。

柔然可汗社仑从弟悦代大那谋杀社仑，不克，奔魏。

燕王熙于友腾苑起逍遥宫，连房数百，凿曲光海，盛夏，士卒不得休息，暍死者大半。

西凉世子谭卒。

【译文】 桑落的战役中，胡藩所乘坐的船舰被官军烧毁了，胡藩只好全身穿着战甲跳到了水里，在水里潜水走了三十多步，才安全地登上岸。当时江陵的道路已经断绝了，于是他只好回到豫章。刘裕平时听别人说胡藩这个人做人非常忠厚坦直，于是就请他领参领军军事。

桓玄下令将荆州的军队全部集合起来，还不到三十天，已经有两万士兵了，船只、兵器也已经很多了。甲寅日（二十七日），桓玄又带领着各军挟持晋安帝向东行，让符宏担任梁州刺史，把他作为前锋部队。然后又派遣散骑常侍徐放先走，他告诉刘裕等人说："如果我最后还能够把军队调回去，并将军队解散，那么我将和各位重新开始，各授给职位任务，使大家不失去职分。"

刘裕让诸葛长民担任都督淮北各地的军事，带兵镇守在山阳；任命刘敬宣为江州刺史。

柔然的可汗社仑的堂弟悦代大那设计阴谋想要将社仑给杀了，但是他的计策没有成功，只好逃奔到魏国去了。

燕王慕容熙下令在龙腾苑兴建逍遥宫，接连而起的房间有数百间，开凿曲光海，现在正是夏天最热的时候，士兵们却不能得到足够的休息，于是有大半的人都因为中暑而死了。

西凉的世子李谭死了。

刘毅、何无忌、刘道规、下邳太守平昌孟怀玉帅众自寻阳西
上，五月，癸酉，与桓玄遇于峥嵘洲。毅等兵不满万人，而玄战
士数万，众惮之，欲退还寻阳。道规曰："不可！彼众我寡，强弱
异势，今若畏懦不进，必为所乘，虽至寻阳，岂能自固！玄虽窃名
雄豪，内实怯怯；加之已经奔败，众无固心。决机两阵，将雄者
克，不在众也。"因麾众先进。毅等从之。玄常漾舸于舫侧以备
败走，由是众莫有斗心。毅等乘风纵火，尽锐争先，玄众大溃，
烧辎重夜遁。郭铨诣毅降。

玄故将刘统、冯稚等聚党四百人袭破寻阳城。毅遣建威将
军刘怀肃讨平之。怀肃，怀敬之弟也。

玄挟帝单舸西走，留永安何皇后及王皇后于巴陵。殷仲文时
在玄舰，求出别船收集散卒，因叛玄，奉二后奔夏口，遂还建康。

【译文】刘毅、何无忌、刘道规和下邳的太守平昌人孟怀玉
几人率领着众人从寻阳向西行，五月，癸酉日（十七日），他们和
桓玄在峥嵘洲相遇。刘毅等人的军队不满一万人，而桓玄的战
士已有将近几万人了，大家都感到非常害怕，都想再退回到寻阳
去。可是刘道规说："不可以这样做！敌人非常多，我军人数少，
强弱的形势明显不同，如果我们在这种情况下就畏惧懦弱而不
敢前进，那么之后一定会被他们乘机攻击的，我们虽然到得了
寻阳，但是哪里又能真正固守呢？桓玄虽然窃有雄豪的声名，
但其实他的内心是非常胆怯的。再加上他已经奔逃战败，部属
也一定都没有坚固的信心。两军在对阵的时候，决定胜败的关
键，就是将帅雄武者能获胜，根本不在于兵多或兵少。"因此他
指挥着军队率先前进，刘毅等人最后也只好跟从了。桓玄常常
将轻快的小船停泊在队船的旁边，准备失败的时候好方便逃

资治通鉴

100

走，所以大家也都没有什么继续战斗的心智了。刘毅等人顺着风势放火，所有精锐部队都奋勇争先，桓玄的军队被他们给打败了。然后把他们的车粮和重的装备都给烧毁了，还利用夜晚逃走。郭铨跑去向刘毅投降。

桓玄的旧将领刘统和冯稚等人聚合党徒四百人去突袭寻阳城。刘毅得知之后即刻派遣建威将军刘怀肃带兵前去讨平他们。刘怀肃是刘怀敬的弟弟。

桓玄挟持着晋安帝乘着一只船向西逃走，他把永安何皇后和王皇后都留在了巴陵。殷仲文当时本来在桓玄的船舰上，但是他请求到别的船上去收集逃散的士卒，于是他借机背叛了桓玄，将两位皇后接走逃奔到夏口去了，最后回到了建康。

己卯，玄与帝入江陵。冯该劝使更下战，玄不从，欲奔汉中就桓希，而人情乖沮，号令不行。庚辰，夜中，处分欲发，城内已乱，乃与亲近腹心百馀人乘马出城西走。至城门，左右于暗中斫玄，不中，其徒更相杀害，前后交横。玄仅得至船，左右分散，惟卞范之在侧。

辛巳，荆州别驾王康产奉帝入南郡府舍，太守王腾之帅文武为侍卫。

玄将之汉中，屯骑校尉毛修之，璩之弟子也，诱玄入蜀，玄从之。宁州刺史毛璠，璩之弟也，卒于官。璩使其兄孙祐之及参军费恬帅数百人送璠丧归江陵，壬午，遇玄于枚回洲。祐之、恬迎击玄，矢下如雨，玄嬖人丁仙期、万盖等以身蔽玄，皆死。益州督护汉嘉冯迁抽刀前欲击玄，玄拔头上玉导与之，曰："汝何人，敢杀天子！"迁曰："我杀天子之贼耳！"遂斩之，又斩桓石康、桓浚、庾赜之，执桓昇送江陵，斩于市。乘舆返正于江陵，以毛修之为骁骑将军。甲申，大赦，诸以畏逼从逆者一无所问。戊寅，奉神主于太庙。刘毅等传送玄首，枭于大桁。

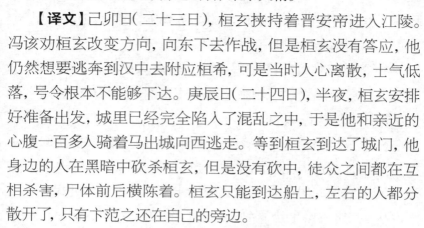

【译文】己卯日（二十三日），桓玄挟持着晋安帝进入江陵。冯该劝桓玄改变方向，向东下去作战，但是桓玄没有答应，他仍然想要逃奔到汉中去附应桓希，可是当时人心离散，士气低落，号令根本不能够下达。庚辰日（二十四日），半夜，桓玄安排好准备出发，城里已经完全陷入了混乱之中，于是他和亲近的心腹一百多人骑着马出城向西逃走。等到桓玄到达了城门，他身边的人在黑暗中砍杀桓玄，但是没有砍中，徒众之间都在互相杀害，尸体前后横陈着。桓玄只能到达船上，左右的人都分散开了，只有卞范之还在自己的旁边。

辛巳日（二十五日），荆州的别驾王康产将晋安帝接到了南郡的府舍，太守王腾之率领着文武官员作为侍卫时刻保护着。

桓玄准备带领着自己的部下到汉中去。屯骑校尉毛修之，是毛璩弟弟的儿子，他诱骗桓玄进入蜀地，桓玄听从了他的意见，果真进入了蜀地。宁州刺史毛璠，是毛璩的弟弟，他死在了任上。毛璩派他的哥哥的孙子毛祐之和参军费恬率领着数百人护送毛璠的灵柩回到江陵去安葬。壬午日（二十六日），在枚回洲遇见了桓玄。毛祐之和费恬一起迎战桓玄，当时射的箭就像下的雨一样多，桓玄所宠幸的妃子丁仙期和万盖等人用自己的身体去为桓玄遮蔽箭雨，最后她们两人都被箭给射死了。益州督护汉嘉人冯迁拿出刀子，向前要击杀桓玄，桓玄拔下头上的玉簪给他说："你是什么人，竟然敢杀害天子！"冯迁回答说："我是杀天子的贼人罢了！"于是他就把桓玄的头给砍下来了，然后又转回去斩杀了桓石康、桓浚和庾赜之，将桓升捉住送到了江陵，最后在市集上把他给杀死了。晋安帝的座车回到江陵之

102

后，他任命毛修之为骁骑将军。甲申日（二十八日），晋安帝下令大赦天下，所有被威胁逼迫或跟从叛逆的人，全都不予追问。戊寅日（二十二日），将神主接奉到了太庙。刘毅等人将桓玄的首级传送上来，在大桁枭首示众。

毅等既战胜，以为大事已定，不急追蹑，又遇风，船未能进，玄死几一旬，诸军犹未至。时桓谦匿于沮中，扬武将军桓振匿于华容浦，玄故将王稚徽戍巴陵，遣人报振云"桓歆已克京邑，冯稚复克寻阳，刘毅诸军并中路败退。"振大喜，聚党得二百人，袭江陵，桓谦亦聚众应之。闰月，己丑，复陷江陵，杀王康产、王腾之。振见帝于行宫，跃马奋戈，直至阶下，问桓昇所在。闻其已死，瞋目谓帝曰："臣门户何负国家，而屠灭若是！"琅邪王德文下床谓曰："此岂我兄弟意邪！"振欲杀帝，谦苦禁之，乃下马，敛容致拜而出。壬辰，振为玄举哀，立丧庭，谥曰武悼皇帝。

【译文】刘毅等人打了胜仗，以为大事已经平定了，便不再急着往回追赶。接着他们又遇到了大风，船根本无法行进，桓玄死了快十天的时候，众军还是没有到达。当时桓谦藏在了沮中，扬武将军桓振藏在了华容浦，桓玄的旧将领王稚徽戍守在巴陵，他派人报告给桓振说："桓歆已经攻下了京城，冯稚又攻下了寻阳，刘毅各军都在中途战败退走了。"桓振接到信之后非常高兴，他立即聚合了两百名党徒，去侵袭江陵，桓谦也聚集了部属响应他。闰月，己丑日（初三），他们又攻陷了江陵，并且杀死了王康产和王腾之。桓振在行宫里看见了晋安帝，跃马扬戈，直到他的阶前，向他逼问桓昇现在在哪里。听说他已经死了，他瞪着眼睛对晋安帝说："臣的家族有什么对不起国家的事情，为什么就这样给全部杀灭了呢？"琅邪王司马德文下坐床告诉他说："这又怎么会是我兄弟的意思呢？"桓振想要杀死晋安帝，但桓谦一直对他苦苦劝止，他这才下马，收敛了自己愤怒的脸色，下拜后就出去了。壬辰日(初六)，桓振为桓玄举行了哀礼，设立了灵堂，给他谥号为武悼皇帝。

癸巳，谦等帅群臣奉玺绶于帝曰："主上法尧禅舜，今楚祚不终，百姓之心复归于晋矣。"以琅邪王德文领徐州刺史，振为都督八州诸军事、荆州刺史，谦复为侍中、卫将军，加江、豫二州刺史，帝侍御左右，皆振心腹也。

振少薄行，玄不以子姓齿之。至是，叹曰："公昔不早用我，遂致此败。若使公在，我为前锋，天下不足定也。今独作此，安归乎？"遂纵意酒色，肆行诛杀。谦劝振引兵下战，己守江陵，振素轻谦，不从其言。

刘毅至巴陵，诛王稚徽。何无忌、刘道规进攻桓谦于马头，桓蔚于龙泉，皆破之。蔚，秘之子也。

【译文】癸巳日(初七)，桓谦等人率领着群臣将玺绶奉上给了晋安帝，并对晋安帝说："主上您效法尧帝的做法，把帝位禅让给桓玄，现在楚王的福祚不能终长，百姓们的心意又归向了晋朝。"晋安帝任命琅邪王司马德文为徐州刺史，桓振为都督八郡诸军事、荆州刺史，桓谦为侍中和卫将军，并且加封江、豫两州刺史，晋安帝左右的侍从，全部都成了桓振的心腹亲信。

桓振年少的时候，行为很不良，桓玄从不把他当作自己的侄子看待。到了这时候，桓振叹息着说："公从前没有早一点任用我，所以现在才会有这样一个失败。如果公还健在的话，我一定当先锋，天下间没有什么是我不能平定的。现在只有我一个人做这件事，那又能有什么归止呢？"于是放纵情欲，沉迷在酒色之中，随便诛杀。桓谦劝桓振带兵东下去作战，自己在江陵防守，可是桓振平时就很看不起桓谦，没有听从他的意见。

刘毅到了巴陵之后，杀死了王稚徽。何无忌和刘道规在马头进兵攻打桓谦，在龙泉攻打桓蔚，把他们都给打败了。桓蔚是桓秘的儿子。

无忌欲乘胜直趣江陵，道规曰："兵法屈申有时，不可苟进。诸桓世居西楚，群下皆为竭力；振勇冠三军，难与争锋。且可息兵养锐，徐以计策縻之，不忧不克。"无忌不从。振逆战于灵溪，冯该以兵会之，无忌等大败，死者千馀人。退还寻阳，与刘毅等上笺请罪。刘容以毅节度诸军，免其青州刺史。桓振以桓蔚为雍州刺史，镇襄阳。

柳约之、罗述、甄季之闻桓玄死，自白帝进军，至枝江，闻何无忌等败于灵溪，亦引兵退，俄而述、季之皆病，约之诣桓振伪降，欲谋袭振，事泄，振杀之。约之司马时延祖、涪陵太守文处茂收其馀众，保涪陵。

六月，毛璩遣将攻汉中，斩桓希，璩自领梁州。

【译文】何无忌想要乘胜追击，继续直往江陵，但是刘道规说："兵法上说进退都有时机，不可以随便前进。众桓世代住在西楚，一般的老百姓都愿意为他们尽力。桓振的英勇冠于三军，我们很难和他争锋。所以还不如暂时休息兵力，养足锐气，慢慢再想计策去牵制他，这样就不必去担心不能胜利了。"何无忌没有听从他说的话。桓振在灵溪迎战，冯该派军队与他会合，何无忌等人大败，死了一千多人。退回到寻阳，和刘毅等人上疏请罪。刘裕派遣刘毅节度各军，免除了他的青州刺史职位。桓振让桓蔚担任雍州刺史，带兵在襄阳镇守。

柳约之、罗述和甄季之三人听说桓玄死后，都从白帝进兵到枝江，当他们听说何无忌等人在灵溪打了败仗，就又带着自己的兵退回去了。不久，罗述和甄季之都生病了，柳约之就趁这时去向桓振假装投降，想要用计谋去突袭桓振，但事情最后被泄露了，桓振派人把他给杀死了。柳约之的司马时延祖、涪陵太守文处茂收拾他的余兵，在涪陵坚守。

六月，毛璩派遣将领攻打汉中，杀死了桓希，而毛璩自己也占领了梁州。

秋，七月，戊申，永安皇后何氏崩。

燕苻昭仪有疾，龙城人王荣自言能疗之。昭仪卒，燕王熙立荣于公车门，支解而焚之。

八月，癸酉，葬穆章皇后于永平陵。

魏置六谒官，准古六卿。

九月，刁骋谋反，伏诛，刁氏遂亡。刁氏素富，奴客纵横，专固山泽，为京口之患。刘裕散其资蓄，令民称力而取之，弥日不尽。时州郡饥弊，民赖之以济。

乞伏乾归及杨盛战于竹岭，为盛所败。

西凉公暠立子歆为世子。

【译文】秋季，七月的时候，戊申日（二十三日），永安皇后何氏死了。

燕国的苻昭仪生病了，龙城人王荣说自己能够医治好她。昭仪最后还是死了，于是燕王慕容熙就把王荣立在公车门，肢解了他的身体后焚烧掉了。

八月，癸酉日（十九日），将穆章皇后埋葬在了永平陵。

魏国设置了六谒官，是比照着古代的六卿而设的。

九月，刁骋阴谋要造反，失败后被杀死了。刁氏于是开始了亡族。刁氏一向都很有钱，奴仆和门客都非常纵横豪强，独自霸占山泽的利益，据为己有，是京口的祸患。刘裕解散了他的财富，命令百姓自己尽力去取，百姓一整天都没有拿完。当时的州郡发生了饥荒困弊，百姓们凭借那些钱渡过了难关。

乞伏乾归和杨盛在竹岭打起来了，乞伏乾归败给了杨盛。

西凉公李暠立了他的儿子李歆为世子。

魏主珪临昭阳殿改补百官，引朝臣文武，亲加铨择，随才授任。列爵四等：王封大郡，公封小郡，侯封大县，伯封小县。其品第一至第四，旧臣有功无爵者追封之，宗室疏远及异姓袭封者降爵有差。又置散官五等，其品第五至第九；文官造士才能秀异、武官堪为将帅者，其品亦比第五至第九；百官有阙，则取于其中以补之。其官名多不用汉、魏之旧，仿上古龙官、鸟官，谓诸曹之使为凫鸭，取其飞之迅疾也；谓候官伺察者为白鹭，取其延颈远望也；馀皆类此。

卢循寇南海，攻番禺。广州刺史濮阳吴隐之拒守百馀日。冬，十月，壬戌，循夜袭城而陷之，烧府舍、民室俱尽，执吴隐之。循自称平南将军，摄广州事，聚烧骨为共冢，葬于洲上，得髑髅三万馀枚。又使徐道覆攻始兴，执始兴相阮腆之。

【译文】魏国的君主拓跋珪亲临昭阳殿，更换补充了百官，引见了朝臣及文武官员，亲自加以选拔人才，并且完全依照才能授予官职。列爵位为四等：王封给大郡，公封给小郡，侯封给大县，伯封给小县。品第从第一等到第四等，旧臣中有功劳而没有爵位的，就追加封给，比较疏远的宗室和异姓承袭封官的人，都分别降低了爵位。又设置了五等一般的官吏，品第从第五等排到了第九等。百官中如有缺额的，就从这里面补充。他的官名多半不用汉、魏以前有的，而是模仿上古时代的龙官、鸟官，称众官曹的使者叫作凫鸭，取它飞得很快的意思；称负责窥察和掌管斥候的官叫作白鹭，取它伸长颈子向远看的意思；其余的都大类如此。

卢循带兵去侵略南海，攻打番禺。广州刺史濮阳人吴隐之带兵抵抗防守了一百多天。冬季，十月，壬戌日（初九），卢循又在夜晚偷袭了该城，然后把这座城给攻陷了，下令把府舍和民房都给烧光了，抓住了吴隐之。卢循则自称为平南将军，兼理广州的事情。他把所有的尸骨都聚集在一起烧焚，做了一个共同的坟冢，将他们埋葬在了洲上，有头骨三万多个。又派遣徐道覆去攻打始兴，抓住了始兴的相宰阮腆之。

刘裕领青州刺史。

刘敬宣在寻阳，聚粮缮船，未尝无备，故何无忌等虽败退，赖以复振。桓玄兄子亮自称江州刺史，寇豫章，敬宣击破之。

刘毅、何无忌、刘道规复自寻阳西上，至夏口。桓振遣镇东将军冯该守东岸，扬武将军孟山图据鲁山城，辅国将军桓仙客守偃月垒，众合万人，水陆相援。毅攻鲁山城，道规攻偃月垒，无忌遏中流，自辰至午，二城俱溃，生禽山图、仙客，该走石城。

辛巳，魏大赦，改元天赐。筑西宫。十一月，魏主珪如西宫，命宗室置宗师，八国置大师、小师，州郡亦各置师，以辨宗党，举才行，如魏、晋中正之职。

燕王熙与苻后游畋，北登白鹿山，东逾青岭，南临沧海而还，士卒为虎狼所杀及冻死者五千馀人。

【译文】刘裕担任青州刺史。

刘敬宣在寻阳的时候，聚集粮食，修理船只，一直都很有准备，所以当何无忌等人战败退走的时候，依然能够依赖他而重新得到振作。桓玄的侄子桓亮称为江州刺史，带兵去侵略豫章，刘敬宣把他给打败了。

刘毅、何无忌和刘道规等人又从寻阳向西而行，到了夏口。桓振派遣镇东将军冯该带兵防守在东岸，让扬武将军孟山图据守在鲁山城，辅国将军桓仙客防守在偃月垒，士兵们合计在一起有一万人，水陆两军都互相援助。刘毅带兵去攻打鲁山城，刘道规带兵去攻打偃月垒，何无忌则负责遏止中流的地方，从辰时到午时，鲁山城和偃月垒两城都给攻取下来了，还活捉了孟山图和桓仙客，而冯该则逃到了石城。

辛巳日（二十八日），魏国下令大赦，改年号为天赐，建筑西宫。十一月，魏主拓跋珪进入了西宫，然后命令宗室设置了宗师，八国都设置了大师、小师，州郡也都各设置了教师，用来辨明宗党，品举人才，像魏、晋时候中正的职位。

燕王慕容熙和苻后打猎游乐的时候，向北登上了白鹿山，向东逾过了青岭，南面到达了沧海，然后他们就回来了，而这期间他们的士卒中被虎狼杀害和被冻死的有五千多人。

【乾隆御批】熙事有无固不足论，然据史家所称白鹿山其地并非荒漠绝远，何至为虎狼所害及冻死五千余人？盖记载者意在已甚，其辞岂暇复揆事理？子舆氏所以有"不如无书"之叹。

【译文】慕容熙的这件事是有是无本来不值得论说，然而根据史家的记载白鹿山并不是荒凉偏远的地方，何至于被虎狼伤害及冻死五千多人呢？大概是记载的人立意在于过分夸大其词，哪有时间去揣测是否合乎事理呢？孟子所以会有"不如没有书"的慨叹。

十二月，刘毅等进克巴陵。毅号令严整，所过百姓安悦。刘裕复以毅为兖州刺史。

桓振以桓放之为益州刺史，屯西陵；文处茂击破之，放之走还江陵。

高句丽侵燕。

戊辰，魏主珪如豺山宫。

是岁，晋民避乱，襁负之淮北者道路相属。

【译文】十二月，刘毅等人带兵去攻下巴陵。刘毅的军队的号令一直都是严厉整饬的，他们所经过的地方百姓们都感到安心喜悦。于是刘裕又让刘毅担任兖州刺史。

桓振任命桓放之为益州刺史，屯守在西陵；文处茂带兵把他给打败了，于是他就逃走回到了江陵。

高句丽派兵去侵略燕国。

戊辰日(十六日)，魏国的君主拓跋珪到达了豺山宫。

这一年，晋国的百姓为了逃避灾难，扶老携幼往淮北逃跑的人，在道路上连接不断。

资治通鉴卷第一百一十四　晋纪三十六

起旃蒙大荒落，尽著雍涒滩，凡四年。

【译文】起乙巳（公元 405 年），止戊申（公元 408 年），共四年。

【题解】本卷记录了公元 405 年至 408 年，即晋安帝司马德宗义熙元年至义熙四年共四年间东晋与各国的大事。主要记录了桓氏余党被刘裕讨平，晋安帝返回建康，刘裕掌权；记录了谯纵被拥立为成都王，杀死益州刺史毛璩，刘裕两次派兵，都失败而回；记录了秦王姚兴礼崇鸠摩罗什，后秦佛法大兴；记录了秃发傉檀、姚兴、赫连勃勃之间的交战，秃发氏衰落，赫连勃勃势力强盛；记录了南燕王慕容德死，其侄慕容超继位，出现灭亡之势；记录了后燕王慕容熙先后攻打契丹和高句丽，皆无功而返；记录了慕容熙宠幸皇后苻氏，苻氏死，高云杀慕容熙，建立北燕；记录了魏主拓跋珪大兴宫室，极尽奢华；记录了西凉公李暠以仁爱教导群臣等等。

安皇帝己

义熙元年（乙巳，公元四〇五年）春，正月，南阳太守扶风鲁宗之起兵袭襄阳，桓蔚走江陵。己丑，刘毅等诸军至马头。桓振挟帝出屯江津，遣使求割江、荆二州，奉送天子；毅等不许。辛卯，宗之击破振将温楷于柞溪，进屯纪南。振留桓谦、冯该守江陵，引兵与宗之战，大破之。刘毅等击破冯该于豫章口，桓谦弃城走。毅等入江陵，执卞范之等，斩之。桓振还，望见火起，知城已陷，其众皆溃，振逃于涢川。

乙未，诏大处分悉委冠军将军刘毅。

【译文】义熙元年（乙巳，公元 405 年）春季，正月，南阳的太守扶风人鲁宗之起兵去袭击襄阳，桓蔚逃到了江陵。己丑日（初七），刘毅等人又率领着各军到达了马头。桓振挟持着晋安帝出兵屯驻江津，他派遣使者去请求割给他江州和荆州，作为将天子奉送回来的交换条件。可是刘毅等人没有答应他的要求。辛卯日（初九），鲁宗之在柞溪打败了桓振的部将温楷，进兵屯驻在了纪南。桓振留下桓谦和冯该在江陵防守，自己带兵去和鲁宗之作战，最终把鲁宗之打得大败。刘毅等人在豫章口击败了冯该，桓谦最后只好弃城逃走了。刘毅等人进入了江陵，抓住了卞范之等人，把他们都给杀了。桓振回来之后，望见城里起火了，就知道城池已经被攻陷下来了，而他的部属也都逃散了，他自己则逃到涢川去了。

乙未日（十三日），晋安帝下诏命令，把重大的事情都委交给了冠军将军刘毅负责处理。

戊戌，大赦，改元，惟桓氏不原；以桓冲忠于王室，特宥其孙胤。以鲁宗之为雍州刺史，毛璩为征西将军、都督益、梁、秦、凉、宁五州诸军事、璩弟瑾为梁、秦二州刺史，瑗为宁州刺史。刘怀肃追斩冯该于石城，桓谦、桓怡、桓蔚、桓谧、何澹之、温楷皆奔秦。怡，弘之弟也。

燕王熙伐高句丽。戊申，攻辽东。城且陷，熙命将士："毋得先登，俟铲平其城，朕与皇后乘辇而入。"，由是城中得严备，卒不克而还。

秦王兴以鸠摩罗什为国师，奉之如神，亲帅群臣及沙门听罗什讲佛经，又命罗什翻译西域《经》、《论》三百馀卷，大营塔寺，沙门坐禅者常以千数。公卿以下皆奉佛，由是州郡化之，事佛者十室而九。

【译文】戊戌日（十六日），晋安帝下令大赦天下，改年号为义熙，只有桓氏一族人没有得到宽恕。由于桓冲当年对晋朝王室忠诚，于是就特别宽宥了他的孙子桓胤。任命鲁宗之为雍州刺史，让毛璩担任征西将军、都督益梁秦凉宁五州诸军事，让毛璩的弟弟毛瑾担任梁州和秦州刺史，让毛瑗担任宁州刺史。刘怀肃带兵在石城追上了冯该，把他给捉住之后就杀死了，而桓谦、桓怡、桓蔚、桓谧、何澹之和温楷几人最后都逃奔到秦国去了。桓怡，是桓弘的弟弟。

燕王慕容熙率领军队去讨伐高句丽。戊申日（二十六日），慕容熙带兵去攻打辽东；城池在快被攻陷的时候，慕容熙命令将士们说："你们不可以先进入城里，等到铲平了城墙之后，朕和皇后要先乘车进入。"但是城里的守军防备得十分严密，慕容熙根本没有办法把它给攻取下来，于是只好带着部下回去了。

秦王姚兴让鸠摩罗什担任了国师，把他像神明一样尊奉着，并且亲自率领着群臣及和尚去听鸠摩罗什讲佛经。姚兴又命令鸠摩罗什将西域的《经》和《论》翻译过来，一共有三百多卷，下令营造大量的塔寺，在那里修行坐禅的僧人常常有千人之多。朝廷中公卿以下的官吏都信奉佛教，因此州郡的百姓受到影响，也都开始事奉佛祖，城中的人十家中就有九家信奉佛教。

乞伏乾归击吐谷浑大孩，大破之，俘万馀口而还，大孩走死胡园。视罴世子树洛干帅其馀众数千家奔莫何川，自称车骑大将军、大单于、吐谷浑王。树洛干轻徭薄赋，信赏必罚，吐谷浑复兴，沙、漒诸戎皆附之。

西凉公暠自称大将军、大都督、领秦、凉二州牧，大赦，改元建初，遣舍人黄始梁兴间行奉表诣建康。

【译文】乞伏乾归率领军队去攻击吐谷浑大孩，把吐谷浑大孩给打得大败，俘虏了一万多人后回去了。吐谷浑大孩战败后只好拼命逃走，最后死在了胡园。视罴的世子树洛干率领着自己剩余的部属，有几千户人家，一起逃奔到莫何川去了，而他自己也自称为车骑大将军、大单于、吐谷浑王。树洛干减轻了百姓的劳役和赋税，他实行有功必赏、有过必罚的政策，于是吐谷浑逐渐复兴起来，最后沙和漒各戎族也都归附他了。

西凉公李暠自称为大将军、大都督、兼领秦凉两州州牧，他下令大赦，并且改年号为建初，然后派遣舍人黄始和梁兴两人从小路出发，到建康去奉上奏表。

二月，丁巳，留台备法驾迎帝于江陵，刘毅、刘道规留屯夏口，何无忌奉帝东还。

初，毛璩闻桓振陷江陵，帅众三万顺流东下，将讨之，使其弟西夷校尉瑾、蜀郡太守瑗出外水，参军巴西谯纵、侯晖出涪水。蜀人不乐远征，晖至五城水口，与巴西阳昧谋作乱。纵为人和谨，蜀人爱之，晖、昧共逼纵为主，纵不可，走投于水；引出，以兵逼纵登舆，纵又投地，叩头固辞，晖缚纵于舆。还，袭毛瑾于涪城，杀之，推纵为梁、秦二州刺史。璩至略城，闻变，奔还成都，遣参军王琼将兵讨之，为纵弟明子所败，死者什八九。益州营户李腾开城纳纵兵，杀璩及弟瑗，灭其家。纵称成都王，以从弟洪为益州刺史，以明子为巴州刺史，屯白帝。于是蜀大乱，汉中空虚，氐王杨盛遣其兄子平南将军抚据之。

癸亥，魏主珪还自豺山，罢尚书三十六曹。

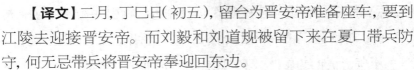

【译文】二月，丁巳日（初五），留台为晋安帝准备座车，要到江陵去迎接晋安帝。而刘毅和刘道规被留下来在夏口带兵防守，何无忌带兵将晋安帝奉迎回东边。

起初，毛璩听说桓振带兵攻陷了江陵，就率领着自己的三万大军顺流东下，准备去讨伐桓振，他的弟弟西夷校尉毛瑾和蜀郡太守毛瑗两人也都从外水出兵，参军巴西人谯纵和侯晖从涪水出兵。蜀人其实不喜欢远征，侯晖到达五城水口的时候，和巴西人阳昧密谋作乱。谯纵这个人一向和气谨慎，蜀人都很敬爱他。于是侯晖和阳昧两人想逼迫谯纵做他们的谋主。谯纵严词拒绝，纵身投江，被别人救了上来，侯晖和阳昧就又命人用武器逼迫谯纵坐上了车子。谯纵又跳到了地上，依然叩头坚持推辞，最后侯晖还是把谯纵给捆在了车上。侯晖带兵回来以后，偷袭了在涪城的毛瑾，并且把他给杀死了，然后推举谯纵担任梁州和秦州刺史。毛璩到了略城后，听说发生了兵变，便马上逃回到成都去了，派遣参军王琼带领着军队去讨伐，但是被谯纵的弟弟谯明子给打败了，这一战死了十分之八九的人。在益州负责分配军营的李腾，将城门打开来接纳谯纵的军队，然后进入城内的谯纵的军队杀死了毛璩和他的弟弟毛瑗，并且灭掉了他们的整个家族。谯纵称自己是成都王，任命他的堂弟谯洪为益州刺史，任命谯明子为巴州刺史，屯守在白帝。蜀发生了大乱，汉中出现了一片空虚的现象，氐王杨盛就派遣他哥哥的儿子平南将军杨抚带兵前去攻占它。

癸亥日（十一日），魏国的君主拓跋珪带着自己的部下从豺山回来后，就罢除了尚书省的三十六名官曹。

三月，桓振自郧城袭江陵，荆州刺史司马休之战败，奔襄阳，振自称荆州刺史。建威将军刘怀肃自云杜引兵驰赴，与振战于沙桥；刘毅遣广武将军唐兴助之，临阵斩振，复取江陵。

甲午，帝至建康。乙未，百官诣阙请罪，诏令复职。

尚书殷仲文以朝廷音乐未备，言于刘裕，请治之。裕曰："今日不暇给，且性所不解。"仲文曰："好之自解。"裕曰："正以解则好之，故不习耳。"

【译文】三月，桓振率领着自己的部下从郧城去偷袭江陵，荆州刺史司马休之战败后，奔逃到了襄阳，于是桓振就自称为荆州刺史。建威将军刘怀肃得知消息后，马上从云杜带兵赶去救援，和桓振在沙桥遇上，两军打了起来。刘毅知道这件事情之后，立即派遣广武将军唐兴带兵前去救助刘怀肃，等到唐兴带兵到了阵地之后，他们一起将桓振给杀死了，重新夺回了江陵。

甲午日（十三日），晋安帝率领着部下到达建康。乙未日（十四日），百官到宫殿去请罪，诏令恢复了百官原来的职位。

尚书殷仲文因为朝廷里的音乐不够完备，于是就去告诉刘裕，希望他能够办理。刘裕对殷仲文说："我现在根本没有空去做这件事，而且我也不了解音乐的性能。"殷仲文又说："只要你喜欢它，自然就会懂它了。"刘裕又对他说："正是因为通了就会喜欢它，我怕到时候会荒废了正务，所以就不去学它了。"

庚子，以琅邪王德文为大司马，武陵王遵为太保，刘裕为侍中、车骑将军、都督中外诸军事，徐、青二州刺史如故，刘毅为左将军，何无忌为右将军、督豫州、扬州五郡军事、豫州刺史，刘道规为辅国将军、督淮北诸军事、并州刺史，魏咏之为征虏将军、吴国内史。裕固让不受，加录尚书事，又不受，屡请归藩；诏百官敦劝，帝亲幸其第。裕惶惧，复诣阙陈请，乃听归藩。以魏咏之为荆州刺史，代司马休之。

【译文】庚子日（十九日），晋安帝让琅邪王司马德文担任大司马，武陵王司马遵担任太保，刘裕担任侍中、车骑将军、都督中外诸军事，徐、青两州刺史依然是原来的，刘毅担任左将军，何无忌担任右将军、督领豫州、扬州五郡军事、豫州刺史，刘道规担任辅国将军、督领淮北诸军事、并州刺史，魏咏之担任征虏将军、吴国的内史。刘裕坚持推让不肯接受，对他加封录尚书事，他也不接受，屡次请求要回到属地去。诏令百官去劝勉他，晋安帝也亲自到他的府第上去。刘裕此时感到惶恐害怕，再次前往宫殿去陈情，晋安帝才听从了他的意见，让他回到属地去了。然后又任命魏咏之为荆州刺史，代替了司马休之。

初，刘毅尝为刘敬宣宁朔参军，时人或以雄杰许之。敬宣曰："夫非常之才自有调度，岂得便谓此君为人豪邪！此君之性，外宽而内忌，自伐而尚人，若一旦遭遇，亦当以陵上取祸耳。"毅闻而恨之。及敬宣为江州，辞以无功，不宜援任先于毅等，裕不许。毅使人言于裕曰："刘敬宣不豫建议。猛将劳臣，方须叙报；如敬宣之比，宜令在后。若使君不忘平生，正可为员外常侍耳。闻已授郡，实为过优；寻复为江州，尤为骇惋。"敬宣愈不自安，自表解职；乃召还为宣城内史。

【译文】起初，刘毅曾担任过刘敬宣宁朔将军的参军，当时有人赞许刘毅这个人很雄杰。刘敬宣对他们说："一个有不平常才华的人，自然拥有才调和气度，哪里就能说这个人是人中豪杰呢？这个人的性情，外表看上去很宽厚，但是他的内心却很狭忌，总喜欢夸耀自己，当他居于别人的上位，一旦得到了权势后，他也会因为侵凌上位之人而惹来祸患的。"刘毅听到这些话之后非常气愤。等到刘敬宣担任江州刺史时，他推辞没有自己的功劳，不应该在刘毅等人的前面授予如此重任，但是刘裕没有答应。刘毅于是就派人去告诉刘裕说："刘敬宣没有参加我们当初起义的军队。勇猛的将军和有功劳的臣子，才是需要叙功报答的，而像刘敬宣这一类的人，就应该让他在后面。如果使君您没有忘记过去的经验的话（刘裕曾经当刘牢之的参军），那么正好可以让他担任员外常侍，我听说已经任命他为太守了，这个职位对他来说实在是太过优渥了。不久之后又任命他为江州刺史，尤其令人惊骇惋惜啊。"刘敬宣对此更加不能心安，自己上奏表要解去职务，晋安帝最后只好召他回来担任宣城的内史。

夏，四月，刘裕旋镇京口，改授都督荆、司等十六州诸军事，加领兖州刺史。

卢循遣使贡献。时朝廷新定，未暇征讨；壬申，以循为广州刺史，徐道覆为始兴相。循遗刘裕益智粽，裕报以续命汤。

循以前琅邪内史王诞为平南长史。诞说循曰："诞本非戎旅，在此无用；素为刘镇军所厚，若得北归，必蒙寄任，公私际会，仰答厚恩。"循甚然之。刘裕与循书，令遣吴隐之还，循不从。诞复说循曰："将军今留吴公，公私非计。孙伯符岂不欲留华子鱼邪？但以一境不容二君耳。"于是，循遣隐之与诞俱还。

【译文】夏季，四月，刘裕带兵回来镇守在京口，改授为都督荆、司等十六州诸军事，加领兖州刺史。

卢循派遣使者进入朝廷献贡。当时的朝廷才刚刚平定没多长时间，根本就没有什么空暇再前去征讨。壬申日（二十一日），任命卢循为广州刺史，徐道覆为始兴宰臣。卢循送给刘裕益智粽，刘裕回报给他续命汤。

卢循任命从前的琅邪内史王诞为平南长史。王诞告诉卢循说："我本来就不是军旅出身的，在这里根本没有什么用。我一向受刘镇军（刘裕）的厚爱，如果我能够回到北边去，一定会被蒙受寄予重任的，那么在公私周旋交接之间，我一定会报答您的厚恩的。"卢循觉得王诞说得很对，十分同意他的看法。刘裕写信给卢循，命令他派遣吴隐之回来，卢循没有答应。王诞又告诉卢循说："将军今天将吴公给留下来，无论是从公来说还是从私来说都不是一个好的计策。孙伯符又哪里不愿意留下华子鱼呢？只是一个国家不能够容纳两个国君罢了。"于是卢循就派遣吴隐之和王诞一起回去了。

初，南燕主备德仕秦为张掖太守，其兄纳与母公孙氏居于张掖，备德之从秦王坚寇淮南也，留金刀与其母别。备德与燕王垂举兵于山东，张掖太守苻昌收纳及备德诸子，皆诛之，公孙氏以老获免，纳妻段氏方娠，未决。狱掾呼延平，备德之故吏也，窃以公孙氏及段氏逃于羌中。段氏生子超，十岁而公孙氏病，临卒，以金刀授超曰："汝得东归，当经此刀还汝叔也。"呼延平又以超母子奔凉。及吕隆降秦，超随凉州民徙长安。平卒，段氏为超娶其女为妇。

超恐为秦人所录，乃阳狂行乞；秦人贱之，惟东平公绍见而异之，言于秦王兴曰："慕容超姿干瑰伟，殆非真狂，愿微加官爵以縻之。"兴召见，与语，超故为谬对，或问而不答。兴谓绍曰：

"谚云'妍皮不裹痴骨',徒妄语耳。"乃罢遣之。

【译文】起初，南燕的君主慕容备德在秦国做官时，担任张掖的太守，他的哥哥慕容纳和他的母亲公孙氏住在张掖。慕容备德跟随秦王苻坚带兵去侵略淮南的时候，把金刀留下来和他的母亲告别。慕容备德和燕王慕容垂在山东起兵的时候，张掖的太守苻昌捉拿了慕容纳和慕容备德的几个儿子，把他们全部都给杀死了。公孙氏因为年老而获得了免罪，慕容纳的妻子段氏正巧怀着身孕，也还没有判决。狱吏呼延平曾经是慕容备德的旧部僚，他将公孙氏和段氏都偷偷给救了出来，逃到了羌人那里。段氏生了一个儿子叫慕容超，慕容超十岁的时候，公孙氏生重病了，在她临死之前，将金刀交给了慕容超，并对他说："你要是能够再回到东方，一定要把这把金刀还给你的叔叔。"公孙氏死后呼延平就又带着慕容超和他的母亲逃奔到凉国去了。等到吕隆投降了秦国的时候，慕容超就跟随着凉州的百姓一起迁徙到长安去了。呼延平死了之后，段氏为慕容超娶了他的女儿为媳妇。

慕容超害怕自己被秦人所羁留，于是就假装疯狂，在街上向人行乞，秦人都瞧不起他，只有东平公姚绍看见他之后觉得很奇怪，然后他就去告诉秦王姚兴说："慕容超的姿貌躯干很奇伟，大概不是真的疯狂，我希望您能稍微给他一点官爵来羁留他。"姚兴听了姚绍说的话之后，就召见了慕容超，姚兴和他讲话的时候，慕容超故意回答错误，或是姚兴问了而不回答。姚兴就告诉姚绍说："俗话说：'外表美艳，内质必然秀慧。'这其实也只是随便乱说的话罢了。"于是就下令放走了慕容超南燕王。

备德闻纳有遗腹子在秦，遣济阴人吴辩往视之，辩因乡人宗正谦卖卜在长安，以告超。超不敢告其母妻，潜与谦变姓名逃归南燕。行至梁父，镇南长史悦寿以告兖州刺史慕容法。法曰："昔汉有卜者诈称卫太子，今安知非此类也！"不礼之。超由是与法有隙。

　　备德闻超至，大喜，遣骑三百迎之。超至广固，以金刀献于备德。备德恸哭，悲不自胜。封超北海王，拜侍中、票骑大将军、司隶校尉、开府，妙选时贤，为之僚佐。备德无子，欲以超为嗣。超入则侍奉尽欢，出则倾身下士，由是内外誉望翕然归之。

【译文】慕容备德听说慕容纳有个遗腹子在秦国，于是立即派遣济阴人吴辩前往秦国去视探。吴辩利用他的同乡宗正谦在长安卖卜，让他去告诉慕容超。慕容超知道消息之后不敢告诉他的母亲和妻子，暗中和宗正谦改名换姓逃回到南燕去了。走到梁父的时候，镇南长史悦寿将这件事告诉了兖州刺史慕容法。慕容法说："从前汉朝有个卖卜的人假托说是卫太子，现在哪里知道这件事是不是也是这一类的呢？"因此对慕容超不甚恭敬，于是慕容超就和慕容法有了矛盾。

　　慕容备德听说慕容超到了之后，非常欢喜，立即派遣三百名骑兵去迎接他。慕容超到了广固之后，把金刀拿出来献给了慕容备德。慕容备德看到金刀之后十分悲痛地哭泣，几乎完全不能自已。慕容备德封慕容超为北海王，拜侍中、骠骑大将军、司隶校尉、开府，精选当时国家里的贤才，给他当僚属。因为慕容备德没有儿子，所以他想要把慕容超培养为自己的继承人。慕容超在朝廷里能够侍奉慕容备德，使他感到十分欢欣；离开朝廷之后，也能够折节，礼遇下属。因此，朝廷内外的人都在称誉慕容超，并且归心于他。

五月，桂阳太守章武王秀及益州刺史司马轨之谋反，伏诛。秀妻，桓振之妹也，故自疑而反。

桓玄馀党桓亮、苻宏等拥众寇乱郡县者以十数，刘毅、刘道规、檀祇等分兵讨灭之，荆、湘、江、豫皆平。诏以毅为都督淮南等五郡军事、豫州刺史，何无忌为都督江东五郡军事、会稽内史。

北青州刺史刘该反，引魏为援，清河、阳平二郡太守孙全聚众应之。六月，魏豫州刺史索度真、大将斛斯兰寇徐州，围彭城。刘裕遣其弟南彭城内史道怜、东海太守孟龙符将兵救之，斩该及全，魏兵败走。龙符，怀玉之弟也。

【译文】五月，桂阳太守章武王司马秀和益州刺史司马轨之谋划造反，事情失败后，他们都被杀死了。司马秀的妻子，是桓振的妹妹，所以桓振自己心疑会连累到他，索性也造反了。

桓玄的余党桓亮和苻宏等人拥有许多寇贼，经常去扰乱相邻的郡县。刘毅、刘道规和檀祇等人分别派遣了兵力去讨伐消灭他们，最后荆、湘、江、豫都给平定了。诏令让刘毅担任都督淮南等五郡军事、豫州刺史，何无忌为都督江东五郡军事、会稽内史。

北青州刺史刘该造反，与魏国勾结，把魏国作为自己的援助。清河、阳平两郡的太守孙全聚合民众附应他。六月，魏国的豫州刺史索度真和将领斛斯兰带兵去入侵徐州，围攻彭城。刘裕得知消息之后立即派遣他的弟弟南彭城内史刘道怜和东海太守孟龙符带兵前去救援，斩杀了刘该和孙全，把魏国的军队打得大败而逃。孟龙符，是孟怀玉的弟弟。

秦陇西公硕德伐仇池，屡破杨盛兵；将军敛俱攻汉中，拔成固，徙流民三千馀家于关中。秋，七月，杨盛请降于秦。秦以盛为都督益、宁二州诸军事、征南大将军、益州牧。

刘裕遣使求和于秦，且求南乡等诸郡，秦王兴许之。群臣咸以为不可，兴曰："天下之善一也。刘裕拔起细微，能讨诛桓玄，兴复晋室，内釐庶政，外修封疆，吾何惜数郡，不以成其美乎！"遂割南乡、顺阳、新野、舞阴等十二郡归于晋。

【译文】秦国的陇西公姚硕德带兵去攻打仇池，屡次将杨盛的军队给打败了。将军敛俱率领军队去攻打汉中，攻下了成固，将三千多户流亡的百姓迁徙到关中去了。秋季，七月，杨盛主动向秦国请求投降。秦国于是就任命杨盛为都督益宁两州诸军事、征南大将军、益州牧。

刘裕派遣使者去向秦国求和，而且要得到南乡等各郡，秦王姚兴知道之后很快就答应了他。群臣都认为这样做不行，姚兴对他们说："天下所有的善行，都是一样值得赞美的。刘裕以他卑微的身份，能够去讨伐诛灭桓玄，复兴晋朝的宗室。对内他革正政事，对外修卫疆土，我有什么理由要珍惜这几个城郡，而不去成全了他的理想呢？"于是姚兴下令将南乡、顺阳、新野和舞阴等十二郡都割让给了晋朝。

【乾隆御批】裕甫匡复晋室即欲为国家索地于秦，亦当请于朝命，何得擅自遣使？尽其时上下陵替，君若缀旒，故虽逆谋未形，而无君之心已显露若此。

【译文】刘裕刚刚匡正复兴晋室就想为国家向秦国索要土地，这么做也该先向朝廷请求命令，怎么能擅自派遣使臣呢？尽管当时上下君臣所属混乱，皇帝就像多余的飘带居虚位而无实权，所以刘裕当时虽然逆谋还没有成形，但是没有君主的心迹已经像这样显露出来。

八月，燕辽西太守邵颜有罪，亡命为盗；九月，中常侍郭仲讨斩之。

汝水竭，南燕主备德恶之，俄而寝疾。北海王超请祷之，备德曰："人主之命，短长在天，非汝水所能制也。"固请，不许。

戊午，备德引见群臣于东阳殿，议立超为太子。俄而地震，百僚惊恐，备德亦不自安，还宫。是夜，疾笃，瞑不能言。段后大呼："今召中书作诏立超，可乎？"备德开目颔之。乃立超为皇太子，大赦，备德寻卒。为十馀棺，夜，分出四门，潜瘗山谷。

己未，超即皇帝位，大赦，改元太上。尊段后为皇太后。以北地王钟都督中外诸军、录尚书事，慕容法为征南大将军、都督徐、兖、扬、南兖四州诸军事，加慕容镇开府仪同三司，以尚书令封孚为太尉，魏仲为司空，封嵩为尚书左仆射。癸亥。虚葬备德于东阳陵，谥曰献武皇帝，庙号世宗。

【译文】八月，燕国的辽西太守邵颜有罪，逃命做了盗匪。九月，中常侍郭仲带兵去讨伐他，捉住他之后把他给杀死了。

汝水出现了枯竭的现象，南燕的君主慕容备德知道后很不高兴。没过多久，他就生了重病。北海王慕容超得知后就请求为他去祈祷，慕容备德对慕容超说："人主的生命，是长还是短，都是由天意决定的，而不是汝水所能控制的。"慕容超仍然坚持要为慕容备德去请求，但是慕容备德一直没有答应。

戊午日（初九），慕容备德在东阳殿接见了群臣，商议册立慕容超为太子一事。可是忽然发生了地震，百官对此都很惊恐，慕容备德心里也感到不安，最后只好回到内宫去了。当天晚上，慕容备德的病就变得更加严重了，闭着眼睛根本就不能说话了。段后大声地对慕容备德说："今天您召令中书作诏书册立慕容超，这件事还可以吗？"慕容备德慢慢睁开自己的眼睛，然后点头表示同意。于是朝廷就册立了慕容超为皇太子，下令大赦。这之后没过多久慕容备德就死了，当时做了十几个棺材，夜晚的时候分别从四个城门出去，暗中埋葬在山谷里了。

己未日（初十），慕容超登上皇位，下令大赦，改年号为太上。把段后尊奉为皇太后。任命北地王慕容钟都督中外诸军、录尚书事，慕容法担任征南大将军、都督徐兖扬南兖四州诸军事，加封慕容镇开府仪同三司，任命尚书令封孚为太尉，鞠仲为司空，封嵩为尚书左仆射。癸亥日（十四日），将慕容备德假充埋葬在东阳陵，谥号为献武皇帝，庙号世宗。

超引所亲公孙五楼为腹心。备德故大臣北地王钟、段宏等皆不自安，求补外职。超以钟为青州牧，宏为徐州刺史。公孙五楼为武卫将军，领屯骑校尉，内参政事。封孚谏曰："臣闻亲不处外，羁不处内。钟，国之宗臣，社稷所赖；宏，外戚懿望，百姓具瞻；正应参翼百揆，不宜远镇外方。今钟等出藩，五楼内辅，臣窃未安。"超不从。钟、宏心皆不平，相谓曰："黄犬之皮，恐终补狐裘也。"五楼闻而恨之。

魏咏之卒，江陵令罗修谋举兵袭江陵，奉王慧龙为主。刘裕以并州刺史刘道规为都督荆、宁等六州诸军事、荆州刺史。修不果发，奉慧龙奔秦。

乞伏乾归伐仇池，为杨盛所败。

【译文】慕容超将他所亲信的公孙五楼作为自己的心腹。慕容备德以前的大臣北地王慕容钟和段宏等人此时都感到很不安，主动请求要补调外地的职务。慕容超任命慕容钟为青州州牧，段宏为徐州刺史。公孙五楼担任武卫将军，兼领屯骑校尉，在朝内参与政事。封孚劝谏慕容超说："臣听说亲属不能够让他单独在外地，羁旅的人不能够让他一直待在家里。慕容钟是国家宗仰的大臣，为整个社稷所仰赖；段宏在外戚中有最美好的声望，老百姓都对他十分瞻仰。这两个人正是应该参与辅翼百官的，不应该远出镇守在京城以外的地方。现在慕容钟等人出任藩国，公孙五楼在朝内辅佐，臣私下觉得很不安。"慕容超没有听从封孚的意见。慕容钟和段宏知道之后心里都感到很不满，互相说："黄狗的皮，恐怕最后都要拿来补狐皮大衣了。"公孙五楼听了他们的话之后，心里的怨恨很深。

魏咏之死了之后，江陵令罗修阴谋举兵去偷袭江陵，把王慧龙奉为谋主。刘裕以并州刺史刘道规为都督荆宁等六州诸军事、荆州刺史。罗修没有能够如愿举兵，保护着王慧龙逃奔到秦国去了。

乞伏乾归率领军队去攻打仇池，被杨盛给打败了。

西凉公暠与长史张邈谋徙都酒泉以逼沮渠蒙逊；以张体顶为建康太守，镇乐涫，以宋繇为燉煌护军，与其子燉煌太守让镇燉煌，遂迁于酒泉。

暠手令戒诸子，以为："从政者当审慎赏罚，勿任爱憎，近忠正，远佞谀，勿使左右窃弄威福。毁誉之来，当研核真伪；听讼折狱，必和颜任理，谨勿逆诈亿必，轻加声色。务广咨询，勿自专用。吾莅事五年，虽未能息民，然含垢匿瑕，朝为寇仇，夕委心膂，粗无负于新旧，事任公平，坦然无类，初不容怀，有所损益。计近则如不足，经远乃为有馀，庶亦无愧前人也。"

十二月，燕王熙袭契丹。

【译文】西凉公李暠和长史张邈阴谋迁都到酒泉，以此来逼追沮渠蒙逊。任命张体顶为建康太守，带兵在乐涫镇守；任命宋繇为敦煌护军，和他的儿子敦煌太守李让一起镇守在敦煌，于是迁都到酒泉。

李暠下令警诫他的几个儿子，他认为："执政的人应当审慎之后再使用赏罚，不要任凭自己的喜怒来决定，要能够接近忠正的君子，自觉地疏远谗佞的小人，不要让自己身边左右的人玩弄威势和权力。别人的毁谤或赞誉，都应当研究察核它的真假。听讼案判决的时候，也一定要脸色和悦地凭任道理，要时刻谨慎，不要预先被别人给欺骗了，恶声厉色时，也要适当地轻微一点。务必要做到广泛地征求意见，不要刚愎自用。我执政五年了，虽然不能够说是使百姓都安息，但是我还是能够包容他人的缺点的。早晨还是仇敌，晚上就能成为知心的好朋友，大致对于新识旧交都没有对不起的事，所以处事待人方面，都应该保持着公平的态度，要胸怀坦荡，没有偏差，一点儿也不许因私意有所变更。这样做，从眼前的情况来看，好像是不合算，但是从长远的利益来看的话，就绰绰有余了，大抵不会在古人面前觉得惭愧。"

十二月，燕王慕容熙带兵去偷袭契丹。

义熙二年（丙午，公元四〇六年）春，正月，甲申，魏主珪如豺山宫。诸州置三刺史，郡置三太守，县置三令长；刺史、令长各之州县，太守虽置而未临民，功臣为州者皆征还京师，以爵归第。

益州刺史司马荣期击谯明子于白帝，破之。

燕王熙至陉北，畏契丹之众，欲还，苻后不听，戊申，遂弃辎重，轻兵袭高句丽。

【译文】义熙二年（丙午，公元 406 年）春季，正月，甲申日（初八），魏国的君主拓跋珪带兵前去豺山宫。各州都设置三名刺史，每郡也都设置了三名太守，每县设置了三名令长；刺史、令长各自都到州县，太守虽设置了却没有好好地治理百姓，功臣被封为州刺史的，都征调回到京师，以原有爵禄，归回府第。

益州刺史司马荣期带兵去白帝攻打谯明子，他把谯明子给打败了。

燕王慕容熙到达陉山北边，他因为害怕契丹人多，所以想要回去。符后没有听从他的意见，戊申日（正月无此日），慕容熙放弃了笨重的军用物资，用轻便的军队去偷袭高句丽。

南燕主超猜虐日甚，政出权幸，盘于游畋，封嵒、韩𧀯屡谏不听。超尝临轩问孚曰："朕可方前世何主？"对曰："桀、纣。"超惭怒，孚徐步而出，不为改容。鞠仲谓孚曰："与天子言，何得如是！宜还谢。"孚曰："行年七十，惟求死所耳！"竟不谢。超以其时望，优容之。

桓玄之乱，河间王昙之子国璠、叔璠奔南燕。二月，甲戌，国璠等攻陷弋阳。

燕军行三千馀里，士马疲冻，死者属路，攻高句丽木底城，不克而还。夕阳公云伤于矢，且畏燕王熙之虐，遂以疾去官。

【译文】南燕君主慕容超猜忌又暴虐的性情，一天比一天严重了，朝廷的政事都由掌权的佞幸去处理了，而他自己则沉迷于田猎。封孚和韩𧀯都曾屡次劝谏他，他都不听。慕容超曾经临着栏槛问封孚说："你觉得朕可以和前代的哪一个国君相比较？"封孚回答他说："是桀和纣。"慕容超听到之后十分羞愧生气。之后，封孚慢慢地走了出去，脸色一点也没有变。鞠仲就告诉封孚说："你和天子讲话怎么可以这个样子呢！你应该马上回去向他道歉。"封孚对鞠仲说："我已经七十岁了，现在只求有

128

死的地方就好了!"最终封孚还是没有去道歉。而慕容超因为封孚在当时很有声望,于是就对他特别优厚宽容。

桓玄作乱的时候,河间王司马昙的儿子国璠和叔璠奔往南燕。二月,甲戌日(二十八日),国璠等人带兵攻陷了弋阳。

燕国的军队行了三千多里路之后,士兵和战马都非常疲累受冻,一路上死了很多的人和马,而来攻打高句丽的木底城,攻不下来只能回去。夕阳公慕容云被箭给射伤了,但是他又害怕燕王慕容熙的暴虐无道,于是就以生病为理由,辞去了自己的官职。

【申涵煜评】孚以燕主超为桀纣,言亦太戆。人臣事主格心为上,匡救次之。至于面折廷斥,在朋友且难受,况吾君乎?夫子勿欺而犯,专为子路言。重勿欺,非重犯也。

【译文】封孚认为燕王慕容超是夏桀、商纣般的君主,言语也尤其憨直。作为臣子侍奉君主应该使他改过向善为上,匡扶挽救是其次。至于当面指责别人的过错和当场之上驳斥别人,在朋友面前尚且感到不舒服,何况是我们侍奉的君主呢?孔子所说的不要欺骗但可以犯颜进谏,仅仅是为子路所说的。主要是在不要欺骗,而不是主要在犯颜进谏。

三月,庚子,魏主珪还平城。夏,四月,庚申,复如豺山宫。甲午,还平城。

柔然社仑侵魏边。

五月,燕主宝之子博陵公虔、上党公昭,皆以嫌疑赐死。

六月,秦陇西公硕德自上邽入朝,秦王兴为之大赦;及归,送之至雍乃还。兴事晋公绪及硕德皆如家人礼,车马、服玩,先奉二叔，而自服其次，国家大政，皆咨而后行。

【译文】三月，庚子日（二十五日），魏国的君主拓跋珪回到了平城。夏季，四月，庚申日（十五日），拓跋珪又到了豺山宫；甲午日（四月无此日），再次回到平城。

柔然的社仑带兵去侵略魏国的边境。

五月，燕国的君主慕容宝的儿子博陵公慕容虔和上党公慕容昭，都因为有叛国的嫌疑而被慕容宝给赐死了。

六月，秦国的陇西公姚硕德从上邽入朝，秦王姚兴为此下令大赦。等到姚硕德回去的时候，姚兴把他送到了雍城才回来。姚兴对待晋公姚绪和姚硕德的礼节就好像对待自己的家人一样，车马、衣服和玩好，都是先要奉给两位叔叔，而自己再使用次等的；国家重大的政事，也都要先征求他们的意见，然后再决定如何去做。

秃发傉檀伐沮渠蒙逊，蒙逊婴城固守。傉檀至赤泉而还，献马三千匹、羊三万口于秦。秦王兴以为忠，以傉檀为都督河右诸军事、车骑大将军、凉州刺史，镇姑臧，征王尚还长安。凉州人申屠英等遣主簿胡威诣长安请留尚，兴弗许。威见兴，流涕言曰：“臣州奉戴王化，于兹五年，王宇僻远，威灵不接，士民尝胆扠血，共守孤城；仰恃陛下圣德，俯杖良牧仁政，克自保全，以至今日。陛下奈何乃以臣等贸马三千匹、羊三万口；贱人贵畜，无乃不可！若军国须马，直烦尚书一符，臣州三千馀户，各输一马，朝下夕办，何难之有！昔汉武倾天下之资力，开拓河西，以断匈奴右臂。今陛下无故弃五郡之地忠良华族，以资暴虏，岂惟臣州士民坠于涂炭，恐方为圣朝旰食之忧。”兴悔之，使西平人车普驰止王尚，又遣使谕傉檀。会傉檀已帅步骑三万军于五涧，普先以状告之，秃檀遽逼遣王尚；尚出自清阳门，秃檀入自凉风门。

【译文】秃发秃檀带兵去攻打沮渠蒙逊，沮渠蒙逊围着城坚固防守。秃发秃檀带着军队到了赤泉就回去了，将三千匹马和三万头羊都献给了秦国。秦王姚兴由此认为他非常忠心，于是就任命他为都督河右诸军事、车骑大将军、凉州刺史，镇守姑臧，征调王尚回到长安。凉州人申屠英等，派遣主簿胡威到长安去请求留下王尚，但是姚兴没有答应。胡威看见姚兴之后，流着泪对他说："我们凉州遵奉陛下的教化，已经五年了，土地偏僻遥远，朝廷的威力命令，很难到达我们这里。士民卧薪尝胆，擦拭伤血，共同防守孤城。仰仗陛下您的圣明德业，俯依贤良牧守的仁政，才能够寻求自保，一直到今天。陛下您怎么可以拿我们来和三千匹马、三万头羊来交换呢。轻贱百姓、尊贵畜生，这样恐怕是不可以的吧！如果国家的军队需要马匹，那么只需尚书下一道命令就可以了，我们凉州大约有三千多户百姓，每户送一匹马，早晨下令，晚上就能办妥，这有什么困难的呢？从前汉武帝倾尽天下财力，开拓河西，以堵断匈奴的右臂。现在陛下没有任何原因地放弃了五郡的土地，和忠心善良的华人宗族，以此来增加残暴胡虏的力量，这哪里只是使臣这个州的士民陷于痛苦的生活，恐怕这些是圣明的朝廷的隐忧呀！"姚兴听了他说的话之后，非常后悔，立即派遣西平人车普快骑去阻止王尚，同时又派遣使者去告谕秃发秃檀。正巧秃发秃檀已经率领步兵和骑兵三万人驻军在五涧，车普先把姚兴的谕状告诉了他。秃发秃檀于是马上催促王尚回去；王尚从清阳门出发，秃发秃檀从凉风门进入。

别贺宗敞送尚还长安，秃檀谓敞曰："吾得凉州三千馀家，情之所寄，唯卿一人，奈何舍我去乎！"敞曰："今送旧君，所以忠于殿下也。"傉檀曰："吾新牧贵州，怀远安迩之略如何？"敞曰："凉土虽弊，形胜之地，殿下惠抚其民，收其贤俊以建功名，其何求不获！"因荐本州文武名士十馀人，傉檀嘉纳之。王尚至长安，兴以为尚书。

傉檀燕群僚于宣德堂，仰视叹曰："古人有言：'作者不居，居者不作。'信矣。"武威孟祎曰："昔张文王始为此堂，于今百年，十有二主矣，惟履信思顺者可以久处。"傉檀善之。

【译文】别驾宗敞送王尚回到了长安，秃发傉檀对宗敞说："我虽然得到了凉州的三千多户人家，但其实我心里所想要的，就只有你一个人而已啊，为什么你一定要舍弃我而离开呢？"宗敞对秃发傉檀说："我今天送走了旧君，就是为了向陛下表明我的衷心呀！"秃发傉檀说："我刚刚主管贵州，怀柔远人和安抚近人的策略都是些什么呢？"宗敞说："凉州的土地虽然凋敝，但却是地势十分重要的地方。殿下现在对百姓施恩安抚，招收贤明有才干的人来建立功名，又怎么会没有收获呢？"于是他就推荐了本州的文人、武士还有盛名的人，一共有十多个人。秃发傉檀对他推荐的人全部嘉勉接纳了。王尚到长安，姚兴叫他担任尚书。

秃发傉檀在宣德堂设宴宴请群臣，抬头仰望叹息说："古人有句话叫：'建造房子的人，自己不住，而住在房子里的人，自己不会建造房子。'真是如此啊。"武威人孟祎说："从张文王开始建造这个堂到现在，已经有一百年了，它经过了十二个君主，只有实践诚信、想要顺应民心的人，才能够长久地住在这里。"秃发傉檀很同意他的看法。

资治通鉴

魏主珪规度平城，欲拟邺、洛、长安，修广宫室。以济阳太守莫题有巧思，召见，与之商功。题久侍稍怠，珪怒，赐死。题，含之孙也。于是，发八部五百里内男丁筑灅南宫，阙门高十馀丈，穿沟池，广苑囿，规立外城，方二十里，分置市里，三十日罢。

秋，七月，魏太尉宜都丁公穆崇薨。

【译文】魏国的君主拓跋珪规划营建平城，想要比照邺城、洛阳和长安那样，来修治扩充宫室。因为觉得济阳的太守莫题有精巧的心思，于是就召见了他，和他商量了工程的进度。莫题侍奉拓跋珪的时间一长，态度稍微有些懈怠，拓跋珪很生气，于是就赐他自杀了。莫题，是莫含的孙子。从此，拓跋珪发动了八个部族五百里内的所有男丁去建筑灅南宫，灅南宫的宫门有十多丈高，贯穿了沟池，增广了饲养禽兽的苑囿，并且规划设立外城，有二十里见方，分别设置了市里，三十日就完成了。

秋季，七月，魏国的太尉宜都丁公穆崇死了。

八月，秃发傉檀以兴城侯文支镇姑臧，自还乐都；虽受秦爵命，然其车服礼仪，皆如王者。

甲辰，魏主珪如豺山宫，遂之石漠。九月，度漠北；癸巳，南还长川。

刘裕闻谯纵反，遣龙骧将军毛修之将兵与司马荣期、文处茂、时延祖共讨之。修之至宕渠，荣期为其参军杨承祖所杀，承祖自称巴州刺史，修之退还白帝。

【译文】八月，秃发傉檀任命兴城侯文支带兵镇守在姑臧，而他自己回到了乐都。虽然接受了秦国的爵命，但是他的车乘、服制和礼仪，都还是像国君一样。

甲辰日（初一），魏国的君主拓跋珪带兵到了豺山宫，然后又到了石漠。九月，他度过了漠北；癸巳日(二十一日)，拓跋珪又向南回到了长州。

刘裕听说谯纵带兵造反了，于是就立即派遣龙骧将军毛修之带领着军队和司马荣期、文处茂、时延祖一起去讨伐。毛修之到达宕渠的时候，司马荣期已经被他的参军杨承祖给杀了，杨承祖自称是巴州刺史，毛修之只好退回到白帝去了。

秃发傉檀求好于西凉，西凉公暠许之。

沮渠蒙逊袭酒泉，至安珍。暠战败，城守，蒙逊引还。

南燕公孙五楼欲擅朝权，谮北地王钟于南燕主超，请诛之。南燕主备德之卒也，慕容法不奔丧，超遣使让之；法惧，遂与钟及段宏谋反。超闻之，徵钟，钟称疾不至，超收其党侍中慕容统等，杀之。征南司马卜珍告左仆射封嵩数与法往来，疑有奸，超收嵩下廷尉。太后惧，泣告超曰："嵩数遣黄门令牟常说吾云：'帝非太后所生，恐依永康故事。'我妇人识浅，恐帝见杀，即以语法，法为谋见误，知复何言。"超乃车裂嵩。西中郎将封融奔魏。

【译文】秃发傉檀向西凉请求与他和好，西凉公李暠答应了他的请求。

沮渠蒙逊带兵去偷袭酒泉，到达了安珍。李暠战败，但守住了城池，沮渠蒙逊就只好带兵回去了。

南燕公孙五楼想要独揽朝廷的权势，于是他就在南燕的君主面前说北地王慕容钟的坏话，请求慕容备德下令把他杀死。南燕的君主慕容备德死的时候，慕容法就没有前去奔丧，慕容超于是就派遣使者前去责备他。慕容法感到很害怕，暗地里和慕容钟及段宏等人密谋造反。慕容超听到这个消息后，马上征调慕容钟。而慕容钟推说自己生病没有去，于是慕容超就下令收捕了他的同党侍中慕容统等人，并且把他们给杀死了。征南司马卜珍控告左仆射封嵩，说他经常和慕容法有来往，所以怀疑他们俩有奸情，于是慕容超收拿了封嵩交给了廷尉。太后知道这件事情之后很害怕，她哭着告诉慕容超说："封嵩好几次都派遣黄门令牟常来告诉我说：'皇上不是太后您亲生的，恐怕到时候事情会发展成永康故事（燕主慕容宝在永康元年逼杀了他的母亲段氏）一样。'我只是一个简单的妇人而已，知识非常浅薄，怕最后被皇上您给杀了，所以就去告诉了慕容法，慕容法为了谋朝篡位，而我又被他给误导了，现在您也应该都知道了，我还有什么话好说的呢？"慕容超于是下令把封嵩给车裂了。而西中郎将封融则逃奔到魏国去了。

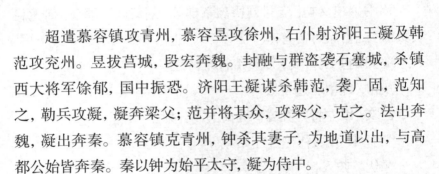

超遣慕容镇攻青州，慕容昱攻徐州，右仆射济阳王凝及韩范攻兖州。昱拔莒城，段宏奔魏。封融与群盗袭石塞城，杀镇西大将军馀郁，国中振恐。济阳王凝谋杀韩范，袭广固，范知之，勒兵攻凝，凝奔梁父；范并将其众，攻梁父，克之。法出奔魏，凝出奔秦。慕容镇克青州，钟杀其妻子，为地道以出，与高都公始皆奔秦。秦以钟为始平太守，凝为侍中。

南燕主超好变更旧制，朝野多不悦；又欲复肉刑，增置烹轘之法，众议不合而止。

【译文】慕容超派遣慕容镇带兵前去攻打青州，慕容昱带兵去攻打徐州，右仆射济阳王慕容凝和韩范一起带兵去攻打兖州。慕容昱攻下了莒城，段宏最后只好逃奔到魏国去了。封融和一群盗匪偷袭了石塞城，杀死了镇西大将军馀郁，国内的人听到这个消息之后都非常震惊害怕。济阳王慕容凝想用阴谋杀死韩范，于是就带兵去偷袭广固，韩范知道了这件事之后，就即刻率兵前去攻打济阳王慕容凝，最后慕容凝只好逃奔到梁父去了。韩范最后合并统领了慕容凝的部属，然后去攻打梁父，成功地把梁父给攻取下来。慕容法逃奔到了魏，慕容凝逃到秦国去。慕容镇攻下了青州，慕容钟杀死了他的妻子和儿女，并且挖了地道出去，和高都公慕容始都逃到秦国。秦国任命慕容钟为始平太守，慕容凝为侍中。

南燕的君主慕容超喜欢变更旧的制度，朝野中大多数人对此很不满。又想要恢复肉刑，增加烹煮车裂的刑罚，大家都认为这不合适，这才作罢。

资治通鉴

冬，十月，封孚卒。

尚书论建义功，奏封刘裕豫章郡公，刘毅南平郡公，何无忌安城郡公，自馀封赏有差。

梁州刺史刘稚反，刘毅遣将讨禽之。

庚申，魏主珪还平城。

乙亥，以左将军孔安国为尚书左仆射。

十一月，秃发傉檀迁于姑臧。

乞伏乾归入朝于秦。

十二月，以何无忌为都督荆、江、豫三州八郡军事、江州刺史。

是岁，桓石绥与司马国璠、陈袭聚众胡桃山为寇，刘毅遣司马刘怀肃讨破之。石绥，石生之弟也。

【译文】冬季，十月，封孚死了。

尚书议论起义功劳的时候，奏请封刘裕为豫章的郡公，刘毅为南平的郡公，何无忌为安成的郡公，其余的人也都分别有了不同的封赏。

梁州刺史刘稚带兵造反，刘毅派遣部将带兵去讨伐他，最后成功地把他给抓起来了。

庚申日（十八日），魏国的君主拓跋珪率领着自己的部下回到了平城。

乙亥日（十月无此日），颁布诏令让左将军孔安国担任尚书左仆射。

十一月的时候，秃发傉檀迁到了姑臧。

乞伏乾归带着自己的部下到秦国去入朝。

十二月，颁布诏令让何无忌担任都督荆江豫三州八郡军事、江州刺史。

这一年，桓石绥和司马国璠、陈袭聚集了许多人在胡桃山上做起了寇贼，刘毅知道这个消息后立即派遣司马刘怀肃带兵前去讨伐他们，最终把他们给打败了。桓石绥，是桓石生的弟弟。

义熙三年（丁未，公元四〇七年）春，正月，辛丑朔，燕大赦，改元建始。

秦王兴以乞伏乾归寖强难制，留为主客尚书，以其世子炽磐行西夷校尉，监其部众。

二月，己酉，刘裕诣建康，固辞新所除官，欲诣廷尉；诏从其所守，裕乃还丹徒。

魏主珪立其子修为河间王，处文为长乐王，连为广平王，黎为京兆王。

【译文】义熙三年（丁未，公元 407 年）春季，正月，辛丑朔日（正月无此日），燕国君主下令大赦，并且改年号为建始。

秦王姚兴因为害怕乞伏乾归会逐渐强大起来，而到最后自己难以制伏他，于是就将他留做主客尚书，并且任命他的世子炽磬担任西夷校尉，还命人去时常监视他的部属们。

二月，己酉日（初九），刘裕带着自己的部下到了建康，他坚持要推辞新近任命的官职，想要去见廷尉。诏令顺从了他所坚守的，于是刘裕顺利地回到了丹徒。

魏国的君主拓跋珪分别赐封了他的儿子拓跋修为河间王，拓跋处文为长乐王，拓跋连为广平王，拓跋黎为京兆王。

殷仲文素有才望，自谓宜当朝政，悒悒不得志；出为东阳太守，尤不乐。何无忌素慕其名，东阳，无忌所统，仲文许便道修谒，无忌喜，钦迟之。而仲文失志恍惚，遂不过府；无忌以为薄己，大怒。会南燕入寇，无忌言于刘裕曰："桓胤、殷仲文乃腹心之疾，北虏不足忧也。"闰月，刘裕府将骆冰谋作乱，事觉，裕斩之。因言冰与仲文、桓石松、曹靖之、卞承之、刘延祖潜相连结，谋立桓胤为主，皆族诛之。

燕王熙为其后苻氏起承华殿，负土于北门，土与谷同价。宿军典军杜静载棺诣阙极谏，熙斩之。

苻氏尝季夏思冻鱼，仲冬须生地黄，熙下有司切责不得而斩之。

【译文】殷仲文很早以前就有了才干和名望，他认为自己完全有能力担任朝廷的重任，所以心里一直都是郁郁不得意的。特别是他现在出任东阳太守，尤其不高兴。何无忌平时就很仰慕殷仲文的声名。东阳，是何无忌所统治管理的地方，殷仲文曾答应了何无忌会顺道前往拜谒他，何无忌知道后非常高兴，对他十分钦仰和期待。可是殷仲文现在非常失意，神情也十分恍惚，因此他没有到何无忌的任所去。何无忌因此认为殷仲文失约是看不起自己，于是非常生气。正巧此时南燕入侵，何无忌告诉刘裕说："桓胤和殷仲文才是我们的心腹大患，北方的虏敌根本就不值得去忧虑。"闰月，刘裕的府将骆冰计划密谋作乱，但是事情最后还是被发觉了，于是刘裕就下令把他给杀死了。有人说骆冰和殷仲文、桓石松、曹靖之、卞承之、刘延祖这几个人暗中互相勾结，想要密谋拥立桓胤为君主，然后刘裕就派人把他们全部都灭族了。

　　燕王慕容熙为他的皇后苻氏兴建了承华殿，把土挑到了北门。当时土的价钱和谷的价钱是一样的。宿军的典军杜静载着棺木到宫殿前去极力劝谏慕容熙，但是慕容熙根本就没有听进他的劝谏，反而把他给杀死了。

　　慕容熙的皇后苻氏曾经在盛热的夏天，想要吃冬天冷冻的鱼，在严寒的冬天想吃生的地黄，而慕容熙为了满足她，下命让官吏一定要取到，取不到的官吏就被慕容熙下令给杀死了。

　　【乾隆御批】仲文晋室旧臣，首劝桓元受禅，继复谄事刘裕，丧心无耻莫此为甚，当时所云才望尽可知矣。

　　【译文】殷仲文是东晋王室旧臣，他却首先劝桓玄接受禅让，接着谄媚事奉刘裕，丧失良心，没有羞耻没有比他更厉害的了，当时所说的有才干、有名望的人绝尽就可以知道了。

　　【申涵煜评】仲文为桓玄党恶，诛玄日，便宜正法，乃授以东阳专城之寄。后因失谒，何无忌始听其谮而族诛之，何以服人心？裕固粗卤人也，不知穆之所司底事？

　　【译文】殷仲文桓玄党羽的恶徒，诛杀桓玄当天，就应被朝廷正法，居然授予他东阳的任命掌握守城的重托。后来因为没有去拜见上司，何无忌才开始听信别人的谗言而诛杀他全族，用什么来使得众人从心中信服？刘裕本来就是一个粗鲁的人，不知晓刘穆之所掌管的是什么事情？

夏，四月，癸丑，苻氏卒，熙哭之潓绝，久而复苏；丧之如父母，服斩衰，食粥，命百官于宫内设位而哭，使人案检哭者，无泪则罪之，群臣皆含辛以为泪。高阳王妃张氏，熙之嫂也，美而有巧思，熙欲以为殉，乃毁其祢靴中得弊毡，遂赐死。右仆射韦璆等皆恐为殉，沐浴俟命。公卿以下至兵民，户率营陵，费殚府藏。陵周围数里，熙谓监作者曰："善为之，朕将继往。"

丁酉，燕太后段氏去尊号，出居外宫。

氐王杨盛以平北将军苻宣为梁州督护，将兵入汉中，秦梁州别驾吕莹等起兵应之。刺史王敏攻之，莹等求援于盛，盛遣军临浕口，敏退屯武兴。盛复通于晋，晋以盛为都督陇右诸军事、征西大将军、开府仪同三司，盛因以宣行梁州刺史。

【译文】夏季，四月，癸丑日（四月无此日），苻氏死了，慕容熙哭得很伤心，甚至哭昏过去，过了很久才苏醒过来。他穿着像死了父母一样才穿的斩衰的丧服，每天也只是吃稀饭。他还命令文武百官在宫殿里设置了灵位，要求每个人都要去哭祭，并且还派人去检查，如果发现有人没有流眼泪的话，他就会判那个人的罪，群臣们都含着辣椒才能使自己的眼泪流出来。高阳王的妃子张氏，是慕容熙的嫂子，长得十分漂亮，而且思想也很独特，慕容熙就想要她去殉葬，于是撕毁了她特地缝制的送终的靴子，发现靴子里面有一些旧的坏毛毡，于是就利用这个理由赐她自杀了。右仆射韦璆等人知道这件事情之后，都非常害怕自己会被抓去殉葬，于是每天都去沐浴更衣等待命令。公卿以下，直到士兵百姓，家家户户都要前往建造墓陵，费用花销极其多，把府库的库藏都快给用光了。陵墓的四周长达几里，慕容熙告诉监工造墓的人说："你们要好好地做，朕不久可能就要跟随她去了。"

丁酉日（二十八日），燕国的太后段氏去除尊号，出去住在外宫。

氐王杨盛任命平北将军苻宣为梁州督护，率领着军队进入了汉中，秦国的梁州别驾吕莹等人起兵响应他。刺史王敏得知这个消息之后，立即带兵前去攻打他们。吕莹等人最后只好向杨盛去请求救援，杨盛知道后立即派遣了军队到达浕口，于是王敏才退兵屯守在武兴。杨盛又向晋朝表示友好，想要与他们通好，于是晋朝就任命杨盛为都督陇右诸军事征西大将军、开府仪同三司，而杨盛就让苻宣暂时行使梁州刺史的权利。

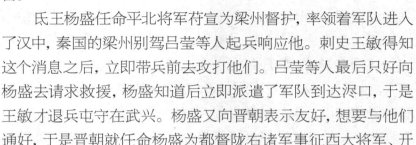

五月，壬戌，燕尚书郎苻进谋反，诛。进，定之子也。

魏主珪北巡，至濡源。

魏常山王遵以罪赐死。

初，魏主珪灭刘卫辰，其子勃勃奔秦，秦高平公没弈干以女妻之。勃勃魁岸，美风仪，性辩慧，秦王兴见而奇之，与论军国大事，宠遇逾于勋旧。兴弟邕谏曰："勃勃不可近也。"兴曰："勃勃有济世之才，吾方与之平天下，奈何逆忌之！"乃以为安远将军、使助没弈干镇遍平，以三城、朔方杂夷及卫辰部众三万配之，使伺魏间隙。邕固争以为不可，兴曰："卿何以知其为人？邕曰："勃勃奉上慢，御众残，贪猾不仁，轻为去就。宠之逾分，恐终为边患。"兴乃止。久之，竟以勃勃为安北将军、五原公，配以三交五部鲜卑及杂虏二万馀落，镇朔方。

【译文】五月，丙戌日（五月无此日），燕国的尚书郎苻进计划要造反，阴谋被发现之后，立即让燕国君主给抓住了，然后就被杀死了。苻进是苻定的儿子。

魏国的君主拓跋珪率领着自己的部下向北巡行到了濡源。

魏国的常山王拓跋遵犯了罪，魏国的君主下令赐他自杀了。

起初，魏国的君主拓跋珪消灭刘卫辰的时候，他的儿子刘勃勃逃奔到了秦国，秦国的高平公没弈干将自己的女儿嫁给了他。刘勃勃的身材看上去很魁伟，容貌仪态也都很美好，天资聪颖还很有辩才，秦王姚兴见了他之后，觉得他是一个很奇特的人，就和他一起讨论军国大事，对他非常宠幸，都超过了一般有功勋的旧臣。姚兴的弟弟姚邕劝谏姚兴说："您不可以对刘勃勃这个人太亲近。"姚兴听了弟弟的话之后，对他说："刘勃勃是一个有着救世才华的人，我可以和他一起平定天下，为什么要去违逆忌畏他呢？"于是姚兴就任命刘勃勃为安远将军，并且让他帮助没弈干镇守高平，将三城、朔方的杂夷和刘卫辰的三万人部属都配给他了，让他时刻窥伺着魏国的间隙。姚邕坚决谏争，他认为不可以这样。姚兴又问姚邕说："你又怎么知道他的为人呢？"姚邕回答说："刘勃勃这个人事奉君上的时候很怠慢，统御部属的时候也很残酷，他贪心狡猾，做人也很不讲仁德，对待去留问题，都轻率决定，不忠贞。如果对他太过的话，我恐怕他到最后会成为边境的祸患。"姚兴这才停止了他原来的计划。但时间一长，他竟又让刘勃勃担任了安北将军、五原公，并且又配给了他三交的五部鲜卑人和杂虏两万多部落，让他镇守在朔方。

魏主珪归所虏秦将唐小方于秦。秦王兴请归贺狄干，仍送良马千匹以赎狄伯支；珪许之。

勃勃闻秦复与魏通而怒，乃谋叛秦。柔然可汗社仑献马八千匹于秦，至大城，勃勃掠取之，悉集其众三万馀人伪畋于高平川，因袭杀没弈干而并其众。

勃勃自谓夏后氏之苗裔，六月，自称大夏天王、大单于，大赦，改元龙升，置百官。以其兄右地代为丞相，封代公；力俟提为大将军、封魏公；叱干阿利为御史大夫，封梁公；弟阿利罗引为司隶校尉，若门为尚书令，叱以鞬为左仆谢，乙斗为右仆射。

贺狄干久在长安，常幽闭，因习读经史，举止如儒者。及还，魏主珪见其言语衣服皆类秦人，以为慕而效之，怒，并其弟归杀之。

秦王兴以太子泓录尚书事。

【译文】魏国的君主拓跋珪将俘虏的秦国将军唐小方送还给了秦国。秦王姚兴于是又向魏国的君主请求送还贺狄干，并且承诺会赠送一千匹良马去赎回狄伯支。拓跋珪答应了他的请求。

刘勃勃听说秦国和魏国之间又通好了，非常生气。此时密谋背叛秦国的柔然可汗社仑向秦国贡献了八千匹马。当社仑带着大队到达大城的时候，刘勃勃抢走了他的贡物，然后聚集了他的部属三万多人假装在高平川打猎，趁机偷袭杀死了没弈干，同时吞并了他的部属。

刘勃勃称自己是夏后氏的后代，六月，他又自称为大夏天王、大单于，下令大赦，并且改年号为龙升，设置了百官。让他的哥哥右地代为丞相，封为代公；让力俟提担任大将军，封为魏公；让叱干阿利担任御史大夫，封为梁公；让他的弟弟阿利罗引担任司隶校尉；让若门担任尚书令，让叱以鞬担任左仆射，让乙斗担任右仆射。

贺狄干长期被扣押在长安，经常受到幽禁，所以他有时间学习阅读经史，举止都好像是一位儒者一样。等到他回来的时候，魏国的君主拓跋珪看见他的言语、衣服都好像秦人，以为是他羡慕秦人而效法他们，非常生气，于是就下令把他和他的弟弟贺归一起给杀死了。

秦王姚兴颁布诏命任命太子姚泓录尚书事。

秋，七月，戊戌朔，日有食之。

汝南王遵之坐事死。遵之，亮之五世孙也。

癸亥，燕王熙葬其后苻氏于徽平陵，丧车高大，毁北门而出，熙被发徒跣，步从二十馀里。甲子，大赦。

初，中卫将军冯跋及弟侍御郎素弗皆得罪于熙，熙欲杀之，跋兄弟亡命山泽。熙赋役繁数，民不堪命；跋、素弗与其从弟万泥谋曰："吾辈还首无路，不若因民之怨，共举大事，可以建公侯之业；事之不捷，死未晚也。"遂相与乘车，使妇人御，潜入龙城，匿于北部司马孙护之家。及熙出送葬，跋等与左卫将军张兴及苻进馀党作乱。跋素与慕容云善，乃推云为主。云以疾辞，跋曰："河间淫虐，人神共怒，此天亡之时也。公，高氏名家，何能为人养子，而弃难得之运乎？"扶之而出。跋弟乳陈等帅众攻弘光门，鼓噪而进，禁卫皆散走；遂入宫授甲，闭门拒守。中黄门赵洛生走告于熙，熙曰："鼠盗何能为！朕当还诛之。"乃置后枢于南苑，收发贯甲，驰还赴难。夜，至龙城，攻北门，不克，宿于门外。乙丑，云即天王位，大赦，改元正始。

【译文】秋季，七月，戊戌朔日（初一），出现了日食的现象。

汝南王司马遵之因为别人的事受到连坐，于是就被杀死了。遵之是司马亮的第五代孙子。

癸亥日（二十六日），燕王慕容熙将他的皇后苻氏安葬在了徽平陵，运送苻氏的丧车很高大，需要把北门毁坏了才能够成功出去，慕容熙披散着头发，赤脚走在路上，步行跟随了二十多里。甲子日（二十七日），慕容熙下令大赦。

起初，中卫将军冯跋和他的弟弟侍御郎素弗都得罪了慕容熙，慕容熙就想要杀了他们，最后冯跋逃亡到山泽里去了。慕容熙颁布的赋税和劳役非常多，百姓根本就不能忍受他的要求。冯跋、素弗和他的堂弟万泥商量计策说："我们已经没有什么机会再去自归请罪了，所以还不如利用百姓现在的怨恨，一起举旗发动大事，还可以建立出公侯的事业，即使最后事情没有成功，我们就算死了也没有什么好遗憾的。"于是他们都坐着车，让女人在前面驾车，暗中进入了龙城，躲在了北部司马孙护之的家里。等到慕容熙跟随着大队出城去送葬的时候，冯跋等人就和左卫将军张兴以及苻进的残余同党一起在城内趁此机会作乱。冯跋平时和慕容云私交很好，因此就推举慕容云为君主。慕容云却以生病为理由向冯跋推辞，冯跋于是就对他说："河间王（慕容熙初封为河间王）这个人十分荒淫暴虐，人神对此都很愤怒，现在是天意要我们灭亡他。公是名门高氏的子孙，怎么可以去替别人抚养儿子呢？这么难得的时运你要抛弃吗？"于是抚着慕容云出来。冯跋的弟弟冯乳陈等人，率领着自己的部属去攻打弘光门，他们击鼓叫喊着前进，禁中卫士最后都被吓得四处逃散了。于是他们进入到内宫里去授给徒众铠甲，并把城门紧紧地关闭起来，顽强抵抗防守。中黄门赵洛生将这件事情跑去告诉了慕容熙，慕容熙知道后说："那群鼠窃贼盗又能有些什么作为呢？朕要回去诛灭了他们。"于是慕容熙把皇后的灵柩安置在了南苑，收拾好自己的头发，穿戴上战甲，骑着快马回去奔赴危难。夜晚的时候，慕容熙到达了龙城，他先是带兵去攻打北门，但是没有攻进去，于是就露宿在了城门外。乙丑日（二十八日），慕容云登上了天王的尊位，下令大赦，并且改年号为正始。

熙退入龙腾苑，尚方兵褚头逾城从熙，称营兵同心效顺，唯俟军至。熙闻之，惊走而出，左右莫敢迫。熙从沟下潜遁，良久，左右怪其不还，相与寻之，唯得衣冠，不知所适。中领军慕容拔谓中常侍郭仲曰："大事垂捷，而帝无故自惊，深可怪也。然城内企迟，至必成功，不可稽留。吾当先往趣城，卿留待帝，得帝，速来；若帝未还，吾得如意安抚城中，徐迎未晚。"乃分将壮士二千馀人登北城。将士谓熙至，皆投仗请降。既而熙久不至，拔兵无后继，众心疑惧，复下城赴苑，遂皆溃去。拔为城中人所杀。丙寅，熙微服匿于林中，为人所执，送于云，云数而杀之，并其诸子。云复姓高氏。

幽州刺史上庸公懿以令支降魏，魏以懿为平州牧、昌黎王。懿，评之孙也。

【译文】慕容熙最后只好退入到龙腾苑，尚方兵褚头爬过了城墙来附从慕容熙，他声称自己的营兵都是同心效顺于慕容熙的，只是在等大军的到达而已。慕容熙听到他说的话以后，惊慌地逃了出去，慕容熙身边的人也都不敢追随他。慕容熙从城沟底下暗中逃走了，过了很久之后，慕容熙身边的人奇怪他为什么还没有回来，于是互相出去寻找他，但只找到了慕容熙的衣服和帽子，根本就没有人知道他到哪里去了。

中领军慕容拔告诉中常侍郭仲说："现在大事即将胜利，皇上却毫无原因地自己先惊慌失措，实在是很奇怪。但是城内的人一定都在企盼等待着我们，等我们到了城内后，一定会马上成功的，所以我们不能再停留了。现在我先赶快到城里去，你暂时留下来在这里等待皇上，等你找到皇上之后就带着皇上赶快来找我；如果皇上还没有回来，我就先拿皇上所用的如意去安抚城里的人，到时候我们再慢慢地迎接皇上也还不太晚。"说完之后他们就分别带领着两千多名壮士登上了北城。将士们听说是慕容熙到了之后，都丢下了武器请求投降。但是过了很久，慕容熙都没有来，而慕容拔的兵力也没有任何后援，众人心里开始猜疑畏惧，于是他们又下了城到龙腾苑去，最后全都溃散逃走了，而慕容拔也被城里的人给杀死了。丙寅日（二十九日），慕容熙穿着便服躲藏在了树林里，有人把他给抓到了，然后就将他送到了慕容云那里，慕容云看到慕容熙之后，先是责备他，然后把他给杀死了，同时也把慕容熙的几个儿子都给杀害了。最后慕容云恢复了他的本姓高氏。

幽州刺史上庸公慕容懿用令支向魏国投降了，魏国的君主让慕容懿担任平州牧，并封他为昌黎王。慕容懿，是慕容评的孙子。

魏主珪自濡源西如参合陂，乃还平城。

秃发傉檀复贰于秦，遣使邀乞伏炽磐，炽磐斩其使，送长安。

南燕主超母妻犹在秦，超遣御史中丞封恺使于秦以请之。秦王兴曰："昔苻氏之败，太乐诸伎悉入于燕。燕今称藩，送伎或送吴口千人，所请乃可得也。"超与群臣议之，左仆射段晖曰："陛下嗣守社稷，不宜以私亲之故遂降尊号；且太乐先代遗音，不可与也，不如掠吴口与之。"尚书张华曰："侵掠邻国，兵连祸结，此既能往，彼亦能来，非国家之福也。陛下慈亲在人掌握，岂可靳惜虚名，不为之降屈乎! 中书令韩范尝与秦王俱为苻氏太子舍人，若使之往，必得如志。"超从之，乃使韩范聘于秦，称藩奉表。

【译文】魏国的君主拓跋珪带着自己的部下从濡源向西到达参合陂，然后回到了平城。

秃发傉檀最后又背叛了秦国，他派遣使者去邀约乞伏炽磐，而乞伏炽磐把他的使者给杀死了，然后送到了长安。

南燕君主慕容超的母亲和他的妻子还留在秦国，慕容超派遣御史中丞封恺到秦国去，请求秦国君主能够把她们送回来。秦王姚兴对慕容超的使者说："从前苻氏战败的时候，太乐把所有的歌伎都送到燕国去了，所以燕国现在称为藩属国。只要你将一千名歌伎或吴地的人送来，我才能同意你所请求的事。"使者回来后将姚兴的话转述给了慕容超，于是慕容超就和群臣商议，左仆射段晖说："陛下继承了帝位来守护这个国家，不能因为私人的亲情，就降低了尊号。而且太乐是先代流传下来的音乐，绝对是不可以拿来送人的，我们还不如抢掠吴地的人送给他们呢。"尚书张华说："带兵去侵略抢掠邻国，将战争绵延，就会造成祸灾连连。而且我们既然能够带兵前去抢掠吴地的人，那么他们也能够这样对待我们，这根本就不是一个国家的福分。现在陛下的母亲和妻子都在别人的掌握中，我们怎么可以吝惜这些虚名，而不为了她们卑降屈服呢? 再说中书令韩范曾经和秦王一起担任过苻氏的太子舍人，如果我们派他前往的话，一定能够达到我们的心意的。"慕容超听了张华说的话之后，觉得很有道理，于是就按照他的意见，派遣韩范到秦国去聘问，表示愿意自称为藩属，奉上奏表。

慕容凝言于兴曰："燕王得其母妻，不复可臣，宜先使送伎。"兴乃谓范曰:"朕归燕王家属必矣,然今天时尚热,当俟秋凉。"八月,秦使员外散骑常侍韦宗聘于燕。超与群臣议见宗之礼,张华曰:"陛下前既奉表,今宜北面受诏。"封逞曰:"大燕七圣重光,奈何一旦为竖子屈节!"超曰:"吾为太后屈,愿诸君勿复言!"遂北面受诏。

【译文】慕容凝告诉姚兴说:"燕王得到了他的母亲和妻子以后,一定不会再对我们秦国称臣的,所以您应该先让他送歌伎来。"于是姚兴告诉韩范说:"朕一定会将燕王的家属送还回去的,但是现在的天气还非常热,等到秋凉的时候我再把燕王的家属送回去吧。"八月,秦国派遣员外散骑常侍韦宗到燕国去聘问。慕容超和群臣们商议要和韦宗见面的礼节,张华对慕容超说:"陛下既然已经奉上奏表了,那么现在就应该向北面接受诏命了。"封逞说:"我们大燕国经过了七位皇帝的光彩,怎么可以一下子就向一个小子屈节呢?"慕容超最后对大臣们说:"我是为了救出太后而屈节的,希望诸君都不要再说了。"于是在北面接受了诏命。

毛修之与汉嘉太守冯迁合兵击杨承祖,斩之。修之欲进讨谯纵,益州刺史鲍陋不可。修之上表言:"人之所以重生,实有生理可保。臣之情也,生涂已竭;所以借命朝露者,庶凭天威诛夷仇逆。今屡有可乘之机,而陋每违期不赴;臣虽效死寇庭,而救援理绝,将何以济!"刘裕乃表襄城太守刘敬宣帅众五千伐蜀,以刘道规为征蜀都督。

【译文】毛修之和汉嘉太守冯迁联合兵力去攻打杨承祖,把他给杀死了。毛修之想要率领军队去讨伐谯纵,益州刺史鲍陋认为这样做是不行的。毛修之上奏表说:"人之所以如此重视

生命，是因为有生存的道理可以保赖的。臣现在所处的情形地
步是，生路已经尽了（他的父亲毛瑾、伯父毛璩，以及全家都已
经被蜀人给灭了），而我现在还苟活在人间的原因，就是希望凭
借上天的威怒，能够最后亲自诛灭仇敌。现在我虽然屡次都有
可以利用的机会，但是鲍陋每次都违背了时日不来赴难。臣即
使想要死在寇敌的地方，以死报国，但是救援的部队没能跟上
来，我又如何得以成功呢？"刘裕因此向襄城太守刘敬宣上奏表，
请求让自己率领五千人去讨伐蜀地，让刘道规担任征蜀都督。

魏主珪如豺山宫。候官告："司空庾岳服饰鲜丽，行止风采，
拟则人君。"珪收岳，杀之。

北燕王云以冯跋为都督中外诸军事、开府仪同三司、录尚书
事，冯万泥为尚书令，冯素弗为昌黎尹，冯弘为征东大将军，孙护
为尚书左仆射，张兴为辅国大将军。弘，跋之弟也。

九月，谯纵称藩于秦。

秃发傉檀将五万馀人伐沮渠蒙逊，蒙逊与战于均石，大破
之。蒙逊进攻西郡太守杨统于日勒，降之。

【译文】魏国的君主拓跋珪到达豺山宫的时候，候官告诉
他："司空庾岳的服饰十分鲜丽，行为举止和言论态度，都是比
拟仿效人君所为。"拓跋珪于是就将庾岳给捉拿起来，并且把他
给杀死了。

北燕王慕容云任命冯跋为都督中外所有的军事、开府仪同
三司、录尚书事，让冯万泥担任尚书令，让冯素弗担任昌黎尹，
让冯弘担任征东大将军，让孙护担任尚书左仆射，让张兴担任
辅国大将军。冯弘是冯跋的弟弟。

九月，谯纵主动向秦国称藩属了。

秃发傉檀带领着五万多人去讨伐沮渠蒙逊，沮渠蒙逊和他在均石打起来了，沮渠蒙逊将傉檀给打得大败。沮渠蒙逊在日勒进兵攻打西郡的太守杨统，成功地将杨统给降服了。

冬，十月，秦河州刺史彭奚念叛，降于秃发傉檀，秦以乞伏炽磐行河州刺史。

南燕主超使左仆射张华、给事中守正元献太乐伎一百二十人于秦，秦王兴乃还超母妻，厚其资礼而遣之，超亲帅六宫迎于马耳关。

【译文】冬季，十月，秦国的河州刺史彭奚念背叛了秦国，向秃发傉檀投降了，于是秦国只好任命乞伏炽磐暂时代理执行河州刺史一职。

南燕的君主慕容超派遣左仆射张华和给事中守正元带着太乐歌伎一百二十人去贡献给秦国，秦王姚兴收到这份献礼之后，才将慕容超的母亲和他的妻子送还给他，并且还准备了很厚重的礼物送她们回去，慕容超亲自率领着六宫在马耳关迎接他的母亲和妻子。

夏王勃勃破鲜卑薛干等三部，降其众以万数，进攻秦三城已北诸戍，斩秦将杨丕、姚石生等。诸将皆曰："陛下欲经营关中，宜先固根本，使人心有所凭系。高平山川险固，土田肥沃，可以定都。"勃勃曰："卿知其一，未知其二。吾大业草创，士众未多。姚兴亦一时之雄，诸将用命，关中未可图也。我今专固一城，彼必并力于我，众非其敌，亡可立待。不如以骁骑风驰，出其不意，救前则击后，救后则击前。使彼疲于奔命，我则游食自若。不及十年，岭北、河东尽为我有。待兴既死，嗣子暗弱，徐取长安，在吾计中矣。"于是，侵掠岭北，岭北诸城门不昼启。兴乃叹曰："吾不用黄儿之言，以至于此！"

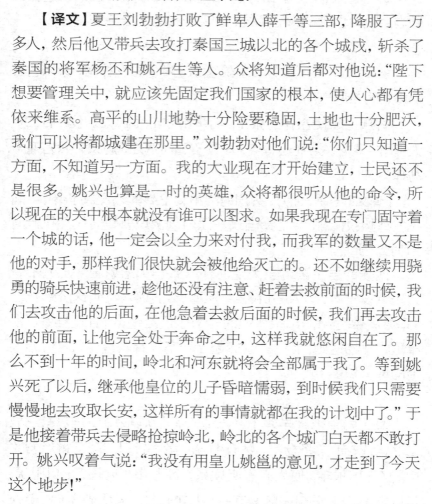

【译文】夏王刘勃勃打败了鲜卑人薛干等三部，降服了一万多人，然后他又带兵去攻打秦国三城以北的各个城戍，斩杀了秦国的将军杨丕和姚石生等人。众将知道后都对他说："陛下想要管理关中，就应该先固定我们国家的根本，使人心都有凭依来维系。高平的山川地势十分险要稳固，土地也十分肥沃，我们可以将都城建在那里。"刘勃勃对他们说："你们只知道一方面，不知道另一方面。我的大业现在才开始建立，士民还不是很多。姚兴也算是一时的英雄，众将都很听从他的命令，所以现在的关中根本就没有谁可以图求。如果我现在专门固守着一个城的话，他一定会以全力来对付我，而我军的数量又不是他的对手，那样我们很快就会被他给灭亡的。还不如继续用骁勇的骑兵快速前进，趁他还没有注意、赶着去救前面的时候，我们去攻击他的后面，在他急着去救后面的时候，我们再去攻击他的前面，让他完全处于奔命之中，这样我就悠闲自在了。那么不到十年的时间，岭北和河东就将会全部属于我了。等到姚兴死了以后，继承他皇位的儿子昏暗懦弱，到时候我们只需要慢慢地去攻取长安，这样所有的事情就都在我的计划中了。"于是他接着带兵去侵略抢掠岭北，岭北的各个城门白天都不敢打开。姚兴叹着气说："我没有用皇儿姚邕的意见，才走到了今天这个地步！"

勃勃求婚于秃发傉檀，傉檀不许。十一月，勃勃帅骑二万击傉檀，至于支阳，杀伤万馀人，驱掠二万七千馀口、牛马羊数十万而还。傉檀帅众追之，焦朗曰："勃勃天资雄健，御军严整，未可轻也。不如从温围北渡，趣万斛堆，阻水结营，扼其咽喉，百战百胜之术也。"祎檀将贺连怒曰："勃勃败亡之馀，乌合之众，奈何避之，示之以弱？宜急追之！"祎檀从之。勃勃于阳武下峡凿凌埋车以塞路，勒兵逆击祎檀，大破之，追奔八十馀里，杀伤万计，名臣勇将死者什六七。祎檀与数骑奔南山，几为追骑所得。勃勃积尸而封之，号曰髑髅台。勃勃又败秦将张佛生于青石原，俘斩五千馀人。

【译文】刘勃勃向秃发祎檀求请希望能够联姻，可是秃发祎檀没有答应。十一月，刘勃勃率领着两万名骑兵去攻击秃发祎檀，等他到了支阳的时候，杀伤了一万多人，驱赶掳掠了两万七千多人和牛马羊数十万只回去了。秃发祎檀率领着众人继续去追赶，焦朗对他说："刘勃勃这个人天生容姿十分雄健，统御军队的时候纪律也非常严整，我们绝对不可以轻视他。我们现在不如带兵从温围向北渡河，往万斛堆走，凭借水势险阻，结扎军营，控制住他的咽喉部位，这会是百战百胜的方法。"秃发祎檀的将领贺连听到这些话之后，非常生气地说："刘勃勃只是战败的残余，他们只是一群乌鸦聚合在一起而已，我们为什么要逃避他，表现出自己很懦弱的样子给他看呢，我们现在应该赶快去追击他才对！"秃发祎檀听从了贺连的意见。刘勃勃带兵在阳武下的峡谷里，挖凿了许多冰块，埋伏了车辆，将道路给堵塞了，将士兵们都置于死地，让他们人人都为了自己而战，然后带兵去迎击秃发祎檀，最终将秃发祎檀给打得大败，追赶了他八十多里，杀伤有一万人左右，他身边的名臣勇将也都死了六七成。只有秃发祎檀和他的几名骑兵逃奔到南山去了，差一点就被追来的骑兵给抓到了。刘勃勃把他们的尸体积在一起，在上面用土给封住，然后将这个地方称为髑髅台。刘勃勃又在青石原打败了秦国的将领张佛生，俘虏斩杀了五千多人。

　　傉檀惧外寇之逼，徙三百里内民皆入姑臧；国人骇怨，屠各成七儿因之作乱，一夕聚众至数千人。殿中都尉张猛大言于众曰："主上阳武之败，盖恃众故也。责躬悔过，何损于明，而诸君遽从此小人为不义之事！殿中兵今至，祸在目前矣！"众闻之，皆散；七儿奔晏然，追斩之。军谘祭酒梁裒、辅国司马边宪等谋反，傉檀皆杀之。

　　魏主珪还平城。

　　十二月，戊子，武冈文恭侯王谧薨。

　　是岁，西凉公暠以前表未报，复遣沙门法泉间行奉表诣建康。

　　【译文】秃发傉檀害怕外寇的逼迫，将三百里以内的百姓都迁徙到姑臧去了，国内的百姓很多都骇怕怨恨。屠各成七儿趁此机会作乱，一个晚上就聚集了数千人。殿中都尉张猛在众人面前大声地说："主上在阳武的失败，是因为仗恃自己的人多，他非常责备自己，忏悔自己的过失，哪里会有损自己的英明呢？而各位却趁这时跟从小人做这些不义的事情！殿中的军队如果现在就到达的话，你们的灾祸就在眼前了！"大家听了他说的话之后，全部都开始逃散。屠各成七儿逃奔到晏然去了，最终还是被追兵给追上，然后把他杀死了。军谘祭酒梁裒和辅国司马边宪等人密谋造反，事情败露之后，都被秃发傉檀下令给杀死了。

　　魏国的君主拓跋珪率领着自己的部下回到了平城。

　　十二月，戊子日（二十三日），武冈文恭侯王谧去世了。

　　这一年，西凉公李暠因为自己上次上奏的奏表没有得到回复，于是就派遣法泉和尚从小道去奉奏表到建康。

义熙四年(戊申，公元四〇八年)春，正月，甲辰，以琅邪王德文领司徒。

刘毅等不欲刘裕入辅政，议以中领军谢混为扬州刺史，或欲令裕于丹徒领扬州，以内事付孟昶。遣尚书右丞皮沈以二议谘裕，沈先见裕记室录事参军刘穆之，具道朝议。穆之伪起如厕，密疏白裕曰："皮沈之言不可从。"裕既见沈，且令出外，呼穆之问之。穆之曰："晋朝失政日久，天命已移。公兴复皇祚，勋高位重，今日形势，岂得居谦，遂为守藩之将耶! 刘、孟诸公，与公俱起布衣，共立大义以取富贵，事有前后，故一时相推，非为委体心服，宿定臣主之分也。力敌势均，终相吞噬。扬州根本所系，不可假人。前者以授王谧，事出权道；今若复以佗授，便应受制于人。一失权柄，无由可得，将来之危，难可熟念。今朝议如此，宜相酬答，必云在我，措辞又难，唯应云：'神州治本，宰辅崇要，此事既大，非可悬论，便暂入朝，共尽同异。'公至京邑，彼必不敢越公更授馀人明矣。"裕从之。朝廷乃征裕为侍中、车骑将军、开府仪同三司、扬州刺史、录尚书事，徐、兖二州刺史如故。裕表解兖州，以诸葛长民为青州刺史，镇丹徒，刘道怜为并州刺史，戍石头。

【译文】义熙四年(戊申，公元 408 年)春季，正月，甲辰日(初九)，让琅邪王司马德文兼领司徒。

刘毅等人不希望刘裕进入朝廷辅政，建议以中领军谢混担任扬州刺史。于是就有人希望命令刘裕在丹徒兼领扬州，把朝廷里的事情都交付给孟昶。晋安帝派遣尚书右丞皮沈用这两个议案去谘问刘裕，皮沈先是见到了刘裕记室录事参军刘穆之，把朝廷的提议详细地告诉了他。然后刘穆之就假装起来上厕所，暗中去把这个消息告诉了刘裕，说："皮沈的话不可以听。"刘裕见了皮沈之后，先是命令他到外面等着，然后把刘穆之叫来问。刘穆之回答说："晋朝的朝政已经不修很久了，天命也已经转移了。明公复兴王室，功勋是很高的，地位也是很尊贵的，按照今天这样的局势，怎么可以谦卑到做藩属的将领呢？刘毅、孟昶诸公，和明公你们都是平民出身，但都共同建立了大义，在已取得富贵举事的时候，也都是要有上下之分的，当时互相推举，但不都是真心心服的。当他们的力量和您相当，地位也差不太多的时候，终究是要互相吞并、排挤的。所以说，扬州就是可以起到决定性作用的根本所在，绝对不可以假借给别人。从前授给王谧，是出于权宜的计策；如果现在又要授给别人，便会受到别人的牵制。一旦我们失去了权力，就再也没有方法得到了。这样的话将来的危险，实在是无法想象的。现在朝廷里的议论都是这个样子的，我们应该给予答复的，一定要让我担任扬州刺史，我又不好意思措辞，所以我只能说：'神州是治理国家的根本，宰辅同时也是很崇高重要的，这件事既然如此重要，那么就不可以在隔得很远的地方讨论，在方便的时候，暂时进入朝里，再去讨论各种不同的立论。'等公到了京城以后，他们一定不会再敢越过你而改授别人，这是一件非常明白的事了。"刘裕听从了他的意见。于是朝廷征调了刘裕，让他担任侍中、车骑将军、开府仪同三司、扬州刺史、录尚书事，徐、兖两州的刺史依然按照以前的安排。刘裕上表解除了兖州职务，然后任命诸葛长民为青州刺史，让他镇守在丹徒；让刘道怜担任并州刺史，戍守在石头。

　　庚申，武陵忠敬王遵薨。

魏主珪如豺山宫，遂至宁川。

南燕主超尊其母段氏为皇太后，妻呼延氏为皇后。超祀南郊，有兽如鼠而赤，大如马，来至坛侧。须臾，大风，昼晦，羽仪帏幄皆毁裂。超惧，以问太史令成公绥，对曰："陛下信用奸佞、诛戮贤良、赋敛繁多、事役殷重之所致也。"超乃大赦，黜公孙五楼等。俄而复用之。

北燕王云立妻李氏为皇后，子彭城为太子。

【译文】庚申日（二十五日），武陵忠敬王司马遵去世了。

魏国的君主拓跋珪驾临豺山宫，随后到了宁川。

南燕的君主慕容超尊奉他的母亲段氏为皇太后，将他的妻子呼延氏册封为皇后。慕容超带着自己的部下在南郊祭祀，有一头野兽像老鼠的模样，红色的，大得却像马一样，来到祭坛的旁边活动。没过一会儿，天空中就吹起了大风，大白天就出现了天地昏暗的情况，仪队的装饰、座车的布帷都被风给吹坏撕裂了。慕容超此时感到非常害怕，他就问太史令成公绥，成公绥回答慕容熙说："陛下任用了奸邪谄佞的人，杀害了贤良的人，赋税又很繁多，劳役也很繁重，所以才引起这样的。"于是慕容超回去就大赦境内，罢黜了公孙五楼等人，但是过了不久又继续任用他们了。

北燕王慕容云册封自己的妻子李氏为皇后，他的儿子慕容彭城为太子。

三月，庚申，葬燕王熙及苻后于徽平陵，谥熙曰昭文皇帝。

高句丽遣使聘北燕，且叙宗族，北燕王云遣侍御史李拔报之。

夏，四月，尚书左仆射孔安国卒；甲午，以吏部尚书孟昶代之。

北燕大赦。

五月，北燕以尚书令冯万泥为幽、冀二州牧，镇肥如；中军将军冯乳陈为并州牧，镇白狼；抚军大将军冯素弗为司隶校尉；司隶校尉务银提为尚书令。谯纵遣使称藩于秦，又与卢循潜通。纵上表请桓谦于秦，欲与之共击刘裕。秦王兴以问谦，谦曰："臣之累世，著恩荆、楚，若得因巴、蜀之资，顺流东下，士民必翕然响应。"兴曰："小水不容巨鱼，若纵之才力自足办事，亦不假君以为鳞翼。宜自求多福。"遂遣之。谦至成都，虚怀引士；纵疑之，置于龙格，使人守之。谦泣谓诸弟曰："姚主之言神矣！"

【译文】三月，庚申日（二十六日），将燕王慕容熙和他的苻后一起埋葬在了徽平陵，给慕容熙谥号为昭文皇帝。

高句丽派遣使者到北燕去聘问，并且叙论宗族，北燕王慕容云派遣侍御史李拔去报聘。

夏季，四月，尚书左仆射孔安国去世了。甲午日（四月无此日），任命吏部尚书孟昶代替他的职位。

北燕的君主下令大赦。

五月，北燕任命尚书令冯万泥为幽州牧和冀州牧，镇守在肥如。中军将军冯乳陈为并州牧，镇守在白狼。抚军大将军冯素弗为司隶校尉，司隶校尉务银提为尚书令。谯纵派遣使者去向秦国称藩，又和卢循暗中勾结。谯纵上表向秦国请求派遣桓谦，想要和他一起带兵去攻击刘裕。秦王姚兴就去询问桓谦，桓谦回答说："臣的好几世代，在荆和楚一带都有恩德，如果能够利用巴和蜀的资源，顺流东下，士民们一定会聚在一起响应的。"姚兴说："小水是容不下大鱼的，如果谯纵有才干和能力，那么他自己就能够办事，也就不需要再借助君的辅助了。所以

你应该自己多珍重。"于是就派遣他去了。当桓谦带着军队到达
成都后，一直虚心接引士人。于是谯纵就开始怀疑他，把他安
置在了龙格，并且派人看守着他。桓谦哭着告诉众弟弟说："姚
主的话真的是神验啊！"

秦王兴以秃发傉檀外内多难，欲因而取之，使尚书郎韦宗
往觇之。傉檀与宗论当世大略，纵横无穷。宗退，叹曰："奇才
英器，不必华夏，明智敏识，不必读书，吾乃今知九州之外，《五
经》之表，复自有人也。"归，言于兴曰："凉州虽弊，傉檀权谲过
人，未可图也。"兴曰："刘勃勃以乌合之众犹能破之，况我举天
下之兵以加之乎！"宗曰："不然。形移势变，返覆万端，陵人者易
败，戒惧者难攻。傉檀之所以败于勃勃者，轻之也。今我以大军
临之，彼必惧而求全。臣窃观群臣才略，无傉檀之比者，虽以天
威临之，亦未敢保其必胜也。"兴不听，使其子中军将军广平公弼、
后军将军敛成、镇远将军乞伏乾归帅步骑三万袭傉檀，左仆射
齐难帅骑二万讨勃勃。吏部尚书尹昭谏曰："傉檀恃其险远，故
敢违慢；不若诏沮渠蒙逊及李暠讨之，使自相困毙，不必烦中国
之兵也。"亦不听。

【译文】秦国君主姚兴认为南凉国秃发傉檀现处在朝廷内外
多难之秋，于是想要利用这个机会攻取下来，他就派遣尚书郎
韦宗前往窥视。秃发傉檀和韦宗谈论当代大略的情形的时候，
意气纵横。韦宗告退后，他感叹地说："拥有奇特才能和英伟器
识的，不一定就是华夏的人；有聪明智慧和敏锐见识的人，也
不一定都是要读书。我到现在才知道九州地域之外，除了儒学
《五经》，也还大有人在。"然后他回去告诉姚兴说："凉州现在
虽然衰敝，但是秃发傉檀的权谋诡谲超过了一般常人，所以我

们现在还不能对他有图谋。"姚兴说："刘勃勃率一群乌合之众都能打败他，更何况我调动了天下的兵力都去攻打他呢？"韦宗说："不是这个样子的。形势时刻都在改变，变化多种多样，看轻人的就很容易失败，而心里有所警惕的人就很难攻下。秃发傉檀之所以会败给刘勃勃，就是因为他掉以轻心。而现在如果我们用大军去进攻他的话，他一定会恐惧，然后努力保全自己。臣私自观察了群臣们的才干和智略，根本就没有人能和秃发傉檀相比较，即使把君王的威德再加上去，也不敢保证最后一定会成功的。"但是姚兴没有听他的意见，毅然决定派遣他的儿子中军将军广平公姚弼、后军将军敛成和镇远将军乞伏乾归各自率领着三万名步兵和骑兵去侵袭秃发傉檀，而左仆射齐难也率领着骑兵两万名去讨伐刘勃勃。吏部尚书尹昭劝谏说："秃发傉檀是仗恃他的地方险要偏远，所以才敢违抗怠慢的。所以我们不如诏令沮渠蒙逊和李暠去讨伐，让他们彼此困穷破弊，那么就不必麻烦在中原的兵力了。"但是姚兴也没有听从他的建议。

兴遗傉檀书曰："今遣齐难讨勃勃，恐其西逸，故令弼等于河西邀之。"傉檀以为然，遂不设备。弼济自金城，姜纪言于弼曰："今王师声言讨勃勃，傉檀犹豫，守备未严，愿给轻骑五千，掩其城门，则山泽之民皆为吾有，孤城无援，可坐克也。"弼不从。进至漠口，昌松太守苏霸闭城拒之，弼遣人谕之使降，霸曰："汝弃信誓而代与国，吾有死而已，何降之有！"弼进攻，斩之，长驱至姑臧。傉檀婴城固守，出奇兵击弼，破之，弼退据西苑。城中人王钟等谋为内应，事泄，傉檀欲诛首谋者而赦其馀，前军将军伊力延侯曰："今强寇在外，而奸人窃发于内，危孰甚焉！不悉坑之，何以惩后！"傉檀从之，杀五千馀人。命郡县悉散牛羊于野，敛成纵兵钞掠；祎檀遣镇北大将军俱延、镇军将军敬归等击之，秦兵大败，斩首七千馀级。姚弼固垒不出，祎檀攻之，未克。

【译文】姚兴写信给秃发祎檀说："现在我派遣齐难去讨伐刘勃勃，恐怕他会逃向西边，所以我就命令姚弼在河西去迎击。"秃发祎檀相信了他说的话，因此没有任何的防备。姚弼带兵从金城渡河，姜纪告诉姚弼说："现在王师声称是去讨伐刘勃勃，秃发祎檀的心里一定非常矛盾，那么他的守备也一定不严密，所以我希望您能给我五千名轻快的骑兵，去掩袭他的城门，这样，山泽的百姓就会都属于我们所有了，而且它现在是孤城也没有援兵，我们可以很容易就把他攻取下来。"但是姚弼依然没有听从他的意见。将军队带到漠口，昌松太守苏霸关闭城门顽强抵抗。姚弼先派人去晓谕他投降，苏霸对他说："你违背了信约盟誓，带兵去攻打友善的国家，我现在只有求死而已，哪里还会再投降呢？"姚弼于是继续派兵去攻打，最终把他给杀死了，然后长驱直往姑臧。秃发祎檀将城围绕坚固进行防守，派出去奇袭的军队去进攻姚弼，把姚弼给打得大败，姚弼只好退守到西苑。城中王钟等人密谋做内应，事情被泄露出去之后，秃发祎檀想要杀死主谋然后宽赦其余的人，前军将军伊力延侯对他说："现在强大的敌寇就在城外，城里奸邪的人又在私下里趁机作乱，哪里还会有比这些更危险的事呢？如果不把他们全部都活埋了，又如何能够再惩治后来犯错的人呢？"秃发祎檀听从了他的意见，杀死了五千多人。命令郡县把牛羊全部都给散放在原野上，敛成放纵士兵去抢掠。秃发祎檀派遣镇北大将军俱延和镇军将军敬归等人带兵前去攻击秦国，秦国的军队大败，杀死了有七千多人。而姚弼依然坚守城垒不出城作战，秃发祎檀再次带兵前去攻打，仍然没有成功。

秋，七月，兴遣卫大将军常山公显帅骑二万为诸军后继，至高平，闻弼败，倍道赴之。显遣善射者孟钦等五人挑战于凉风门，弦未及发，祎檀材官将军宋益等迎击，斩之。显乃委罪敛成，遣使谢祎檀，慰抚河外，引兵还。祎檀遣使者徐宿诣秦谢罪。

夏王勃勃闻秦兵且至，退保河曲。齐难以勃勃既远，纵兵野掠。勃勃潜师袭之，俘斩七千馀人。难引兵退走，勃勃追至木城，禽之，虏其将士万三千人。于是，岭北夷、夏附于勃勃者以万数，勃勃皆置守宰以抚之。

【译文】秋季，七月，姚兴派遣卫大将军常山公姚显率领着两万名骑兵作为各军的后援，到达了高平，听说姚弼战败之后，加快速度前去救助他。姚显派遣很会射箭的孟钦等五人，在凉风门向敌兵挑战，但是箭还没有准备好的时候，秃发祎檀的材官将军宋益等人就已经出来迎战了，然后把他们给杀死了。姚显于是就把所有的罪都归咎于敛成，派遣使者去向秃发祎檀道歉，并且慰问安抚河外，然后就带兵回去了。秃发祎檀派遣使者徐宿到秦国去谢罪。

夏王刘勃勃听说秦国的军队快要到达了，于是就退兵防守在河曲。齐难认为刘勃勃的军队已经远离了，便放纵士兵到处去抢掠。而刘勃勃暗中派遣军队去偷袭他们，俘虏斩杀了七千多人。齐难最后只好带兵退走，刘勃勃将他们追到木城，把他抓到之后，俘虏了他的将士一万三千人。因此岭北的夷和夏都归附了刘勃勃，当时有一万多户，刘勃勃就都设置了守宰去安抚他们。

司马叔璠自蕃城寇邹山，鲁郡太守徐邕弃城走，车骑长史刘钟击却之。

北燕王云封慕容归为辽东公，使主燕祀。

刘敬宣既入峡，遣巴东太守温祚以二千人出外水，自帅益州刺史鲍陋、辅国将军文处茂、龙骧将军时延祖由垫江转战而前。谯纵求救于秦，秦王兴遣平西将军姚赏、南梁州刺史王敏将兵二万赴之。敬宣军至黄虎，去成都五百里。纵辅国将军谯道福悉众拒嵴，相持六十馀日，敬宣不得进；食尽，军中疾疫，死者太半，乃引军还，敬宣坐免官，削封三分之一，荆州刺史刘道规以督统降号建威将军。九月，刘裕以敬宣失利，请逊位，诏降为中军将军，开府如故。刘毅欲以重法绳敬宣，裕保护之，何无忌谓毅曰："奈何以私憾伤至公！"毅乃止。

【译文】司马叔璠带兵从蕃城侵略邹山，鲁郡的太守徐邕最后弃城逃走了，车骑长史刘钟把他给打退了。

北燕王慕容云封慕容归为辽东公，让他主管燕国的祭祀。

刘敬宣进入了三峡后，派遣巴东的太守温祚带领着两千人离开了外水，自己则率领着益州刺史鲍陋、辅国将军文处茂和龙骧将军时延祖由垫江转战向前进。谯纵此时向秦国求救，秦王姚兴派遣了平西将军姚赏和南梁州刺史王敏带领着两万名士兵前去援助。刘敬宣的军队到达黄虎，距离成都五百里。谯纵的辅国将军谯道福带领着所有的部属据守在险要的地方顽强抵抗，刘敬宣根本没有办法前进。等到他们的粮食都吃完了，军中也发生了流行病，病死的人超过一半，才不得不带领着军队回去。最后刘敬宣被免官了，削减了三分之一的封地，荆州刺史刘道规也因此从督统的名号贬降为建威将军。九月，刘裕因为刘敬宣战败，请求退位，朝廷下诏令把他降为中军将军，开府如旧。刘毅想要用严法绳治刘敬宣，刘裕保护了他。何无忌告诉刘毅说:"你为什么要因为私人间的恩怨伤害天下的公道呢?"刘毅这才停止了对刘敬宣的处罚。

乞伏炽磐以秦政浸衰,且畏秦之攻袭,冬,十月,招结诸部二万馀人筑城于嵹峻山而据之。

十一月,秃发傉檀复称凉王,大赦,改元嘉平,置百官。立夫人折掘氏为王后,世子武台为太子,录尚书事。左长史赵晁、右长史郭幸为尚书左、右仆射,昌松侯俱延为太尉。

南燕汝水竭。河冻皆合,而渑水不冰。南燕王超恶之,问于李宣,对曰:"渑水无冰,良由逼带京城,近日月也。"超大悦,赐朝服一具。

【译文】乞伏炽磐认为秦国的政治逐渐衰退,但又害怕秦国的攻击,冬季,十月,他招纳结合了各部两万多人在嵹峻山筑城,然后加以据守。

十一月,秃发傉檀自称为凉王,下令大赦,并且改年号为嘉平,设置了百官。立他的夫人折掘氏为王后,他的世子武台为太子,同时兼录尚书事。左长史赵晁和右长史郭幸分别担任尚书左、右仆射,昌松侯俱延为太尉。

南燕汝水枯竭了,河流也都冻合了,可是渑水却不结冰。南燕的君主慕容超对此很不高兴,他问李宣原因,李宣回答说:"渑水不结冰,是因为它围绕着京城,靠近了像日月一样的天子。"慕容超听了他说的话之后非常高兴,赏赐了他上朝穿的礼服一套。

十二月,乞伏炽磐攻彭奚念于枹罕,为奚念所败而还。

是岁,魏主珪杀高邑公莫题。初,拓跋窟咄之伐珪也,题以珪年少，潜以箭遗窟咄曰："三岁犊岂能胜重载邪！"珪心衔之。至是，或告题居处倨傲、拟则人主者，珪使人以箭示题而谓之曰："三岁犊果何如？"题父子对泣。诘朝，收斩之。

【译文】十二月，乞伏炽磐在枹罕带兵去攻打彭奚念，但却被奚念给打得大败而回。

这一年，魏国的君主拓跋珪杀死了高邑公莫题。起初，拓跋窟咄攻打拓跋珪的时候，莫题因为拓跋珪的年纪还小，暗中拿箭送给窟咄说："三岁的小牛怎么能够承受重载呢？"拓跋珪听了之后一直怀恨在心。这时，有人告发莫题的举止非常高傲，比拟于人君，于是拓跋珪派人拿箭给莫题看，告诉他说："你认为三岁的小牛结果如何了？"莫题父子最后相对哭泣，第二天天亮的时候，把他们给收捕杀死了。

资治通鉴卷第一百一十五　晋纪三十七

起屠维作噩，尽上章阉茂，凡二年。

【译文】起己酉(公元 409 年)，止庚戌(公元 410 年)，共二年。

【题解】本卷记录了公元 409 年至 410 年，即晋安帝司马德宗义熙五年至义熙六年共两年间东晋与各国的大事。主要记录了南燕主慕容超与东晋交战，大败而亡；记录了卢循北上作乱，刘毅战败，刘裕巧妙应对，稳定了岭外诸郡；桓石绥起兵响应卢循，失败被杀，桓氏家族灭绝；写刘裕大军进驻雷池，在大雷打败卢循、徐道覆；记录了魏主拓跋珪迷信邪说，乱服药物，政治凋敝，被其子拓跋绍杀害，魏太子拓跋嗣杀死拓跋绍，平定内乱；记录了北燕发生政变，燕王高云被杀，大臣冯跋平定叛乱，自立为王；此外还记录了后秦与赫连夏、南凉与北凉之间互有胜负的攻伐等等。

安皇帝庚

义熙五年(己酉，公元四〇九年) 春，正月，庚寅朔，南燕主超朝会群臣，叹太乐不备，议掠晋人以补伎。领军将军韩诺曰："先帝以旧京倾覆，戡翼三齐。陛下不养士息民，以伺魏衅，恢复先业，而更侵掠南邻以广仇敌，可乎！"超曰："我计已定，不与卿言。"

辛卯，大赦。

庚戌，以刘毅为卫将军、开府仪同三司。毅爱才好士，当世名流莫不辐凑，独扬州主簿吴郡张邵不往。或问之，邵曰："主公命世人杰，何烦多问！"

【译文】义熙五年（己酉，公元 409 年）春季，正月，庚寅朔日（初一），南燕的君主慕容超在朝廷里会见群臣，他叹息太乐的不完备，商议抢掠晋朝的百姓来补充乐伎的人数。领军将军韩诨对他说："先帝当初是因为旧京倾覆，所以退兵到了三齐。而陛下现在没有保养休息士民，窥伺魏国的间隙，恢复先王的事业，却要去侵略抢掠南边的邻国来增加仇敌的力量，这样做可以吗？"慕容超没有听任何人的劝告，对群臣说："我的计策已经决定了，不与你们多说了。"

辛卯日（初二），下令大赦天下。

庚戌日（二十一日），让刘毅担任卫将军、开府仪同三司。刘毅这个人十分爱才好士，当代名流全部都聚集在了他那里，但是只有扬州主簿吴郡人张邵不前往他那里。有人问他为什么不去，张邵回答说："主公是世间著名的人杰，又何必劳驾多问呢！"

秦王兴遣其弟平北将军冲、征虏将军狄伯支等帅骑四万击夏王勃勃。冲至岭北，谋还袭长安，伯支不从而止；因鸩杀伯支以灭口。

秦王兴遣使册拜谯纵为大都督、相国、蜀王，加九锡，承制封拜，悉如王者之仪。

【译文】秦王姚兴派遣他弟弟平北将军姚冲、征虏将军狄伯支等人率领四万名骑兵，攻击夏王刘勃勃。姚冲到了岭北，密谋回去偷袭长安，狄伯支不附从而止兵不进。于是用鸩酒毒死狄伯支，以免他泄露了机密。

秦王姚兴派遣使者再次去拜谯纵为大都督、相国、蜀王，加赠九锡，接受礼制封拜，所用礼仪全部与君王一样。

二月，南燕将慕容兴宗、斛谷提、公孙归等帅骑寇宿豫，拔之，大掠而去，简男女二千五百付太乐教之。归，五楼之兄也。是时，五楼为侍中、尚书、领左卫将军，专总朝政，宗亲并居显要，王公内外无不惮之。南燕主超论宿豫之功，封斛谷提等并为郡、县公。桂林王镇谏曰："此数人者，勤民顿兵，为国结怨，何功而封？"超怒，不答。尚书都令史王俨谄事五楼，比岁屡迁，官至左丞。国人为之语曰："欲得侯，事五楼。"超又遣公孙归等寇济南，俘男女千馀人而去。自彭城以南，民皆堡聚以自固。诏并州刺史刘道怜镇淮阴以备之。

【译文】二月，南燕的将领慕容兴宗、斛谷提和公孙归等几人率领着骑兵去入侵宿豫，攻取下了宿豫城，抢掠一空，然后就离去了，并且选择了男女两千五百人交付给太乐去教导。公孙归，是公孙五楼的哥哥。当时，公孙五楼是侍中、尚书、领左卫将军，专权总管着朝政，宗族的亲戚都居有显赫的要职，王侯公卿，朝廷内外的大臣们，全部都害怕他。南燕的君主慕容超谈论宿豫的功劳的时候，将斛谷提等人都封为了郡、县公。桂林王慕容镇劝谏他说："他们这几个人，都是在劳民疲卒，替国家结交更多的仇怨，有什么功劳可封？"慕容超听了他说的话后，非常生气，没有回答他。尚书都令史王俨谄奉公孙五楼，连年屡次得到了升迁，官升到了左丞。国人因此都流传说："如果想要得封侯爵，一定要事奉公孙五楼。"慕容超又派遣公孙归等人带兵去侵略济南，俘虏了男女一千多人，然后就离去了。从彭城以南，百姓都聚居在堡中以防卫自己。诏令并州刺史刘道怜镇守在淮阴加以防备。

乞伏炽磐入见秦太原公懿于上邽，彭奚念乘虚伐之。炽磐闻之，怒，不告懿而归，击奚念，破之，遂围枹罕。乞伏乾归从秦王兴如平凉；炽磐克枹罕，遣人告乾归，乾归逃还苑川。

冯翊人刘厥聚众数千，据万年作乱，秦太子泓遣镇军将军彭白狼帅东宫禁兵讨之，斩厥，赦其馀党。诸将请露布，表言广其首级。泓不许，曰："主上委吾后事，不能弍遏寇逆，当责躬请罪，尚敢矜诞自为功乎！"

秦王兴自平凉如朝那，闻姚冲之谋，赐冲死。

【译文】乞伏炽磐在上邽进见秦国的太原公姚懿时，彭奚念乘此空虚前去讨伐。乞伏炽磐听到这个消息后，非常生气，他没有告诉姚懿就先回去了，立即去攻击奚念，把他打得大败，包围了枹罕。乞伏乾归跟从秦王姚兴到达了平凉，乞伏炽磐攻下了枹罕，他派人去告诉乞伏乾归，于是乞伏乾归逃回了苑川。

冯翊人刘厥聚合了数千人，占据了万年趁机作乱，秦国的太子姚泓派遣镇军将军彭白狼率领着东宫的禁卫去讨伐，把他给杀死了，然后赦免了他残余的党徒。众将们都请求将这件事发露布宣告，而且在上疏的时候也多报一些杀死敌人的数量以求得到更多的封赏。但是姚泓没有答应，对他们说："主上委交给我负责后方的事情，我不能够遏止叛逆的寇敌，就应当先责己请罪，怎么还敢骄矜夸诞，自以为有很多的功劳吗？"

秦王姚兴带着自己的部下从平凉到达朝那，听到了姚冲的阴谋（姚冲想要袭击长安），于是就赐姚冲自杀了。

三月，刘裕抗表伐南燕，朝议皆以为不可，惟左仆射孟昶、车骑司马谢裕、参军臧熹以为必克，劝裕行。裕以昶监中军留府事。谢裕，安之兄孙也。

初，苻氏之败也，王猛之孙镇恶来奔，以为临澧令。镇恶骑乘非长，关弓甚弱，而有谋略，善果断，喜论军国大事。或荐镇恶于刘裕，裕与语，说之，因留宿。明旦，谓参佐曰："吾闻将门有将，镇恶信然。"即以为中军参军。

恒山崩。

【译文】三月，刘裕上表主张去讨伐南燕，朝臣都认为这样做不可以，但是只有左仆射孟昶、车骑司马谢裕和参军臧熹认为这样做一定会成功的，劝刘裕同意。于是刘裕就任命孟昶监中军留府事。谢裕，是谢安哥哥的孙子。

起初，苻氏战败，王猛的孙子镇恶投奔到晋朝去了，晋朝任命他为临澧县令。王镇恶这个人不擅长骑马，而且射箭的技术也很差，但是他很有谋略，做事也很果断，很喜欢谈论军国大事。于是就有人向刘裕推荐了王镇恶，刘裕和他说话后，感觉很高兴，便决定留他住宿。第二天天亮，告诉参佐说："我以前听说将领的家里一般都能出名将，镇恶就是这样的。"于是即刻任命他为中军参军。

恒山发生了山崩。

夏，四月，乞伏乾归如枹罕，留世子炽磐镇之，收其众得二万，徙都度坚山。

雷震魏天安殿东序。魏主珪恶之，命左校以冲车攻东、西序，皆毁之。初，珪服寒食散，久之，药发，性多躁扰，忿怒无常，至是寝剧。又灾异数见，占者多言当有急变生肘腋。珪忧懑不安，或数日不食，或达旦不寐，追计平生成败得失，独语不止。

疑群臣左右皆不可信，每百官奏事至前，追记其旧恶，辄杀之；其馀或颜色变动，或鼻息不调，或步趋失节，或言辞差缪，皆以为怀恶在心，发形于外，往往手击杀之，死者皆陈天安殿前。朝廷人不自保，百官苟免，莫相督摄；盗贼公行，里巷之间，人为希少。珪亦知之，曰："朕故纵之使然，待过灾年，当更清治之耳。"是时，群臣畏罪，多不敢求亲近，唯著作郎崔浩恭勤不懈，或终日不归。浩，吏部尚书宏之子也。宏未尝忤旨，亦不谄谀，故宏父子独不被遣。

夏王勃勃帅骑二万攻秦，掠取平凉杂胡七千馀户，进屯依力川。

【译文】夏季，四月，乞伏乾归到达了枹罕，留下世子炽磐镇守，集合了他的部属两万人，全部都迁徙到度坚山去了。

大雷震坏了魏国天安殿东面的墙；魏国的君主拓跋珪很不高兴，他命令左校用冲毁坚物的车子，把东面的墙和西面的墙，全部都给撞毁了。当初，拓跋珪服用寒食散，时间一长之后，药性就会发作，他的性情变得十分烦躁不安，还常常发脾气，这种情况一天比一天严重。现在又屡次出现了灾异，占卦的人都说很快就会发生大的变局了。拓跋珪听说之后忧郁愤懑不安，经常几天都不吃东西，或者到了天亮都不敢睡觉，总是在回想自己以前的成败和得失，一个人也不停地自言自语。又总是在怀疑群臣和左右的人都不能信任，常常百官到他的面前奏报事情的时候，他都会追念过去的仇恶，把那些人给杀死了。而其余的人，只要有谁的脸色不一样，有谁的鼻间喘气不调顺，或者是谁走路的步调失去了节度，又或者是谁的言辞有一点点差错，他都会认为是别人怀恨在心而表现在外面的行为，往往会亲手把对方给杀害，被他杀死的人尸体都陈列在天安殿的前面。于是朝廷里人人都在时刻担心自己不能自保，百官都苟且求免，不敢再互相监督摄管，盗贼也公开作案，里巷之间，行人都很稀少。拓跋珪自己也知道这种情况，他说："朕是故意纵容他们的，等待过了灾异的年岁后，我才要加以肃清整治。"当时，群臣们都害怕会惹来祸事，所以多数人不敢与他接近。只有著作郎崔浩恭敬勤奋而不懈怠，有的时候整天不回家。崔浩，是吏部尚书崔宏的儿子。崔宏从不曾忤逆过拓跋珪的旨意，也从不谄媚阿谀他，所以崔宏父子唯独能够不被谴责。

夏王刘勃勃率领着骑兵两万人去攻打秦国，掠夺了平凉的杂胡七千多户，进兵屯驻依力川。

己巳，刘裕发建康，帅舟师自淮入泗。五月，至下邳，留船舰、辎重，步进至琅邪，所过皆筑城，留兵守之。或谓裕曰："燕人若塞大岘之险，或坚壁清野，大军深入，不唯无功，将不能自归，奈何？"裕曰："吾虑之熟矣。鲜卑贪婪，不知远计，进利虏获，退惜禾苗，谓我孤军远入，不能持久，不过进据临朐，退守广固，必不能守险清野，敢为诸君保之。"

【译文】己巳日(十一日)，刘裕带兵从建康出发，率领着水军从淮水进入了泗水。五月，他们到了下邳，留下了船舰、重的装备，步行进军到了琅邪，所经过的地方都筑起了城，留下了兵力来防守。有人告诉刘裕说："燕国的人如果阻塞了大岘的险要地方，或是坚壁清野，不肯动兵的话，那么我们的大军若再深入以后，不但没有任何的功绩，而且将会不能够顺利地回来，到那时我们应该怎么办？"刘裕回答说："我已经详加考虑过了，鲜卑人都是很贪心的，不知道要长远地计划，进则贪求俘虏夺获，退则爱惜禾苗，他们认为我们孤军深入，一定不能够支持很久；

所以不过是进兵据守在临朐，或是退守在广固，一定不能守住险要、坚壁清野的，我敢向各位保证。"

南燕主超闻有晋师，引群臣会议。征虏将军公孙五楼曰："吴兵轻果，利在速战，不可争锋。宜据大岘，使不得入，旷日延时，沮其锐气，然后徐简精骑二千，循海而南，绝其粮道，别敕段晖帅兖州之众，缘山东下，腹背击之，此上策也。各命守宰依险自固，校其资储之外，馀悉焚荡，芟除禾苗，使敌无所资，彼侨军无食，求战不得，旬月之间，可以坐制，此中策也。纵贼入岘，出城逆战，此下策也。"

超曰："今岁星居齐，以天道推之，不战自克。客主势殊，以人事言之，彼远来疲弊，势不能久。吾据五州之地，拥富庶之民，铁骑万群，麦禾布野，奈何芟苗徙民，先自蹙弱乎！不如纵使入岘，以精骑蹂之，何忧不克！"辅国将军广宁王贺赖卢苦谏不从，退谓五楼曰："必若此，亡无日矣！"太尉桂林王镇曰："陛下必以骑兵利平地者，宜出岘逆战，战而不胜，犹可退守，不宜纵敌为岘，自弃险固也。"超不从。镇出，谓韩𫍯曰："主上既不能逆战却敌，又不肯徙民清野，延敌入腹，坐待攻围，酷似刘璋矣。今年国灭，吾必死之。卿中华之士，复为文身矣。"超闻之，大怒，收镇下狱。乃摄莒、梁父二戍，修城隍，简士马，以待之。

【译文】南燕的君主慕容超听说有晋朝的军队入侵，于是召集群臣开了会。征虏将军公孙五楼说："吴地的军队十分轻快果敢，他们的长处就在于速战，我们不可以和他们正面交锋。应该据守在大岘，让他们无法进来，拖延一些时日，然后沮丧他们的锐气，最后再慢慢地选拔精良的骑兵两千名，顺着海岸一直向南走，去断绝他们的粮道，另外再派遣段晖率领着兖州的士兵，沿着山路向东走，然后我们两军再前后两面攻击，这才是最上等的策略。分别命令各地的守宰依据险要的地方自己保护自己的地方，计算出自己需要的军粮和储备，其余的东西全部都焚毁，禾苗也都割除掉，让敌人没有东西可补充给养，如果他们大军在外，又没有食物的话，一定不能求得作战的目的，大概一个月左右，我们就可以坐在那里控制他们了，这是中等的策略。我们放纵贼兵进入大岘，然后出城去迎战，这是下等的策略。"

慕容超说："现在岁星是在齐国，用天道来推求，到时候不必作战，我们就自会成功。客主的形势不同，以人事来说的话，他们从老远的地方来，一定都很疲弊，形势上绝对不能久留。我据守在五州的地方，拥有富庶的百姓，钢铁一样勇敢的骑兵也有几万人，麦禾遍野都是，为什么还要割除禾苗、迁徙百姓，自己先削弱了自己的力量呢？所以我们不如放纵敌人，使他们进入大岘，然后再用精良的骑兵去蹂躏他们，何必担忧最后不能够成功呢？"辅国将军广宁王贺赖卢也苦苦劝谏他，但是都没有被他接受，退下来告诉公孙五楼说："如果我们一定要像这样的话，我们很快就会被灭亡的！"太尉桂林王慕容镇说："陛下如果一定要以骑兵去占平地的便利的话，那么应该出大岘去迎战，如果打仗没有打赢的话，到时候还可以退回来防守。不应该放纵敌人进入大岘，而自己首先放弃险要的防卫。"慕容超听完之后仍然没有答应。慕容镇出来，告诉韩𧨾说："主上既不能去迎战以击退敌人，又不肯迁徙百姓，清除田野，还请敌人进入心腹的地方，反而坐着等待别人的围攻，这极像刘璋。今年国家如果灭亡了，那我一定会死。卿是中华的士族，又将断发文身了。"慕容超听了之后，很是生气，将慕容镇给捉拿起来关进监狱了。于是收莒和梁父两处的戍兵都去修理城隍，选拔士兵战马以做等待。

【申涵煜评】 从来佞幸之臣多短于应变，独五楼御刘裕三策，颇合兵家胜算。燕主超平日唯其言是听，至此乃忽然拒之，延敌入腹坐，致败亡，岂非天夺其魄欤？

【译文】 从来奸佞宠幸的臣子大多是缺乏随机应变的能力，唯独公孙五楼献出抵御刘裕的三个计策，相当符合兵家取得胜利的计谋。燕王慕容超平日里只听从公孙五楼的进言，到这时却忽然拒绝听从他，邀请敌人进入腹地驻扎，以致失败而逃亡，难道不是上天要夺取他的魂魄吗？

刘裕过大岘，燕兵不出。裕举手指天，喜形于色。左右曰："公未见敌而先喜，何也？"裕曰："兵已过险，士有必死之志；馀粮栖亩，人无匮乏之忧。虏已入吾掌中矣。"六月，己巳，裕至东莞。超先遣公孙五楼、贺赖卢及左将军段晖等将步骑五万屯临朐，闻晋兵入岘，自将步骑四万往就之，使五楼帅骑进据巨蔑水。前锋孟龙符与战，破之，五楼退走。裕以车四千乘为左右翼，方轨徐进，与燕兵战于临朐南，日向昃，胜负犹未决。参军胡藩言于裕曰："燕悉兵出战，临朐城中留守必寡，愿以奇兵从间道取其城，此韩信所以破赵也。"裕遣藩及谘议参军檀韶、建威将军河内向弥潜师出燕兵之后，攻临朐，声言轻兵自海道至矣，向弥擐甲先登，遂克之。超大惊，单骑就段晖于城南。裕因纵兵奋击，燕众大败，斩段晖等大将十馀人，超遁还广固，获其玉玺、辇及豹尾。裕乘胜逐北至广固，丙子，克其大城，超收众人保小城。裕筑长围守之，围高三丈，穿堑三重；抚纳降附，采拔贤俊，华、夷大悦。于是因齐地粮储，悉停江、淮漕运。

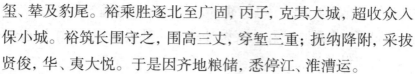

【译文】刘裕经过大岘时，燕国的军队不出门迎战。刘裕举手指着天，高兴之情溢于言表。左右的人都说："公还没有看见敌人就先高兴起来，这是什么原因呢？"刘裕说："我们军队已经过了大岘的危险，每个人都有奋勇牺牲的信念；余粮生长在田亩中，我们没有匮乏食物的担忧。敌人已尽在我的掌握之中。"六月，己巳日（十二日），刘裕到达东莞。慕容超先派公孙五楼、贺赖卢和左将军段晖等带领步兵和骑兵五万余人驻扎在临朐；听说晋兵进入大岘，自己便率领四万名步兵和骑兵前往迎战抗敌，派公孙五楼率领骑兵进兵防守巨蔑水。前锋孟龙符与他作战，公孙五楼被打败了，于是公孙五楼退兵逃走。刘裕以四千乘车辆作为左右的辅翼，车轨相并，缓慢前进，很快便和燕国军队交战于临朐的南边。日过中午，胜败未分。参军胡藩告诉刘裕说："燕国已经把所有军队力量都派出来作战，如此一来临朐城里留守的人一定非常少，我愿意率领骑兵从小路取下该城，这是韩信曾经用来破赵的方法。"刘裕便派胡藩和谘议参军檀韶、建威将军河内人向弥暗中派军队从燕兵的后面偷兵攻袭，攻打临朐，声称用轻快的军队从海上到达。向弥贯甲先登，于是很快便攻下了临朐。慕容超看到这种情况大吃一惊，立马一个人策马奔出城南，和段晖会合。刘裕于是率军奋力攻击，结果燕国军队大败，杀死段晖等将领十多人，慕容超侥幸脱逃回到广固，并带着他的玉玺、辇和豹尾。刘裕乘胜追逐被打败的敌人，到了广固；丙子日（十九日），攻下广固的外城。慕容超又收集众人进入内城进行防卫。刘裕也在赶着构筑长围墙防守，围墙高三丈，进城要穿过三道城沟；并安排招抚接纳投降归附的人，选贤举能，华人、夷人都对此感到非常满意。于是利用齐地的粮储，停止了江、淮全部的运粮。

超遣尚书郎张纲乞师于秦，赦桂林王镇，以为录尚书、都督中外诸军事，引见，谢之，且问计焉。镇曰："百姓之心，系于一人。今陛下亲董六师，奔败而还。群臣离心，士民丧气。闻秦人自有内患，恐不暇分兵救人。散卒还者尚有数万，宜悉出金帛以饵之，更决一战。若天命助我，必能破敌；如其不然，死亦为美，比于闭门待尽，不犹愈乎！"司徒乐浪王惠曰："不然。晋兵乘胜，气势百倍，我以败军之卒当之，不亦难乎！秦虽与勃勃相持，不足为患；且与我分据中原，势如唇齿，安得不来相救！但不遣大臣则不能得重兵，尚书令韩范为燕、秦所重，宜遣乞师。"超从之。

【译文】慕容超派尚书郎张纲向秦国乞求军队救援，并赦免桂林王慕容镇，任命他为录尚书、都督中外诸军事，接见他并诚恳地向他道歉，而且向他讨教方针大计。慕容镇说："老百姓的心理，全都维系在一个人身上。现在有陛下你亲自督导六军却打了败仗回来，群臣中肯定有人存有叛离的心思，士民也都丧失勇气。我听说秦国自己已有内患，恐怕没有空暇精力分派军队救助我们啊。现在流散的士兵回来的，还有几万人，我们应该拿出全部的金银丝帛引诱他们，好让他们愿意为我们拼命一战。如果老天助我，我们一定能打败敌人；如果不能成功，死也值了，比起关闭城门等待死，这样不是更好吗？"司徒乐浪王慕容惠说："如果不是这样子，那么晋兵就会乘着胜势追击，声势百倍，我们以战败的军队去抵挡他们，不是太难了吗？秦国现在虽然和刘勃勃相持不下，但这根本构不成忧患，而且和我们分别据守中原，形势如同唇齿相依，既然这样，怎么能够不来相救呢？但是，不派出官职重要的大臣去，就不能得到大量的军队救援。尚书令韩范一直受到燕国、秦国的尊重，我觉得应该派他去帮我们求救兵。"慕容超听从了他的意见。

秋，七月，加刘裕北青、冀二州刺史。

南燕尚书略阳垣尊及弟京兆太守苗逾城来降，裕以为行参军。尊、苗皆超所委任以为腹心者也。

或谓裕曰："张纲有巧思，若得纲使为攻具，广固必可拔也。"会纲自长安还，太山太守申宣执之，送于裕。裕升纲于楼车，使周城呼曰："刘勃勃大破秦军，无兵相救。"城中莫不失色。江南每发兵及遣使者至广固，裕辄潜遣兵夜迎之，明日，张旗鸣鼓而至，北方之民执兵负粮归裕者，日以千数。围城益急，张华、封恺皆为裕所获，超请割大岘以南地为藩臣，裕不许。

【译文】秋季，七月，加封刘裕为北青、冀两州刺史。

南燕尚书略阳人垣尊和他弟弟京兆太守垣苗越过城墙前来投降，刘裕于是便任命他们为行参军。垣尊、垣苗很受慕容超的信任，被当作是最值得亲信的人。

有人告诉刘裕说："张纲这个人有着精巧的头脑，如果让张纲来帮我们设计攻城的工具，我相信广固一定能够很快被我们攻下来。"正巧这时张纲刚从长安归来，太山太守申宣派人把他给抓住了，送给刘裕。刘裕于是把张纲送到楼车的上面，命令他围着城大声呼喊说："刘勃勃大败秦国的军队，现在没有军队来救援帮助你们了。"城里的人听到这个消息后都很害怕。江南每次发兵和派使者到广固的时候，刘裕往往都会暗中派兵利用夜晚将其迎接过来，第二天，便张扬大旗鸣鼓，虚张声势，使敌人错误地认为前来救援的援军很多。北方的百姓带着兵器、背着粮食前来归附刘裕的，一天就差不多有一千多人，使围攻城池显得更加急切。张华、封恺等人都被刘裕俘获了。慕容超不得已只好请求割让大岘以南的地方来求和，自称藩臣，但是刘裕没有答应。

秦王兴遣使谓裕曰："慕容氏相与邻好，今晋攻之急，秦已遣铁骑十万屯洛阳；晋军不还，当长驱而进。"裕呼秦使者谓曰："语汝姚兴：我克燕之后，息兵三年，当取关、洛。今能自送，便可速来！"刘穆之闻有秦使，驰入见裕，而秦使者已去。裕以所言告穆之，穆之尤之曰："常日事无大小，必赐预谋，此宜善详，去何遽尔答之！此语不足以威敌，适足以怒之。若广固未下，羌寇奄至，不审何以待之？"裕笑曰："此是兵机，非卿所解，故不相语耳。夫兵贵神速，彼若审能赴救，必畏我知，宁容先遣信命，逆设此言！是自张大之辞也。晋师不出，为日久矣。羌见伐齐，〔始〕〔殆〕将内惧，自保不暇，何能救人邪！"

【译文】秦王姚兴派使者前来告诉刘裕说："我们和慕容氏是互相邻近的友好国家，目前晋朝攻得很急切，秦国现在已经派出了最坚强的骑兵十万人屯驻洛阳；如果晋朝的军队不回去，那么我将会驱兵长途前进。"刘裕听到这话后立马喊叫秦国的使者，并告诉他说："告诉你的主上姚兴：我攻下燕国以后，休息兵力三年，将会率兵攻取关、洛；现如今能够自己送上门来，那就请快一点来。"刘穆之听说有秦国的使者前来，立刻骑马进去见刘裕，可是这时秦国的使者已经走了。刘裕便以所说的话告诉刘穆之，刘穆之听后责怪他说："你平常时候，不管是大事还是小事，一定会先让我参与你的计谋决策，这件事你本应该准备很妥善的措辞，现在为什么这么急促地回答呢？你这样的话不但不能够威服敌人，反而可以激怒他们。如果到时广固还没有如期攻下来，羌敌却忽然到达，那该如何来处理呢！"刘裕笑着对他说："这是我们打仗人的机密，不是你们文人所能了解的，所以这次我就没有告诉你。谈到打仗作战，最需要的就是快速，他们如果真的能够拨出军队前来救助我们，就一定害怕我们知道，又怎么会预先派遣送信的使者来跟我们提前说这种话呢？这只是自己夸大言辞罢了。晋朝的军队已经很久没有出战。姚兴如果看见我们去攻打齐国，会让他们心里畏惧，到时恐怕自保都没空暇，哪里能救人呢？"

【乾隆御批】用军贵知彼知己，裕不能料南燕之必无公孙五楼，而能料超之不知远计。夫共险且难决胜，况拱手以险授人？未见敌而先喜，乃一成之势，非奇算也。

【译文】用兵之道贵在知彼知己，刘裕不能料到南燕必定不用公孙五楼，而能预料到慕容超没有深谋远虑。共用岘山之险都难以取胜，何况慕容超还把险要的岘山交给别人呢？刘裕未见敌人就先高兴，这是必然会成功的局势，不是他的神机妙算。

乞伏乾归复即秦王位，大赦，改元更始，公卿以下皆复本位。

慕容氏在魏者百馀家，谋逃去，魏主珪尽杀之。

初，魏太尉穆崇与卫王仪伏甲谋弑魏主珪，不果；珪惜崇、仪之功，秘而不问。及珪有疾，多杀大臣，仪自疑而出亡，追获之。八月，赐仪死。

封融诣刘裕降。

九月，加刘裕太尉，裕固辞。

秦王兴自将击夏王勃勃，至贰城，遣安远将军姚详等分督租运。勃勃乘虚奄至，兴惧，欲轻骑就详等。右仆射韦华曰："若銮舆一动，众心骇惧，必不战自溃，详营亦未必可至也。"兴与勃勃战，秦兵大败，将军姚榆生为勃勃所擒，左将军姚文宗等力战，勃勃乃退，兴还长安。勃勃复攻秦敕奇堡、黄石固、我罗城，皆拔之，徙七千馀家于大城，以其丞相右地代领幽州牧以镇之。

【译文】乞伏乾归再次登上秦王的尊位，大赦境内，改年号为更始，公卿以下的人都恢复了他们本来的职位。

慕容氏有一百多家在魏国，计划逃走的时候，魏国君主拓跋珪将他们全都杀死了。

起初，魏国太尉穆崇和卫王拓跋仪设计埋伏甲兵，密谋杀死魏国的君主拓跋珪，但却没能如愿；拓跋珪因为惋惜穆崇和拓跋仪的功劳，便隐秘没有追问。直到拓跋珪有了疾病，杀死了很多大臣之后。拓跋仪自己心里怀疑害怕，出走逃亡却被追到捕获。八月，赐拓跋仪自尽。

封融向刘裕投降。

九月，加封刘裕为太尉；刘裕坚持推辞。

秦王姚兴自己率兵前来攻击夏王刘勃勃，到了贰城，派安远将军姚详等人分别监管运粮。刘勃勃便乘空虚突然率兵前来，姚兴非常害怕，便想骑着快马，前去投奔姚详等人。右仆射韦华说："大驾一有变动，众心就会恐惧骇怕，惊恐不安，肯定还没作战就自己先崩溃，姚详的军营也未必可以到达。"姚兴和刘勃勃对战，秦兵大败，将军姚榆生被刘勃勃擒获了，因为还有左将军姚文崇等人奋力作战，才使刘勃勃退走，姚兴回到长安。刘勃勃又开始攻打秦国的敕奇堡、黄石固、我罗城，这些城都被他顺利地攻取下来，致使七千多户人家迁徙到外城，并让他的丞相右地代他兼领幽州州牧，加以士兵镇守。

　　初，兴遣卫将军姚强帅步骑一万随韩范往就姚绍于洛阳，并兵以救南燕，及为勃勃所败，追强兵还长安。韩范叹曰："天灭燕矣！"南燕尚书张俊自长安还，降于刘裕，因说裕曰："燕人所恃者，谓韩范必能致秦师也，今得范以示之，燕必降矣。"裕乃表范为散骑常侍，且以书招之，长水校尉王蒲劝范奔秦，范曰："刘裕起布衣，灭桓玄，复晋室；今兴师伐燕，所向崩溃，此殆天授，非人力也。燕亡，则秦为之次矣，吾不可以再辱。"遂降于裕。裕将范循城，城中人情离沮。或劝燕主超诛范家，超以范弟谌尽忠无贰，并范家赦之。

　　冬，十月，段宏自魏奔于裕。

　　张纲为裕造攻具，尽诸奇巧。超怒，县纲母于城上，支解之。

　　【译文】起初，姚兴派卫将军姚强率领步兵和骑兵一万人前来追随韩范，并到洛阳与姚绍会合，想合并兵力一起去救南燕，没想到被刘勃勃打败了，追随姚强的军队只好回到长安。韩范叹气感慨说："这是上天要燕国灭亡啊！"南燕尚书张俊从长安回来后便投降到刘裕那里，因此就告诉刘裕说："燕人所凭恃的，只是他们认为韩范一定能得到秦国军队的救助，如果我们现在把韩范抓获并给他们看，燕国一定军心不稳，肯定会投降。"刘裕于是上表想让韩范为散骑常侍，并且亲自写信招降他。长水校尉王蒲劝韩范逃奔到秦国，没想到韩范却说："刘裕虽然出身布衣，却能消灭桓玄，恢复晋室，如今又率领军队讨伐燕国，所到地方的敌人都被他打败，这大概是天意如此啊，不是人力物力所能办到的。燕国已经灭亡，秦国很快也会跟着灭亡，我不可以再受侮辱啊。"于是便投降刘裕了。韩范被刘裕领着绕城行走，城里的人看到后都因此感到沮丧离叛。甚至有人劝燕国君主慕容超诛灭韩范全家。而慕容超却因为韩范的弟弟韩诨忠心不二，因此而宽赦了韩范的家族。

冬季，十月，段宏从魏国逃奔到刘裕那里。

张纲为刘裕制造的攻城的工具，全都非常奇特巧妙；慕容超知道后很是生气，便派人把他母亲悬挂在城墙上，并将其身体肢解。

西秦王乾归立夫人边氏为王后，世子炽磐为太子，仍命炽磐都督中外诸军、录尚书事。以屋引破光为河州刺史，镇枹罕；以南安焦遗为太子太师，与参军国大谋。乾归曰："焦生非特名儒，乃王佐之才也。"谓炽磐曰："汝事之当如事吾。"炽磐拜遗于床下。遗子华至孝，乾归欲以女妻之，辞曰："凡娶妻者，欲与之共事二亲也。今以王姬之贵，下嫁蓬茅之士，诚非其匹，臣惧其阙于中馈，非所愿也。"乾归曰："卿之所行，古人之事，孤女不足以强卿。"乃以为尚书民部郎。

北燕王云自以无功德而居大位，内怀危惧，常畜养壮士以为腹心爪牙。宠臣离班、桃仁专典禁卫，赏赐以巨万计，衣食起居皆与之同，而班、仁志愿无厌，犹有怨憾。戊辰，云临东堂，班、仁怀剑执纸而入，称有所启。班抽剑击云，云以几扞之，仁从旁击云，弑之。

【译文】西秦王乾归立夫人边氏为皇后，世子炽磐为太子，并任命炽磐依旧担任都督中外诸军、录尚书事。让屋引破光担任河州刺史，派兵镇守枹罕；重用南安人焦遗担任太子的太师，

一起参与讨论军国的计策。乾归说："我觉得焦先生不仅仅只
是有名的儒者，更是辅佐帝王的人才啊。"并告诉炽磐说："从今
以后你要像事奉我一样去事奉他。"炽磐听到这话后于是在床
下跪拜焦遗。焦遗的儿子焦华对他非常孝顺，于是乾归便把自
己的女儿嫁给他。他却推辞说："凡是想娶妻子的人，都肯定想
要和她共同来孝顺事奉自己的父母。现在大王把自己尊贵的女
儿，下嫁给我这样贫贱的士人，这实在是很不相配啊，臣也害
怕她不能够做好一个妇人的职责，这也是我不愿意看到的事。"
乾归说："爱卿的行为，是古人的孝义行为，既然这样，那我的女
儿不勉强你了。"于是任命他为尚书民部郎。

　　北燕王慕容云感觉自己没有什么太大的功德，却拥有尊贵
的地位，内心经常感到害怕不安，于是便经常备养勇士作为心
腹、爪牙。并让他非常信任宠幸的臣子离班、桃仁专门掌握内
宫里所有的禁卫，给他们的赏赐都是以千万来计算的，他们的
衣食起居要求和规矩也几乎都和他一样，尽管这样，离班、桃
仁的心愿却还都不满足，甚至心中还有许多怨恨遗憾。戊辰日
（十三日），慕容云到达东堂，离班、桃仁也都怀着剑拿着通俗的
书来拜见，声称有事要奏启。见面后离班抽出剑想要攻击慕容
云，慕容云及时以茶几抵挡，然而桃仁却突然从旁边攻击慕容
云，最后把慕容云给杀死了。

　　冯跋升洪光门以观变，帐下督张泰、李桑言于跋曰："此竖势
何所至，请为公斩之！"乃奋剑而下，桑斩班于西门，泰杀仁于庭
中。众推跋为主，跋以让其弟范阳公素弗，素弗不可。跋乃即天
王位于昌黎，大赦，诏曰："陈氏代姜，不改齐国。宜即国号曰燕。"
改元太平，谥云曰惠懿皇帝。跋尊母张氏为太后，立妻孙氏为王

后，子永为太子，以范阳公素弗为车骑大将军、录尚书事，孙护为尚书令，张兴为左仆射，汲郡公弘为右仆射，广川公万泥为幽、平二州牧，上谷公乳陈为并、青二州牧。素弗少豪侠放荡，尝请婚于尚书左丞韩业，业拒之。及为宰辅，待业尤厚。好申拔旧门，谦恭俭约，以身帅下，百僚惮之，论者美其有宰相之度。

【译文】冯跋登上洪光门观看这次变故，他的帐下督张泰、李桑便告诉冯跋说："我倒要看看这两个小子的凶势究竟能嚣张到什么地步，现在让我们来替您斩杀了他们！"于是便举剑下去，李桑在西门杀死了离班，张泰也在中庭将桃仁给杀死了。最后大家都推举冯跋为君主，冯跋却说要让给他的范阳公素弗，但是素弗死活不愿意答应。冯跋这才在昌黎登上了天王的尊位，之后便大赦境内，诏令说："陈氏只是代替姜氏而已，并没有改变齐国的国号，所以也应该叫国号为燕。"因此改年号为太平，封给慕容云谥号为惠懿皇帝。冯跋尊奉他的母亲张氏为太后，并立他的妻子孙氏为王后，儿子冯永也被立为太子，任命范阳公素弗为他的车骑大将军、录尚书事，孙护为尚书令，张兴为他的左仆射，汲郡公弘担任右仆射，广川公万泥担任幽、平两州牧，上谷公乳陈担任并、青两州牧。素弗在年少时，性情就豪放不羁，也曾经向尚书左丞韩业请求过联婚，但是被韩业拒绝了。后来等到素弗做了宰辅的时候，对待韩业却相当宽厚；而且非常喜欢提拔故旧同门，平时为人处事也是非常谦虚恭逊，生活非常勤俭节约，凡事以身作则，他的领导部属，百官都很怕他，议论的人也时常赞美他有宰相的气度。

魏主珪将立齐王嗣为太子。魏故事，凡立嗣子辄先杀其母，乃赐嗣母刘贵人死。珪召嗣谕之曰："汉武帝杀钩弋夫人，以防母后预政，外家为乱也。汝当继统，吾故远迹古人，为国家长久之计耳。"嗣性孝，哀泣不自胜。珪怒之。嗣还舍，日夜号泣，珪知而复召之。左右曰："上怒甚，入将不测，不如且避之，俟上怒解而入。"嗣乃逃匿于外，（帷）〔惟〕帐下代人车路头、京兆王洛儿二人随之。

【译文】魏国君主拓跋珪立齐王拓跋嗣为魏国太子；按照魏国以往的习惯，凡是被立继承的子嗣，都要先杀死他的母亲，于是拓跋嗣的母亲刘贵人被赐自尽。拓跋珪下令召见拓跋嗣时教谕他说："汉武帝立太子时杀了钩弋夫人，以防止他的母后干预朝廷政事，导致外戚作乱。现在你将要继承王位，所以我就要向古人学习，这也是为了国家长久安稳的计略。"拓跋嗣性情急躁但是很孝顺，母亲死了他哀伤悲泣不能自已。拓跋珪见到这种情况很生气。拓跋嗣回到住处后，每天都伤心流泪，拓跋珪知道了这件事后，又下令召见他。左右的人都对他说："皇上现在非常生气，你现在进去都不知道会发生什么事，还不如暂时逃避，等皇上的怒气消解了你再进去。"拓跋嗣听后觉得有理，因此便逃匿到外地，只有帷下代人车路头、京兆人王洛儿两人跟随保护他。

初，珪如贺兰部，见献明贺太后之妹美，言于贺太后，请纳之。贺太后曰："不可。是过美，必有不善。且已有夫，不可夺也。"珪密令人杀其夫而纳之，生清河王绍。绍凶很无赖，好轻游里巷，劫剥行人以为乐。珪怒之，尝倒悬井中，垂死，乃出之。齐王嗣屡诲责之，绍由是与嗣不协。

戊辰，珪谴责贺夫人，囚，将杀之，会日暮，未决。夫人密使告绍曰："汝何以救我？"左右以珪残忍，人人危惧。绍年十六，夜，与帐下及宦者宫人数人通谋，逾垣入宫，至天安殿。左右呼曰："贼至！"珪惊起，求弓刀不获，遂弑之。

【译文】起初，拓跋珪到了贺兰部后，看见献明贺太后的妹妹觉得非常美丽，便告诉贺太后，请求娶她为妻。贺太后听后说："不可以。因为过于漂亮，将来一定会有不好的事发生。况且她已经有了丈夫，你绝对不可以强夺。"拓跋珪于是暗中派人杀死她的丈夫，后来顺利地娶了她，并生下儿子清河王拓跋绍。拓跋绍平时为人非常凶狠不讲理，喜欢轻从简仆到街巷里游玩，经常劫掠剥夺行人的衣物当作乐子。拓跋珪知道后很生气，为这事还曾经把他倒挂在井里，快要淹死了才把他放出来。齐王拓跋嗣也曾屡次训诲他，因此拓跋绍和拓跋嗣闹不和。

戊辰日（十三日），拓跋珪责备贺夫人，下令把她囚禁起来，并想把她给杀死，正好太阳这时已经下山，所以就没有处决。于是夫人暗中派人去告诉拓跋绍说："你要怎么样想办法来救我呢？"左右的人也因为拓跋珪为人残忍凶残，心里都很害怕。拓跋绍当时才十六岁，夜晚，他与帐下武士以及宦官宫中的几个人一同谋划，想爬过外面的城墙潜进宫中，结果到了天安殿。左右的人突然呼叫大声说："有贼来了。"拓跋珪突然惊醒过来，想找弓箭刀剑结果都没找到，于是最后被杀死了。

己巳，宫门至日中不开。绍称诏，集百官于端门前，北面立。绍从门扉间谓百官曰："我有叔父，亦有兄，公卿欲从谁？"众愕然失色，莫有对者。良久，南平公长孙嵩曰："从王。"众乃知宫车晏驾，而不测其故，莫敢出声，唯阴平公烈大哭而去。烈，仪之弟也。于是，朝野恟恟，人怀异志。肥如侯贺护举烽于安阳城北，贺兰部人皆赴之，其馀诸部亦各屯聚。绍闻人情不安，大出布帛赐王公已下，崔宏独不受。

【译文】己巳日(十四日)，都到了中午，宫门还没打开。于是拓跋绍宣布诏令，集合文武百官站在端门前面，面北而立。拓跋绍透过门缝告诉文武百官说："我不仅有叔父，也还有哥哥，诸位公卿将要附从谁呢？"大家听到这个消息后都很惊愕，吓得都变了脸色，没有一个人敢回答。过了很久，南平公长孙嵩才说："我附从大王。"后来大家才知道拓跋珪已经死了，但是没有人知道是什么原因，当然也没有人敢出声，只有阴平公拓跋烈大声哭着离去。拓跋烈，是拓跋仪的弟弟。当时的朝野已是一片喧扰，大家的心里都怀有不同的想法。肥如侯贺护在安阳城北高举烽火，致使贺兰部的人都去归附他，而其他各部族也都各自集聚。拓跋绍听说现在人心不安定，便拿出大量布帛赏赐王公以下的人，唯独崔宏不肯接受赏赐。

齐王嗣闻变，乃自外还，昼伏匿山中，夜宿王洛儿家。洛儿邻人李道潜奉给嗣，民间颇知之，喜而相告；绍闻之，收道，斩之。绍募人求访嗣，欲杀之。猎郎叔孙俊与宗室疏属拓跋磨浑自云知嗣所在，绍使帐下二人与之偕往；俊、磨浑得出，即执帐下诣嗣，斩之。俊，建之子也。王洛儿为嗣往来平城，通问大臣，夜，告安远将军安同等。众闻之，翕然响应，争出奉迎。嗣至城西，卫士执绍送之。嗣杀绍及其母贺氏，并诛绍帐下及宦官宫人为内应者十馀人。其先犯乘舆者，群臣脔食之。

【译文】齐王拓跋嗣听说发生这样的变故，从外地立马赶回来了，他白天只能躲藏在深山老林里，晚上就住在王洛儿家。李道是王洛儿的邻居，他暗中奉侍供给拓跋嗣，有很多百姓知道了这件事，高兴地互相走告；拓跋绍听到这个消息后，便收拿李道把他给杀死了。拓跋绍又请人寻找拓跋嗣并想杀死拓跋嗣。猎郎叔孙俊有一个和他的宗室不太亲近的部属拓跋磨浑自己说他知道拓跋嗣的下落，于是拓跋绍便派帐下的两个人和他们一同前往寻找；叔孙俊、拓跋磨浑出来以后，便抓住两名帐下的人去见拓跋嗣，并把这二人杀死了。叔孙俊，是叔孙建的儿子。王洛儿为了寻找拓跋嗣来到平城，与他的大臣联络，夜晚的时候顺便告诉了安远将军安同等人。大家听了之后都同声响应，纷纷争着出去迎接。拓跋嗣到了城西之后，卫士把拓跋绍抓住了并送到他的面前。拓跋嗣杀死拓跋绍和他母亲贺氏后，同时也杀死了拓跋绍帐下士兵。他的宦官、宫中的女子一起做内应的十多人也全都被杀死了；那个最先动手杀害拓跋珪的人，群臣把他杀死了并把他的肉分食了。

【乾隆御批】汉武惩吕后而杀钩弋已属过举，元魏乃竟以为故事。且如珪孤弱时使非其母贺氏辗转奔托，几何不为实君、刘显等所害？不是思而立此灭伦之法，不特因噎废食，实非人世所宜有之事耳！十二月，太白犯虚、危。

【译文】汉武帝刘彻接受吕后的教训而杀死钩弋夫人已经属于过分的举动了，元魏竟然还把这种做法作为先例。假如拓跋珪幼年时不是他的母亲贺氏辗转多处，奔走相托，那不早就被拓跋实君、刘显等人害死了吗？拓跋珪不是思考这事反而立下如此灭绝人伦的法则，这不单是因噎废食，实在不是人世间应该有的事情啊！十二月，太白星进入虚、危星的位置。

壬申，嗣即皇帝位，大赦，改元永兴。追尊刘贵人曰宣穆皇后，公卿先罢归第不预朝政者，悉召用之。诏长孙嵩与北新侯安同、山阳侯奚斤、白马侯崔宏、元城侯拓跋屈等八人坐止车门右，共听朝政，时人谓之八公。屈，磨浑之父也。嗣以尚书燕凤逮事什翼犍使与都坐大官封懿等入侍讲论，出议政事。以王洛儿、车路头为散骑常侍，叔孙俊为卫将军，拓跋磨浑为尚书，皆赐爵郡、县公。嗣问旧臣为先帝所亲信者为谁，王洛儿言李先。嗣召问先："卿以何才何功为先帝所知？"对曰："臣不才无功，但以忠直为先帝所知耳。"诏以先为安东将军，常宿于内，以备顾问。

朱提王悦，虔之子也，有罪，自疑惧。闰十一月，丁亥，悦怀匕首入侍，将作乱。叔孙俊觉其举止有异，引手掣之，索怀中，得匕首，遂杀之。

十二月，乙巳，太白犯虚、危。南燕灵台令张光劝南燕主超出降，超手杀之。

柔然侵魏。

【译文】壬申日（十七日），拓跋嗣顺利地登上了皇帝的尊位，于是大赦境内，并把改年号为永兴。刘贵人被追尊为宣穆皇后；以前被罢免返乡的公卿，不能再参与朝政的人，又再次全部被召用。诏令长孙嵩和北新侯安同、山阳侯奚斤、白马侯崔宏、元成侯拓跋屈等八人分别坐在止车门的右边，要求他们共同听理朝政大事，因此当时的人称他们八个人为八公。拓跋屈是拓跋磨浑的父亲。拓跋嗣因为尚书燕凤曾经事奉过什翼犍，因此让他也当上了大官，封懿等人在内宫讨论学术，出了内宫他们就经常一起议论政事。并且任命王洛儿、车路头为散骑常侍，叔孙俊任命为卫将军。拓跋磨浑担任尚书，并把他们分别赐爵位为郡、县公。拓跋嗣问那些旧臣，先帝所亲信的是谁。王洛儿告诉他是李先。拓跋嗣于是召问李先说："爱卿你是以什么样的才能，什么功劳被先帝那样赏识呢？"李先回答说："臣没有什么出色的才能、也没有特别大的功劳，只是因为忠心正直，所以才被先帝所赏识的。”下诏命令李先为安东将军，并让他常在内宫住宿，以备随时回答咨询。

朱提王拓跋悦，是拓跋虔的儿子，因为他犯了罪，所以他自己非常疑忌害怕。闰十一月，丁亥日（十三日），拓跋悦带着匕首进入内宫，准备作乱。叔孙俊发现他的行为比较怪异，便举手捉拿他，在他的怀中搜索到了匕首，于是便把他给杀死了。

十二月，乙巳日（二十二日），太白星冒犯虚星、危星。南燕灵台令张光因为劝南燕君主慕容超出城投降，被慕容超亲手杀害。

柔然举兵侵犯魏国。

义熙六年（庚戌，公元四一〇年）春，正月，甲寅朔，南燕主超登天门，朝群臣于城上。乙卯，超与宠姬魏夫人登城，见晋兵之盛，握手对泣。韩诨谏曰：“陛下遭埂厄之运，正当努力自强以壮士民之志，而更为儿女子泣邪！”超拭目谢之。尚书令董铣劝超降，超怒，囚之。

魏长孙嵩将兵伐柔然。

魏主嗣以郡县豪右多为民患，悉以优诏徵之。民恋土不乐内徙，长吏逼遣之，于是无赖少年逃亡相聚，所在寇盗群起。嗣引八公议之曰：“朕欲为民除蠹，而守宰不能绥抚，使之纷乱。今犯者既众，不可尽诛，吾欲大赦以安之，何如？”元城侯屈曰：“民逃亡为盗，不罪而赦之，是为上者反求于下也，不如诛其首恶，赦其馀党。”崔宏曰：“圣王之御民，务在安之而已，不与之较胜负也。夫赦虽非正，可以行权。屈欲先诛后赦，要为两不能去，曷若一赦而遂定乎！赦而不从，诛未晚也。”嗣从之。二月，癸未朔，遣将军于栗磾将骑一万讨不从命者，所向皆平。

【译文】义熙六年(庚戌，公元 410 年)春季，正月，甲寅朔日(初一)，南燕君主慕容超登上了天门在城上接见文武群臣。乙卯日(初二)，慕容超宠爱的妃子魏夫人和他登上城楼，看见晋朝兵力强盛，握住爱妃的手互相悲泣。韩诹对他劝谏说："陛下现在遭遇困厄的命运，更应当努力奋发自强，壮大我们士民的志气，怎么可以做出这种哭泣软弱小儿女的姿态呢？"慕容超赶紧擦干眼泪向他道歉。尚书令董铣一直劝慕容超投降，慕容超听后非常生气，于是便把他给囚禁起来了。

魏国长孙嵩率领军队讨伐柔然。

魏国君主拓跋嗣认为郡县里的豪富大多都成为老百姓的祸患，因此便用优渥的条件进行全部诏令征调。而当地百姓怀念故园，根本不喜欢迁徙到内地去，于是守宰所属的官员便下令强迫将其遣走，一时间一些无赖少年逃亡聚合，随即各地寇盗纷起。拓跋嗣接见八公商议时说："朕现在想要替天行道为民除害，可是你们这些守宰却不能绥服安宁百姓，反而使他们造成纷乱。如今犯罪的人如此之多，又不能及时全部诛灭，因此我想要通过举行大赦来安抚百姓，诸位爱卿认为怎么样呢？"这时元城侯拓跋屈便说："如今百姓逃亡做强盗，主上你不惩罚他们的罪，反而赦免他们，这让人感觉是身在上位的人反而向身在下位的人讨好，以我之见还不如诛灭那些为首作恶的人，而对残余的党徒进行赦免。"崔宏也说："圣上治理百姓，任务是安抚百姓，而不是一直和百姓比较胜负。赦免他们的罪虽然不是正途，但是也可以算是权宜之计。拓跋屈的想法是先杀首恶的人，然后再施恩赦免他们的余党，既然这杀和赦两件事都不能免除，那还不如来一次大赦就能安定百姓！将他们赦罪以后，若以后还不听从，再去论罪诛杀也还不晚啊。"拓跋嗣觉得有理便听从了他的意见。二月，癸未朔日（初一），遣派将军于栗䃅率领骑兵一万人去讨伐那些不听命令的人，所到的地方都被平定了。

　　南燕贺赖卢、公孙五楼为地道出击晋兵，不能却。城久闭，城中男女病脚弱者太半，出降者相继。超辇而登城，尚书悦寿说超曰："今天助寇为虐，战士调瘁，独守穷城，绝望外援，天时人事亦可知矣。苟历数有终，尧、舜避位，陛下岂可不思变通之计乎！"超叹曰："废兴，命也。吾宁奋剑而死，不能衔璧而生！"

　　丁亥，刘裕悉众攻城。或曰："今日往亡，不利行师。"裕曰："我往彼亡，何为不利！"四面急攻之。悦寿开门纳晋师，超与左右数十骑逾城突围出走，追获之。裕数以不降之罪，超神色自若，一无所言，惟以母托刘敬宣而已。

　　【译文】南燕贺赖卢、公孙五楼挖出地道以便出兵攻击晋兵，却还是不能把晋兵打退。于是城长久关闭，因为城里有一大半的男女患有两脚软弱的毛病，因而出城投降的人相继不绝。慕容超登城访察的时候，尚书悦寿告诉慕容超说："现在这是上天帮助敌寇作恶啊，战士全都凋敝劳瘁，被穷困在城里独自坚守，外援现在是没有指望了，天时、人事的变化结果现在也是可以知道的。如果历数已经终了，即使是尧、舜也得让位，陛下你现在怎么能不想个变通点儿的计策呢？"慕容超听后叹息着说："天下兴亡是天命。我就是举剑自尽，也绝对不能去投降而苟且偷生啊。"

　　丁亥日（初五），刘裕率领全部的军力攻打敌方城池。有人对他说："今天看天相是往亡日，不利于我方军事行动啊。"刘裕听后说："如今我军若前往，彼军一定会败亡，你怎么能说是不利呢？"于是率兵从四个方面很是急迫地攻打城池。悦寿打开城门投降，让晋朝的军队进城，慕容超带着数十人左右，骑马越过城墙突出重围而逃走，没想到却被追捕俘虏。刘裕责备他一直固执不肯投降的罪过，而慕容超的神情脸色却是很自在，他一句话也不说，只是默默地把自己的母亲托付刘敬宣照顾而已。

　　裕忿广固久不下，欲尽坑之，以妻女以赏将士。韩范谏曰："晋室南迁，中原鼎沸，士民无援，强则附之，既为君臣，必须为之尽力。彼皆衣冠旧族，先帝遗民；今王师吊伐而尽坑之，使安所归乎! 窃恐西北之人无复来苏之望矣。"裕改容谢之，然犹斩王公以下三千人，没入家口万馀，夷其城隍，送超诣建康，斩之。
　　◆臣光曰：晋自济江以来，威灵不竞，戎狄横骛，虎噬中原。刘裕始劝王师剪平东夏，不于此际旌礼贤俊，慰抚疲民，宣恺悌之风，涤残秽之政，使群士向风，遗黎企踵，而更恣行屠戮以快忿心；迹其施设，曾苻、姚之不如，宜其不能荡壹四海，成美大之业，岂非虽有智勇而无仁义使之然哉! ◆
　　【译文】广固长久攻不下来，刘裕很生气，便发怒想要把所有士兵全部活埋，把俘获的妇女赏赐给将士享乐。韩范劝谏他说："如今晋室全都向南迁移，致使中原混乱不安，士兵百姓也没有援助，他们是看谁的力量强，就去依附谁。而且他们全都是士宦的旧族，以及一些先帝的遗民；现在我们率兵前来征伐，却要将他们全部活埋，这样做让别的人如何敢来归附呢？我私下觉得，西北的人以后不会再有盼望我们去拯救他们的希望了。"刘裕听后觉得有理，于是改变脸色向他道歉，但还是杀了三千多王公以下的人，一万多没有入普通民家的人，铲平了城隍，并把慕容超送到建康，然后将其杀死。

◆臣司马光说：晋朝自从他们渡江以来，威势一直不怎么强，但是却戎狄横行，虎吞中原。刘裕起初用朝廷的军队去消灭慕容超，然而他却没有在这时优礼贤俊的才士，去慰藉和安抚被战争所疲惫的士兵和百姓，宣扬孝悌的优良风气，废除残暴秽乱的政治，以使群士闻风向往，以使遗留的百姓信心满满，却更加随意地屠杀生命，以此来满足他自私的愤恨心理；推察他一直以来的作为，实在是连苻坚、姚苌都比不上，难怪他最后不能平荡各国统一中国，完成美好的盛大功业，这是因为只有智慧勇气然而却没有仁义所导致的啊！◆

【乾隆御批】裕欲尽坑降附，司马光以为有智勇而无仁义。不知晋南渡后，久失中原之心，当东夏甫收而以屠戮为快，众望既拂，敌心益坚。非仁又安所云智邪？

【译文】刘裕准备把投降的人全都活埋，司马光认为这是有智勇而无仁义的行为。刘裕不知道晋朝南渡后，长久失去中原的民心，东夏刚刚收复就把屠杀作为快事，既违背众人的心愿，又使敌人心志更坚。没有仁义又怎么说得上是智慧呢？

初，徐道覆闻刘裕北伐，劝卢循乘虚袭建康，循不从。道覆自至番禺说循曰："本住岭外，岂以理极于此，传之子孙邪？正以刘裕难与为敌故也。今裕顿兵坚城之下，未有还期，我以此思归死士掩击何、刘之徒，如反掌耳。不乘此机而苟求一日之安，朝廷常以君为腹心之疾；若裕平齐之后，息甲岁馀，以玺书徵君，裕自将屯豫章，遣诸将帅锐师过岭，虽复以将军之神武，恐必不能当也。今日之机，万不可失。若先克建康，倾其根蒂，裕虽南还，无能为也。君若不同，便当帅始兴之众直指寻阳。"循甚不乐此举，而无以夺其计，乃从之。

【译文】起初，徐道覆听到消息说刘裕要向北征伐，便劝卢循乘机率兵偷袭建康，卢循死活不愿听从他的意见。于是徐道覆只好亲自到番禺，告诉卢循说："我们住在这五岭以南的地区，难道你以为是理该如此，并且可以把它传给子孙吗？我们正是因为刘裕力量强大，很难跟他为敌才这样的。现在刘裕的大军集结在坚固的城池之下，什么时候回来还说不定，我利用这个机会来告诉这里想回到故乡去的敢于拼命的士兵，现在乘机突击何无忌、刘毅这些人，简直就是易如反掌啊。如果不好好利用这个机会，而是苟且偷生贪求一时的安定，这样朝廷也会一直把你当成他们的心腹疾病；如果等刘裕平定齐国以后，再休息兵力一年，到时用天子的诏书来征调你，而刘裕肯定自己带军驻扎豫章，然后再派众将率领他们最英勇尖锐的军队越过五岭，那时我们纵使再以将军的神武去抵挡，恐怕也不能够抵挡啊。所以对于今天的这个机会，我们是绝对不能失去的。如果我们首先攻下建康，然后再毁掉他的根基，这样即使刘裕回到了南边，到时估计也不可能有什么作为。如果你不同意这个主意，那就应该率领始兴的部属然后直接指向寻阳。"卢循非常不喜欢这个举动，但是又无法改变他的计策，只好听从他的意见。

初，道覆使人伐船材于南康山，至始兴，贱卖之，居人争市之，船材大积而人不疑，至是，悉取以装舰，旬日而办。循自始兴寇长沙，道覆寇南康、庐陵、豫章，诸守相皆委任奔走。道覆顺流而下，舟械甚盛。时克燕之问未至，朝廷急徵刘裕。裕方议留镇下邳，经营司、雍，会得诏书，乃以韩范为都督八郡军事、燕郡太守，封融为勃海太守，檀韶为琅邪太守，戊申，引兵还。韶，祗之兄也。久之，刘穆之称范、融谋反，皆杀之。

【译文】起初，徐道覆曾派人在南康山上砍伐木材造船，等到了始兴后，将其全都便宜地卖掉，因此当地居民都争着来买，虽然当时造船的木材堆积的特别多，但是别人却都没有疑心，因此，全部装制的船舰仅用十天就全做好了。随后卢循从始兴侵略到长沙，徐道覆一路侵略到南康、庐陵、豫章等地，当时各个守宰全都弃城逃走。徐道覆于是便顺着河流向下，他的士兵、船只器械也越来越多。当时来探问攻打燕国情形的人还没有到达，朝廷就非常着急地征调刘裕。刘裕正在和大臣商议准备留下镇守下邳，经营司、雍这两个地方，正巧这时得到朝廷的诏书，于是便任命韩范担任都督八郡军事、燕郡太守，命封融担任渤海太守，檀韶担任琅邪太守；戊申日（二十六日），刘裕带兵回去复命。檀韶是檀祗的哥哥。可是后来，刘穆之上告韩范、封融密谋造反，结果他们两人都被杀了。

安成忠肃公何无忌自寻阳引兵拒卢循。长史邓潜之谏曰："国家安危，在此一举。闻循兵舰大盛。势居上流，宜决南塘，守二城以待之，彼必不敢舍我远下。蓄力养锐，俟其疲老，然后击之，此万全之策也。今决成败于一战，万一失利，悔将无及。"参军殷阐曰："循所将之众皆三吴旧贼，百战馀勇，始兴溪子，拳捷善斗，未易轻也。将军宜留屯豫章，征兵属城，兵至合战，未为晚也。若以此众轻进，殆必有悔。"无忌不听。三月，壬申，与徐道覆遇于豫章，贼令强弩数百登西岸小山邀射之。会西风暴急，飘无忌所乘小舰向东岸，贼乘风以大舰逼之，众遂奔溃。无忌厉声曰："取我苏武节来!"节至，执以督战。贼众云集，无忌辞色无挠，握节而死。于是，中外震骇，朝议欲奉乘舆北走就刘裕; 既而知贼未至，乃止。

【译文】安成忠肃公何无忌正在从寻阳带兵奋勇抵抗卢循。当时的长史邓潜之劝告他说："现在我们国家的安危，就全都在我们这一次的举动了。如今我听说卢循的兵舰，不仅声势浩大而且数量众多，他现在的势力是在我们上流的地方，我们应该率兵冲毁南塘，然后守住豫章、寻阳两城之后等待，我想他现在一定不敢大意粗心地丢下我们而自己跑到很远的地方去。如今我们应该储蓄力量培养精锐，等到他们的军队疲惫老化的时候再去攻击他们，我觉得这实在是一个万全的计策啊。如果我们现在仅以一场战争就来决定谁胜谁败，到时我们失败了，怕是连后悔都来不及啊。"参军殷阐听后也说："如今卢循所带领的手下部属，全部都是三吴的旧贼，而且现在也都经过百战，还剩下一些勇气，而目前徐道覆所统率的始兴士兵，不仅劲健敏捷而且善于战斗，我们不能随意轻敌啊。我觉得将军你现在应该留守豫章，然后向所属的城池征调军队，等军队到了再合力作战也不迟啊; 如果以我们现在仅有的部属轻率地前进，恐怕到时我们一定会后悔不已。"但是何无忌一点也听不进他们的意见。三月，壬申日(二十日)，和徐道覆在豫章相遇，敌兵命令数百位技术高超的弓箭手登上西岸的小山拦射他们。正巧当时西风吹得非常急，而何无忌所乘的小船顺风飘向东岸。于是盗贼就顺着当时的风势用大船舰逼迫他们，最后大军纷纷奔散逃溃。何无忌见此情景说："把我的苏武节拿过来!"他的苏武节拿来之后，便用它来督战。此时很多贼兵都群集过来了，何无忌却毫无屈挠的神情，最后他手里紧紧握着苏武节死了。对于此事朝廷内外的人都感到非常震惊，于是朝廷的人便商议着想要随着天子向北走，去和刘裕会合；后来因为知道贼兵还没有到达才停止。

西秦王乾归攻秦金城郡，拔之。

夏王勃勃遣尚书朝金纂攻平凉。秦王兴救平凉，击金纂，杀之。勃勃又遣兄子左将军罗提攻拔定阳，坑将士四千馀人。秦将曹炽、曹云、王肆佛等各将数千户内徙，兴处之湟山及陈仓。勃勃寇陇右，破白崖堡，遂趣清水，略阳太守姚寿都弃城走，勃勃徙其民万六千户于大城。兴自安定追之，至寿渠川，不及而还。

【译文】西秦王乞伏乾归攻打秦国金城郡，金城郡被顺利攻下了。

夏王刘勃勃派尚书胡金纂带兵攻打平凉，秦王姚兴听到这个消息后赶去救平凉，率兵攻击胡金纂并把他给杀死了。刘勃勃随后又派他侄子左将军刘罗率兵攻下定阳，俘获的将士四千多人几乎全部活埋。秦国的将领曹炽、曹云、王肆佛等人每人率领数千户迁徙到内地后，被姚兴安排在湟山和陈仓。刘勃勃随后率兵侵略陇右，并顺利地攻下白崖堡，接着又率兵赶往清水，略阳太守姚寿都听到这个消息后，害怕地放弃城池自己逃走了，然后刘勃勃又将他的一万六千户百姓迁徙到大城。姚兴率兵从安定去追赶敌方军队，一直到了寿渠川还没有追上，只好回去了。

初，南凉王祎檀遣左将军枯木等伐沮渠蒙逊，掠临松千馀户而还。蒙逊伐南凉，至显美，徙数千户而去。南凉太尉俱延复伐蒙逊，大败而归。是月，祎檀自将五万骑伐蒙逊，战于穷泉，祎檀大败，单马奔还。蒙逊乘胜进围姑臧，姑臧人惩王钟之诛，皆惊溃，夷、夏万馀户降于蒙逊。祎檀惧，遣司隶校尉敬归及子佗为质于蒙逊以请和，蒙逊许之。归至胡坑，逃还，佗为追兵所执，蒙逊徙其众八千馀户而去。右卫将军折掘奇镇据石驴山以叛。祎檀畏蒙逊之逼，且惧岭南为奇镇所据，乃迁于乐都，留大司农成公绪守姑臧。祎檀才出城，魏安人侯谌等闭门作乱，收合三千馀家，据南城，推焦朗为大都督、龙骧大将军，谌自称凉州刺史，降于蒙逊。

资治通鉴

【译文】起初，南凉王祎檀命令他手下的左将军枯木等人率兵去讨伐沮渠蒙逊，他们抢掠了临松一千多户人家后就回去了。沮渠蒙逊率兵讨伐南凉到了显美的时候，也迁走几千户人家回去。南凉的太尉俱延奉命带兵去讨伐沮渠蒙逊，结果却是大败而回。这个月，祎檀自己亲自带领五万名骑兵前去讨伐沮渠蒙逊。随后在穷泉作战，祎檀大败，不得已只好一个人骑着马逃了回去。随后沮渠蒙逊乘着胜势带兵前去围攻姑臧，但是姑臧人都将王钟的被杀当作警戒，结果全都惊慌败走，致使夷、夏一万多户全都向沮渠蒙逊投降了。祎檀感到很害怕，于是便派司隶校尉敬归和他儿子佗送给沮渠蒙逊当人质，以此向他求和，沮渠蒙逊觉得这个方法可行于是便答应了；没想到敬归到了胡坑，想逃回去，佗也被追兵给抓住了，沮渠蒙逊的八千多户部属全都迁徙完毕后，他才离去。他的右卫将军折掘奇镇占守石驴山的时候发生了背叛。祎檀不仅害怕沮渠蒙逊对他的逼迫，而且更害怕岭南被奇镇所据守，于是便又带兵迁到乐都，只留下他的大司农成公绪防守姑臧。祎檀这才安心地出了城，魏安人侯谌等集合三千多家闭门作乱，据守南城，还推举焦朗担任他们的大都督、龙骧大将军，而侯谌自称为凉州刺史，并带兵投降了沮渠蒙逊。

刘裕至下邳，以船载辎重，自帅精锐步归。至山阳，闻何无忌败死，虑京邑失守，卷甲兼行，与数十人至淮上，问行人以朝廷消息，行人曰："贼尚未至，刘公若还，便无所忧。"裕大喜。将济江，风急，众咸难之。裕曰："若天命助国，风当自息；若其不然，覆溺何害！"即命登舟，舟移而风止。过江，至京口，众乃大安。夏，四月，癸未，裕至建康。以江州覆没，表送章绶，诏不许。

【译文】刘裕到了下邳之后，用船来装载那些沉重的装备，而他自己却率领最精锐的部队步行回去了。到了山阳之后，听到消息说何无忌已经战败身死，他又担心京城沦陷，便立马收拾战甲以最快的速度前进，然后和数十人顺利到达了淮水，询问一些旅客有关朝廷的消息。旅客告诉他说："现在贼匪还没有到达，刘公如果现在就回去，应该就没有什么忧虑了。"刘裕听到这个消息后非常高兴，准备要率兵渡江。当时风刮得急，大家都觉得此时渡江非常困难。刘裕告诉他们说："假若天意现在要帮助我们国家，那么这风自然而然就会停息；如果不是这样，即使现在我们都翻船淹死，那又有什么可怨恨的呢？"说完就立即命令军队登船，没想到船动了以后，这狂风也就随着停止了。他们顺利地过了江，直到到达了京口后，大家心里这才慢慢地安定下来。夏季，四月，癸未日（初二），刘裕来到了建康。当时因为江州沦陷，所以上表送交印章组绶，但是诏命没有同意。

青州刺史诸葛长民、兖州刺史刘藩、并州刺史刘道怜各将兵入卫建康。藩，兖州刺史毅之从弟也。毅闻卢循之寇，将拒之，而疾作；既瘳，将行。刘裕遗毅书曰："吾往习击妖贼，晓其变态。贼新获奸利，其锋不可轻。今修船垂毕，当与弟同举。克平之日，上流之任，皆以相委。"又遣刘藩往谕止之。毅怒，谓藩曰："往以一时之功相推耳，汝便谓我真不及刘裕邪！"投书于地，帅舟师二万发姑孰。

循之初入寇也，使徐道覆向寻阳，循自将攻湘中诸郡。荆州刺史刘道规遣军逆战，败于长沙。循进至巴陵，将向江陵。徐道覆闻毅将至，驰使报循曰："毅兵甚盛，成败之事，系之于此，宜并力摧之。若此克捷，江陵不足忧也。"循即日发巴陵，与道覆合兵而下。五月，戊午，毅与循战于桑落洲，毅兵大败，弃船，以数百人步走，馀众皆为循所虏，所弃辎重山积。

【译文】青州刺史诸葛长民和兖州刺史刘藩以及并州刺史刘道怜都各自率领军队前去保卫建康。刘藩，是刘毅的堂弟，刘毅是兖州刺史。刘毅听到消息说卢循已经率兵进入侵略了，便也准备前去抵抗，但是没想到他的疾病却发作了；等到他病愈以后，将要出发时，刘裕又写信给刘毅告诉他说："我过去曾经多次和卢循等作战，我了解他们变化的一些常态。贼匪最近又获得了一些不正当不光彩的胜利，他们军队的锋锐是我们打仗时不能轻视的。现在我们修船工作即将完毕，是应当和你一同举兵前去，共同讨平的时候了，那些上等的职位，现在都要委任给你们了。"接着又派刘藩快速前往，命令他停止带兵。刘毅知道后非常生气，随即告诉刘藩说："你们过去仅仅因为一时战功，而推举刘裕为首，难道你就真的认为我比不上刘裕吗？"说完生气地把信丢在地上，随后就从姑孰率领水军两万名出发了。

卢循刚开始向北方进犯时，曾经派徐道覆赶往寻阳，然后卢循自己才带兵前来攻打湘水附近的各个郡县。荆州刺史刘道规整理军队准备迎战，没想到在长沙就被打败了。卢循随后又进兵到达了巴陵，正准备收拾军队朝向江陵。这时徐道覆听消息说刘毅快要率兵到达，于是便教人快马加鞭前去向卢循报告说："刘毅目前的军队实力非常强大，如今事情的成败与否，关键就在这次的作战，所以我们就更应该要合力去消灭他这个共同的敌人；如果我们能在这次作战中成功，那小小的江陵就不值得我们忧虑了。"于是卢循当天就从巴陵出发了，前去和徐道覆会合并连合兵力而下。五月，戊午日（初七），刘毅和卢循在桑落洲交战的时候，结果刘毅的军队大败，数百艘船被丢弃了，一些士兵步行逃走了，其余剩下的部属也全都被卢循给俘虏了，当时打仗所丢弃的辎重多得堆积起来像山那么高。

初，循至寻阳，闻裕已还，犹不信；既破毅，乃得审问，与其党相视失色。循欲退还寻阳，攻取江陵，据二州以抗朝廷。道覆谓宜乘胜径进，固争之。循犹豫累日，乃从之。

己未，大赦。裕募人为兵，赏之同京口赴义之科。发民治石头城。议者谓宜分兵守诸津要，裕曰："贼众我寡，若分兵屯守，则测人虚实；且一处失利，则沮三军之心。今聚众石头，随宜应赴，既令彼无以测多少，又于众力不分。若徒旅转集，徐更论之耳。"

【译文】起初，卢循到寻阳的时候听有消息说刘裕已经回来，当时还不肯相信；如今刘毅已经被击败，才肯相信得到的音讯是真的，这下可把他和他的同党都吓坏了，互相对看，脸都吓得变色了。于是卢循便想要率兵退回寻阳，前去攻打江陵，好好据守荆、江两州，并准备和朝廷势力相抗衡。但是徐道覆却认为他们现在更应该乘着已经取得的胜利直接前进，并且坚持己见和卢循发生争执。卢循又犹豫不决了好几天，才肯勉强听从他的意见。

己未日(初八),正是大赦天下的时候。刘裕此时正在招募百姓当兵,奖励的政策跟他在京口赴义讨伐桓玄时说的一样。他大力发动百姓齐力治理石头城。而当时评议的人却认为他更应该分派更多的兵力去防守各个渡口和险要的地方,他们觉得这才是最重要的。而刘裕却说:"现在贼兵那么多,而我们的军队是那么少,此时如果分出兵力去屯守那些地方,肯定会让人探测出我们内部的虚实;如果那样,万一我们有一个地方失利了,就会连带着沮丧三军的心理。现在我把军队全都聚集在石头,让他们随着各自适当的时机去应对各种突发情况,这样一来既能够让他们无法测知我们兵力的虚实,又能够使我们仅有的军力不被分散。假若士众想要转换地方聚集,那这件事我们就慢慢再商量吧!"

朝廷闻刘毅败,人情恟惧。时北师始还,将士多创病,建康战士不盈数千。循既克二镇,战士十馀万,舟车百里不绝,楼船高十二丈,败还者争言其强盛。孟昶、诸葛长民欲奉乘舆过江,裕不听。初,何无忌、刘毅之南讨也,昶策其必败,已而果然。至是,又谓裕必不能抗循,众颇信之,惟龙骧将军东海虞丘进廷折昶等,以为不然。中兵参军王仲德言于裕曰:"明公命世作辅,新建大功,威震六合,妖贼乘虚入寇,既闻凯还,自当奔溃。若先自遁逃,则势同匹夫,匹夫号令,何以威物!此谋若立,请从此辞。"裕甚悦。昶固请不已,裕曰:"今重镇外倾,强寇内逼,人情危骇,莫有固志;若一旦迁动,便自土崩瓦解,江北亦岂可得至!设令得至,不过延日月耳。今兵士虽少,自足一战。若其克济,则臣主同休;苟厄运必至,我当横尸庙门,遂其由来以身许国之志,不能审伏草间苟求存活也。我计决矣，卿勿复言!"昶恚其言不行，且以为必败，因请死。裕怒曰："卿且申一战，死复何晚!"昶知裕终不用其言，乃抗表自陈曰："臣裕北讨，众并不同，唯臣赞裕行计，致使强贼乘间，社稷危逼，臣之罪也。谨引咎以谢天下。"封表毕，仰药而死。

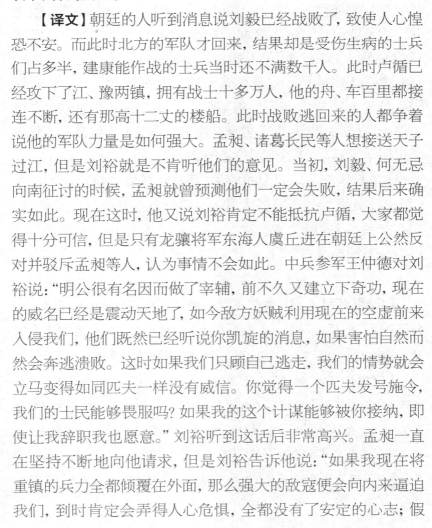

【译文】朝廷的人听到消息说刘毅已经战败了，致使人心惶恐不安。而此时北方的军队才回来，结果却是受伤生病的士兵们占多半，建康能作战的士兵当时还不满数千人。此时卢循已经攻下了江、豫两镇，拥有战士十多万人，他的舟、车百里都接连不断，还有那高十二丈的楼船。此时战败逃回来的人都争着说他的军队力量是如何强大。孟昶、诸葛长民等人想接送天子过江，但是刘裕就是不肯听他们的意见。当初，刘毅、何无忌向南征讨的时候，孟昶就曾预测他们一定会失败，结果后来确实如此。现在这时，他又说刘裕肯定不能抵抗卢循，大家都觉得十分可信，但是只有龙骧将军东海人虞丘进在朝廷上公然反对并驳斥孟昶等人，认为事情不会如此。中兵参军王仲德对刘裕说："明公很有名因而做了宰辅，前不久又建立下奇功，现在的威名已经是震动天地了，如今敌方妖贼利用现在的空虚前来入侵我们，他们既然已经听说你凯旋的消息，如果害怕自然而然会奔逃溃败。这时如果我们只顾自己逃走，我们的情势就会立马变得如同匹夫一样没有威信。你觉得一个匹夫发号施令，我们的士民能够畏服吗? 如果我的这个计谋能够被你接纳，即使让我辞职我也愿意。"刘裕听到这话后非常高兴。孟昶一直在坚持不断地向他请求，但是刘裕告诉他说："如果我现在将重镇的兵力全都倾覆在外面，那么强大的敌寇便会向内来逼迫我们，到时肯定会弄得人心危惧，全都没有了安定的心志; 假若现在一下子变动迁移，到时肯定会自取失败的命运，那样的话江北又如何可以到达呢？到时即使能够到达，我觉得也不过是在那儿拖延一些时日罢了。现在我们的士兵虽然非常少，但是还能够帮我拼命一战的。如果到时我们能顺利取得成功，我们君臣会一起感到庆幸；如果到时不幸，厄运一定要到来的话，我将横尸宗庙门前，完成一直以来我想以身献国的心愿，但是我绝对不能自己躲藏在草堆里，为求生存活命苟且贪生。既然我的计策已经决定好了，爱卿你就不要再多说了。"孟昶内心一直非常怨恨他的话不仅没有被采纳，反而被认为一定会失败，因此请求刘裕将他赐死。刘裕听了之后非常生气地说："你打完这一仗，再死也不晚。"孟昶知道刘裕的意思，到最后还是不会采用他的话，于是上表表明自己的意思说："刘裕现在正在向北征讨，众人都不同意他的做法，只有我赞成刘裕这次的行事计策，导致强大的寇贼抓住了这个机会来危害我们的国家，这实在是我的罪过啊。谨请主上赐罪自杀好让我以此谢天下。"他把章表缄封完毕之后，就吃药自杀了。

【申涵煜评】卢循、徐道覆原是劲敌，故无忌死而刘毅败，独刘裕所至，则望风而靡，此盖先声夺人，有天意存焉。孟昶忧其不胜，不失为小心，何至仰药以验其言？可谓枉折了性命。

【译文】卢循、徐道覆原本是强劲的敌人，因此何无忌战死后而刘毅遭受失败，唯独刘裕攻占所到之处，卢循、徐道覆军队却是看到刘裕军队的气势强盛还没战斗就溃败了，这就是先张扬声势来压倒对方，持有上天的意志保全刘裕的原因。孟昶担忧他不能取胜，还算是小心谨慎，为什么到服用毒药的地步来验证他说过的话？可以说是白白地损失了性命。

乙丑，卢循至淮口，中外戒严。琅邪王德文都督宫城诸军事，屯中堂皇，刘裕屯石头，诸将各有屯守。裕子义隆始四岁，裕使谘议参军刘粹辅之，镇京口。粹，毅之族弟也。

裕见民临水望贼，怪之，以问参军张劭，劭曰："若节钺未反，民奔散之不暇，亦何能观望！今当无复恐耳。"裕谓将佐曰："贼若于新亭直进，其锋不可当，宜且回避，胜负之事未可量也；若回泊西岸，此成禽耳。"

【译文】乙丑日(十四日)，卢循到了淮口，致使朝廷内外全都加强戒备。琅邪王司马德文督管宫城各种军事情况，屯兵在中堂皇，而这时刘裕也屯驻在石头，各将士也有他们各自屯守的地点。此时刘裕的儿子刘义隆才只有四岁，刘裕便让谘仪参军刘粹前来辅佐他，率兵镇守在京口。而刘粹，是刘毅同族的弟弟。

刘裕看见有人到水边去探望贼兵，觉得非常奇怪，便派人前去问他的参军张劭，张劭告诉他说："如果现在你不回来，我们百姓想逃奔散走都会觉得来不及，又怎么能够到水边观望呢？所以我觉得我们现在应该不必再担心害怕了。"但是刘裕也告诉将佐说："如果贼兵在新亭直接向我们进兵，那么他们军队的锋锐是我们不能抵挡的，我觉得我们现在应该暂且回避一下，如今胜败的事情谁都不能算得到；如果他们是想迁回停泊在蔡洲，那我们就可能要遭到他们的擒俘了。"

徐道覆请于新亭至白石焚舟而上，数道攻裕。循欲以万全为计，谓道覆曰："大军未至，孟昶便望风自裁；以大势言之，自当计日溃乱。今决胜负于一朝，乾没求利，既非必克之道，且杀伤士卒，不如案兵待之。"道覆以循多疑少决，乃叹曰："我终为卢公所误，事必无成；使我得为英雄驱驰，天下不足定也。"

裕登石头城望循军，初见引向新亭，顾左右失色；既而回泊蔡洲，乃悦。于是，众军转集。裕恐循侵轶，用虞丘进计，伐树栅石头淮口，修治越城，筑查浦、药园、廷尉三垒，皆以兵守之。

刘毅经涉蛮、晋，仅能自免，从者饥疲，死亡什七八。丙寅，至建康，待罪。裕慰勉之，使知中外留事。毅乞自贬，诏降为后将军。

【译文】徐道覆请求在新亭到白石这一带焚毁船只，准备分数路前来攻打刘裕。卢循则打算采取万无一失的计策，于是便告诉徐道覆说："如今我们的大军还没有到达，孟昶就已经害怕得闻风自尽；目前就整个大的局势来说，我们占有优势，他们自然而然是撑不了多久就会溃败丧乱。现在，决定胜负也就是一个早上的事，一味凭侥幸在战场投机取利，既不是一定能战胜敌人的办法，又可能会损伤我的士卒，我看我们还不如按兵不动，直接等待他们来向我们投降。"徐道覆知道卢循可能因为疑虑太多而不能够决断，只好叹息地说："我感觉我们最后一定会被卢公的犹豫所耽误，所以事情一定不能成功；如果我能够为英雄卖命奔波的话，我相信平定天下对我来说并不是难事。"

刘裕登上石头城观望卢循军队的时候，看见卢循带兵朝向新亭，刘裕看着他们的左右各方军队，吓得脸色都变了；后来知道他们迁回停泊在蔡洲，心里才高兴起来。于是，他调动各路军队转移集中。刘裕因为害怕卢循突然前来侵犯突轶，便巧用虞丘进的计策，让人砍伐树木在石头、淮口处作木栅，然后大量兵力整修治理越城，构筑成了查浦、药园、廷尉三处堡垒，然后全都派军队在那儿防守。

刘毅战败以后，穿过蛮族和汉族地区，历经艰险，仅仅保

资治通鉴

住一条活命，他的随从的人都感到非常饥饿疲累，死了大约有十分之七八。丙寅日（十五日），到达了建康，等待朝廷的判罪。还好有刘裕慰勉他，于是便派他都督中外诸军府留事。而刘毅自己请求贬官，后诏令将他降为后将军。

【乾隆御批】刘裕用兵有进无退，闻何无忌败，而兼行济江，闻卢循逼建康而固守石头，皆所谓计不反顾者，观其不能草间求活之言，具见英雄智略，王仲德深明大势，宜所言钺芥相投，卒亦因此集事。孟昶畏患之见，乌足语此。

【译文】刘裕用兵的特点是有进无退，听说何无忌战败，他就日夜兼程加紧过江，听到卢循逼近建廉就固守石头城，都是所谓不作回头后退打算的做法，看刘裕不能在草丛间说乞求活命的话，英雄的才智和谋略就具体表现出来。王仲德深明总体局势，他说的话与刘裕所言最细微处都相投合，也就能因此成事。孟昶的畏首畏尾的见解，就不值得在这里说了。

魏长孙嵩至漠北而还，柔然追围之于牛川。壬申，魏主嗣北击柔然。柔然可汗社仑闻之，遁走，道死；其子度拔尚幼，部众立社仑弟斛律，号蔼苦盖可汗。嗣引兵还参合陂。

卢循伏兵南岸，使老弱乘舟向白石，声言悉众自白石步上。刘裕留参军沈林子、徐赤特戍南岸，断查浦，戒令坚守勿动；裕及刘毅、诸葛长民北出拒之。林子曰：“妖贼此言，未必有实，宜深为之防。”裕曰：“石头城险，且淮栅甚固，留卿在后，足以守之。”林子，穆夫之子也。

【译文】北魏长孙嵩征讨柔然，到了大漠以北才回来，柔然军在牛川追上长孙嵩部队并把他们包围。壬申日（二十一日），魏国君主拓跋嗣带兵向北前去攻击柔然。柔然可汗社仑听了这个消息后，吓得退走了，结果死在逃走的路上；当时他的儿子度拔年纪还特别小，于是他的部属便纷纷拥立社仑的弟弟斛律为蔼若盖可汗。后来拓跋嗣带兵又回到了参合陂。

资治通鉴

　　卢循在秦淮口南岸埋伏有军队，命令一些体弱年老的人乘船朝向白石，然后声称全部所有的军队都要从白石那边步行而上。而此时刘裕留下参军沈林子、徐赤特据守在南岸，以便阻断查浦，并且下令坚持防守不要轻易行动；刘裕则和刘毅、诸葛长民率兵向北出去抵抗。沈林子听到后说："贼兵这样说，却不一定真这样做，我们应该深深加以防范。"刘裕听到后说："石头城的地势非常险要，而且在淮口构筑的木栅也是非常牢固，现在留下你在后面防守，我相信足够了。"沈林子，是沈穆夫的儿子。

　　庚辰，卢循焚查浦，进至张侯桥。徐赤特将击之，林子曰："贼声往白石而屡来挑战，其情可知。吾众寡不敌，不如守险以待大军。"赤特不从。遂出战，伏兵发，赤特大败，单舸奔淮北。林子及将军刘钟据栅力战，朱龄石救之，贼乃退。循引精兵大上，至丹阳郡。裕帅诸军驰还石头，斩徐赤特，解甲，久之，乃出陈于南塘。

　　【译文】庚辰日（二十九日），卢循先是焚烧查浦，接着就进兵到张侯桥。此时徐赤特准备带兵去迎战攻击，沈林子对他说："现在贼兵声称前往白石，却一次次地来向我们挑战，这个情形是我们可以想象的。但是现在我们的力量实在是太小了，根本就不是敌人的对手，既然这样那我们还不如守住险要的地方，然后等待救援大军的到来。"但是徐赤特却死活不听他的建议，依然出兵作战；结果敌兵的伏兵突然出现，致使徐赤特大败，不得已只好一个人坐船逃奔淮北。此时沈林子和将军刘钟正在奋力作战据守林栅，直到朱龄石带兵前去救援的时候，贼兵才败退而走。后来卢循又带领他的精良军队挥师北上，到了丹阳郡这个地方。刘裕带着各个军队快骑回到石头城，杀了徐赤特，解除战甲休养生息了很久，才能够出兵在南塘这个地方布阵。

六月，以刘裕为太尉、中书监、加黄钺；裕受黄钺，馀固辞。以车骑中军司马庾悦为江州刺史。悦，准之子也。

司马国璠及弟叔璠、叔道奔秦。秦王兴曰："刘裕方诛桓玄，辅晋室，卿何为来？"对曰："裕削弱王室，臣宗族有自修立者，裕辄除之。方为国患，甚于桓玄耳。"兴以国璠为扬州刺史，叔道为交州刺史。

【译文】六月，刘裕被任命为太尉、中书监，并加赠黄钺；刘裕只接受了黄钺，其余的都坚持推辞。庾悦原是任命为车骑中军司马，现在被任命为江州刺史。庾悦，是庾准的儿子。

司马国璠和弟弟叔璠、叔道纷纷投奔到秦国。秦王姚兴问他们说："刘裕不久前才将桓玄诛灭，然后辅佐晋室，为什么你们在这时选择来投奔我呢？"他们回答说："刘裕正在大量地削弱王室的力量，而我们做臣子的宗族有能为自己修身而有所建树的，刘裕就会立刻把他给除掉；如今他正慢慢地成为国家的忧患，比曾经的桓玄还厉害许多。"于是姚兴任命司马国璠担任扬州刺史，而司马叔道被任命为交州刺史。

卢循寇掠诸县无所得，谓徐道覆曰："师老矣，不如还寻阳，并力取荆州，据天下三分之二，徐更与建康争衡耳。"秋，七月，庚申，循自蔡洲南还寻阳，留其党范崇民将五千人据南陵。甲子，裕使辅国将军王仲德、广川太守刘钟、河间内史兰陵蒯恩、中军谘议参军孟怀玉等帅众追循。

【译文】卢循抢掠侵寇各县之后，实际上并没有获得什么好处，于是告诉徐道覆说："现在我们的军队已经非常疲惫了，我们还不如回到寻阳，然后联合兵力共同攻取荆州，这样一来我们就据有三分之二的天下了，到时候我们慢慢地再和建康争夺抗衡吧!"秋季，七月，庚申日(初十)，卢循率兵从蔡洲向南赶回到寻阳之后，便留下他的同党范崇民带领五千人驻守南陵。甲子日(十四日)，刘裕让广川太守刘钟、辅国将军王仲德、河间内史兰陵人蒯恩、中军谘议参军孟怀玉等人各自率领他们的部属追赶卢循。

乙丑，魏主嗣还平城。

西秦王乾归讨越质屈机等十馀部，降其众二万五千，徙于苑川。八月，乾归复都苑川。

沮渠蒙逊伐西凉，败西凉世子歆于马庙，禽其将朱元虎而还。凉公暠以银二千斤、金二千两赎元虎；蒙逊归之，遂与暠结盟而还。

刘裕还东府，大治水军，遣建威将军会稽孙处、振武将军沈田子帅众三千自海道袭番禺。田子，林子之兄也。众皆以为"海道艰远，必至为难，且分撤见力，非目前之急。"裕不从，敕处曰："大军十二月之交必破妖虏，卿至时，先倾其巢窟，使彼走无所归也。"

【译文】乙丑日(十五日),魏国君主拓跋嗣带兵又回到了平城。

西秦王乾归讨伐越质、屈机等十多部,降服了两万五千多百姓,然后又迁徙到苑川。八月,乾归在苑川建都。

沮渠蒙逊带兵讨伐西凉,在马庙打败了李歆,李歆是西凉的世子,最后俘虏了他的朱元虎将军后才回去。凉公李嵩想用两千两金子、两千斤银子来赎取朱元虎;沮渠蒙逊把朱元虎送回来,和李嵩结成联盟后才回去。

刘裕回到东府之后,花费大半精力来治理他的水军,接着又派建威将军会稽人孙处、振武将军沈田子带兵三千从海路去偷袭番禺。沈田子,是沈林子的哥哥。当时大家都认为:"海路很遥远很艰难,他们一定是难以到达的,而且这样做肯定会分散并撤去他们现有的力量,况且这也不是目前的急需。"但是刘裕却坚持己见一点也不听从大家的意见,命令孙处说:"我们的大军在十二月的时候,肯定能够打败妖虏,等你到达时,你要最先去倾覆他们住的地方,把他们打败逃走,这样他们就没有地方回去了。"

谯纵遣侍中谯良等入见于秦,请兵以伐晋。纵以桓谦为荆州刺史,谯道福为梁州刺史,帅众二万寇荆州;秦王兴遣前将军苟林帅骑兵会之。

江陵自卢循东下,不得建康之问,群盗互起。荆州刺史刘道规遣司马王镇之帅天门太守檀道济、广武将军彭城到彦之入援建康。道济,祗之弟也。

【译文】谯纵派侍中谯良等人前来秦国求见,想让秦国派兵帮助他们攻打晋朝。谯纵当时任命桓谦担任荆州刺史,谯道福担任梁州刺史，然后让他们率领两万余人的部属前去侵略荆州；秦王姚兴也派他的前将军苟林带领着骑兵前去跟他们会合。

自从卢循在江陵挥师东下以后，就一直没有办法得到有关建康的一些消息，当时盗贼群起。荆州刺史刘道规派司马王镇之带领天门太守檀道济彭城人广武将军，到彦之进入建康进行援助。檀道济，是檀祇的弟弟。

镇之至寻阳，为苟林所破。卢循闻之，以林为南蛮校尉，分兵配之，使乘胜伐江陵，声言徐道覆已克建康。桓谦于道召募义旧，民投之者二万人。谦屯枝江，林屯江津，二寇交逼，江陵士民多怀异心。道规乃会将士告之曰："桓谦今在近道，闻诸长者颇有去就之计，吾东来文武足以济事，若欲去者，本不相禁。"因夜开城门，达晓不闭。众咸惮服，莫有去者。

【译文】王镇之到达寻阳后，没想到被苟林给打败了。卢循知道了这个消息，便任命苟林担任南蛮校尉，并分军队以便配合他，想让他乘着胜势前去攻伐江陵，随即又声称徐道覆已经顺利地攻下了建康城。桓谦此时正在路上招募那些心怀旧恩的人，投靠他的老百姓大约有两万人。桓谦驻守在枝江，苟林驻守在江津，当时正是两个寇敌交相逼迫的时候，此时的江陵士民已经大多怀有叛逆的心理。刘道规于是会合他的将士，鼓舞他们说："如今桓谦就在我们的附近，我听有消息说现在有许多豪杰都有想离开的意思，我刘道规带领随行的士兵，照样能够成事，如果现在有人想要离去，我是肯定不会禁止他们的。"因此他在晚上也将城门打开，直到天亮了也不将城门关闭。大家都非常害怕地服从了，没有一个人敢离去。

雍州刺史鲁宗之帅众数千自襄阳赴江陵。或谓宗之情未可测，道规单马迎之，宗之感悦。道规使宗之居守，委以腹心，自帅诸军攻谦。诸将佐皆曰："今远出讨谦，其胜难必。苟林近在江津，伺人动静，若来攻城，宗之未必能固；脱有蹉跌，大事去矣。"道规曰："苟林愚懦，无他奇计，以吾去未远，必不敢向城。吾今取谦，往至便克；沈疑之间，已自还返。谦败则林破胆，岂暇得来！且宗之独守，何为不支数日！"乃驰往攻谦，水陆齐进。谦等大陈舟师，兼以步骑，战于枝江。檀道济先进陷陈，谦等大败。谦单舸奔苟林，道规追斩之。还，至涌口，讨林，林走，道规遣谘议参军临淮刘遵帅众追之。初，谦至枝江，江陵士民皆与谦书，言城内虚实，欲为内应；至是检得之，道规悉焚不视，众于是大安。

【译文】后来雍州刺史鲁宗之又率领数千人从襄阳出发前往江陵。有人说鲁宗之的情况还不能预测，于是刘道规只好一个人骑着马前去迎接，这点使鲁宗之对他非常悦服感激。随后刘道规又派鲁宗之在那儿留守，把他当成自己身边最亲信的人之一，之后便自己带领各个军队前去攻打桓谦。但是众将佐都劝告说："这次您到很远的地方去征讨桓谦，我们能否得到胜利现在非常难确定。苟林如今就在江津那里暗中窥伺我们所有的行动，假若他现在前来攻打我们，我觉得鲁宗之的军队未必能够安全地固守城池；万一不幸发生了意外的失误，那我们的大势就没有了。"刘道规对他们说："苟林实在是愚昧懦弱，没什么惊人的计谋，再说我离开的又不是特别远，我想他到时一定不敢带兵前来攻城的。我现在就率兵去取下桓谦，然后再带兵前往他那里，到时候肯定能把他打败，就在他们沉吟犹疑之间，我们就已经能够实现一去一回。到时桓谦战败，苟林肯定

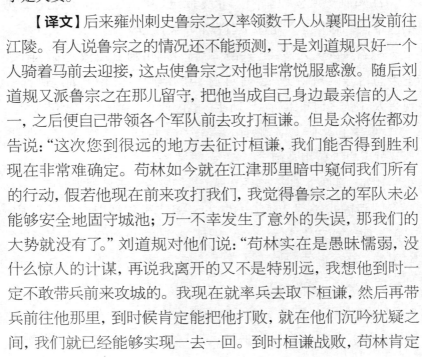

也会被吓坏，躲都来不及哪里还有空来！再说凭借鲁宗之的能力在那独立防守，怎么会支持不了几天呢？"于是便率兵前去攻打桓谦，他让水陆两军一同并进。桓谦率领他的大规模船队，加上他精锐的步兵和骑兵，两军在枝江交战。檀道济先带兵前进攻陷敌阵，致使桓谦等大败。桓谦想一个人坐着船逃向苟林，被刘道规追上然后把他给杀死了。回到了涌口的时候，又开始讨伐苟林，结果苟林带兵逃走了，刘道规于是派临淮人谘议参军刘遵带着他的部属前来追击。起初，桓谦到达枝江时，江陵的百姓士兵都曾写信给桓谦，向他说明城里的虚实情况，纷纷想要替他做内应；后来刘道规捡到这些信，没有看并将其全部焚烧，因此大家的心里都感到非常心安。

江州刺史庾悦以鄱阳太守虞丘进为前驱，屡破卢循兵，进据豫章，绝循粮道。九月，刘遵斩苟林于巴陵。

桓石绥因循入寇，起兵洛口，自号荆州刺史，（徽）〔微〕阳令王天恩自号梁州刺史，袭据西城。梁州刺史傅（诏）〔韶〕遣其子魏兴太守弘之讨石绥等，皆斩之，桓氏遂灭。韶，畅之孙也。

西秦王乾归攻秦略阳、南安、陇西诸郡，皆克之，徙民二万五千户于苑川及枹罕。

甲寅，葬魏主珪于盛乐金陵，谥曰宣武，庙号烈祖。

刘毅固求追讨卢循，长史王诞密言于刘裕曰："毅既丧败，不宜复使立功。"裕从之。冬，十月，裕帅兖州刺史刘藩、宁朔将军檀韶、冠军将军刘敬宣等南击卢循，以刘毅监太尉留府，后事皆委焉。癸巳，裕发建康。

【译文】江州刺史庾悦任命鄱阳太守虞丘进为前锋，曾多次打败敌军卢循的军队，后来进兵据守豫章的时候，他果断断绝了卢循运粮的道路。九月，苟林在巴陵被刘遵杀了。

桓石绥趁着卢循入侵的时机，在洛口起兵，并自封为荆州刺史，征阳县令王天恩也自号为梁州刺史，并带兵侵袭据守在西城。梁州刺史傅韶让他儿子魏兴太守傅弘之带兵前去讨伐桓石绥等人，并将他们都杀死了，桓氏势力从此彻底灭绝了。傅韶，是傅畅的孙子。

西秦王乾归率兵前去攻打秦国略阳、南安、陇西等地方，也都顺利地攻下来了，随即迁徙两万五千户居民到苑川和枹罕。

甲寅日（初五），魏国君主拓跋珪埋葬在盛乐金陵，谥号为宣武，庙号烈祖。

此时刘毅坚持请求带兵前去讨伐卢循，长史王诞便暗中对刘裕说："既然刘毅带兵打仗已经失败过，我觉得就不适宜再让他去立这个功劳。"刘裕觉得有理便听从了他的意见。冬季，十月，刘裕率领宁朔将军檀韶、兖州刺史刘藩、冠军将军刘敬宣等人带兵向南前去攻击卢循，让刘毅监管太尉留府，并将后方的事情全都委交给他。癸巳日（十四日），刘裕率兵从建康出发了。

徐道覆帅众三万趣江陵，奄至破冢。时鲁宗之已还襄阳，追召不及，人情大震。或传循已平京邑，遣道覆来为刺史，江、汉士民感刘道规焚书之恩，无复贰志。道规使刘遵别为游军，自拒道覆豫章口，前驱失利；遵自外横击，大破之，斩首万馀级，赴水死者殆尽，道覆单舸走还湓口。初，道规使遵为游军，众咸以为强敌在前，唯患众少，不应分割见力，置无用之地。及破道覆，卒得游军之力，众心乃服。

【译文】徐道覆带兵三万前往江陵，不久就到达了破冢。而当时鲁宗之都已经带兵回襄阳，此时想追去召回他已经来不及了，因此江陵人心大为震惊，军心不稳。有人甚至传言说卢循已经带兵攻下了京城，并派徐道覆前来做刺史，但是江、汉的士民却非常感激刘道规当初不计前嫌焚毁书信的恩德，也都不再有叛逆之心了。刘道规又派刘遵作为他的另外一支流动的军队，而自己率兵在豫章口奋勇抵抗徐道覆。前军战败之后，刘遵又从外围开始迎击，取得了胜利，杀死一万多敌人，还有好多跳到水里的，也差不多全被淹死了，此时徐道覆一个人坐着船已经逃回了湓口。起初，刘道规派刘遵去做游击军，众人都认为现在强大的敌人在前，本来担心兵力太少，就不应该再把现在本来就不多的兵力分割，安排在没有用处的地方。等到打败徐道覆之后，全是依靠这支游击军的力量，这时众人心里才对他极其佩服。

【乾隆御批】道规焚书，即光武使反侧于自安意，而江汉间果感其恩，无贰志。《易》曰："中孚豚鱼吉。"谅夫！

【译文】刘道规烧掉书籍，也就是取自汉光武帝刘秀烧掉书籍让怀有二心的人内心安定的意思，而江汉一带的人果然感激他的恩德，再无二心了。正如《易经》所说："诚信施及到愚钝无知的小猪、小鱼身上，感化它们，从而获得吉祥。"这话不假啊！

鲜卑仆浑、羌句岂、输报、邓若等师户二万降于西秦。

王仲德等闻刘裕大军且至，进攻范崇民于南陵，崇民战舰夹屯两岸。十一月，刘钟自行觇贼，天雾，贼钩得其舸。钟因帅左右攻舰户，贼遽闭户拒之。钟乃徐还，与仲德共攻崇民，崇民走。

癸丑，益州刺史鲍陋卒。谯道福陷巴东，杀守将温祚、时延祖。

卢循兵守广州者不以海道为虞。庚戌，孙处乘海奄至，会大雾，四面攻之，即日拔其城。处抚其旧民，戮循亲党，勒兵谨守，分遣沈田子等击岭表诸郡。

【译文】鲜卑人仆浑、羌句岂、输报、邓若等带着两万户士民前往西秦投降。

王仲德等人听消息说刘裕他们的大军马上就快到了，于是便在南陵进兵攻打范崇民；此时范崇民的战舰全部都被夹屯在两岸。十一月，刘钟亲自前往察看贼兵，当时正好天有浓雾，被贼兵用钩子钩住了他所在的船。于是一气之下刘钟率领左右的人前往攻击舰户，没想到贼兵立即关闭了舰户奋勇抵抗，刘钟这才心有不甘地慢慢回去，随后就和王仲德一同联合军力攻打范崇民，结果范崇民败走。

癸丑日（初五），益州刺史鲍陋去世了。谯道福带兵攻陷巴东，守将温祚、时延祖被杀死。

卢循有防守广州的军队，所以对海路不是很担忧。庚戌日（十一月无此日），孙处忽然带兵从海上到达，当时正巧有很大的雾，孙处便从四面围攻，当天就非常顺利地将城给攻下来了。孙处小心安抚当地的居民，并杀死了许多卢循的亲党，严格要求军队谨守纪律，并分别让沈田子等人带兵前往攻击岭表各郡。

刘裕军雷池，卢循扬声不攻雷池，当乘流径下。裕知其欲战，十二月，己卯，进军大雷。庚辰，卢循、徐道覆帅众数万塞江而下，前后莫见舳舻之际。裕悉出轻舰，帅众军齐力击之；又分步骑屯于西岸，岸上军投火焚之，烟炎涨天。循兵大败，走还寻阳；将趣豫章，乃悉力栅断左里。丙申，裕军至左里，不得进。裕麾兵将战，所执麾竿折，幡沉于水，众并怪惧。裕笑曰："往年覆舟之战，幡竿亦折，今者复然，贼必破矣。"即攻栅而进。循兵虽殊死战，弗能禁。循单舸走，所杀及投水死者凡万馀人。纳其降附，宥其逼略，遣刘藩、孟怀玉轻军追之。循收散卒，尚有数千人，径还番禺；道覆走保始兴。裕板建威将军褚裕之行广州刺史。裕之，哀之曾孙也。裕还建康。刘毅恶刘穆之，每从容与裕言穆之权太重，裕益亲任之。

资治通鉴

【译文】刘裕驻扎在雷池。卢循扬言不去进攻雷池，而要顺江水直接东下。听到这个消息后刘裕知道他这是想要作战，十二月，己卯日（初一），带兵进攻大雷。庚辰日（初二），卢循、徐道覆等人各自率领数万人塞满江流而下，当时的阵势非常壮观，向前看不见船头、向后看不见船尾的边际。刘裕命令轻快的船舰全部攻击，接着又率领各军合力前去进兵攻击；然后又分派骑兵和步兵屯分别驻扎在西岸，预先准备可以用的引火的用具。刘裕命令弓箭手用强劲的箭射卢循的军队，随即又利用水势和风势使他们感觉非常急迫。而此时卢循的战舰也全都全部停泊在西岸，顿时岸上的军队纷纷都丢火把焚烧，整个江面烟火弥涨天空；结果当然是卢循的军队大败，最后不得已只得逃回寻阳。当他正准备要逃往豫章的时候，被用全力构筑的木栅阻断在了左里，丙申日（十八日），刘裕的军队到达左里之后，便无法再前进。当时刘裕正在指挥手下的军队准备作战，用力到把手上所拿的指挥竿都挥断了，致使指挥的旗子沉没水中，见到这种情况大家觉得很奇怪，心里也都很害怕。刘裕于是笑着对将士们说："当年我们和桓玄在覆舟打仗作战的时候，我记得我当时手里拿的指挥的旗杆也被折断了，现在又是这样，这就说明贼兵一定会被我们消灭。"说完就立即攻打木栅前进，虽然卢循的军队拼命作战反抗，但是不能阻止前进。结果卢循战败只得一个人坐着船逃走，当时有一万多人，不是被杀死就是跳水淹死的。刘裕接纳那些投降于他的人，并大度地原谅那些被逼迫掳掠的人，并派刘藩、孟怀玉带领轻快的军队前去追赶。卢循收集剩下的一些散亡的士卒，一共还有几千人，然后就直接回到了番禺；徐道覆逃到始兴后想要进行自保。刘裕上奏让建威将军褚裕之代替行使广州刺史职权。褚裕之，是褚裒的曾孙。刘裕带兵回到了建康。刘毅心里十分厌恶刘穆之这个人，每次他都很从容很随意地对刘裕说刘穆之手里的权势太重了，刘裕因此更加相信他并重用他。

燕广川公万泥、上谷公乳陈，自以宗室，有大功，谓当入为公辅。燕王跋以二藩任重，久而弗征，二人皆怨。是岁，乳陈密遣人告万泥曰："乳陈有至谋，愿与叔父图之。"万泥遂奔白狼，与乳陈俱叛，跋遣汲郡公弘与张兴将步骑二万讨之。弘先遣使谕以祸福；万泥欲降，乳陈不可。兴谓弘曰："贼明日出战，今夜必来惊我营，宜为之备。"弘乃密严人课草十束，畜火伏兵以待之。是夜，乳陈果遣壮士千馀人来斫营，众火俱起，伏兵邀击，俘斩无遗。万泥、乳陈惧而出降，弘皆斩之。跋以范阳公素弗为大司马，改封辽西公；弘为骠骑大将军，改封中山公。

【译文】燕国的上谷公冯乳陈、广川公冯万泥，仗着自己是宗室，曾经立过很大的功劳，认为理所应当进入朝廷做宰辅。燕王冯跋因为幽、平两个藩镇的责任很重，很久没有征调他们，于是他们两人心中都有了很大的怨恨。这一年，乳陈便暗中派人去告诉万泥说："乳陈有一个很好的计谋，我愿意和叔父一起好好地策划。"于是万泥就和乳陈一同叛变，投奔到了白狼，冯跋便派遣汲郡公冯弘和张兴共同带领步兵和骑兵一共两万人去讨伐他们。冯弘先派遣使者去告诉他们祸与福的道理；万泥的信心被动摇了，想要投降，但是乳陈就是不同意他的想法。张兴告诉冯弘说："贼兵明天就要与我们迎战了，今天晚上一定会派兵来扰乱我们的军营，我们应该要事先有所防备才对。"于是冯弘便暗中命令每个人去准备十束草把，收藏好各自的火种，埋伏兵力等待敌军的袭扰。不出所料，这天晚上，乳陈果然派出了一千多名勇士前来偷袭，冯弘一声令下，所有的火把一下子都点燃起来了，事先埋伏好的军队全部出动加以迎击，被俘虏的、被斩杀的，没有放任何一个活着回去。万泥、乳陈因为害怕被迫出城投降，冯弘命令将他们全部杀死。由于这次功劳，冯跋决定任命范阳公素弗担任大司马一职，改封他为辽西公；让冯弘担任骠骑大将军一职，改封他为中山公。

资治通鉴卷第一百一十六　晋纪三十八

起重光大渊献，尽阏逢摄提格，凡四年。

【译文】起辛亥（公元 411 年），止甲寅（公元 414 年），共四年。

【题解】本卷记录了公元 411 年至 414 年，即晋安帝司马德宗义熙七年至义熙十年共四年间东晋与各国的大事。主要记录了刘裕部将破杀徐道覆，卢循逃入交州，战败自杀，内乱平息；记录了刘毅阴谋杀死刘裕，刘毅战败自杀，刘裕占据荆州安民；记录了刘裕派兵西取成都，谯纵城破自杀，西蜀平定；记录了姚弼乘其父姚兴生病图谋作乱，姚兴病好，不作处理；记录了西秦内乱，太子乞伏炽磐继位，多次打败吐谷浑，灭亡南凉；此外还记录了赫连勃勃势力强大，为政残暴，建筑统万城，以及北凉沮渠蒙逊迁都姑臧等等。

安皇帝辛

义熙七年（辛亥，公元四一一年）春，正月，己未，刘裕还建康。

秦广平公弼有宠于秦王兴，为雍州刺史，镇安定。姜纪谄附于弼，劝弼结兴左右以求入朝。兴征弼为尚书令、侍中、大将军。弼遂倾身结纳朝士，收采名势，以倾东宫；国人恶之。会兴以西北多叛乱，欲命重将镇抚之；陇东太守郭播请使弼出镇，兴不从，以太常索稜为太尉、领陇西内史，使招抚西秦。西秦王乾归遣使送所掠守宰，谢罪请降。兴遣鸿胪拜乾归都督陇西、岭北、匈奴、杂胡诸军事、征西大将军、河州牧、单于、河南王，太子炽磐为镇西将军、左贤王、平昌公。

【译文】义熙七年（辛亥，公元 411 年）春季，正月，己未日（十二日），刘裕回到建康。

秦国广平公姚弼非常受秦王姚兴的宠幸，被任命为雍州刺史一职，镇守安定。姜纪趁机谄媚趋附姚弼，强烈劝说姚弼拉拢姚兴身边比较有威望的人，向秦王姚兴提出进入朝廷任职的要求。姚兴便征调姚弼进入朝廷担任尚书令、侍中和大将军多个职务。于是姚弼屈节结纳朝廷里的各种人士，取得了很高的名望和声势，势力足以倾轧东宫；全国人都很厌恶他。正巧西北地区突然出现很多叛乱，姚兴想要命令自己信得过的将领前去西北地区镇守边疆，安抚百姓；陇东的太守郭播上奏秦王，请求派姚弼前去镇守西北；但是姚兴不答应，秦王就让太常索棱担任太尉并兼领陇西内史，派他招抚西秦。西秦王乞伏乾归派来使者给秦王送交自己所抢掠的守宰，希望以此谢罪并想请求归降。于是姚兴派鸿胪拜见乾归都督管理西岭北杂胡诸军事、征西大将军、河州牧、单于、河南王，太子炽磐为镇西将军、左贤王、平昌公。

兴命群臣搜举贤才。右仆射梁喜曰："臣累受诏而未得其人，可谓世之乏才。"兴曰："自古帝王之兴，未尝取相于昔人，待将于将来，随时任才，皆能致治。卿自识拔不明，岂得远诬四海乎?"群臣咸悦。

秦姚详屯杏城，为夏王勃勃所逼，南奔大苏；勃勃遣平东将军鹿弈干追斩之，尽俘其众。勃勃南攻安定，破尚书杨佛嵩于青石北原，降其众四万五千；进攻东乡，下之，徙三千馀户于贰城。秦镇北参军王买德奔夏，夏王勃勃问以灭秦之策，买德曰："秦德虽衰，藩镇犹固，愿且蓄力以待之。"勃勃以买德为军师中郎将。秦王兴遣卫大将军常山公显迎姚详，弗及，遂屯杏城。

【译文】姚兴命令群臣四处搜求并推荐有才能的贤士。右仆射梁喜对他说："臣曾多次接受诏命而没有找到合适的人，应该可以说是世上缺乏人才了吧。"姚兴说："自古以来，每一个帝王的兴起，都是在亲近的人里面挑选丞相，在信得过的武将里挑选将领，随时任用贤能才士，总能取得很好的政治效果。梁喜你自己不明白如何认识选拔人才，怎么可以夸下海口说普天之下没有贤能雅士呢？"群臣听完之后都很赞同姚兴的看法。

秦国的姚详奉命在杏城屯守，被夏王刘勃勃逼迫，向南方的大苏逃跑；刘勃勃派平东将军鹿弈干去追击姚详，将其杀死，并把他的所有部属全部俘虏。刘勃勃带兵向南挺进，攻打安定的时候，在青石北边的平原将尚书杨佛嵩打败，降服他的部下共计四万五千人；又继续向前进军，准备攻打东乡，把东乡攻下来之后，将三千多户百姓强行迁徙到贰城。秦国镇北参军王买德逃奔到夏国，夏王刘勃勃向他询问消灭秦国的对策，王买德说："秦国的宏伟大业虽然已经衰败了，但是各地的藩镇势力仍然很强固，希望夏王暂时积蓄力量，等日后找准时机再将他们一举拿下。"刘勃勃认为王买德说得有道理，于是任命他为军师中郎将。秦王姚兴派卫大将军常山公姚显前去迎接姚详，姚显没有来得及赶上，于是先在杏城屯守，等候姚详的归来。

刘藩帅孟怀玉等诸将追卢循至岭表，二月，壬午，怀玉克始兴，斩徐道覆。

河南王乾归徙鲜卑仆浑部三千馀户于度坚城，以子敕勃为秦兴太守以镇之。

焦朗犹据姑臧，沮渠蒙逊攻拔其城，执朗而宥之；以其弟挈为秦州刺史，镇姑臧。遂伐南凉，围乐都。三旬不克；南凉王祎檀以子安周为质，乃还。

吐谷浑树洛干伐南凉，败南凉太子虎台。

【译文】刘藩亲自率领孟怀玉等多名将领前去追击卢循，追到五岭附近的时候，二月，壬午日（初五），孟怀玉领兵将始兴攻下，并把徐道覆杀死了。

河南王乾归将鲜卑仆浑部三千多户居民迁徙到度坚城，让自己的儿子敕勃担任秦兴的太守，对度坚城进行严密地镇守。

焦朗还在驻兵据守姑臧，沮渠蒙逊率兵攻下了姑臧城，虽然抓住了焦朗但是没有处罚反而宽宥他；并让他的弟弟挈担任秦州刺史，驻兵镇守姑臧。于是随后又带兵讨伐南凉，率兵围攻了乐都，结果攻了三十天都还没攻下；南凉王祎檀最后只好把他的儿子安周送去当人质，这才得以回去。

吐谷浑树洛干带兵前去讨伐南凉，打败了南凉的太子虎台。

南凉王祎檀欲复伐沮渠蒙逊，邯川护军孟恺谏曰："蒙逊新并姑臧，凶势方盛，不可攻也。"祎檀不从，五道俱进，至番禾、苕藋，掠五千馀户而还。将军屈右曰："今既获利，宜倍道旋师，早度险阨。蒙逊善用兵，若轻军猝至，大敌外逼，徙户内叛，此危道也。"卫尉伊力延曰："彼步我骑，势不相及。今倍道而归则示弱，且捐弃资财，非计也。"俄而昏雾风雨，蒙逊兵大至，祎檀败走。蒙逊进围乐都，祎檀婴城固守，以子染干为质以请和，蒙逊乃还。

【译文】南凉王祢檀心中不平又想要前去讨伐沮渠蒙逊，邯川护军孟恺知道后急忙劝谏他说："现在沮渠蒙逊刚刚并吞姑臧，他的凶猛气势正是旺盛的时候，我觉得我们现在不能去攻击他。"但是祢檀没有听从他的意见，坚持己见，带兵由五路一起前进，到了番禾、苕藿这两个地方，率领部下抢劫掠夺了五千多户然后才带兵回去。将军屈右对他说："我们既然已经获得了这么大的利益，那我们现在就应该加快速度赶回去，这样我们就可以早一点脱离这个危险的地方。沮渠蒙逊这个人平时打仗善于用兵，如果现在他的轻快部队突然到达和我们交战，那我们就是腹背受敌，大敌在外面逼迫我们，而那些迁徙的民户则会在内部背叛我们，这对我们来说是非常危险的一条道路。"但是卫尉伊力延反驳说："现在他们是走路，而我们是骑马，他们是绝对赶不上我们的。如果现在我们快速赶回去，那就是对他们表示我们很懦弱，而且还会舍弃这么好的资源财富，我觉得这不是一个好的计策。"此时忽然天色昏暗，大雾弥漫，刮风下雨，正巧沮渠蒙逊带着他的大量的军队到来了，结果当然是祢檀战败逃走。随后沮渠蒙逊又带兵围攻乐都，祢檀只好绕城防守，并再次用他的儿子染干当人质求饶，请求和解，沮渠蒙逊这才放过他回去了。

三月，刘裕始受太尉、中书监，以刘穆之为太尉司马，陈郡殷景仁为行参军。裕问穆之曰："孟昶参佐谁堪入我府者？"穆之举前建威中兵参军谢晦。晦，安兄据之曾孙也，裕即命为参军。裕尝讯囚，其旦，刑狱参军有疾，以晦代之；于车中一览讯牒，催促便下。相府多事，狱系殷积，晦随问酬辨，曾无违谬；裕由是奇之，即日署刑狱贼曹。晦美风姿，善言笑，博赡多通，裕深加赏爱。

卢循行收兵至番禺，遂围之。孙处据守二十馀日。沈田子言于刘藩曰："番禺城虽险固。本贼之巢穴；今循围之，或有内变。且孙季高众力寡弱，不能持久，若使贼还据广州，凶势复振矣。"夏，四月，田子引兵救番禺，击循，破之，所杀万馀人。循走，田子与处共追之，又破循于苍梧、郁林、宁浦。会处病，不能进，循奔交州。

【译文】三月，刘裕接受了太尉、中书监的职务，并让刘穆之担任太尉司马，陈郡殷景仁担任行参军。一次，刘裕问刘穆之说："你觉得孟昶的参佐，谁能够担任呢？"刘穆之于是就向他推举了前建威中兵参军谢晦。谢晦，是谢安的哥哥谢据的曾孙。刘裕便听从了他的建议立即任命谢晦为参军。刘裕曾经亲自讯问过囚犯，当天早晨，刑狱的参军因为生病了，只好让谢晦代替他；当时他是在车子里面看了一遍问讯的笔录，然后一下子就能做出判决。相府中有很多的事，各种讼案堆积得特别高，于是谢晦便陪着讯问，来往辨证，居然都没有一点谬误违逆；刘裕因此觉得他是一个非常奇特的人，当天就签报批准让他担任刑狱贼曹。谢晦这个人风度翩翩，姿态很优美，平时很会说话谈笑，他的学问广博，通达事理，所以刘裕非常欣赏他，也非常喜爱他。

卢循在途中收集一些打仗散亡的士卒到了番禺，于是便带兵围攻番禺，孙处带兵奋勇抵抗防守了二十多天。沈田子也曾告诉刘藩说："番禺城虽然地势非常坚固险要，但它本来就是贼匪的巢穴；如今卢循又带兵加以围攻，这样可能会导致内部的变乱。而且现在孙季高(孙处)的部属，状况是人少力弱，恐怕不能支持很久，如果到时让贼兵又回来据守广州，那样的话凶恶的情形肯定又会振起。"夏季，四月，沈田子带兵前去营救番禺，攻击卢循的军队，并顺利地把卢循打败了，杀了卢循一万多人。结果卢循不得已逃走，沈田子和孙处一同带兵追赶，又在苍梧、郁林、宁浦将卢循打败了。当时正巧孙处生病了，由于不能及时进兵，这才使卢循逃奔到交州。

初，九真太守李逊作乱，交州刺史交趾杜瑗讨斩之。瑗卒，朝廷以其子慧度为交州刺史。诏书未至，循袭破合浦，径向交州；慧度帅州府文武拒循于石碕，破之，循馀众犹三千人，李逊馀党李脱等结集俚獠五千馀人以应循。庚子，循晨至龙编南津；慧度悉散家财以赏军士，与循合战，掷雉尾炬焚其舰，以步兵夹岸射之，循从舰俱然，兵众大溃。循知不免，先鸩妻子，召妓妾问曰："谁能从我死者？"多云："雀鼠贪生，就死实难。"或云："官尚当死，某岂愿生！"乃悉杀诸辞死者，因自投于水。慧度取其尸斩之，并其父子及李脱等，函七首送建康。

【译文】起初，九真的太守李逊带兵作乱，让交州刺史交趾人杜瑗去讨伐，结果杜瑗被杀死了。杜瑗死后，朝廷又任命他的儿子杜慧度担任交州刺史。可是诏书还没有到达，卢循就已经偷袭并攻下了合浦，随后就直接带兵指向交州；杜慧度率领州府所有的文武官吏聚集在石碕，齐心协力抵抗卢循，最终把卢循给打败了。当时卢循残余的部属大概还有三千多人，于是李逊带着他的余党李脱等人，结合俚獠的五千多人前来附应卢循。庚子日（二十四日），卢循早晨到达了龙编南边的一个渡口；杜慧度把家里的财物全部都拿出来犒赏他的将士，随后就带着自己的人和卢循交战了，他们丢掷了很多雉尾形状的草把，然后以此来点火焚烧他们的船舰，并让步兵在两岸用箭射他，致使当时卢循的许多船舰都被点燃了，卢循的军队大败，部众彻底溃散。此时，卢循知道自己已经逃不掉被灭亡的命运，于是先用药毒死了自己的妻子，随后又召问自己的妓妾说："你们谁愿意跟从我一起死呢？"但是多半都回答说："雀鼠尚且知道苟且贪生，请原谅我们实在不愿和你一起去送死。"但是也有个别回答说："既然官人都快要死了，那我们这些做姬妾的又怎么愿意贪生呢？"于是卢循把那些推脱不愿跟他一起死的人全部杀死，然后他自己也投水而死。杜慧度从水里捞出他的尸体，将首级斩下，之后连同他们父子和李脱七个人的首级全部装进盒子，让人送到建康。

初，刘毅在京口，贫困，与知识射于东堂。庾悦为司徒右长史，后至，夺其射堂；众人皆避之，毅独不去。悦厨馔甚盛，不以及毅；毅从悦求子鹅炙，悦怒不与，毅由是衔之。至是，毅求兼督江州，诏许之，因奏称："江州内地，以治民为职，不当置军府凋耗民力，宜罢军府移镇豫章；而寻阳接蛮，可即州府千兵以助郡戍。"于是，解悦都督、将军官，以刺史镇豫章。毅以亲将赵恢领千兵守寻阳；悦府文武三千悉入毅府，符摄严峻。悦忿惧，至豫章，疽发背卒。

河南王乾归徙羌句岂等部众五千馀户于叠兰城，以兄子阿柴为兴国太守以镇之。五月，复以子木弈干为武威太守，镇嵰峴城。

丁卯，魏主嗣谒金陵，山阳侯奚斤居守。昌黎王慕容伯儿谋反；己巳，奚斤并其党收斩之。

【译文】起初，刘毅在京口的时候，生活非常贫困，曾和自己的亲友们在东堂练习射箭。当时庾悦担任司徒右长史，后来到这里，夺占了他们平时射箭的地方；大家对他非常害怕都逃避他，唯独刘毅不害怕没有离开。庾悦厨房里的馔食一直都非常丰盛，但是却没有给刘毅的份；于是刘毅便想让庾悦给他一块熏烤的小鹅肉，庾悦听了之后很生气，没有给他，刘毅因此心里对他有怨恨。后来，刘毅请求兼任督都江州，朝廷的诏令同意了。于是他便奏请说："我觉得江州是属于我们内部的地方，应该以治理百姓为我们的职责，不应该在那里设置军府，这样一来就浪费了百姓的财力，因此，应该罢除军府，然后将其改去镇守豫章；寻阳接连蛮地，所以臣认为可以就在州府拨出一千名士兵去帮助戍守城郡。"于是庾悦都督、将军的官职便被解除了，只能以刺史的身份镇守豫章。后来刘毅又让他的亲信将军赵恢带领一千名士兵前去防守寻阳；与此同时，庾悦府中的三千名文武官员也全部被刘毅纳入自己的府里，之后刘毅又一直不断地对庾悦下达一些非常严苛催逼的命令。这让庾悦心里又气又怕，到了豫章之后，背上疽肿发作而死。

河南王乞伏乾归迁徙羌句岂等部属五千多户到达了叠兰城。让他哥哥的儿子阿柴担任兴国太守，并驻兵加以镇守。五月，又让他的儿子木弈干担任武威太守，驻兵镇守在嵰峴城。

丁卯日（二十二日），魏国君主拓跋嗣前来朝谒金陵，山阳侯奚斤带兵居留防守。昌黎王慕容伯儿企图阴谋造反；己巳日

（二十四日），奚斤带兵讨伐，最后顺利地连同他的党徒一起收捕斩杀。

资治通鉴

秋，七月，燕王跋以太子永领大单于，置四辅。柔然可汗斛律遣使献马三千匹于跋，求娶跋女乐浪公主。跋命群臣议之。

辽西公素弗曰："前世皆以宗女妻六夷，宜许以妃嫔之女，乐浪公主不宜下降非类。"跋曰："朕方崇信殊俗，奈何欺之！"乃以乐浪公主妻之。

跋勤于政事，劝课农桑，省徭役，薄赋敛；每遣守宰，必亲引见，问为政之要，以观其能。燕人悦之。

【译文】秋季，七月，燕王冯跋任命太子冯永统领管制大单于，并设置了四辅。柔然的可汗斛律派遣他的使者前来奉献三千匹马给冯跋，希望能娶冯跋的女儿乐浪公主为妻。冯跋命令群臣就此事商议。

辽西公冯素弗对燕王冯跋说："我们的前代君主都是把宗室的女儿嫁给夷人做妻，你应该答应他把妃嫔的女子嫁给他，而不应该将乐浪公主降格嫁给他，嫁给一个不同类的人。"冯跋听后说："我正要在蛮荒地区树立威信，那现在又怎么可以欺骗他呢？"于是便坚持把乐浪公主嫁给斛律为妻。

冯跋一直都在非常努力地治理国家政事，劝勉当地农民要勤劳耕种，尽量减少百姓的劳役，减轻百姓的赋税负担；每次他派遣守宰的时候，肯定要自己亲自接见，询问他们施政的要领，以此来观察他们的办事能力。这让燕人感到非常高兴。

河南王乾归遣平昌公炽磐及中军将军审虔伐南凉。审虔，乾归之子也。八月，炽磐兵济河，南凉王祐檀遣太子虎台逆战于

232

岭南；南凉兵败，虏牛马十馀万而还。

沮渠蒙逊帅轻骑袭西凉，西凉公暠曰："兵有不战而败敌者，挫其锐也。蒙逊新与吾盟，而遽来袭我，我闭门不与战，待其锐气竭而击之，蔑不克矣。"顷之，蒙逊粮尽而归，暠遣世子歆帅骑七千邀击之，蒙逊大败，获其将沮渠百年。

【译文】河南王乾归派遣平昌公炽磐和中军将军审虔带兵前来讨伐南凉。审虔，是乾归的儿子。八月，炽磐的军队准备渡河，南凉王袆檀派遣太子虎台在岭南率兵迎战；结果南凉的军队战败了，掳走了当地十多万匹牛马，然后就带着自己的人回去了。

沮渠蒙逊率领轻装骑兵前来偷袭西凉，但是西凉公李暠告诉属下说："军队有一个不作战但是却能打败敌人的计策，那就是要及时地狠狠地挫掉他们的锐气。沮渠蒙逊刚不久才和我们结为盟友，就立刻不守信用地来偷袭我们，只要我们紧紧地关闭城门，不要出城和他作战，等到他们的锐气已经衰竭的时候，我们再带兵出城去攻击他，到时肯定没有不能成功的。"不久，沮渠蒙逊的军队储存的粮食已经快要吃完准备回去，这时李暠派世子李歆带领七千名骑兵出城迎击，致使沮渠蒙逊军队大败，并俘获了他的将领沮渠百年。

河南王乾归攻秦略阳太守姚龙于柏阳堡，克之。冬，十一月，进攻南平太守王憬于水洛城，又克之，徙民三千馀户于谭郊。遣乞伏审虔帅众二万城谭郊。十二月，西羌彭利发袭据枹罕，自称大将军、河州牧，乾归讨之，不克。

是岁，并州刺史刘道怜为北徐剌州史，移镇彭城。

【译文】河南王乾归在柏阳堡带着自己的人攻打秦国略阳太守姚龙，顺利地把柏阳堡给攻打下来。冬季，十一月，又带兵前去攻打在水洛城的南平太守王憬，结果也顺利地攻下来了，并迁徙当地三千多户居民到谭郊。他派乞伏审虔带领两万人在谭郊筑城。十二月，西羌彭利发偷袭据有枹罕，并称自己为大将军、河州牧，乾归带着军队来讨伐他，但是没有成功。

这一年，并州刺史刘道怜担任北徐州刺史，改去据守彭城。

义熙八年（壬子，公元四一二年）春，正月，河南王乾归复讨彭利发，至奴葵谷，利发弃众南走，乾归遣振威将军乞伏公府追至清水，斩之，收羌户一万三千，以乞伏审虔为河州刺史镇枹罕而还。

二月，丙子，以吴兴太守孔靖为尚书右仆射。

河南王乾归徙都谭郊，命平昌公炽磐镇苑川。乾归击吐谷浑阿若干于赤水，降之。

【译文】义熙八年（壬子，公元 412 年）春季，正月，河南王乾归又率兵前去讨伐彭利发，到达了奴葵谷。没想到这时彭利发却放弃自己的一些部属向南逃走了，于是乾归派振威将军乞伏公府将他追赶到清水，随即俘虏并把他杀死了，收取了一万三千户的羌人，乞伏审虔被任命为河州刺史，镇守枹罕，然后回去了。

二月，丙子日（初五），吴兴太守孔靖被任命为尚书右仆射。

河南王乾归迁都到了谭郊，命令平昌公炽磐镇守苑川。乾归带兵在赤水攻击吐谷浑阿若干的军队，最后把阿若干降服。

夏，四月，刘道规以疾求归，许之。道规在荆州累年，秋毫无犯。及归，府库帷幕，俨然若旧。随身甲士二人迁席于舟中，道规刑之于市。

以后将军豫州刺史刘毅为卫将军、都督荆、宁、秦、雍四州诸军事、荆州刺史。毅谓左卫将军刘敬宣曰："吾忝西任，欲屈卿为长史南蛮，岂有见辅意乎？"敬宣惧，以告太尉裕，裕笑曰："但令老兄平安，必无过虑。"

【译文】夏季，四月，刘道规因为身体有病，请求解职回京，朝廷准许。刘道规在荆州任职几年，丝毫也没有侵占百姓的利益。最后等到他回去的时候，他的府库、帷幕，都和他刚来时一模一样。他的随从中有两个卫兵把一条草席带上了船，刘道规把他们拉到市井中斩首。

任命后将军、豫州刺史刘毅担任卫将军、都督荆宁秦雍四州诸军事、荆州刺史。刘毅对左卫将军刘敬宣说："我现在一个人承担西方的重任，如今想要委屈你担任南蛮校尉府长史，你有前来辅助我的意思吗？"刘敬宣听后很害怕，把这件事告诉了太尉刘裕，结果刘裕笑着对他说："我一定会让老兄你平安无事的，这件事你就不必太过挂虑了。"

毅性刚愎，自谓建义之功与裕相埒，深自矜伐，虽权事推裕而心不服。及居方岳，常怏怏不得志。裕每柔而顺之，毅骄纵滋甚，尝云："恨不遇刘、项，与之争中原！"及败于桑落，知物情已去，弥复愤激。裕素不学，而毅颇涉文雅，故朝士有清望者多归之，与尚书仆射谢混、丹杨尹郗僧施，深相凭结。僧施，超之从子也。毅既据上流，阴有图裕之志，求兼督交、广二州，裕许之。毅又奏以郗僧施为南蛮校尉后军司马，毛修之为南郡太守，裕亦许之，以刘穆之代僧施为丹阳尹。毅表求至京口辞墓，裕往会之于倪塘。宁远将军胡藩言于裕曰："公谓刘卫军终能为公下乎？"

裕默然，久之，曰："卿谓何如？"藩曰："连百万之众，攻必取，战必克，毅固以此服公。至于涉猎传记，一谈一咏，自许以为雄豪；以是搢绅白面之士辐凑归之。恐终不为公下，不如因会取之。"裕曰："吾与毅俱有克复之功，其过未彰，不可自相图也。"

【译文】刘毅这个人性情刚愎自用，总是认为自己建立义举的功劳和刘裕相等，一直自我感觉了不起，自恃劳苦功高，虽然平时一些权度事宜他都推给了刘裕，可是自己却从心里不服气；后来等到他当了荆州刺史后，也常常因此心里闷闷不乐。因为刘裕每次都会柔抚顺从他，这让刘毅的行为更加骄傲纵性，甚至曾经还说："恨自己不能生在刘邦、项羽争夺天下的时代，不能像他们那样去争夺中原！"后来等到在桑治战败的时候，知道人情已经几乎都没有了，心里就更加愤恨激怒。刘裕平时不太用心读书，而刘毅却颇能涉猎诗文，因此当时朝廷里有名望的士人几乎多半都归附于他，与尚书仆射谢混和丹杨尹郗僧施这两个人平时的交情非常深厚。僧施，是郗超的侄子。而刘毅在据守上流的地位之后，心中就有暗中图谋刘裕的心意，于是就请求兼督交、广两州的职位，没想到刘裕居然同意了。随后刘毅又奏请任命郗僧施担任南蛮校尉后军司马，毛修之担任南郡太守，刘裕居然也同意了，后来又让刘穆之代替僧施担任丹杨尹。然后刘毅就奏表请求到京口向祖坟辞行，这时刘裕还到倪塘与他相会。宁远将军胡藩看这情形便告诉刘裕说："主公你认为刘卫军（刘毅）会甘心一直居在公的下位吗？"刘裕听后沉默不语，过了很久，才对他说："那现在你认为如何呢？"胡藩告诉他说："如果要你联合百万的军队，你肯定能将城攻下来，让你去作战打仗一定能获得胜利，而刘毅在这方面确实非常佩服你；但是在涉猎诗书杂记方面，吟咏谈论方面，他却认为自己是英雄豪杰；因此那些在朝为官的人以及一些白面书生，现在全都很密集地归附到他那边去了。我觉得他恐怕不会一直甘心在公的下位的，依我看，不如主公你利用今天相会的机会将他收服。"刘裕告诉他说："我和刘毅都是有克敌匡复的功劳的人，现在他的罪过还没有明显地表现出来，我在这时是不可以自相图谋的。"

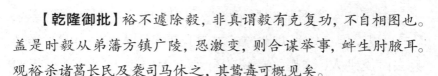

【乾隆御批】裕不遽除毅，非真谓毅有克复功，不自相图也。盖是时毅从弟藩方镇广陵，恐激变，则合谋举事，衅生肘腋耳。观裕杀诸葛长民及袭司马休之，其鸷毒可概见矣。

【译文】刘裕没有立即除掉刘毅，并非真如他所说的刘毅有克敌复兴的功劳，不会自相图谋。那是因为当时刘毅的堂弟刘藩刚好镇守广陵，刘裕害怕激起变乱，让他们兄弟共同合谋举事，祸患发生在自己的肘腋。看刘裕杀死诸葛长民和袭击司马休之的做法，他的凶残狠毒就可以大致看到了。

乞伏炽磐攻南凉三河太守吴阴于白土，克之，以乞伏出累代之。

六月，乞伏公府弑河南王乾归，并杀其诸子十馀人，走保大夏。平冒公炽磐遣其弟广武将军智达、扬武将军木弈干帅骑三千讨之；以其弟昙达为镇（京）〔东〕将军，镇谭郊，骁骑将军娄机镇苑川。炽磐帅文武及民二万馀户迁于枹罕。

秦人多劝秦王兴乘乱取炽磐，兴曰："伐人丧，非礼也。"夏王勃勃欲攻炽磐，军师中郎将王买德谏曰："炽磐，吾之与国，今遭丧乱，吾不能恤，又恃众力而伐之，匹夫且犹耻为，况万乘乎！"勃勃乃止。

闰月，庚子，南郡烈武公刘道规卒。

【译文】六月，乞伏公府杀死了河南王乾归，同时将他的十几个儿子给杀死了，然后逃到了大夏进行自保。平昌公炽磐让他的弟弟广武将军智达、扬武将军木弈干带着三千多名骑兵前去讨伐；让他的弟弟昙达担任镇京将军，驻兵镇守在谭郊，骁骑将军娄机带兵镇守在苑川。炽磐带着他的文武官吏和两万多户百姓迁到枹罕这个地方。

秦国的人大多都劝秦王姚兴利用当时一片混乱的机会来攻取炽磐，但是姚兴对他说："如果我乘着别人有丧事的时候带兵去讨伐别人，这是不礼貌的行为。"此时夏王刘勃勃正想要带兵去攻打炽磐，但是他的军师中郎将王买德却劝谏他说："炽磐，现在是和我们有着友好关系的邻邦，如今他遭到丧事灾乱，如果这时我们不但不同情他，反而仗恃着我们人多而去攻伐他们，匹夫尚且都知道这样做羞耻，更何况是一个万乘的国君呢？"刘勃勃听了他的话这才停止。

闰月，庚子日(初一)，南郡烈武公刘道规去世了。

秋，七月，己巳朔，魏主嗣东巡，置四厢大将、十二小将；以山阳侯斤、元城侯屈行左、右丞相。庚寅，嗣至濡源，巡西北诸部落。

乞伏智达等击破乞伏公府于大夏，公府奔叠兰城，就其弟阿柴。智达等攻拔之，斩阿柴父子五人。公府奔嵯峨南山，追获之，并其四子，辒之于谭郊。

八月，乞伏炽磐自称大将军、河南王，大赦，改元永康；葬乾归于枹罕，谥曰武元王，庙号高祖。

皇后王氏崩。

庚戌，魏主嗣还平城。

【译文】秋季，七月，己巳朔日（初一），魏国的君主拓跋嗣带着自己的人向东巡视，设置了四厢将领以及十二小将；并任命山阳侯拓跋斤、元城侯拓跋屈暂时代替行使左、右丞相的职权。

乞伏智达等人带兵在大夏这个地方打败了乞伏公府。后来乞伏公府带着自己的人逃到了叠兰城，前来依附他的弟弟阿柴；智达等人率兵攻下了叠兰城，杀死了阿柴父子五人。后来乞伏公府逃奔到嵹峿南山，结果还是被敌兵追赶俘获了，最后连同他的四个儿子，全部都在谭郊处被处以车裂的刑罚。

八月，乞伏炽磐自称为大将军、河南王，下令大赦，年号改为永康；乾归被葬在枹罕，并封谥号为武元，庙号为高祖。

皇后王氏驾崩。

庚戌日（十二日），魏国君主拓跋嗣率兵回到了平城。

九月，河南王炽磐以尚书令武始翟勍为相国，侍中、太子詹事赵景为御史大夫；罢尚书令、仆、尚书六卿、侍中等官。

癸酉，葬僖皇后于休平陵。

刘毅至江陵，多变易守宰，辄割豫州文武、江州兵力万馀人以自随。会毅疾笃，郗僧施等恐毅死，其党危，乃劝毅请从弟兖州刺史藩以自副，太尉裕伪许之。藩自广陵入朝，己卯，裕以诏书罪状毅，云与藩及谢混共谋不轨，收藩及混赐死。

【译文】九月，河南王炽磐任命尚书令武始人翟勍为相国，侍中、太子詹事赵景为御史大夫，罢除了尚书令、仆、尚书六卿、侍中等官职。

癸酉日（初六），僖皇后被葬在休平陵。

刘毅带着自己的人到达了江陵之后，变换了当地的很多守宰，擅自割取了豫州的文武官员以及江州一万多人的兵力跟随自己。正巧此时刘毅病得非常重，郗僧施等人便非常害怕刘毅一死，他的党羽可能就会有危险，于是就劝刘毅，想要请他让堂弟兖州刺史刘藩作为自己的副手，当时太尉刘裕表面上假装同意了。刘藩带着自己的人从广陵入朝，己卯日（十二日），刘裕便用诏书来指责刘毅当时的种种罪状，说是他和刘藩以及谢混一起图谋不法的行为，以此为由来收拿刘藩和谢混，并赐他们自尽了。

初，混与刘毅款昵，混从兄澹常以为忧，渐与之疏，谓弟璞及从子瞻曰："益寿此性，终当破家。"澹，安之孙也。

庚辰，诏大赦，以前会稽内史司马休之为都督荆、雍、梁、秦、宁、益六州诸军事、荆州刺史；北徐州刺史刘道怜为兖、青二州刺史，镇京口。使豫州刺史诸葛长民监太尉留府事。裕疑长民难独任，乃加刘穆之建武将军，置佐吏，配给资力以防之。

壬午，裕帅诸军发建康，参军王镇恶请给百舸为前驱。丙申，至姑孰，以镇恶为振武将军，与龙骧将军蒯恩将百舸前发。裕戒之曰："若贼可击，击之；不可者，烧其船舰，留屯水际以待我。"于是，镇恶昼夜兼行，扬声言刘兖州上。

【译文】起初，谢混和刘毅走得非常亲近，因此谢混的堂哥谢澹经常替他担心，后来渐渐地和他疏远了；并告诉他的弟弟谢璞和他的侄子谢瞻说："按照益寿（谢混的小字）的个性，他最后一定会败坏我们的家道。"谢澹，是谢安的孙子。

庚辰日（十三日），东晋安帝下诏令大赦天下，并任命以前的会稽内史司马休之担任都督荆雍梁秦宁益六州诸军事以及荆州刺史；北徐州刺史刘道怜担任兖青两州刺史，驻兵镇守在京口。并派豫州的刺史诸葛长民兼领太尉留府事。刘裕心里怀疑诸葛长民很难有能力独当大任，于是又加封刘穆之为建武将军，设置了佐史，并配给他们一定的兵力加以防范敌人。

壬午日（十五日），刘裕带领着各军从建康出发了，参军王镇恶希望能供给他一百艘船舰作为自己打仗的前驱。丙申日（二十九日），到达姑孰之后，任命王镇恶担任振武将军，和龙骧将军蒯恩共同率领着一百多条船舰向前进发了。刘裕告诉他说：“等你们碰到贼兵的时候，如果你们觉得能攻击的话，你们就攻击；如果觉得不是对手不可以攻击的话，那就尽量烧毁他们的船舰就可以了，然后驻留屯守水边，在那里等着我来。”于是王镇恶便日夜兼程地赶路，不过对外却宣称是刘兖州（刘藩）北上。

冬，十月，己未，镇恶至豫章口，去江陵城二十里，舍船步上。蒯恩军居前，镇恶次之。舸留一二人，对舸岸上立六七旗，旗下置鼓，语所留人：“计我将至城，便鼓严，令若后有大军状。”又分遣人烧江津船舰。镇恶径前袭城，语前军士：“有问者，但云刘兖州至。”津戍及民间皆晏然不疑。未至城五、六里，逢毅要将朱显之欲出江津，问：“刘兖州何在？”军士曰：“在后。”显之至军后，不见藩，而见军人担彭排战具，望江津船舰已被烧，鼓严之声甚盛，知非藩上，便跃马驰去告毅，行令闭诸城门。镇恶亦驰进，门未及下关，军人因得入城。卫军长史谢纯入参承毅，出闻兵至，左右欲引车归。纯叱之曰：“我，人吏也，逃将安之！”驰还入府。纯，安兄据之孙也。镇恶与城内兵斗，且攻其金城，自食时至中晡，城内人败散。镇恶穴其金城而入，遣人以诏及赦文并裕手书示毅，毅皆烧不视，与司马毛修之等督士卒力战。城内人犹未信裕自来，军士从毅自东来者，与台军多中表亲戚，且斗且语，知裕自来，人情离骇。逮夜，听事前兵皆散，斩毅勇将赵蔡，毅左右兵犹闭东西阁拒战。镇恶虑暗中自相伤犯，乃引军出围金城，开其南面。毅虑南有伏兵，夜半，帅左右三百许人开北门突出。毛修之谓谢纯曰："君但随仆去。"纯不从，为人所杀。

【译文】冬季，十月，己未日（二十二日），王镇恶带着自己的军队到达了豫章口，在距离江陵城还有二十里的地方，就命令军队丢弃自己的船舰步行而上。蒯恩带着自己的军队走在前面，王镇恶的人紧跟随在后。当时船上只留有一两个人，停船的岸边竖立有六七面旗子，旗子下方安置有军鼓，然后告诉当时所留下的人说："等你们计算我快要到达城的时候，你们就大声敲鼓，使敌人觉得好像后面有大军快要来到的样子。"随后又分别派人前去烧毁了敌人在江津的一些船舰。王镇恶则直接带着自己的部属向前去偷袭城池，并告诉那些在前面的军士说："如果待会儿有人问的话，你们只要告诉他说刘兖州到了就行了。"而此时渡口的守卫和百姓都对这居然没有一点疑心。在离城还有五六里远时，正好遇到刘毅的主将朱显之，此时他正想离开江津，便问："你们知道刘兖州现在在哪里吗？"军士告诉他说："就在我们军队的后面啊。"结果朱显之到了军队的后面却没有看见刘藩，只是看见几个军士担着一些抵挡敌人射箭的战具，又见到江津的船舰几乎已经都被烧毁了，此时击鼓的声音也是特别壮盛，看到这种情况，立马就知道不是刘藩的军队来了，于是跳上快马，飞奔前去告诉刘毅传令关闭各个城门。而此时王镇恶也骑着快马前进，在门还没有来得及锁上的时候就赶到了，因此军士能够顺利入城。卫军长史谢纯入府去参见刘毅，出来后听见敌兵到来的消息，左右的人都想要带领着车

资治通鉴

子逃走，结果谢纯骂他们说："既然我已经是别人的府吏了，想要逃走的话，又能逃到哪里去呢？"此时快骑已经进入了府里。谢纯，是谢安的哥哥谢据的孙子。这时王镇恶正带领着自己的人和城里的士兵战斗，很快就能攻进内城。从早上吃饭到下午三五点钟的时间，城里的人已经差不多都战败逃散了。王镇恶又让人把内城的墙挖个洞穴，然后顺利进入，随即又派人拿着诏书和一些赦免的文书，以及当时刘裕亲自写的信给刘毅看，但是刘毅全都烧毁了，看也不看，接着和司马毛修之等人督促自己的士兵奋力抗战。城里的人还是不怎么相信刘裕会亲自前来，这时看到跟从刘毅从东边来的军士，以及一些台省（指建康）的兵卒，多半与自己是表兄弟的亲戚关系，他们一边战斗一边说话，这才知道刘裕是真的要亲自前来，于是人人都感到惊骇，纷纷逃散。等到晚上，听说前面的士兵几乎全都逃散了，便又杀死刘毅的勇将赵蔡，这时刘毅左右的士兵还关闭东西两边的城阁进行抵抗。王镇恶因为担心在黑暗中会造成自相伤害的情况，于是就带领着军队前去围攻内城，以此撤开南面的攻势。而刘毅因为担心南面可能会有埋伏的军队，于是在半夜的时候，带着左右几乎三百多人，准备打开北面然后突围出去。毛修之告诉谢纯说："你只要跟随我离去就没事了。"谢纯不听从他的话，结果被人杀死。

毅夜投牛牧佛寺。初，桓蔚之败也，走投牛牧寺僧昌，昌保藏之，毅杀昌。至是，寺僧拒之曰："昔亡师容桓蔚，为刘卫军所杀，今实不敢容异人。"毅叹曰："为法自弊，一至于此！"遂缢而死。明日，居人以告，乃斩首于市，并子侄皆伏诛。毅兄模奔襄阳，鲁宗之斩送之。

【译文】刘毅在夜里投宿在牛牧佛寺。起初,桓蔚打仗战败的时候,逃走投靠牛牧寺一个叫昌的寺僧,昌保护他并帮助他隐藏,结果最后刘毅杀死了昌。所以现在这时,这里的寺僧全部都不收留他并拒绝他说:"从前我们死去的师傅因为收容桓蔚,被你杀死了,所以现在实在是不敢再收容外面的人啊。"刘毅听后叹气说:"这都怪我自己作法自毙啊,没想到竟到了这个地步!"于是,他自己上吊自杀了。第二天,当地的居民发现后前去报告,王镇恶便将他的尸体拖到市中,砍下脑袋,最后连同他的儿子、侄子,也全都被杀死了。刘毅的哥哥刘模也逃奔到襄阳,结果鲁宗之把他给杀害了,然后把尸体送回来了。

【申涵煜评】毅能掷百万,而不能忍于鹅炙。一生总为尚气所累,末路骄恣,诚负于裕。然既同起事而并诛及子侄,使无遗类。裕亦少恩矣哉。

【译文】刘毅能够扔掉百万钱,却不能忍受鹅炙的诱惑。刘毅一生之中总是被重视义气的性格所拖累,在晚年的时候越发骄傲恣意,实在是辜负了刘裕。然而既然一同起兵讨伐却被诛杀并累及子孙,使得刘毅没有留下后代。刘裕也是缺乏情谊的人。

初,毅季父镇之闲居京口,不应辟召,常谓毅及藩曰:"汝辈才器,足以得志,但恐不久耳。我不就尔求财位,亦不同尔受罪累。"每见毅、藩导从到门。辄诟之,毅甚敬畏,未至宅数百步,悉屏仪卫,与白衣数人俱进。及毅死,太尉裕奏征镇之为散骑常侍、光禄大夫,固辞不至。

【译文】起初,刘毅的叔父刘镇之闲住在京口的时候,一直不肯不接受征召,他常常告诉刘毅和刘藩他们说:"你们现在的才能器识，绝对能够实现你们做官的心愿，但是我觉得恐怕得势太长时间。我不去接近你们来求取我自己的财富地位，也不愿意和你们一起接受所犯罪过的连累。"因此，每次看见刘毅、刘藩的前导和侍从到了门口的时候，就大声地骂他们。刘毅很敬畏他这个人，所以每次去看他的时候，就在还不到家的数百步远的地方，就把自己周围的仪仗侍卫全部都给屏除了，只和几个穿着普通衣服的人一起进去。等到刘毅死后，太尉刘裕奏请征调刘镇之担任散骑常侍、光禄大夫，但是他仍然坚持推辞不肯上任。

仇池公杨盛叛秦，侵扰祁山。秦王兴遣建威将军赵琨为前锋，立节将军姚伯寿继之，前将军姚恢出鹫峡，秦州刺史姚嵩出羊头峡，右卫将军胡翼度出汧城，以讨盛。兴自雍赴之，与诸将会于陇口。

天水太守王松匆言于嵩曰："先帝神略无方，徐洛生以英武佐命，再入仇池，无功而还；非杨氏智勇难全也，直地势险固耳。今以赵琨之众，使君之威，准之先朝，实未见成功。使君具悉形便，何不表闻！"嵩不从。盛帅众与琨相持，伯寿畏懦不进，琨众寡不敌，为盛所败。兴斩伯寿而还。

【译文】仇池公杨盛背叛了秦国，带兵侵乱祁山；秦王姚兴让建威将军赵琨当他的前锋，立节将军姚伯寿带兵跟在后面，前将军姚恢带兵从鹫峡出发，秦州的刺史姚嵩带兵从羊头峡这个地方出发，右卫将军胡翼度则从汧城出发，带兵前去征讨杨盛。姚兴自己带着人从雍城前往，然后和众将在陇口这个地方会合。

天水的太守王松急忙对姚嵩说："从前先帝如同神明一样

的谋略，实在是不可推测，徐洛生凭借自己英勇雄武的才干得以辅佐王命，曾经两次带兵进入了仇池，都是无功而返。但这并不是因为杨盛的智慧勇气能够保全得住的，只是因为地理形势很险要坚固罢了。如今以赵琨的众人力，以及你的英武，和前代相比，实在是不见得能够成功啊。如果你全盘了解了当时形势的发展，那为何不上表让皇上也知道呢？"姚嵩听后不答应他的请求，杨盛带着自己的兵和赵琨相持不下，姚伯寿因为畏惧懦弱，一直不敢前进，而赵琨的兵力比较少，根本就不是杨盛的对手，最后果然被杨盛打败了。后来姚兴杀死姚伯寿，然后回去了。

兴以杨佛嵩为雍州刺史，帅岭北见兵以击夏。行数日，兴谓群臣曰："佛嵩每见敌，勇不自制，吾常节其兵不过五千人。今所将既多，遇敌必败，行已远，追之无及，将若之何？"佛嵩与夏王勃勃战，果败，为勃勃所执，绝亢而死。

秦立昭仪齐氏为后。

沮渠蒙逊迁于姑臧。

十一月，己卯，太尉裕至江陵，杀郗僧施。初，毛修之虽为刘毅僚佐，素自结于裕，故裕特宥之。赐王镇恶爵汉寿子。裕问毅府谘议参军申永曰："今日何施而可？"永曰："除其宿畛，倍其惠泽，贯叙门次，显擢才能，如此而已。"裕纳之，下书宽租省调，节役原刑，礼辟名士，荆人悦之。

【译文】姚兴任命杨佛嵩为雍州刺史，率领岭北现有的军队前去进攻夏国。军队行走了几天，姚兴告诉群臣说："杨佛嵩每次看见敌人，就奋勇向前，无法克制自己，我常常限制他的军队，不让他的士兵超过五千个人。这一次他所率领的士兵已经太多了，遇到敌人就一定会战败，但是他已经走了很远，我们追也追不上了，应该怎么办才好呢？"

杨佛嵩和夏王刘勃勃交战，果然战败，被刘勃勃所俘虏，把他扼住喉咙掐死了。

后秦国册立后宫的昭仪齐氏为皇后。

北凉沮渠蒙逊把都城迁移到了姑臧。

十一月，己卯日（十三日），东晋太尉刘裕到达了江陵，把郗僧施杀死了。起初，毛修之虽然是刘毅的僚佐属下，但却一向暗自和刘裕结交，所以刘裕特别宽宥了他。朝廷赐给王镇恶汉寿子的爵位。刘裕询问刘毅府的谘议参军申永说："我现在应该怎么做才适合呢？"申永说："消除那些以前的旧怨隔阂，加倍向百姓施加慈惠恩泽，重新严格按照门第的高下来加封官职，公开地擢拔有才能的人，不过就是如此罢了。"刘裕采纳了他的意见，下令放宽租金，减省户税，减轻劳役，放宽刑罚，以礼相聘有名望的人士，荆州的百姓非常拥护他。

诸葛长民骄纵贪侈，所为多不法，为百姓患，常惧太尉裕按之。及刘毅被诛，长民谓所亲曰："'昔年醢彭越，今年杀韩信。'祸其至矣！"乃屏人问刘穆之曰："悠悠之言，皆云太尉与我不平，何以至此？"穆之曰："公溯流远征，以老母稚子委节下。若一豪不尽，岂容如此邪！"长民意乃小安。

长民弟辅国大将军黎民说长民曰："刘氏之亡，亦诸葛氏之惧也，宜因裕未还而图之。"长民犹豫未发，既而叹曰："贫贱常思富贵，富贵必履危机。今日欲为丹徒布衣，岂可得邪！"因遗冀州刺史刘敬宣书曰："盘龙狠戾专恣，自取夷灭。异端将尽，世路方夷，富贵之事，相与共之。"敬宣报曰："下官自义熙以来，忝三州、七郡，常惧福过灾生，思避盈居损。富贵之旨，非所敢当。"且使以书呈裕，裕曰："阿寿故为不负我也。"

【译文】 东晋的豫州刺史诸葛长民很骄傲放肆，贪婪奢侈，所做的事情大多数都不合法度，成为百姓的一大祸患，他也常常害怕被太尉刘裕查处治罪。等到刘毅被杀后，诸葛长民就告诉自己所亲近的人说："'去年把彭越杀死了，今年又把韩信杀死了。'我的大祸就要到了！"于是他把别人屏退开，询问刘穆之说："大家纷纷传言，都说太尉对我有非常不满的想法，这究竟是什么原因呢？"刘穆之说："刘公逆流而上，远征刘毅，把年老的母亲、年幼的儿子全部都委托给您照顾；如果有一点点的不信任，怎么会这样做呢？"诸葛长民的心里这才稍微安定了一些。

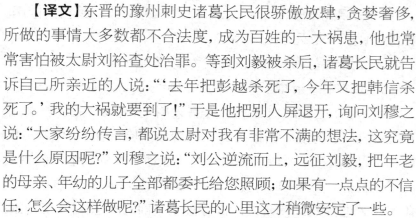

诸葛长民的弟弟辅国大将军诸葛黎民告诉诸葛长民说："刘氏的灭亡，也就是诸葛氏可怕的下场，所以我们应该趁着刘裕还没有回来的机会，抢先动手。"诸葛长民犹豫不定，没有行动，后来叹息着说："贫贱的时候常常想着富贵，富贵了以后又一定会出现危险。现在想要当一个丹徒的普通百姓，又怎么可行呢？"因此给冀州刺史刘敬宣写了一封信说："盘龙（刘毅的小字）贪狠暴戾，专擅恣肆，自取灭亡。现在，怀有叛逆之心的人已经快要全部被剿灭了，天下就要太平了，世上的路途已告晏平，如果有富贵的事情的话，希望我们可以一起享受。"刘敬宣在回复给他的信件里面说："下官我从义熙年间以来，不称职地担任过三个州的刺史、七个郡的太守，常常害怕福分太多就要过去，灾祸就要降在头上，因此只是想要回避太满的好处，所以宁可吃亏受损。您所说的富贵的意思，我实在不敢担当。"而且又派遣使者把信给刘裕送去，刘裕说："阿寿（刘敬宣字万寿，所以刘裕称他为阿寿）还是没有辜负我啊。"

资治通鉴

刘穆之忧长民为变,屏人问太尉行参军东海何承天曰:"公今行济否?"承天曰:"荆州不忧不时判,别有一虑耳。公昔年自左里还入石头,甚脱尔;今还,宜加重慎。"穆之曰:"非君,不闻此言。"

裕在江陵,辅国将军王诞白裕求先下,裕曰:"诸葛长民似有自疑心,卿讵宜便去!"诞曰:"长民知我蒙公垂眄,今轻身单下,必当以为无虞,乃可以少安其意耳。"裕笑曰:"卿勇过贲、育矣。"乃听先还。

【译文】刘穆之担心诸葛长民会制造叛变,就把别人屏退,询问太尉行参军东海人何承天说:"刘公这一次的行事能够成功吗?"何承天说:"不用担心不能马上把荆州平定,不过另外有一个值得忧虑的事情罢了。刘公过去在左里取得大胜之后回到石头,非常轻松随便就回来了;但是这次回来,却应该加倍审慎。"刘穆之说:"不是你,我就不会听到这样的忠告。"

刘裕在江陵,辅国将军王诞向刘裕表示,请求先行东还,刘裕说:"诸葛长民自己好像非常担心,你怎么可以这么轻易就立刻离开呢?"王诞说:"诸葛长民知道我一直以来蒙受您的垂爱照顾,我现在一个人轻装简从,单身而回,他就一定会觉得没有危险,这样也可以让他的心意稍微安定一下。"刘裕笑着说:"你的勇气超过了孟贲、夏育两个人。"于是就听凭他先行回去。

沮渠蒙逊即河西王位,大赦,改元玄始,置官僚如凉王光为三河王故事。

太尉裕谋伐蜀,择元帅而难其人。以西阳太守朱龄石既有武干,又练吏职,欲用之。众皆以为龄石资名尚轻,难当重任,裕不从。十二月，以龄石为益州刺史，帅宁朔将军臧熹、河间太守蒯恩、下邳太守刘钟等伐蜀，分大军之半二万人以配之。熹，裕之妻弟，位居龄石之右，亦隶焉。

【译文】沮渠蒙逊登上了河西王的尊位，下令大赦，把年号更改为玄始，设置的官员，就如同凉王吕光担任三河王时设置的官员一样。

东晋的太尉刘裕计划前去讨伐蜀国，但是在选择元帅的时候，觉得很难找到合适的人选。由于西阳太守朱龄石既有军事干才，又熟悉胜任官吏的职务，就想要任用他。但是大家却都认为朱龄石的资历名望还很轻浅，难以担当重任，刘裕没有听从。十二月，刘裕任命朱龄石为益州刺史，率领宁朔将军臧熹、河间太守蒯恩、下邳太守刘钟等人前去攻打蜀国，并且把自己的大军分出来一半，一共分配给他两万个士兵。臧熹，是刘裕妻子的弟弟，职位也比朱龄石的职位高，但是他也接受朱龄石的统领。

裕与龄石密谋进取，曰："刘敬宣往年出黄虎，无功而退。贼谓我今应从外水往，而料我当出其不意犹从内水来也。如此，必以重兵守涪城以备内道。若向黄虎，正堕其计。今以大众自外水取成都，疑兵出内水，此制敌之奇也。"而虑此声先驰，贼审虚实。别有函书封付龄石，署函边曰："至白帝乃开。"诸军虽进，未知处分所由。

【译文】刘裕和朱龄石暗中密谋进攻取胜的办法，说："刘敬宣以前进军到黄虎，没有建立什么功劳就撤退回来了。贼兵认为我们今天应该会从外水出发前往，又要防备我们会出其不意仍然从内水出发前往。这样的话，他们一定要把主要的兵力都用来防守涪城，以封锁内水。如果我们朝向黄虎进军，就正好中了他的计策。现在我们让主要的军队经过外水直接攻取成都，另外派遣一支迷惑敌人的军队进攻内水，这是制伏敌人取得胜利的奇计。"他担心这个计划事先被传扬出去，被贼兵摸清了他们自己的虚实动静，就另外写了一封被密封在盒子里面的信件送给了朱龄石，在装有信件的盒子外面写着："到达了白帝城以后再打开。"各路大军虽然都已经开始行动，但是却不知道为什么要这样安排。

【乾隆御批】千里袭人，机事不密，敌人早为之备。缄书别函至期开视，可谓有卓识。

【译文】奔袭千里去偷袭别人，军机大事便会泄密，敌人就会早做防备。事先写好密封的书信信函，到时候才能打开观看，这可以说是有远见卓识。

毛修之固请行，裕恐修之至蜀，必多所诛杀，土人与毛氏有嫌，亦当以死自固，不许。

分荆州十郡置湘州。

加太尉裕太傅、扬州牧。

丁巳，魏主嗣北巡，至长城而还。

【译文】毛修之坚决要求随大军出发，刘裕担心毛修之到了蜀国以后，会把很多人都杀死，而当地人因为和毛修之有宿怨，也有可能会拼死坚守抵抗，就没有答应他的请求。

东晋把荆州的十个郡划分出来，设置为湘州。

晋安帝加授太尉刘裕为太傅、扬州牧。

丁巳日（二十一日），北魏君主拓跋嗣到北方巡视，到了长城以后就回去了。

义熙九年（癸丑，公元四一三年）春，二月，庚戌，魏主嗣如高柳川。甲寅，还宫。

太尉裕自江陵东还，骆驿遣辎重兼行而下，前刻至日，每淹留不进。诸葛长民与公卿频日奉候于新亭，辄差其期。乙丑晦，裕轻舟径进，潜入东府。三月，丙寅朔旦，长民闻之，惊趋至门。裕伏壮士丁旿于幔中，引长民却人闲语，凡平生所不尽者皆及之，长民甚悦。丁旿自幔后出，于座拉杀之，舆尸付廷尉。收其弟黎民，黎民素骁勇，格斗而死。并杀其季弟大司马参军幼民、从弟宁朔将军秀之。

【译文】义熙九年（癸丑，公元413年）春季，二月，庚戌日（十五日），北魏君主拓跋嗣前往高柳川；甲寅日（十九日），拓跋嗣返回皇宫。

太尉刘裕从江陵东下，返回建康，陆续把军用物资尽快地运送回去，以便于快速前行，在规定抵达的日期以前，常常滞留不能按期进发。诸葛长民和公卿们每天都在新亭等候，每每都错过了日期。乙丑晦日（三十日），刘裕乘坐着轻快的小艇迅速前进，暗中返回了东府。三月，丙寅朔日（初一），凌晨，诸葛长民才得到了这个消息，大吃一惊，急忙前去晋见。刘裕命令武士丁旿在帷幔里面埋伏，然后迎接诸葛长民进入里面，把别人屏退，单独进行谈话，把凡是一生以来谈不透的话，全部都说了出来。诸葛长民听了以后感到很高兴。却不料丁旿从帷幔后面跳了出来，在座位上面把他杀死了，刘裕命令用车子把他的尸体拉到廷尉去判罪。又下令把他的弟弟诸葛黎民捉拿起来，诸葛黎民向来非常骁勇，拒捕格斗，被杀死了。同时，把他的小弟弟大司马参军诸葛幼民、堂弟宁朔将军诸葛秀之都杀死了。

庚午，秦王兴遣使至魏修好。

太尉裕上表曰："大司马温以'民无定本，伤治为深'，庚戌土断以一其业。于是，财阜国丰，实由于此。自兹迄今，渐用颓驰；请申前制。"于是，依界土断，唯徐、兖、青三州居晋陵者，不在断例；诸流寓郡县多所并省。

戊寅，加裕豫州刺史。裕固让太傅、州牧。

林邑范胡达寇九真，杜慧度击斩之。

河南王炽磐遣镇东将军昙达、平东将军王松寿将兵东击休官权小郎、吕破胡于白石川，大破之，虏其男女万馀口，进据白石城。显亲休官权小成、吕奴迦等二万馀户据白坑不服，昙达攻斩之，陇右休官悉降。秦太尉索稜以陇西降炽磐，炽磐以稜为太傅。

【译文】庚午日(初五)，后秦国君姚兴派遣使者前往北魏建立友好关系。

东晋的太尉刘裕向晋安帝上表说："大司马桓温由于'百姓没有固定的根基，对国家的治理有很大的危害'。所以哀帝兴宁二年，三月，庚戌日(初一)，才颁布'庚戌'诏书，规定按照百姓现在居住的地方，确定流亡居民的籍贯，用来固定百姓的根基，让他们安居乐业。当时百姓的财富逐渐积累，国家的充实富足，实在是因为这个缘故。从那个时候起一直到现在，对这个规定的执行逐渐放松，因此，我请求您能够重新强调以前的这项政策。"于是依据地界，按照百姓现在的住所，来确定他的籍贯，只有徐州、兖州、青州三个州居住在晋陵的百姓，不在这个限制里面；那些寄居在别郡之上的郡县，有很多不是被合并，就是被撤销。

戊寅日（十三日），晋安帝任命刘裕为豫州刺史。刘裕坚决辞让太傅、州牧的职位。

林邑的范胡达侵犯晋朝的九真，杜慧度进行回击并且把范胡达杀死了。

河南王乞伏炽磐派遣镇东将军昙达、平东将军王松寿率领士兵进攻东部休官部落首领权小郎、吕破胡据守的白石川，在白石川把他们打得大败，俘虏了一万多个他们的男女百姓，进军占据了白石城。显亲休官部落首领权小成、吕奴迦等一共两万多户，据守白阬不肯服从，乞伏昙达攻克了白阬，然后把他们都杀死了，陇右的休官部落全都向乞伏炽磐投降了。后秦的太尉索棱用他据守的陇西向乞伏炽磐投降，乞伏炽磐任命索棱为太傅。

夏王勃勃大赦，改元凤翔。以叱干阿利领将作大匠，发岭北夷、夏十万人筑都城于朔方水北、黑水之南。勃勃曰："朕方统一天下，君临万邦，宜名新城曰统万。"阿利性巧而残忍，蒸土筑城，锥入一寸，即杀作者而并筑之。勃勃以为忠，委任之。凡造兵器成，呈之，工人必有死者，射甲不入则斩弓人，入则斩甲匠。又铸铜为一大鼓。飞廉、翁仲、铜驼、龙虎之属，饰以黄金，列于宫殿之前。凡杀工匠数千，由是器物皆精利。

勃勃自谓其祖从母姓为刘，非礼也。古从氏族无常，乃改姓赫连氏，言帝王系天为子，其徽赫与天连也。其非正统者，皆以铁伐为氏，言其刚锐如铁，皆堪伐人也。

【译文】夏王刘勃勃下令大赦，把年号更改为凤翔。任命叱干阿利兼领掌管建筑的将作大匠，征集了十几万个岭北的胡人和汉人，在朔方水以北、黑水以南的地方修筑都城。刘勃勃说：

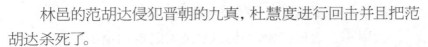

资治通鉴

"我正要统一天下，以君王的地位统辖所有地区，因此，应该给新的都城取名叫统万。"叱干阿利性情乖巧伶俐，但是为人却凶暴残忍。他用蒸过的土修筑城墙，验收的时候如果铁锥能够插入一寸深，他就会把修筑城墙的人杀死，并且把他的尸体和土一起修筑在城墙里面。刘勃勃认为他很忠心，就把修筑新城的事情全部交给了他。凡是兵器制造成功，呈上去给他过目的时候，做工的人当中就一定会有人被杀死：用弓箭射铠甲，如果弓箭不能把铠甲射透就把制造弓箭的工匠杀死，如果弓箭把铠甲射透了就把制造铠甲的工匠杀死。又用铜器熔铸成了一面大鼓，把飞廉、翁仲、铜驼、龙虎这一类东西塑像，都用黄金装饰器物的表面，排列在宫殿的前面。一共有几千名工匠被杀死，因此武器什物等都打磨得非常锋利和精良。

刘勃勃自己认为他的祖先跟从母姓为刘，是不合礼法的事情。鉴于古人用姓氏也没有常规，于是就自己把自己的姓氏更改为赫连氏，意思是指帝王上系于天，是上天的儿子，他的功劳显赫，和上天相连；那些不是直系亲属的旁支后裔，都用铁伐作为自己的姓氏，意思是说他们刚强锐利就像铁一样，都能够去讨伐别人。

【乾隆御批】射甲不入斩弓人，入则斩甲匠，是矢人函人断无两全之道矣。缮器固贵，精利程材亦有常经，阿利虽残忍不应使人无可措手处，盖传闻者过甚其辞耳？

【译文】箭射不入盔甲就斩杀制弓人，射入了又要斩制甲匠，制弓人和造甲匠断然没有两全的路。修治器物固然可贵，使器物精致锋利也有通行的好办法，叱干阿利虽然残忍也不该让匠人们手足无措，恐怕这是传闻的人夸大其词了吧？

夏，四月，乙卯，魏主嗣西巡，命郑兵将奚斤、鸿飞将军尉古真、都将闾大肥等击越勤部于跋那山。大肥，柔然人也。

河南王炽磐遣安北将军乌地延、冠军将军翟绍击吐谷浑别统句旁于泣勤川，大破之。

河西王蒙逊立子政德为世子，加镇卫大将军、录尚书事。

南凉王祢檀伐河西王蒙逊，蒙逊败之于若厚坞，又败之于若凉；因进围乐都，二旬不克。南凉湟河太守文支以郡降于蒙逊，蒙逊以文支为广武太守。蒙逊复伐南凉，祢檀以太尉俱延为质，乃还。

【译文】夏季，四月，乙卯日（二十一日），北魏君主拓跋嗣向西巡视，派遣郑兵（一作都兵）将军奚斤、鸿飞将军尉古真、都将闾大肥等人，率领军队在跋那山攻击越勤部。闾大肥是柔然人。

河南王乞伏炽磐派遣安北将军乌地延、冠军将军翟绍在泣勤川攻击吐谷浑的远方部落首领句旁，并且把他们打得大败。

河西王沮渠蒙逊册立他的儿子沮渠政德为世子，加封他为镇卫大将军、录尚书事。

南凉王秃发祢檀攻打河西王沮渠蒙逊，沮渠蒙逊在若厚坞把他打败了，又在若凉再一次把他打败了。因此沮渠蒙逊进军围困秃发檀的都城乐都，经过了二十天，也没有把乐都攻占下来。南凉湟河太守文支献出湟河郡向沮渠蒙逊投降了，沮渠蒙逊任命文支为广武太守。沮渠蒙逊又再一次前去讨伐南凉，秃发祢檀把太尉俱延交给他作为人质，沮渠蒙逊这才撤军返回。

蒙逊西如苕藋，遣冠军将军伏恩将骑一万袭卑和、乌啼二部，大破之，俘二千馀落而还。

蒙逊寝于新台，阉人王怀祖击蒙逊，伤足，其妻孟氏禽斩之。蒙逊母车氏卒。

五月，乙亥，魏主嗣如云中旧宫。丙子，大赦。西河胡张外等聚众为盗；乙卯，嗣遣会稽公长乐刘絜等屯西河招讨之。六月，嗣如五原。

【译文】沮渠蒙逊向西巡视，前往苕藋，沮渠蒙逊派遣冠军将军伏恩率领一万个骑兵，进攻了卑和、乌啼两个部落，把他们全部都打得大败，俘虏了两千多个小部落的百姓以后才回去。

沮渠蒙逊在新台皇宫睡觉，宦官王怀祖突然袭击了沮渠蒙逊，但是却只是把他的脚弄伤了，他的妻子孟氏把王怀祖活捉了以后把他杀死了。沮渠蒙逊的母亲车氏去世了。

五月，乙亥日（十一日），北魏君主拓跋嗣前往云中的旧日宫殿。丙子日（十二日），下令大赦，西河的胡人张外等人招集部众，成为了盗匪；乙卯日（五月无此日），拓跋嗣派遣会稽公长乐人刘絜等人在西河驻扎军队，招降或者讨伐他们。六月，拓跋嗣前往五原。

朱龄石等至白帝发函书，曰："众军悉从外水取成都。臧熹从中水取广汉，老弱乘高舰十馀，从内水向黄虎。"于是，诸军倍道兼行。谯纵果命谯道福将重兵镇（倍）〔涪〕城，以备内水。

龄石至平模，去成都二百里，纵遣秦州刺史候晖、尚书仆射谯诜帅众万馀屯平模，夹岸筑城以拒之。龄石谓刘钟曰："今天时盛热，而贼严兵固险，攻之未必可拔，只增疲困。且欲养锐息兵以伺其隙，何如？"钟曰："不然。前扬声言大众向内水，谯道福不敢舍涪城。今重军猝至，出其不意，侯晖之徒已破胆矣。贼阻兵守险者，是其惧不敢战也。因其凶惧，尽锐攻之，其势必克。克平模之后，自可鼓行而进，成都必不能守矣。若缓兵相守，彼将知人虚实。涪军忽来，并力拒我。人情既安，良将又集，此求战不获，军食无资，二万馀人悉为蜀子虏矣。"龄石从之。

【译文】朱龄石等人到达了白帝，把盒子里面刘裕写的书信打开，书信里面说："大部队全部都从外水进攻成都，臧熹从中水进攻广汉，年老体弱的士兵乘坐在十几艘高大的船舰里面，从内水向黄虎进发。"于是各军都加快速度向目标前进。谯纵果然派遣谯道福率领主要的军队镇守涪城，用来防备从内水进攻的敌人。

朱龄石到达了平模，距离成都还有两百里，谯纵派遣秦州刺史侯晖、尚书仆射谯诜率领一万多个士兵在平模驻扎，在江水的两岸修筑城墙用来抵抗敌兵的进攻。朱龄石告诉刘钟说："现在正是天气炎热的时候，但是贼匪又严整军队坚守在险要的地方进行防守，我们即便攻打他们也不一定能够攻取下来，只是白白地增加士兵的疲劳困顿。我想要暂时停止进攻，养精蓄锐，来等待敌人放松警惕的机会，你觉得怎么样呢？"刘钟说："不能这样做。开始的时候我们扬言大部队从内水进攻，谯道福这才不敢放弃涪城。现在主要的军队突然到达这里，出乎敌人的意料之外，侯晖这些人已经连胆都吓破了。贼兵挡住我们的去路，守住险要的地方的原因，是他们害怕，不敢出来迎战。我们应该趁着他们的惊恐畏惧，把我们所有的精锐士兵都调过去进攻他们，这样我们一定会胜利。把平模攻占了以后，我们自然可以播动战鼓，勇往直前，成都也就一定不能防守住了。如果我们把进攻缓解下来，相持不下，一直在一个地方进行防守，敌人就一定会了解到我们的虚实。涪城的军队再忽然到来，把兵力合在一起抵抗我们，他们的人心也已经安定，良将也集结过来，这样，我们希望对战又没有办法把敌人引出来，军队的粮食也没有得到供给的机会，那么，我们这两万多个人就要全部被蜀中的小子俘虏了。"朱龄石听从了他的劝告。

诸将以水北城地险兵多，欲先攻其南城。龄石曰："今屠南城，不足以破北，若尽锐以拔北城，则南城不麾自散矣。"秋，七月，龄石帅诸军急攻北城，克之，斩侯晖、谯诜；引兵回趣南城，南城自溃。龄石舍船步进。焦纵大将谯抚之屯牛脾，谯小苟塞打鼻。臧熹击抚之，斩之；小苟闻之，亦溃。于是，纵诸营屯望风相次奔溃。

【译文】诸将因为江北的城垣地势险要，守卫的士兵众多，所以打算先进攻江南的城池，朱龄石说："即使我们现在屠灭了南面的城池，也不足以把北边的城池攻取下来，如果我们把所有精锐的士兵都集中起来去攻取北面的城池，那么南面的城池不用前去挥旗进攻，也会自然解散的。"秋季，七月，朱龄石率领几支军队向北城发动猛烈进攻，把北城攻取了，把侯晖、谯诜都杀死了；又率领军队调转赶往南面的城池进行攻击，南面的城池自动溃败了。朱龄石把船遗留在江中，上岸步行向成都进发；谯纵的将领谯抚之在牛脾驻扎军队，谯小苟驻防打鼻。臧熹向谯抚之发起进攻，就把他杀死了，谯小苟听说了这个消息以后，也全军溃败了。于是谯纵手下的那些军营卫所，一听见东晋的军队到来的消息，便都一个接一个地崩溃瓦解。

戊辰，纵弃成都出走，尚书令马耽封府库以待晋师。壬申，龄石入成都，诛纵同祖之亲，馀皆按堵，使复其业。纵出成都。先辞墓，其女曰："走必不免，只取辱焉。等死，死于先人之墓可也。"纵不从。谯道福闻平模不守，自涪引兵入赴，纵往投之。道福见纵，怒曰："大丈夫有如此功业而弃之，将安归乎! 人谁不死，何怯之甚也!"因投纵以剑，中其马鞍。纵乃去，自缢死，巴西人王志斩其首以送龄石。道福谓其众曰："蜀之存亡，实系于我，不在谯王。今我在，犹足一战。"众皆许诺。道福尽散金帛以赐众，众受之而走。道福逃于獠中，巴民杜瑾执送之，斩于军门。龄石徙马耽于越巂，耽谓其徒曰："朱侯不送我京师，欲灭口也，吾必不免。"乃盥洗而卧，引绳而死。须臾，龄石使至，戮其尸。诏以龄石进监梁、秦州六郡诸军事，赐爵丰城县侯。

【译文】戊辰日(初五)，谯纵把成都放弃逃走了，尚书令马耽把府库封存起来，等待晋朝的军队。壬申日(初九)，朱龄石进入了成都，把谯纵同祖父的亲属都诛杀了，其余的人都安居如常，让他们恢复本来的生产经营。谯纵从成都逃了出来，先去辞别祖先陵墓，他的女儿说："逃走也一定不能够避免死亡，只是取得更多的侮辱而已; 同样是死，还不如死在先人的坟墓旁边。"谯纵没有采纳她的意见。谯道福听说平模没有守住，就率领士兵从涪城前往救援，谯纵前去投靠他。谯道福看见谯纵以后，很生气地说："大丈夫有这样伟大的功名事业，却把它丢弃了，你要回到哪里去呢? 没有一个人能够不死，你为什么就怕成这个样子呢!"于是把佩剑狠狠地向谯纵掷去，但是只砍中了他的马鞍。谯纵只好离去，自己上吊死了，巴西人王志把他的头颅砍了下来给朱龄石送去。谯道福告诉他的部众们说："蜀国的生存和灭亡，其实是维系在我的身上，不在谯王的身上，现在我还活着，因此，还足以进行一次决战。"大家都表示同意。谯道福把所有的金子、丝帛全部都拿出来分发给手下的人，大家接过东西以后，却全部都逃走了。谯道福无奈之下逃到了獠人的部落里面，巴西人杜瑾把他抓住以后，交给了朱龄石，朱龄石就在军营的门前把他斩首了。朱龄石把马耽流放到了越嶲，马耽告诉他手下的部属说："朱侯没有把我送往京城，是打算杀人灭口，我一定难逃一死。"于是，马耽把自己盥洗干净，沐浴之后，躺在床上，自缢而死。不一会儿，朱龄石的使者就到达了，把他尸体上面的人头砍了下来。晋安帝颁下诏令任命朱龄石升任监督梁、秦州六郡诸军事，赐爵位为丰城县侯。

【乾隆御批】攻城之法，急则锋锐莫撄，缓则人觇虚实，不特坚壁清野可虞，而外援忽至，腹背受敌，益受制于人矣。刘钟数语可谓知兵。

【译文】攻城的方法，进攻急就变得锋利尖锐使敌方不敢接近，进攻慢就会被敌人偷偷察看虚实，不只是坚壁清野值得忧虑，而且敌人的外援突然来到，自己便会腹背受敌，更加受制于人了。刘钟的几句话可以说是知道兵法的。

魏奚斤等破越勤于跋那山西，徙二万馀家于大宁。

河西胡曹龙等拥部众二万人来入蒲子，张外降之，推龙为大单于。

丙戌，魏主嗣如定襄大洛城。

河南王炽磐击吐谷浑支旁于长柳川，虏旁及其民五千馀户而还。

八月，癸卯，魏主嗣还平城。

曹龙请降于魏，执送张外，斩之。

丁丑，魏主嗣如豺山宫。癸未，还。

【译文】北魏奚斤等人在跋那山以西的地区把越勤打败了，

把当地的两万多户都迁徙到了大宁。

河西的胡人曹龙等人率领两万个部众来到了蒲子，西河的胡人张外向他投降，把曹龙推举为大单于。

丙戌日（二十三日），北魏君主拓跋嗣前往定襄的大洛城。

河南王乞伏炽磐在长柳川进攻吐谷浑的支旁部落，把支旁和他的五千多户部众都俘虏了，然后回去了。

八月，癸卯日（十一日），北魏君主拓跋嗣回到了平城。

曹龙向北魏请求投降，把张外捉住了，然后把他送去了北魏，北魏把张外杀死了。

丁丑日（八月无此日），北魏君主拓跋嗣到达了豺山宫；癸未日（八月无此日），拓跋嗣返回。

九月，再命太尉裕为太傅、扬州牧；固辞。

河南王炽磐击吐谷浑别统掘逴于渴浑川，大破之，虏男女二万三千。冬，十月，掘逴帅其馀众降于炽磐。

吐京胡与离石胡出以眷叛魏，魏主嗣命元城侯屈督会稽公刘絜、永安侯魏勤以讨之。丁巳，出以眷引夏兵邀击絜，禽之，以献于夏；勤战死。嗣以屈亡二将，欲诛之；既而赦之，使摄并州刺史。屈到州，纵酒废事，嗣积其前后罪恶，槛车征还，斩之。

【译文】九月，晋安帝又颁下诏令任命太尉刘裕为太傅、扬州牧；刘裕坚决推辞。

河南王乞伏炽磐在渴浑川袭击了吐谷浑的属下掘逴部落，并且把那里攻取了，俘虏了两万三千个当地的男女百姓。冬季，十月，掘逴率领他剩余的部众向乞伏炽磐投降了。

吐京胡人和离石胡人的首领出以眷背叛了北魏，北魏君主拓跋嗣命令元城侯拓跋屈督率会稽公刘絜、永安侯魏勤等人率领士兵前去讨伐。丁巳日(二十六日),出以眷率领夏国的军队拦腰阻击刘絜,把他擒获了以后,献给了夏国;魏勤战死。拓跋嗣因为拓跋屈损失了两名将军,就打算把拓跋屈杀死;但是没有多长时间就把他赦免了,并且任命他暂时代理并州刺史。拓跋屈到了并州以后,整日放纵饮酒,荒废政事,拓跋嗣把他前前后后的罪恶积累到一起,用关押囚犯的车子把他押解回京斩首了。

十一月,魏主嗣遣使请昏于秦,秦王兴许之。

是岁,以燉煌索邈为梁州刺史,苻宣乃还仇池。初,邈寓居汉川,与别驾姜显有隙,凡十五年而邈镇汉川;显乃肉袒迎候,邈无愠色,待之弥厚。退而谓人曰:"我昔寓此,失志多年,若仇姜显,惧者不少。但服之自佳,何必逞志!"于是,阖境闻之皆悦。

【译文】十一月,北魏君主拓跋嗣派遣使者前去请求和后秦国结为姻亲,后秦国君姚兴答应了。

这一年,晋安帝任命敦煌人索邈为梁州刺史,于是苻宣就返回了仇池。起初,索邈在汉川居住,和梁州别驾姜显有矛盾,经过了十五年,索邈反过来镇守汉川;于是姜显就把衣服脱掉,光着身子,表示待罪,前去迎接等候他,索邈见到了姜显以后,脸上没有丝毫不高兴的样子,而且更加宽厚地对待他。索邈告退返回内宅之后,告诉别人说:"我过去在这里居住,很多年都不如意,如果记恨姜显,那么一定还有很多人都感到害怕。只要他能服从命令就可以了,为什么一定要报仇解恨,逞自己一时的快意呢?"全州境内的百姓官员,听说了他这话之后,都非常高兴。

义熙十年（甲寅，公元四一四年）春，正月，辛酉，魏大赦，改元神瑞。

辛巳，魏主嗣如繁畤。二月，戊戌，还平城。

夏王勃勃侵魏河东蒲子。

庚戌，魏主嗣如犲山宫。

魏并州刺史娄伏连袭杀夏所置吐京护军及其守兵。

司马休之在江陵，颇得江、汉民心。子谯王文思在建康，性凶暴，好通轻侠；太尉裕恶之。三月，有司奏文思擅捶杀国吏，诏诛其党而宥文思；休之上疏谢罪，请解所任；不许。裕执文思送休之，令自训厉，意欲休之杀之；休之但表废文思，并与裕书陈谢。裕由是不悦，以江州刺史孟怀玉兼督豫州六郡以备之。

【译文】义熙十年（甲寅，公元 414 年）春季，正月，辛酉日（初一），北魏下令大赦，把年号更改为神瑞。

辛巳日（二十一日），北魏君主拓跋嗣前往繁畤。二月，戊戌日（初九），拓跋嗣返回了平城。

夏王赫连勃勃侵略了北魏河东的蒲子。

庚戌日（二十一日），北魏君主拓跋嗣前往犲山宫。

北魏的并州刺史娄伏连，进攻并且把夏国所设置的吐京护军和他的守卫士兵都杀死了。

东晋的司马休之前在江陵任职，颇能得到江汉一带百姓的民心。他的儿子谯王司马文思留在建康，性情凶恶残暴，喜欢结交江湖侠士；太尉刘裕很讨厌他。三月，掌管刑法的官吏禀奏司马文思擅自把封国的官吏捶打杀死了，晋安帝颁发诏书下令把司马文思手下的差役都杀死了，但是唯独宽赦了司马文思。司马休之向晋安帝呈上奏疏请罪，并且请求晋安帝解除他现在所担任的职务，晋安帝颁下诏令没有允许。刘裕把司马文思抓起来送给了司马休之，命令他自己加以教训惩戒，意思是让司马休之把自己的儿子杀了；司马休之只是向朝廷上表请求废黜司马文思的爵位，同时给刘裕写了一封信陈说谢罪。刘裕因此非常不高兴，任命江州刺史孟怀玉兼任督豫州六郡用来防备他。

　　夏，五月，辛酉，魏主嗣还平城。
　　秦后将军敛成讨叛羌，为羌所败，惧罪，出奔夏。
　　秦王兴有疾，妖贼李弘与氐仇常反于贰城，兴舆疾往讨之，斩常，执弘而还。
　　秦左将军姚文宗有宠于太子泓，广平公弼恶之，诬文宗有怨言；秦王兴怒，赐文宗死，于是群臣畏弼侧目。弼言于兴，无不从者；以所亲天水尹冲为给事黄门侍郎，唐盛为治书侍御史，兴左右掌机要者，皆其党也。右仆射梁喜、侍中任廉、亦兆尹尹昭承间言于兴曰：“父子之际，人所难言；然君臣之义，不薄于父子，故臣等不得默然。广平公弼，潜有夺嫡之志，陛下宠之太过，假其威权，倾险无赖之徒辐凑附之。道路皆言陛下将有废立之计，信有之乎！”兴曰：“岂有此邪！”喜等曰：“苟无之，则陛下爱弼，适所以祸之；愿去其左右，损其威权，如此，非特安弼，乃所以安宗庙社稷。”兴不应。大司农窦温、司徒左长史王弼皆密疏劝兴立弼为太子，兴虽不从，亦不责也。

　　【译文】夏季，五月，辛酉日（初三），北魏君主拓跋嗣返回了平城。
　　后秦国的后将军敛成讨伐叛变的羌人，结果却被羌人打败了，他害怕被判罪，于是逃奔到了夏国。
　　后秦国君姚兴生病了。妖贼首领李弘与氐人部落首领仇常在贰城反叛，姚兴带病坐在车轿上面前去征讨他们，把仇常杀死，把李弘抓住，然后返回。

后秦国的左将军姚文宗受到了太子姚泓的宠信，广平公姚弼很讨厌他，就向后秦国君姚兴诬告姚文宗说过怨恨不满的话；后秦国君姚兴听到以后感到很生气，就命令姚文宗自杀，因此群臣都对姚弼感到害怕，不敢正眼看他。姚弼对姚兴说的话，姚兴没有不听从的；姚弼任命他所亲信的天水人尹冲为给事黄门侍郎，唐盛为治书侍御史，姚兴身边那些掌管重要机密事务的人，都是姚弼的同党。右仆射梁喜、侍中任廉、京兆尹尹昭寻找空闲的机会劝谏姚兴说："父子之间的事情，别人很难插言；但是君臣之间的道义，却不比父子之间的关系疏远，所以我们不能保持沉默，什么话也不说。广平公姚弼，暗地里有夺取嫡长子身份的想法，陛下您对他的宠爱太过分了，又把大权交付给他，培养他的威势。这样，那些倾诈阴险、狡猾无赖的人，就纷纷像车辐那样，集结依附到他那里。路上的人都议论说陛下有废长立幼的想法，这件事是真的吗？"姚兴说："哪里有这样的事情呢？"梁喜等人说："如果没有这样的事情，那么陛下对姚弼的宠爱，却正是在害他；希望您能够把他身边的官吏都除去，减少他的威势和权力，这样做的话，不仅会使姚弼平安，而且也是在保护祖宗祭庙和国家政权的安全啊。"姚兴沉默没有说话。大司农宝（一作窦）温、司徒左长史王弼都秘密地向后秦国君姚兴呈上奏疏，劝谏姚兴册立姚弼为太子，姚兴虽然没有采纳他们的意见，但是也没有责备他们。

兴疾笃，弼潜聚众数千人，谋作乱。姚裕遣使以弼逆状告诸兄在藩镇者，于是姚懿治兵于蒲阪，镇东将军、豫州牧洸治兵于洛阳，平西将军谌治兵于雍，皆欲赴长安讨弼。会兴疾瘳，见群臣，征房将军刘羌泣以告兴。梁喜、尹昭请诛弼，且曰："苟陛下不忍杀弼，亦当夺其权任。"兴不得已，免弼尚书令，使以将军、公还第。懿等各罢兵。

【译文】后秦国君姚兴的病情严重，姚弼暗中聚集数千名部众，阴谋制造叛乱。姚裕派遣使者把姚弼准备叛逆的情形，告诉给了那些在外地驻守藩镇的诸位哥哥，因此姚懿在蒲阪整合军队，镇东将军、豫州牧姚洸在洛阳整合军队，平西将军姚谌在雍城整合军队，都准备前往长安讨伐姚弼。正巧这时姚兴的病情好转了，召见群臣，征房将军刘羌就哭着把这件事情告诉了姚兴。梁喜、尹昭请求姚兴把姚弼诛杀，并且说："如果陛下不忍心把姚弼诛杀，也应当把他的权势和官职都剥夺了。"姚兴万不得已，只好把姚弼尚书令的官职罢免，让他以大将军、广平公的身份回到自己的府第赋闲。姚懿等人也都各自停止了军事行动。

懿、洸、谌与姚宣皆入朝，使裕入白兴，求见，兴曰："汝等正欲论弼事耳，吾已知之。"裕曰："弼苟有可论，陛下所宜垂听；若懿等言非是，便当置之刑辟，奈何逆拒之！"于是，引见懿等于谘议堂。宣流涕极言，兴曰："吾自处之，非汝曹所忧。"抚军东曹属姜虬上疏曰："广平公弼，衅成逆著，道路皆知之。昔文王之化，刑于寡妻；今圣朝之乱，起自爱子，虽欲含忍掩蔽，而逆党扇惑不已，弼之乱心何由可革！宜斥散凶徒，以绝祸端。"兴以虬表示梁喜曰："天下人皆以吾儿为口实，将何以处之？"喜曰："信如虬言，陛下早宜裁决。"兴默然。

【译文】后秦国君姚兴的几个儿子姚懿、姚洸、姚谌和姚宣等人都返回了朝廷，让姚裕进宫告诉姚兴，请求父王接见，姚兴说："你们几个人不过就是打算谈论姚弼的事情而已，那么我已经知道了。"姚裕说："如果姚弼的事情有需要谈论的价值，那么陛下也应该仔细听一听；如果姚懿等人说的话是不真实的，就应该用刑罚对他们进行处罚，为什么要凭空猜测并且拒绝和他们谈话呢？"于是姚兴就在谘议堂召见了姚懿等人。姚宣流着眼泪仗义执言，姚兴说："我自己来决定这件事，你们不需要担心。"抚军东曹属姜虬向姚兴呈上奏疏说："广平公姚弼，灾祸已经形成，叛逆的迹象已经明显，就连道路上面的人都知道。从前周文王的教化之所以能够推广，是因为他首先用礼法要求自己的妻子。现在圣明朝廷的变乱，就起源于陛下对儿子的宠爱，虽然我们想要包涵容忍，对他加以遮掩庇护，但是那些叛逆的党徒们却不断地煽动诱惑他，这样下去姚弼想要叛乱的想法怎么能够革除呢！您应该把姚弼身边的那些恶棍凶徒都勒令驱散，以此来断绝灾祸的来源。"姚兴把姜虬的奏表拿给梁喜看，然后对他说："天下的人都拿我的儿子作为动乱的借口，应该要怎么办才好呢？"梁喜说："确实就和姜虬所说的话一样，陛下应该早一点做出裁断。"姚兴沉默没有说话。

唾契汗、乙弗等部皆叛南凉，南凉王傉檀欲讨之，邯川护军孟恺谏曰："今连年饥馑，南逼炽磐，北逼蒙逊，百姓不安。远征虽克，必有后患；不如与炽磐结盟通籴，慰抚杂部，足食缮兵，俟时而动。"傉檀不从，谓太子虎台曰："蒙逊近去，不能猝来，旦夕所虑，唯在炽磐。然炽磐兵少易御，汝谨守乐都，吾不过一月必还矣。"乃帅骑七千袭乙弗，大破之，获马牛羊四十馀万。

【译文】唾契汗、乙弗等部落全部都背叛了南凉，南凉国君秃发傉檀打算前去讨伐他们。邯川护军孟恺劝谏秃发傉檀说："现在，我们连续几年遭遇饥荒，南边有乞伏炽磐的威胁，北边又有沮渠蒙逊的逼迫，老百姓的生活都得不到安宁。这次即使通过遥远的征伐取得了胜利，那也必然会留下以后的灾患；不如和乞伏炽磐结为盟友，沟通粮食的贸易，慰藉安抚各族的部落，积足粮食，训练军队，等待时机再采取行动。"但是秃发傉檀没有采纳他的意见，反而告诉太子秃发虎台说："沮渠蒙逊最近才刚刚离去，不会突然再来，值得我们早晚忧虑的，只有乞伏炽磐一个。但是乞伏炽磐的士兵人数少，容易抵抗，你只需要小心守住乐都，我不超过一个月，一定就可以回来了！"于是秃发傉檀率领七千名骑兵前去偷袭乙弗，并且将乙弗打得大败，缴获了四十多万只马牛羊。

河南王炽磐闻之，欲袭东都，群臣咸以为不可。太府主簿焦袭曰："傉檀不顾近患而贪远利，我今伐之，绝其西路，使不得还救。则虎台独守穷城，可坐禽也。此天亡之时，必不可失。"炽磐从之，帅步骑二万袭乐都。虎台凭城拒守，炽磐四面攻之。

【译文】河南王乞伏炽磐听到了这个消息以后，打算进攻乐都，群臣都认为不可以。太府主簿焦袭说："秃发傉檀没有考虑到眼前的忧患，却去贪图远方的好处，我们现在前去讨伐他，把乐都以西的道路断绝，让他没有办法赶回来进行救援，那么秃发虎台独自防守一座穷困的城池，我们坐着就可以把他擒获了。这是上天让他们灭亡的时机，我们一定不能错过。"乞伏炽磐采纳了他的意见，率领步兵和骑兵一共两万人前去偷袭乐都。秃发虎台依靠城防抵抗防守，乞伏炽磐从乐都城的四面发起进攻。

南凉抚军从事中郎尉肃言于虎台曰："外城广大难守，殿下不若聚国人守内城，肃等帅晋人拒战于外，虽有不捷，犹足自存。"虎台曰："炽磐小贼，且夕当走，卿何过虑之深！"虎台疑晋人有异心，悉召豪望有谋勇者闭之于内。孟恺泣曰："炽磐乘虚内侮，国家危于累卵。恺等进欲报恩，退顾妻子，人思效死，而殿下乃疑之如是邪！"虎台曰："吾岂不知君之忠笃，惧馀人脱生虑表，以君等安之耳。"

一夕，城溃，炽磐入乐都，遣平远将军捷虔帅骑五千追祎檀，以镇南将军谦屯为都督河右诸军事、凉州刺史，镇乐都；秃发赴单为西平太守，镇西平；以赵恢为广武太守，镇广武；曜武将军王基为晋兴太守，镇浩亹；徙虎台及其文武百姓万馀户于枹罕。赴单，乌孤之子也。

【译文】南凉抚军从事中郎尉肃告诉秃发虎台说："外城很广大，难以防守，殿下不如把本国的百姓聚集起来防守内城，让我尉肃等人率领汉族人在外城坚持抵抗迎战敌人，也许不能取得胜利，但是也还可以保存自己。"秃发虎台说："乞伏炽磐那个小贼，早晚都要逃走，你何必这样太过深切地忧虑呢？"秃发虎台怀疑汉族人有叛逆的想法，就把汉族人当中有名望的豪族、有勇有谋的人全部都召进内城，软禁在内城里面。孟恺哭着说："乞伏炽磐利用国内的空虚，入侵欺侮我们，国家的局势比堆在一起的鸡蛋还要危险。我孟恺等人，对上想要报答王家恩德，对下还要照顾妻子儿女，人人都想为国家效忠卖命，可是殿下却对我们存有如此疑心！"秃发虎台说："我怎么可能不知道你的忠心笃厚呢？我只是害怕万一其余的人发生意外，让你们这些人去安抚他们罢了。"

一天晚上，城防溃败了，乞伏炽磐进入了乐都，派遣平远将军乞伏捷虔率领五千名骑兵迎击秃发祎檀，任命镇南将军乞伏谦屯为都督河右诸军事、凉州刺史，镇守乐都；秃发赴单为西平太守，镇守西平；任命赵恢为广武太守，镇守广武；曜武将军王基为晋兴太守，镇守浩亹；把秃发虎台和他的文武官员、一万多户百姓强行迁徙到枹罕居住。秃发赴单，是秃发乌孤的儿子。

河间人褚匡言于燕王跋曰："陛下龙飞辽、碣，旧邦族党，倾首朝阳，以日为岁，请往迎之。"跋曰："道路数千里，复隔异国，如何可致？"匡曰："章武临海，舟楫可通，出于辽西临渝，不为难也。"跋许之，以匡为游击将军、中书待郎，厚资遣之。匡与跋从兄买、从弟睹自长乐帅五千馀户归于和龙，契丹、库莫奚皆降于燕。跋署其大人为归善王。跋弟丕避乱在高句丽，跋召之，以为左仆射，封常山公。

柔然可汗斛律将嫁女于燕，斛律兄子步鹿真谓斛律曰："幼女远嫁忧思，请以大臣树黎等女为媵。"斛律不许。步鹿真出，谓树黎等曰："斛律欲以汝女为媵，远适他国。"树黎恐，与步鹿真谋使勇士夜伏于斛律穹庐之后，伺其出而执之，与女皆送于燕，立步鹿真为可汗而相之。

【译文】北燕的河间人褚匡向北燕国君冯跋说："陛下在辽、碣这里登上帝位，但是那些仍然在长乐的故旧亲友，却还在家乡向东方仰头，殷切地盼望陛下前去营救，度过一天就像是度过一年那样长，请您能够允许我前去迎接他们。"冯跋说："道路有数千里那么遥远，中间又隔着其他国家，我们要如何把他们接来呢？"褚匡说："章武郡这地方靠着海边，乘船就可以通过，从辽西的临渝穿过，不会太难。"冯跋准许了他的计划，任命褚匡为游击将军、中书侍郎，交给他一笔丰厚的费用派遣他去。

271

褚匡和冯跋的堂哥冯买、堂弟冯睹，从长乐率领了五千多户百姓回到了和龙，契丹部落、库莫奚部落都向北燕投降了。冯跋任命他们的首领为归善王。冯跋的弟弟冯丕为了躲避灾乱，跑到了高句丽，冯跋把他传召回来，任命他为左仆射，册封他为常山公。

柔然可汗郁久闾斛律准备把女儿嫁给北燕王冯跋，郁久闾斛律的侄子郁久闾步鹿真告诉郁久闾斛律说："小女孩远嫁到其他国家，难免忧念想家，最好是能够把大臣树黎等人的女儿作为陪嫁的婢妾。"但是郁久闾斛律没有答应。郁久闾步鹿真出来了以后，就告诉树黎等人说："郁久闾斛律打算让你的女儿作为陪嫁的婢妾，远嫁到其他国家去。"树黎听了以后感到很害怕，就和郁久闾步鹿真商量，派遣勇士在夜里埋伏在郁久闾斛律的毡帐后面，等到郁久闾斛律出来以后就把他抓住，和他的女儿一起送到北燕，于是，树黎拥立郁久闾步鹿真为可汗，而树黎自己则被任命为宰相。

初，社仑之徙高车也，高车人叱洛侯为之乡导以并诸部，社仑德之，以为大人。步鹿真与社仑之子社拔共至叱洛侯家，淫其少妻，妻告步鹿真曰："叱洛侯欲奉大檀为主。"大檀者，社仑季父仆浑之子也，领别部镇西境，素得众心。步鹿真归而发兵围叱洛侯，叱洛侯自杀。遂引兵袭大檀，大檀逆击，破之，执步鹿真及社拔，杀之，自立为可汗，号牟汗纥升盖可汗。

【译文】起初，郁久闾社仑把高车部落迁移的时候，高车人叱洛侯担任他的向导，使他得以兼并了几个其他部落，社仑很感激他，把他任命为高车部落的大人。郁久闾步鹿真和郁久闾社仑的儿子郁久闾社拔一起到叱洛侯的家里，把叱洛侯年轻的妻子奸淫了，这位妻子告诉郁久闾步鹿真说："叱洛侯想要拥立郁久闾大檀为君主。"郁久闾大檀是郁久闾社仑的叔父郁久闾仆浑的儿子，率领其他部族在西部的边境镇守，一向很得百姓的拥戴。郁久闾步鹿真回去以后，就发动军队围攻叱洛侯部落，叱洛侯因此自杀了。于是郁久闾步鹿真又率领士兵前去攻击郁久闾大檀，郁久闾大檀迎头痛击，并且把郁久闾步鹿真的部队打得大败，郁久闾步鹿真和郁久闾社拔都被捉住了，把他们都杀死后自立为可汗，称做牟汗纥升盖可汗。

斛律至和龙，燕王跋赐斛律爵上谷侯，馆之辽东，待以客礼，纳其女为昭仪。斛律上书请还其国，跋曰："今度国万里，又无内应，若以重兵相送，则馈运难继。兵少则不足成功，如何可还？"斛律固请，曰："不烦重兵，愿给三百骑，送至敕勒，国人必欣然来迎。"跋乃遣单于前辅万陵帅骑三百送之。陵惮远役，至黑山，杀斛律而还。大檀亦遣使献马三千匹、羊万口于燕。

六月，泰山太守刘研等帅流民七千馀家，河西胡酋刘遮等帅部落万馀家，皆降于魏。

戊申，魏主嗣如豺山宫；丁亥，还平城。

【译文】斛律带着自己的人到达和龙，燕王冯跋赐给斛律上谷侯的爵位，并且在辽东设馆，像对待客人一样对待他，娶他的女儿为昭仪。斛律向燕王上奏书，请求燕王能够让他回到自己的国家，冯跋对他说："你现在距离你的国家也有万里远，而且你又没有内部的附应，我如果现在派遣很多军队护送你回去，那就得接连不断地运送粮食，如果军队太少又不足以夺取胜利，你又怎么能成功地回去呢？"斛律听了冯跋的话之后，依然坚持请求要回去，他对冯跋说："我回去不需要您给我派遣很

多的军队，我只希望你能够给我派遣三百名骑兵，把我送到敕
勒国就好了，到时候那里的人一定会很高兴地出来迎接我的。"
冯跋于是就派遣单于前辅万陵率领着三百名骑兵去护送斛律。
但是万陵害怕他们要走很长时间的路，于是在他们一行人到达
黑山时，他把斛律杀死了，然后自己带着军队回去了。大檀也派
遣使者送了三千匹马和一万口羊给燕国。

　　六月，泰山的太守刘研等人一起率领着七千多家流亡的百
姓，河西的胡人酋长刘遮等人也率领着一万多家的部族，都向
魏国投降了。

　　戊申日（二十日），魏国的君主拓跋嗣率领着自己的部下到
达了豹山宫；丁亥日（六月无此日），他又带着部下回到了平城。

　　乐都之溃也，南凉安西将军樊尼自西平奔告南凉王秃发傉
檀谓其众曰："今妻子皆为炽磐所虏，退无所归，卿等能与吾籍乙
弗之资，取契汗以赎妻子乎？"乃引兵西。众多逃还，傉檀遣镇
北将军段苟追之，苟亦不还。于是将士皆散，唯樊尼与中军将
军纥勃、后军将军洛肱、散骑侍郎阴利鹿不去。傉檀曰："蒙逊、
炽磐昔皆委质于吾，今而归之，不亦鄙乎！四海之广，无所容身，
何其痛也！与其聚而同死，不若分而或全。樊尼，吾长兄之子，
宗部所寄；吾众在北者户垂一万，蒙逊方招怀士民，存亡继绝，
汝其从之；纥勃、洛肱亦与尼俱行。吾年老矣，所适不容，宁见
妻子而死！"遂归于炽磐，唯阴利鹿随之。傉檀谓利鹿曰："吾亲
属皆散，卿何独留？"利鹿曰："臣老母在家，非不思归；然委质
为臣，忠孝之道，难以两全。臣不才，不难为陛下泣血求救于邻
国，敢离左右乎！"傉檀叹曰："知人固未易。大臣亲戚皆弃我去，
今日忠义终始不亏者，唯卿一人而已！"

【译文】起初，在乐都溃败的时候，南凉的安西将军樊尼从西平逃出去，跑去向南凉王傉檀报告情况，南凉王傉檀告诉他的部属说："现在炽磐把你们的妻子和儿女都给俘虏了，即使再想退也没有什么地方可以选择回去了，所以你们能不能和我一起利用乙弗的力量，带兵去攻取契汗来赎回自己的妻子和儿女呢？"于是南凉王傉檀带兵向西前进。部属中有很多人都逃回来了，傉檀立即派遣镇北将军段苟带兵前去追赶那些逃跑的人，可是段苟最后也没有回来。因此到最后将士们都逃散了，只有樊尼和中军将军纥勃、后军将军洛肱、散骑侍郎阴利鹿他们三人还没有离去。傉檀说："沮渠蒙逊和炽磐，他们从前都把人质委交给我们，向我们称臣，今天我如果去投靠他们，不有些可耻吗？四海这么广大的地方，就没有一个可以容身的地方，真的是令人很痛心啊！与其大家都聚在一起，最后全部都死亡，还不如现在就分开来，或许到时候还能有存命的。樊尼，你是我大哥的儿子，他是宗族寄予厚望的人。我的部属都在北方，将近有一万户的人口，沮渠蒙逊现在正在招抚怀柔士民，让快要灭亡的国家能够继续生存下去，让快要断绝的民族可以继续延续下去，你还是去那里吧。纥勃、洛肱也和樊尼一起走吧。我的年纪已经很老了，所到的地方都不会被容纳了，我宁愿先去见我的妻子一面，然后再死去！"于是他们几人听完这一番话之后，都去投降炽磐了，唯独只有阴利鹿跟随着他。傉檀对阴利鹿说："现如今我的亲属都逃散了，你为什么还要独自留下来跟随着我呢？"阴利鹿对他说："臣的老母亲在家里，我不是不想回去。但是作为一个臣子，自古以来忠孝的道理，都是很难两全其美的。臣没有什么特殊的才能，也不能够替陛下您泣血去向邻国寻求救兵，所以我又怎么敢随便离开您的左右呢？"傉檀听了阴利鹿说的话之后，叹了口气说："要想真正地了解一个人实在不是一件容易的事啊。大臣们和亲戚们都背弃我而去了，到了今天还能够尽忠义，自始至终完美无缺的，只有卿一人而已!"

祎檀诸城皆降于炽磐，独尉贤政屯浩亹，固守不下。炽磐遣人谓之曰："乐都已溃，卿妻子皆在吾所，独守一城，将何为也?"贤政曰："受凉王厚恩，为国藩屏。虽知乐都已陷，妻子为禽;先归获赏，后顺受诛。然不知主上存亡，未敢归命;妻子小事，岂足动心! 若贪一时之利，忘委付之重者，大王亦安用之!"炽磐乃遣虎台以手书谕之，贤政曰："汝为储副，不能尽节，面缚于人，弃父忘君，堕万世之业。贤政义士，岂效汝乎!"闻祎檀至左南，乃降。

【译文】祎檀的许多城池都向炽磐投降了，只有尉贤政带兵屯守在浩亹，依然坚持着防守，没有被乞伏炽磐给攻取下来。乞伏炽磐派人去告诉他说："乐都现在都已经溃败了，你的妻子和儿女也都落在我的地方了，你还独自一个人守着这个城，究竟还能再做些什么呢?"尉贤政回答说："我接受了凉王深厚的恩惠，带兵在这里作为国家的藩镇屏障防守。我虽然已经知道乐都沦陷了，我的妻子和儿女也一定都被你们的人给俘虏了。先向你们归降的人接受了奖赏，后顺服的人一定是会被你们给诛杀的。但是我到现在还不知道主上到底是活着还是已经死了，所以我不敢随便归服听命。我的妻子和儿女都只是一些小事情，哪里又值得我动心呢? 如果我现在贪求了一时的利益，忘记了主上曾经委托给我的重任，大王又哪里还值得任用我呢?"于是炽磐就亲自派遣虎台拿着自己亲笔写的信给他，贤政又对他说："你是太子，不能够克尽节操，背缚以投降，背弃了自己的父亲，忘记了君上，将万世的基业就这样堕毁了，我贤政是个忠义的人，怎么肯效法你的做法呢？"最后，一直到听说祎檀带着军队到达了左南的时候，他才投降了。

炽磐闻祎檀至，遣使郊迎，待以上宾之礼。秋，七月，炽磐以祎檀为票骑大将军，赐爵左南公。南凉文武，依才铨叙。岁馀，炽磐使人鸩祎檀；左右请解之，祎檀曰："吾病岂宜疗邪！"遂死，谥曰景王。虎台亦为炽磐所杀。祎檀子保周、贺，俱延子覆龙，利鹿孤孙副周，乌孤孙承钵，皆奔河西王蒙逊；久之，又奔魏。魏以保周为张掖王，覆龙为酒泉公，贺西平公，副周永平公，承钵昌松公。魏主嗣爱贺之才，谓曰："卿之先与朕同源。"赐姓源氏。

【译文】炽磐听说祎檀带着军队到达了，立即派遣使者到郊外去迎接他，并且用对待上宾的礼节来接待他。秋季，七月，炽磐任命祎檀为骠骑大将军，并赐他爵位为左南公。南凉的文武官吏们，也都依照才能各自予以授官叙用了。一年多以后，炽磐派人去毒杀祎檀；左右的人得知这个消息之后都去请求解救他，祎檀对他们说："我的病哪里还需要再去治疗呢？"于是祎檀就死了，最后被谥号为景王。虎台也被炽磐派人给杀了。祎檀的儿子保周、贺，俱延的儿子覆龙，利鹿孤的孙子副周和乌孤的孙子承钵，都逃奔去了河西王沮渠蒙逊那里，很久之后，他们又逃奔去了魏国。魏国的君主任命保周为张掖王，覆龙为酒泉公，贺为西平公，副周为永平公，承钵为昌松公。魏国的君主拓跋嗣非常喜爱贺的才干，他告诉贺说："你的先人本是和我同一源流的，所以就赐你姓源氏。"

八月，戊子，魏主嗣遣马邑侯陋孙使于秦，辛丑，遣谒者于什门使于燕，悦力延使于柔然。于什门至和龙，不肯入见，曰："大魏皇帝有诏，须冯王出受，然后敢入。"燕王跋使人牵逼令入，什门见跋不拜。跋使人按其项，什门曰："冯王拜受诏，吾自以宾主致敬，何若见逼邪！"跋怒，留什门不遣，什门数众辱之。左右请杀之，跋曰："彼各为其主耳。"乃幽执什门，欲降之，什门终不降，久之，衣冠弊坏略尽，虮虱流溢，跋遗之衣冠，什门皆不受。

魏主嗣以博士王谅为平南参军，使以平南将军、相州刺史尉太真书与太尉裕相闻。太真，古真之弟也。

【译文】八月，戊子日（初一），魏国的君主拓跋嗣派遣马邑侯陋孙去出使秦国。辛丑日（十四日），拓跋嗣又派遣谒者于什门去出使燕国，让悦力延去出使柔然。当于什门带着部下到了和龙的时候，他不肯进去求见，他说："大魏的皇上有诏令要宣读，让你们冯王出来接受诏命，然后我才敢进入城内。"燕王冯跋得知这件事情之后，立即派人去牵引逼迫他进入城内。于什门被逼着进入城内之后，见到冯跋也不跪拜，冯跋就派人去按下他的头颈，于什门对冯王说："冯王拜受了我们魏国君主的诏命，那么我自然就会以宾主的礼向您致敬，您现在又何必如此逼迫我呢？"冯跋听了之后很生气，将于什门给扣留下来，不肯放他回去。于是于什门非常生气，好几次在大庭广众之下侮辱冯跋。冯跋身边的侍从们请求把他给杀死，可是冯跋对他们说："于什门也只不过是为自己的主上罢了。"然后冯跋下令派人把于什门给幽禁起来，想要劝他投降，可是于什门却始终不肯向冯跋投降。这样时间一长，于什门来的时候穿的衣服和帽子大多都损坏了，虮虱也都爬满了衣外。冯跋给他送来了衣服和帽子，可是于什门依然不肯接受。

魏国的君主拓跋嗣任命博士王谅为平南参军，然后派他将平南将军、相州刺史尉太真的信拿去给太尉刘裕，互通了音讯。尉太真，是尉古真的弟弟。

九月，丁巳朔，日有食之。

冬，十月，河南王炽磐复称秦王，置百官。

燕主跋与夏连和，夏王勃勃遣御史中丞乌洛孤如燕莅盟。

十一月，壬午，魏主嗣遣使者巡行诸州，校阅守宰资财，非家所赍者，悉簿为赃。

西秦王炽磐立妃秃发氏为后。

【译文】九月，丁巳朔日（初一），出现了日食的现象。

冬季，河南王炽磐再一次号称"秦王"，并且设置了百官。

燕国的君主冯跋和夏国联合通好，于是夏王赫连勃勃派遣御史中丞乌洛孤到燕国去参加结盟。

十一月，壬午日（二十七日），魏国的君主拓跋嗣派遣使者到各州去巡行，校核查阅各个郡守县宰所有的财物，只要不是自家所携带的，全部当作赃物记录下来。

西秦王炽磐册封他的妃子秃发氏为皇后。

【申涵煜评】惩贪之法，固不可不严。然朝廷自有体统。魏遣使校阅，非所赍者皆为赃。使所在，守宰类遭劫，然未免太过。贪者固不足惜，廉隅之吏何堪此扰。

【译文】惩罚贪污的法律，原本就不可不严肃。然而朝廷自有一套制度。北魏明元帝拓跋嗣派遣使者校阅各级官员，不是所赠予的财物都视为赃物。使者所在的地方，地方长官大都遭受洗劫，然而这种做法实在是太过分。贪污的人固然不值得惋惜，有节操的官吏怎能忍受得了这种打扰？

十二月，丙戌朔，柔然可汗大檀侵魏。丙申，魏主嗣北击之。大檀走，遣奚斤等追之，遇大雪，士卒冻死及堕指者什二三。

河内人司马顺宰自称晋王，魏人讨之，不克。

燕辽西安素弗卒，燕王跋比葬七临之。

【译文】十二月，丙戌朔日（初一），柔然可汗大檀率领着军队去侵略魏国。丙申日（十一日），魏国的君主拓跋嗣率领着军队向北去攻击他。大檀被拓跋嗣给打败之后逃走，拓跋嗣立即派遣奚斤等人带兵前去追赶，但是他们遇到了大雪，士兵们中被冻死和冻掉了手指的，十人中就有两三人。

河内人司马顺宰自称为晋王，魏国人知道之后就去征讨他，但是最后没有成功。

燕国的辽西公素弗死了，燕王冯跋知道这个消息之后，在他下葬的时候，已经前去吊唁了七次。

是岁，司马国璠兄弟聚众数百，潜渡淮，夜入广陵城。青州刺史檀祗领广陵相，国璠兵直上听事，祗惊出，将御之，被射伤而入，谓左右曰："贼乘暗得入，欲掩我不备；但击五鼓，彼惧晓，必走矣。"左右如其言，国璠兵果走，追杀百馀人。

魏博士祭酒崔浩为魏主嗣讲《易》及《洪范》，嗣因问浩天文、术数。浩占决多验，由是有宠，凡军国密谋皆预之。

夏王勃勃立夫人梁氏为王后，子璝为太子；封子延为阳平公，昌为太原公，伦为酒泉公，定为平原公，满为河南公，安为中山公。

【译文】这一年，司马国璠兄弟聚集了数百名徒众暗中渡过淮水，夜晚他们进入了广陵城。青州刺史檀祗兼领着广陵的宰臣。国璠的军队直接冲向官署的大厅，檀祗惊觉之后走出来，准备前去抵抗的时候，被箭给射伤退了回去，他告诉身边的人说："贼兵一定会趁着天黑冲进来，想利用我们没有防备的时候来搞一个突然袭击，所以现在只要我们击打五更鼓，他们就会害怕天亮，一定会逃走的。"身边的人按照他说的话去做了，最后国璠的军队果然都逃走了。

魏国的博士祭酒崔浩替魏国的君主拓跋嗣去讲解《易经》和《尚书·洪范》，拓跋嗣于是向崔浩询问天文和术数的一些道理。崔浩的占卦决断，多半都是很灵验的，因此他得到了魏国君主的宠幸，凡是朝廷中军事政治的机密，魏国的君主都会请他参与。

夏王赫连勃勃册封自己的夫人梁氏为王后，让他的儿子赫连璝为太子；封自己的儿子赫连延为阳平公，赫连昌为太原公，赫连伦为酒泉公，赫连定为平原公，赫连满为河南公，赫连安为中山公。

资治通鉴卷第一百一十七　晋纪三十九

起旃蒙单阏,尽柔兆执徐,凡二年。

【译文】起乙卯(公元 415 年),止丙辰(公元 416 年),共二年。

【题解】本卷记录了公元 415 年至 416 年,即晋安帝司马德宗义熙十一年至义熙十二年共两年间东晋与各国的大事。主要记录了刘裕讨伐荆州刺史司马休之,雍州刺史鲁宗之出兵响应司马休之,荆州军队战败,司马休之、鲁宗之等北投后秦;记录了刘裕留刘穆之掌管朝政,亲自率兵伐秦;记录了东晋给刘裕加官晋爵,刘裕向朝廷讨"九锡",却推辞不受;记录了前秦内乱,太子姚泓继位;记录了夏主赫连勃勃攻秦,先胜后败;此外还记录了北魏平定刘虎部落,征讨燕国北;魏将张蒲与翟猛雀叛乱等等。

安皇帝壬

义熙十一年(乙卯,公元四一五年)春,正月,丙长,魏主嗣还平城。

太尉裕收司马休之次子文宝、兄子文祖,并赐死;发兵击之。诏加裕黄钺,领荆州刺史。庚午,大赦。

丁丑,以吏部尚书谢裕为尚书左仆射。

辛巳,太尉裕发建康。以中军将军刘道怜监留府事,刘穆之兼右仆射,事无大小,皆决于穆之。又以高阳内史刘钟领石头戍事，屯冶亭。休之府司马张裕、南平太守檀范之闻之，皆逃归建康。裕，邵之兄也。雍州刺史鲁宗之自疑不为太尉裕所容，与其子竟陵太守轨起兵应休之。二月，休之上表罪状裕，勒兵拒之。

【译文】义熙十一年（乙卯，公元 415 年）春季，正月，丙辰日（初二），魏国的君主拓跋嗣带着自己的部下回到了平城。

太尉刘裕将司马休之的次子文宝和侄子文祖都给抓捕了，然后一起赐他们自尽了，并且发动军队去攻打休之。朝廷颁布诏令加赐刘裕黄钺，同时让他兼领荆州刺史。庚午日（十六日），下令大赦天下。

丁丑日（二十三日），朝廷颁布诏令让吏部尚书谢裕担任尚书左仆射。

辛巳日（二十七日），太尉刘裕率领着自己的部下从建康出发。刘裕任命中军将军刘道怜监留府事，让刘穆之兼任右仆射。还吩咐事情无论是大还是小，都由刘穆之决定。又任命高阳的内史刘钟兼领石头戍事，让他带兵屯守在冶亭。司马休之的府司马张裕和南平太守檀范之听说这件事情之后，都逃回到建康去了。张裕，是张邵的哥哥。雍州的刺史鲁宗之怀疑自己可能不会被太尉刘裕所包容，于是就和他的儿子竟陵太守鲁轨一起发兵去响应司马休之。二月，司马休之向朝廷上奏表去状告刘裕的罪状，然后就派兵前去抵抗。

裕密书招休之府录事参军南阳韩延之，延之复书曰："承亲帅戎马，远履西畿，阖境士庶，莫不惶骇。辱疏，知以谯王前事，良增叹息。司马平西体国忠贞，款怀待物。以公有匡复之勋，家国蒙赖，推德委诚，每事询仰。谯王往以微事见劾，犹自表逊位；况以大过，而当嘿然邪！前已表奏废之，所不尽者命耳。推寄相与，正当如此。而遽兴兵甲，所谓‘欲加之罪，其无辞乎！’刘裕足下，海内之人，谁不见足下此心，而复欲欺迳国士！来示云‘处怀期物，自有由来’，今伐人之君，啗人以利，真可谓‘处怀期物，自有由来’者乎！刘藩死于阊阖之门，诸葛毙于左右之手；甘言诧方伯，袭之以轻兵；遂使席上靡款怀之士，阃外无自信诸侯，以是为得算，良可耻也！贵府将佐及朝廷贤德，寄命过日。吾诚鄙劣，尝闻道于君子，以平西之至德，宁可无授命之臣乎！必未能自投虎口，比迹郗僧施之徒明矣。假令天长丧乱，九流浑浊，当与臧洪游于地下，不复多言。”裕视书叹息，以示将佐曰：“事人当如此矣！”延之以裕父名翘，字显宗。乃更其字曰显宗，名其子曰翘，以示不臣刘氏。

琅邪太守刘朗帅二千馀家降魏。

【译文】刘裕暗中写信给司马休之的府录事参军南阳人韩延之，想要招抚他，韩延之给刘裕的回信说：“承蒙你亲自率领着军队来征战，直到远到西面荆楚的地方，全境的士人和一般老百姓们，没有一人每天不是在惶恐害怕的。现在辱承你的来信，告诉我谯王的一些旧事，实在是令人叹息啊。司马平西（司马休之）对国家尽忠职守，极为忠贞，待人也非常诚恳。因为你曾有过匡正复兴国家的功劳，所以国家和百姓都非常依赖你，推求德行，委任诚心，每当有重大事情的时候，也都会先去向你请教询问。谯王过去因为一件小事被弹劾，司马休之还曾自己上表请求辞职，何况谯王如果再犯大错，司马休之哪能闭口无言！前一段时间司马休之已经上表奏请撤销了谯王的王位，唯一没有做绝的不过是留下了谯王的一条命罢了。推己及人，把这事交给别人，谁都会这么做的。而你现在却急着发动军队，就像古人说的那样：‘如果想要给别人加些罪过，还怕没有什么说辞吗?' 刘裕足下, 海内的人谁没有看清你的这个心理, 而你现在还要再去欺骗全国仰望的士人吗? 你来信说是:'要谦虚待人, 以此方便和别人相互期许, 由来自有。' 但是现在你带着军队去攻打别人的国君, 然后还用利益来诱惑他, 这真的可以说是'谦虚待人, 以便和别人相互期许, 由来有自' 吗? 刘藩死在了闾阖门, 诸葛长民死在了自己身边的人手上。先是用甜蜜的话去诱惑刘毅, 然后再用轻快的军队去偷袭他。最后使得坐席上没有一个诚信的人士, 在京师以外的地方, 也没有了自己相信的诸侯, 还自以为自己的计策很不错, 这真的是很可耻的呀! 贵府的将军佐官和朝廷中贤明有德的人, 都是在寄托生命过日子。我这个人实在是很鄙陋浅劣, 但是也曾经向有德的君子学过一些道理, 像司马休之那样有美德的人, 难道就没有能够以性命相托的臣子吗? 我一定不能让自己掉到老虎的口中, 这从郗僧施那些人的事迹中比较来看, 是非常明显的。假使上天要让这个天下长久地有灾乱, 让各家的学术思想一直处于浑浊不明的状态下, 那么我将和臧洪一起在九泉之下去游历, 你不用再多说些什么了!" 刘裕看完了这封信之后, 十分叹息, 他将这封信拿给他的将佐们看, 对他们说:"侍奉别人的人, 就应该是这个样子的。" 韩延之因为刘裕父亲名翘, 字显宗, 于是他就更改了他的字为显宗, 给他的儿子取名为翘, 用来表示坚决不会向刘氏称臣。

琅邪的太守刘朗率领着两千多户的人家去向魏国投降。

【申涵煜评】延之遗刘裕一书, 词严义正, 不特不肯为裕屈而发其过恶, 如揭肝肺。裕虽枭雄, 不能不为心折。古今有骂人而人不怒者, 宾王檄与此书是也。

【译文】韩延之给刘裕的书信，措辞正当和理由充分，不只是不肯为刘裕所屈服而且还揭发刘裕过去的恶行，犹如揭开他的肝肺。刘裕即使是一时枭雄，不可能不被他的行为感到衷心佩服。古今就有辱骂他人但他人却不发怒的，骆宾王的檄文和这封韩延之的书信就是这样的。

庚子，河西胡刘云等帅数万户降魏。

太尉裕（吏）〔使〕参军檀道济、朱超石将步骑出襄阳。超石，龄石之弟也。江夏太守刘虔之将兵屯三连，立桥聚粮以待，道济等积日不至。鲁轨袭击虔之，杀之。裕使其婿振威将军东海徐逵之统参军蒯恩、王允之、沈渊子为前锋，出江夏口。逵之等与鲁轨战于破冢，兵败，逵之、允之、渊子皆死，独蒯恩勒兵不动。轨乘胜力攻之，不能克，乃退。渊子，林子之兄也。

【译文】庚子日（十六日），河西胡刘云等人率领着数万户的人家去向魏国投降了。

太尉刘裕派遣参军檀道济和朱超石他们两人一起带领着步兵和骑兵从襄阳出发。朱超石，是朱龄石的弟弟。江夏太守刘虔之带领士兵屯守在三连，架立桥梁，聚集了许多的粮食来等待檀道济等人，但是檀道济的军队过了好几天也没有到达。鲁轨带兵去侵袭刘虔之，把他给杀死了。刘裕得知这个消息后，立即派遣他的女婿振威将军东海人徐逵之统领着参军蒯恩、王允之和沈渊子为前锋，从江夏口出发了。徐逵之等人和鲁轨在破冢交战，但是他们战败了，最后徐逵之、王允之和沈渊子也都战死了，只有蒯恩还在按兵不动。鲁轨乘着自己战胜的威力继续派兵去攻打他，但是最终还是不能获胜，只好退走了。沈渊子，是沈林子的哥哥。

裕军于马头，闻逵之死，怒甚；三月，壬午，帅诸将济江。鲁轨、司马文思将休之兵四万，临峭岸置陈，军士无能登者。裕自被甲欲登，诸将谏，不从，怒愈甚。太尉主簿谢晦前抱持裕，裕抽剑指晦曰："我斩卿！"晦曰："天下可无晦，不可无公！"建武将军胡藩领游兵在江津，裕呼藩使登，藩有疑色。裕命左右录来，欲斩之。藩顾曰："正欲击贼，不得奉教！"乃以刀头穿岸，劣容足指，腾之而上，随者稍多。既登岸，直前力战。休之兵不能当，稍引却。裕兵因而乘之，休之兵大溃，遂克江陵。休之、宗之俱北走，轨留石城。裕命阆中侯下邳赵伦之、太尉参军沈林子攻之；遣武陵内史王镇恶以舟师追休之等。

有群盗数百夜袭冶亭，京师震骇；刘钟讨平之。

【译文】刘裕将军队驻扎在马头，他听说徐逵之死了之后，非常生气。三月，壬午日（二十九日），刘裕率领着众将渡江。鲁轨和司马文思带领着司马休之的四万名军队，面对着峭壁边开始布置军阵，刘裕的士兵们没有一人能够攀登上去。最后刘裕自己身披战甲想要攀登上去，众将对他此举都是极力劝谏，但是刘裕根本不听，更加生气。太尉主簿谢晦跑向前去抱住刘裕，刘裕抽出自己的佩剑指着谢晦说："我要杀了你！"谢晦对刘裕说："天下可以没有谢晦，但是天下不可以没有主公啊！"建武将军胡藩带领着自己的游击军队在江津，刘裕喊叫胡藩，让他去攀登，胡藩露出疑难的神色。刘裕于是立即命令左右的人将他捉拿起来，要把他给杀死。胡藩回头对刘裕说："我现在正要带兵去攻击贼兵，根本就不可能接受这个命令！"于是最后用自己的刀头在岸壁上穿了个洞穴，稍微能够容纳下脚趾的深度，然后就按照这个方法攀腾而上。大家看到他这个方法之后，学着他的做法跟随他的人也就慢慢多了起来。他们成功地登岸以后，直接奋勇作战。司马休之的军队根本就不能够抵挡他们的攻势，稍微有些退却。于是刘裕的军队就趁此机会乘势前进，司马休之的兵最后大败，刘裕将江陵给攻取下来。司马休之和司马宗之只好都向北逃走，把鲁轨留下来在石城防守。刘裕命令阆中侯下邳人赵伦之和太尉参军沈林子带兵前去攻打鲁轨，派遣武陵的内史王镇恶率领着水军前去追赶司马休之等人。

有一群几百人的盗匪在夜里去偷袭冶亭，京师得知这个消息后受到了震动。然后派遣刘钟去把他们给讨平了。

秦广平公弼谮姚宣于秦王兴，宣司马权丕至长安，兴责以不能辅导，将诛之；丕惧，诬宣罪恶以求自免。兴怒，遣使就杏城收宣下狱，命弼将三万人镇秦州。尹昭曰："广平公与皇太子不平，今握强兵于外，陛下一旦不讳，社稷必危。'小不忍，乱大谋'，陛下之谓也。"兴不从。

夏王勃勃攻秦杏城，拔之，执守将姚逵，坑士卒二万人。秦王兴如北地，遣广平公弼及辅国将军敛曼嵬向新平，兴还长安。

河西王蒙逊攻西秦广武郡，拔之。西秦王炽磐遣将军乞伏魋尼寅邀蒙逊于浩亹，蒙逊击斩之；又遣将军折斐等帅骑一万据勒姐岭，蒙孙击禽之。

河西饥胡相聚于上党，推胡人白亚栗斯为单于，改元建平，以司马顺宰为谋主，寇魏河内。夏，四月，魏主嗣命公孙表等五将讨之。

【译文】秦国的广平公姚弼在秦王姚兴面前说姚宣的坏话，然后在姚宣的司马权丕到达长安后，姚兴责怪他不能够加以辅导，准备把他给杀死。权丕知道之后非常害怕，于是就诬告姚宣的罪过，以求免除自己的罪。姚兴听了他的话后，非常生气，立即派遣使者到杏城去抓捕姚宣，然后把他给关进了牢狱，命令姚弼带领着三万人去镇守秦州。尹昭知道这件事情后，去对姚兴说："广平公和皇太子一向是不和的，现在掌握着强大的兵力在外面，陛下一旦过世的话，我们的国家一定会有危险的。'小的事情不能够忍耐，大的谋略也一定会被扰乱的。'陛下现在就是这样啊。"但是姚兴没有听从尹昭的意见。

夏王赫连勃勃带兵去进攻秦国的杏城，成功地将杏城给攻取下来，并且将杏城的守将姚逵给俘虏了，活埋了两万多士兵。秦王姚兴到达北地之后，立即派遣广平公姚弼和辅国将军敛曼嵬一起带兵向新平进发，然后姚兴自己带着部下回到了长安。

河西王沮渠蒙逊带兵去攻打西秦的广武郡，把广武郡给攻取下来。西秦王炽磐立即派遣将军乞伏魋尼寅在浩亹去迎击沮渠蒙逊，沮渠蒙逊把他给打败了，而且还把他给杀死了。炽磐只好又派遣将军折斐等人，率领着一万名骑兵据守在勒姐岭，沮渠蒙逊立即加以迎击，把他们也都给俘虏了。

河西受饥荒影响的胡人互相聚集在上党，他们推举胡人白亚栗斯为单于，并且改年号为建平。让司马顺宰为他们的谋主，去侵略魏国的河内。夏季，四月，魏国的君主拓跋嗣命令公孙表等五名将军率领军队去讨伐他们。

青、冀二州刺史刘敬宣参军司马道赐，宗室之疏属也。闻太尉裕攻司马休之，道赐与同府辟闾道秀、左右小将王猛子谋杀敬宣，据广固以应休之。乙卯，敬宣召道秀，屏人语，左右悉出户。猛子逡巡在后，取敬宣备身刀杀敬宣。文武佐吏即时讨道赐等，皆斩之。

己卯，魏主嗣北巡。

西秦王炽磐子元基自长安逃归，炽磐以为尚书左仆射。

【译文】青州和冀州刺史刘敬宣的参军司马道赐，是宗室远房的亲属。在听说太尉刘裕带兵去攻打司马休之之后，司马道赐和同府辟间道秀、左右小将王猛子密谋杀害刘敬宣，然后据守在广固，来响应司马休之的起兵。乙卯日（初三），刘敬宣召见了辟间道秀，并且将身边的人都给屏开，想要单独和他谈话，于是刘敬宣左右的人全部都准备离开房门。王猛子退走到后面的时候，立即取出刘敬宣防身的刀子将刘敬宣给杀死了。文武佐吏得知这个消息后，立刻就派兵前去讨伐司马道赐等人，并且把他们都给杀死了。

己卯日（二十七日），魏国的君主拓跋嗣带着自己的部下到北方去巡守。

西秦王炽磐的儿子元基，从长安逃回来之后，炽磐让他担任尚书左仆射。

五月，丁亥，魏主嗣如大宁。

赵伦之、沈林子破鲁轨于石城，司马休之、鲁宗之救之不及，遂与轨奔襄阳，宗之参军李应之闭门不纳。甲午，休之、宗之、轨及谯王文思、新蔡王道赐、梁州刺史马敬、南阳太守鲁范俱奔秦。宗之素得士民心，争为之卫送出境。王镇晋等追之，尽境而还。

【译文】五月，丁亥日（初五），魏国的君主拓跋嗣率领着自己的部下到了大宁。

赵伦之和沈林子带兵在石城打败了鲁轨，司马休之和鲁宗之来不及前去营救他，于是就和他一起逃奔到襄阳去。可是鲁宗之的参军李应之将城门紧紧关闭，不肯接纳他们。甲午日

（十二日），司马休之、鲁宗之、鲁轨和谯王文思、新蔡王道赐、梁州刺史马敬、南阳太守鲁范他们几人全部都逃奔到秦国去了。鲁宗之平时很得士兵和百姓的爱戴，于是士兵和百姓都争相卫送他出境。王镇恶等人得到消息带兵去追赶，但是到了边境之后，他们就回来了。

【乾隆御批】裕知韩延之忠于所事，欲事己者皆效之，独不思己亦晋臣乎！

【译文】刘裕知道韩延之是忠于他所事奉的人的，希望事奉自己的人都能效法韩延之，却唯独不考虑自己也是东晋的臣子啊！

初，休之等求救于秦、魏，秦征虏将军姚成王及司马国璠引兵至南阳，魏长孙嵩至河东，闻休之等败，皆引还。休之至长安，秦王兴以为扬州刺史，使侵扰襄阳。侍御史唐盛言于兴曰："据符谶之文，司马氏当复得河、洛。今使休之擅兵于外，犹纵鱼于渊也；不如以高爵厚礼，留之京师。"兴曰："昔文王卒免羑里，高祖不毙鸿门；苟天命所在，谁能违之！脱如符谶之言，留之适足为害。"遂遣之。

【译文】起初，司马休之等人去向秦国和魏国求救时，秦国的征虏将军姚成王和司马国璠带兵到南阳去了，魏国的长孙嵩到河东去了，他们听说司马休之等人战败的消息后，就都立即带兵回去了。司马休之到了长安，秦王姚兴任命他为扬州刺史，派遣他去入侵扰乱襄阳。侍御史唐盛告诉姚兴说："根据符谶的文字预示，司马氏应当能够再次得到河、洛的地方。您现在如果派遣司马休之统领军队在外地的话，那就像是把鱼放回到深渊里去一样。所以我们还不如拿很高的爵位，用很厚的礼物，把他留在京师。"姚兴对他说："从前周文王最终能够从羑里释放出来，汉高祖在鸿门宴的时候也没有被杀死，如果这真的是天命所在的地方，那么又有谁能够违抗呢？假如以后真的会像符谶的话一样，我们将他给留下来，那才是真正会成为祸害的。"于是姚兴就派遣司马休之前去。

诏加太尉裕太傅、扬州牧，剑履上殿，入朝不趋，赞拜不名。以兖、青二州刺史刘道怜为都督荆、湘、益、秦、宁、梁、雍七州诸军事、票骑将军、荆州刺史。道怜贪鄙，无才能，裕以中军长史晋陵太守谢方明为票骑长史、南郡相，命道怜府中众事皆谘决于方明。方明，冲之子也。

益州刺史朱龄石遣使诣河西王蒙逊，谕以朝廷威德。蒙逊遣舍人黄迅诣龄石，且上表言："伏闻车骑将军裕欲清中原，愿为右翼，驱除戎虏。"

夏王勃勃遣御史中丞乌洛孤与蒙逊结盟，蒙逊遣其弟湟河太守汉平莅盟于夏。

【译文】朝廷颁布诏命加赠太尉刘裕为太傅、扬州牧，并且能够带剑着履上殿，入朝的时候，也不必快步前行，拜谒君上致辞的时候，也不必称呼自己的名字。任命兖州和青州刺史刘道怜为都督荆、湘、益、秦、宁、梁、雍七州诸军事、骠骑将军、荆州刺史。刘道怜这个人为人十分贪婪鄙吝，根本没有什么才能，刘裕让中军长史晋陵太守谢方明担任骠骑长史、南郡相，刘道怜府里的许多事情都必须向谢方明咨询，并且最终的决定取决于谢方明。谢方明，是谢冲的儿子。

益州刺史朱龄石派遣使者去拜访河西王沮渠蒙逊，告诉他朝廷的武力威德。沮渠蒙逊派遣舍人黄迅去拜访朱龄石，而且还上奏表说:"我听说车骑将军刘裕想要率领军队去平定中原,我愿意主动请缨去做他的右翼,和他一起赶走戎敌。"

夏王赫连勃勃派遣御史中丞乌洛孤去和沮渠蒙逊结盟,沮渠蒙逊派遣他的弟弟湟河太守汉平代表他在夏国去参加盟誓。

西秦王炽磐帅众三万袭湟河,沮渠汉平拒之,遣司马陇仁夜出击炽磐,破之。炽磐将引去,汉平长史焦昶、将军段景潜召炽磐,炽磐复攻之,昶、景因说汉平出降。仁勒壮士百馀据南门楼,三日不下,力屈,为炽磐所禽。炽磐欲斩之,散骑常侍武威段晖谏曰:"仁临难不畏死,忠臣也,宜宥之以厉事君。"乃囚之。炽磐以左卫将军匹达为湟河太守,击乙弗窟乾,降其三千馀户而归。以尚书右仆射出连虔为都督岭北诸军事、凉州刺史;以凉州刺史谦屯为镇军大将军、河州牧。陇仁在西秦五年,段晖又为之请,炽磐免之,使还姑臧。

【译文】西秦王炽磐率领着三万人去偷袭湟河,沮渠汉平自己带兵加以抵抗,然后派遣司马陇仁在夜晚的时候出兵去攻击炽磐,最后成功地将炽磐给打败了。炽磐战败后只好准备带兵回去,但是此时沮渠汉平的长史焦昶和将军段景暗中召纳炽磐,于是炽磐再次率领军队前去攻打,然后焦昶和段景趁着这个时机一起去游说沮渠汉平出城投降。陇仁带领着一百多名壮士据守在南门楼,用了三天都没有把它给攻取下来,而且自己的力量也已经都用尽了,于是最后也被炽磐给俘虏了。炽磐捉住陇仁之后本打算杀了他的,可是散骑常侍武威人段晖劝谏炽磐说:"陇仁在面临着这样的危难的时候都不怕死,说明他是一个忠臣,您应该宽恕他,以此来鼓励在您身边侍奉君主的人。"于是炽磐就下令把他给囚禁起来了。炽磐任命左卫将军匹达为湟河太守，让他带兵去攻击乙弗窟乾，降服了乙弗窟乾的三千多户人家，然后带着军队回去了。朝廷颁布诏令任命尚书右仆射出连虔为都督岭北诸军事、凉州刺史；任命凉州的刺史谦屯为镇军大将军、河州牧。隗仁在西秦待了五年，段晖又替他向炽磐讲情，于是炽磐赦免了他，让他回到了姑臧。

戊午，魏主嗣行如濡源，遂至上谷、涿鹿、广宁。秋，七月，癸未，还平城。

西秦王炽磐以秦州刺史昙达为尚书令，光禄勋王松寿为秦州刺史。

辛亥晦，日有食之。

八月，甲子，太尉裕还建康，固辞太傅、州牧，其馀受命。以豫章公世子义符为兖州刺史。

丁未，谢裕卒；以刘穆之为左仆射。

九月，己亥，大赦。

【译文】戊午日（五月无此日），魏国的君主拓跋嗣率领着自己的部下经过了濡源，然后又到达了上谷、涿鹿和广宁。秋季，七月，癸未日（初二），拓跋嗣带着部下回到了平城。

西秦王炽磐任命秦州刺史昙达为尚书令，让光禄勋王松寿担任秦州刺史。

辛亥晦日（三十日），出现了日食的现象。

八月，甲子日（十三日），太尉刘裕带着自己的部下回到了建康，刘裕依然坚持推辞了太傅和州牧的职位，而其余的人都接受了诏命。任命豫章公的世子义符为兖州刺史。

丁未日（八月无此日），谢裕去世了。朝廷任命刘穆之为左仆射。

九月，己亥日（十九日），朝廷下令大赦天下。

魏比岁霜旱，云、代之民多饥死。太史令王亮、苏坦言于魏主嗣曰："按谶书，魏当都邺，可得丰乐。"嗣以问群臣，博士祭酒崔浩、特进京兆周澹曰："迁都于邺，可以救今年之饥，非久长之计也。山东之人，以国家居广漠之地，谓其民畜无涯，号曰'牛毛之众'。今留兵守旧都，分家南徙，不能满诸州之地，参居郡县，情见事露，恐四方皆有轻侮之心；且百姓不便水土，疾疫死伤者必多。又，旧都守兵既少，屈丐、柔然将有窥窬之心，举国而来，云中、平城必危，朝廷隔恒、代千里之险，难以赴救，此则声实俱损也。今居北方，假令山东有变，我轻骑南下，布濩林薄之间，孰能知其多少！百姓望尘慑服，此国家所以威制诸夏也。来春草生，潼酪将出，兼以菜果，得以秋熟，则事济矣。"嗣曰："今仓廪空竭，既无以待来秋，若来秋又饥，将若之何？"对曰："宜简饥贫之户，使就谷山东；若来秋复饥，当更图之，但方今不可迁都耳。"嗣悦，曰："唯二人与朕意同。"乃简国人尤贫者诣山东三州就食，遣左部尚书代人周几帅众镇鲁口以安集之。嗣躬耕藉田，且命有司劝课农桑。明年，大熟，民遂富安。

【译文】魏国连年都下霜干旱，云和代的百姓多半都饿死了。太史令王亮和苏坦告诉魏国的君主拓跋嗣说："按照谶书上所说的，魏国现在应当将都城建在邺城，这样的话我们的国家才可以得到丰足安乐。"拓跋嗣听了他们的意见之后，就去问群臣，博士祭酒崔浩和特进京兆人周澹对他说："将都城迁到邺城，虽然可以解救今年的饥荒，但是这不是长久的计策。山东的人民，由于国家居住在辽阔的大漠之上，所以认为国民和牲畜一定无数，因此号称'牛毛之众'。如果我们现在留下军队防守在旧都（平城），将一部分的家眷向南迁徙，这些人不可能住满几个州的土地，只好与汉人参杂居住在各郡各县，这样，我们人少的情势就会暴露，恐怕四方的国家都会有轻视侮辱我们的心理。而且一旦百姓们不能够适应那里的水土，发生了疾病，死伤的人一定会有很多的。同时，在旧都防守的兵力减少了，屈丐和柔然就会有窥伺我们间隙的心理，假如他们全国的军队都过来进攻，到时候云中和平城一定会有很多危险，而朝廷隔着恒和代千里遥远的险阻，也很难前往赶去救援了，这样我们国家的声名和实力都会受到损毁。我们现在居住在北方，假使山东有什么变化，我们也能派遣轻快的骑兵向南而下，奔跑在莽林丛草之间，谁又能知道到底有多少呢？百姓们望见那些尘土，也就会慑瞑畏服，这才是一个国家之所以能够威服众夏的方法。等到明年春天草长出来，乳汁和乳浆也就能出来了，加上青菜水果，还有秋天的收成，我们的事情一定能够成功的。"拓跋嗣听完之后，又问他说："我们国家现在的仓库府藏都已经空虚了，已经没有什么办法再等到明年的秋收了。即使我们等到了明年，如果明年秋天又出现饥荒，到时候我们又要怎么办好呢？"他们回答说："我们现在首先应该将饥贫的人家挑选出来，然后教他们到山东去谋生。如果到了明年秋天依然还是饥荒，到时候我们再另外想办法，但是目前为止我们不可以迁都。"拓跋嗣很高兴地对他们说："只有你们两人和朕的意思是相同的。"于是拓跋嗣下令选择国人中最贫苦的，让他们到山东的三州去谋生，并且派遣左部尚书代人周几率领着众人镇守在鲁口去安抚聚集他们。拓跋嗣自己也亲自下田耕种，而且他还命令官吏劝勉教导百姓有关种田养桑的事。第二年，魏国大丰收，百姓

资治通鉴

们也都富裕安乐起来。

夏赫连建将兵击秦，执平凉太守姚周都。遂入新平。广平公弼与战于龙尾堡，禽之。

秦王兴药动。广平公弼称疾不朝，聚兵于第。兴闻之，怒，收弼党唐盛、孙玄等杀之。太子泓请曰："臣不肖，不能缉谐兄弟，使至于此，皆臣之罪也。若臣死而国家安，愿赐臣死；若陛下不忍杀臣，乞退就藩。"兴恻然悯之，召姚赞、梁喜、尹昭、敛曼嵬与之谋，囚弼，将杀之，穷治党与。泓流涕固请，乃并其党赦之。泓待弼如初，无忿恨之色。

【译文】夏国的赫连建带兵前去攻打秦国，将平凉太守姚周都给俘虏了，然后继续带兵进入新平。广平公姚弼和他在龙尾堡打起来了，最终把他给擒住了。

秦王姚兴服用的寒食散药性发作了。此时广平公姚弼推说自己生病了，不肯上朝，并且在自己的府第上聚集了士兵。秦王姚兴听到这个消息后，非常生气，立即下令将姚弼的党徒唐盛和孙玄等人给抓起来，并且把他们给杀害了。太子姚泓听说这件事情之后去请求姚兴说："儿臣不贤肖，不能够让兄弟和谐，到了现在这个地步，这都是儿臣自己的罪过。如果儿臣死了可以让国家安定下来，那么儿臣愿意请求陛下赐臣自尽，如果陛下您不忍心杀儿臣的话，那么儿臣乞请退避远离，去藩镇。"姚兴听了姚泓说的话后，内心十分不忍而怜悯他。姚兴立即召见姚赞、梁喜、尹昭和敛曼嵬，和他们一起商谋，将姚弼给囚禁起来，并且准备杀了他，把他的党徒也全部都给治罪了。姚泓流着眼泪去向姚兴坚持请求，于是姚兴就下令将姚弼连同他的党徒一起都给赦免了。姚泓对待姚弼依然还是像从前一样，没有任何愤怒怨恨的脸色。

　　魏太史奏："荧惑在瓟瓜中，忽亡不知所在，于法当入危亡之国，先为童谣妖言，然后行其祸罚。"魏主嗣召名儒十馀人使与太史议荧惑所诣，崔浩对曰："按《春秋左氏传》：'神降于莘'，以其至之日推知其物。庚午之夕，辛未之朝，天有阴云；荧惑之亡，当在二日。庚之与午，皆主于秦；辛为西夷。今姚兴据长安，荧惑必入秦矣。"众皆怒曰："天上失星，人间安知所诣！"浩笑而不应。后八十馀日，荧惑出东井，留守句己，久之乃去。秦大旱，昆明池竭，童谣讹言，国人不安，间一岁而秦亡。众乃服浩之精妙。

　　【译文】魏国的太史上奏说："荧惑在瓟瓜五星之中，忽然消失不知去向了，依照推占的常法，它应该是到了即将危亡的国家去了，会先用童谣妖言来惊惕，然后再降临灾祸来惩罚。"魏国的君主拓跋嗣即刻召见了十多位名儒，让他们和太史一起研究荧惑所到的地方。崔浩回答说："按照《春秋左氏传》中记载'神降在莘的地方'，所以我们可以利用它到达的那一天去推求知道该物。庚午日的晚上和辛未日的早晨，天上出现了阴云；那么荧惑的消失，应该就是在这两日了。庚和午都以秦国为主，辛为西夷。现在姚兴据守在长安，所以荧惑一定是到秦国去了。"众人听了这个解释后，都生气地说："天上的星星消失了，人间又怎么会知道它到哪里去了呢？"崔浩笑着没有回答众人。八十多天以后，荧惑在东井出现了，逗留徘徊了很久才离去。秦国在这时发生了大旱，昆明池干竭了，儿童歌谣和妖言，也到处而起，国人都感到很不安宁。隔了一年，秦国就灭亡了。大家这时才佩服崔浩的精妙。

【乾隆御批】纬星伏、逆、迟、速，推步原即可得，崔浩袭左氏神降之夸辞传会、占验，实好奇之过，适足为有识者所鄙耳。

【译文】纬星遇到伏、逆、迟、速等情况，本来推算就可以得出结论，崔浩按照春秋左氏神降的夸大之辞牵强附会、占神验卜，实在是好奇造成的过错，正是被有识之士们鄙弃的。

冬，十月，壬子，秦王兴使散骑常侍姚敞等送其女西平公主于魏，魏主嗣以后礼纳之。铸金人不成，乃以为夫人，而宠遇甚厚。

辛酉，魏主嗣如沮洳城；癸亥，还平城。十一月，丁亥，复如豺山宫；庚子，还。

西秦王炽磐遣襄武侯昙达等将骑一万击南羌弥姐、康薄于赤水，降之；以王孟保为略阳太守，镇赤水。

燕尚书令孙护之弟伯仁为昌黎尹，与其弟叱支乙拔皆有才勇，从燕王跋起兵有功，求开府不得，有怨言，跋皆杀之。进护开府仪同三司、录尚书事，以慰其心，护怏怏不悦，跋酖杀之。辽东太守务银提自以有功，出为边郡，怨望，谋外叛，跋亦杀之。

林邑寇交州，州将击败之。

【译文】冬季，十月，壬子日（初二），秦王姚兴派遣散骑常侍姚敞等人护送他的女儿西平公主到魏国去，魏国的君主拓跋嗣用迎娶皇后的礼仪来迎娶她。但是在铸金人占卜的时候，却显示她不能成为皇后，于是拓跋嗣就封她为夫人，十分宠幸优遇她。

辛酉日（十一日），魏国的君主拓跋嗣带着自己的部下到了沮洳城；癸亥日（十三日），他又带着部下回到了平城。十一月，丁亥日（初八），又率领着军队到达了豺山宫；庚子日（二十一日），他才带着军队回来。

西秦王炽磐派遣襄武侯昙达等人，带领着一万名骑兵在赤

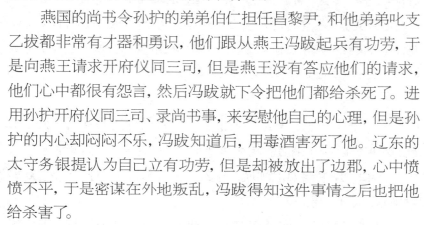

水去攻击南羌的弥姐和康薄，把他们都给降服了。然后任命王孟保为略阳太守，让他带兵镇守在赤水。

燕国的尚书令孙护的弟弟伯仁担任昌黎尹，和他弟弟叱支乙拔都非常有才器和勇识，他们跟从燕王冯跋起兵有功劳，于是向燕王请求开府仪同三司，但是燕王没有答应他们的请求，他们心中都很有怨言，然后冯跋就下令把他们都给杀死了。进用孙护开府仪同三司、录尚书事，来安慰他自己的心理，但是孙护的内心却闷闷不乐，冯跋知道后，用毒酒害死了他。辽东的太守务银提认为自己立有功劳，但是却被放出了边郡，心中愤愤不平，于是密谋在外地叛乱，冯跋得知这件事情之后也把他给杀害了。

林邑率领军队去侵略交州，交州守卫的人将他给打败了。

义熙十二年（丙辰，公元四一六年）春，正月，甲申，魏主嗣如豺山宫。戊子，还平城。

加太尉裕兖州刺史、都督南秦州，凡都督二十二州；以世子义符为豫州刺史。

秦王兴使鲁宗之将兵寇襄阳，未至而卒。其子轨引兵入寇，雍州刺史赵伦之击败之。

西秦王炽磐攻秦洮阳公彭利和于漒川，沮渠蒙逊攻石泉以救之。炽磐至沓中，引还。二月，炽磐遣襄武侯昙达救石泉，蒙逊亦引去。蒙逊遂与炽磐结和亲。

【译文】义熙十二年（丙辰，公元 416 年）春季，正月，甲申日（初六），魏国的君主拓跋嗣率领着军队到达了豺山宫；戊子日（初十），他们回到了平城。

朝廷颁布诏令加赠太尉刘裕为兖州刺史、都督南秦州，一

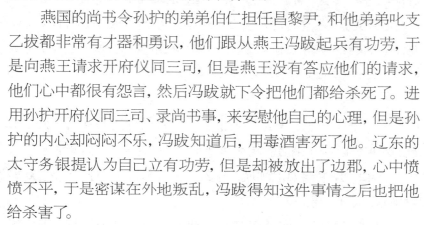

资治通鉴

300

共都督了二十二个州。任命他的世子刘义符为豫州刺史。

秦王姚兴派遣鲁宗之带兵去入侵襄阳，但是在鲁宗之还没有到达襄阳的时候，他就死了，于是他的儿子鲁轨接替了父职带兵去入侵，但是最后鲁轨被雍州刺史赵伦之给打败了。

西秦王炽磐率领军队在漒川去攻打秦国的洮阳公彭利时，沮渠蒙逊带兵去攻打石泉来援救。炽磐带领着军队到了沓中后，就带兵回去了。二月，炽磐派遣襄武侯昙达前去救援石泉，沮渠蒙逊得知消息后也立即带兵回去了。沮渠蒙逊因此和炽磐结盟和亲了。

秦王兴如华阴，使太子泓监国，入居西宫。兴疾笃，还长安，黄门侍郎尹冲谋因泓出迎而杀之。兴至，泓将出迎，宫臣谏曰："主上疾笃，奸臣在侧，殿下今出，进不得见主上，退有不测之祸。"泓曰："臣子闻君父疾笃而端居不出，何以自安！"对曰："全身以安社稷，孝之大者也。"泓乃止。尚书姚沙弥谓尹冲曰："太子不出迎，宜奉乘舆幸广平公第；宿卫将士闻乘舆所在，自当来集，太子谁与守乎！且吾属以广平公之故，已陷名逆节，将何所自容！今奉乘舆以举事，乃杖大顺，不惟救广平之祸，吾属前罪亦尽雪矣。"冲以兴死生未可知，欲随兴入宫作乱，不用沙弥之言。

【译文】秦王姚兴率领着军队到达华阴后，令太子姚泓暂时监理国事，住进了西宫。但是姚兴的病非常严重，最后只好回到了长安。黄门侍郎尹冲计划利用姚泓出宫去迎接的时候把他给杀掉。姚兴到了之后，姚泓要出城去迎接，此时姚泓的宫臣劝谏说："现在主上的病非常严重，奸邪的臣子就在身侧，如果殿下您现在出宫的话，向前见不到主上，退后也会有难测的大祸的。"姚泓对他说："作为臣子，听到了君父的病非常沉重，而安稳地待在宫里不出宫去迎接他，这让我如何能够心安呢?"宫臣回答说:"保全您的身体来安定我们的国家，这才是最大的孝行啊。"于是姚泓才停止了出宫迎接的计划。尚书姚沙弥告诉尹冲说:"太子不打算出宫迎接皇上了，我们应该奉迎皇上的坐舆到广平公的府第，一旦宿卫将士们听到皇上坐舆所在的地方，他们自然都会前来集合，到那时还有谁能去保护太子呢?况且我们因为广平公的缘故，名字已被列为奸逆叛徒了，我们将来如何找到能使自己容身的地方呢?现在我们奉迎皇上的坐舆而能够举发大事，可以依恃着正当的理由，不仅可以解救广平公的灾祸，也可以把我们以前的罪名全部都给雪洗了。"而尹冲以为姚兴的生死现在还不知道，所以想要跟随姚兴一起入宫作乱，就没有听取姚沙弥的意见。

兴入宫，命太子泓录尚书事，东平公绍及右卫将军胡翼度典兵禁中，防制内外。遣殿中上将军敛曼嵬收弼等中甲仗，内之武库。

【译文】姚兴成功入宫以后，立即任命太子姚泓录领尚书事。让东平公姚绍和右卫将军胡翼度在内宫掌管着兵力，防止控制宫禁的内外。并且派遣殿中上将军敛曼嵬收取姚弼府第中的所有武器，将它们都纳入武库里面。

兴疾转笃，其妹南安长公主问疾，不应。幼子耕儿出，告其兄南阳公愔曰:"上已崩矣，宜速决计。"愔即与尹冲帅甲士攻端门，敛曼嵬，胡翼度等勒兵闭门拒战。愔等遣壮士登门，缘屋而入，及于马道。泓侍疾在谘议堂，太子右卫率姚和都帅东宫兵入屯马道南。愔等不得进，遂烧端门。兴力疾临前殿，赐弼死。禁兵见兴，喜跃，争进赴贼，贼众惊扰，和都以东宫兵自后击之，愔等大败。愔逃于骊山，其党建康公吕隆奔雍，尹冲及弟泓来奔。兴引东平公绍及妙赞、梁喜、尹昭、敛曼嵬入内寝，受遗诏辅政。明日，兴卒。泓秘不发丧，捕南阳公愔及吕隆、大将军尹元等，皆诛之。乃发丧，即皇帝位，大赦，改元永和。泓命齐公恢杀安定太守吕超，恢犹豫久之，乃杀之。泓疑恢有贰心，恢由是惧，阴聚兵谋作乱。泓葬兴于偶陵，谥曰文桓皇帝，庙号高祖。

【**译文**】姚兴的病变得越来越严重，他的妹妹南安长公主去探病的时候，他已经不能回答了。幼子姚耕儿出来以后，立即去告诉他的哥哥南阳公姚愔说："君上已经死了，我们现在要赶快决定计策了。"于是姚愔立即和尹冲率领着部队去攻打端门，敛曼嵬和胡翼度等人也即刻率领士兵将城门紧紧关闭，来抵抗作战。姚愔等人派遣勇士登上了城门，顺着屋子进入城内，到了宫中的马道。姚泓在谘议堂侍候姚兴的疾病，太子右卫率姚和都得知这个消息后，立即率领着东宫的军队，进入宫内，屯守在马道的南边。姚愔等人不能够成功进去，于是他们烧毁了端门，姚兴力撑重病到达了前殿，下令赐姚弼自尽。禁兵看见姚兴之后，都非常高兴，争相进宫要去攻击贼兵，众贼看到这样的情形，都十分惊恐。于是姚和都利用这个时机带领着东宫的军队从后面去主动攻击，姚愔等人大败。姚愔逃到了骊山，他的同党建康公吕隆逃奔到雍城去了，尹冲和他的弟弟尹泓逃奔到晋朝去了。姚兴诏命东平公姚绍和姚赞、梁喜、尹昭、敛曼嵬进入内寝，让他们接受遗命辅佐朝廷的政治。第二天，姚兴就死了。姚泓隐瞒了姚兴的死讯，没有发布丧闻，下令捕捉南阳公姚愔和大将军尹元等人，抓到他们之后，将他们都给杀死了，这才发布了丧闻，登上了皇帝尊位，下令大赦，改年号为永和。

姚泓命令齐公姚恢去杀死安定太守吕超。姚恢接到命令之后
犹豫了很久，才把吕超给杀掉。于是姚泓就怀疑姚恢有叛逆
的心理，姚恢得知之后心里非常害怕，于是就暗中聚集了军队，
想要阴谋作乱。姚泓把姚兴葬在了偶陵，谥号为文桓皇帝，庙
号为高祖。

资治通鉴

初，兴徙李闰羌三千户于安定。兴卒。羌酋党容叛，泓遣
抚军将军姚赞讨降之，徙其酋豪于长安，馀遣还李闰，北地太守
毛雍据赵氏坞以叛，东平公绍讨禽之。时姚宣镇李闰，参军韦
宗闻毛雍叛，说宣曰："主上新立，威德未著，国家之难，未可量
也，殿下不可不为深虑。邢望险要，宜徙据之，此霸王之资也。"
宣从之，帅户三万八千，弃李闰，南保邢望。诸羌据李闰以叛，东
平公绍进讨破之。宣诣绍归罪，绍杀之。

【译文】 起初，姚兴将李闰羌的三千户人家迁徙到了安定。
姚兴死了之后，羌人的首领党容叛变了，于是姚泓就派遣抚军
将军姚赞带兵前去征讨降服他们，最后把他们的豪富都迁到长
安去了，其余的人则遣调回到李闰那里。北地太守毛雍据守在
赵氏坞的时候叛变了，东平公姚绍带兵去征讨他，成功地把他
给擒俘了。当时姚宣镇守在李闰，他的参军韦宗听说毛雍背叛
了，就去告诉姚宣说："主上刚刚登立，声威和德望还没有建立，
我们的国家将要面临的危难还是不可预测的，殿下您不能不加
以深切地考虑啊。邢望是一个地势很险要的地方，您应该迁去
据守在那里，这将来能够成为霸王的资本。"姚宣听了韦宗的意
见之后觉得很有道理，于是就率领着三万八千户人，放弃了李
闰，向南保守邢望。众羌立即占据李闰叛变了，东平公姚绍带
兵前去讨伐他们，把他们都给打败了。姚宣到姚绍那里去请罪，

姚绍下令把他给杀死了。

三月，加太尉裕中外大都督。裕戒严将伐秦。诏加裕领司、豫二州刺史，以其世子义符为徐、兖二州刺史。琅邪王德文请启行戍路，修敬山陵；诏许之。

夏，四月，壬子，魏大赦，改元泰常。

西秦襄武侯昙达等击秦秦州刺史姚艾于上邽，破之，徙其民五千馀户于枹罕。

五月，癸巳，加太尉裕领北雍州刺史。

六月，丁巳，魏主嗣北巡。

并州胡数万落叛秦，入于平阳，推匈奴曹弘为大单于，攻立义将军姚成都于匈奴堡。征东将军姚懿自蒲阪讨之，执弘，送长安，徙其豪右万五千落于雍州。

【译文】三月，朝廷颁布诏令加赠太尉刘裕中外大都督。刘裕训练军队，准备前去攻打秦国，朝廷又下诏令加赠刘裕兼领司、豫两州刺史，并且任命他的世子刘义符为徐州和兖州刺史。琅邪王德文请求戎车在前面开路，修治礼敬晋朝的皇帝在洛阳的山陵，诏令同意了。

夏季，四月，壬子日（初五），魏国君主下令大赦，改年号为泰常。

西秦的襄武侯昙达等人带兵在上邽去攻打秦国秦州刺史姚艾，把他给打败了，将他的五千多户百姓给迁徙到了枹罕。

五月，癸巳日（十七日），朝廷颁布诏令加赠太尉刘裕兼领北雍州刺史。

六月，丁巳日（十一日），魏国的君主拓跋嗣率领着自己的部下向北巡狩。

并州数万个部族部落背叛了秦国，进入了平阳，他们推举匈奴人曹弘为大单于，在匈奴堡攻打立义将军姚成都。征东将军姚懿带兵从蒲坂去征讨，抓住了曹弘，将他的一万五千个富豪迁徙到雍州去了。

氐王杨盛攻秦祁山，拔之，进逼秦州。秦后将军姚平救之，盛引兵退；平与上邽守将姚嵩追之。夏王勃勃帅骑四万袭上邽，未至，嵩与盛战于竹岭，败死。勃勃攻上邽二旬，克之，杀秦州刺史姚军都及将士五千馀人，因毁其城。进攻阴密，又杀秦将姚良子及将士万馀人；以其子昌为雍州刺史，镇阴密。征北将军姚恢弃安定，奔还长安，安定人胡俨等帅户五万据城降于夏。勃勃使镇东将军羊苟儿将鲜卑五千镇安定，进攻秦镇西将军姚谌于雍城，谌委镇奔长安。勃勃据雍，进掠郿城。秦东平公绍及征虏将军尹昭等将步骑五万击之，勃勃退趋安定，胡俨闭门拒之，杀羊苟儿及所将鲜卑，复以安定降秦。绍进击勃勃于马鞍阪，破之，追至朝那，不及而还。勃勃归杏城。杨盛复遣兄子倦击秦，至陈仓，秦敛曼嵬击却之。夏王勃勃复遣兄子提南侵泚阳，秦车骑将军姚裕等击却之。

【译文】氐王杨盛率领军队去攻打秦国的祁山，攻取下来后，接着进兵逼迫秦州。秦国的后将军姚平带兵前往救援，杨盛只好带兵退回去了，姚平便立即和上邽守将姚嵩带兵前去追赶。夏王赫连勃勃率领着四万骑兵去偷袭上邽，但是在他还没有到达目的地的时候，姚嵩和杨盛就在竹岭打起来了，姚嵩战败身死了。赫连勃勃带兵去攻打上邽，经过了二十天的战争，赫连勃勃将上邽给攻取下来，杀死了秦外刺史姚军都和将士五千多人，并且毁掉了该城。然后又接着进兵去攻打阴密，杀死了秦国的将军姚良子和一万多将士。任命他的儿子赫连昌为雍州刺史，让他带兵镇守在阴密。征北将军姚恢放弃了安定，逃回了长安，安定人胡俨等，率领着五万户人据守在城池投降了夏国。赫连勃勃派遣镇东将军羊苟儿率领着五千名鲜卑人镇守在安定，然后带兵在雍城进攻秦国的镇西将军姚谌，姚谌放弃了自己所镇守的地方，逃奔到长安去了。于是赫连勃勃就据守雍城，进兵掳掠了郿城。秦国的东平公姚绍和征虏将军尹昭等人得知这个消息后，立即带领着五万名步兵和骑兵去攻击赫连勃勃，赫连勃勃只好退走到安定，胡俨将城门紧紧关闭，以此来抵抗敌军，并且杀死了羊苟儿和他所带领的鲜卑人，然后献上了安定，归降了后秦。姚绍带兵在马鞍阪去攻击赫连勃勃，把赫连勃勃打得大败，追击到了朝那，最后还是没有追上，于是就只好回去了。赫连勃勃也回到了杏城。杨盛又派遣他的侄子杨倦带兵前去攻击秦国，当杨倦带着军队到了陈仓的时候，秦国的敛曼嵬把他给打退了。于是夏王赫连勃勃又只好派遣他的侄子赫连提带兵向南去侵略泄阳，秦国的车骑将军姚裕等人率领军队把他给打退了。

凉司马索承明上书劝凉公暠伐河西王蒙逊，暠引见，谓之曰："蒙逊为百姓患，孤岂忘之？顾势力未能除耳。卿有必禽之策，当为孤陈之；直唱大言，使孤东讨，此与言'石虎小竖，宜肆诸市朝'者何异！"承明惭惧而退。

秋，七月，魏主嗣大猎于牛川，临殷繁水而还。戊戌，至平城。

八月，丙午，大赦。

【译文】凉国的司马索承明向朝廷上书劝凉公李暠派兵去攻

打河西王沮渠蒙逊，李暠召见了他，告诉他说："沮渠蒙逊是百姓的祸患，我又怎么会忘记呢？只是以我们现在的势力还不能够除掉他罢了。卿如果有能够擒住他的计策，一定要立即向我说明。如果只是讲大话的话，叫我向东去征讨，这和说'石虎那个小子，就应当在市集里的时候把他给杀死'这句话有什么不同呢？"索承明听了他说的话之后很惭愧畏惧地退了下去。

秋季，七月，魏国君主拓跋嗣带领着部下在牛川举行了一场大规模的田猎，到了殷繁水才回来。戊戌日（二十三日），拓跋嗣又带着自己的部下到达了平城。

八月，丙午日（初一），朝廷下令大赦天下。

宁州献琥珀枕于太尉裕。裕以琥珀治金创，得之大喜，命碎捣分赐北征将士。

裕以世子义符为中军将军，监太尉留府事。刘穆之为左仆射，领监军、中军二府军司，入居东府，总摄内外。以太尉左司马东海徐羡之为穆之之副，左将军朱龄石守卫殿省，徐州刺史刘怀慎守卫京师，扬州别驾从事史张裕任留州事。怀慎，怀敬之弟也。

刘穆之内总朝政，外供军旅，决断如流，事无拥滞。宾客辐凑，求诉百端，内外诸禀，盈阶满室；目鉴辞讼，手答笺书，耳行听受，口并酬应，不相参涉，悉皆赡举。又喜宾客，言谈赏笑，弥日无倦。裁有闲暇，手自写书，寻鉴校定。性奢豪，食必方丈，旦辄为十人馔，未尝独餐。尝白裕曰："穆之家本贫贱，赡生多阙。自叨忝以来，虽每存约损，而朝夕所须，微为过丰。自此外一毫不以负公。"中军咨谘参军张邵言于裕曰："人生危脆，必当远虑。穆之若邂逅不幸，谁可代之？尊业如此。苟有不讳，处分云何？"裕曰："此自委穆之及卿耳。"

【译文】宁州呈献了琥珀枕给太尉刘裕，刘裕用琥珀治疗了自己刀箭的创伤，得了琥珀枕之后很高兴，命人将它捣碎以后，分赏给了北征的将士。

刘裕任命世子刘义符担任中军将军，监领太尉留府事。刘穆之担任左仆射，兼领监军、中军两府军司，入朝居住在东府，总管朝廷内外的事。任命太尉左司马东海人徐羡之做刘穆之的副官，左将军朱龄石率领军队守卫内殿，徐州刺史刘怀慎带兵守卫京师，扬州别驾从事史张裕担任扬州留后事。刘怀慎，是刘怀敬的弟弟。

刘穆之对内负责总管朝政，对外负责供应军旅的需求，决断每一件事情都像流水一样快，事情从来没有拥积迟滞的时候。宾客从四面八方涌来，有各种各样的索求和诉告，朝廷内外咨询禀报的文书，也都堆满了台阶和屋子。眼睛观看着辞讼的文字，手里写着回复的表笺和书札，耳朵还要听别人的说话，口中还在酬答应对，这些事情互相之间又都不混淆错乱，全部都处置的十分得当。他又非常喜欢宾客，聊天赏玩嬉笑，整日都不会觉得疲倦。才稍有了一点的空暇时间，就会亲手自己写书，还寻查阅览校定典籍。他的性情十分奢放豪迈，规定饭桌一定要有一丈见方，要摆满许多菜肴，在他早晨起来时，叫厨夫准备十人的食物，从来不曾自己一个人吃饭。他曾经告诉刘裕说："我刘穆之的家里本来就很贫贱，养生多感不足。自从忝蒙接受委任以来，虽然心里经常想着要节约减损，但是早晚所需要的，都是稍微过于丰盛了一些，除此以外，我一点也没有对不起主公的地方。"中军谘议参军张邵告诉刘裕说："人的生命是很危促脆薄的，每个人都一定要有长远的谋虑。刘穆之如果万一有个什么不幸的话，又有谁能够代替他呢？你现在有如此的功业，如果有了不幸的情况，又要如何去处理呢?"刘裕回答说:"到时候这自然是要委交给刘穆之和你了。"

丁巳，裕发建康，遣龙骧将军王镇恶、冠军将军檀道济将步军自淮、泗向许、洛，新野太守朱超石、宁朔将军胡藩趋阳城，振武将军沈田子、建威将军傅弘之趋武关，建武将军沈林子、彭城内史刘遵考将水军出石门，自汴入河，以冀州刺史五仲德督前锋诸军，开巨野入河。遵考，裕之族弟也。刘穆之谓王镇恶曰:"公今委卿以伐秦之任，卿其勉之!"镇恶曰:"吾不克关中，誓不复济江!"

裕既行，青州刺史檀祗自广陵辄帅众至涂中掩讨亡命。刘穆之恐祗为变，议欲遣军。时檀韶为江州刺史，张邵曰:"今韶据中流，道济为军首，若有相疑之迹，则大府立危，不如逆遣慰劳以观其意，必无患也。"穆之乃止。

【译文】丁巳日(十二日)，刘裕率领着部下从建康出发，他派遣龙骧将军王镇恶和冠军将军檀道济带领着步兵，从淮、泗朝向许、洛，新野的太守朱超石和宁朔的将军胡藩赶往阳城，振武将军沈田子和建威将军傅弘之赶往武关，建武将军沈林子和彭城的内史刘遵考带领着水军离开了石门，从汴水进入黄河，任命冀州刺史王仲德督领前锋各军，开通巨野，进入了黄河。刘遵考，是刘裕同族的弟弟。刘穆之告诉王镇恶说:"主公现在将带兵去讨伐秦国的责任委交给了你，你一定要努力勤勉!"王镇恶回答他说:"我如果不能够将关中给攻取下来，就发誓不再渡江了!"

刘裕带着军队走了以后，青州刺史檀祗从广陵就率领着自己的部属到涂中去征讨逃命的贼兵。刘穆之担心檀祗会叛变，于是就商议着要派军前去。当时檀韶担任江州刺史，张邵对刘穆之说:"现在檀韶带兵据守在长江中流,檀道济作为军队的最高首领,如果他们之间流露出互相猜疑的心意的话,那么太尉府就必定会陷入危险的境地,所以我们还不如加以欢迎,然后再派遣使者去慰劳一番,观察他们的意向,这样做的话一定不会有祸患的。"刘穆之觉得他的建议很有道理,于是停止了计划。

初,魏主嗣使公孙表讨白亚栗斯,曰:"必先与秦洛阳戍将相闻,使备河南岸,然后击之。"表未至,胡人废白亚栗斯,更立刘虎为率善王。表以胡人内自携贰,势必败散,遂不告秦将而击之,大为虎所败,士卒死伤甚众。

嗣谋于群臣曰:"胡叛逾年,讨之不克,其众繁多,为患日深。今盛秋不可复发兵,妨民农务,将若之何?"白马侯崔宏曰:"胡众虽多,无健将御之,终不能成大患。表等诸军,不为不足,但法令不整,处分失宜,以致败耳。得大将素有威望者将数百骑往摄表军,无不克矣。相州刺史叔孙建前在并州,为胡、魏所畏服,诸将莫及,可遣也。"嗣从之,以建为中领军,督表等讨虎。九月,戊午,大破之,斩首万馀级,虎及司马顺宰皆死,俘其众十万馀口。

太尉裕至彭城,加领徐州刺史;以太原王玄谟为从事史。

【译文】起初,魏国的君主拓跋嗣派遣公孙表带兵去讨伐白亚栗斯的时候,说:"你一定要先和秦国洛阳的守将互相传达消息,让他们先在黄河南岸防守,然后再去攻击他们。"但是在公孙表带着军队还没有到达目的地的时候,胡人就废掉了白亚栗斯,另外拥立了刘虎为率善王。于是公孙表认为胡人内部钩心斗角、毫不团结,结果一定会失败溃散,于是没有先去告诉秦国的将军就带兵前去攻击了。结果公孙表被刘虎打得大败,士兵也死伤了很多。

拓跋嗣和群臣商量说："胡人的背叛已经超过一年了，派兵前去征讨却没有一次能够成功的，现在他们的人数已经很多了，造成的祸患也一天比一天严重。今年盛秋时，我们也不能再出动军队去讨伐他们了，会妨碍到百姓农田的收成，那现在到底要怎么办才好呢？"白马侯崔宏说："虽然现在胡人的人数很多，但是他们没有勇将来领导，最终不能够成为大的祸患。公孙表等各个派去讨伐的军队，不是因为力量不足，只是他们军队的法令不够严整，处置失当，才导致失败的。如果我们能够得到平时就很有威望的将领，让他带领着数百名骑兵去领导公孙表的军队，就没有不能成功的。相州刺史叔孙建以前在并州时，被胡人和魏国人所敬畏威服，其他各将都跟不上他，所以我们可以派他带兵前去。"拓跋嗣听从了崔宏的意见后，立即任命叔孙建为中领军，督导公孙表等人前去讨伐刘虎。九月，戊午日（九月无此日），他们将刘虎打得大败，杀死了一万多人，而刘虎和司马顺宰也都死了，俘虏了十万多人。

太尉刘裕率领着自己的部下到达了彭城，加赠兼领徐州刺史。任命太原王玄谟为从事史。

初，王廞之败也，沙门昙永匿其幼子华，使提衣襆自随，津逻疑之。昙永呵华曰："奴子何不速行！"箠之数十，由是得免；遇赦，还吴。以其父存亡不测，布衣蔬食，绝交游不仕，十馀年。裕闻华贤，欲用之，乃发廞丧，使华制服。服阕，辟为徐州主簿。

王镇恶、檀道济入秦境，所向皆捷。秦将王苟生以漆丘降镇恶，徐州刺史姚掌以项城降道济，诸屯守皆望风款附。惟新蔡太守董遵不下，道济攻拔其城，执遵，杀之。进克许昌，获秦颍川太守姚垣及大将杨业。沈林子自汴入河，襄邑人董神虎聚众千馀人来降。太尉裕板为参军。林子与神虎共攻仓垣，克之，秦兖州刺史韦华降。神虎擅还襄邑，林子杀之。

【译文】起初，王廞战败的时候，僧人昙永将他的幼子王华给藏匿起来了，他让王华提着装衣服的包裹跟随着自已，到了渡口时，有巡逻对他们疑心。于是昙永就对着王华大骂着说："你这个奴才，为什么还不快一点走!"打了王华几十下，因此才能够成功逃脱。最后王华遇到了大赦，这才回到吴地。但是因为王华不知道他的父亲到底是生还是死，于是就一直穿着粗布衣服，吃很粗淡的食物，断绝了交游，不去做官，有十多年。刘裕听说了王华的贤才，想要重用他，因此对外发布了王廞已死的丧闻，让王华穿着丧服。王华服丧完毕之后，刘裕就征调他为徐州主簿。

王镇恶和檀道济率领军队进入了秦国境内，他们所到的地方都获得了胜利。秦国的将军王苟生将漆丘城献了出来，向王镇恶投降。徐州刺史姚掌将项城献了出来，向檀道济投降，其他各个屯驻的守兵听说这个消息之后也都归附了。只有新蔡太守董遵没能攻取下来，檀道济立即带兵前去攻打该城，擒住了董遵，并且把他给杀死了。接着又进兵攻下了许昌，俘获了秦国的颍川太守姚垣和将领杨业。沈林子带着军队从汴水进入了黄河，襄邑人董神虎聚集了一千多人前来向他投降，太尉刘裕任命他为参军。沈林子和董神虎带着军队共同去攻打仓垣，他们成功地把仓垣攻取下来了，秦国的兖州刺史韦华也向他们投降了。但是董神虎擅自带兵回到了襄邑，于是沈林子就派人把他给杀死了。

秦东平公绍言于秦主泓曰："晋兵已过许昌，安定孤远，难以救卫，宜迁其镇户，内实京畿，可得精兵十万，虽晋、夏交侵，犹不亡国。不然，晋攻豫州，夏攻安定，将若之何？事机已至，宜在速决。"左仆射梁喜曰："刘公恢有威名，为岭北所惮，镇人已与勃勃深仇，理应守死无贰。勃勃终不能越安定远寇京畿；若无安定，虏马必至于郿。今关中兵足以拒晋，无为豫自损削也。"泓从之。吏部郎懿横密言于泓曰："恢于广平之难，有忠勋于毕下。自陛下龙飞绍统，未有殊赏以答其意。今外则致之死地，内则不豫朝权，安定人自以孤危逼寇，思南迁者十室而九，若恢拥精兵数万，鼓行而向京师，得不为社稷之累乎！宜徵还朝廷以慰其心。"泓曰、"恢若怀不逞之心，徵之适所以速祸耳。"又不从。

【译文】秦国的东平公姚绍告诉秦国的君主姚泓说："晋国的军队已经过了许昌，安定处在十分孤僻偏远的地方，我们很难救助保卫，所以现在应该立即将当地的镇守和民户都迁徙过来，前来充实京畿，这样我们就可以得到十万名精兵，虽然晋朝和夏国之间在交互侵略着，但是他们现在还不会使国家灭亡。不然的话，等到晋朝派兵去攻打豫州，夏国派兵去攻打安定时，我们该如何是好？现在事情的时机已经来临了，所以我们应该要赶快决定。"左仆射梁喜说："齐公姚恢的声名很威猛，岭北的人都很畏惧他，镇守在那里的士兵也已经和赫连勃勃有着深切的仇恨，按理说他们应该会防守誓死不叛逆的。那么赫连勃勃最后一定无法越过安定，远来侵略京畿的。但是如果没有了安定的话，敌人的军马就一定会到达我们这里的。现在关中的兵力足够用来抵抗晋朝了，我们根本就不需要预先减弱消耗自己的力量。"姚泓听从了他的意见。吏部郎懿横暗中告诉姚泓说："当初姚恢在广平危难的时候，对陛下有忠诚的功劳。但是陛下继承了天子的尊位以后，却没有用特殊的奖赏来报答他的功劳。现在他在外面置身于死地之中，在朝里又不能参与政权，安定人认为自己现在很孤单危险，遭受着强敌的逼迫，想要向南迁居的，十家中就有九家，如果姚恢能够带领着数万名精兵，去击鼓行军朝向京师，那么岂不就成为了国家的祸患吗？所以我们应该立即征调他回到朝廷，先慰抚他的心理。"姚泓说："如果姚恢怀有不满的心意，那么征调他回来正是在招惹灾祸。"又不听从他的意见。

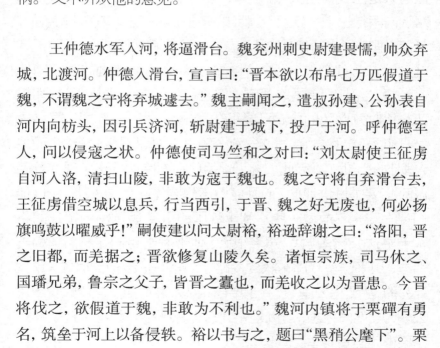

王仲德水军入河，将逼滑台。魏兖州刺史尉建畏懦，帅众弃城，北渡河。仲德入滑台，宣言曰："晋本欲以布帛七万匹假道于魏，不谓魏之守将弃城遽去。"魏主嗣闻之，遣叔孙建、公孙表自河内向枋头，因引兵济河，斩尉建于城下，投尸于河。呼仲德军人，问以侵寇之状。仲德使司马竺和之对曰："刘太尉使王征虏自河入洛，清扫山陵，非敢为寇于魏也。魏之守将自弃滑台去，王征虏借空城以息兵，行当西引，于晋、魏之好无废也，何必扬旗鸣鼓以曜威乎！"嗣使建以问太尉裕，裕逊辞谢之曰："洛阳，晋之旧都，而羌据之；晋欲修复山陵久矣。诸恒宗族，司马休之、国璠兄弟，鲁宗之父子，皆晋之蠹也，而羌收之以为晋患。今晋将伐之，欲假道于魏，非敢为不利也。"魏河内镇将于栗磾有勇名，筑垒于河上以备侵轶。裕以书与之，题曰"黑矟公麾下"。栗磾好操黑矟以自标，故裕以此目之。魏因拜栗磾为黑矟将军。

【译文】王仲德的水军进入黄河，准备继续逼向滑台。魏国的兖州刺史尉建惧怕怯懦，他得知这个消息后，立即率领着部属放弃了守城，向北渡过了黄河。王仲德带兵进入滑台之后，宣称说："晋朝本来打算拿七万匹布帛给魏国，向魏国借路的，但没有想到的是，魏国的守将放弃守城逃走了。"魏国的君主拓跋嗣听了这话之后，立即派遣叔孙建和公孙表两人率领着军队从河内朝向枋头，带兵渡过了黄河，在城下将尉建给杀死了，并且把他的尸体投入到河里去了。呼喊王仲德带来的军人，问他们入侵的动机。王仲德派遣司马竺和之回答说："刘太尉派遣王征虏带兵从黄河进入到洛水，只是想要清除山陵而已，根本就不敢去侵略魏国。是魏国的守将自己将滑台放弃离去了，王征虏只是想要借用空城让士兵们休息一下，然后就要接着率领军队向西行进了，这对于晋朝和魏国的友好是没有任何伤害的，又何必张扬旗帜击鸣战鼓来夸耀自己的威武呢?"拓跋嗣于是就派遣叔孙建前去询问太尉刘裕。刘裕用很谦逊的言辞向他道歉说："洛阳是晋朝的旧都，但是已经被羌人占据了，晋朝想要修治收复山陵的决心已经很久了。各个桓氏的宗族，司马休之、国璠兄弟和鲁宗之父子，他们这几人都是晋朝的蠹害，而羌人却收纳了他们，因此成为了晋朝现在面临的祸患。现在晋朝派兵将要去讨伐他们，而且他们还想要先向魏国借路，所以他们现在一定不敢做一些不利于魏国的事。"魏国河内镇守的将军于栗䃅这个人很勇武，声名很大，他带领士兵们在黄河上构筑堡垒，用来防备晋国军队的侵略。刘裕写信给他的时候，题款处写的是"黑矟公麾下"。于栗䃅这个人喜欢操拿黑色的长矛用来作为自己的标志，所以刘裕才这样称呼他。魏国于是就拜封于栗䃅为黑矟将军。

　　冬，十月，壬戌，魏主嗣如豺山宫。

　　初，燕将库傉官斌降魏，既而复叛归燕。魏主嗣遣骁骑将军延普渡濡水击斌，斩之；遂攻燕幽州刺史库傉官昌、征北将军库傉官提，皆斩之。

【译文】冬季，十月，壬戌日（十八日），魏国的君主拓跋嗣率领着自己的部下到达了豺山宫。

起初，燕国的将军库傉官斌先是向魏国投降了，后来又背叛了魏国要去归附燕国。魏国的君主拓跋嗣得知这一消息后，立即派遣骁骑将军延普带兵渡过濡水去攻击库傉官斌，并且抓住他，把他给杀死了。接着又带兵去进攻燕国的幽州刺史库傉官昌和征北将军库傉官提，把他们全部都给杀害了。

秦阳城、荥阳二城皆降，晋兵进至成皋。秦征南将军陈留公洸镇洛阳，遣使求救于长安。秦主泓遣越骑校尉阎生帅骑三千救之，武卫将军姚益男将步卒一万助守洛阳，又遣并州牧姚懿南屯陕津，为之声援。宁朔将军赵玄言于洸曰："今晋寇益深，人情骇动，众寡不敌，若出战不捷，则大事去矣。宜摄诸戍之兵，固守金墉，以待西师之救。金墉不下，晋必不敢越我而西，是我不战而坐收其弊也。"司马姚禹阴与檀道济通，主簿阎恢、杨虔，皆禹之党也，共嫉玄，言于洸曰："殿下以英武之略，受任方面；今婴城示弱，得无为朝廷所责乎！"洸以为然，乃遣赵玄将兵千馀南守柏谷坞，广武将军石无讳东戍巩城。玄泣谓洸曰："玄受三帝重恩，所守正有死耳。但明公不用忠臣之言，为奸人所误，后必悔之。"既而成皋、虎牢皆来降，檀道济等长驱而进，无讳至石关，奔还。龙骧司马荥阳毛德祖与玄战于柏谷，玄兵败，被十馀创，据地大呼。玄司马蹇鉴冒刃抱玄而泣，玄曰："吾创已重，君宜速去！"鉴曰："将军不济，鉴去安之！"与之皆死。姚禹逾城奔道济，甲子，道济进逼洛阳，丙寅，洸出降。道济获秦人四千餘人，议者欲尽坑之以为京观。道济曰："伐罪吊民，正在今日！"皆释而遣之。于是夷、夏感悦，归之者甚众。阎生、姚益男未至，闻洛阳已没，不敢进。

【译文】秦国的阳城和荥阳都向晋朝投降了，于是晋朝的军队进到了成皋。秦国的征南将军陈留公姚洸带兵镇守在洛阳，他得知晋军来袭，立即派遣使者去向长安求救。秦国的君主姚泓接到求救的消息之后，也立即派遣越骑校尉阎生率领着三千名骑兵赶去救援，让武卫将军姚益男带领着一万名步兵去帮助防守洛阳，又派遣并州州牧姚懿带兵向南作为声援，去屯守陕津。宁朔将军赵玄告诉姚洸说："现在晋朝的军队入侵的已经更为深切了，人心都也已经惊动了。敌众我寡，力量非常悬殊，如果我们出城作战不能得胜，那么我们的大势就会一去不复返。所以我们现在就应该督领各个戍守的兵力，坚固防守着金墉，决不能轻易出城作战，只要等待西边军队的救援就好了。只要金墉不被敌人攻取下来，晋朝就一定不敢越过我们向西行，我们也就可以不用作战，还可以收取困弊他们的效益。"司马姚禹暗中和檀道济互相通好，主簿阎恢和杨虔他们两人，都是姚禹的同党，共同对赵玄心怀嫉怨，他私下里告诉姚洸说："殿下您凭借自己英明勇武的才略，能够独当一面。但是现在却要绕城凭守来表示自己的虚弱，能不被朝廷责怪吗？"姚洸觉得姚禹说的话很有道理，于是立即派遣赵玄带领着一千多名士兵向南，去防守柏谷坞；让广武将军石无讳带兵向东，去戍守巩城。赵玄哭着告诉姚洸说："赵玄接受了三位皇帝厚重的恩典，现在自己所能操守的也只有一死了。但是您不能够采纳忠心的臣子的言论，反而被那些奸邪的小人所迷误，您以后一定会后悔的。"后来成皋和虎牢两地都来投降，檀道济等人，带领着军队长途前进，石无讳到了石关时，就逃奔回去了。龙骧司马荥阳人毛德祖带领军队与赵玄的军队在柏谷打了起来，最后赵玄的军队大败，赵玄身上也有十几处创伤，他倒在地上大叫。赵玄的司马蹇鉴看见后，立即冒着刀刃的危险，上前去抱住赵玄哭，赵玄对他说："我的创伤已很严重了，你现在应该做的事是赶快逃出去！"蹇鉴说："如果将军都不能够继续生存下去了，那我蹇鉴又还能再逃去哪里呢？"最后蹇鉴和赵玄一起死了。姚禹偷偷爬过了城墙，去投奔檀道济了。甲子日（二十日），檀道济带领着军队逼向洛阳，丙寅日（二十二日），姚洸带着自己的部下出城投降。檀道济俘获了四千多名秦人，有人向檀道济提建议把他们全部都给活埋了，然后封土在上面，成为景观。檀道济说："讨伐犯罪的人，安抚无辜的百姓，今天正是时候！"于是就把那些俘虏全部都给释放回去了。因此夷人和夏人都很喜悦，对檀道济都十分感激，于是向他归附的人非常多。阎生和姚益男带领着军队还没有到达，就听说洛阳已经沦陷了，于是他们就都不敢再前进了。

己丑，诏遣兼司空高密王恢之修谒五陵，置守卫。太尉裕以冠军将军毛修之为河南、河内二郡太守，行司州事，戍洛阳。

西秦王炽磐使秦州刺史王松寿镇马头，以逼秦之上邽。

十一月，甲戌，魏主嗣还平城。

太尉裕遣左长史王弘还建康，讽朝廷求九锡。时刘穆之掌留任，而旨从北来，穆之由是愧惧发病。弘，珣之子也。十二月，壬申，诏以裕为相国、总百揆、扬州牧，封十郡为宋公，备九锡之礼，位在诸侯王上，领征西将军、司、豫、北徐、雍四州刺史如故，裕辞不受。

西秦王炽磐遣使诣太尉裕，求击秦以自效。裕拜炽磐平西将军、河南公。

【译文】己丑日（十月无此日），晋安帝颁布诏令派遣兼司空高密王恢之去修治进谒五陵，并且还设置了守卫。太尉刘裕让冠军将军毛修之担任河南和河内两郡的太守，执行司州事，让他带兵戍守在洛阳。

西秦王炽磐派遣秦州刺史王松寿带兵镇守在马头，以逼近秦国的上邽。

十一月，甲戌日（初一），魏国的君主拓跋嗣率领着自己的部下回到了平城。

太尉刘裕派遣左长史王弘回到了建康，并且向朝廷讽示求赐九锡。当时的刘穆之在掌管留任，但是旨令却是从北边而来的，刘穆之因此惭愧忧惧，得了疾病。王弘，是王珣的儿子。十二月，壬申日（二十九日），晋安帝颁布诏令让刘裕担任相国、总领百官、扬州牧，封十郡为宋公，备九锡的大礼，地位在其他各个诸侯之上，他原本统领的征西将军、司、豫、北徐、雍四州刺史依然和原来一样。但是刘裕却推辞没有接受。

西秦王炽磐派遣使者去拜访刘裕，请求让自己带兵去攻击秦国来表现自己效忠的心意。于是刘裕就拜炽磐为平西将军、河南公。

【乾隆御批】穆之与裕比肩为晋臣，何至委心归命，甚以九锡推奉，不自己出，忧惧而死，所谓小人徒自苦尔！

【译文】刘穆之与刘裕二人并肩为东晋朝臣，何至于要把心放下听命刘裕，甚至把九锡推送给他，而不是出于自己的想法，最后忧愁恐惧而死，真可以说是小人白白让自己遭受苦难啊！

秦姚懿司马孙畅说懿使袭长安，诛东平公绍，废秦主泓而代之。懿以为然，乃散谷以赐河北夷、夏，欲树私恩。左常侍张敞、侍郎左雅谏曰："殿下以母弟居方面，安危休戚，与国同之。今吴寇内侵。四州倾没，西虏扰边，秦、凉覆败，朝廷之危，有如累卵。谷者，国之本也，而殿下无故散之，虚损国储，将若之何？"懿怒，笞杀之。

泓闻之，召东平公绍，密与之谋。绍曰："懿性识鄙浅，从物推移，造此谋者，必孙畅也。但驰使徵畅，遣抚军将军赞据陕城，臣向潼关为诸军节度，若畅奉诏而至，臣当遣懿帅河东见兵共御晋师；若不受诏命，便当声其罪而讨之。"泓曰："叔父之言，社稷之计也。"乃遣姚赞及冠军将军司马国璠、建义将军尨玄屯陕津，武卫将军姚驴屯潼关。

【译文】秦国姚懿的司马孙畅去游说姚懿，想让他派人带兵去偷袭长安，先把东平公姚绍给杀死，然后再废掉秦国的君主姚泓，自己取代他。姚懿听了司马畅的意见之后，被他给说动了，于是立即派人去散发粮谷赏赐给河北的夷人和夏人，想要以此来树立自己私人的恩德。左常侍张敞和侍郎左雅劝谏姚懿说："殿下您因为是舅舅的身份，所以才能够独任一个方面，您的安危和喜哀，都是和国家连成一体的。现在吴地的寇敌已经向内侵略了，我们也已经有四个州都沦陷了，西边的敌人还在不断地侵扰边界，如果连秦州和凉州都倾覆败亡了，那么朝廷的危险，就好像是堆累的鸡卵了。粮谷是一个国家的根本，而殿下没有任何缘故就将粮谷给散发出去，将国家的储粮就这样空损了，那么当我们国家遇到了灾难的时候，又要怎么办呢？"姚懿听了他们的话之后，非常生气，下令把他们给笞打而死了。

姚泓听说这件事情之后，立即下令召见了东平公姚绍，然后暗中和他商谋计策。姚绍对姚泓说："姚懿这个人性情卑鄙，知识也很浅陋，他总是会听从他人的意见从而转移自己的思想，所以能够想出这个计谋的人，一定会是孙畅。现在我们只要派遣使者去征调孙畅，然后再派遣抚军将军姚赞带兵去据守陕城，再让臣带着部下到潼关去担任诸军节度。如果孙畅能够接获您下的诏令，带着他的军队到这里，臣就立即派遣姚懿率领着河东现在所有的军队共同去抵抗晋国的军队；如果孙畅没有接受您下的诏令，我们也可以将他的罪名宣告天下，然后再派人带兵去讨伐他。"姚泓听了姚绍说的话之后，对他说："叔父所说的话，真的是安邦定国的大计策啊。"于是姚泓立即下令派遣姚赞和冠军将军司马国璠、建义将军蛇玄带兵屯守在陕津，让武卫将军姚驴带兵屯守在潼关。

懿遂举兵称帝，传檄州郡，欲运匈奴堡谷以给镇人。宁东将军姚成都拒之，懿卑辞诱之，送佩刀为誓，成都不从。懿遣骁骑将军王国帅甲士数百攻成都，成都击禽之，遣使让懿曰："明公以至亲当重任，国危不能救，而更图非望；三祖之灵，其肯佑明公乎！成都将纠合义兵，往见明公于河上耳。"于是，传檄诸城，谕以逆顺，征兵调食以讨懿。懿亦发诸城兵，莫有应者，惟临晋数千户应懿。成都引兵济河，击临晋叛者，破之。镇人安定郭纯等起兵围懿。东平公绍入蒲阪，执懿，诛孙畅等。

【译文】姚懿起兵自称为皇帝，并且传达军书给各个州郡，表示自己想要运送匈奴堡的粮谷给在各个州郡镇守的民众。但是宁东将军姚成都拒绝了他的示好，于是姚懿就想办法用卑微的言辞来引诱他，并且把自己的佩刀送给他作为信誓，可是姚成都仍然没有答应。姚懿派遣骁骑将军王国率领着几百名战士去攻打姚成都，姚成都得知之后主动去迎击王国的进攻，并且成功地擒住了他，然后姚成都就立即派遣使者去责备姚懿说：“因为明公您是至亲的关系，所以能够担当国家重大的责任，但是您不仅在国家有危难时不去救助，而且还对国家有非分的愿望。三位神祖在天的英灵，他们愿意保佑明公您吗？我姚成都即将要结合所有的义兵，然后与他们一起前往蒲阪去与明公您相见。”于是他传达军书给各个郡城，向他们晓喻逆顺的道理，并且征求军队，调度粮食好去征讨姚懿。姚懿也发动了各个城池里的兵力，但是几乎没有什么附应他的人，只有临晋的几千户人去附应姚懿而已。姚成都带领着军队渡过了黄河，去攻击临晋的叛军，并且把他们给打败了。镇人安定的郭纯等得知这个消息之后，一起起兵去围攻姚懿。东平公姚绍带领着军队进入了蒲阪，成功地把姚懿给抓住了，然后他又下令杀死了孙畅等人。

是岁，魏卫将军安城孝元王叔孙俊卒。魏主嗣甚惜之，谓其妻桓氏曰：“生同其荣，能没同其戚乎？”桓氏乃缢而袝焉。

丁零翟猛雀驱略吏民，入白涧山为乱；魏内都大官河内张蒲与冀州刺史长孙道生讨之。道生，嵩之从子也。道生欲进兵击猛雀，蒲曰：“吏民非乐为乱，为猛雀所迫胁耳。今不分别，并击之，虽欲返善，其道无由，必同心协力，据险以拒官军，未易猝平也。不如先遣使谕之，以不与猛雀同谋者皆不坐，则必喜而离散矣。”道生从之，降者数千家，使复旧业。猛雀与其党百馀人出走，蒲等追斩猛雀首，左部尚书周几穷讨馀党，悉诛之。

【译文】这一年，魏国的卫将军安城孝元王叔孙俊死了。魏国的君主拓跋嗣听到这个消息之后十分怜惜，告诉他的妻子桓氏说:"你的丈夫在生的时候,你和他一起共享了荣华富贵,那你还能够在他死的时候和他一起共担忧戚吗?"桓氏听完拓跋嗣说的话之后,立即自尽了,然后和她的丈夫一同合葬了。

丁零人翟猛雀驱赶着士吏和百姓,进入到白涧山起兵去作乱。魏国内都大官河内的张蒲和冀州刺史长孙道生率领着军队前去讨伐他。长孙道生是长孙嵩的侄子。长孙道生要带兵去攻打翟猛雀的时候,张蒲对他说:"士吏和百姓都不是心甘情愿主动作乱的,他们都是被翟猛雀给逼迫威胁到这个地步的。如果我们现在对他们那些人不加以分别,就将他们一并攻击,即使他们想要改行善事,但又因为无路可走,这样下去他们一定会同心合力起来,一起据守在险要的地方,共同来抵抗政府的军队,那样的话一定不容易马上就平定他们。所以我们不如先派遣使者去劝导他们,只要是不和翟猛雀同谋的人就不会受到连坐的处罚,这样当他们听到这个消息后,一定会很高兴地自动分离拆散的。"长孙道生听了张蒲的意见之后,觉得他说得很有道理,于是就按照他说的开始进行。最后投降的有几千户人家,让他们都恢复了旧的生业。而翟猛雀和他的同党一共一百多人都逃走了,张蒲等人带兵立即前去加以追赶,砍下了翟猛雀的首级。左部尚书周几也带兵去急讨残余的党徒,把他们全部都给诛灭了。

资治通鉴卷第一百一十八　晋纪四十

起强圉大荒落，尽屠维协洽，凡三年。

【译文】起丁巳（公元 417 年），止己未（公元 419 年），共三年。

【题解】本卷记录了公元 417 年至 419 年，即晋安帝司马德宗义熙十三年至晋恭帝司马德文元熙元年共三年间东晋与各国的大事。主要记录了刘裕率军伐秦，攻入长安，秦主姚泓投降，后秦灭亡；记录了刘裕因心腹谋士刘穆死，返回建康，留次子刘义真与大将王镇恶守卫长安；记录了关中诸将相互残杀，赫连勃勃攻取长安，即位称帝；记录了刘裕缢死晋安帝司马德宗，改立司马德文，司马楚之聚众反抗；此外还记录了西凉公李暠死，其子李歆奢侈残暴，不听谏言，以及魏主拓跋嗣围攻北燕，虏获燕国百姓撤军等等。

安皇帝癸

义熙十三年（丁巳，公元四一七年）春，正月，甲戌朔，日有食之。

【译文】义熙十三年（丁巳，公元 417 年）春季，正月，甲戌朔日（初一），出现了日食的现象。

秦主泓朝会百官于前殿，以内外危迫，君臣相泣。征北将军齐公恢帅安定镇户三万八千，焚庐舍，自北雍州趋长安，自称大都督、建义大将军，移檄州郡，欲除君侧之恶；扬威将军姜纪帅从归之，建节将军彭完都弃阴密奔还长安。恢至新支，姜纪说恢曰："国家重将、大兵皆在东方，京师空虚，公亟引轻兵袭之，必克。"恢不从，南攻郿城。镇西将军姚谌为恢所败，长安大震。泓驰使徵东平公绍，遣姚裕及辅国将军胡翼度屯澧西。扶风太守姚俊等皆降于恢。东平公绍引诸军西还，与恢相持于灵台，姚赞留宁朔将军尹雅为弘农太守，守潼关，亦引兵还。恢众见诸军四集，皆有惧心，其将齐黄等诣大军降。恢进兵副绍，赞自后击之，恢兵大败，杀恢及其三弟。泓器之恸，葬以公礼。

【译文】秦国的君主姚泓在前殿召见了百官，因为朝廷内有兄弟相互构难，朝廷外又被晋和夏不停地在逼迫，所以君臣们相互哭泣。征北将军齐公姚恢，率领着在安定所镇守的三万八千户人家，将所有的屋舍都给焚毁了，然后从北雍州往长安去了，并且自己号称为大都督、建义大将军，还给各个州郡都传达了军书，想要消灭掉国君身侧的那些奸邪。扬威将军姜纪率领着众人选择去归附他，建节将军彭完都放弃了阴密，奔回了长安。姚恢到达新支之后，姜纪告诉姚恢说："现在我们国家那些重要的将军和大兵都在东方，京师里的兵力十分空虚，您只需要赶快带领着轻快的兵力前往去侵袭，这样就一定能成功的。"姚恢没有听取姜纪的意见，而是带领着军队向南去攻打郿城。镇西将军姚谌被姚恢带兵给打败了，长安得知这个消息后，都大为震撼。于是姚泓立刻派遣使者快马去征调东平公姚绍，并且还派遣姚裕和辅国将军胡翼度带兵屯驻在沣西（沣，原作澧，误）。扶风太守姚俊等人都带着自己的部下去向姚恢投降了。东平公姚绍带领着各军向西回来，和姚恢在灵台相对，姚赞将宁朔将军尹雅留下来，让他担任弘农太守，带兵在潼关防守，然后也带兵回来了。姚恢的军队看见各军都从四面八方齐集了，心里都有了些害怕。他的将军齐黄等人看清现在的形势之后，立刻前去向大军投降了。姚恢率领着自己剩下的人逼向姚绍，姚赞带着人从后面去攻击，最后姚恢的军队大败了，把姚恢和他的三个弟弟都给杀死了。姚泓得知之后哭得非常伤心，用大公的礼将他们给埋葬了。

太尉裕引水军发彭城，留其子彭城公义隆镇彭城。诏以义隆为监徐、兖、青、冀四州诸军事、徐州刺史。

凉公暠寝疾，遣命长史宋繇曰："吾死之后，世子犹卿子也，善训导之。"二月，暠卒，官属奉世子歆为大都督、大将军、凉公、领凉州牧。大赦，改元嘉兴。尊歆母天水尹氏为太后。以宋繇录三府事。谥暠曰武昭王，庙号太祖。

【译文】太尉刘裕带领着水军从彭城出发，临走之前将他的儿子彭城公刘义隆留下来，让他带兵镇守在彭城。晋安帝颁布诏令让刘义隆担任监领徐兖青冀四州各军事和徐州刺史。

凉公李暠生了重病，他给长史宋繇留下了遗命，说："我死了以后，世子就像是你的亲生儿子一样了，你一定要好好地教训指导他。"二月，李暠就死了，官僚们尊奉世子李歆为大都督、大将军、凉公、兼领凉州牧。李歆登位后举行了大赦，改年号为嘉兴。然后尊奉他的母亲天水尹氏为太后，任命宋繇录领三府事，给李暠谥号为武昭王，庙号太祖。

西秦安东将军木弈干击吐谷浑树洛干，破其弟阿柴于尧杆川，俘五千馀口而还。树洛干走保白兰山，惭愤发疾，将卒，谓阿柴曰："吾子拾虔幼弱，今以大事付汝。"树洛干卒，阿柴立，自称票骑将军、沙州刺史。谥树洛干曰武王。阿柴稍用兵侵并其傍小种，地方数千里，遂为强国。

河西王蒙逊遣其将袭乌啼部，大破之；又击卑和部，降之。

【译文】西秦的安东将军木弈干率领军队去攻击吐谷浑的树洛干，在尧杆川打败了他的弟弟阿柴带领的军队，俘虏了五千多人，然后就带领着军队回去了。树洛干自己逃到了白兰山自保，但是他因为感到羞惭悲愤，生了很重的病，在他快要死的时候，他告诉阿柴说："我的儿子拾虔还年小体弱，现在我只好把国家大事都交付给你了。"嘱咐完一切后，树洛干就死了，然后阿柴继立，称自己为骠骑将军、沙州刺史。并且给树洛干谥号为武王。阿柴登位后就逐渐对附近的小种族用兵侵略，有的还吞并了，地方有数千里，于是就成为了强国。

河西王沮渠蒙逊派遣他的将军带兵去偷袭乌啼部，把他们给打得大败；接着又带兵去攻击卑和部，并且把他们也都给降服了。

王镇恶进军渑池，遣毛德祖袭尹雅于蠡吾城，禽之，雅杀守者而逃。镇恶引兵径前，抵潼关。

檀道济、沈林子自陕北渡河，拔襄邑堡，秦河北太守薛帛奔河东。又攻秦并州刺史尹昭于蒲阪，不克。别将攻匈奴堡，为姚成都所败。

【译文】王镇恶率领着士兵到达了渑池之后，立即派遣毛德祖在蠡吾城去偷袭尹雅，并且把他给擒住了。但是尹雅把守卫给杀死了，然后逃走了。于是王镇恶下令带领着士兵直接前进，他很快就抵达了潼关。

檀道济和沈林子带着自己的部下从陕北渡河，攻取了襄邑堡，秦国的河北太守薛帛得知消息之后即刻逃奔到河东去了。接着檀道济等人又在蒲阪去攻打秦国的并州刺史尹昭，但是他们这次没有成功。别的将军带兵去攻打匈奴堡，但是最后被姚成都给打败了。

辛酉，荥阳守将傅洪以虎牢降魏。

秦主泓以东平公绍为太宰、大将军、都督中外诸军事，假黄钺，改封鲁公，使督武卫将军姚鸾等步骑五万守潼关，又遣别将姚驴救蒲阪。

沈林子谓檀道济曰："蒲阪城坚兵多，不可猝拔，攻之伤众，守之引日。王镇恶在潼关，势孤力弱，不如与镇恶合势并力以争潼关。若得之，尹昭不攻自溃矣。"道济从之。

【译文】辛酉日（十九日），荥阳守将傅洪向魏国投降了，并且将虎牢献给了魏国。

秦国的君主姚泓任命东平公姚绍为太宰、大将军、都督中外诸军事，并且使用黄色的斧钺，改封他为鲁公，派遣督武卫将军姚鸾等人率领着五万名步兵和骑兵一起在潼关防守，又派遣别将姚驴带兵去救援蒲阪。

沈林子告诉檀道济说："蒲阪的城池防守得十分坚固，再加上他们的兵力很多，所以我们不能够很快就将它攻取下来，去攻打的话就要死伤很多人，如果他们再严加防守的话，就要拖延很多时日了。王镇恶现在在潼关防守，他的势力很孤单薄弱，所以我们不如趁着这个机会和王镇恶联合力量，与他商量一起去攻取潼关。如果潼关被我们给攻取下来了，那么尹昭不需要再攻打，就会自然溃败了。"檀道济听了他的意见觉得很不错，于是就按照他的建议开始实施。

三月，道济、林子至潼关，秦鲁公绍引兵出战，道济、林子奋击，大破之，斩获以千数。绍退屯定城，据险拒守，谓诸将曰："道济等兵力不多，悬军深入，不过坚壁以待继援。吾分军绝其粮道，可坐禽也。"乃遣姚鸾屯大路以绝道济粮道。

鸾遣尹雅将兵与晋战于关南，为晋兵所获，将杀之。雅曰："雅前日已当死，幸得脱至今，死固甘心。然夷、夏虽殊，君臣之义一也。晋以大义行师，独不使秦有守节之臣乎！"乃免之。

【译文】三月，檀道济和沈林子带着自己的部下到达了潼关。秦国的鲁公姚绍得知消息之后，带兵出城去作战。檀道济和沈林子两人奋勇攻击，把秦兵给打得大败，然后杀死了俘获的一千多人。最后姚绍只好退兵屯守在定城，占据险要的地方来抵抗防守，他告诉众将说："檀道济等人带的兵力本来就不是很多，他们现在孤军深入，不过是想要坚守城壁来等待他们后来的援助。所以我现在只要将兵力分散，去断绝他的粮道，那么我们就可以很容易地把他给擒住了。"于是姚绍就立即派遣姚鸾带领着士兵去屯守大路，断绝檀道济的粮道。

姚鸾派遣尹雅带领着士兵在潼关的南边和晋国的军队交战，最后尹雅被晋兵给俘获了。在晋军准备要把他给杀掉的时候，尹雅对晋军说："其实我尹雅在前日就该死了，很侥幸能够解脱到今天，我是很心甘情愿地死的。夷和夏的种族虽然不同，但是君臣的道义都是一样的。晋国是借着大道义出动了军队，唯独不能够让秦国有守节的臣子吗？"于是晋军就免除了他的罪。

丙子夜，沈林子将锐卒袭鸾营，斩鸾，杀其士卒数千人。绍又遣东平公赞屯河上以断水道；沈林子击之，赞败走，还定城。薛帛据河曲来降。

【译文】丙子日（初四）的晚上，沈林子带领着勇锐的士兵去偷袭姚鸾的军营，杀死了他几千名士兵。姚绍得知这个消息后，立即又派遣东平公姚赞带兵屯守在河上，想要去将水路给断绝。沈林子对他们加以攻击，最后姚赞只好失败逃走，带着剩下的人回到了定城。薛帛带兵据守在河曲，前来向他投降了。

太尉裕将水军自淮、泗入清河，将溯河西上，先遣使假道于魏；秦主泓亦遣使请救于魏。魏主嗣使群臣议之，皆曰："潼关天险，刘裕以水军攻之，甚难；若登岸北侵，其势便易。裕声言伐秦，其志难测。且秦，婚姻之国，不可不救也。宜发兵断河上流，勿使得西。"博士祭酒崔浩曰："裕图秦久矣。今姚兴死，子泓懦劣，国多内难。裕乘其危而伐之，其志必取。若遏其上流，裕心忿戾，必上岸北侵，是我代秦受敌也。今柔然寇边，民食又乏，若复与裕为敌，发兵南赴则北寇愈深，救北则南州复危，非良计也。不若假之水道，听裕西上，然后屯兵以塞其东。使裕克捷，必德我之假道；不捷，吾不失救秦之名。此策之得者也。且南北异俗，借使国家弃恒山以南，裕必不能以吴、越之兵与吾争守河北之地，安能为吾患乎！夫为国计者，惟社稷是利，岂顾一女子乎！"议者犹曰："裕西入关，则恐吾断其后，腹背受敌；北上，则姚氏必不出关助我，其势必声西而实北也。"嗣乃以司徒长孙嵩督山东诸军事，又遣振威将军娥清、冀州刺史阿薄干将步骑十万屯河北岸。

【译文】太尉刘裕带领着水军从淮水和泗水进入了清河，打算沿着黄河向西而上，他先是派遣使者去向魏国借路。而此时秦国的君主姚泓也派遣使者去向魏国请求得到救援。魏国的君主拓跋嗣让群臣一起商谈，都说："潼关这个地方是天然险阻，刘裕用水军很难攻打下来，但是如果让他登上了河岸向北去侵略的话，那么在局势上就会很容易了。刘裕声明自己是去攻打秦国，但是他的心意我们都很难预测。而且秦国和我们国家之间是互通婚姻的关系，所以我们不能不给他们提供救援，我们现在应该立即发动军队去阻断黄河的上流，不要让晋国的士兵能够继续向西前进。"博士祭酒崔浩说："刘裕对秦国已经图谋很久了，现在姚兴已经死了，而他的儿子姚泓继位之后，因为这个人很懦弱愚劣，所以国家内部出现了很多的灾难。刘裕就利用秦国现在处在危难之中的这个机会，带兵加以攻伐，他一定是志在必得的。如果我们现在派兵阻遏在黄河的上流的话，那么刘裕一定会对我们心怀愤恨的，绝对会带兵上岸向北侵伐的，到那时就是我们去代替秦国受到敌人的侵略了。现在柔然正在侵略我们的边界，百姓的粮食又很缺乏，如果我们此时又和刘裕成为了敌人，就必须要发动军队向南，那么北边的敌人就会趁着这时侵略得更深入了；如果我们要去救助北边，那么南边的州郡也会很快就陷入危险之中，所以这不是一个很好的计策。我们还不如将水路借给他们，任凭刘裕率领着军队向西而上，然后我们再派人率领军队屯驻在他的东边，以此来阻塞他。假使到时候刘裕能够取得胜利，那么他就一定会感激我们借路给他；如果他最后不能够获胜，我们也没有失去救援秦国的名义，这是最可取的政策。而且根据南北不同的习俗，假使国家将恒山以南的地方给放弃了，刘裕也一定不能够以吴和越的军队来和我们争夺防守河北的地方，那他又怎么会成为我们的祸患呢？谈到要替一个国家出谋划策，那就是要以一个

国家的利益为主，哪里能只顾虑一个女子呢?"议论的人还说:
"刘裕带兵向西进入了潼关之后，他就会害怕我们阻断了他的后
路，到时候他的前后都有敌人。要是向北行的话，那么到时候
姚氏一定不会出关帮助我国的，他势必会虚声在西边而实际在
北边。"拓跋嗣听完大家的意见之后，就任命司徒长孙嵩督领
山东诸军事，又派遣振威将军娥清和冀州刺史阿薄干，带领着
十万名步兵和骑兵屯驻在黄河北岸。

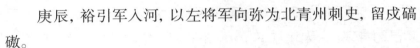

　　庚辰，裕引军入河，以左将军向弥为北青州刺史，留戍碻
磝。

　　初，裕命王镇恶等:"若克洛阳，须大军到俱进。"镇恶等乘
利径趋潼关，为秦兵所拒，不得前。久之，乏食，众心疑惧，或
欲弃辎重还赴大军。沈林子按剑怒曰:"相公志清六合，今许、洛
已定，关右将平，事之济否，系于前锋。奈何沮乘胜之气，弃垂
成之功乎! 且大军尚远，贼众方盛，虽欲求还，岂可得乎! 下官
授命不顾，今日之事，当自为将军办之，未知二三君子将何面以
见相公之旗鼓邪!"镇恶等遣使驰告裕，求遣粮援。裕呼使者，
开舫北户，指河上魏军以示之曰:"我语令勿进，今轻佻深入; 岸
上如此，何由得遣军!"镇恶乃亲至弘农，说谕百姓，百姓竞送义
租，军食复振。

　　【译文】 庚辰日(初八)，刘裕带领着军队进入了黄河，他让
左将军向弥担任北青州刺史，将他留下来，让他带兵戍守在碻
磝。

　　起初，刘裕任命王镇恶等人时，对他们说:"如果你们能
将洛阳攻取下来，那么一定要等到大军到达了才能一起继续前
进。"王镇恶等人攻取下洛阳之后，想利用胜利的威势再接再

厉，于是就率领着军队直接赶往了潼关，但却很快被秦兵给抵挡住了，不能继续前进。这样时间一长，他们的食物就吃完了，大家的心里都产生了疑惧，有人想要放弃辎重，赶快回去赴应大军。沈林子按住剑生气地对他们说："相公立志要统一天下，现在许和洛这两个地方已经被我们给平定了，关中右面也即将要平定，事情最后能否成功，关键就在于前锋了。我们现在为什么要沮丧战胜的气势，放弃即将要完成的功绩呢？而且我们的大军还在很远的地方，贼兵的数量也很多，即使你们现在想要回去，可是你们真的能够回去吗？我接受了相公的命令，不顾自己的身家，今天这样的事情，是我自己率军完成任务，我不知道你们几个人又有什么脸面去见相公的旗鼓呢？"王镇恶等人派遣使者快马加鞭去告诉刘裕，请求他派遣援兵送来粮食。刘裕呼喊着使者，把大船北边的窗子给打开了，指着黄河上魏国的军队给他看，对他说："大军出发前我宣布的命令是不要贸然前进，现在因为你们轻率地深入，造成了岸上现在这种情况，我又还怎么能够派军去呢？"王镇恶于是只好亲自到弘农那里去，用道理把百姓们给说动了，百姓们争相给他们送来了粮粟，这样军队的粮食又充足了。

魏人以数千骑缘河随裕军西行；军人于南岸牵百丈，风水迅急，有漂渡北岸者，辄为魏人所杀略。裕遣军击之，裁登岸则走，退则复来。夏，四月，裕遣白直队主丁旿帅仗士七百人、车百乘，渡北岸，去水百馀步，为却月阵，两端抱河，车置七仗士，事毕，使竖一白毦；魏人不解其意，皆未动。裕先命宁朔将军朱超石戒严，白毦既举，超石帅二千人驰往赴之，赍大弩百张，一车益二十人，设彭排于辕上。魏人见营阵既立，乃进围之；长孙

嵩帅三万骑助之，四面肉薄攻营，弩不能制。时超石别赍大锤乃
稍千馀张，乃断稍长三四尺，以锤锤之，一稍辄洞贯三四人。魏
兵不能当，一时奔溃，死者相积；临陈斩阿薄干，魏人退还畔城。
超石帅宁朔将军胡藩、宁远将军刘荣祖追击，又破之，杀获千
计。魏主嗣闻之，乃恨不用崔浩之言。

【译文】魏国派了数千名骑兵沿河跟随着刘裕一起向西而
行，军士在南岸牵引挽船用的百丈，风特别大，水流也很湍急，
因此有人漂流到了北岸，往往就会被魏国人给杀害。刘裕便
立即派遣军队前去攻击，但是刘裕的人才登岸魏国的人就逃走
了，等他们退回来之后，那些魏国人又来了。夏季，四月，刘裕
派遣值班的壮勇白直的队长丁旿，让他率领着执甲仗的七百名
军士和百乘车，渡过了北岸，在距离水边一百多步的地方，形成
了像月牙的阵势，两端抱住了河道，并且还安置了七名执甲仗的
士兵。等所有的事情完毕以后，又派人竖立了一根白色的羽旗。
魏国的人不了解刘裕的用意，于是就都不敢有什么举动。刘裕
先是命令宁朔将军朱超石带兵戒严，等白色羽旗举起来以后，
就让朱超石率领着两千人骑快马前往，随身带了一百副大的弓
箭，一车增加了二十人，在车辕上设置了御敌的武器。魏国的
人看见他们的营阵已经编立，便立即进兵围攻。长孙嵩率领着
三万名骑兵赶去救援，但是由于四面都在攻营血战，弓箭根本
就不能制伏。当时朱超石还另外带领了一千多份大锤和长稍，
他把稍截成为三四尺长，然后再用锤发射它，这样一支长矛往
往就能够贯穿三四个人。魏国的士兵眼看着就不能继续抵挡
了，于是一下子都奔散溃败了，战死的人的尸体互相堆积。在军
阵斩杀了阿薄干，魏国退兵回到了畔城。朱超石率领着宁朔将
军胡藩和宁远将军刘荣祖继续对魏国的军队加以追击，又把他

们给打败了，杀死俘获了一千人左右。魏国的君主拓跋嗣听到这个消息之后，此时才怨恨自己当初没有听崔浩的话。

【乾隆御批】大锤、断矟盖史家夸诞之词，兴引竿为弓，注矛作矢，同一无稽失实。

【译文】大锤、断矛大概是史家夸张虚诞的言辞，与引竹竿做弓，投矛成为箭，一样都是失真的无稽之谈。

秦鲁公绍遣长史姚洽、宁朔将军安鸾、护军姚墨蠡、河东太守唐小方帅众三千屯河北之九原，阻河为固，欲以绝檀道济粮援。沈林子邀击，破之，斩洽、黑蠡、小方，杀获殆尽。林子因启太尉裕曰："绍气盖关中，今兵屈于外，国危于内，恐其凶命先尽，不得以膏齐斧耳。"绍闻洽等败死，愤恚，发病呕血，以兵属东平公赞而卒。赞既代绍，众力犹盛，引兵袭林子，林子复击破之。

太尉裕至洛阳，行视城堑，嘉毛修之完葺之功，赐衣服玩好，直二千万。

【译文】秦国的鲁公姚绍派遣长史姚洽、宁朔将军安鸾、护军姚墨蠡和河东太守唐小方率领着两千人屯守在河北的九原，依阻黄河的险固，想要把檀道济的粮食援助给断绝了。沈林子率领军队对他加以迎击，最终把他给打败了，并且杀死了姚洽、姚墨蠡和唐小方三人，士兵几乎也全部都斩杀俘获了。沈林子于是就向太尉刘裕奏启，说："姚绍这个人的气势已经弥盖关中了，现在他的军队在外面屈败，他们国内又有了危难，恐怕他的凶恶命运先要完尽，否则不能斋戒入庙而受斧钺。"姚绍听说姚洽等人已经战败而死，悲愤恚恨，导致病情发作，口吐鲜血，于是他只好把兵权交给了东平公姚赞，然后就死去了。姚赞代理了姚绍的位置以后，国家的兵力还较旺盛，他带兵去偷袭沈林子，可是沈林子又把他给打败了。

太尉刘裕带领着部下到达了洛阳，他巡视城堡的时候，嘉勉毛修之修护的功劳，赏赐给他衣服玩好，价值两千万。

丁巳，魏主嗣如高柳。壬戌，还平城。

河西王蒙逊大赦，遣张掖太守沮渠广宗诈降以诱凉公歆，歆发兵应之。蒙逊将兵三万伏于蓼泉，歆觉之，引兵还。蒙逊追之，歆与战于解支涧，大破之。斩首七千馀级。蒙逊城建康，置戍而还。

【译文】丁巳日（十六日），魏国的君主拓跋嗣率领着部下到达了高柳。壬戌日（二十一日），他们又回到了平城。

河西王沮渠蒙逊颁布诏令大赦境内。他派遣张掖的太守沮渠广宗假装投降去诱引凉公李歆，李歆果然上当，发动军队去附应。于是沮渠蒙逊就带领着三万大军埋伏在蓼泉，但是此时李歆发觉了他们的阴谋，于是就带兵回去了。沮渠蒙逊得知之后，立即带兵加以追赶，于是和李歆在解支涧打了起来，大败他们，杀死了七千多人。沮渠蒙逊守住建康城，设置了戍兵。然后就带着自己的人回去了。

五月，乙未，齐郡太守王懿降于魏，上书言："刘裕在洛，宜发兵绝其归路，可不战而克。"魏主嗣善之。

崔浩侍讲在前，嗣问之曰："刘裕伐姚泓，果能克乎？"对曰："克之。"嗣曰："何故？"对曰："昔姚兴好事虚名而少实用，子泓懦而多病，兄弟乖争。裕乘其危，兵精将勇，何故不克！"嗣曰："裕才何如慕容垂？"对曰："胜之。垂藉父兄之资，修复旧业，国人归之，若夜虫之就火，少加倚仗，易以立功。刘裕奋起寒微，不阶尺土，讨灭桓玄，兴复晋室，北禽慕容超，南枭卢循，所向无前，非其才之过人，安能如是乎！"嗣曰："裕既入关，不能进退，我以精骑直捣彭城、寿春，裕将若之何？"对曰："今西有屈丐，北有柔然，窥伺国隙。陛下既不可亲御六师，虽有精兵，未睹良将。长孙嵩长于治国，短于用兵，非刘裕敌也。兴兵远攻，未见其利，不如且安静以待之，裕克秦而归，必篡其主。关中华、戎杂错，风俗劲悍；裕欲以荆、扬之化施之函、秦，此无异解衣包火，张罗捕虎；虽留兵守之，人情未洽，趋尚不同，适足为寇敌之资耳。愿陛下按兵息民以观其变，秦地终为国家之有。可坐而守也。"嗣笑曰："卿料之审矣。"浩曰："臣尝私论近世将相之臣：若王猛之治国，苻坚之管仲也；慕容恪之辅幼主，慕容暐之霍光也；刘裕之平祸乱，司马德宗之曹操也。"嗣曰："屈丐何如？"浩曰：'屈丐国破家覆，孤子一身，寄食姚氏，受其封殖。不思酬恩报义，而乘时缴利，盗有一方，结怨四邻。撅竖小人，虽能纵暴一时，终当为人所吞食耳。"嗣大悦，语至夜半，赐浩御缥醪十觚，水精盐一两，曰："朕味卿言，如此盐、酒，故欲与卿共飨其美。"然犹命长孙嵩、叔孙建各简精兵伺裕西过，自成皋济河，南侵彭、沛，若不时过，则引兵随之。

【译文】五月，乙未日(二十四日)，齐郡的太守王懿向魏国投降了，他向魏国的君主上奏书说："刘裕现在在洛水，您应该立即发动军队去断绝他的归路，这样的话您可以不必作战就成功了。"魏国的君主拓跋嗣听了他的意见之后，觉得很好。

崔浩在殿前侍讲，拓跋嗣问他说："刘裕带兵去攻伐姚泓，他真的能够成功吗？"崔浩回答说："他一定能够成功的。"拓跋

资治通鉴

嗣又问他说："这是什么原因呢?"崔浩回答说:"从前姚兴这个人就很喜欢追求虚名,很少会讲求实用,他的儿子姚泓也很懦弱,而且还多病,姚泓的兄弟都乖戾争权(指姚弼、姚懿、姚恢都和姚泓争国),刘裕乘着他们此时的危难,带着精良的军队、勇敢的将士去攻打他们,为什么不能够成功呢?"拓跋嗣说:"你认为刘裕的才干和慕容垂的才干相比如何呢?"崔浩回答说:"刘裕胜过慕容垂。慕容垂是凭借着父兄的基础,整顿修复了旧有的基业,国人都归附他,这就好像是夜晚的虫子去接近火光一样,只要稍微加一点依靠的力量,就很容易立下功业。而刘裕这个人是从贫贱中奋发兴起的,他没有凭借尺土的资力,率领军队去讨伐消灭桓玄,将晋朝的王室给复兴了,向北擒伏了慕容超,向南杀死了卢循,只要是他所去的地方,就没有人敢在他的前面抵挡,如果不是他的才干超过了一般人,又怎么能够有这样的成就呢?"拓跋嗣说:"刘裕既然带兵进入了潼关,那么他就不能再随便地前进和后退了,我派遣精良的骑兵去直接攻击彭城和寿春,那此时的刘裕又将怎么办好呢?"崔浩回答说:"现在在我们国家的西方有屈丐,北方有柔然,他们都在时刻窥伺着我们国家的衅隙。陛下您既然不能够亲自统率六军,虽然有着很精良的军队,但是却一直没有看见好的将领。长孙嵩这个人擅长治理国家,但是他的缺点就是不会用兵,他根本就不是刘裕的敌手。与其发动军队远去攻击,根本看不见什么利益,我们还不如暂时安静等待。只要刘裕战胜了秦国回去之后,他一定会篡夺君位的。而关中的华人和戎人交杂错乱,他们的习俗都很强悍。到那时刘裕想要按照荆州和扬州的教化,在函、秦的地方同样实施,这就和脱下了衣服来包火,打开了网罗来捕捉老虎没有什么不同。虽然他留下了兵力在这里防守，但是人情根本就未能融洽，习尚也都不同，这正好可以成为仇敌的资助。我希望陛下您能够按住兵力，息止百姓，来观察他们的变化，那么秦地最后成为我们国家所有，就可以坐着慢慢等待了。"拓跋嗣笑着对他说："卿考虑的果然审慎严密。"崔浩说："臣曾经私下里评论过近代的将相臣子：像王猛那样治理国家，是苻坚的管仲；慕容恪辅助年幼的君主，是慕容暐的霍光；刘裕平定了祸乱，是司马德宗的曹操。"拓跋嗣说："你认为屈丐这个人怎么样？"崔浩说："屈丐这个人在国家破败、家庭覆灭之后，孤独孑然一个人，他寄居在姚氏的时候，接受他的栽培。但是他不想着要报答姚氏给予的恩情道义，反而利用时机来要挟利益，窃据了一方，与四方的邻国结怨。像他这样撅起自我竖立的小人，虽然能够在短时间里纵肆暴虐，但是最后他一定会被别人给吞食的。"拓跋嗣听了崔浩说的话之后，非常高兴，与他谈话到了半夜，然后赏赐给崔浩三十升青白色的醅酒，水精盐一两，并对他说："朕品味卿说过的话，就像是在品味这盐和酒一样，所以要和卿一同享用它们的美味。"但是拓跋嗣仍然命令长孙嵩和叔孙建各自选拔了精兵去窥伺刘裕向西经过，从成皋渡河，继续向南去侵略彭和沛；如果他没有很快经过，就立即带兵前去追击他。

【乾隆御批】赫连勃勃谓姚兴死已必得长安，崔浩谓长安终为魏有，两人之言信若左券。然勃勃能取而不能治，故先得而速失；魏则粗有纪纲，是以得之虽较迟而守之亦稍久。此又得失之林以事卜之益不爽矣？

【译文】赫连勃勃说姚兴死了之后自己必定能夺得长安，崔浩也说长安最终会被北魏占有，两个人的话都好像夺取长安有把握。但是赫连勃勃能够夺取长安却不能治理，所以先得到了却很快失去；北魏则有粗略的纲纪法律，所以虽然得到长安较晚而据守的时间也稍为长久。这是众多的得与失的事件之中用事情预测的好处吗？

魏主嗣西巡至云中，遂济河，畋于大漠。

魏置天地四方六部大人，以诸公为之。

秋，七月，太尉裕至陕。沈田子、傅弘之入武（阙）〔关〕，秦戍将皆委城走。田子等进屯青泥，秦主泓使给事黄门侍郎姚和都屯峣柳以拒之。

西秦相国翟勍卒；八月，以尚书令昙达为左丞相，右仆射元基为右丞相，御史大夫麹景为尚书令，侍中翟绍为左仆射。

【译文】魏国的君主拓跋嗣率领着自己的部下向西巡守云中，渡过了河，到大漠去打猎。

魏国设置安排了天地四方六部大人，任命诸公担任。

秋季，七月，太尉刘裕到达了陕地。沈田子和傅弘之带领自己的军队进入了武关，秦国戍守的将军听到消息之后，都丢弃城池逃亡了。于是沈田子等人就进兵屯驻在青泥，秦国的君主姚泓派遣给事黄门侍郎姚和都带兵屯守在峣柳，对他们加以抵抗。

西秦的相国翟勍死了。八月，晋安帝颁布诏书任命尚书令昙达为左丞相，左仆射元基为右丞相，御史大夫麹景为尚书令，侍中翟绍为左仆射。

太尉裕至阌乡，沈田子等将攻峣柳。秦主泓欲自将以御裕军，恐田子等袭其后，欲先击灭田子等，然后倾国东出；乃帅步骑数万，奄至青泥。田子本为疑兵，所领裁千馀人，闻泓至，欲击之；傅弘之以众寡不敌止之，田子曰："兵贵用奇，不必在众。且今众寡相悬，势不两立，若彼结围既固，则我无所逃矣。不如乘其始至，营陈未立，先薄之，可以有功。"遂帅所领先进，弘之继之。秦兵合围数重。田子抚慰士卒曰："诸君冒险远来，正求今日之战，死生一决，封侯之业于此在矣！"士卒皆踊跃鼓噪，执短兵奋击，秦兵大败，斩馘万馀级，得其乘舆服御物，秦主泓奔还灞上。

【译文】太尉刘裕率领着自己的军队到达了閺乡。沈田子等人已经准备好要去攻打峣柳，秦国的君主姚泓想要自己亲自带兵去抵抗刘裕的军队，但是他又担心沈田子等人会去偷袭他的后方，因此他想要先带兵去攻击消灭沈田子等人，然后再倾尽全国的力量向东去出兵。于是姚泓就率领着数万步兵和骑兵，突然到达了青泥。沈田子这支部队，本来就是为迷惑敌人布置的疑兵，一共才一千多人。听说是姚泓带兵到达了之后，就想要进兵去攻击他。傅弘之认为敌人太多，我军的人太少，不是他的敌手，于是想要制止他，沈田子对傅弘之说："用兵打仗贵在出奇，不在人数众多上。而且现在我们众寡相差十分悬殊，那么就势必不能够并立，如果他们包围得很坚固，那么我们一定没有什么地方可以逃走。但是如果我们趁着他们才刚刚到达这里，营阵还没有来得及建立的时候，就先派兵去攻打，这样一定可以有功绩的。"于是沈田子就立即率领着自己所领导的军队先进发去攻击，而傅弘之带领着剩下的人跟随在后。秦国的军队将他们包围了好几重。在这样的情况下，沈田子安慰士兵们说："你们都是冒着生命危险，从很远的地方来的，正是在等待着像今天这样的作战机会，生死对决，封侯升官的大业就在这里了！"士兵听了沈田子的话之后，都很奋勇激动，大声击鼓叫喊着，拿起刀剑等短兵器奋勇向前去攻击。最后秦国的军队大败，沈田子他们斩杀了一万多人，俘获了许多车乘和服饰等东西，秦国的君主姚泓也只好逃回到灞上去了。

初，裕以田子等众少，遣沈林子将兵自秦岭往助之，至则秦兵已败，乃相与追之，关中群县多潜送款于田子。

辛丑，太尉裕至潼关，以朱超石为河东太守，使与振武将军徐猗之会薛帛于河北，共攻蒲阪。秦平原公璞与姚和都共击之，猗之败死，超石奔还潼关。东平公赞遣司马国璠引魏兵以蹑裕后。

【译文】起初刘裕因为担心沈田子等人的部属太少了，就派遣沈林子带兵从秦岭前往去救助他们，可是当沈林子带着军队到达的时候，秦国的军队已经战败了，于是他们就一起带兵前去追赶，关中很多郡县都暗中送钱给沈田子。

辛丑日（初二），太尉刘裕率领着自己的部下到达了潼关，他任命朱超石为河东太守，派遣他和振武将军徐猗之到河北去会合薛帛，然后一同带兵去攻打蒲阪。秦国的平原公姚璞和姚和都得知这个消息后，立即一同带兵去攻击他们。最后徐猗之战败死了，而朱超石逃回到潼关去了。东平公姚赞派遣司马国璠带领着魏国的军队偷偷地跟随在刘裕的后面。

王镇恶请帅水军自河入渭以趋长安，裕许之。秦恢武将军姚难自香城引兵而西，镇恶追之；秦主泓自灞上引兵还屯石桥以为之援，镇北将军姚强与难合兵屯泾上以拒镇恶。镇恶使毛德祖进击，破之，强死，难奔长安。

东平公赞退屯郑城，太尉裕进军逼之。泓使姚丕守渭桥，胡翼度屯石积，东平公赞屯灞东，泓屯逍遥园。

【译文】王镇恶向刘裕请求让自己率领水军从黄河进入渭水，以便能够赶往长安去，刘裕答应了他的请求。秦国的恢武将军姚难从香城带领着士兵向西前进，王镇恶率领军队加以追击。秦国的君主姚泓从灞上带兵回去屯守在石桥作为支援，镇北将军姚强和姚难将兵力联合起来屯守在泾水，一同抵抗王镇恶。王镇恶派遣毛德祖带兵前去攻击，最终把他们给打败了，姚强战死，而姚难逃奔到长安去了。

后秦的东平公姚赞带兵退守在郑城，东晋的太尉刘裕率领着军队逼到了城下。姚泓命令姚丕去守住渭桥，让胡翼度带兵屯驻在石积，让东平公姚赞带兵驻守在灞东。而姚泓自己则带兵驻守在逍遥园。

镇恶溯渭而上，乘蒙冲小舰，行船者皆在舰内；秦人见舰进而无行船者，皆惊以为神。壬戌旦，镇恶至渭桥，令军士食毕，皆持仗登岸，后登者斩。众既登，渭水迅急，舰皆随流，倏忽不知所在。时泓所将尚数万人。镇恶谕士卒曰："吾属并家在江南，此为长安北门，去家万里，舟楫、衣粮皆已随流。今进战而胜，则功名俱显；不胜，则骸骨不返，无它歧矣。卿等勉之！"乃身先士卒，众腾踊争进，大破姚丕于渭桥。泓引兵救之，为丕败卒所蹂践，不战而溃。姚谌等皆死，泓单马还宫。镇恶入自平朔门，泓与姚裕等数百骑逃奔石桥。东平公赞闻泓败，引兵赴之，众皆溃去。胡翼度降于太尉裕。

【译文】王镇恶带领着军队沿着渭水向上行驶，乘坐着作战的小战舰，而驾船的人都躲在了舰船的里面，秦国的人看见船舰在水中行进，但是却没有看见驾船的人，都非常惊讶，认为这很神奇。壬戌日（二十三日），天亮的时候，王镇恶率领着军队到达了渭桥，他命令军士吃完饭以后，都拿着兵器登上岸，而最后登岸的人就要被杀头。于是大家都很快地登上了岸，渭水水流湍急，所以他们上岸之后，船舰都随着水流漂走了，一下子就不知道到哪里去了。当时姚泓带领着的还有几万人。王镇恶告诉其他的士卒说："我们这些人的家都是在江南的，而这里是长安的北门，距离我们的家有万里远，现在我们的船只、衣服和粮食都已经随着水流漂走了。今天我们进攻，战胜可以建功立名；失败，我们的尸骨都回不了家，没有第三条路可走。你们大家共勉吧！"王镇恶说完，就自己身先士卒，率先前进，大家看到后，也都很勇敢地奋勇争先，全力作战。于是在渭桥将姚丕打得大败。姚泓得知消息之后立即带兵前去救援，被姚丕战败的士卒给践踏，还没有作战就已经溃败了。姚谌等人也都战死了，于是姚泓一个人骑着马回到了宫里。王镇恶带着自己的军队从平朔门进入，姚泓和姚裕等数百人就骑马逃到了石桥。东平公姚赞听说姚泓战败了，于是亲自带兵前去，但是部属却全部都溃散逃去了，胡翼度向太尉刘裕投降了。

泓将出降，其子佛念，年十一，言于泓曰："晋人将逞其欲，虽降必不免，不如引决。"泓怃然不应，佛念登宫墙自投而死。癸亥，泓将妻子、群臣诣镇恶垒门请降，镇恶以属吏。城中夷、晋六万馀户，镇恶以国恩抚慰，号令严肃，百姓安堵。

【译文】姚泓准备要出城投降的时候，他十一岁的儿子姚佛念告诉姚泓说："晋人想要放纵他们自己的欲望，即使我们现在投降了，他们也一定不可能会让我们免死的，所以我们还不如自杀算了。"姚泓听了儿子的话之后，感到很失意，但是也没有答应他。最后姚佛念自己登上宫墙，跳下摔死了。癸亥日（二十四日），姚泓带领着妻子和群臣到王镇恶的军营门口去请求投降，王镇恶把他们都交给了官吏。城里有夷人和晋人一共六万多户，王镇恶用国家的恩德对他们加以安抚和慰藉，他的军令十分严谨，所以百姓们都能安居下来。

【申涵煜评】蜀北地谌死殉社稷，彪炳千古。而佛念年才十一，知降不免，投墙自毙，与之同烈。忠义出于童稚，姚泓何幸生此儿？匪惟不君且不父矣。

【译文】蜀汉北地王刘谌以死殉葬蜀汉，他的事迹可以彪炳千古。然而姚佛念年龄才十一岁，知道投降是逃不过的，于是头撞墙壁自杀，和北地王刘谌一样壮烈。忠义出于童稚的姚佛念，姚泓何等幸运，生出这样的儿子？姚泓不仅是没有君道，也没有父道啊。

九月，太尉裕至长安，镇恶迎于灞上。裕劳之曰："成吾霸业者卿也！"镇恶再拜谢曰："明公之威，诸将之力，镇恶何功之有！"裕笑曰："卿欲学冯异邪？"镇恶性贪，秦府库盈积，镇恶盗取不可胜纪；裕以其功大，不问。或谮诸裕曰："镇恶藏姚泓伪辇，将有异志。"裕使人觇之，镇恶剔取其金银，弃辇于垣侧，裕意乃安。

裕收秦彝器、浑仪、土圭、记里鼓、指南车送诣建康。其馀金玉、缯帛、珍宝，皆以颁赐将士。秦平原公璞、并州刺史尹昭以蒲阪降，东平公赞帅宗族百馀人诣裕降，裕皆杀之。送姚泓至建康，斩于市。

裕以薛辩为平阳太守，使镇捍北道。

【译文】九月，太尉刘裕率领着自己的部下到达了长安，王镇恶带领着自己的部下在灞上去迎接他。刘裕慰劳他说："助我完成霸业的人是你呀！"王镇恶再拜辞谢说："这是明公您的神威和诸位将军的奋力得来的，我王镇恶又有什么功劳呢？"刘裕笑着对他说："你是想要学习冯异吗？"王镇恶十分贪婪，秦国的府库里非常盈满，王镇恶经常盗取，数量无法计算。而刘裕因为他立的功劳很大，所以一直没有追问他。于是有人向刘裕诬陷王镇恶说："王镇恶把姚泓等敌国的人给藏起来了，他将来一定会有背叛的心志的。"于是刘裕就派人前去窥看王镇恶，窥看的人回来报告说王镇恶只是挑选收取金银，而丢弃车辆在城墙边，刘裕的心意才算是安定了下来。

刘裕收集了秦国的彝器、浑仪、土圭、记里鼓和指南车，都送到了建康。其他的金玉、丝帛和珍贵的宝物，也全都赏赐给了将士。秦国的平原公姚璞和并州的刺史尹昭将蒲阪献出并且投降了，东平公姚赞率领着宗族里的一百多人去向刘裕投降，而刘裕把他们全部都给杀死了。将姚泓送到了建康，然后在市集上把他给杀害了。

刘裕让薛辩担任平阳太守，派遣他带兵镇守防卫北方的道路。

【申涵煜评】吴人至弱，秦人至劲。今晋兵所至，势如破竹。虽拓跋氏亦逡巡河上，固是天佑有宋。然究其功，大半成于王镇恶。按：镇恶为王猛之孙。则灭秦者谓仍秦人可也。

【译文】吴地的人最软弱，秦地的人最劲悍。现在晋朝的军队所到达的地方，气势就像破竹。即使是拓跋氏也向黄河边上后退，固然是上天保佑宋国。然而推究刘裕的功劳，有大半是王镇恶促成的。按：王镇恶是王猛的孙子。因此消灭前秦的人依然是前秦人才能成功。

裕议迁都洛阳，谘议参军王仲德曰："非常之事，固非常人所及，必致骇动。今暴师日久，士卒思归，迁都之计，未可议也。"裕乃止。

羌众十馀万口西奔陇上，沈林子追击至槐里，俘虏万计。

河西王蒙逊闻太尉裕灭秦，怒甚。门下校郎刘祥入言事，蒙逊曰："汝闻刘裕入关，敢研研然也！"遂斩之。

【译文】刘裕建议将都城迁到洛阳，谘议参军王仲德对他说："不寻常的事情，当然不是寻常的人能做到的，这样做的话一定会产生震骇惊动的。现在军队里的士兵们已经在外征战很长时间了，他们都想要回家去，迁都的计策，不用再加以商议了。"于是刘裕这才停止了计划。

有十多万的羌人向西奔到了陇上，沈林子带兵前去追赶攻击他们，等他追到槐里的时候，俘虏了一万人。

河西王沮渠蒙逊听说太尉刘裕带兵灭掉了秦国，非常生气。门下校郎刘祥进入到内宫里去向他报告事情，沮渠蒙逊看见他之后，对他说："你听说刘裕带兵进入到潼关去了之后，竟然还敢穿得这么漂漂亮亮的？"因此就下令把他给杀死了。

初，夏王勃勃闻太尉裕代秦，谓群曰："姚泓非裕敌也。且其兄弟内叛，安能拒人！裕取关中必矣。然裕不能久留，必将南归，留子弟及诸将守之，吾取之如拾芥耳。"乃秣马砺兵，训养士卒，进据安定，秦岭北郡县镇戍皆降之。裕遗使遗勃勃书，约为兄弟；勃勃使中书侍郎皇甫徽为报书而阴诵之，对裕使者，口授舍人使书之。裕读其文，叹曰："吾不如也！"

【译文】起初，夏王赫连勃勃听说太尉刘裕带兵去攻伐秦国的时候，他就告诉群臣说："姚泓这个人根本就不是刘裕的敌手。而且他的兄弟内部在此时发生了叛乱，他又如何还能再去抵抗别人呢！所以刘裕一定能够将关中攻取下来的。但是刘裕不会在那里久留，他一定会带着军队向南归去的，然后将他的子弟和众将们留下来防守，到时候我取得他们就像是捡拾草芥一样容易了。"于是勃勃下令将马匹喂饱，将兵器磨砺得更锋利，还加强训练士兵，进兵据守在安定，秦国岭北郡县的镇守戍卫都被他给降服了。刘裕派遣使者去送信给勃勃，意思是想要和他相约为兄弟。勃勃看完他的信之后，就派遣中书侍郎皇甫徽写报聘的信，然后还让他暗中诵读熟记，对着刘裕的使者，口授给舍人，并且教他都记录下来。刘裕读了他的文字之后，叹息着说："我还是不如他呀！"

　　广州刺史谢欣卒，东海人徐道期聚众攻陷州城，进攻始兴，始兴相彭城刘谦之讨诛之。诏以谦之为广州刺史。

　　癸酉，司马休之、司马文思、司马国璠、司马道赐、鲁轨、韩延之、刁雍、王慧龙及桓温之孙道度、道子、族人桓谧、桓璲、陈郡袁式等皆诣魏长孙嵩降。秦匈奴镇将姚成都及弟和都举镇降魏。魏主嗣诏民间得姚氏子弟送平城者赏之。冬，十月，己酉，嗣召长孙嵩等还。司马休之寻卒于魏。魏赐国璠爵淮南公，道赐爵池阳子，鲁轨爵襄阳公。刁雍表求南鄙自效，嗣以雍为建义将军。雍聚众于河、济之间，扰动徐、兖；太尉裕遣兵讨之，不克，雍进屯固山，众至二万。

　　【译文】广州的刺史谢欣死了之后，东海人徐道期聚集了众兵去攻陷州城，接着又进兵去攻打始兴，始兴的相臣彭城人刘谦之得知消息之后立即带兵前去讨伐，并且把徐道期给杀死了。然后朝廷就颁布诏令让刘谦之担任广州刺史。

癸酉日(初四)，司马休之、司马文思、司马国璠、司马道赐、鲁轨、韩延之、刁雍、王慧龙和桓温的孙子道度、道子、族人桓谧、桓燧、陈郡袁式等人都去向魏国的长孙嵩投降了。秦国镇守在匈奴的将领姚成都和他的弟弟姚和都将郡镇献给了魏国，向魏国投降。魏国的君主拓跋嗣诏令民间，说能够将姚氏的子弟送到平城的人，就会奖赏他。冬季，十月，己酉日（十一日），拓跋嗣下召令让长孙嵩等人带领着军队回去。司马休之不久之前死在了魏国。魏国赏赐司马国璠的爵位为淮南公、赏赐司马道赐的爵位为池阳子、鲁轨的爵位为襄阳公。刁雍向拓跋嗣上奏表请求要到南边偏远的地方去为国效力，拓跋嗣同意了刁雍的请求，让他担任建义将军。刁雍聚集了众兵在河、济之间，扰乱了徐、兖。太尉刘裕派人带兵前去讨伐，但是没有成功。于是刁雍继续进兵屯驻在固山，士众也增加到了两万人。

诏进宋公爵为王，增封十郡；辞不受。

西秦王炽磐遣左丞相昙达等击秦故将姚艾，艾遣使称藩，炽磐以艾为征东大将军、秦州牧。征王松寿为尚书左仆射。

【译文】晋安帝颁布诏令将宋公的爵位进封为王，并且给他增加了封地十郡。但是宋公推辞了没有接受。

西秦王炽磐派遣左丞相昙达等人带兵去攻击秦国的旧将姚艾，姚艾得知这件事情之后立即派遣使者去表示愿意自称藩属，炽磐接受了姚艾的请求，任命姚艾为征东大将军和秦州牧。征召王松寿担任尚书左仆射。

【乾隆御批】奸雄窃命，晋宋一辙，刘裕始自加相国，扬州牧，封宋公，备九锡，及此进爵为王，并辞不受，皆效尤司马昭，其谲诈视莽操更甚，盖饰为恭顺以欺天下耳目，其实篡逆之迹欲着弥彰，而萧齐随蹑其故智，岂非天道好还哉？

【译文】奸雄们盗窃皇命，晋与宋出于一辙，刘裕一开始就自己加官相国、扬州牧、封宋公，备九锡，到这时就晋爵为王，但又推辞不受，这都是效法司马昭，刘裕的狡猾奸诈比起王莽、曹操更厉害，原来是为了掩饰成恭顺的样子欺骗天下人的耳目，其实他想要掩盖篡权逆叛的心迹反而更明显地暴露出来，而紧接着萧氏齐国又跟着效法刘裕的老办法，莫非天道喜欢还原吗？

十一月，魏叔孙建等讨西山丁零翟蜀洛支等，平之。

辛未，刘穆之卒。太尉裕闻之，惊恸哀惋者累日。始，裕欲留长安经略西北，而诸将佐皆久役思归，多不欲留。会穆之卒，裕以根本无托，遂决意东还。

穆之之卒也，朝廷恇惧，欲发诏，以太尉左司马徐羡之代之，中军谘议参军张邵曰："今诚急病，任终在徐；然世子无专命，宜须谘之。"裕欲以王弘代穆之，从事中郎谢晦曰："休元轻易，不若羡之。"乃以羡之为吏部尚书、建威将军、丹阳尹，代管留任。于是，朝廷大事常决于穆之者，并悉北谘。

【译文】十一月，魏国的叔孙建等人带兵前去讨伐西山的丁零翟蜀洛支等人，然后将他们讨平了。

辛未日（初三），太尉刘裕听说了刘穆之的死讯之后，惊心悲恸，哀伤惋惜了好几天。起初，刘裕想要留在长安，好好地经营谋略西北，可是他军中其他的将领和佐将都因为经历了这么长时间的征役想要回到家乡去，大多都不愿意留下来。正巧这时刘穆之死了，刘裕因为京城没有自己可以寄托的人，于是决定带兵向东回去。

起初朝廷里得知刘穆之死亡的这个消息的时候，都感到十分恐惧，想要发布诏令，让太尉左司马徐羡之暂时代替刘穆之的职位。中军谘议参军张邵说："我现在实在是感到很焦急忧愁，这件事情之后的最终结果必然是委任徐羡之的。但是没有太子擅发命令的道理，我们应该去咨问刘裕。"刘裕想要让王弘去代替刘穆之原来的职位。从事中郎谢晦对他说："休元（王弘的字）这个人非常轻佻易躁，根本就不如徐羡之。"刘裕听了他说的话之后就让徐羡之担任吏部的尚书、建威将军和丹杨尹，代理掌管留任。因此朝廷里过去由刘穆之决定的大事，现在都送到北方，由刘裕亲自决定。

裕以次子桂阳公义真为都督雍、梁、秦王州诸军事、安西将军、领雍、东秦二州刺史。义真时年十二。以太尉谘议参军京兆王修为长史，王镇恶为司马、领冯翊太守，沈田子、毛德祖皆为中兵参军，仍以田子领始平太守，德祖领秦州刺史、天水太守，傅弘之为雍州治中从事史。

先是，陇上流户寓关中者，望因兵威得复本土；及置东秦州，知裕无复西略之意，皆叹息失望。

【译文】刘裕任命他的次子桂阳公刘义真为都督雍梁秦三州诸军事、安西将军、领有雍和东秦两州的刺史，但是当时刘义真才十二岁。任命太尉谘议参军京兆人王修担任长史，让王镇恶担任司马、兼领冯翊太守。沈田子和毛德祖都是中兵参军，仍然让沈田子兼领始平太守，让毛德祖兼领秦州刺史、天水太守，傅弘之担任雍州的治中从事史。

刚开始的时候，陇上的流亡民户寓居在关中，他们希望凭借刘裕的军威能够恢复本土。但是一直等到东秦州设置好了以后，他们才知道刘裕根本就没有再向西侵略的意思，于是都叹息而失望。

关中人素重王猛，裕之克长安，王镇恶功为多，由是南人皆忌之。沈田子自以峣柳之捷，与镇恶争功不平。裕将还，田子及傅弘之屡言于裕曰："镇恶家在关中，不可保信。"裕曰："今留卿文武将士精兵万人，彼若欲为不善，正足自灭耳。勿复多言。"裕私谓田子曰："钟会不得遂其乱者，以有卫瓘故也。语曰：'猛兽不如群狐。'卿等十馀人，何惧王镇恶！"

◆臣光曰：古人有言："疑则勿任，任则勿疑。"裕既委镇恶以关中，而复与田子有后言，是斗之使为乱也。惜乎，百年之寇，千里之土，得之艰难，失之造次，使丰、鄗之都复输寇手。荀子曰："兼并易能也，坚凝之难。"信哉！◆

【译文】关中人平时都非常敬重王猛，刘裕带着自己的军队攻克长安的时候，王镇恶的功劳是最多的，因此南方人都非常忌恨他。沈田子因为自己在峣柳的胜利，于是就和王镇恶争较功劳赏赐的不公平。在刘裕将要带着军队回去时，沈田子和傅弘之屡次去告诉刘裕说："王镇恶的家在关中，您不能完全地信任他。"刘裕对他们说："我现在将你们一万多人的文武将士和精兵都留下来了，如果他想要做一些不好的事情的话，那么他就是在自取灭亡了，你们不要再多说些什么了。"刘裕私下里告诉沈田子说："钟会不能够达成他变乱的心愿，是因为有卫瓘的原因。俗话说的是：'一只凶猛的野兽，根本就不如成群的狐狸。'你们这十几个人，又何必去畏惧王镇恶呢？"

◆臣司马光说：古人曾经说过："如果你要是怀疑一个人，

那么你就就不要任用他；如果你要任用一个人，那么你就不要去怀疑他。"刘裕既然已经把关中委交给了王镇恶，而又在背地里和沈田子说了后面那些话，挑拨他们相斗为乱。实在是很可惜呀！这百年的寇敌(指西晋怀、愍被虏，长安沦陷，占据关中的夷狄仇敌)和千里的土地，是很艰难才得到的，却因一时不慎而丢掉，使西周所建都的丰、鄗(此指关中)，又落到了敌人的手中去了。荀子说："兼并是一件很容易的事，但是坚凝就很难了。"这说的真是如此呀！◆

资治通鉴

三秦父老闻裕将还，诣门流涕诉曰："残民不沾王化，于今百年，始睹衣冠，人人相贺。长安十陵是公家坟墓，咸阳宫殿是公家室宅，舍此欲何之乎！"裕为之愍然，慰谕之曰："受命朝廷，不得擅留。诚多诸君怀本之志，今以次息与文武贤才共镇此境，勉与之居。"十二月，庚子，裕发长安，自洛入河，开汴渠以归。

氐豪徐骇奴、齐元子等拥部落三万在雍，遣使请降于魏。魏主嗣遣将军王洛生、河内太守杨声等西行以应之。

【译文】三秦的父老乡亲们听说刘裕将要带着军队回去了，都到军营门口去流泪哭诉说："我们这些遗留下来的百姓，没有得到王者的教化，到现在也已经有一百年之久了，直到现在我们才看见了中国的衣冠，人人都互相道贺。长安那里的十个陵墓都是公家的坟墓，而咸阳的宫殿也都是公家的室宅，假如放弃了这些，我们又要到哪里去呢？"刘裕听了他们说的话之后很感伤，安慰教谕他们说："我接受了朝廷的命令，不能够随便停留在这里。我非常赞许你们这份怀念宗本的心意，即使我走了，但是现在我也已经任命了我的次子和许多文武贤明有才干的官吏，让他们留在这里共同镇守这个地方，你们要好好地和他们共同相处。"十二月，庚子日（初三），刘裕带着自己的部下从长安出发，他们从洛水进入了黄河，将汴渠开通了，然后他们就回去了。

氐族豪酋徐骇奴和齐元子等人，都拥有三万户的部落在雍城，他们派遣使者去向魏国君主请求表示自己愿意投降。魏国的君主拓跋嗣接到他们的求降之后，立即派遣将军王洛生和河内太守杨声等人率领着军队，向西去附应他们。

闰月，壬申，魏主嗣如大宁长川。

姚泓灭，秦、雍人千馀家推襄邑令上谷寇赞为主以降于魏，魏主嗣拜赞魏郡太守。久之，秦、雍人流入魏之河南、荥阳、河内者，户以万数。嗣乃置南雍州，以赞为刺史，封河南公，治洛阳，立雍州郡县以抚之。赞善于招怀，流民归之者，三倍其初。

【译文】闰月，壬申日（初五），魏国的君主拓跋嗣带领着自己的部下到达了大宁长川。

姚泓灭亡后，秦和雍的一千多户人家都推举襄邑令上谷人寇赞担任他们的领袖，向魏国投降了，魏国的君主拓跋嗣任命寇赞为魏郡的太守。时间一长，秦和雍的百姓都流入了魏国、河南、荥阳和河内，流入的人口有一万户左右，于是拓跋嗣给这些百姓设置了南雍州，并且任命寇赞为刺史，还封他为河南公，让他治理洛阳。在雍州设立了郡县来安抚百姓的心情。寇赞这个人很善于招抚怀柔的政策，流亡的百姓中来归附的，是原来的三倍。

夏王勃勃闻太尉裕东还，大喜，问于王买德曰："朕欲取关中，卿试言其方略。"买德曰："关中形胜之地，而裕以幼子守之。

狼狈而归，正欲急成篡事耳，不暇复以中原为意。此天以关中赐我，不可失也。青泥、上洛，南北之险要，宜先遣游军断之；东塞潼关，绝其水陆之路；然后传檄三辅，施以威德，则义真在网罟之中，不足取也。"勃勃乃以其子抚军大将军璝都督前锋诸军事，帅骑二万向长安。前将军昌屯潼关，以买德为抚军右长史，屯青泥，勃勃将大军为后继。

是岁，魏都坐大官章安侯封懿卒。

【译文】夏王赫连勃勃听说太尉刘裕已经带着自己的部下向东回去了，非常高兴，他问王买德说："朕如果想要成功地取得关中的话，卿认为取得的方法和谋略是什么？"王买德回答说："关中这个地方形势很优胜，刘裕将他的幼子留在那里，让他带兵防守，而自己则很仓促地赶回去，正是想要急着去完成篡位的事，根本就没有空暇再来关心中原的事务。这是上天要把关中赏赐给我们，我们一定不能够失去这次机会。青泥和上洛是南北的险要重镇，我们应该先派遣游击军队去阻断那里；东面堵塞潼关，以断绝它的水路和陆路；然后再传达军书给三辅，对他们加以威严德化，这样，刘义真就等于掉进了网篓之中，我们很容易就能取得了。"勃勃听完王买德的意见后，就让他的儿子抚军大将军赫连璝都督前锋诸军事，率领着两万人的骑兵朝向长安，前将军赫连昌屯守在潼关，让王买德担任抚军右长史，屯守在青泥，勃勃带领着大军作为后援。

这一年，魏国的都坐大官章安侯封懿死了。

义熙十四年（戊午，公元四一八年）春，正月，丁酉朔，魏主嗣至平城，命护高车中郎将薛繁帅高车、丁零北略，至弱水而还。

辛巳，大赦。

资治通鉴

夏赫连璝至渭阳，关中民降之者属路。龙骧将军沈田子将兵拒之，畏其众盛，退屯刘回堡，遣使还报王镇恶。镇恶谓王修曰："公以十岁儿付吾属，当共思竭力；而拥兵不进，虏何由得平！"使者还，以告田子。田子与镇恶素有相图之志，由是益忿惧。未几，镇恶与田子俱出北地以拒夏兵，军中讹言："镇恶欲尽杀南人，以数十人送义真南还，因据关中反。"辛亥，田子请镇恶至傅弘之营计事。田子求屏人语，使其宗人沈敬仁斩之幕下，矫称受太尉令诛之。弘之奔告刘义真，义真与王修被甲登横门以察其变。俄而田子帅数十人来至，言镇恶反。修执田子，数以专戮，斩之；以冠军将军毛修之代镇恶为安西司马。傅弘之大破赫连璝于池阳，又破之于寡妇渡，斩获甚众，夏兵乃退。

【译文】义熙十四年（戊午，公元 418 年）春季，正月，丁酉朔日（初一），魏国的君主拓跋嗣率领着自己的部下到达了平城，他命令护高车中郎将薛繁率领着高车和丁零向北经略，到了弱水之后，他们就回去了。

辛巳日（正月无此日），晋安帝下令大赦天下。

夏国赫连璝到达渭阳的时候，关中百姓就向他投降了，路上连接不断的都是百姓。龙骧将军沈田子带兵前去抵抗，但是他又害怕夏国的士兵太多了，最后只好退兵屯守在刘回堡，并且派遣使者去回报给王镇恶。王镇恶告诉王修说："刘公将他十岁的儿子托付给我们，我们一定要共同努力。但是现在沈田子拥有军队却不前进，敌人又如何能够平定呢？"使者回去之后，就把这些话都告诉了沈田子。沈田子和王镇恶两人之间平时就有互相攻击的心意，因此就更加对彼此忿恨畏惧了。不久，王镇恶和沈田子一同离开了长安以北的地方，都带着自己的部下去抵抗夏国的军队，军中一直谣言说："王镇恶要把南方的人都给杀尽，用数十人去护送刘义真回到南方，然后据守关中造反。"
辛亥日(十五日)，沈田子将王镇恶请到傅弘之的营中商议事情。
沈田子先是请求摒开左右的侍从密谈，然后派遣他同宗的人沈
敬仁，在幕中把王镇恶给杀死了，并且还假托说自己是奉了太尉
的命令。傅弘之知道这件事情之后就跑去告诉了刘义真，刘义
真和王修穿上战甲登上横门去观察变化。没过多久，沈田子就
率领数十人前来，说是王镇恶造反了，而王修则立即将沈田子给
抓住，责备他擅权杀戮，然后把他给杀死了。让冠军将军毛修
之代替王镇恶担任安西司马。傅弘之先是在池阳与赫连璝大
战，将他给打败了，然后又在寡妇渡再次把赫连璝给打败了，斩
杀了很多俘虏，最后夏国的军队才退了回去。

壬戌，太尉裕至彭城，解严。琅邪王德文先归建康。

裕闻王镇恶死，表言"沈田子忽发狂易，奄害忠勋"，追赠镇
恶左将军、青州刺史。

以彭城内史刘遵考为并州刺史、领河东太守，镇蒲阪；征荆
州刺史刘道怜为徐、兖二州刺史。

【译文】壬戌日(二十六日)，太尉刘裕带领自己的部下到达
了彭城，解除了戒严令。琅邪王德文先回到了建康。

刘裕听说王镇恶已经死了，就上表说："沈田子这是忽然
间发生了病狂，完全改变了他正常的心，残忍地迫害忠良的功
臣。"于是上面就追赠了王镇恶为左将军和青州刺史。

晋安帝颁布诏令任命彭城的内史刘遵考为并州的刺史、兼
领河东太守，镇守在蒲阪；并且征调荆州的刺史刘道怜为徐、兖
两州刺史。

裕欲以世子义符镇荆州，以徐州刺史刘义隆为司州刺史，镇洛阳。中军谘议张邵谏曰："储贰之重，四海所系，不宜处外。"乃更以义隆为都督荆、益、宁、雍、梁、秦六州诸军事、西中郎将、荆州刺史，以南郡太守到彦之为南蛮校尉，张邵为司马、领南郡相，冠军功曹王昙首为长史，北徐州从事王华为西中郎主簿，沈林子为西中郎参军。义隆尚幼，府事皆决于邵。昙首，弘之弟也。裕谓义隆曰："王昙首沉毅有器度，宰相才也，汝每事咨之。"

以南郡公刘义庆为豫州刺史。义庆，道怜之子也。

裕解司州，领徐、冀二州刺史。

秦王炽磐以乞伏木弈干为沙州刺史，镇乐都。

【译文】刘裕想让世子刘义符带兵镇守在荆州，让徐州的刺史刘义隆担任司州刺史，带兵镇守在洛阳。中军谘议张邵劝谏说："储君的地位是非常重要的，是一个国家赖以维系的，不应该让他居住在外镇。"于是刘裕又另外让刘义隆为都督荆、益、宁、雍、梁、秦六州诸军事、西中郎将、荆州刺史，任命南郡太守到彦之为南蛮校尉，张邵为司马、兼领南郡相，冠军功曹王昙首为长史，北徐州的从事王华担任西中郎参军。刘义隆的年纪还太小，所以府事都是由张邵决定的。王昙首是王弘的弟弟。刘裕告诉刘义隆说："王昙首这个人为人很沉稳刚毅，而且还很有器识和度量，是一个做宰相的人才，你处理每一件事都要先去谘问他。"

晋安帝颁布诏令任命南郡公刘义庆为豫州的刺史。刘义庆，是刘道怜的儿子。

刘裕解下了自己司州的职务，兼领徐州和冀州的刺史。

秦王炽磐任命乞伏木奕干为沙州的刺史，让他带兵镇守在乐都。

二月，乙弗乌地延帅户二万降秦。

三月，遣使聘魏。

夏，四月，己巳，魏徙冀、定、幽三州徒河于代都。

初，和龙有赤气四塞蔽日，自寅至申，燕太史令张穆言于燕王跋曰："此兵气也。今魏方强盛，而执其使者，好命不通，臣窃惧焉。"跋曰："吾方思之。"

【译文】二月，乙弗乌地延率领着两万户去向秦国投降了。

三月，派遣使者去聘问魏国。

夏季，四月，己巳日（初四），魏国将冀、定和幽三州徒河的人都迁徙到代都去了。

起初，北燕都城和龙四周弥漫着赤气，把太阳都给遮蔽了，一直从寅时到申时，燕国的太史令张穆告诉燕王冯跋，说："这是要发生兵乱的气象啊。现在的魏国正是强盛的时候，而我们擒住他们的使者（于什门），致使两国之间原本通好的使命不相往来，臣私下里觉得十分害怕。"冯跋对他说："我也正在想这件事情。"

五月，魏主嗣东巡，至濡源及甘松，遣征东将军长孙道生、安东将军李先、给事黄门侍郎奚观帅精骑二万袭燕，又命骁骑将军延普、幽州刺史尉诺自幽州引兵趋辽西，为之声势，嗣屯突门岭以待之。道生等拔乙连城，进攻和龙，与燕单于右辅古泥战，破之，杀其将皇甫轨。燕王跋婴城自守，魏人攻之，不克，掠其民万馀家而还。

【译文】五月，魏国的君主拓跋嗣带着自己的部下向东巡守，当他们到达濡源和甘松时，拓跋嗣派遣征东将军长孙道生、安东将军李先和给事黄门侍郎奚观三人率领着精良的两万名骑兵去偷袭燕国，又下命令让骁骑将军延普和幽州的刺史尉诺他们两人从幽州带兵往辽西去，为他们营造声援的气势，拓跋嗣则屯守在突门岭等待他们的消息。长孙道生等人带兵攻下了乙连城后，又立即进兵去攻打和龙，和燕国的单于右辅古泥作战，把他给打败了，杀死了他的将军皇甫轨。燕王冯跋将城池紧紧围住加强防守，魏国的军队去攻打，但是没能攻下来，然后就将他的一万多户百姓给掳掠了，最后带着军队回去了。

六月，太尉裕始受相国、宋公、九锡之命。赦国中殊死以下，崇继母兰陵萧氏为太妃。以太尉军谘祭酒孔靖为宋国尚书令，左长史王弘为仆射，领选，从事中郎傅亮、蔡廓皆为侍中，谢晦为右卫将军，右长史郑鲜之为奉常，行参军殷景仁为秘书郎，其馀百官，悉依天朝之制。靖辞不受。亮，咸之孙；廓，谟之曾孙；鲜之，浑之玄孙；景仁，融之曾孙也。景仁学不为文，敏有思致；口不谈义，深达理体；至于国典、朝仪、旧章、记注，莫不撰录，识者知其有当世之志。

魏天部大人白马文贞公崔宏疾笃，魏主嗣遣侍臣问病，一夜数返。及卒，诏群臣及附国渠帅皆会葬。

【译文】六月，太尉刘裕接受晋安帝颁布的相国、宋公和九锡的诏命，赦免了国中犯有特殊死罪以下的罪人，将他的继母兰陵萧氏尊奉为太妃，将太尉军谘祭酒孔靖任命为宋国尚书令，左长史王弘为仆射，领选，从事中郎傅亮、蔡廓都是侍中，谢晦为右卫将军，右长史郑鲜之为奉常，行参军殷景仁为秘书郎，而其余的百官，也都依照晋朝的制度设立安排好了。可是孔靖却推辞了官位没有接受。傅亮，是傅咸的孙子；蔡廓，是蔡谟的曾孙；郑鲜之，是郑浑的玄孙；殷景仁，是殷融的曾孙。

殷景仁以前所学的不是从事于属文的事情，而是聪敏有情思意致的；嘴里虽然不谈道义，但是深切通达道理的本体；至于国家的典章、朝廷的礼仪和为旧制作记注的篇牍，他都能撰写迻录，相识的人都知道他有用世的志向。

魏国的天部大人白马文贞公崔宏的病很严重，魏国的君主派遣侍臣去探问他的病情，一个晚上就来回了好几次。等到崔宏死了之后，魏国的君主诏令群臣和附属的国家的大元帅都一起去参加了他的葬礼。

秋，七月，戊午，魏主嗣至平城。

九月，甲寅，魏人命诸州调民租，户五十石，积于定、相、冀三州。

河西王蒙逊复引兵伐凉，凉公歆将拒之，左长史张体顺固谏，乃止。蒙逊芟其秋稼而还。

歆遣使来告袭位。冬，十月，以歆为都督七郡诸军事、镇西大将军、酒泉公。

【译文】秋季，七月，戊午日（二十四日），魏国的君主拓跋嗣带领着自己的部下到达了平城。

九月，甲寅日（二十一日），魏国君主命令各州都征调百姓的税租，一户要征五十石谷子，屯积在定、相和冀三州。

河西王沮渠蒙逊又带兵前去攻伐凉国，凉公李歆准备带兵前去抵抗，左长史张体顺对此一再劝谏，这才停止。于是沮渠蒙逊就割取了他们的秋粮，然后就回去了。

李歆派遣使者来告知承袭爵位。冬季，十月，任命李歆为都督七郡诸军事、镇西大将军、酒泉公。

姚艾叛秦，降河西王蒙逊，蒙逊引兵迎之。艾叔父隽言于众曰：“秦王宽仁有雅度，自可安居事之，何为从河西王西迁！”众咸以为然，乃相与逐艾，推隽为主，复归于秦。秦王炽磐徵隽为侍中、中书监、征南将军，赐爵陇西公，以左丞相昙达为都督洮、罕以东诸军事、征东大将军、秦州牧，镇南安。

【译文】姚艾带着自己的下属背叛了秦国，向河西王沮渠蒙逊投降了，沮渠蒙逊亲自带着兵去迎接他。姚艾的叔父姚隽告诉众人说：“秦王非常宽厚仁爱，很有风雅气度，我们可以安心地留下来去侍奉他，何必再去跟从河西王向西迁居呢？”大家都认为应该是这样的，于是就驱逐了姚艾，推举姚隽为领袖，然后又都归附秦国。秦王炽磐征调姚隽为侍中、中书监，赐他爵位为陇西公，又任命左丞相昙达为都督洮、罕以东诸军事、征东大将军、秦州牧，镇守在南安。

刘义真年少，赐与左右无节，王修每裁抑之。左右皆怨，谮修于义真曰：“王镇恶欲反，故沈田子杀之。修杀田子，是亦欲反也。”义真信之，使左右刘乞等杀修。

修既死，人情离骇，莫相统壹。义真悉召外军入长安，闭门拒守。关中郡县悉降于夏。赫连璝夜袭长安，不克。夏王勃勃进据咸阳，长安樵采路绝。

【译文】刘义真的年纪还很小，他赏赐东西给身边的人没有节制，王修往往对此加以裁减抑制。所以刘义真左右的人都很抱怨，向刘义真说王修的坏话，有人说：“王镇恶当初想要造反，所以沈田子把他给杀了。而王修杀死了沈田子，就是说他也想要谋反。”刘义真相信了他们说的话，派遣左右心腹刘乞等人杀死了王修。

王修死了以后，朝廷中的人心离异骇乱，根本就不能统一人心。刘义真把屯守在蒲阪和渭北用来捍卫魏国和夏国的军队，全部都给调入长安了，关闭城门加以防守。关中的郡县全部都投降夏国了。赫连璝夜晚去偷袭长安，但是没有成功。夏王赫连勃勃就进兵据守在咸阳，最后长安打柴和采薪的路径都被断绝了。

资治通鉴

宋公裕闻之，使辅国将军蒯恩如长安，召义真东归；以相国右司马朱龄石为都督关中诸军事、右将军、雍州刺史，代镇长安。裕谓龄石曰："卿至，可敕义真轻装速发，既出关，然后可徐行。若关右必不可守，可与义真俱归。"又命中书侍郎朱超石慰劳河、洛。

【译文】宋公刘裕听到这个消息之后，派遣辅国将军蒯恩到长安去，召令刘义真回到了东方。然后任命相国右司马朱龄石为都督关中诸军事、右将军、雍州刺史，代替镇守在长安。刘裕告诉朱龄石说："等你到了以后，就敕令刘义真穿轻便的装备赶快出发。等他出关以后，就可以慢慢地走了。但是如果关右不能守住，你就可以和刘义真一起回来。"又命令中书侍郎朱超石去慰劳河和洛的地方。

十一月，龄石至长安。义真将士贪纵，大掠而东，多载宝货、子女，方轨徐行。雍州别驾韦华奔夏，赫连璝帅众三万追义真。建威将军傅弘之曰："公处分趣进；今多将辎重，一日行不过十里，虏追骑且至，何以待之！宜弃车轻行，乃可以免。"义真不从。俄而夏兵大至，傅弘之、蒯恩断后，力战连日。至青泥，晋兵大败，弘之、恩皆为王买德所禽；司马毛修之与义真相失，亦为夏兵所禽。义真行在前，会日暮，夏兵不穷追，故得免；左右尽散，独逃草中。中兵参军段宏单骑追寻，缘道呼之，义真识其声，出就之，曰："君非段中兵邪？身在此，行矣！必不两全，可刎身头以南，使家公望绝。"宏泣曰："死生共之，下官不忍。"乃束义真于背，单马而归。义真谓宏曰："今日之事，诚无算略；然丈夫不经此，何以知艰难！"

【译文】十一月，朱龄石到达长安。刘义真的将士非常贪婪放纵，大肆掳掠，然后向东行，装载了很多宝贵的东西，包括女子，车辆前进得很慢。雍州的别驾韦华逃奔到夏国。赫连璝率领着三万名士兵去追赶刘义真，建威将军傅弘之说："刘公吩咐我们要疾速而行，现在我们带了许多沉重的装备，一天都走不到十里路，敌人追赶的骑兵也马上快要到了，我们如何才能对付呢？我觉得我们现在应该放弃车乘，轻快地行走，才能够免余灾难。"刘义真没有听从他的意见。忽然夏国的军队大量地到达了，傅弘之和蒯恩负责在后面断后，奋力作战了好几天。到了青泥时，晋国的军队大败，傅弘之和蒯恩都被王买德擒获了；司马毛修之和刘义真失去了联系，也被夏国的军队给擒住了。刘义真走在前面，正巧天黑了，于是夏国的军队就没有极力追赶，所以他们才能够免难。左右的人都逃散了，刘义真一个人逃到了草丛里。中兵参军段宏一个人骑着马去寻找，沿途不停地呼叫，刘义真认识他的声音，听到之后就出来会合他，说："你不是段中兵吗？我人现在在这里。你可以走了，如果你要护我而行，那么两个人一定不能都保全的，你可以割下我的头向南行，让我的父亲死了心。"段宏哭着对他说："我要和你死生相共，我不忍心做这样的事情。"于是他就把刘义真背在了背上，骑着一匹马回去了。刘义真告诉段宏说："事情到了现在的地步，实在是因为我没有算策谋略；但是大丈夫没有经过这样的失败，又怎么会知道国事的艰难呢？"

夏王勃勃欲降傅弘之，弘之不屈。时天寒，勃勃裸之，弘之叫骂而死。勃勃积人头为京观，号曰髑髅台。长安百姓逐朱龄石，龄石焚其宫殿，奔潼关。勃勃入长安，大飨将士，举觞谓王买德曰："卿往日之言，一期而验，可谓算无遗策。此觞所集，非卿而谁！"以买德为都官尚书，封河阳侯。

【译文】夏王赫连勃勃想要劝傅弘之投降，但是傅弘之一直不肯屈服，于是赫连勃勃脱光了他的衣服，傅弘之对着他叫骂，然后死去了。赫连勃勃把人头堆积起来作为景观，号称髑髅台。长安的百姓都在驱逐朱龄石，朱龄石焚毁了宫殿，奔往潼关。赫连勃勃进入长安后，大肆宴飨将士，举起酒杯告诉王买德说："你从前所说的那些话，仅一年就应验了，可以说是算无失策了。今天能够在这里集会，就要举杯相贺，这些不是你的功劳，又会是谁的功劳呢？"于是就任命王买德为都官尚书，封为河阳侯。

龙骧将军王敬先戍曹公垒，龄石往从之。朱超石至蒲阪，闻龄石所在，亦往从之。赫连昌攻敬先垒，断其水道；众渴，不能战，城且陷。龄石谓超石曰："弟兄俱死异城，使老亲何以为心！尔求间道亡归，我死此，无恨矣。"超石持兄泣曰："人谁不死，宁忍今日辞兄去乎！"遂与敬先及右军参军刘钦之皆被执，送长安，勃勃杀之；钦之弟秀之悲泣不欢燕者十年。钦之，穆之之从兄子也。

【译文】龙骧将军王敬先戍守在曹公垒，朱龄石前往去归顺。朱超石到达蒲阪时，听到了朱龄石所在的地方，于是也前往去依从。赫连昌带兵去攻打王敬先的城垒，阻断了他的水道。将士们都口渴的不能作战，于是很快就被攻陷了，朱龄石对朱超石说："兄弟们都死在了外地，会使年老的双亲如何悲戚呢？你去找条小路逃亡吧，我死在这里也没有什么遗恨了。"朱超石拉着他的哥哥哭着说："又有谁能不死呢？我怎么能忍心今天离开哥哥自己逃走呢！"于是他和王敬先以及右军参军刘钦之都被捉到了长安，赫连勃勃把他们给杀死之后，刘钦之的弟弟刘秀之悲伤地哭泣，整整十年间，都没有欢笑燕乐。刘钦之，是刘穆之堂兄的儿子。

宋公裕闻青泥败，未知义真存亡，怒甚，刻日北伐，侍中谢晦谏以"士卒疲弊，请俟它年"，不从。郑鲜之上表，以为："虏闻殿下亲征，必并力守潼关。径往攻之，恐未易可克；若舆驾顿洛，则不足上劳圣躬。且虏虽得志，不敢乘胜过陕者，犹慑服大威，为将来之虑故也。若造洛而返，虏必更有揣量之心，或益生边患。况大军远出，后患甚多。昔岁西征，刘钟狼狈；去年北讨，广州倾覆；既往之效，后来之鉴也。今诸州大水，民食寡乏，三吴群盗攻没诸县，皆由困于征役故也。江南士庶，引领颙颙以望殿下之返斾，闻更北出，不测浅深之谋，往还之期，臣恐返顾之忧更在腹心也。若虑西虏更为河、洛之患者，宜结好北虏；北虏亲则河南安，河南安则济、泗静矣。"会得段宏启，知义真得免，裕乃止，但登城北望，慨然流涕而已。降义真为建威将军、司州刺史；以段宏为宋台黄门郎、领太子右卫率。裕以天水太守毛德祖为河东太守，代刘遵考守蒲阪。

【译文】宋公刘裕听说青泥战败后，不知道刘义真的生死，于是约定好日期，准备北伐。侍中谢晦劝谏说："士兵们都已经很疲劳衰敝了，请您等到来年再说吧。"但是刘裕没有答应。郑鲜之上奏表说："如果敌人听说殿下亲自出征的话，一定会全力防守潼关。如果我们直接前往攻打，恐怕没那么容易成功。如果我们把车舆停留在洛阳，就不必劳动圣躬了。敌人现在虽然得志，但是却不敢趁着战胜的时候就越过陕地，这是在畏服你的威武，替将来考虑的缘故啊。如果到了洛阳之后再回来，那么敌人一定会有揣量得失的心理，到那时或许会更加产生边境的灾患。何况我们大军远出的话，后患一定会很多。前几年我们西征的时候，刘钟趁机作恶；去年我们北讨的时候，广州就沦陷了。过去的证验，都是以后的借鉴。现在各州都发生了大水，百姓的食物已经很少了。三吴群起的盗匪已经攻陷了许多的城县，这些都是因为苦于征役的缘故。江南的士人和百姓都是拉长着脖子盼望等待着殿下您的回来，如果现在他们听到你还要北行的话，在不了解计谋的情况下，来回的时间里，我怕后顾的忧虑，就会在身边。如果您担心西方的敌人会成为河和洛的祸患，那就应该和北方的敌人结好。北方的敌人亲和了，河南就会安定了，河南安定了，济水和泗水也就会平静了。"正巧得到段宏的奏启候，知道刘义真能够免难，刘裕这才停止了计划，只是登上了城楼向北遥望，很感慨地流下了眼泪。将刘义真贬为建威将军、司州刺史，任命段宏为宋台黄门郎、兼领太子右卫率。刘裕任命天水的太守毛德祖为河东的太守，代替刘遵考防守在蒲阪。

夏王勃勃筑坛于灞上，即皇帝位，改元昌武。
西秦王炽磐东巡；十二月，徙上邦民五千馀户于枹罕。
彗星出天津，入太微，经北斗，络紫微，八十馀日而灭。魏主嗣复召诸儒、术士问之曰："今四海分裂，灾咎之应，果在何国？朕甚畏之。卿辈尽言，勿有所隐！"众推崔浩使对，浩曰："夫灾异之兴，皆象人事，人苟无衅，又何畏焉？昔王莽将篡汉，彗星出入，正与今同。国家主尊臣卑，民无异望，晋室陵夷，危亡不远；彗之为异，其刘裕将篡之应乎！"众无以易其言。

【译文】夏王赫连勃勃在灞上建造祭坛，祭祀天地之后登上了皇位，并且改年号为昌武。

西秦王炽磐率领着自己的部下向东去巡守。十二月，将上邽的五千多户百姓迁徙到了枹罕。

彗星出现在天津星，然后就进入太微星，经过北斗星之后，联结了紫微星，八十几天才完全消灭。魏国的君主拓跋嗣又召见了众儒和术士们，问他们说："现在四海分裂，你们认为灾异咎征的应验，将会是在哪一个国家呢？朕现在觉得非常害怕。你们这些人都尽量发言，不要对朕有所隐瞒！"于是大家就推选了崔浩作为代表回答拓跋嗣的问题，崔浩对拓跋嗣说："说到灾异的兴起，大多都是取象于人事的，如果人与人之间没有什么间隙的话，那又有什么好怕的呢？从前王莽在快要篡取汉代的时候，彗星出入的情形就跟现在的情况是一模一样的。而我们的国家君主尊贵，人臣卑下，百姓没有不一样的思想。晋朝的王室现在正在衰微，危险灭亡的时日也不会远了。而此时彗星出现了这样怪异的情况，应该是刘裕快要篡夺的应验吧！"大家对崔浩的话都很认同，都没有不同的意见。

宋公裕以谶云"昌明之后尚有二帝"，乃使中书侍郎王韶之与帝左右密谋鸩帝而立琅邪王德文。德文常在帝左右，饮食寝处，未尝暂离；韶之伺之经时，不得间。会德文有疾，出居于外。

戊寅, 韶之以散衣缢帝于东堂。韶之, 廙之曾孙也。裕因称遗诏, 奉德文即皇帝位, 大赦。

是岁, 河西王蒙逊奉表称藩, 拜凉州刺史。

尚书右仆射袁湛卒。

【译文】宋公刘裕因为听说了一句谶语: "昌明(晋孝武帝字)以后还有两个皇帝。"于是就立即派遣中书侍郎王韶之和晋安帝左右的人暗中勾结, 设计要毒杀安帝而拥立琅邪王德文。德文经常伺候在安帝的左右, 无论是吃饭的时候, 还是睡觉的时候, 一次都没有离开过。王韶之他们窥伺了很久的时间, 一直都没有找到合适的机会。正巧碰上德文生病了, 需要居住在外面。戊寅日(十七日), 王韶之利用这个机会用宽散的衣服在东堂把安帝缢死。王韶之, 是王虞的曾孙。安帝死后刘裕就假称安帝留下了遗诏, 要德文继承大位, 于是朝廷就尊奉德文登上了皇帝的尊位, 下令大赦天下。

这一年, 河西王沮渠蒙逊自己向朝廷呈上奏表要自称藩属, 朝廷只好封拜他为凉州刺史。

尚书右仆射袁湛死了。

【乾隆御批】图谶本属荒诞, 而生子命名亦非后所得专, 若谓简文早见"昌明"之谶更不应听后因梦名子。且谶语浅显, 初不难知, 何待后而始悟, 徒付之郗虚流涕邪? 此盖刘裕伪造, 托言定数, 以掩其逆谋。史氏不加详察, 妄为摭拾耳。

【译文】图谶之说本来就很荒诞, 而生儿子命名的事也不是皇后一人可以专断, 如果说简文帝早就见了"昌明"的谶文更不应该听凭皇后因为做梦而给儿子命名。何况谶语浅显易懂, 一开始就不难理解, 何须等待后来才能觉悟, 白白地为他抽噎流泪呢? 这本来就是刘裕伪造的，假托说是命中的定数，以便掩盖他的叛逆阴谋。史学家不加以详细考察，就随意收取了。

恭皇帝

元熙元年(己未，公元四一九年)春，正月，壬辰朔，改元。

立琅邪王纪褚氏为皇后；后，裒之曾孙也。

魏主嗣畋于犊渚。

甲午，征宋公裕入朝，进爵为王。裕辞。

癸卯，魏主嗣还平城。

庚申，葬安皇帝于休平陵。

敕刘道怜司空出镇京口。

夏将叱奴侯提帅步骑二万攻毛德祖于蒲阪，德祖不能御，全军归彭城。二月，宋公裕以德祖为荥阳太守，戍虎牢。

【译文】元熙元年(己未，公元 419 年)春季，正月，壬辰朔日(初一)，将年号改为元熙。

晋恭帝司马德文颁布诏令册封琅邪王妃褚氏为皇后；皇后褚氏，是褚裒的曾孙女。

魏国的君主拓跋嗣率领着自己的军队到犊渚去打猎。

甲午日(初三)，朝廷颁布诏令征调宋公刘裕入朝，进封爵位为王，但是刘裕却推辞了。

癸卯日(十二日)，魏国的君主拓跋嗣率领着自己的部下回到了平城。

庚申日(二十九日)，将晋安帝埋葬在了休平陵。

朝廷颁布诏令让刘道怜担任司空，带兵出去镇守在京口。

夏国的将军叱奴侯提率领着两万名的步兵和骑兵在蒲阪

进攻毛德祖，毛德祖的军队无法抵抗他的进攻，于是只好带着自己的军队全部都回到彭城去了。二月，宋公刘裕让毛德祖担任荥阳的太守，并且让他带兵在虎牢戍守。

夏主勃勃征隐士京兆韦祖思。祖思既至，恭惧过甚，勃勃怒曰："我以国士征汝，汝乃以非类遇我，汝昔不拜姚兴，今何独拜我？我在，汝犹不以我为帝王；我死，汝曹弄笔，当置我于何地邪！遂杀之。

【译文】夏国的君主赫连勃勃征调隐士京兆人韦祖思。韦祖思到了夏国以后，对夏国君主过分地恭敬畏惧，赫连勃勃生气地对他说："我以国士的礼节征调重用你，而你却不以好国君的方式来看待我！你从前从不拜姚兴，现在又为什么要拜我呢？我活着的时候，你尚且不把我当成帝王看；那么我死了以后，你们这些玩弄笔杆的人，又会置我于何地呢？"于是就下令把他杀死了。

群臣请都长安，勃勃曰："朕岂不知长安历世帝王之都，沃饶险固！然晋人僻远，终不能为吾患。魏与我风俗略同，土壤邻接，自统万距魏境裁百馀里，朕在长安，统万必危；若在统万，魏必不敢济河而西。诸卿适未见此耳。"皆曰："非所及也。"乃于长安置南台，以赫连璝领大将军、雍州牧、录南台尚书事；勃勃还统万，大赦，改元真兴。

勃勃性骄虐，视民如草芥。常居城上，置弓剑于侧，有所嫌忿，手自杀之。群臣迕视者凿其目，笑者决其唇，谏者先截其舌而后斩之。

【译文】群臣上书赫连勃勃请求把长安作为都城，赫连勃勃对群臣说："朕哪里不知道长安是历代帝王的都城，那儿的土地肥沃富饶，地理也险要巩固！但是现在晋朝处在那么偏远的地方，终究不会成为我们的祸患的。而魏国和我们的习俗很大部分都是相同的，我们两国的土地也相邻接，从统万到魏国的国境，才一百多里路。朕如果迁徙到长安去，那么统万一定会有危险的；如果朕在统万的话，魏国一定不敢渡河过西。你们只是没有见到这一点罢了。"群臣都回答说："皇上的才智不是我们所能比得上的。"于是赫连勃勃下令在长安设置了南台，任命赫连璝兼领大将军、雍州牧、录南台尚书事。而赫连勃勃自己则回到了统万，并且下令大赦，改年号为真兴。

赫连勃勃这个人性情骄傲暴虐，看待百姓就像是看待草芥一样。他常常站在城上，将弓箭备置在身侧，当他对谁有猜嫌忿恨的时候，他就亲手用弓箭把那个人杀死。群臣中如果有用斜眼看他的，他就把对方的眼睛给挖瞎；如果有随便笑的人，他就派人决裂他的唇；如果有劝谏他的人，他就先割断那人的舌头，然后再把他给杀死。

初，司马楚之奉其父荣期之丧归建康，会宋公裕诛剪宗室之有才望者，楚之叔父宣期、兄贞之皆死，楚之亡匿竟陵蛮中。及从祖休之自江陵奔秦，楚之亡之汝、颍间，聚众以谋复仇。楚之少有英气，能折节下士，有众万馀，屯据长社。裕使刺客沐谦往刺之，楚之待谦甚厚。谦欲发，未得间，乃夜称疾，知楚之必往问疾，因欲刺之。楚之果自赍汤药往视疾，情意勤笃，谦不忍发，乃出匕首于席下，以状告之曰："将军深为刘裕所忌，愿勿轻率以自保全。"遂委身事之，为之防卫。

【译文】起初，司马楚之供奉他的父亲司马荣期的丧事回到建康，正巧宋公刘裕诛灭了晋朝宗室中有才能威望的人，而司马楚之的叔父司马宣期和他的哥哥司马贞之都死了，于是司马楚之只好逃亡藏匿在竟陵的蛮夷之中。等到他的堂祖司马休之从江陵逃奔到秦国的时候，司马楚之逃亡到汝和颍之间，他聚合了众人想要伺机报仇。司马楚之虽然年少，但是有英锐的气象，还能够屈身居在贤士下位，所以有部属一万多人，屯据在长社。刘裕派遣刺客沐谦前往行刺司马楚之。沐谦来了之后，司马楚之对待沐谦非常优厚，沐谦想要对司马楚之下手，可是一直没有找到机会。于是夜晚的时候，沐谦声称自己生病，他知道司马楚之一定会来探望自己，他想利用那个时候去刺杀他。司马楚之得知沐谦生病之后，果然亲自前去送汤药探问他的疾病，情意很殷勤笃厚，沐谦被司马楚之的真诚打动，不忍心对他下手，于是就将匕首拿出来放在席下，并把实情都告诉了他，还对他说："将军您深被刘裕所猜忌，希望以后做事不要轻易草率，以求保全您自己。"而沐谦自己也改为事奉司马楚之，做他的防卫。

王镇恶之死也，沈田子杀其兄弟七人，唯弟康得免，逃就宋公裕于彭城，裕以为相国行参军。康求还洛阳视母；会长安不守，康纠合关中徙民，得百许人，驱帅侨户七百馀家，共保金墉城。时宗室多逃亡在河南，有司马文荣者，帅乞活千馀户屯金墉城南；又有司马道恭，自东垣帅三千人屯城西，司马顺明帅五千人屯陵云台，司马楚之屯柏谷坞。魏河内镇将于栗磾游骑在芒山上，攻逼交至，康坚守六旬。裕以康为河东太守，遣兵救之，平等皆散走。康劝课农桑，百姓甚亲赖之。

司马顺明、司马道恭及平阳太守薛辩皆降于魏，魏以辩为河东太守以拒夏人。

【译文】王镇恶死的时候，沈田子杀死了他的兄弟七个人，只有他的弟弟王康幸免于难，逃到彭城去附应宋公刘裕了。刘裕接受了投奔他的王康，并且任命他为相国行参军。王康向刘裕请求回洛阳去探视自己的母亲。正巧此时长安防守不住，于是王康就集合了关中流亡的百姓，共有一百多人，驱赶率领侨户七百多家，共同保卫金墉城。当时王室宗亲大多半逃亡在河南。有一个叫司马文荣的，率领流亡讨活的人有一千多户，屯守金墉城的南方；还有一个叫司马道恭的，从东垣率领着三千人屯守在城西；司马顺明率领着五千人屯守在陵云台，司马楚之屯守在柏谷坞。魏国的河内镇将于栗磾游动骑兵在芒山上，进攻得非常急切，王康带领众人在城内坚守了六十天。刘裕得知这个消息之后，任命王康为河东太守，并且立即派兵赶去救援，邵平等人最后都败散逃走了。成功击退敌军之后，王康劝导百姓都耕田种桑，百姓们都非常亲近信赖他。

司马顺明、司马道恭和平阳太守薛辩都向魏国投降了，于是魏国任命薛辩为河东太守，让他带兵去抵抗夏国。

夏，四月，秦征西将军孔子帅骑五千讨吐谷浑觅地于弱水南，大破之，觅地帅其众六千降于夏，拜弱水护军。

庚辰，魏主嗣有事于东庙，助祭者数百国，辛巳，南巡至雁门。五月，庚寅朔，魏主嗣观渔于灅水。己亥，还平城。

【译文】夏季，四月，秦国征西将军孔子率领着五千名骑兵在弱水南方讨伐吐谷浑的觅地，并且成功地将他们打得大败，最后觅地只好率领着他的部属六千人向秦国投降了，于是秦国就任命他为弱水护军。

庚辰日（二十一日），魏国的君主拓跋嗣在东庙举行祭祀，来陪祭的有数百个小国。辛巳日（二十二日），拓跋嗣率领着自己的部下向南巡守到了雁门。五月，庚寅朔日（初一），魏国的君主拓跋嗣在㶟水看人打鱼，己亥日（初十），他就带着人回到了平城。

凉公歆用刑过严，又好治宫室。从事中郎张显上疏，以为："凉土三分，势不支久。兼并之本，在于务农；怀远之略，莫如宽简。今入岁已来，阴阳失序，风雨乖和；是宜减膳撤悬，侧身修道，而更繁刑峻法，缮筑不止，殆非所以致兴隆也。昔文王以百里而兴，二世以四海而灭，前车之轨，得失昭然。太祖以神圣之姿，为西夏所推，左取酒泉，右开西域。殿下不能奉承遗志，混壹凉土，侔踪张后，将何以下见先王乎！沮渠蒙逊，胡夷之杰，内修政事，外礼英贤，攻战之际，身先士卒，百姓怀之，乐为之用。臣谓殿下非但不能平殄蒙逊，亦惧蒙逊方为社稷之忧。"歆览之，不悦。

【译文】凉公李歆这个人对犯人使用刑法过于严苛，又喜欢治理宫室，他的从事中郎张显上奏疏，认为："凉国的土地现在已经被瓜分为三部分（谓李氏、沮渠、乞伏），但这样的情势一定不能够支持很久。而要兼并的根本方法，就在于努力耕桑。怀柔远方的策略，没有比宽政简刑更好的了。今年以来，阴阳失去了秩序，风雨又不太调和。所以我们应该减少膳食，撤除悬乐，虔敬地修养正道。但是您现在却更为繁重地使用严峻的刑法，还不断地修筑宫室，这样恐怕不能够达到兴隆的目的。从前文王凭借百里的地方兴起，秦二世拥有天下之大却灭亡了，前车的轨迹，得失非常明显。太祖以神圣的英姿，被西夏推举，

向左取得了酒泉，向右开通了西域。殿下如果不能够继承太祖
遗下的志向，统一凉的国土，那么和踪张轨以及他的子孙相比，
在九泉之下又有什么脸面去见先王呢？沮渠蒙逊是胡夷的英
杰，他对内修治政事，对外礼遇英明贤能的人，在进攻作战的
时候，还自己以身作则，做士卒的好榜样。所以百姓们都非常
感念他，也乐意被他任用。臣认为殿下您不但不能够平定殄灭
沮渠蒙逊，也害怕沮渠蒙逊是我们国家的重大忧患。"李歆看
了张显的奏疏之后，非常不高兴。

　　主簿氾称上疏谏曰："天之子爱人主，殷勤至矣；故政之不
修，下灾异以戒告之，改者虽危必昌，不改者虽安必亡。元年三
月癸卯，燉煌谦德堂陷；八月，效穀地裂；二年元日，昏雾四塞；
四月，日赤无光，二旬乃复；十一月，狐上南门；今兹春、夏，地
频五震；六月，陨星于建康。臣虽学不稽古，行年五十有九，请
为殿下略言耳目之所闻见，不复能远论书传之事也。乃者咸安
之初，西平地裂，狐入谦光殿前；俄而秦师奄至，都城不守。梁
熙既为凉州，不抚百姓，专为聚敛，建元十九年，姑臧南门崩，陨
石于闲豫堂；明年为吕光所杀。段业称制此方，三年之中，地震
五十餘所；既而先王龙兴于瓜州，蒙逊篡弑于张掖。此皆目前之
成事，殿下所明知也。效穀，先王鸿渐之地；谦德，即尊之室；
基陷地裂，大凶之征也。日者，太阳之精，中国之象；赤而无光，
中国将衰。谚曰：'野兽入家，主人将去。'狐上南门，亦变异之大
者也。今蛮夷益盛，中国益微。愿殿下亟罢宫室之役，止游畋之
娱，延礼英俊，爱养百姓，以应天变，防未然。"歆不从。

　　【译文】主簿氾称上奏疏对李歆劝谏说："上天爱人主就像

爱自己的子女一样，非常殷切。所以如果人主的政治不修明，就会降下灾异来作为告诫。如果人主能够改正，虽然会有危险，但是一定能够昌明；而不能够改正，虽然会很安宁，但是最后也一定会灭亡。元年三月癸卯日，敦煌谦德堂地势下陷了；八月，效谷的地面裂开了；二年元月，乌云暗雾四处迷塞；四月，太阳赤红而无光芒，二十天之后才恢复正常；十一月，野狐爬上了南门；今年春天和夏天的时候，连续发生了五次的地震；六月，又有流星落到了建康。臣的学问虽然不能够稽考古籍，年龄却已有五十九岁了，请允许我为殿下大略谈谈我耳朵所听到的、我眼睛所见到的事，不再引证史书记载的事情。在成安初年时，西平发生了地裂，野狐进入了谦光殿的前面。不久，秦国的军队就突然到达，我们的都城防守不住。梁熙当凉州太守的时候，不安抚关心百姓，还专门贪敛财富；建元十九年，姑臧南门崩坏，山石掉落到了闲豫堂；第二年就被吕光给杀死了。段业当初在这里称帝的时候，三年之中，发生了五十多次地震。后来先王在瓜州起兵，沮渠蒙逊在张掖篡位弑君。这些事都是眼前已经发生的事实，殿下都明白知道的。效谷曾是先王逐渐兴起的地方，谦德是先王登上尊位的殿室。如今发生了地基下陷、地面裂开这样的事情，这是大凶的征兆啊。日，是太阳的精英，是中国的象征。但是它表现出赤红而没有光芒，那就是在表示中国将要衰亡了。谚语说：'野兽到了人类家里，主人就将会离去。'如今野狐登上了南门，这也是很大的变异啊。现在蛮夷的势力愈来愈盛，而中国愈来愈衰。我希望殿下能够很快地罢除宫室的劳役，停止游猎的玩乐，延请礼聘英明有贤才的人，真正地爱护照养百姓，以附应天然的灾变，防患于未然。"李歆听了他的劝谏之后仍然置之不理，没有答应他的请求。

秋，七月，宋公裕始受进爵之命。八月，移镇寿阳，以度支尚书刘怀慎为督淮北诸军事、徐州刺史，镇彭城。

辛未，魏主嗣东巡；甲申，还平城。

九月，宋王裕自解扬州牧。

秦左卫将军匹达等将兵讨彭利和于漒川，大破之，利和单骑奔仇池；获其妻子，徙羌豪三千户于枹罕，漒川羌三万馀户皆安堵如故。冬，十月，以尚书右仆射王松寿为益州刺史，镇漒川。

【译文】秋季，七月，宋公刘裕才接受了晋升爵位的诏命。八月，又下诏命让他改为镇守寿阳，任命度支尚书刘怀慎为督领淮北各地的军事、徐州刺史，镇守在彭城。

辛未日(十三日)，魏国的君主拓跋嗣率领着自己的部下向东巡守；甲申日(二十六日)，他们一行人回到了平城。

九月，宋王刘裕自己解除了他扬州牧的职务。

秦国的左卫将军匹达等人率领着军队在漒川讨伐彭利和，把他打得大败，最后只有彭利和一个人骑着马逃奔到仇池去了。秦国的军队俘获了彭利和的妻子和他的子女，然后将羌族的三千户豪贵迁移到枹罕去了，漒川的羌人三万多户都安居如故。冬季，十月，下诏命任命尚书右仆射王松寿担任益州刺史，并且让他镇守在漒川。

宋王裕以河南萧条，乙酉，徙司州刺史义真为扬州刺史，镇石头。萧太纪谓裕曰："道怜汝布衣兄弟，宜用为扬州。"裕曰："寄奴于道怜，岂有所惜！扬州根本所寄，事务至多，非道怜所了。"太妃曰："道怜年出五十，岂不如汝十岁儿邪？"裕曰："义真虽为刺史，事无大小，悉由寄奴。道怜年长，不亲其事，于听望不足。"太妃乃无言。道怜性愚鄙而贪纵，故裕不肯用。

【译文】宋王刘裕因为河南十分萧索凄凉，乙酉日（二十八日），将司州的刺史刘义真迁徙为扬州的刺史，并且派他在石头镇守。萧太妃告诉刘裕说："道怜是你在贫贱时候的兄弟，你应该任用他为扬州牧。"刘裕回答萧太妃说："寄奴（刘裕的小字）对于道怜哪里会有吝惜呢！只是扬州是根本所寄托的地方，事务非常得多，以道怜的能力是不能够办妥的。"太妃又对刘裕说："道怜现在的年纪已经超过五十岁了，难道还不如你十岁的小孩吗？"刘裕只好回答说："义真虽然现在是刺史，但是事情不管是大还是小，全部都由我来亲自处理。道怜的年纪大，如果不能够亲自管理他的事务，在观听上是不可以的。"太妃听完刘裕的话后，无话可说。刘道怜这个人性情愚笨又鄙陋，而且还贪欲放纵，所以刘裕才不肯任用他。

十一月，丁亥朔，日有食之。

十二月，癸亥，魏主嗣西巡至云中，从君子津西渡河，大猎于薛林山。

辛卯，宋王裕加殊礼，进王太妃为太后，世子为太子。

【译文】十一月，丁亥朔日（初一），出现了日食的现象。

十二月，癸亥日（初七），魏国的君主拓跋嗣率领着自己的部下向西巡守到了云中，从君子津向西渡河，然后在薛林山举行了一场大规模的田猎。

辛卯日（十二月无此日），宋王刘裕加封殊遇的礼仪，并且进封王太妃为太后，进封世子为太子。

资治通鉴卷第一百一十九　宋纪一

起上章涒滩，尽昭阳大渊献，凡四年。

【译文】起庚申(公元 420 年)，止癸亥(公元 423 年)，共四年。

【题解】本卷记录了公元 420 年至 423 年，即宋高祖刘裕永初元年至营阳王刘义符景平元年共四年间刘宋与各国的大事。主要记录了晋恭帝司马德文禅让，刘裕称帝，东晋灭亡；刘裕冲击旧门阀制度，提高新贵名望；刘裕杀害晋恭帝，故作悲伤；记录了刘裕宠信谢晦，谢晦兄谢瞻对谢晦不满；记录了刘裕死，其子刘义符继位，大臣间的矛盾尖锐；写了西凉被北凉打败，西凉破灭；记录了魏主拓跋嗣立拓跋焘为太子，乘刘裕死，发兵攻打刘宋，开疆扩土；记录了魏主拓跋嗣死，拓跋焘继位，魏臣崔浩遭罢废，被骗子寇谦之利用；此外还记录了北凉归服刘宋，西秦归附北魏等等。

高祖武皇帝

永初元年(庚申，公元四二〇年)春，正月，己亥，魏主还宫。

秦王炽磐立其子暮末为太子，仍领抚军大将军、都督中外诸军事，大赦，改元建弘。

【译文】永初元年(庚申，公元 420 年六月改年号为永初春天。)正月，己亥十四日，北魏皇帝拓跋嗣回到平城宫中。

西秦王乞伏炽磐把他的儿子乞伏暮末立为太子，自己仍然兼任抚军大将军，掌管全国内外的军事，宣布大赦境内，并将年号改为建弘。

宋王欲受禅而难于发言，乃集朝臣宴饮，从容言曰："桓玄篡位，鼎命已移。我首唱大义，兴复帝室，南征北伐，平定四海，功成业著，遂荷九锡。今年将衰暮，崇极如此，物忌盛满，非可久安；今欲奉还爵位，归老京师。"群臣惟盛称功德，莫谕其意。日晚，坐散。中书令傅亮还外，乃悟，而宫门已闭，亮叩扉请见，王即开门见之。亮入，但曰："臣暂宜还都。"王解其意，无复他言，直云："须几人自送？"亮曰："数十人可也。"即时奉辞。亮出，已夜，见长星竟天，拊髀叹曰："我常不信天文，今始验矣。"亮至建康，夏，四月，征王入辅。王留子义康为都督豫、司、雍、并四州诸军事、豫州刺史，镇寿阳。义康尚幼，以相国参军南阳刘湛为长史，决府、州事。湛自弱年即有宰物之情，常自比管、葛，博涉书史，不为文章，不喜谈议，王甚重之。

【译文】东晋宋王（刘裕）想要接受晋恭帝司马德文的禅让，把帝位传给自己，却难以启齿，于是他召集自己的朝臣，聚在一起饮酒欢宴，他在宴会上若无其事地说："当年桓玄篡位，使晋国政权被夺，我首先提倡大义，想要复兴晋朝宗室，在经过南征北伐之后，终于平定了四海天下，可以说是大功告成、业绩显著，于是蒙受宋公恩赐有了九锡之尊。现在我年纪衰老进入暮年，地位却如此地尊崇之极。天下什么事物都忌讳装得太盛太满，这是不可以保证长久安宁的，因此，现在我想要把爵位奉还，回到京师（建康）颐养天年。"臣子们只是一味地对他歌功颂德，但并不理解他说这些话的真正用意。天色已晚，宴会的臣子们都纷纷散去，中书令傅亮直到走出宫门外，方才领悟出刘裕一番话的真正用意，然而他再转回宫中时宫门已经关闭，傅亮便敲门求见，宋王下令开门接见了他。傅亮进宫后只说："臣应该暂且回到京师。"宋王明白了他的意思，便不再多说别的话，直接说道："你需要多少人护送你返回？"傅亮回答道："几十个人就足够了。"说完便马上与宋王刘裕辞别。傅亮出宫时已经是夜半时分，他看到彗星拖着长尾划过天空，拍腿长叹说："我过去常常不相信天象的征兆，现在才知道这开始应验了。"傅亮来到建康的时候，正值夏天四月份，晋恭帝征召宋王刘裕入京辅政。于是宋王让自己的儿子刘义康留守，指挥监督豫、司、雍、并四州的军事，豫州刺史，坐镇寿阳。刘义康还很年幼，于是任命南阳人相国参军刘湛为长史，帮助处理府、州的日常军政事务。刘湛从幼年的时就有做宰辅的远大志向，常常拿自己跟管仲、诸葛亮相比，他自己广泛涉猎群书、通晓历史，但是却不喜欢写文章，不爱空谈议论。因此宋王特别器重他。

五月，乙酉，魏更谥宣武帝曰道武帝。

魏淮南公司马国璠、池阳子司马道赐谋外叛，司马文思告之。庚戌，魏主杀国璠、道赐，赐文思爵郁林公。国璠等连引平城豪桀，坐族诛者数十人，章安侯封懿之子玄之当坐。魏主以玄之燕朝旧族，欲宥其一子。玄之曰："弟子磨奴早孤，乞全其命。"乃杀玄之四子而宥磨奴。

【译文】五月，乙酉初二，北魏将宣武帝拓跋珪的谥号改为道武帝。

北魏淮南公司马国璠、池阳子司马道赐一起计谋商量叛变，司马文思揭发了他们。庚戌二十七日，北魏君主拓跋嗣杀了司马国璠和司马道赐，并将司马文思册封为郁林公。司马国璠他们的阴谋牵连到了平城的豪族，全族因此被杀的就有数十人，章安侯封懿的儿子封玄之也连坐当诛。北魏君主想到封玄之是燕朝的旧世族，便想要宽免他的一个儿子。玄之说："我弟弟的儿子封磨奴自年小时就丧父，还希望您能保全他一命。"于是，北魏君主杀了封玄之的四个儿子，而宽宥了他的侄子磨奴。

六月，壬戌，王至建康。傅亮讽晋恭帝禅位于宋，具诏草呈帝，使书之。帝欣然操笔，谓左右曰："桓玄之时，晋氏已无天下，重为刘公所延，将二十载；今日之事，本所甘心。"遂书赤纸为诏。

甲子，帝逊于琅邪第，百官拜辞，秘书监徐广流涕哀恸。

丁卯，王为坛于南郊，即皇帝位。礼毕，自石头备法驾入建康宫。徐广又悲感流涕，侍中谢晦谓之曰："徐公得无小过！"广曰："君为宋朝佐命，身是晋室遗老，悲观之事，固不可同。"广，邈之弟也。

【译文】六月，壬戌初九，宋王刘裕到达建康，傅亮暗地里委婉指示晋恭帝将帝位禅让给宋王刘裕，并且详细地拟了一份禅位诏书呈给晋恭帝，要他亲手再把这草稿抄下来。恭帝欣然拿起笔，并对左右侍奉的人说："桓玄之乱的时候，我晋司马氏已经丢掉了天下，而后来因为刘公的作为才得以重新延续到现在，已过了将近二十年；今天把帝位传给宋王的事，本来就是我心甘情愿的。"于是把傅亮所拟的草稿抄写在红纸上作为正式诏书。

甲子十一日，晋恭帝司马德文在琅邪府第让位，百官叩首辞别，秘书监徐广悲伤哀恸，痛哭流涕。

丁卯十四日，宋王在京师南郊设受禅坛，登上了帝位。在禅让典礼结束之后，刘裕乘坐皇帝的车驾由石头城进入了建康宫。徐广又悲伤不已，侍中谢晦看了之后对他说："徐公这样未免有点过分了吧！"徐广回答说："你现在是宋朝的辅佐大臣，而我是晋室的遗老，对于我们来说，悲伤与欢乐这两件事，当然是有所不同。"徐广，是徐邈的弟弟。

帝临太极殿，大赦，改元。其犯乡论清议，一皆荡涤，与之更始。

◆裴子野论曰：昔重华受终，四凶流放；武王克殷，顽民迁洛。天下之恶一也，乡论清议，除之，过矣！◆

奉晋恭帝为零陵王，优崇之礼，皆仿晋初故事，即宫于故秣陵县，使冠军将军刘遵考将兵防卫。降褚后为王妃。

追尊皇考为孝穆皇帝，皇妣赵氏为孝穆皇后；尊王太后萧氏为皇太后。上事萧太后素谨，及即位，春秋已高，每旦入朝太后，未尝失时刻。

【译文】刘宋武帝刘裕登上太极殿，宣布大赦天下，并将年号改为永初。刘裕颁布新令，凡是犯有批评当政议论名教的罪名，受过舆论抨击的人，都一律去除罪名，让他们改过自新。

◆裴子野论说道：当年虞舜重华接受国家权力，将共工、兜、三苗、鲧四个坏人流放；武王战胜殷纣王，将一些顽固的殷人迁到洛阳。天下坏人的罪恶都是相同的，然而刘裕却将民间批评和议论的那些罪犯也加以赦免，这样做是不对的。◆

刘宋武帝将晋恭帝封为零陵王；对待晋皇室的优待礼遇，全部都效仿晋初司马炎优待魏陈留王曹奂的先例，随后又在旧秣陵县为晋恭帝兴建王宫，命令有冠军将军之称的刘遵考率兵守卫；并把晋恭帝的褚后降为王妃。

刘宋武帝刘裕追尊他的父亲皇考为孝穆皇帝，母亲赵氏为孝穆皇后；又把他的继母王太后萧氏尊封为皇太后。刘裕事奉萧太后向来都很恭敬谨慎，即帝位之后，虽然他年纪已高，但每天清早必去后宫向太后问安，从来没有错过一刻时间。

【申涵煜评】乡论清议，三代遗直，佐朝廷赏罚不及。宋主即位初，一概除之，廉耻荡然。何以立国？此真天地闭塞之候。

【译文】乡论清议，是三代遗留下来的正直之风，可以辅助朝廷赏赐或惩罚不到的地方。刘宋的皇帝一登基，就一概废除，使得廉洁和羞耻就全部消失了。这样如何能够立国？这真是天地之间阴阳不通的征兆。

诏晋氏封爵，当随运改，独置始兴、庐陵、始安、长沙、康乐五公，降爵为县公及县侯，以奉王导、谢安、温峤、陶侃、谢玄之祀，其宣力义熙、豫同艰难者，一仍本秩。

庚午，以司空道怜为太尉，封长沙王。追封司徒道规为临川王，以道怜子义庆袭其爵。其馀功臣徐羡之等，增位进爵各有差。

追封刘穆之为南康郡公，王镇恶为龙阳县侯。上海叹念穆之，曰："穆之不死，当助我治天下。可谓'人之云亡，邦国殄瘁'！"又曰："穆之死，人轻易我。"

立皇子桂阳公义真为庐陵王，彭城公义隆为宜都王，义康为彭城王。

己卯，改《泰始历》为《永初历》。

【译文】刘宋武帝刘裕又颁布诏书声称晋王朝时所封的爵位，应该随着改朝换代而同样进行改变。于是他只设始兴公、庐陵公、始安公、长沙公、康乐公五公，但却把五公的爵位由郡公降为县公或者县侯，以奉承王导、谢安、温峤、陶侃、谢玄五族的宗祀香火得以延续，至于当年在义熙时与刘裕共出力同患难抗击过桓玄的人，他们自己的爵位和俸禄仍然保持不变。

庚午十七日，刘宋武帝刘裕让司空刘道怜出任太尉，并封他为长沙王，同时追封已经去世的司徒刘道规为临川王，把刘道规的爵位让他的儿子刘义庆继承。其他的功臣们，像徐羡之等人，也都升官或者晋爵，各有不同。

刘宋武帝刘裕又追封刘穆之为南康郡公，同时将王镇恶封为龙阳县侯。刘裕每次感叹想念刘穆之，就说道："刘穆之如果没有死，肯定能帮助我治理这天下。真可以说是'失去了贤者，是国家的病害'！"又说："刘穆之死了，人们对付我就很容易了。"

刘宋武帝又把皇子桂阳公刘义真封为庐陵王，把彭城公刘义隆封为宜都王，把刘义康封为彭城王。

己卯二十六日，刘宋武帝颁布历法，将《泰始历》改为《永初历》。

魏主如犵犴山，遂至冯卤池。闻上受禅，驿召崔浩告之曰："卿往年之言验矣，朕于今日始信天道。"

秋，七月，丁酉，魏主如五原。

甲辰，诏以凉公歆为都督高昌等七郡诸军事、征西大将军、酒泉公；秦王炽磐为安西大将军。

交州刺史杜慧度击林邑，大破之，所杀过半。林邑乞降，前后为所钞掠者皆遣还。慧度在交州，为政纤密，一如治家，吏民畏而爱之，城门夜开，道不拾遗。

【译文】北魏君主拓跋嗣前去犵犴山，又到了冯卤池。他听说刘裕接受了禅让即位，便用驿车召见崔浩，对他说："你以前所说的话都应验了，我到现在才相信天道。"

秋季，七月，丁酉十五日，北魏君主拓跋嗣到达五原。

甲辰二十二日，刘宋武帝刘裕下诏，任命西凉公李歆作为领导高昌等七郡各种军务的都督、征西大将军，把他进封为酒泉公；又任命西秦王炽磐为安西大将军。

刘宋交州刺史杜慧度前往攻打林邑，并且一举歼灭林邑军，杀死敌人过半。林邑请求投降，并把他们前前后后所抢劫掠夺的钱财物品全部归还。杜慧度在交州任职期间，处理政务细密严谨，就像处理自己的家事一样，官吏和人民对他都是既畏惧而又爱戴；交州的城门在晚上不用关闭，行人在道路上不捡他人遗失的物品。

丁未，魏主如云中。

河西王蒙逊欲伐凉，先引兵攻秦浩亹；既至，潜师还屯川岩。

凉公歆欲乘虚袭张掖；宋繇、张体顺切谏，不听。太后尹氏谓歆曰："汝新造之国，地狭民希，自守犹惧不足，何暇伐人！先王临终，殷勤戒汝：深慎用兵，保境宁民，以俟天时。言犹在耳，奈何弃之！蒙逊善用兵，非汝之敌，数年以来，常有兼并之志。汝国虽小，足为善政，修德养民，静以待之。彼若昏暴，民将归汝；若其休明，汝将事之。岂得轻为举动，徼冀非望！以吾观之，非但丧师，殆将亡国！"亦不听。宋繇叹曰："今兹大事去矣！"

【译文】己未（七月无此日，怀疑有误），北魏君主到达云中。

北凉河西王蒙逊想要攻打西凉，于是他先率领军队攻打西秦的浩亹；然而一到浩亹后，大军又暗地秘密回师，在川岩驻扎。

西凉公李歆想要乘着蒙逊攻打西秦凉所造成的后方空虚，

去袭击张掖；右长史宋繇、左长史张体顺很恳切地对他劝谏，李歆却听不进去。太后尹氏也就是李歆的母亲对李歆说："这是你新建立的国家，领土狭小人民稀少，守护自己的国家都害怕力量不够，哪还有余力去攻打别人！先王去世的时候，一再告诫过你，对于军事打仗要非常小心谨慎，要做好的就是保卫国土，使人民安宁，以等待天时良机。这些话言犹在耳，怎么可以抛到一边呢！蒙逊擅长用兵，这不是你所能敌抗的，并且他几年以来，一直有吞并我们的志向。你的国家虽然小，但足以让你施行善政，培养道德发展人民，冷静地等待时机来对付他。他如果昏庸凶暴，人民就会归服于你；他如果开明善政，你就要事奉于他，怎么可以轻举妄动，靠侥幸去期待讨伐成功呢！在我看来，你如果这样做，不但军队会被消灭，国家也会因此败亡！"李歆仍然不听。宋繇长叹说："到现在这种地步，大势已去了！"

歆将步骑三万东出。蒙逊闻之，曰："歆已入吾术中，然闻吾旋师，必不敢前。"乃露布西境，云已克浩亹，将进攻黄谷。歆闻之，喜，进入都渎涧。蒙逊引兵击之，战于怀城，歆大败。或劝歆还保酒泉，歆曰："吾违老母之言以取败，不杀此胡，何面目复见我母！"遂勒兵战于蓼泉，为蒙逊所杀。歆弟酒泉太守翻、新城太守预、领羽林右监密、左将军眺、右将军亮西奔燉煌。

【译文】李歆带领步兵骑兵三万人向东出发。蒙逊听闻这个消息高兴地说："李歆已经进入我的圈套，但是如果他听到我调回大军埋伏，必定不敢再继续前进。"于是蒙逊下令在西部广传已攻克浩亹的胜利消息，并且将要再度进攻黄谷。李歆知道以后非常高兴，于是率领大军进入都渎涧中。蒙逊率军向他进攻，在怀城两个军队进行决战，李歆大败。有人劝李歆退回都城保卫酒泉。李歆说："我违背老母的告诫导致失败，如果我不杀了这个胡人，我有什么脸面再见我母亲!"于是李歆又聚集军队在蓼泉与蒙逊的军队作战，最终被蒙逊所杀。李歆的弟弟酒泉太守李翻、新城太守李预、领羽林右监李密、左将军李眺、右将军李亮等人向西逃往敦煌。

蒙逊入酒泉，禁侵掠，士民安堵。以宋繇为吏部郎中，委之选举；凉之旧臣有才望者，咸礼而用之。以其子牧犍为酒泉太守。燉煌太守李恂，翻之弟也，与翻等弃燉煌奔北山。蒙逊以索嗣之子元绪行燉煌太守。

【译文】蒙逊军队进入酒泉，他禁止士兵侵掠抢夺，士民生活安宁。蒙逊任命宋繇为吏部郎中，委托他掌管官吏的任免；西凉的那些旧臣中有才能和名望的，都用礼遇对待他们并加以任用。蒙逊任命他的儿子牧犍作为酒泉的太守。原来的敦煌太守李恂，是李翻的弟弟，也与李翻等人一起放弃敦煌逃往北山。蒙逊就让敦煌的太守由索嗣的儿子元绪代理。

蒙逊还姑臧，见凉太后尹氏而劳之。尹氏曰："李氏为胡所灭，知复何言!"或谓尹氏曰："今母子之命在人掌握，奈何傲之!且国亡子死，曾无忧色，何也?"尹氏曰："存亡死生，皆有天命，奈何更如凡人，为儿女子之悲乎!吾老妇人，国亡家破，岂可复惜馀生，为人臣妄乎!惟速死为幸耳。"蒙逊嘉而赦之，娶其女为牧犍妇。

【译文】蒙逊回到都城姑臧，见到西凉太后尹氏，安抚慰问她。尹氏太后说："李氏一族被胡人所灭，这没有什么好说的!"

有人对尹氏说："现在你们母子的性命掌握在别人手中，怎么还可以这么傲慢？况且你的国家已经灭亡，儿子也已经死了，你却没有一点忧色，这是为什么呢？"尹氏回答说："存亡与生死，这都是上天的安排，为什么要像凡人一样，像小儿女般悲伤呢？我这个老太婆，现在国破家亡，又怎么会爱惜余生，做别人的臣妾呢？我只希望可以快快地死去，这就是我的万幸了。"蒙逊嘉许尹太后的言行而赦免了她，并且娶她的女儿做他儿子牧犍的妻子。

八月，辛未，追谥妃臧氏为敬皇后。癸酉，立王太子义符为皇太子。

闰月，壬午，诏晋帝诸陵悉署守卫。

九月，秦振武将军王基等袭河西王蒙逊胡园戍，俘二千馀人而还。

李恂在燉煌在惠政；索元绪粗险好杀，大失人和。郡人宋承、张弘密信招恂。冬，恂帅数十骑入燉煌，元绪东奔凉兴。承等推恂为冠军将军、凉州刺史，改元永建。河西王蒙逊遣世子政德攻燉煌，恂闭城不战。

十二月，丁亥，杏城羌酋狄温子帅三千馀家降魏。

是岁，魏姚夫人卒，追谥昭哀皇后。

【译文】八月，辛未十九日，刘裕追封妃子臧氏谥号为敬皇后。癸酉日（二十一日），将王太子刘义符封为皇太子。

闰八月，壬午初一，刘裕颁布诏书对东晋历代皇帝的各个陵墓都设士兵守卫。

九月，西秦振武将军王基等人在胡园戍地方袭击河西王蒙逊的军队，俘虏了两千多人返回。

西凉敦煌太守李恂在任期间，有很好的德政；但是北凉任命的新太守索元绪粗暴阴险，嗜杀百姓，失去人心支持。敦煌郡人宋承、张弘暗地里写信给李恂，希望他回来主持政务。冬季，李恂率领数十个骑兵攻入敦煌，元绪向东逃往凉兴。宋承等人推举李恂为冠军将军、凉州刺史，把年号改为永建。北凉河西王蒙逊派遣世子政德进攻敦煌，李恂等人关闭城门，并不出来应战。

十二月，丁亥初七，夏国杏城的羌族酋长狄温子带领三千多户人家向北魏投降。

也是这一年，北魏姚夫人去世，昭哀皇后为追封的谥号。

永初二年（辛酉，公元四二一年）春，正月，辛酉，上祀南郊，大赦。

◆裴子野论曰：夫郊祀天地，修岁事也。赦彼有罪，夫何为哉！◆

以扬州刺史庐陵王义真为司徒，尚书仆射徐羡之为尚书令、扬州刺史，中书令傅亮为尚书仆射。

辛未，魏主行如公阳。

河西王蒙逊帅众二万攻李恂于燉煌。

秦王炽磐遣征北将军木弈干、辅国将军元基攻上邽，遇霖雨而还。

【译文】永初二年（辛酉，公元 421 年）春天，正月，辛酉十二日，刘宋武帝刘裕去南郊祭祀，大赦天下。

◆裴子野论道：祭祀天地神灵，是每一年都要例行的祭事；而刘裕却要赦免所有有罪的人，不知道他这是为什么？◆

刘裕把扬州刺史庐陵王刘义真任命为司徒，任命尚书仆射徐羡之为尚书令、扬州刺史，同时中书令傅亮也被任命为尚书仆射。

辛未二十二日，北魏君主拓跋嗣一行人到达公阳。

北凉河西王蒙逊率领军队两万多人向在敦煌的李恂发起了进攻。

西秦王乞伏炽磐派遣征北将军乞伏木弈干、辅国将军乞伏元基对夏国的上邽进攻，部队却因为遇到大雨而班师回朝。

三月，甲子，魏阳平王熙卒。

魏主发代者六千人筑苑，东包白登，周三十余里。

河西王蒙逊筑堤壅水以灌燉煌；李恂乞降，不许。恂将宋承等举城降，恂自杀。蒙逊屠其城，获恂弟子宝，囚于姑臧。于是，西域诸国皆诣蒙逊称臣朝贡。

夏，四月，己卯朔，诏所在淫祠自蒋子文以下皆除之；其先贤及以勋德立祠者，不在此例。

吐谷浑王阿柴遣使降秦，秦王炽磐以阿柴为征西大将军、开府仪同三司、安州牧、白兰王。

【译文】三月，甲子十六日，北魏阳平王拓跋熙去世。

北魏君主拓跋嗣征用代都人民六千人为他兴筑御花园，在东边筑有白登，宫苑周围绵延三十多里。

北凉河西王蒙逊修筑长堤，想要采用水攻的办法来水淹敦煌，被围困的李恂请求投降，蒙逊没有答应。李恂部下的将领宋承等人背叛李恂献出城池向蒙逊投降，李恂无奈自杀。蒙逊命令手下屠城，李恂弟弟的儿子李宝被擒，蒙逊把他送到姑臧关了起来。从此，西域各个国家都来拜见归附北凉。对蒙逊自称臣子，派遣使者上朝进贡。

夏天，四月，己卯朔初一，刘宋武帝刘裕下诏：全国所有不正当的祭祀祠庙，包括蒋子文以下的祠庙全部废除，但是古代圣贤以及因功勋道德而建立的宗祠，可以不被废除。

吐谷浑王慕容阿柴派遣使者来投降西秦，西秦王乞伏炽磐将慕容阿柴任命为征西大将军、开府仪同三司、安州牧、白兰王。

六月，乙酉，魏主北巡至蟠羊山。秋，七月，西巡至河。

河西王蒙逊遣右卫将军沮渠鄯善、建节将军沮渠苟生帅众七千伐秦。秦王炽磐遣征北将军木弈干等帅步骑五千拒之，败鄯善等于五涧，虏苟生，斩首二千而还。

【译文】六月，乙酉初八，北魏君主拓跋嗣向北巡视到达蟠羊山。秋天，七月，拓跋嗣又向西巡视到达黄河。

北凉河西王蒙逊派遣部下右卫将军沮渠鄯善、建节将军沮渠苟生率领七千人的部队开始向西秦进攻。西秦王乞伏炽磐派遣征北将军乞伏木弈干等人率领五千步兵骑兵与北凉军队相抵抗，西秦军队在五涧大败鄯善军队，俘虏沮渠苟生，斩首两千士兵回师。

初，帝以毒酒一罂授前琅邪郎中令张伟，使鸩零陵王。伟叹曰："鸩君以求生，不如死！"乃于道自饮而卒。伟，邵之兄也。太常褚秀之、侍中褚淡之，皆王之妃兄也。王每生男，帝辄令秀之兄弟方便杀之。王自逊位，深虑祸及，与褚妃共处一室，自煮食于床前，饮食所资，皆出褚妃，故宋人莫得伺其隙。九月，帝令淡之与兄右卫将军叔度往视妃，妃出就别室相见。兵人逾垣而入，进药于王。王不肯饮，曰："佛教，自杀者不复得人身。"兵人以被掩杀之。帝帅百官临于朝堂三日。

庚戌，魏主还宫。

【译文】起初，刘宋武帝刘裕交给前琅邪郎中令张伟一罐毒酒，想要他毒死原是晋恭帝的零陵王，张伟叹息着说："让我毒害君主来求得自己活命，还不如让我去死！"于是他在路上喝下为晋恭帝准备的毒药而死去。张伟，是张邵的哥哥。太常褚秀之、侍中褚淡之，两个人都是零陵王王妃的哥哥，零陵王的妻妾中只要有男孩生下，刘裕便让秀之、淡之兄弟俩趁人不注意将孩子加以杀害。司马德文在让出帝位后，深深地害怕自己也不慎遭到毒害，就与褚妃在一个房间里共同居住，吃饭就自己在床前煮来吃，所有在饮食方面所需要的东西，都由褚妃亲自负责，所以刘裕派出的人，一时也不能乘机毒害司马德文。九月，刘宋武帝刘裕派遣褚淡之和他的哥哥右卫将军褚叔度一起前去看望他们的妹妹王妃，王妃因此走出房间在另外一个房间里接见了她的哥哥，这时刘裕手下的士兵便翻墙而入，把毒药给了零陵王司马德文，然而司马德文却不肯喝下，他说："佛教的教义告诉我，自杀而死的人再投胎时就不能转世为人身了。"于是士兵便一拥而上，用被子将司马德文蒙住，使他窒息而死。之后刘宋武帝刘裕率领文武百官在朝堂哀悼了三天。

庚戌初五，北魏君主拓跋嗣回到宫中。

【乾隆御批】时零陵之势已不如匹夫，而裕计在必弑，盖自以年老子幼，恐身殁留此尚为祸根耳。及宋之亡也，刘氏无少长皆被害于齐，而梁弑巴陵王，陈弑江阴王，亦踵行如出一辙。残递之报，若有司其契者。观唐、宋待杨氏、柴氏，恩礼始终，国祚绵延，自得厚报。天道灼然可见矣。

【译文】当时零陵王司马德文的处境已经不如普通百姓，而刘裕的计谋是必定杀死他，原来是自认为年老可儿子还小，恐怕死后留下零陵王成为祸根。等到刘宋灭亡时，刘氏无论长幼全都被萧齐所杀，而到了萧梁又杀死巴陵王萧宝融，南陈又杀了江阴王萧方智，也和前人的做法如出一辙。自己残酷叛逆的报应，好像有人掌管他们的契符。再看唐代、宋代对待隋朝的杨氏、后周的柴氏，始终以恩德、礼仪来对待，于是唐、宋国运绵延，自然得到了宽厚的回报。天道鲜明、透彻是可以看见的。

【申涵煜评】伟不忍酖君，自饮而死。虽与殉难之臣不可同日语，而其天理良心断难泯灭处，视彼甘作篡逆鹰犬者，身名俱丧，自有人禽之别。

【译文】张伟不忍心用酒毒杀君主，自己饮下毒酒而死。和那些殉难而死的臣子不能同日而语，但是他的天理良心难以泯灭之处，比照那些甘愿做篡位谋反的鹰犬的人，躯体和名声一同丧失，自然就有人类和禽兽的区别。

冬，十月，己亥，诏以河西王蒙逊为镇军大将军、开府仪同三司、凉州刺史。

己亥，魏主如代。

十一月，辛亥，葬晋恭帝于冲平陵，帝帅百官瞻送。

十二月，丙申，魏主西巡，至云中。

秦王炽磐遣征西将军孔子等帅骑二万击契汗秃真于罗川。

河西王蒙逊所署晋昌太守唐契据郡叛，蒙逊遣世子政德讨之。契，瑶之子也。

【译文】冬季，十月，己亥二十四日，刘宋武帝刘裕下诏，任北凉河西王蒙逊为镇军大将军、开府仪同三司、凉州刺史。

己亥二十四日，北魏君主拓跋嗣前去代都。

十一月，辛亥初七，刘宋武帝把晋恭帝司马德文埋葬于冲平陵，刘裕亲自率领文武百官为司马德文护送灵柩。

十二月，丙申二十二日，北魏君主拓跋嗣去往西部巡视边防，抵达云中。

西秦王乞伏炽磐派遣征西将军乞伏孔子等率领两万骑兵在罗川向匈奴部落的酋长契汗秃真发起进攻。

北凉河西王蒙逊的下属晋昌太守唐契，占据城池发起叛变，蒙逊派遣他的世子政德对叛军讨伐。唐契就是唐瑶的儿子。

上之为宋公也，谢瞻为宋台中书侍郎，其弟晦为右卫将军。时晦权遇已重，自彭城还都迎家，兵客辐凑，门巷填咽。瞻在家，惊骇，谓晦曰："汝名位未多，而人归趣乃尔！吾家素以恬退为业，不愿干豫时事，交游不过亲朋。而汝遂势倾朝野，此岂门户之福邪！"乃以篱隔门庭曰："吾不忍见此。"乃还彭城，言于宋公曰："臣本素士，父祖位不过二千石。弟年始三十，志用凡近，荣冠台府，位任显密。福过灾生，其应无远；特乞降黜，以保衰门。"前后屡陈之。晦或以朝廷密事语瞻，瞻故向亲旧陈说，用为戏笑，以绝其言。及上即位，晦以佐命功，位任益重，瞻愈忧惧。是岁，瞻为豫章太守，遇病不疗。临终，遗晦书曰："吾得启体幸全，亦何所恨！弟思自勉励，为国为家。"

【译文】刘宋武帝刘裕当初还是宋公时，谢瞻是宋国的中书侍郎，他的弟弟谢晦是右卫将军。当时谢晦的权力和地位已经很大，他从彭城回到京城的家中迎接家属，所有的宾客都从四面八方聚集在一起，车马和人群堵塞了门庭路口。谢瞻在家中看到这样的情形不禁感到惊奇害怕，他对谢晦说："说起来你的声望官位并不是很大，人们却对你如此奉承！我们家一向都是以淡泊权利为勉的，对于朝政是不愿去干涉，与之交好不过都是些亲朋好友。但你现在的势力却权倾朝野，这怎么会是家门之福呢？"于是，谢瞻把门庭用篱笆隔了起来，说："我不忍心看到这样的场面！"在他返回彭城之后，便向宋公刘裕说："我本出身于清贫的寒门之家，父亲与祖父的官位所在俸禄不过二千石，我弟弟谢晦年方三十，志向平庸，能力也是平凡，但是他却官居高位，受到其他官员尊崇，掌管机要。我想福气荣耀到达极致时，肯定就会发生灾难，应验应该不会太远，所以我希望您可以降低谢晦的官职，好保持我们这衰微的家门。"在这以后谢瞻又多次向刘裕请求。谢晦常常把政治中的机密告诉谢瞻，谢瞻就故意在亲戚好友中互相传知，并且把这当作戏说的笑语，用来中断谢晦的言论。等到刘裕即帝位的时候，谢晦因为辅佐朝政有功，刘裕让他担任更高的职位，责任也更加重要，谢瞻的忧惧也因此更大。这年，谢瞻担任豫章太守，因病不治身亡。在他临终前，留给了谢晦一封遗书，说："我这一生有幸可以保全，还悔恨什么呢！希望你可以自我勉励，为国为家效劳。"

永初三年（壬戌，公元四二二年）春，正月，甲辰朔，魏主自云中西巡，至屋窦城。

癸丑，以徐羡之为司空、录尚书事，刺史如故；江州刺史王弘为卫将军、开府仪同三司；中领军谢晦为领军将军兼散骑常侍，入直殿省，总统宿卫。徐羡之起自布衣，又无术学，直以志力局度，一旦居廊庙，朝野推服，咸谓有宰臣之望。沈密寡言，不以忧喜见色；颇工弈棋，观戏常若未解，当世倍以此推之。傅亮、蔡廓常言："徐公晓万事，安异同。"尝与傅亮、谢晦宴聚，亮、晦才学辩博，羡之风度详整，时然后言。郑鲜之叹曰："观徐、傅言论，不复以学问为长。"

秦征西将军孔子等大破契汗秃真，获男女二万口，牛羊五十馀万头。秃真帅骑数千西走，其别部树奚帅户五千降秦。

【译文】永初三年（壬戌，公元 422 年）春天，正月，甲辰朔初一，北魏君主拓跋嗣从云中出发继续去往西部巡视，到达屋窦城。

癸丑初十，刘宋武帝刘裕将徐羡之任命为司空、录尚书事，并且兼任原扬州刺史职务。将江州刺史王弘任命为卫将军、开府仪同三司；中领军谢晦任命为领军将军兼散骑常侍，进入大殿值班、掌管皇宫的安全防卫。徐羡之出身平民，又不会什么学问，但是他的志向和气度很大，在朝廷上身居高位，掌管朝政大权，朝野人士都对他推崇佩服，认为宰相的声望非他莫属。徐羡之平时稳重沉默，喜怒哀乐都不形于色，对下棋非常精通，但是在看别人博弈的时候，又经常好像什么都不懂。因此，当时的人们加倍推崇他。傅亮、蔡廓常说："徐公对万事都通晓，可以很好地调解纠纷。"徐羡之曾经和傅亮、谢晦欢聚宴席，傅亮、谢晦才学广博，善于言谈，徐羡之的风度庄严肃穆，会在适当的时候才发言。奉常官郑鲜之曾经感叹着说："看到徐羡之和傅亮之间的言论，自己就不再是以学问见长了。"

西秦征西将军乞伏孔子等大败匈奴部落酋长契汗秃真的军队，俘获共两万男女，五十多万头牛羊。契汗秃真率领仅剩的骑兵数千人向西逃走，另外一支匈奴部落酋长契汗树奚，率领五千户人家投降了西秦。

【乾隆御批】世道至此，尚以风度言论为长，群相推奖。夫羡之大节已亏，他何足议？而朝野犹以为贤，实可笑亦可畏！

【译文】世道已经这样沦丧，还以风度、言谈为长处，互相吹捧、奖掖。那个徐羡之在大节方面已经亏欠，其他方面还值得议论吗？然而当时朝野内外还认为他贤德，实在是可笑又可怕啊！

二月，丁丑，诏分豫州淮以东为南豫州，治历阳，以彭城王义康为刺史。又分荆州十郡置湘州，治临湘，以左卫将军张邵为刺史。

丙戌，魏主还宫。

【译文】二月，丁丑日初四，刘宋武帝刘裕下诏书：将豫州淮水以东土地分割为南豫州，在历阳设置州治，南豫州刺史由彭城王刘义康担任。同时又分割荆州十个郡，设立湘州，在临湘设置州治，湘州刺史由左卫将军张邵担任。

丙戌十三日，北魏君主拓跋嗣回到宫中。

三月，上不豫，太尉长沙王道怜、司空徐羡之、尚书仆射傅亮、领军将军谢晦、护军将军檀道济并入侍医药。群臣请祈祷神祇，上不许，唯使侍中谢方明以疾告宗庙而已。上性不信奇怪，微时多符瑞，及贵，史官审以所闻，上拒而不答。

檀道济出为镇北将军、南兖州刺史，镇广陵，悉监淮南诸军。

【译文】三月，刘宋武帝刘裕病重，太尉长沙王刘道怜、司空徐羡之、尚书仆射傅亮、领军将军谢晦、护军将军檀道济一起到宫中侍奉刘裕治病。大臣们请求向神明祈祷身体早日恢复，刘裕不准，只是派了侍中谢方明前去宗庙，把自己生病的情况向祖先报告。刘裕一向不相信鬼神，在他还未发迹只是一个平民的时候，就有许多祥瑞的昭示，等到后来富贵时，史官针对以前的传闻向他询问，刘裕都拒绝了答复。

檀道济出宫担任镇北将军、南兖州刺史,镇守广陵,并监督全淮南各路军队。

皇太子多狎群小,谢晦言于上曰:"陛下春秋既高,宜思存万世,神器至重,不可使负荷非才。"上曰:"庐陵何如?"晦曰:"臣请观焉。"出造庐陵王义真,义真盛欲与谈,晦不甚答。还曰:"德轻于才,非人主也。"丁未,出义真为都督南豫、豫、雍、司、秦、并六州诸军事、车骑将军、开府仪同三司、南豫州刺史。是后,大州率加都督,多者或至五十州,不可复详载矣。

【译文】皇太子刘义符经常和一些奸佞小人在一起玩乐,谢晦曾向刘宋武帝说:"陛下的年纪已大,万世的基业如何保持应该考虑了,帝位至关重要,不可把它交给才能不济的人。"刘宋武帝问:"你认为庐陵王刘义真怎么样?"谢晦答:"让我去观察观察吧!"在他出宫之后就去拜访庐陵王刘义真,刘义真热情地款待了他,并想要与他长谈,谢晦含糊其辞,不太愿意回答。他回到宫中向刘宋武帝说:"他的品德不及其才能,并非君主的真正人选。"丁未初五,刘裕任刘义真为都督,监督南豫、豫、雍、司、秦、并六州的军务,并兼车骑将军、开府仪同三司、南豫州刺史。从那以后,形成了在大州州牧的管理之上又加都督的定例,管辖多的都督有的甚至多达五十个州,这已经无法详细记载了。

帝疾瘳,己未,大赦。

秦、雍流民南入梁州;庚申,遣使送绢万匹,且漕荆、雍之谷以赈之。

刁逵之诛也,其子弥亡命。辛酉,弥帅数十人入京口城,太尉留府司马陆仲元击斩之。

乙丑，魏河南王曜卒。

【译文】刘宋武帝刘裕的病情稍有好转，己未十七日，下诏大赦天下。

秦雍两州逃难的百姓一路南下到了刘裕所管辖的梁州；庚申十八日，刘宋武帝派遣使者将一万匹绢送往梁州，并把荆州、雍州两地的谷子用水运一并送去救济难民。

起初，刁逵伏法的时候，他的儿子刁弥逃走。辛酉十九日，刁弥率领几十人的队伍攻打京口，太尉留府司马陆仲元迎战抗敌，并斩杀了刁弥。

乙丑二十三日，北魏河南王拓跋曜去世。

夏，四月，甲戌，魏立皇子焘为太平王，拜相国，加大将军；丕为乐平王，弥为安定王，范为乐安王，健为永昌王，崇为建宁王，俊为新兴王。

乙亥，诏封仇池公杨盛为武都王。

秦王炽磐以折冲将军乞伏是辰为西胡校尉。筑列浑城于汁罗以镇之。

【译文】夏天，四月，甲戌初二，北魏君主拓跋嗣将皇子拓跋焘封为太平王，封拜相国，并加授大将军；将拓跋丕封为乐平王，拓跋弥封为安定王，拓跋范封为乐安王，拓跋健封为永昌王，拓跋崇封为建宁王，拓跋俊封为新兴王。

乙亥初三，刘宋武帝刘裕颁布诏书，将仇池公杨盛封为武都王。

西秦王乞伏炽磐，将折冲将军乞伏是辰任命为西胡校尉，并在汁罗修建列浑城，加以镇抚。

五月，帝疾甚，召太子诫之曰："檀道济虽有干略，而无远志，非如兄韶有难御之气也。徐羡之、傅亮，当无异图。谢晦数从征伐，颇识机变，若有同异，必此人也。"又为手诏曰："后世若有幼主，朝事一委宰相，母后不烦临朝。"司空徐羡之、中书令傅亮、领军将军谢晦、镇北将军檀道济同被顾命。癸亥，帝殂于西殿。帝清简寡欲，严整有法度，被服居处，俭于布素，游宴甚稀，嫔御至少。尝得后秦高祖从女，有盛宠，颇以废事；谢晦微谏，即时遣出。财帛皆在外府，内无私藏。岭南尝献入筒细布，一端八丈，帝恶其精丽劳人，即付有司弹太守，以布还之，并制岭南禁作此布。公主出适，遣送不过二十万，无锦绣之物。内外奉禁，莫敢为侈靡。

【译文】五月，刘宋武帝病情危重，他召见太子刘义符，告诫他说："檀道济虽然有谋略才干，但是却无野心，不像他的哥哥檀道韶那样，气质上难以驾驭。徐羡之、傅亮，他们两个人当然不会有其他企图。谢晦多次随我一起南征北战，很懂得随机应变，将来大臣中如果有不同心的事情发生，一定是他。"随后，刘裕又亲手写下遗诏，说："后世如果有幼主继位，朝政上的事情一律委托给宰相，母后不必麻烦临朝听政。"刘裕将这一遗诏共同给了司空徐羡之、中书令傅亮、领军将军谢晦和镇北将军檀道济。癸亥二十一日，刘宋武帝刘裕在西殿去世。刘裕平时的生活很简朴，清心寡欲，生活起居严肃整齐而有规律，他的穿着和住的地方，甚至还要节俭于低微的士人。此外他欢宴游乐的次数很少，嫔妃也不多。他曾经得到后秦高祖姚兴的侄女，对她很宠爱，导致政事荒废；谢晦只是稍微地劝谏，刘裕就立马把她遣送出宫。他的财产全部都是在外府放着，宫中没有一

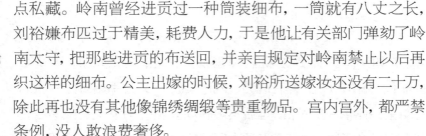

点私藏。岭南曾经进贡过一种筒装细布，一筒就有八丈之长，刘裕嫌布匹过于精美，耗费人力，于是他让有关部门弹劾了岭南太守，把那些进贡的布送回，并亲自规定对岭南禁止以后再织这样的细布。公主出嫁的时候，刘裕所送嫁妆还没有二十万，除此再也没有其他像锦绣绸缎等贵重物品。宫内宫外，都严禁条例，没人敢浪费奢侈。

太子即皇帝位，年十七，大赦，尊皇太后曰太皇太后，立妃司马氏为皇后。后，晋恭帝女海盐公主也。

【译文】皇太子刘义符即位，年仅十七岁，下令大赦天下，尊皇太后萧文寿为太皇太后，将太子妃司马氏封为皇后。他的皇后司马茂英就是晋恭帝的女儿海盐公主。

魏主服寒食散，频年药发，灾异屡见，颇以自忧。遣中使密问白马公崔浩曰："属者日食赵、代之分。朕疾弥年不愈，恐一旦不讳，诸子并少，将若之何？其为我思身后之计！"浩曰："陛下春秋富盛，行就平愈；必不得已，请陈瞽言。自圣代龙兴，不崇储贰，是以永兴之始，社稷几危。今宜早建东宫，选贤公卿以为师傅，左右信臣以为宾友；入总万机，出抚戎政。如此，则陛下可以优游无为，颐神养寿。万岁之后，国有成主，民有所归，奸宄息望，祸无自生矣。皇子焘年将周星，明叡温和，立子以长，礼之大经，若必待成人然后择之，倒错天伦，则召乱之道也。"魏主复以问南平公长孙嵩。对曰："立长则顺，置贤则人服；焘长且贤，天所命也。"帝从之，立太平王焘为皇太子，使之居正殿临朝，为国副主。以长孙嵩及山阳公奚斤、北新公安同为左辅，坐东厢，西面；崔浩与太尉穆观、散骑常侍代人丘堆为右弼，坐西厢，东面；百官总已以听焉。帝避居西宫，时隐而窥之，听其决断，大悦，谓待臣曰："嵩宿德旧臣，历事四世，功存社稷；斤辩捷智谋，名闻遐迩；同晓解俗情，明练于事；观达于政要，识吾旨趣；浩博闻强识，精察天人；堆虽无大用，然在公专谨。以此六人辅相太子，吾与汝曹巡行四境，伐叛柔服，足以得志于天下矣。"

【译文】北魏君主拓跋嗣一直服用寒食散，常年药性发作，天上与地上的灾异现象也屡屡出现，因此他深深地感到忧虑。拓跋嗣派宦官暗地里秘密询问白马公崔浩，说："最近，赵、代两个地区发生多次日食，我的病又多年无法治愈，我害怕我一旦不测，儿子们还都太小，这该如何是好呢？希望你可以为我想想死后的办法！"崔浩回答说："陛下您现在正值盛年，您的病很快就会痊愈的，如果真是不得已，请听我说几句不合适的话。自从我朝建立以来，一向不注重选立太子，因此永兴年的宫变，国家几乎陷入颠覆。现在我们要做的就是及早建东宫立太子，选贤良的公卿做太子的师傅，您身边左右可靠的大臣作为他的宾客朋友；并让太子参与政务的处理，率领军队攻打敌人，安抚百姓。这样一来，陛下就可以放松身心，不用亲自处理政务，安养天年。百年之后，国家有明确的君主，天下百姓也有所归向，奸邪小人不能再挑起事端，祸害就不会出现了。皇子拓跋焘年将十二岁，头脑聪慧而又性格温和，将长子立为太子，是礼的最高原则，如果偏要等待皇子长大成人再来选立太子，那就很有可能会错乱天伦的次序，废长立幼，从而导致动乱。"北魏君主又向南平公长孙嵩征询意见。长孙嵩回答说："立长子为储君，顺应上天的意旨，选贤者为太子，则使大家信服；拓跋焘既是长子又有贤能，这是天命的旨意。"北魏君主听取了他们的意见，下诏将太平王拓跋焘立为皇太子，并让他在正殿上临朝

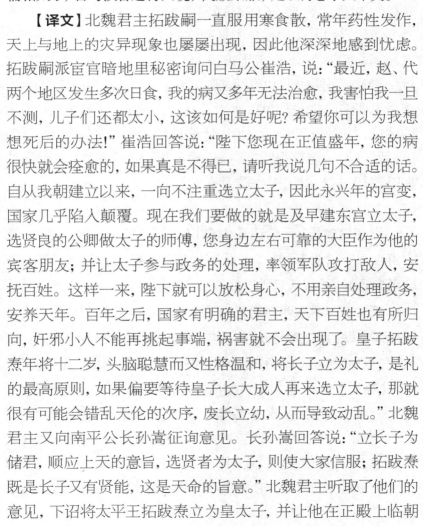

听政，作为北魏的副君主。拓跋嗣又任命长孙嵩和山阳公奚
斤、北新公安同作为左辅官，座位在东厢，面向西方；任命白马
公崔浩和太尉穆观、散骑常侍代郡人丘堆作为右辅官，座位在
西厢，面向东方，共同来辅佐皇太子。百官聚集在左右辅之下，
由太子听政。拓跋嗣避居于西宫，又不时地隐蔽于一边观察太
子处理朝政，听到太子能很好地裁断国事，他非常高兴，向左
右身边侍奉的人说："长孙嵩是德高望重的老臣，经历了四代君
主，对国家有功；奚斤善于雄辩，足智多谋，远近驰名；安同对
世情通晓，了解民间故事；穆观熟练于政务，能明白我的心意；
崔浩见多识广，知识渊博，善于观察天人关系；丘堆虽然没有大
的才能，但是一向专心政治。让这样的六个人来辅佐太子，我
以后和你们一起巡视四方边境，对反叛的进行讨伐，对顺服的
加以安抚，这样就可以称霸天下了。"

嵩实姓拔拔，斤姓达奚，观姓丘穆陵，堆姓丘敦。是时，魏
之群臣出于代北者，姓多重复，及高祖迁洛，始皆改之。旧史患
其烦杂难知，故皆从后姓以就简易，今从之。

魏主又以典东西部刘絜、门下奏事代人古弼、直郎徒河卢鲁
元忠谨恭勤，使之给侍东宫，分典机要，宣纳辞令。太子聪明，有
大度；群臣时奏所疑，帝曰："此非我所知，当决之汝曹国主也。"

【译文】公孙嵩本来的姓是"拔拔"，奚斤本来的姓是"达
奚"，穆观本来的姓是"丘穆陵"，丘堆本来的姓是"丘敦"。当
时，北魏的文武百官，凡是在代郡以北出身的，大多保持复姓，
到了孝文帝拓跋宏迁都到洛阳以后，才将复姓改为单姓。旧史
书讨厌复姓复杂难记，所以都用后改的单姓来叙述事情，本书
也用它。

北魏君主拓跋嗣又因为典东西部刘絜、门下奏事代人古弼、直郎徒河人卢鲁元等人谨慎忠心，勤俭节约，便让他们作为东宫的官属，分别负责掌管机要，宣布政令和报告。皇太子拓跋焘为人聪明，宽宏大量；大臣们有时报告一些疑难问题给拓跋嗣，拓跋嗣说："这个我不了解，让你们的国主来决定吧。"

六月，壬申，以尚书仆射傅亮为中书监、尚书令，以领军将军谢晦领中书令，侍中谢方明为丹杨尹。方明善治郡，所至有能名；承代前人，不易其政，必宜改者，则以渐移变，使无迹可寻。

戊子，长沙景王道怜卒。

魏建义将军刁雍寇青州，州兵击破之。雍收散卒，走保大乡山。

【译文】六月，壬申日初一，刘宋少帝刘义符将尚书仆射傅亮任命为中书监、尚书令，将领军将军谢晦任命为中书令，将侍中谢方明任命为丹杨尹。谢方明治理地方很擅长，凡是他所治理过的地方，对他都有很高的赞誉；他继承前任的工作作风，并不改变原有的政策方针；如有必须要改正的地方，他也是逐渐地转变，让人看不见改变的痕迹。

戊子十七日，长沙景王刘道怜去世。

北魏建义将军刁雍率军攻打青州，青州的州兵打败了他们。于是刁雍将散兵聚在一起，逃走进入大乡山。

秋，七月，己酉，葬武皇帝于初宁陵，庙号高祖。

河西王蒙逊遣前将军沮渠成都帅众一万，耀兵岭南，遂屯五（润）〔涧〕。九月，秦王炽磐遣征北将军出连虔等骑六千击之。

【译文】秋天，七月，己酉日初八，在初宁陵埋葬了刘宋武帝刘裕，高祖为庙号。

北凉河西王蒙逊派遣前将军沮渠成都率领一万人军队，前往洪池岭南方操兵演练，随后大军在五涧屯驻。九月，西秦王乞伏炽磐派遣征北将军出连虔等，率领六千骑兵向沮渠成都的军队进攻。

初，魏主闻高祖克长安，大惧，遣使请和，自是每岁交聘不绝。及高祖殂，殿中将军沈范等奉使在魏，还，及河，魏主遣人追执之，议发兵取洛阳、虎牢、滑台。崔浩谏曰："陛下不以刘裕欻起，纳其使贡，裕亦敬事陛下。不幸今死，遽乘丧伐之，虽得之，不足为美。且国家今日亦未能一举取江南也，而徒有伐丧之名，窃为陛下不取。臣谓宜遣人吊祭，存其孤弱，恤其凶灾，使义声布于天下，则江南不攻自服矣。况裕新死，党与未离，兵临其境，必相帅拒战，功不可必。不如缓之，待其强臣争权，变难必起，然后命将出师，可以兵不疲劳，坐收淮北也。"魏主曰："刘裕乘姚兴之死而灭之，今我乘裕丧而伐之，何为不可？"浩曰："不然。姚兴死，诸子交争，故裕乘衅伐之。今江南无衅，不可比也。"魏主不从，假司空奚斤节，加晋兵大将军、行扬州刺史，使督宋兵将军、交州刺史周几、吴兵将军、广州刺史公孙表同入寇。

【译文】起初，北魏君主拓跋嗣听到刘裕攻占长安的消息时，大为震惊恐惧，于是立马派出使者向高祖请和，自此以后，彼此的使者每年来往不断。等到高祖刘裕去世的时候，刘宋的殿中将军沈范正在出使魏国，便向魏主告辞回国，刚到达黄河的时候，拓跋嗣派人前去追赶，将其俘虏，此外拓跋嗣还打算向洛阳、虎牢和滑台发兵。白马公崔浩劝谏说："起初陛下您没有因为刘裕的忽然得势而接纳他派遣的使者和朝贡，刘裕也是对陛下很恭敬。现在他不幸去世，我们趁着丧事立马征讨他们，就算得胜也不算是美好的事。更何况我们国家当下还没有足够的实力可以一举攻下江南，反而会有攻伐丧家的恶名，我认为陛下不该这样做。在我看来，我们应该派遣使者前去吊祭，抚慰遗孤寡妇，体恤他们的不幸，从而让我们仁义的声名传遍天下，这样长江以北的领地不需要攻打就自己臣服了。况且刘裕刚刚去世，他的党羽还没有分离，如果我们的大军到达边境，他们肯定会誓死抵抗，这样我们不一定会成功。还不如稍微等待时机，等他们的权臣相互争斗，变故肯定会发生，然后我们再出兵，不用劳累士兵就可以占领淮北的大片土地。"北魏君主拓跋嗣说："当初刘裕趁着姚兴的死，一举灭掉后秦；如今我趁着刘裕的死去讨伐刘宋，难道不可以吗？"崔浩说："这不一样。姚兴刚死，他的儿子们就相互争夺皇位，才让刘裕有机会讨伐成功。而现在的江南没有战乱，所以这是不能相比的。"北魏君主拓跋嗣不听从崔浩的建议，让司空奚斤假节军事，命他加授兵大将军、代理扬州刺史，率领宋兵将军、交州刺史周几和吴兵将军、广州刺史公孙表等一起进攻刘宋。

乙巳，魏主如灅南宫，遂如广宁。

辛亥，魏人筑平城外郭，周围三十二里。

魏主如乔山，遂东如幽州。冬，十月，甲戌，还宫。

【译文】乙巳日初五，北魏君主拓跋嗣到达南宫，又转向前往广宁。

辛亥十一日，北魏在平城建设外城，周围长达三十二里。

北魏君主拓跋嗣到达乔山，又向东到达幽州；冬季，十月，甲戌日初五，回到宫中。

魏军将发，公卿集议于监国之前，以先攻城与先略地。奚斤欲先攻城，崔浩曰："南人长于守城，昔苻氏攻襄阳，经年不拔。今以大兵坐攻小城，若不时克，挫伤军势，敌得徐严而来，我惫彼锐，此危道也。不如分军略地，至淮为限，列置守宰，收敛租谷，则洛阳、滑台、虎牢更在军北，绝望南救，必沿河东走；不则为囿中之物，何忧其不获也！"公孙表固请攻城，魏主从之。

【译文】北魏大军马上就要出发，朝中的公卿大臣聚在太子拓跋焘前商议战略，讨论是先攻打城池还是先将土地占领。奚斤建议先攻打城池，崔浩却反对说："南方人善于守城，从前苻氏夺取襄阳的时候，一年还无法攻下。如今我们用大军来攻打小城，如果不能立马将城池攻下，一定会有损军力，敌人就可以缓缓地增援，那样便是我军将士疲乏而敌人气势正盛，这个办法是很危险的。不如我们分别派兵去攻占土地，以淮水作为界限，依次在这些地方派遣地方官吏，征收田租，把洛阳、滑台、虎牢等地切断在我们军队的后方，当他们对南方宋军的援救感到绝望的时候，肯定会向东沿着黄河走；就算他们不走，也成为了我们的笼中之物，这样还担心没有什么斩获吗？"吴军将军公孙表仍然坚持请求先攻打城池，拓跋嗣答应了他的请求。

于是，奚斤等帅步骑二万，济河，营于滑台之东。时司州刺史毛德祖戍虎牢，东郡太守王景度告急于德祖，德祖遣司马翟广等将步骑三千救之。

先是，司马楚之聚众在陈留之境，闻魏兵济河，遣使迎降。魏以楚之为征南将军、荆州刺史，使侵扰北境。德祖遣长社令王法政将五百人戍邵陵，将军刘怜将二百骑戍雍丘以备之。楚之引兵袭怜，不克。会台送军资，怜出迎之，酸枣民王玉驰以告魏。

丁酉，魏尚书滑稽引兵袭仓垣，兵吏悉逾城走，陈留太守冯翊严稜诣斤降。魏以王玉为陈留太守，给兵守仓垣。

【译文】于是，奚斤率领两万步兵骑兵渡过了黄河，在滑台之东安营扎寨。当时，刘宋的司州刺史毛德祖在虎牢镇守，东郡太守王景度便向毛德祖请求紧急援兵，于是，毛德祖派遣司马翟广等率领三千步兵、骑兵前去支援。

起初，司马楚之在陈留地界招买了大量兵马，集结力量。在他听到北魏大军渡过黄河之后，立马派人前去投降。于是，北魏便将司马楚之任命为征南将军、荆州刺史，让他前去骚扰侵略刘宋的北部边界。毛德祖派遣长社县令王法政带领五百个士兵在邵陵驻守，将军刘怜带领骑兵二百人在雍丘驻守，准备迎击魏兵。司马楚之率领部队对刘怜发起攻击，却没有攻克。这时正好刘宋朝廷为守城的士兵送来军用物资，刘怜出去迎接，酸枣县的百姓王玉飞快地报告给魏国大军。丁酉二十八日，北魏尚书滑稽率领士兵向仓垣发起进攻，守城的士兵和官吏全部都弃城逃走，陈留太守冯翊严稜向奚斤请求投降。北魏将王玉任命为陈留太守，给他军队让他镇守仓垣。

奚斤等攻滑台，不拔，求益兵。魏主怒，切责之；壬辰，自将诸国兵五万馀人南出天关，逾恒岭，为斤等声援。

秦出连虔与河西沮渠成都战，禽之。

【译文】奚斤等率领军队攻打滑台城，却久久不能攻破，于是请求增兵，北魏君主拓跋嗣知道后很生气，严厉地责备奚斤。壬辰二十三日，北魏君主拓跋嗣亲自率领五万多人的联军从天关南下，越过恒岭，向奚斤声援。

西秦征北将军出连虔和河西沮渠成都交战，将沮渠成都俘虏。

十一月，魏太子焘将兵出屯塞上，使安定王弥与安同居守。

庚戌，奚斤等急攻滑台，拔之。王景度出走；景度司马阳瓒为魏所执，不降而死。魏主以成皋侯苟儿为兖州刺史，镇滑台。

斤等进击翟广等于土楼，破之，乘胜进逼虎牢；毛德祖与战，屡破之。魏主别遣黑稍将军于栗磾将三千人屯河阳，谋取金墉，德祖遣振威将军窦晃等缘河拒之。十二月，丙戌，魏主至冀州，遣楚兵将军、徐州刺史叔孙建将兵自平原济河，徇青、兖。豫州刺史刘粹遣治中高道瑾将步骑五百据项城，徐州刺史王仲德将兵屯湖陆。于栗磾济河，与奚斤并力攻窦晃等，破之。

【译文】十一月，北魏皇太子拓跋焘率领士兵在塞上屯驻军队，命令安定王拓跋弥和北新公安同留京守卫。

庚戌十一日，奚斤等军猛攻滑台城，终于将城攻破。刘宋守军东郡太守王景度逃走；景度的部下司马阳瓒被魏军俘虏，因为拒不投降而被杀。北魏君主拓跋嗣将成皋侯苟儿任命为兖州刺史，镇守滑台。

奚斤等军向翟广所驻守的土楼进攻，很快就攻破，接着乘胜逼近虎牢；镇守虎牢的毛德祖连忙迎战，多次打败北魏军队。北魏君主拓跋嗣另外派遣黑稍将军于栗率领三千士兵在河阳屯驻，打算夺取金墉。毛德祖派遣振威将军窦晃等在黄河边布防抵抗。十二月，丙戌十八日，北魏君主拓跋嗣到达冀州，派遣楚兵将军、徐州刺史叔孙建率领军队从平原渡过黄河，准备攻占青、兖州。刘宋豫州刺史刘粹派遣治中高道瑾率领五百步兵骑兵据守项城，徐州刺史王仲德率领士兵在湖陆屯驻。北魏大将军于栗磾渡过黄河，和奚斤集合兵力向窦晃等军进攻，大败窦晃的军队。

魏主遣中领军代人娥清、期思侯柔然闾大肥将兵七千人会周几、叔孙建南渡河，军于碻磝。癸未，兖州刺史徐琰弃尹卯南走，于是，泰山、高平、金乡等郡皆没于魏。叔孙建等东入青州，司马爱之、季之先聚众于济东，皆降于魏。

戊子，魏兵逼虎牢。青州刺史东莞竺夔镇东阳城，遣使告急。己丑，诏南兖州刺史檀道济监征讨诸军事，与王仲德共救之。庐陵王义真遣龙骧将军沈叔狸将三千人就刘粹，量宜赴援。

秦王炽磐徵秦州牧昙达为左丞相、征东大将军。

【译文】北魏君主拓跋嗣派遣中领军代人娥清、期思侯柔然闾大肥率领七千士兵与周几、叔孙建会合南渡黄河，在碻磝驻扎，癸未十五日，刘宋兖州刺史徐琰放弃尹卯城往南逃跑。于是，泰山、高平、金乡等城池全部都落入北魏的手中。北魏将军叔孙建等人向东进攻青州，东晋逃亡的司马爱之、司马季之等原本就在济水东岸聚集兵力，后来都投降了北魏。

戊子二十日，北魏军队逼进虎牢，刘宋青州刺史东莞人竺夔正在东阳城坐镇，马上派人请求救援。己丑二十一日，刘宋下诏，任命南兖州刺史檀道济督察征伐北魏士兵诸军务，与王仲德会合一起前往青州救援。庐陵王刘义真派遣龙骧将军沈叔狸率领三千士兵抵达豫州刺史刘粹的驻地，商量着前去救援。

西秦王乞伏炽磐将秦州牧乞伏昙达召回，任命他为左丞相、兼征东大将军。

营阳王

景平元年（癸亥，公元四二三年）春，正月，己亥朔，大赦，改元。

辛丑，帝礼南郊。

魏于栗磾攻金墉，癸卯，河南太守王涓之弃城走。魏主以栗磾为豫州刺史，镇洛阳。

魏主南巡垣岳，丙辰，至邺。

【译文】景平元年（癸亥，公元423年）春季，正月，己亥朔初一，刘宋少帝宣告大赦天下，将年号改为景平。

辛丑初三，刘宋少帝刘义符在南郊祭祀神祖。

北魏于栗磾向金墉进攻，癸卯日初五，宋河南太守王涓之弃城逃跑。北魏君主拓跋嗣将栗磾任命为豫州刺史，镇守洛阳。

北魏国主拓跋嗣向南巡视到北岳恒山，丙辰十八日，到达邺城。

己未，诏征豫章太守蔡廓为吏部尚书。廓谓傅亮曰："选事若悉以见付，不论；不然，不能拜也。"亮以语录尚书徐羡之，羡之曰："黄、散以下悉以委蔡，吾徒不复措怀；自此以上，故宜共参同异。"廓曰："我不能为徐干木署纸尾！"遂不拜。干木，羡之小字也。选案黄纸，录尚书与吏部尚书连名，故廓云然。

◆沈约论曰："蔡廓固辞铨衡，耻为志屈；岂不知选、录同体，义无偏断乎！良以主暗时难，不欲居通塞之任。远矣哉！◆

【译文】己未二十一日，刘宋下诏，将豫章太守蔡廓任命为吏部尚书，蔡廓对傅亮说："如果将官员任免和升调的权力交给我，我就不再说什么了；如果不是，我将不会接受任命。"傅亮把他说的话转达给录事尚书徐羡之，徐羡之说："将黄门侍郎、散骑常侍、散骑侍郎以下的官员任免全部交给蔡廓处理，不再加入我们的意见，但是这以上的官员，还是应该经过共同商讨来集体决定。"蔡廓说："我不能把我的名字写在徐干木签署过的黄纸尾上。"于是，蔡廓拒绝了吏部尚书的官职。干木，是徐羡之的小名。因为选用官员的文件通常用黄纸写，由录尚书与吏部尚书共同签字才算有效，所以蔡廓才这么说。

沈约对此评论说：蔡廓坚决拒绝吏部尚书的官职，把处事不能全权做主，使自己的心志受到委屈看作是一种耻辱，但他不知道吏部尚书的选拔和录尚书的录用本来就是一体，这两种权力原则上是不能有所偏重的吗？实际上他是因为当时君主昏庸，社会艰难，而不愿意一个人担当选拔人才的责任而已。可见他的见识实在是远大啊！

【乾隆御批】蔡廓独非晋臣乎？与其不受吏部，何如不仕新朝。乃沈约许其识远，书法亦嘉与之，皆失褒、贬之正。

【译文】蔡廓难道不是晋朝的臣子吗？与其不接受吏部尚书的职务，还不如不去为新朝做官。沈约还赞许了他见识高远，还嘉赏他的书法，这都失去了褒、贬的公正。

庚申，檀道济军于彭城。

魏叔孙建入临淄，所向城邑皆溃。竺夔聚民保东阳城，其不入城者，使各依据山险，芟夷禾稼，魏军至，无所得食。济南太守垣苗帅众依夔。

【译文】庚申二十二日，刘宋檀道济的大军在彭城驻扎。

北魏叔孙建向临淄进攻，大军所到的城池，全部都被攻

415

破。刘宋青州刺史竺夔将百姓聚集起来保卫东阳城，凡是不愿意进城的百姓，让他们依据险要的山势，将田地里的庄稼全部割掉，等到北魏军队到来的时候，让他们吃不到粮食。济南太守垣苗率领众人投靠了竺夔。

刁雍见魏主于邺，魏主曰："叔孙建等入青州，民皆藏避，攻城不下。彼素服卿威信，今遣卿助之。"乃以雍为青州刺史，给雍骑，使行募兵以取青州。魏兵济河向青州者凡六万骑，刁雍募兵得五千人，抚慰士民，皆送租供军。

柔然寇魏边。二月，戊辰，魏筑长城，自赤城西至五原，延袤二千馀里，备置戍卒，以备柔然。

【译文】北魏刁雍抵达邺城拜见北魏君主拓跋嗣，拓跋嗣说："叔孙建等攻进青州地区，百姓们都四处躲避，城池攻打不下，在青州他们都听服于你的威信，现在我派你前去帮助叔孙建攻城。"于是，将刁雍任命为青州刺史，给他安排骑兵，让他再一路召集兵马去攻打青州。北魏军队渡过黄河，向青州进攻的士兵共有六万骑兵，刁雍一路又征兵五千人，他对当地百姓尽力安抚慰劳，所以百姓都提供粮草给北魏军队。

柔然南下入侵北魏的边境。二月，戊辰初一，北魏修筑长城，从赤城向西一直到五原，连绵了两千多里，在长城边上屯驻守兵，用来抵挡柔然。

丁丑，太皇太后萧氏殂。

河西王蒙逊及吐谷浑王阿柴皆遣使入贡。庚辰，诏以蒙逊为都督凉、秦、河、沙四州诸军事、票骑大将军、凉州牧、河西王；以阿柴为督塞表诸军事、安西将军、沙州刺史、浇河公。

三月，壬子，葬孝懿皇后于兴宁陵。

魏奚斤、公孙表等共攻虎牢，魏主自邺遣兵助之。毛德祖于城内穴地入七丈，分为六道，出魏围外；募敢死之士四百人，使参军范道基等帅之，从穴中出，掩袭其后。魏军惊扰，斩首数百级，焚其攻具而还。魏兵虽退散，随复更合，攻之益急。

【译文】丁丑初十，刘宋太皇太后萧氏去世。

北凉河西王蒙逊和吐谷浑王慕容阿柴都派遣使者向刘宋朝贡。庚辰十三日，刘宋下诏，将蒙逊任命为都督凉、秦、河、沙四州诸军事、骠骑大将军、凉州牧以及河西王；将慕容阿柴任命为督塞表诸军事、安西将军、沙州刺史以及浇河公。

三月，壬子十五日，刘宋将孝懿皇后埋葬于兴宁陵。

北魏大将军奚斤、公孙表等集合兵力一起进攻虎牢，北魏君主拓跋嗣也从邺城另派兵支持。刘宋司徒刺史毛德祖在虎牢城内开挖地道，深度达到七丈，共分为六道，一直通往北魏大军的包围圈后面；同时他又招募了四百名死士，派参军范道基率领这队人从地道潜出去，袭击敌人的后面，北魏大军受到惊扰，范道基斩杀几百个人头，并将他们攻城的武器烧毁而返回城中。北魏大军虽然暂时溃散，但是立即又集合在一起，攻势更加猛烈。

奚斤自虎牢将步骑三千攻颍川太守李元德等于许昌，元德等败走。魏以颍川人庚龙为颍川太守，戍许昌。

毛德祖出兵与公孙表大战，从朝至晡，杀魏兵数百。会奚斤自许昌还，合击德祖，大破之，亡甲士一千余人，复婴城自守。

魏主又遣万余人从白沙渡河，屯濮阳南。

朝议以项城去魏不远，非轻军所抗，使刘粹召高道瑾还寿

阳；若沈叔狸已进，亦宜且追。粹奏："虏攻虎牢，未复南向，若
遽摄军舍项城，则淮西诸郡无所凭依。沈叔狸已顿肥口，又不宜
遽退。"时李元德帅散卒二百至项，刘粹使助高道瑾戍守，请宥
其奔败之罪，朝议并许之。

资治通鉴

【译文】奚斤从虎牢率领三千步兵骑兵向许昌的颍川太守李
元德发起进攻，李元德弃城败退逃走。北魏将颍川人庾龙任
命为颍川太守，在许昌据守。

毛德祖带领士兵和北魏公孙表在城外大战，从早上一直持
续到傍晚，斩杀北魏士兵好几百人。奚斤正好从许昌得胜返回，
便与公孙表集合兵力一起进攻毛德祖，大败毛德祖，斩杀士兵
一千多人，毛德祖只好又回城防守。

北魏君主拓跋嗣又派遣一万多士兵，从白沙渡过黄河向
南，在濮阳南方屯驻。

刘宋朝廷经过讨论商议一致认为：因为项城距离北魏不
远，少数军队根本无法抵御敌军的进攻，于是命令豫州刺史刘
粹，将守项城的高道瑾召回，退守寿阳；如果龙骧将军沈叔狸
已经开始进攻，也先一并退回。刘粹上奏说道："敌人现在正在
集中兵力对虎牢进行进攻，还没有南下，我们如果轻易地撤离
项城，那么淮河以西各个地方就会失去屏障，沈叔狸的军队已
经在肥口屯驻，我军也不该立马返回。"当时，李元德率领溃散
的二百名士兵逃到项城，刘粹命令李元德帮助高道瑾在项城据
守，并请求朝廷宽赦他在许昌败走的罪，朝廷在商议后对此表
示允许。

乙己，魏主畋于韩陵山，遂如汲郡，至枋头。

初，毛德祖在北，与公孙表有旧。表有权略，德祖患之，乃

与交通音问；密遣人说奚斤，云表与之连谋。每答表书，辄多所治定；表以书示斤，斤疑之，以告魏主。先是，表与太史令王亮少同营署，好轻侮亮；亮奏"表置军虎牢东，不得便地，故令贼不时灭。"魏主素好术数，以为然，积前后忿，使人夜就帐中缢杀之。

【译文】乙巳初八，北魏君主前往韩陵山狩猎，然后转到汲郡，又前往枋头。

起初，毛德祖在北方的时候，和公孙表是旧友。公孙表善于权谋策略，毛德祖对此深感忧虑，于是，就用反间的办法，与公孙表往来互通音讯，然后秘密地派人告诉奚斤，说他已经与公孙表同谋了。毛德祖每次给公孙表写的信，都是故意涂改多次。公孙表每次都把信让奚斤看，奚斤看了之后更加怀疑，就将他们的事向拓跋嗣报告。以前，公孙表与太史令王亮曾经同在官署一起工作，公孙表一向看不起王亮，经常侮辱他。于是，王亮趁机向拓跋嗣上奏："公孙表在虎牢东面驻扎军营，这个方向不利于得到有利地形，有意让敌人不能被马上消灭。"北魏君主素来喜爱巫术，以为王亮说的是对的，他又想起以前积累的怨恨，便派人深夜进入公孙表的营帐中，勒死了公孙表。

乙卯。魏主济自灵昌津，遂如东郡、陈留。

叔孙建将三万骑逼东阳城，城中文武才一千五百人，竺夔、垣苗悉力固守，时出奇兵击魏，破之。魏步骑绕城列陈十馀里，大治攻具。夔作四重堑，魏人填其三重，为橦车以攻城，夔遣人从地道中出，以大麻絚挽之令折。魏人复作长围，进攻逾急。历时浸久，城转堕坏，战士多死伤，馀众困乏，旦暮且陷。檀道济至彭城，以司、青二州并急，而所领兵少，不足分赴；青州道近，竺夔兵弱，乃与王仲德兼行先救之。

【译文】乙卯十八日,北魏君主拓跋嗣从灵昌津渡过黄河向南,前往东郡、陈留。

北魏叔孙建率领骑兵三万向东阳城逼近,城中的文武官兵加起来才有一千五百多人,竺夔、垣苗用尽全力固守城池,时常出奇兵袭击北魏的军队,击退了北魏的进攻。于是,北魏的步兵、骑兵绕城排列,阵地长达十多里,大规模地制造攻城武器。竺夔命令士兵挖掘的四道壕沟,北魏士兵填满了三道,并用檀车来撞击城墙。竺夔派遣士兵从地道里攻击,用麻绳捆绑檀车把车拉翻。北魏又组织长的包围圈,更加猛烈地进攻。历时一长,城墙逐渐崩溃,士兵伤亡惨重,剩下的也是又困又乏,东阳城早晚要被攻陷。这时,刘宋镇北将军檀道济率领军队到达彭城,司州、青州两州同时告急,他所带领的士兵又太少,不能分兵前去支援;因离青州的东阳城比较近,且竺夔的兵力又弱,于是檀道就与徐州刺史王仲德用最快的速度日夜兼程前去援救竺夔。

甲子,刘粹遣李元德袭许昌,斩庾龙。元德因留绥抚,并上租粮。

魏主至盟津。于栗磾造浮桥于冶阪津。乙丑,魏主引兵北济,西如河内。娥清、周几、闾大肥徇地至湖陆、高平,民屯聚而射之。清等尽攻破高平诸县,灭数千家,虏掠万馀口;兖州刺史郑顺之戍湖陆,以兵少不敢出。

魏主又遣并州刺史伊楼拔助奚斤攻虎牢。毛德祖随方抗拒,颇杀魏兵,而将士稍零落。

【译文】甲子二十七日,刘宋豫州刺史刘粹命令李元德率兵袭击许昌,斩杀北魏的庾龙。于是李元德留守许昌,做安抚百姓的工作，并把租粮上缴。

北魏君主拓跋嗣到达盟津。黑稍将军于栗磾在冶阪津上建造黄河浮桥。乙丑二十八日，拓跋嗣率领大军北渡黄河，向西到达河内。中将军娥清、宋兵将军周几、期思侯闾大肥，率领军队掠夺土地到达湖陆、高平，当地的百姓聚集在城中用箭射击。娥清等军大怒，于是便接连攻破高平各县，杀了几千家的百姓，擒获一万多人。刘宋兖州刺史郑顺之在湖陆驻守，因自己兵力过少，不敢进攻。

北魏君主拓跋嗣又命令并州刺史伊楼拔前去帮助奚斤进攻虎牢；刘宋守军毛德祖随机应变顽强抵抗，杀了很多魏兵，但他自己的将士也逐渐减少。

夏，四月，丁卯，魏主如成皋，绝虎牢汲河之路。停三日，自督众攻城，竟不能下，遂如洛阳观《石经》。遣使祀嵩高。

叔孙建攻东阳，堕其北城三十许步；刁雍请速入，建不许，遂不克。及闻檀道济等将至，雍又谓建曰："贼畏官军突骑，以锁连车为函陈。大岘已南，处处狭隘，车不得方轨。雍请将所募兵五千据险以邀之，破之必矣。"时天暑，魏军多疫。建曰："兵人疫病过半，若相持不休，兵自死尽，何须复战！今全军而返，计之上也。"己巳，道济军于临朐。壬申，建等烧营及器械而遁；道济至东阳，粮尽，不能追。竺夔以东阳城坏，不可守，移镇不其城。

叔孙建自东阳趋滑台，道济分遣王促德向尹卯。道济停军湖陆，仲德未至尹卯，闻魏兵已远，还就道济。刁雍遂留镇尹卯，招集谯、梁、彭、沛民五千馀家，置二十七营以领之。

【译文】夏天，四月，丁卯初一，北魏君主拓跋嗣抵达成皋，将虎牢向黄河引水的通道切断。停留了三天后，拓跋嗣亲自督战，指挥大军攻打虎牢，仍然无法攻下，于是，他转往洛阳观看《熹平石经》，命令使者前去祭祀嵩高。

北魏楚兵将军叔孙建正在向东阳城进攻，将北城的城墙破坏三十余步长；北魏青州刺史刁雍请求从这个地方攻进城池，叔孙建不答应，因此，东阳城仍无法攻下。等到他们听到檀道济率领援军马上就要到达时，刁雍又向叔孙建说："敌人害怕魏军骑兵的突破，将车锁在一起组成方阵。在大岘山南方，道路狭隘，车辆无法并行，我请求带领募集到的五千士兵前往在险要地带据守，攻打宋兵，一定可以将他们打败。"当时天气正热，北魏士兵多得了传染病。叔孙建说："军队中染病的士兵就有一半以上，如果双方对峙下去，士兵就会自己死光，哪里还用再战！现在保存实力，安全撤回才是上计。"己巳初三，刘宋征北将军檀道济在临朐驻守。壬申初六，叔孙建等将军营和兵器烧毁而退回；檀道济率领大军到达东阳，因为粮食已完，无法追击北魏军队。青州刺史竺夔因东阳城已毁坏严重，无法防守，便将军队移到不其城驻守。

叔孙建率军从东阳前往滑台，刘宋大将檀道济派遣王仲德攻向尹卯。檀道济则在湖陆驻守。王仲德还没有到达尹卯，便听说北魏军队已经逃远，于是不再追赶回去与道济会合。北魏的青州刺史刁雍留在尹卯驻守，募集了谯郡、梁郡、彭郡、沛郡等地五千多家百姓，设立二十七个营，统一指挥。

蛮王梅安帅渠帅数十人入贡于魏。初，诸蛮本居江、淮之间，其后种落滋蔓，布于数州，东连寿春，西通巴、蜀，北接汝、颍，往往有之。在魏世不甚为患；及晋，稍益繁昌，渐为寇暴。及刘、石乱中原，诸蛮无所忌惮，渐复北徙，伊阙以南，满于山谷矣。

河西世子政德攻晋昌，克之。唐契及弟和、甥李宝同奔伊吾，招集遗民，归附者至二千馀家，臣于柔然；柔然以契为伊吾王。

【译文】中原蛮族首领梅安带领部下数十名将帅，向北魏进贡。起初，各蛮族本来是在长江、淮河之间的地带居住，后来部落人口不断增加，使蛮族遍布多个地方，东连寿春，西达巴、蜀地区，北又到汝水、颖水等地，都有他们存在。在曹魏的时候，祸患还不大；到了晋朝，蛮族就更加强大起来，而逐渐成为强盗，等到刘曜、石勒侵略中原的时候，各个蛮族就更加无所顾虑，又慢慢地向北迁徙。于是，伊阙以南的地方，全是蛮人遍布山谷。

河西王世子沮渠政德向晋昌的唐契进攻，随即攻破城池。唐契和他的弟弟唐和、外甥李宝一起逃到伊吾，将逃亡的遗民召集起来，有二千多家归附于他们，向柔然汗国称臣；柔然汗国将唐契封为伊吾王。

秦王炽磐谓其群臣曰："今宋虽奄有江南，夏人雄据关中，皆不足与也。独魏主奕世英武，贤能为用，且谶云'恒代之北当有真人'，吾将举国而事之。"乃遣尚书郎漠者阿胡等入见于魏，贡黄金二百斤，并陈伐夏方略。

闰月，丁未，魏主如河内，登太行，至高都。

【译文】西秦王乞伏炽磐对他的大臣们说："虽然宋现在占领江南，夏人雄踞关中，这都没什么好赞许的。只有魏主，代代贤明威武，能任用有才干的人，而且谶语说'恒山及代郡以北，一定会有圣人出现'，我将拿出我的国家来事奉魏主。"于是，乞伏炽磐命令尚书郎漠者阿胡等人前去北魏拜见拓跋嗣，朝贡黄金二百斤，并将讨伐夏国的战略呈上。

闰月，丁未十一日，北魏君主拓跋嗣到达河内，登太行山，又抵达高都。

叔孙建自滑台西就奚斤，共入虎牢。虎牢被围二百日，无日不战，劲兵战死殆尽，而魏增兵转多。魏人毁其外城，毛德祖于其内更筑三重城以拒之，魏人又毁其二重，德祖唯保一城，昼夜相拒，将士眼皆生创。德祖抚之以恩，终无离心。时檀道济军湖陆，刘粹军项城，沈叔狸军高桥，皆畏魏兵强，不敢进。丁巳，魏人作地道以泄虎牢城中井，井深四十丈，山势峻峭，不可得防；城中人马渴乏，被创者不复出血，重以饥疫，魏仍急攻之，己未，城陷。将士欲扶德祖出走，德祖曰："我誓与此城俱毙，义不使城亡而身存也！"魏主命将士："得德祖者，必生致之。"将军代人豆代田执德祖以献。将佐在城中者，皆为魏所虏，唯参军（范）〔沈〕道基将二百人突围南还。魏士卒疫死者亦什二三。

【译文】北魏将军叔孙建从滑台往西支援，和奚斤会合，一起集兵攻打虎牢。虎牢已经被围困了二百天，没有一天不是在作战，守城的精锐士兵几乎全部战死，然而北魏的士兵却是越来越多。北魏士兵已经将虎牢的外城摧毁，毛德祖又在里面筑起三道城墙来抵抗进攻，北魏士兵又摧毁了其中的两道。毛德祖只能保住最后一道城墙，与北魏军队日夜对抗，守城的士兵无法睡觉，眼睛都熬出红疮；毛德祖与士兵们以恩德相安慰，将士始终团结一心。当时，檀道济在湖陆驻军，豫州刺史刘粹在项城驻军，龙骧将军沈叔狸在高桥驻军，都害怕北魏军队的强大，不敢前来援救。丁巳二十一日，北魏士兵挖地道，将虎牢里的井水泄掉，井有四十丈深，山势陡峭高峻，守军不能阻止；城中的人马皆缺水口渴疲乏，受伤的士兵已经不能流出鲜血，再加上饥饿和瘟疫，守军已无法坚持，北魏士兵仍然急速地攻城。己未二十三日，虎牢城被攻破，将士想要保护毛德祖出走，毛德祖说："我发誓与此城共存亡，正义使然，我不会让城池沦陷而自己生存！"北魏君主拓跋嗣命令说："一定要生擒毛德祖。"北魏将军、代郡人豆代田将毛德祖抓获献给拓跋嗣。宋军在虎牢城中的将领，也都被魏军抓获，只有参军范道基率领二百人突围成功，向南方逃走。北魏士兵因瘟疫而死的也有十分之二三。

奚斤等悉定司、兖、豫诸郡县，置守宰以抚之。魏主命周几镇河南，河南人安之。

徐羡之、傅亮、谢晦以亡失境土，上表自劾；诏勿问。

徐羡之兄子吴郡太守珮之颇豫政事，与侍中王韶之、程道惠、中书舍人邢安泰、潘盛结为党友。时谢晦久病，不堪见客，珮之等疑其诈疾，有异图，乃称羡之意以告傅亮，欲令亮作诏诛之。亮曰："我等三人同受顾命，岂可自相诛戮！诸君果行此事，亮当角巾步出掖门耳。"珮之等乃止。

【译文】北魏大将军奚斤等彻底将刘宋的司州、兖州、豫州各郡县占领，设立官吏安抚百姓。北魏君主拓跋嗣派遣将军周几在河南镇守，河南人对北魏的统治都很心服。

刘宋司空徐羡之、尚书令傅亮、领军将军谢晦因为战败，丧失国土，上奏请求皇上降罪；皇上下诏不再问罪。

徐羡之哥哥的儿子吴郡太守徐佩之经常对政事干预，和侍中王韶之、程道惠、中书舍人邢安泰、潘盛等人结为党羽。当时谢晦一直有病，无法接见客人。徐佩之等人怀疑谢晦是装病，暗有野心，于是他假借是徐羡之的想法，把这告诉了傅亮，想要傅亮草拟诏书杀了谢晦。傅亮说："我们三人一起接受先皇的遗命，哪里会自相残杀！如果你们一定要做这样的事，我只好退隐，徒步走出宫城侧门！"徐佩之等人才算罢休。

【乾隆御批】宋魏彼此屡作地道，于兵法固不足论。甚乃欲藉此以泄城中之井尤为瞽说。试思，城中之井岂可数计，远近、大小又安得预知？穴地纵甚深、透遽能一一尽泄之乎？三尺黄童亦当失笑。

【译文】刘宋与北魏多次在战争中修挖地道，本来在兵法上这是不值得论说的。甚至还想利用地道来泄城内的井水就更是胡说八道。试想一下，城中的水井怎么可能计算出数目，水井距离远近、大小又怎能预先得知呢？纵使水井非常深、怎么可能一个一个地把井水都流尽呢？三尺高的小孩也会笑出声来。

五月，魏主还平城。

六月，己亥，魏宜都文成王穆观卒。

丙辰，魏主北巡，至参合陂。

秋，七月，癸酉，尊帝母张夫人为皇太后。

往前错两个字符魏主如三会屋侯泉。八月，辛丑，如马邑，观灅源。

柔然寇河西，河西王蒙逊命世子政德击之。政德轻骑进战，为柔然所杀，蒙逊立次子兴为世子。

【译文】五月，北魏君主拓跋嗣回到平城。

六月，己亥初四，北魏宜都文成王穆观去世。

丙辰二十一日，北魏君主拓跋嗣去北方巡视，到达参合陂。

秋季，七月，刘宋少帝将母亲张夫人封为皇太后。

北魏君主拓跋嗣抵达三会屋侯泉；八月，辛丑初七，又到达马邑，察看灅水源头。

柔然汗国向河西发起进攻，北凉河西王沮渠蒙逊命令世子沮渠政德率领军队迎战。沮渠政德率轻装骑兵进攻，被柔然杀害；沮渠蒙逊又将次子沮渠兴立为世子。

九月，乙亥，魏主还宫，召奚斤还平城，留兵守虎牢；使娥清、周几镇枋头；以司马楚之所将户口置汝南、南阳、南顿、新蔡四郡，以益豫州。

冬，十月，癸卯，魏人广西宫外垣，周二十里。

秃发傉檀之死也，河西王蒙逊遣人诱其故太子虎台，许以番禾、西安二郡处之，且借之兵，使伐秦，报其父仇，复取故地。虎台阴许之，事泄而止。秦王炽磐之后，虎台之妹也，炽磐待之如初。后密与虎台谋曰："秦本我之仇雠，虽以婚姻待之，盖时宜耳。先王之薨，又非天命；遗令不治者，欲全济子孙故也。为人子者，岂可臣妾于仇雠而不思报复乎！"乃与武卫将军越质洛城谋弑炽磐。后妹为炽磐左夫人，有宠，知其谋而告之，炽磐杀后及虎台等十馀人。

【译文】九月，乙亥十一日，北魏君主拓跋嗣返回宫中。将奚斤召回平城，留下士兵在虎牢据守；同时派遣中将军娥清、将军周几在枋头镇守；以司马楚之率领的众人分设汝南、南阳、南顿、新蔡四郡，以扩大豫州的管辖范围。

冬天，十月，癸卯初十，北魏将平城西宫的外墙扩建，周围长达二十里。

起初，南凉景王秃发傉檀被毒死后，北凉河西王沮渠蒙逊派人去引诱南凉太子秃发虎台，答应将番禾、西安二郡借给他，并将军队也借给他，让他讨伐西秦，为父报仇，收复自己的土地。秃发虎台暗地里答应了，却因为事情泄露而中止。西秦王乞伏炽磐的皇后，是秃发虎台的妹妹，所以乞伏炽磐仍像从前一样对待他。但是皇后却暗地里与他哥哥秃发虎台秘密谋划说："西秦本来就是我们的敌人，虽然有了婚姻关系，但也不过是权宜之计罢了。先王去世，不是因为寿终天年；临死前又命令不要救他，这是因为要保全我们子孙啊！作为儿女的，怎么可以用臣妾奴仆对仇敌事奉而不去报仇呢？"于是，他们与武卫将军越质洛城计谋想要杀死乞伏炽磐。皇后的妹妹是乞伏炽磐宠爱的左夫人，知道她的阴谋之后向乞伏炽磐告密，于是，乞伏炽磐将皇后和虎台等人杀死，一共十多人。

十一月，魏周几寇许昌，许昌溃，颍川太守李元德奔项。戊辰，魏人围汝阳，汝阳太守王公度亦奔项。刘粹遣其将姚耸夫等将兵助守项城。魏人夷许昌城，毁钟城，以立封疆而还。

己巳，魏太宗殂。壬申，世祖即位，大赦。十二月，庚子，魏葬明元帝于金陵。庙号太宗。

魏主追尊其母杜贵嫔为密皇后。自司徒长孙嵩以下普增爵位。以襄城公卢鲁元为中书监，会稽公刘为尚书令，司卫监尉眷、散骑侍郎刘库仁等八人分典四部。眷，古真之弟子也。

【译文】十一月，北魏将军周几向许昌进攻，许昌城破，刘宋颍川太守李元德逃跑到项城。戊辰初五，北魏士兵将汝阳包围，刘宋汝阳太守王公度也逃往项城。于是，刘宋豫州刺史刘粹命令他的将领姚耸夫等率领军队支援，据守项城。北魏军队将许昌城夷平，摧毁了钟城的城墙，设立豫州、兖州新的疆界，然后撤回。

己巳初六，北魏君主拓跋嗣去世。壬申初九，太子拓跋焘即位，大赦天下。十二月，庚子初八，北魏将拓跋嗣埋葬在了金陵，将庙号定为太宗。

北魏君主拓跋焘将他的母亲杜贵嫔追尊为密皇后。从司徒长孙嵩以下都将爵位普遍提升。将襄城公卢鲁元任命为中书监，将会稽公刘絜任命为尚书令，让司卫监尉眷、散骑侍郎刘库仁等八人分别掌管东西南北四部。尉眷，是尉古真的侄子。

以河内镇将代人罗结为侍中、外都大官，总三十六曹事。结时年一百七，精爽不衰，魏主以其忠悫，亲任之，使兼长秋卿，监典后宫，出入卧内；年一百一十，乃听归老，朝廷每有大事，遣骑访焉；又十年乃卒。

【译文】北魏将河内镇将代人罗结任命为侍中、外都大官，让他掌管三十六个部门的事务。罗结当时已经一百〇七岁了，精力却丝毫不减，拓跋焘觉得他忠厚老实，对他非常尊敬信任，让他兼长秋卿，负责监督管理后宫，可以在寝殿内自由出入，到他一百一十岁的时候，才告老还乡，朝廷每次有大事情的时候，仍然派人骑马快速地向他请教。又过去十年他才去世。

【申涵煜评】结年百七岁复典政，百十岁致仕，百二十乃卒。寿算为近代所罕，而后世鲜有传之者。岂以索头故略之欤，抑漠外气禀刚劲又当别论欤？然按之《北史》中亦仅矣。

【译文】罗结年龄一百〇七岁再来主管朝政，一百一十岁辞官退休，一百二十岁才逝世。长寿的岁数是当时所罕见的，而且后世也少有记载这类的人。难道是北朝"索头"旧例的方略，抑或是漠外的人刚强坚劲天性又当别论？然而查核《北史》之中的记载也是如此。

左光禄大夫崔浩研精经术，练习制度，凡朝廷礼仪，军国书诏，无不关掌。浩不好老、庄之书，曰："此矫诬之说，不近人情。老聃习礼，仲尼所师，岂肯为败法之书以乱先王之治乎！"尤不信佛法，曰："何为事此胡神！"及世祖即位，左右多毁之。帝不得已，命浩以公归第。然素知其贤，每有疑议，辄召问之。浩纤妍洁白如美妇人，常自谓才比张良而稽古过之。既归第，因修服食养性之术。

资治通鉴

【译文】北魏左光禄大夫崔浩善于研究儒家经典，对于典章制度和各机构的功能都很熟悉，于是，所有朝廷的典章礼仪和军事、文书诏令，全部由他掌管。崔浩不喜爱老子、庄子的著作，说："这些都是虚矫不实的学说，不符合人情世故。老聃善于研究礼仪，仲尼将他尊为老师，怎么会写败坏礼法的书来祸乱先王的治世之道呢？"崔浩特别不信佛教，说："我们为什么要去崇拜胡人的神呢？"等到拓跋焘即位的时候，他的左右亲信常常批评崔浩，拓跋焘没有办法，只好让崔浩保留公爵而退休，但是，他知道崔浩的才能，所以朝政上每次有疑问，拓跋焘就召见他，询问他的意见。崔浩的肌肤细致洁白，就像美丽的女人一样，曾经自认为才能可以与张良相比，而且在考辨古制方面更超过张良。他退休回家以后，就开始研究如何培养心性的方法。

初，嵩山道士寇谦之，赞之弟也，修张道陵之术，自言尝遇老子降，命谦之继道陵为天师，授以辟谷轻身之术及《科戒》二十卷，使之清整道教。又遇神人李谱文，云老子之玄孙也。授以《图箓真经》六十馀卷，使之辅佐北方太平真君；出天宫静轮之法，其中数篇，李君之手笔也。谦之奉其书献于魏主。朝野多未之信，崔浩独师事之，从受其术，且上书赞明其事曰："臣闻圣王受命，必有天应，《河图》《洛书》皆寄言于虫兽之文，未若今日人神接对，手笔粲然，辞旨深妙，自古无比；岂可以世俗常虑而忽上灵之命！臣窃惧之。"帝欣然，使谒者奉玉帛、牲牢祭嵩岳，迎致谦之弟子在山中者，以崇奉天师，显扬新法，宣布天下。起天师道场于平城之东南，重坛五层，给道士百二十人衣食，每月设厨会数千人。

【译文】起初，嵩山道士寇谦之，即寇赞之的弟弟，修炼张道陵的法术，说自己曾经遇到过老子降世，老子让他继承张道陵的法术，担任天师，并将不饮食和飞腾升空的法术传授给他，以及《科戒》二十卷，命令他来清理整顿道教。后来，又碰见神人李谱文，据说是老子的玄孙。教给他六十余卷《图真经》，命令他对北方太平真君进行辅佐；并传授天宫静轮之法，其中的几篇还是李谱文的手笔。寇谦之将这本书呈现给北魏君主拓跋焘，朝野上下很多人对此怀疑。只有崔浩将寇谦之当作老师来事奉，跟着他学习法术，并上奏拓跋焘对寇谦之赞许，说："我曾经听过圣明的君主接受天命即帝位，必有上天的祥瑞出现，《河图》《洛书》的古文字都是像虫子一样，而不像如今，人与神可以面对，人经过神的示意，文笔可以很瑰丽，辞意深妙，自古以来都无法比拟。所以，哪里能因为常常对世俗顾虑而将神灵的旨意忽略呢？我感到畏惧。"北魏君主拓跋焘听到后很高兴，派遣谒者供奉璧玉、绸缎、牲畜祭祀嵩山，并将寇谦之在山中的弟子迎到平城，将寇谦之崇奉为天师，宣扬法术，遍告天下。于是，在平城东南方向，设立天师道场，修建的祭坛有五层高；朝廷赐给道士一百二十人的衣服饮食，每月道场设置厨房，参与吃饭的有几千人。

【乾隆御批】浩既以不好老庄罢官，何归弟即修服食，甚至引天师上书，哆言受命夫。以天师与老庄相较不啻糟粕。论者徒以好奇之过咎其始终易辙，不知此正浩之热中患失，欲用是为复用梯媒耳。平生号称经术，至此尚可欺人否？

【译文】崔浩既然因不爱好老庄之学罢官，为什么回到家乡就修炼服食药物养生，甚至带领张天师弟子上书，夸大其词地说受命于天等等。拿天师之道与老庄之学相比它不只是糟粕。论述的人仅是以好奇来责怪他前后改变很大，却不知道这正是崔浩热衷于患得患失，想利用这件事来为他再度做官作梯子和媒介。崔浩一生号称经术，到这时还能欺骗人吗？

【康熙御批】崔浩研精经术，练习政事，洵魏臣之杰出者。其不信佛法，尤度越时俗，卓然高蹈，何乃师受道士之术而崇奉尊礼之？且上其书以蛊惑君心，得罪名教不浅。

【译文】崔浩精通经术，熟悉行政事务，实在是魏臣中最杰出的。他不相信佛法，尤其超越世俗，卓然高蹈，为什么却学习道士之术而加以崇奉尊敬呢？而且他还上书来迷惑君主，实在是儒家礼教的罪人。

◆臣光曰：老、庄之书，大指欲同死生，轻去就。而为神仙者，服饵修炼以求轻举，炼草石为金银，其为术正相戾矣；是以刘歆《七略》叙道家为诸子，神仙为方技。其后复有符水、禁咒之术，至谦之遂合而为一；至今循之，其讹甚矣！崔浩不喜佛、老之书而信谦之之言，其故何哉！昔臧文仲祀爰居，孔子以为不智；如谦之者，其为爰居亦大矣。"《诗》三百，一言以蔽之，曰思无邪。"君子之于择术，可不慎哉！◆

【译文】◆臣司马光说：老子、庄子的著作，主要是要人们脱离生死，将去与留一样看待，轻视去留。而要成为神仙的人，却

资治通鉴

是靠着服食药石、修炼身体来求得能够腾飞升天，烧炼草石求得变成金银，这和老庄的思想恰恰相反；所以刘歆写《七略》，将道家归属于《诸子略》，神仙归属于《方技略》。后来又有符水、咒语这样的法术，等到寇谦之把这些合在了一起，一直因循至今，这是极大的错误啊！崔浩不信佛教、不喜爱老子的书，却对寇谦之的话相信，这是什么原因呢？以前臧文仲祭祀爰居鸟，孔子认为其不明智，对于寇谦之，就比祭祀爰居鸟大得多了。"《诗经》三百首，以一句话来说，就是思无邪"。君子对思想与学术的选择，哪能不谨慎？◆

资治通鉴卷第一百二十　宋纪二

起阏逢困敦，尽强圉单阏，凡四年。

【译文】起甲子（公元424年），止丁卯（公元427年），共四年。

【题解】本卷记录了公元424年至427年，即宋文帝刘义隆元嘉元年至元嘉四年共四年间刘宋与北魏等国的大事，主要记录了朝臣废黜并杀害少帝刘义符后，又杀害庐陵王刘义真，拥立宜都王刘义隆进京称帝；记录了宋文帝刘义隆借北伐之名，诛杀徐羡之、傅亮、谢晦；记录了魏主拓跋焘讨伐柔然，柔然向北迁徙；记录了夏主赫连勃勃死，内乱不止，魏主拓跋焘乘机两次攻夏，占据统万城，平定关中；于是秦、雍羌族，北凉王，氐王归服；记录了刘宋的重臣王华、郑鲜之死，交州刺史杜弘文病死广州等等。

太祖文皇帝上之上

元嘉元年（甲子，公元四二四年）春，正月，魏改元始光。

丙寅，魏安定殇王弥卒。

营阳王居丧无礼，好与左右狎昵，游戏无度。特进致仕范泰上封事曰：“伏闻陛下时在后园，颇习武备，鼓鞞在宫，声闻于外。黩武掖庭之内，喧哗省闼之间，非徒不足以威四夷，只生远近之怪。陛下践祚，委政宰臣，实用高宗谅暗之美；而更亲狎小人，惧非社稷至计，经世之道也。”不听。泰，宁之子也。

【译文】元嘉元年(甲子，公元 424 年)春季，正月，北魏将年号改为始光。

丙寅初四，北魏安定殇王拓跋弥去世。

营阳王刘义符在他的父亲宋武帝刘裕服丧期中失礼，喜爱与左右侍奉的人轻佻亲昵，嬉戏游玩没有节制。特进致仕范泰将一封用皂囊封板的奏章呈上，说："臣听闻陛下经常在后花园练习武艺，虽然是在宫中敲鼓，声音却传到宫外。在禁宫深院打闹习武，在各个公堂上喧哗，这样做不仅不能使四夷畏服，而且还会让远近各邦产生怪诞的猜疑。陛下即位以来，都将朝政托付给了宰臣，事实上就像殷朝的高宗守孝期间住在丧庐不说话一样有着美德，而您却是更亲近小人，恐怕这不符合治国的好办法和治世的好策略。"营阳王刘义符不听范泰的劝告。范泰就是范宁的儿子。

南豫州刺史庐陵王义真，警悟爱文义，而性轻易，与太子左卫率谢灵运、员外常侍颜延之、慧琳道人情好款密。尝云："得志之日，以灵运、延之为宰相，慧琳为西豫州都督。"灵运，玄之孙也，性褊傲，不遵法度，朝廷但以文义处之，不以为有实用。灵运自谓才能宜参权要，常怀愤邑。延之，含之曾孙也，嗜酒放纵。

【译文】刘宋南豫州刺史庐陵王刘义真，非常聪明敏锐，喜爱文学，但性情轻浮，与太子左卫率谢灵运、员外常侍颜延之以及慧琳道人等情投意合，交情甚密。刘义真曾说："若有我即位的那一天，就将谢灵运、颜延之任命为宰相，将慧琳道人任命为西豫州都督。"谢灵运，是谢玄的孙子，性格偏激骄傲，对礼法和世俗的约束很不遵守；朝廷只是以文学侍从之臣来对待他，并不认为他可以有实用的才干。但是谢灵运却认为他的才能足以参与机要，因而常对此愤懑不平。颜延之，是颜含的曾孙，喜爱喝酒，放荡不羁。

【申涵煜评】灵运一章句之儒耳，恃胸中小才，遂至于漫游惊众，称兵拒捕，只是个无忌惮之极，被以大逆名，亦觉太过放流之可也。

【译文】谢灵运只是一名分析文字的章节和句读的儒生罢了，仗着胸中有些小才能，于是以至于随意游玩使得众人惊奇，采取军事行动来抵抗朝廷的逮捕，仅仅是一名最没有顾忌的人，遭受冠以大谋逆的罪名，也觉得是太过于放肆不正派导致的。

徐羡之等恶义真与灵运等游，义真故吏范晏从容戒之，义真曰："灵运空疏，延之隘薄，魏文帝所谓'古今文人类不护细行'者也；但性情所得，未能忘言于悟赏耳。"于是，羡之等以为运、延之构扇异同，非毁执政，出灵运为永嘉太守，延之为始安太守。

【译文】司空徐羡之等人对刘义真与谢灵运等三人交好非常厌恶，刘义真的旧臣范晏委婉地对刘义真进行规劝，刘义真说："谢灵运空泛而不切实际，颜延之见识浅薄，心胸狭窄。就像魏文帝曹丕所说'古今文人，多不拘小节'，但因为我们三人的性情相投，不能像古人说的互相欣赏而不能有所不说，所以我才和他们交好。"于是，徐羡之以谢灵运、颜延之挑拨是非、毁谤朝廷大臣为理由，将谢灵运贬为永嘉太守，颜延之贬为始安太守。

义真至历阳，多所求索，执政每裁量不尽与。义真深怨之，数有不平之言，又表求还都，谘议参军庐江何尚之屡谏，不听。

时羡之等已密谋废帝，而次之立者应在义真；乃因义真与帝有隙，先奏列其罪恶，废为庶人，徙新安郡。前吉阳令堂邑张约之上疏曰："庐陵王少蒙先皇优慈之遇，长受陛下睦爱之恩，故在心必言，所怀必亮，容犯臣子之道，致招骄瓷之愆。至于天恣夙成，实有卓然之美，宜在容养，灵善掩瑕，训尽议方，进退以渐。今猥加剥辱，幽徙远郡，上伤陛下常棣之笃，下令远近惶然失图。臣伏思大宋开基造次，根条未繁，宜广树藩戚，敦睦以道。人谁无过，贵能自新；以武皇之爱子，陛下之懿弟，岂可以其一眚，长致沦弃哉！"书奏，以约之为梁州府参军，寻杀之。

【译文】刘义真抵达历阳后，对朝廷索取供应的要求很多，执政的朝臣常常裁减，不完全听命，刘义真心怀怨恨，常常有愤懑不平的话，又上奏朝廷请求回到首都建康，谘议参军庐江人何尚之多次向他规劝，刘义真不听他的意见。当时，徐羡之等人已经在秘密谋划将皇帝刘义符废黜，而依次需要扶持的是身为次子的刘义真；因刘义真与皇帝刘义符之间早已有矛盾，于是，徐羡之等利用这一点，上书弹劾刘义真的种种罪恶，将刘义真贬为平民，流放到新安郡。前吉阳令堂邑人张约之上书说："庐陵王从小就承蒙先皇帝优厚慈爱的待遇，长大后陛下又对他和睦仁爱，所以他心中存在的话一定会说出来，内心想什么也一定会表现出来。或许在某些地方违背了为臣之道，招致骄傲放纵而带来的过错。但他聪明早熟，确实有卓然超群的才华，所以对他应该加以宽容教养，看到他的优点，宽恕他的缺点，用得当的方式对他加以训诫引导，进退升降都应该缓慢进行。现在朝廷突然将他的爵位剥夺，将他贬到远的郡地。对上来说是对陛下兄弟之情的伤害，对下来说使远近的人感到恐惧失措。臣以为，我们大宋初建国，宗室枝叶并不繁盛，应该广泛树立宗室的屏障，相互之间用正道来和睦关系。人谁能没有错误，可贵的是可以改过自新；刘义真是武皇帝的爱子，是陛下品德美好的弟弟，哪里可以因他一时的过错，而一直遭受放逐丢弃呢！"在奏疏呈上去后，朝廷将张约之任命为梁州府参军，没过多久，就把他杀掉了。

夏，四月，甲辰，魏主东巡大宁。

秦王炽磐遣镇南将军吉毗等帅步骑一万南伐白苟、车孚、崔提、旁为四国，皆降之。

徐羡之等以南兖州刺史檀道济先朝旧将，威服殿省，且有兵众，乃召道济及江州刺史王弘入朝；五月，皆至建康，以废立之谋告之。

【译文】夏天，四月，甲辰十四日，北魏君主拓跋焘东巡，到达大宁。

西秦王乞伏炽磐派遣镇南将军乞伏吉毗等率领步兵骑兵共一万人，向南对白苟、车孚、崔提、旁为四国进行讨伐，四国全部对秦军投降。

刘宋司空徐羡之等因为南兖州刺史檀道济是先朝的大将，朝廷内外都对他的威望信服，而且又掌控大军，于是，便将檀道济和江州刺史王弘征召入朝；五月，二人先后到达京都建康，徐羡之将废立皇帝的谋划告诉了他们。

甲申，谢晦以领军府屋败，悉令家人出外，聚将士于府内；又使中书舍人邢安泰、潘盛为内应。夜，邀檀道济同宿，晦悚动不得眠，道济就寝便熟，晦以此服之。

时帝于华林园为列肆，亲自沽卖，以与左右引船为乐，夕，游天渊池，即龙舟而寝。

乙酉诘旦，道济引兵居前，羡之等继其后，入自云龙门；安泰等先诫宿卫，莫有御者。帝未兴，军士进杀二侍者，伤帝指，扶出东閤，收玺绶，群臣拜辞，卫送故太子宫。

【译文】甲申二十四日，领军将军谢晦因领军将军府的府邸破败，让家人全部搬到别的地方，他自己仍然住在府里，并将将士聚集在府内，又派中书舍人邢安泰、潘盛作为内应。当晚，他邀请檀道济与他同睡，谢晦又惶恐又激动而无法入睡，檀道济却是上床便睡，谢晦不由得敬佩檀道济的镇定。

当时，皇帝刘义符在华林园摆了一排摊位，亲自贩卖，与人讨价还价；又和左右的奸佞小人一起划船作乐。傍晚，刘义符又和左右一起游天渊池，晚上就在龙舟上睡觉。

乙酉二十五日清晨，檀道济在前率兵开路，徐羡之等人率领部队随后，从云龙门进入宫中；邢安泰等已事先告诫过皇家禁卫军，所以一路没有受到阻拦。皇帝刘义符还没有醒，士兵就已经闯入将皇帝的两个侍者杀死，并砍伤了皇帝刘义符的手指，随后将刘义符扶出东阁，收了他的玺印和绶带，文武百官们向其拜辞，士兵将他送回到了原来的太子宫。

侍中程道惠劝羡之等立皇弟南豫州刺史义恭。羡之等以宜都王义隆素有令望，又多符瑞，乃称皇太后令，数帝过恶，废为营阳王，以宜都王纂承大统，赦死罪以下。又称皇太后令，奉还玺绶；并废皇后为营阳王妃，迁营阳王于吴。使檀道济入守朝堂。王至吴，止金昌亭；六月，癸丑，羡之等使邢安泰就弑之。王多力，突走出昌门，追者以门关踣而弑之。

【译文】侍中程道惠建议徐羡之等将皇帝的弟弟、南豫州刺史刘义恭拥立为皇上。徐羡之等却认为宜都王刘义隆素来有很好的声望，且又出现很多祥瑞之兆，于是，他们就以皇太后张氏的命令，列举皇帝刘义符的各种罪恶，将他废为营阳王，让宜都王刘义隆继承帝位，将死罪以下的人犯全部赦免。又以皇太后的命令，奉上皇帝的玺印，将皇后司马茂英废为营阳王妃，将营阳王刘义符流放到吴郡。派遣檀道济入宫守卫朝廷。营阳王刘义符到达吴郡后，被困在金昌亭。六月，癸丑二十四日，徐羡之等人派遣邢安泰前去杀刘义符。刘义符很有力气，奋战突围逃出昌门，追兵将刘义符用门闩打倒在地并杀死。

◆裴子野论曰：古者人君养子，能言而师授之辞，能行而傅相之礼。宋之教诲，雅异于斯，居中则任仆妾，处外则近趋走。太子、皇子，有帅，有侍，是二职者，皆台皁也。制其行止，授其法则，导达臧否，罔弗由之；言不及于礼义，识不达于今古，谨敕者能劝之以吝啬，狂愚者或诱之以凶慝。虽有师傅，多以耆艾大夫为之；虽有友及文学，多以膏粱年少为之；具位而已，亦弗与游。幼王临州，长史行事；宣传教命，又有典签；往往专恣，窃弄威权，是以本枝虽茂而端良甚寡。嗣君冲幼，世继奸回，虽恶物丑类，天然自出，然习则生常，其流远矣。降及太宗，举天下而弃之，亦昵比之为也。呜呼！有国有家，其鉴之矣！◆

【译文】◆裴子野评论说：古代君主培养儿子，在儿子会说话的时候，就有老师教他文辞；在会走路的时候，就有老师教他礼节。刘宋朝的皇家教诲，一向与此大不相同，在儿子住在皇宫的时候，就由宫妃婢女照顾，出去在宫外的时候，就依靠左右奴仆。不管太子还是皇子，都有所属的帅和侍来陪侍，然而，担任这两个职位的人，等级都很低贱，对太子和皇子们的行为规范，教育修养，以及善恶的引导，都由他们来影响，结果他们的言辞从不谈论礼义，见识也从不知古今。所以，谨慎的人会把太子和皇子们引向吝啬鄙俗，狂妄粗暴的人则会影响太子和皇子们走向残暴邪恶。虽然太子和皇子们也有师傅，但多是由年老力竭的老臣们担任；虽然也有师友和文学这些官员，但多是由些纨绔子弟担任，都只是些虚位而已，何况，太子和皇子们也不愿意与他们交往学习。那些前去出任州刺史的年轻亲王，都是由长史负实际责任，并由长史推广执行地方政令，另外设置的典签一职，往往放肆霸道，蛮横窃权。所以，皇族本根虽然茂盛，而美好的枝叶善良的人才却少之又少。继位的君主年幼，而奸邪小人却一直不断，虽然极其丑陋的恶类，都是出自上天，但是习惯已成自然，造成这样祸害的源头可是很久远的啊。到了刘宋太宗皇帝，更是没有道义，整个天下都将他丢弃了，这也是因为他亲近小人。唉！那些有国有家的人，要以此为鉴啊！ ◆

　　傅亮帅行台百官奉法驾迎宜都王于江陵。祠部尚书蔡廓至寻阳，遇疾不堪前；亮与之别。廓曰："营阳在吴，宜厚加供奉；一旦不幸，卿诸人有弑主之名，欲立于世，将可得邪！"时亮已与羡之议害营阳王，乃驰信止之，不及。羡之大怒曰："与人共计议，如何旋背即卖恶于人邪？"羡之等又遣使者杀前庐陵王义真于新安。

　　羡之以荆州地重，恐宜都王至，或别用人，乃亟以录命除领军将军谢晦行都督荆、湘等七州诸军事、荆州刺史，欲令居外为援，精兵旧将，悉以配之。

　　【译文】刘宋尚书令傅亮带领行台的文武百官前往江陵用法驾迎接宜都王刘义隆。随行的祠部尚书蔡廓在到达寻阳时，因患病不能继续行走，傅亮便与他辞别。蔡廓说："现在营阳王刘义符在吴郡，对其的供奉应该十分优厚，万一有所不幸，你们各位就会有弑君的罪名，那时想要活在世上，恐怕很难了！"当时，傅亮已经与徐羡之计划好对营阳王刘义符进行谋害，听了蔡廓的话，便用快信告诉徐羡之，对行动进行阻止，可是已来不及了。徐羡之十分气愤，说："已经跟人商量好的计划，怎么可以改变主意而把恶名推给别人呢？"徐羡之等人又命人杀死了在新安流放的前庐陵王刘义真。

徐羡之认为荆州这个地方非常重要，恐怕宜都王刘义隆抵达京师后，或许会让别人掌管荆州，于是，他以录尚书事、总领朝政的名义，将领军将军谢晦任命为都督代理荆湘雍益宁南北秦等七州诸军事，并兼荆州刺史。想要谢晦成为他在外地的援手，所以，徐羡之将精锐部队和骁勇善战的将领全部都配给了谢晦。

秋，七月，行台至江陵，立行门于城南，题曰"大司马门"。傅亮帅百僚诣门上表，进玺绂，仪物甚盛，宜都王时年十八，下教曰："猥以不德，谬降大命，顾己兢悸，何以克堪！辄当暂归朝廷，展哀陵寝，并与贤彦申写所怀。望体其心，勿为辞费。"府州佐史并称臣，请题牓诸门，一依宫省；王皆不许。教州、府、国纲纪宥所统内见刑，原逋责。

【译文】秋季，七月，行台的文武百官抵达江陵，将宫城城门设立在城南，题名"大司马门"。傅亮率领了文武百官到"大司马门"，将奏章与皇帝的玉玺、服装呈上，仪式非常盛大。宜都王刘义隆当时年仅十八岁，发布教令说："我以无才无德之身，承蒙天命授予帝位，实在是惶恐，哪里能够担当如此重任呢！

现今应该暂且回京，祭祀祖先陵寝，并向朝中贤臣陈述我的想法，希望大家可以明白我的内心，不要再多说别的。"荆州府州的长史和其他佐史都自称为臣，请求像国都宫城一样，对各门的名称题榜，宜都王刘义隆全部不答应。而且命令荆州、都督府和宜都国各地方的官吏对他们所管辖内已判决的罪人和欠债者施以宽恕。

　　诸将佐闻营阳、庐陵王死，皆以为疑，劝王不可东下。司马王华曰："先帝有大功于天下，四海所服；虽嗣主不纲，人望未改。徐羡之中才寒士，傅亮布衣诸生，非有晋宣帝、王大将军之心明矣；受寄崇重，未容遽敢背德。畏庐陵严断，将来必不自容；以殿下宽叡慈仁，远近所知，且越次奉迎，冀以见德；悠悠之论，殆必不然。又，羡之等五人，同功并位，孰肯相让！就怀不轨，势必不行。废主若存，虑其将来受祸，致此杀害；盖由贪生过深，宁敢一朝顿怀逆志！不过欲握权自固，以少主仰待耳。殿下但当长驱六辔，以副天人之心。"王曰："卿复欲为宋昌邪！"长史王昙首、南蛮校尉到彦之皆劝王行，昙首仍陈天人符应。王乃曰：'诸公受遗，不容背义。且劳臣旧将，内外充满，今兵力又足以制物，夫何所疑！'乃命王华总后任，留镇荆州。王欲使到彦之将兵前驱，彦之曰："了彼不反，便应朝服顺流；若使有虞，此师既不足恃，更开嫌隙之端，非所以副远迩之望也。"会雍州刺史褚叔度卒，乃遣彦之权镇襄阳。

　　【译文】宜都王刘义隆的将佐和左右亲信听到营阳王刘义符、庐陵王刘义真被杀害，怀疑有问题，劝谏宜都王不要东下前往建康。司马王华说："先帝对天下有大功，让四海诚服，虽然继承者违反法纪，但是皇家的声望仍没有改变。徐羡之是清寒之士，才能中等，傅亮也是平民出身的读书人，他们没有晋宣帝司马懿、王大将军王敦那样明显的野心；徐羡之和傅亮承担了托孤的重任，拥有崇高的名声，一时不敢抛弃原则而背叛。他们只是担心庐陵王刘义真独断不肯宽宥，自己将来无法容身才痛下毒手。如今以殿下的仁慈宽厚，聪明机智，远近都为所知。这次他们破格率领百官前来奉迎你为皇帝，是希望殿下可以感激他们的决策，那种毫无根据的谣言，一定不对。另外，徐羡之、傅亮、谢晦、檀道济、王弘五人，功劳和地位都相同，谁愿意服谁呢？就算有心怀不轨之事，也势必不会成功。被罢黜的营阳王如果还活着，他们害怕将来会有报复，所以才杀害营阳王。如果是贪生怕死的原因，怎么敢一朝之间突然反叛！不过是想将大权掌握在自己手里来巩固地位，使年轻的君主重视自己罢了。殿下尽管乘坐天子的车马前去赴任，以此来不辜负天人对您的希望。"宜都王刘义隆说："你难道想要当第二个宋昌吗？"长史王昙首、南蛮校尉到彦之等都劝谏刘义隆可以东行。王昙首又以天象与人间的瑞兆一一做了陈述分析。刘义隆才说："徐羡之等是接受先皇的遗命，不会有什么违背道义的事情。而且朝廷内外充满了功臣旧将，如今的兵力足以将叛逆制伏，这样我还有什么好怀疑担心的呢！"于是，宜都王刘义隆派遣王华总管善后，在荆州留守，又想让到彦之在前面率军做前锋开道。到彦之说："既然知道他们不会造反，就应该穿着朝服，沿长江顺流而下；万一发生矛盾，我这支军队根本不足以抵抗，却是更要使他们产生误会，这与远近百姓对您的期望不符。"正好雍州刺史褚叔度去世，刘义隆就任命到彦之暂时于襄阳镇守。

甲戌，王发江陵，引见傅亮，号泣，哀动左右。既而问义真及少帝薨废本末，悲哭呜咽，侍侧都莫能仰视。亮流汗沾背，不能对；乃布腹心于到彦之、王华等，深自结纳。王以府州文武严兵自卫，台所遣百官众力不得近部伍。中兵参军朱容子抱刀处王所乘舟户外，不解带者累旬。

【译文】甲戌十五日，刘义隆从江陵出发，接见了傅亮，哀恸哭泣，悲伤的情绪使左右侍奉的人都感动。接着他又询问了刘义真和少帝刘义符被废黜和杀害的前后经过，不禁伤心恸哭，一边的侍从都不敢抬头。傅亮一人汗流浃背，紧张得张口结舌无法对答；随后，傅亮就派心腹前去到彦之、王华那里与他们结交建立关系。刘义隆命令其府、州文武官兵加强自卫，严密戒备。建康所派遣的临时文武百官和士兵都不能与他的队伍接近。中兵参军朱容子一直抱着刀在刘义隆所坐船的舱门口守卫，衣不解带地坚持了好几十天。

魏主还宫。

秦王炽磐遣太子暮末帅征北将军木弈干等步骑三万出貂渠谷，攻河西白草岭、临松郡，皆破之，徙民二万馀口而还。

八月，丙申，宜都王至建康，群臣迎拜于新亭。徐羡之问傅亮曰："王可方谁？"亮曰："晋文、景以上人。"羡之曰："必能明我赤心。"亮曰："不然。"

丁酉，王谒初宁陵，还，止中堂。百官奉玺绶，王辞让数四，乃受之，即皇帝位于中堂。备法驾入宫，御太极前殿，大赦，改元，文武赐位二等。

【译文】北魏君主拓跋焘回到宫中。

西秦王乞伏炽磐命令太子乞伏暮末带领征北将军木弈干

等和三万步骑兵出貂渠谷，向河西北凉的白草岭和临松郡发起进攻，这几个地方都被秦军攻破，擒获二万多居民后返回。

八月，丙申初八，宜都王刘义隆抵达建康，文武百官都前往新亭迎接叩拜。徐羡之询问傅亮说："宜都王可以和历史上的谁相比呢？"傅亮回答说："是比晋文帝和景帝还有本事的人。"徐羡之说："他一定可以知道我们对他的一片忠心。"傅亮说："不一定。"

丁酉初九，刘义隆拜见了他父亲宋武帝的陵墓初宁陵，回来后留在了中堂，文武百官将玺印呈上，刘义隆三番四次地推让，最后才接受，在中堂继承了帝位。然后他乘坐法驾进宫，前往太极前殿，宣令大赦天下，将年号改为元嘉，朝中文武百官一律官加二等。

戊戌，谒太庙。诏复庐陵王先封，迎其枢及孙修华、谢妃还建康。

庚子，以行荆州刺史谢晦为真。晦将行，与蔡廓别，屏人问曰："吾其免乎？"廓曰："卿受先帝顾命，任以社稷，废昏立明，义无不可。但杀人二兄而以之北面，挟震主之威，据上流之重，以古推今，自免为难。"晦始惧不得去，既发，顾望石头城，喜曰："今得脱矣！"

【译文】戊戌初十，皇帝刘义隆前往太庙祭拜。下诏将刘义真先前庐陵王的封号恢复，并将刘义真的棺枢和他母亲孙修华以及他妻子谢妃迎回建康。

庚子十二日，皇帝刘义隆下诏，命令代理荆州刺史的谢晦真正上任。谢晦在将要赴任的时候，向蔡廓辞别，他屏去旁边的人问："我可以幸免于祸吗？"蔡廓说："你受先帝临终托孤的遗命，将国家的兴衰为己任，并废昏君而改立明君，对于道义来说并不违背，但是，你们将人家的两个哥哥杀害，又在北面称臣，有震慑人主之威，此外，你又占据长江上游的重镇，这样的形势，从古推今，我恐怕你无法幸免。"谢晦这才害怕无法脱身，等到出发以后，谢晦回头看石头城，禁不住高兴地说："现在终于可以脱险了！"

　　癸卯，徐羡之进位司徒，王弘进位司空，傅亮加开府仪同三司，谢晦进号卫将军，檀道济进号征北将军。

　　有司奏车驾依故事临华林园听讼。诏曰："政刑多所未悉；可如先者，二公推讯。"

　　帝以王昙首、王华为侍中，昙首领右卫将军，华领骁骑将军，朱容子为右军将军。

　　【译文】癸卯十五日，皇帝刘义隆下诏，将司空徐羡之提升为司徒，将王弘提升为司空，对傅亮加授开府仪同三司，对谢晦加授卫将军，将檀道济任命为征北将军。

　　有关部门的官吏上书，说皇帝要依照惯例乘坐法驾前往华林园听取诉讼。皇帝刘义隆下诏说："对于刑政我很不熟悉；还是跟从前一样，让徐羡之、王弘二公来审讯即可。"

　　皇帝刘义隆又将王昙首、王华任命为侍中，王昙首兼任右卫将军，王华兼任骁骑将军，朱容子任命为右军将军。

　　甲辰，追尊帝母胡婕仔曰章皇后。封皇弟义恭为江夏王，义宣为竟陵王，义季为衡阳王；仍以义宣为左将军，镇石头。

　　徐羡之等欲即以到彦之为雍州，帝不许；徵彦之为中领军，委以戎政。彦之自襄阳南下，谢晦已至镇，虑彦之不过己。彦之至杨口，步往江陵，深布诚款，晦亦厚自结纳；彦之留马及利剑、名刀以与晦，晦由此大安。

【译文】甲辰十六日，刘义隆将母亲胡婕妤追尊为章皇后。将弟弟刘义恭封为江夏王，刘义宣封为竟陵王，刘义季封为衡阳王。仍命刘义宣任左将军，在石头镇守。

徐羡之等请求到彦之担任雍州刺史，皇帝刘义隆没有答应；而是征召到彦之到京师，任命为中领军，将京师的军政守卫交给他。于是，到彦之从襄阳城南下前往京师，此时，领军将军谢晦已经到达荆州，害怕到彦之不来看望他。到彦之一到杨口，就从陆上走到江陵拜见谢晦，表达了自己心中真挚的诚意；谢晦也推心置腹，与他加以结交。到彦之将自己的名马、利剑和名刀送给了谢晦，谢晦到此心里才算完全安定下来。

柔然纥升盖可汗闻魏太宗殂，将六万骑入云中，杀掠吏民，攻拔盛乐宫。魏世祖自将轻骑讨之，三日二夜至云中。纥升盖引骑围魏主五十馀重，骑逼马首，相次如堵。将士大惧，魏主颜色自若，众情乃安。纥升盖以弟子於陟斤为大将，魏人射杀之；纥升盖惧，遁去。尚书令刘絜言于魏主曰："大檀自恃其众，必将复来，请俟收田毕，大发兵为二道，东西并进以讨之。"魏主然之。

【译文】柔然汗国纥升盖可汗郁久闾大檀听到魏太宗拓跋嗣去世的消息，率领骑兵六万人攻打云中地区，对官吏人民杀戮抢夺，并将盛乐宫攻破。北魏君主拓跋焘亲自率领轻装骑兵前去讨伐，他们走了三天两夜，才到达云中地区。纥升盖可汗带领骑兵将北魏君主拓跋焘的军队围困五十多重，骑兵逼近拓跋焘的马头，依次层层相叠，就像铁墙一样，北魏士兵十分恐慌，而拓跋焘却面容镇定自若，这才将士气稳定下来。纥升盖

资治通鉴

可汗将弟弟的儿子郁久闾於陟斤任命为大将，北魏士兵用箭将他射杀；纥升盖可汗十分畏惧，带领大军逃走。尚书令刘絜向拓跋焘说："郁久闾大檀依靠他兵多将广，必定会再次回来，请等秋天将庄稼收割完后，将大军兵分两路，从东西两面同时并进，讨伐柔然。"北魏君主拓跋焘采纳了他的意见。

九月，丙子，立妃袁氏为皇后；耽之曾孙也。

冬，十月，吐谷浑威王阿柴卒。阿柴有子二十人，疾病，召诸子弟谓之曰："先公车骑，以大业之故，舍其子拾虔而授孤；孤敢私于纬代而忘先君之志乎！我死，汝曹当奉慕璝为主。"纬代者，阿柴之长子；慕璝者，阿柴之母弟、叔父乌纥提之子也。

阿柴又命诸子各献一箭，取一箭授其弟慕利延使折之，慕利延折之；又取十九箭使折之，慕利延不能折。阿柴乃谕之曰："汝曹知之乎？孤则易折，众则难摧。汝曹当戮力一心，然后可以保国宁家。"言终而卒。

【译文】九月，丙子十八日，刘宋帝刘义隆将王妃袁氏封为皇后；袁氏袁齐妫是袁耽的曾孙女。

冬天，十月，吐谷浑可汗慕容阿柴去世。慕容阿柴一共有二十个儿子，在病情加重的时候，慕容阿柴在病榻前召见他的子弟辈们，对他们说："先公车骑将军因为维护国家，没有让王位由他儿子继承而是授给了我，我哪里敢私下将王位授给我的儿子慕容纬代而把先王的伟大心志忘记呢？等我去世以后，你们应该奉慕璝为王。"慕容纬代是慕容阿柴的长子；慕璝是慕容阿柴同母异父的弟弟，也是慕容阿柴叔父慕容乌纥提的儿子。

慕容阿柴又让所有的儿子每人拿一支箭出来，抽出其中的一支让他的弟弟慕利延把箭折断，慕容慕利延就把箭折断了。

慕容阿柴又让慕容慕利延将剩余的十九支箭合在一起一次折断，慕利延不能折断。于是，慕容阿柴教育大家说："你们明白吗？一支箭容易被折断，一把箭却很难被折断。所以你们兄弟要团结一心，同心合力，这样才可以保卫国家。"说完就去世了。

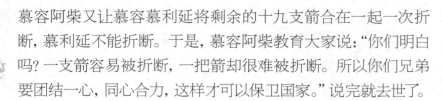

慕璝亦有才略，抚纳秦、凉失业之民及氐、羌杂种至五六百落，部众转盛。

十二月，魏主命安集将军长孙翰、安北将军尉眷北击柔然，魏主自将屯柞山。柔然北遁，诸军追之，大获而还。翰，肥之子也。

诏拜营阳王母张氏为营阳太妃。

林邑王范阳迈寇日南、九德诸郡。

宕昌王梁弥忽遣子弥黄入见于魏。宕昌，羌之别种也。羌地东接中国，西通西域，长数千里，各有酋帅，部落分地，不相统摄；而宕昌最强，有民二万馀落，诸种畏之。

【译文】慕璝同样富有雄韬伟略，他将秦州、凉州等地失业的难民妥善安置，以及氐族、羌族等各民族多达五六百部落，使统治的百姓和国家的实力逐渐强盛。

十二月，北魏君主拓跋焘将安集将军长孙翰、安北将军尉眷派往北上，向柔然汗国进攻，北魏君主拓跋焘亲自率军在柞山驻扎。柔然汗国的部落向北逃去，北魏士兵分几路追击，大获全胜而归。长孙翰，是长孙肥的儿子。

刘宋文帝刘义隆下诏，将营阳王的母亲张氏封为营阳太妃。

林邑王范阳迈，向刘宋日南、九德等郡进攻。

宕昌王梁弥忽，将他的儿子梁弥黄派往平城拜见北魏君主拓跋焘。宕昌，是羌族的一个支族。羌族的所属土地东面与中原相接，西面与西域相连，东西绵延几千里，羌族的各部落设有酋长统领，但各部落之间不互相管辖，分地而居，其中，宕昌部落有最强大的实力，共有部民二万余，其他的各个部族都对宕昌部落十分害怕。

夏主将废太子璝而立少子酒泉公伦。璝闻之，将兵七万北伐伦。伦将骑三万拒之，战于高平，伦败死。伦兄太原公昌将骑一万袭璝，杀之，并其众八万五千，归于统万。夏主大悦，立昌为太子。

夏主好自矜大，名其四门：东曰招魏，南曰朝宋，西曰服凉，北曰平朔。

【译文】夏国君王想要将太子赫连璝废黜而把他最小的儿子酒泉公赫连伦立为太子。赫连璝知道这个消息以后，率领七万士兵向北对赫连伦进攻，赫连伦率领三万骑兵与之对抗，在高平两队士兵展开大战，赫连伦战败而死。赫连伦的哥哥太原公赫连昌率领一万骑兵袭击赫连璝，将赫连璝斩杀，收服了他的部众八万五千人，回到国都统万。夏国君王十分高兴，将赫连昌立为太子。

夏国君王赫连勃勃狂妄自大，分别给国都的四个宫门命名：东门叫作招魏门，南门叫作朝宋门，西门叫作服凉门，北门叫作平朔门。

元嘉二年（乙丑，公元四二五年）春，正月，徐羡之、傅亮上表归政，表三上，帝乃许之。丙寅，始亲万机。羡之仍逊位还第，徐羡之、程道惠及吴兴太守王韶之等并谓非宜，敦劝甚苦，乃复奉诏视事。

辛未，帝祀南郊，大赦。

己卯，魏主还平城。

【译文】元嘉二年(乙丑，公元 425 年)春季，正月，徐佩之、傅亮向刘宋文帝刘义隆上书，请求将朝政还给宋文帝；接连上书三次，刘宋文帝才同意。丙寅初十，刘宋文帝才开始亲自处理全国朝政。于是，徐羡之又将摄政职位辞退，返回到自己的府第；而徐羡之的弟弟徐佩之、侍中程道惠和吴兴太守王韶之等都向徐羡之建议说这种做法不合适，苦苦劝告徐羡之不要将政务归还；于是，徐羡之又奉诏处理政务。

辛未十五日，刘宋文帝刘义隆抵达建康南郊，祭祀天神，下诏大赦天下。

己卯二十三日，北魏君主拓跋焘回到国都平城。

二月，燕有女子化为男。燕主以问群臣，尚书左丞傅权对曰："西汉之末，雌鸡化为雄，犹有王莽之祸。况今女化为男，臣将为君之兆也。"

三月，丙寅，魏主尊保母窦氏为保太后。密后之姐也，世祖尚幼，太宗以窦氏慈良，有操行，使保养之。窦氏抚视有恩，训导有礼，世神德之，故加以尊号，奉养不异所生。

丁巳，魏以长孙嵩为太尉，长孙翰为司徒，奚斤为司空。

【译文】二月，北燕有女人变成了男人，北燕君王以这件事询问文武大臣们的看法。尚书左丞傅权回答说："西汉末年，有母鸡变成公鸡，就发生了王莽篡位的祸乱。况且如今的是女人变成男人，我想这是有臣子将变成君王的先兆。"

三月，丙寅十一日，北魏君主拓跋焘将他的乳母窦氏尊为保太后。当初拓跋焘的母亲死的时候，拓跋焘尚且年幼，太宗拓跋嗣因窦氏仁慈善良，有美好的品德，命她来抚养拓跋焘，窦氏对拓跋焘照顾有加，甚为疼惜，并且对他的教导也十分得体，拓跋焘对她很感激，所以给她加封尊号，像亲生母亲一样奉养她。

丁巳初二，北魏君主拓跋焘将长孙嵩任命为太尉，长孙翰任命为司徒，奚斤任命为司空。

夏，四月，秦王炽磐遣平远将军叱卢犍等袭河西镇南将军沮渠白蹄于临松，擒之，徙其民五千馀户于枹罕。

魏主遣龙骧将军步堆等来聘，始复通好。

六月，武都惠文王杨盛卒。初，盛闻晋亡，不改义熙年号，谓世子玄曰：“吾老矣，当终为晋臣，汝善事宋帝。”及盛卒，玄自称都督陇右诸军事、征西大将军、开府仪同三司、秦州刺史、武都王，遣使来告丧，始用元嘉年号。

【译文】夏季，四月，西秦王乞伏炽磐命平远将军叱卢犍等前去对临松的河西镇南将军沮渠白蹄袭击，并俘虏了沮渠白蹄，将当地五千多户百姓迁移到枹罕。

北魏君主拓跋焘派遣龙骧将军步堆等人来访问刘宋，两国又恢复了友好关系。

六月，氐族首领武都惠文王杨盛去世。起初，受东晋封号的杨盛听到东晋灭亡的消息时，坚决不改义熙年号，他向世子杨玄说：“我年纪已大，应该至死也做东晋的臣子；但你要对刘宋妥善事奉。”到杨盛去世后，杨玄自称头衔都督陇右诸军事、征西大将军、开府仪同三司、秦州刺史、武都王，派遣使者前往刘宋报告丧事，这才开始使用元嘉年号。

秋，七月，秦王炽磐遣镇南将军吉毗等南击黑水羌酋丘担，大破之。

八月，夏武烈帝殂，葬嘉平陵，庙号世祖；太子昌即皇帝位。大赦，改元承光。

王弘自以始不预定策，不受司空；表让弥年，乃许之。乙酉，以弘为车骑大将军、开府仪同三司。

【译文】秋季，七月，西秦王乞伏炽磐派遣镇南将军吉毗等南下向黑水羌族酋长丘担进攻，将丘担的军队攻破。

八月，夏国武烈帝赫连勃勃去世，在嘉平陵安葬，将庙号封为世祖，太子赫连昌即位，下诏大赦，改年号为承光。

王弘因自己当初并没有参与罢黜少帝，改立文帝的谋划，而不接受司空职位的任命；一直上书推辞了一年，刘宋文帝才准许。乙酉初二，刘宋文帝将王弘任命为车骑大将军、开府仪同三司。

冬，十月，丘担以其众降秦，秦以担为归善将军；拜折冲将军乞伏信帝为平羌校尉以镇之。

癸卯，魏主大举伐柔然，五道并进。长孙翰等从东道出黑漠，廷尉卿长孙道生等出白、黑二漠之间，魏主从中道，东平公娥清出栗园，奚斤等从西道，出尔寒山。诸军至漠南，舍辎重，轻骑，赍十五日粮，度漠击之。柔然部落大惊，绝迹北走。

十一月，以武都世子玄为北秦州刺史、武都王。

【译文】冬季，十月，黑水羌族首领丘担带领他的部队民众向西秦降服，西秦王将丘担任命为归善将军；又任命折冲将军乞伏信帝为平羌校尉，对归降的黑水羌族部落加以镇守。

癸卯二十一日，北魏君主拓跋焘大举进攻柔然汗国，兵分五路同时并进：由司徒长孙翰等在东路，从黑漠出兵；由廷尉卿长孙道生等从白漠、黑漠之间出兵；北魏君主拓跋焘则亲自在中路，长驱直入；由东平公娥清从栗园出兵；由奚斤等从西路尔寒山出兵。各个军队在抵达沙漠南部后，将辎重舍弃，换用轻快骑兵，带上十五天的粮食，深入沙漠进攻，柔然各个部落十分恐慌，全部都向北撤退逃走。

十一月，刘宋文帝将武都惠文王的世子杨玄任命为北秦州刺史并兼武都王。

初，会稽孔宁子为帝镇西谘议参军，及即位，以宁子为步兵校尉；与侍中王华并有富贵之愿，疾徐羡之、傅亮专权，日夜构之于帝。会谢晦二女当适彭城王义康、新野侯义宾，遣其妻曹氏及长子世休送女至建康。帝欲诛羡之、亮，并发兵讨晦，声言当伐魏，取河南，又言拜京陵，治行装舰。亮与晦书曰："薄伐河朔，事犹未已，朝野之虑，忧惧者多。"又言："朝士多谏北征，上当遣外监万幼宗往相谘访。"时朝廷处分异常，其谋颇泄。

【译文】起初，会稽人孔宁子为刘义隆的镇西谘议参军，等到刘义隆即位后，将宁子任命为步兵校尉，孔宁子和侍中王华一样，都有向往荣华富贵的渴望，对徐羡之、傅亮的独揽政权十分痛恨，于是，他们日夜不断地捏造徐羡之、傅亮的罪状并向刘宋文帝禀告。恰好，谢晦的两个女儿要嫁给彭城王刘义康和新野侯刘义宾，所以，谢晦让他的妻子曹氏和长子谢世休将两个女儿护送到京师建康。刘宋文帝刘义隆想要杀害徐羡之和傅亮，并打算发兵向谢晦讨伐。于是，他声称要讨伐北魏，又要前往兴宁陵拜祭祖母孝懿皇后，整理军事行装，安置在兵舰上。傅亮给谢晦写信说："近来，皇上要向黄河以北讨伐，事情并不到此为止，朝廷内外的官员和人民，感到十分忧虑和恐惧。"又说："朝廷大多官员都向皇上规劝停止北征，皇上会派遣外监万幼宗前往荆州询问你的建议。"当时朝廷的行为不寻常，刘宋文帝想要肃清异己的清洗计划泄露出来。

元嘉三年（丙寅，公元四二六年）春，正月，谢晦弟黄门侍郎曦驰使告晦，晦犹谓不然，以傅亮书示谘议参军何承天曰："计幼宗一二日必至。傅公虑好事，故先遣此书。"承天曰："外间所闻，咸谓西讨已定，幼宗岂有上理！"晦尚谓虚妄，使承天豫立答诏启草，言伐虏宜须明年。江夏内史程道惠得寻阳人书，言"朝廷将有大处分，其事已审"，使其辅国府中兵参军乐冏封以示晦。晦问承天曰："若果尔，卿令我云何？"对曰："蒙将军殊顾，常思报德。事变至矣，何敢隐情！然明日戒严，动用军法，区区所怀，惧不得尽。"晦惧曰："卿岂欲我自裁邪？"承天曰："尚未至此。以王者之重，举天下以攻一州，大小既殊，逆顺又异。境外求全，上计也。其次以腹心将兵屯义阳，将军自帅大众战于夏口；若败，即趋义阳以出北境，其次也。"晦良久曰："荆州用武之地，兵粮易给，聊且决战，走复何晚！"乃使承天造立表檄，又与卫军谘议参军琅邪颜邵谋举兵，邵饮药而死。

【译文】元嘉三年（丙寅，公元 426 年）春季，正月，谢晦的弟弟黄门侍郎谢曦，派人飞驰对谢晦警告，但是谢晦仍以为不至于此，并给谘议参军何承天看了傅亮寄来的信，说："我估摸万幼宗在一两天之内就会抵达。傅亮担心我好惹是非，先送这封信给我。"何承天说："我在外面听闻，都议论向西讨伐我们的事已经确定，万幼宗怎么还会有来这里的道理呢？"谢晦仍认为这个消息是假的，不可相信。他让何承天准备起草答复诏书的奏章，说如果对北魏讨伐，最好应该到明年。江夏内史程道惠收到一封寻阳寄来的信，说："朝廷将有大范围的清洗行动，这事已经确定了。"程道惠让辅国将军府的中兵参军乐同把信封好送给谢晦。谢晦看到之后询问何承天，说："如果真发生这样的事，你说我应该怎么办呢？"何承天说："我一直承蒙将军的特别照顾，您的恩德我常常想要报答。现在已有了变局，哪里敢隐瞒实情呢？但是，明天就要下令实施戒严，采用军法制裁，这是我心中的一些微小看法，恐怕无法言尽。"谢晦担忧地说："你难道是要我自杀吗？"何承天说："我想还不用到这个地步。拿帝王这样威严的身份和全国的兵对一州进行讨伐，力量的差距十分大，而且民心的逆与顺又不相同。所以，逃到边境外以保全性命，这是上策。其次，将您的心腹官兵在义阳屯驻，您亲自率领士兵与敌人在夏口对战；如果战败，就取道从义阳跑出北边的边境，前往北魏投奔，这是中策。"谢晦想了很久才说："荆州是兵家必争的地方，士兵和粮食供给都很容易，不如就决一死战，战败了再逃走也不晚！"于是，谢晦让何承天撰写檄文，又与卫军谘议参军琅邪人颜邵商议如何出兵抗敌，颜邵服毒自杀而死。

晦立幡戒严，谓司马庾登之曰："今当自下，欲屈卿以三千人守城，备御刘粹。"登之曰："下官亲老在都，又素无部众，情计二三，不敢受此旨。"晦仍问诸将佐："战士三千足守城否？"南蛮司马周超对曰："非徒守城而已，若有外寇，可以立功。"登之因曰："超必能力，下官请解司马、南郡以授之。"晦即于坐命超为司马，领南义阳太守；转登之为长史，南郡如故。登之，蕴之孙也。

【译文】谢晦在荆州竖起大旗，宣布对外戒严。他对司马庾登之说："现在我准备亲自出征东下，要委屈你用三千士兵来镇守江陵，以防备刘粹的进攻。"庾登之说："我的父母年纪已大，都在京师建康，我又一向没有直属的部下，所以我私下再三考虑，不能接受您的命令。"谢晦又向各将领和佐臣询问，说："用三千士兵可不可以守城？"南蛮司马周超回答说："不仅能够镇守城池，如有敌人从外面进攻，还能够出击立功。"于是，庾登之说："司马周超必定可以做到，我请求将司马兼南郡太守的官职解下转授给他。"谢晦当时就在座位上将周超任命为司马，兼领南义阳郡太守。将庾登之改任为长史，仍兼任南郡太守一职。庾登之，是庾蕴的孙子。

帝以王弘、檀道济始不预废弒之谋，弘弟昙首又为帝所亲委，事将发，密使报弘，且召道济，欲使讨晦。王华等皆以为不可，帝曰："道济止于胁从，本非创谋。杀害之事，又所不关。吾抚而使之，必将无虑。"乙丑，道济至建康。

丙寅，下诏暴羡之、亮、晦杀营阳、庐陵王之罪，命有司诛之，且曰："晦据有上流，或不即罪，朕当亲帅六师为其过防。可遣中领军到彦之即日电发，征北将军檀道济骆驿继路，符卫军府州，以时收剪，已命雍州刺史刘粹等断其走伏。罪止元凶，馀无所问。"

【译文】刘宋文帝刘义隆认为王弘、檀道济两人起初并没有加入废黜刘义真、杀害刘义符的计策中，而王弘的弟弟王昙首又是文帝所亲近信任的人，所以，在事发行动时，刘义隆派人暗地里向王弘通信，而且将檀道济召回，准备派遣他前去讨伐谢晦。王华等刘义隆身边的大臣都认为此举不可以，文帝刘义隆说："檀道济当时只是因为受到胁迫而追随徐羡之等人做事，他本不是第一个提出的人，杀害君王的事，也与他没有关系；我对他安抚并任用，不需要有什么顾虑。"乙丑十五日，檀道济到达建康。

丙寅十六日，刘宋文帝刘义隆下诏，宣告徐羡之、傅亮、谢晦将营阳王刘义符、庐陵王刘义真杀害的罪过，命令有关部门诛杀他们，并说："谢晦在长江上游据守，或许不会即时伏法，我会亲自率领六军前去阻挡。可派中领军到彦之今日起开始出发，征北将军檀道济随后出发为后继，并用符令命令卫军府州和荆州的官员，来寻找时机围捕诛杀谢晦，此外已经命令雍州刺史刘粹等，截断他逃走或者潜伏的道路。只对元凶谢晦一个人定罪，其余人一律不追究罪责。"

是日，诏召羡之、亮。羡之行至西明门外，谢嚼正直，遣报亮云："殿内有异处分。"亮辞以嫂病暂还，遣信报羡之，羡之还西州，乘内人问讯车出郭，步走至新林，入陶灶中自经死。亮乘车出郭门，乘马奔兄迪墓，屯骑校尉郭泓收之。至广莫门，上遣中书舍人以诏书示亮，并谓曰："以公江陵之诚，当使诸子无恙。"亮读诏书讫，曰："亮受先帝布衣之眷，遂蒙顾托。黜昏立明，社稷之计也。欲加之罪，其无辞乎！"于是诛亮而徙其妻子于建安；诛羡之二子，而宥其兄子佩之。又诛晦子世休，收系谢嚼。

【译文】这一天，刘宋文帝刘义隆下诏，将徐羡之、傅亮召回宫。徐羡之走到建康城西明门外，谢嚼正在当值，便派人飞速地通报傅亮，说："朝廷上有不寻常的举动。"于是，傅亮以嫂嫂患病为借口暂时回家，又派人告知徐羡之，徐羡之立马返回西州，坐着宫廷内部人问讯的车子逃到建康外城，又步行前往新林，在一个陶灶里自杀而死。傅亮坐车逃出建康城门，又乘马向他哥哥傅迪的墓园逃去，屯骑校尉郭泓将其抓获。回到建康城北门广莫门，文帝刘义隆派遣中书舍人将诏书拿给傅亮看，并对他说："因你当初到江陵迎驾的态度十分诚恳，所以你的儿子们宽免不死！"傅亮将诏书读完后说："我本出身平民，承蒙先帝厚爱，接受托孤遗命的大任，废黜庸君，改立明君，这都是为国家兴盛而想。不过要强制将罪名加到我身上，还怕没有什么借口吗？"于是，傅亮被杀，他的妻子和儿子被流放建安；又将徐羡之的两个儿子斩杀，将他哥哥的儿子徐佩之宽宥。诛杀了谢晦的儿子谢世休，将谢嚼逮捕。

【申涵煜评】人君自外藩入继，多宠任拥戴之臣。帝践祚初，即首诛徐傅，谢为营阳、庐陵复仇，而又曲赦檀道济，使为之用，可谓英断有为之主。惜暮气不振，乃遭儿祸也。

【译文】人君从外藩继承皇位，大多宠幸任用推戴他的臣子。宋文帝刘义隆在登上皇位开始的时候，就首先诛杀徐羡之、傅亮，替营阳王刘义符、庐陵王刘义真两人报复仇恨，而且又不公正地赦免了檀道济，使他能为自己任用，可以说是英明有为的君主。可惜在晚年时候英雄气概没有奋发，才遭受儿子谋逆的灾祸。

帝将讨谢晦，问策于檀道济，对曰："臣昔与晦同从北征，入关十策，晦有其九，才略明练，殆为少敌。然未尝孤军决胜，戎事恐非其长。臣悉晦智，晦悉臣勇。今奉王命以讨之，可未陈而擒也。"丁卯，徵王弘为侍中、司徒、录尚书事、扬州刺史，以彭城王义康为都督荆、湘等八州诸军事、荆州刺史。

【译文】刘宋文帝将向谢晦进行讨伐，向檀道济询问方法，檀道济回答说："我当年和谢晦一起北伐，可以入关的十条计谋，谢晦提出的就有九条，谢晦才能出众又十分精明老练，很难有人可以与之抗衡。但是他未曾单独率领部队打过胜仗，所以战场上的作战他恐怕不擅长。我对谢晦的才智很了解，而谢晦也知道我的勇敢。现在我奉您的命令向他讨伐，能够在他还未上阵就将他俘虏。"丁卯十七日，文帝刘义隆召见王弘，将他任命为侍中、司徒、录尚书事和扬州刺史，将彭城王刘义康任命为都督荆州、湘州等八州诸军务和荆州刺史。

乐冏复遣使告谢晦以徐、傅及皭等已诛。晦先举羡之、亮哀，次发子弟凶问，既而自出射堂勒兵。晦从高祖征讨，指麾处分，莫不曲尽其宜，数日间，四远投集，得精兵三万人。乃奉表称羡之、亮等忠贞，横被冤酷。且言："臣等若志欲执权，不专为国，初废营阳，陛下在远，武皇之子尚有童幼，拥以号令，谁敢非之！岂得溯流三千里，虚馆七旬，仰望鸾旗者哉！故庐陵王，于营阳之世积怨犯上，自贻非命。不有所废，将何以兴！耿弇不以贼遗君、父，臣亦何负于宋室邪！此皆王弘、王昙首、王华险躁猜忌，谗构成祸。今当举兵以除君侧之恶。"

【译文】辅国府中兵乐冏，又派人向谢晦通信，告诉他徐羡之、傅亮、谢皭等已被杀害。于是，谢晦先举行祭礼为徐羡之、傅亮哀悼，又为弟弟谢皭和儿子谢世休等哀悼，然后走出虎帐，亲自率领军队。谢晦以前曾跟从刘宋武帝四面征伐，有丰富的经验，因此指挥军事，发号召令，没有不小心妥当，在几天之间，就有人从四方前来投靠谢晦，因此谢晦很快就得到三万精兵。于是，谢晦上书，对徐羡之、傅亮的忠贞之举进行盛赞，却无故被扣上罪名，蒙冤而死。还说："我们如果想要夺取政权并长久地掌控，不一心为国着想，在起初营阳王被罢黜的时候，皇上您还远在荆州，先帝还有幼子，那么我们完全可以拥戴小皇帝，独自握兵，发布号令，谁敢说个不字！哪里会让朝廷虚位七十多天，逆水而上前往三千里远的江陵，来迎接皇上您的车驾呢？前庐陵王刘义真，在营阳王刘义符在位的时候，就曾积累怨恨，以下犯上，是他自己死于非命而已；至于刘义符，如果不将他废黜，皇上怎么能兴起呢！东汉耿弇不曾将贼人留给君王对付，而我难道有哪里辜负了宋室吗？这都是因为王弘、王昙首、王华等阴险猜忌，进谗言挑拨离间而引发的祸端。现在，我应该出兵，来将皇上您身边的坏人清除。"

秦王炽磐复遣使如魏，请用师于夏。

初，袁皇后生皇子劭，后自详视，使驰白帝曰："此儿形貌异常，必破国亡家，不可举。"即欲杀之。帝狼狈至后殿户外，手拨幔禁之，乃止。以尚在谅暗，故秘之。闰月，丙戌，始言劭生。

【译文】西秦王乞伏炽磐又派遣使者前往北魏，请求对夏国出兵。

起初，刘义隆的皇后袁氏生下皇子刘劭时，皇后亲自端详了很久，飞速地派人禀告皇帝刘义隆，说："这孩子形体相貌异常，以后一定会弄得国家破败，所以此儿不能养！"便要把孩子杀了。文帝刘义隆匆忙赶到皇后殿门外，将门帘用手拨开，禁止了皇后，才没有杀了刘劭。因为还在父亲的守孝期中，有违礼教，所以一直保密。闰月，丙戌初六，才将皇子刘劭诞生的消息宣布。

帝下诏戒严，大赦，诸军相次进路以讨谢晦。晦以弟遯为竟陵内史，将万人总留任，帅众二万发江陵，列舟舰自江津至于破冢，旌旗蔽日，叹曰："恨不得以此为勤王之师！"

晦欲遣兵袭湘州刺史张邵，何承天以邵兄益州刺史茂度与
晦善，曰："邵意趣未可知，不宜遽击之。"晦以书招邵，邵不从。

【译文】刘宋文帝下诏戒严，宣告大赦天下，各军依次出发，
向谢晦讨伐。谢晦将他的弟弟谢遯任命为竟陵内史，带领一万
士兵在江陵镇守，自己则亲自率领二万士兵从江陵出发，他的
船舰一直从江陵排列到破冢，旗帜飘扬，遮天蔽日，谢晦长叹
说："我恨不得这是支保卫皇室的军队。"

谢晦准备派兵前去对湘州刺史张邵袭击，何承天因为张邵
的哥哥、益州刺史茂度与谢晦私交和善，就说："张邵的态度还
不明确，我们不能轻易就去进攻他。"谢晦写信劝张邵投降，张
邵不愿意跟随谢晦。

二月，戊午，以金紫光禄大夫王敬弘为尚书左仆射，建安太
守郑鲜之为右仆射。敬弘，廙之曾孙也。

庚申，上发建康。命王弘与彭城王义康居守，入居中书下
省；侍中殷景仁参掌留任；帝姊会稽长公主留止台内，总摄六宫。

【译文】二月，戊午初九，刘宋文帝将金紫光禄大夫王敬弘
任命为尚书左仆射，将建安太守郑鲜之任命为右仆射。王敬
弘，是王廙的曾孙。

庚申十一日，刘宋文帝刘义隆从建康出发。命令王弘与彭
城王刘义康在建康镇守，进驻中书下省的工作；侍中殷景仁也
负责主管留守京师的事务；文帝刘义隆的姐姐会稽长公主刘兴
娣留在皇宫，掌管六宫事务。

谢晦自江陵东下，何承天留府不从。晦至江口，到彦之已至

彭城洲。庚登之据巴陵，畏懦不敢进；会霖雨连日，参军刘和之曰："彼此共有雨耳；檀征北寻至，东军方强，唯宜速战。"登之恇怯，使小将陈祐作大囊，贮茅悬于帆樯，云可以焚舰，用火宜须晴，以缓战期。晦然之，停军十五日。乃使中兵参军孔延秀攻将军萧欣于彭城洲，破之。又攻洲口栅，陷之。诸将咸欲退还夏口，到彦之不可，乃保隐圻。晦又上表自讼，且自矜其捷，曰："陛下若枭四凶于庙庭，悬三监于降阙，臣便勒众旋旗，还保所任。"

【译文】谢晦沿长江从江陵东下，何承天没有跟随，在江陵镇守。谢晦到达西江口，而到彦之的军队已经到了彭城洲。庚登之在巴陵留守，胆小害怕，不敢前进，当时正好遇到连绵大雨，整日不停歇，参军刘和之对庚登之说："现在我们都遇到大雨，征北将军檀道济马上就要来了，东边的军队兵力强大，我们还是应该速战速决。"庚登之仍是胆小怕事，不敢应战，派手下的小兵陈祐做了一个大袋子，里面装满了茅草，挂在帆樯上，说可以用来将敌舰焚毁，但是用火攻必须要等到晴天，用此方法来将作战的时间拖延。谢晦赞同了庚登之的行为，双方停止征战逗留了十五天。谢晦才命令中兵参军孔延秀向驻扎在彭城洲的将军萧欣进攻，并将萧欣的军队打败。接着又攻陷了彭城洲军营垒阵地。各将领都建议撤退，到夏口据守，到彦之不赞同，于是才保守隐圻。谢晦又上书自我辩护，并骄傲地夸赞他的胜利，说："皇上如果愿意斩杀四凶，将三监的人头悬挂在城墙上，我就停止进攻，掉转军队返回我的任所。"

初，晦与徐羡之、傅亮为自全之计，以为晦据上流，而檀道济镇广陵，各有强兵，足以制朝廷；羡之、亮居中秉权，可得持久。及闻道济帅众来上，惶惧无计。

道济既至，与到彦之军合，牵舰缘岸。晦始见舰数不多，轻之，不即出战。至晚，因风帆上，前后连咽；西人离沮，无复斗心。戊辰，台军至，悉置洲尾，列舰过江，晦军一时皆溃。晦夜出，投巴陵，得小船还江陵。

　　【译文】当时，谢晦和徐羡之、傅亮为了保全自己，设计的谋略是：让谢晦在江陵把守长江上游，檀道济于广陵镇守，这样他们双方都各自拥有强兵，力量足以牵制朝廷；徐羡之、傅亮则身居朝廷要官，掌握实权，这样才能保持长久安定。等到谢晦听闻檀道济将要带兵前来讨伐，不禁感到十分惶恐，不知所措。

　　檀道济率领大军到达隐圻，就立即和到彦之的军队合并，让军舰靠岸停泊，谢晦一开始看见舰数不多，就毫不在乎，没有即时发动攻击。傍晚，东风起，大风将战舰的船帆吹得满张，战舰溯江而上，连接不断，前后相连，将整个江面堵住；谢晦的士兵情绪沮丧，不再有斗志。戊辰十九日，战舰军队到达至洲尾，军舰成列排着渡过长江，谢晦的军队一下子崩溃，大败。谢晦在夜色掩护下逃出，往巴陵投奔，寻到一艘小船逃回到江陵。

　　先是，帝遣雍州刺史刘粹自陆道帅步骑袭江陵，至沙桥；周超帅万馀人逆战，大破之，士众伤死者过半。俄而晦败问至。初，晦以粹善，以粹子旷之为参军；帝疑之，王弘曰："粹无私，必无忧也。"及受命南讨，一无所顾，帝以此嘉之。晦亦不杀旷之，遣还粹所。

　　【译文】起初，刘宋文帝刘义隆派遣雍州刺史刘粹率领步、骑兵从陆路对江陵袭击，军队到达沙桥的时候，谢晦的部下周超带领一万多人应战，刘粹的军队大败，士兵死伤有一半以上。不久，就传来谢晦兵败的消息。起初，谢晦与刘粹有甚好的私交，并且谢晦任命刘粹的儿子刘旷之担任参军，刘宋文帝怀疑刘粹的态度，王弘说："刘粹是个没有野心的人，一定不会出差错。"等到刘粹接受皇上的命令向谢晦讨伐时，他也没有一点顾忌，这让刘宋文帝对他甚为嘉许。谢晦也并没有因此将刘旷之杀害，而是把他送回到刘粹处。

丙子，帝自芜湖东还。

晦至江陵，无它处分，唯愧谢周超而已。其夜，超舍军单舸诣到彦之降。晦从散略尽，乃携其弟遁等七骑北走。遁肥壮，不能乘马，晦每待之，行不得速。己卯，至安陆延头，为戍主光顺之所执，槛送建康。

【译文】丙子二十七日，刘宋文帝刘义隆从芜湖东返，回到建康。

谢晦逃回到江陵，并没有什么处置，只是向周超惭愧地道歉而已。当天晚上，周超将他带领的军队抛弃，独自一人坐船来向到彦之请降。谢晦的军队几乎全部散尽，于是，他带着他的弟弟谢遁等共七匹马往北逃走。谢遁肥胖体壮，无法骑马，谢晦常常需要停下来等他，没办法快走。己卯三十日，一行人逃到安陆延头，被守军将领光顺之抓获，把他们用槛车送回到建康。

到彦之至马头，何承天自归。彦之因监荆州府事，以周超为参军；刘粹以沙桥之败告，乃执之。于是，诛晦、曒、遁及其兄弟之子，并同党孔延秀、周超等。晦女彭城王妃被发徒跣，与晦诀曰："大丈夫当横尸战场，奈何狼藉都市！"庚登之以无任，免官禁锢；何承天及南蛮行参军新兴王玄谟等皆见原。晦之走也，左右皆弃之。唯延陵盖追随不舍，帝以盖为镇军功曹督护。

【译文】到彦之的军队抵达马头，谢晦的部下谘议参军何承天前来降服。到彦之于是主管荆州府的政务，将周超任命为参军；等到刘粹将袭击沙桥的事上报时，才将周超抓获。于是，刘宋文帝刘义隆下令将谢晦、谢嚼、谢遯以及他们兄弟的儿子斩杀，还有谢晦的同党孔延秀、周超等人也同时被斩杀。谢晦的女儿，即彭城王妃披散着长发，光着脚，与父亲谢晦永别，说："大丈夫应该在沙场上战死，怎么可以如此狼狈在都市上而被斩呢？"庾登之因为没有掌握实权，所以被免官监禁起来；何承天和南蛮行参军、新兴人王玄谟等也都得到赦免。当初谢晦逃走的时候，左右身边的人都将他抛弃，各自逃走，只有延陵盖一个人追随谢晦而没有走，刘宋文帝就任命他为镇军功曹督护。

晦之起兵，引魏南蛮校尉王慧龙为授。慧龙帅众一万拔思陵戍，进围项城，闻晦败，乃退。

益州刺史张茂度受诏袭江陵；晦败，茂度军始至白帝。议者疑茂度有贰心，帝以茂度弟邵有诚节，赦不问，使还。

【译文】谢晦起兵的时候，曾经将北魏南蛮校尉王慧龙拉拢为援兵。王慧龙率领一万士兵将思陵戍攻陷，从而包围了项城，听闻谢晦失败的消息，才退兵撤回到北魏。

益州刺史张茂度曾接受刘宋文帝的诏书前去袭击江陵；等到谢晦大败后，张茂度才率领大军抵达白帝城。起初，人们都议论怀疑张茂度对朝廷有二心，刘宋文帝因为张茂度的弟弟张邵节操忠贞，而不追究张茂度的行为，只是派人前去接替他的职位，将他召回京师。

三月，辛巳，帝还建康，徵谢灵运为秘书监，颜延之为中书侍郎，赏遇甚厚。

帝以慧琳道人善谈论，因与议朝廷大事，遂参权要，宾客辐凑，门车常有数十两，四方赠赂相系，方筵七八，座上恒满。琳著高屐，披貂裘，置通呈、书佐。会稽孔觊尝诣之，遇宾客填咽，暄凉而已。觊慨然曰："遂有黑衣宰相，可谓冠屦失所矣！"

【译文】三月，辛巳初二，刘宋文帝刘义隆回到建康，将谢灵运任命为秘书监，将颜延之任命为中书侍郎，并给了他们非常优厚的赏赐和礼遇。

刘宋文帝因为慧琳道人对谈论分析十分擅长，便常常与他讨论国家大事，慧琳道人因此可以参与国家机要，于是，四面八方的宾客们向他家涌去，门庭外常有数十辆车在等候接见，各地赠送的财物也相接而来，仅每天就摆七八桌筵席，座位常常客满。慧琳道人脚穿高木屐，身披貂皮外衣，在府中设置了通呈、书佐两个职位负责传达信息，来处理他与人交际的事务。会稽人孔觊曾经拜见过慧琳道人，正好遇见他接见宾客，两人只是开口寒暄几句，就没有多说话了。孔觊感慨叹息，说："现在穿黑衣的道人都可以做宰相，真是衣冠穿错了地方文人失所啊。"

【乾隆御批】灵运文人无行，已不堪大用，甚至缁流亦参权要，致有黑衣宰相之讥，均由典午清谈所贻害耳。

【译文】谢灵运身为文人却没有德行，已经不可以有大的用场，甚至穿着缁衣的僧人也参与权要，以致有黑衣宰相的讽刺言语，都是由晋朝的清谈留下的祸害啊。

夏，五月，乙未，以檀道济为征南大将军、开府仪同三司、江州刺史，到彦之为南豫州刺史。遣散骑常待袁渝等十六人分行诸州郡县，观察吏政，访求民隐；又使郡县各言损益。丙午，上临延贤堂听讼，自是每岁三讯。

左仆射王敬弘，性恬淡，有重名；关署文案，初不省读。尝预听讼，上问以疑狱，敬弘不对。上变色，问左右："何故不以讯牒副仆射？"敬弘曰："臣乃得讯牒读之，正自不解。"上甚不悦，虽加礼敬，不复以时务及之。

【译文】夏季，五月，乙未十七日，刘宋文帝刘义隆将檀道济任命为征南大将军、开府仪同三司和江州刺史，将到彦之提升为南豫州刺史。又命令散骑常侍袁渝等十六人，分别前往各州郡县，考察地方官员的政绩、寻访民间百姓的疾苦；刘义隆还命令各郡县上书报告自己行政的得失。丙午二十八日，刘宋文帝亲自前往延贤堂听取诉讼，从此以后，每年审讯三次。

左仆射王敬弘，性情淡然，在朝廷内外享有很大的名望；可是在处理案件签署文稿的时候，从来都不事先阅读。曾经，他和刘宋文帝一起参与听取诉讼，刘宋文帝对一件有怀疑的案件提出疑问，敬弘无法回答，刘宋文帝脸色大变，向左右官吏询问，说："你们为什么不把审讯案卷的副本送给仆射看呢？"王敬弘回答说："我已经阅读了审讯案件，但现在还不了解。"刘宋文帝十分不悦，虽仍以礼尊敬他，但不再与他讨论国家事务。

六月，以右卫将军王华为中护军，侍中如故。华以王弘辅政，王昙首为上所亲任，与己相埒，自谓力用不尽，每叹息曰："宰相顿有数人，天下何由得治！"是时，宰相无常官，唯人主所与议论政事、委以机密者，皆宰相也，故华有是言。亦有任侍中而不为宰相者；然尚书令、仆，中书监、令，侍中，侍郎，给事中，皆当时要官也。

华与刘湛、王昙首、殷景仁俱为侍中，风力局干，冠冕一时。上尝与四人于合殿宴饮，甚悦。既罢出，上目送良久，叹曰："此四贤，一时之秀，同管喉脣，恐后世难继也！"

【译文】六月，刘宋文帝将右卫将军王华任命为中护军，同时仍然担任侍中。王华以为，司徒王弘是皇上的辅助大臣，而侍中王昙首又是皇上所信任的心腹，地位都与自己相等，因此，王华自以为自己的才能，无法完全施展，常常叹息说："朝中一时有多个宰相，这天下哪里可以治理好呢！"当时，没有固定任职的宰相，只要皇上与谁谈论国事、将机密大事交给谁办，谁就是宰相，因此王华才有如此的话。也有一些人仅担任侍中而不当宰相；但是，尚书令仆、中书监令、侍中、侍郎、给事中等都是当时一些重要的官职。

王华和刘湛、王昙首、殷景仁都同时担任侍中，他们风采卓然，精明有才，荣显一时。刘宋文帝刘义隆曾经在合殿与四人设宴饮酒，共举酒杯，十分愉快，宴会散后，四人出殿，皇上目送了他们很久很久，他叹息着说："这四个人，都是现在的俊杰，一起来听从我的命令，恐怕后世很难出现这样的情况了。"

【申涵煜评】华揣度时势，如洞重垣。至谓徐傅辈贪生过深，握权自固，小人龌龊，心肠被明眼人数言道破，功同宋昌而识殆过之。

【译文】王华考虑和估量当时的情势，犹如能洞穿双重的墙壁。至于说徐羡之、傅亮这类人贪生的意念过于严重，想掌握权力来试图巩固自己的地位，是龌龊的小人，肚子里的心肠被明眼人几句话就说破了。王华功劳和宋昌相同，但是见识超过他。

黄门侍郎谢弘微与华等皆上所重，当时号曰五臣。弘微，琰之从孙也。精神端审，时然后言，婢仆之前不妄语笑，由是尊卑大小，敬之若神。从叔混特重之，常曰："微子异不伤物，同不害正，吾无间然。"

上欲封王昙首、王华等，拊御床曰："此坐非卿兄弟，无复今日。"因出封诏以示之。昙首固辞曰："近日之事，赖陛下英明，罪人斯得。臣等岂可因国之灾以为身幸！"上乃止。

【译文】黄门侍郎谢弘微与王华等人在当时都很得刘宋文帝的看重，他和王华、刘湛、王昙首、殷景仁一起号称"五臣"。谢弘微，是谢琰的侄孙。他素来精明严谨，知道在适宜的时机才说话，他从来不在婢仆前面随便说笑，因此，家中无论尊卑大小，都拿他像神明一样尊敬。他的堂叔谢混对他非常器重，常说："谢弘微这个人与人不同时，对别人不会造成伤害，与人相同时，也不妨害正道，对于他，我无法挑出一点毛病。"

刘宋文帝刘义隆想要对王昙首、王华等人加封，他抚着坐床说："不是你们兄弟的话，这个座位我今天无法坐上。"所以，他将封诏拿出来给他们看。王昙首坚决推辞说："最近的事，全部都是靠皇上您的英明果断，才使有罪的人受到应有的惩罚，我们哪里能够因国家的灾祸，而自己得到好处呢？"文帝这才停止了加封。

魏主诏问公卿："今当用兵，赫连、蠕蠕，二国何先？"长孙嵩、长孙翰、奚斤皆曰："赫连土著，未能为患。不如先伐蠕蠕，若追而及之，可以大获；不及，则猎于阴山，取其禽兽皮角以充军实。"太常崔浩曰："蠕蠕鸟集兽逃，举大众追之则不能及，轻兵追之又不足以制敌。赫连氏土地不过千里，政刑残虐，人神所弃，宜先伐之。"尚书刘絜、武京侯安原请先伐燕。于是，魏主自云中西巡至五原，因畋于阴山，东至和兜山。秋，八月，还平城。

【译文】北魏君主拓跋焘下令，询问朝中的文武百官，说："如果现在要出兵前去赫连和蠕蠕二国讨伐，我们应该先攻打哪一国呢？"太尉长孙嵩、司徒长孙翰、司空奚斤都说："赫连氏民族，暂时还无法成为祸患，不如先去讨伐蠕蠕，如果我们追赶得上他们，就能够大有斩获；如果追不上，我们则可以前往阴山来一次打猎，猎取大批禽兽的皮角，以对军事物资充实储备。"太常崔浩说："蠕蠕是游牧民族，来的时候像飞鸟一样瞬间集聚，散的时候，像野兽一样瞬间逃散。我们如果用大军追赶，肯定追不上，如果用轻骑追赶，力量太小不能将他们制伏。赫连氏的领地不过千里之大，而且政治统治暴虐、刑法残酷，百姓和神明都要将他抛弃，所以应该先前往赫连讨伐。"尚书刘絜、武京侯安原则请求先行前往燕国讨伐。于是，北魏君主拓跋焘从云中视察西下到达五原，并前往阴山打猎，然后向东抵达和兜山；秋季，八月，北魏君主拓跋焘才返回平城。

　　诏殿中将军吉恒聘于魏。
　　燕太子永卒，立次子翼为太子。
　　秦王炽磐伐河西，至廉川，遣太子暮末等步骑三万攻西安，不克，又攻番禾。河西王蒙逊发兵御之，且遣使说夏主，使乘虚袭枹罕。夏主遣征南大将军呼卢古将骑二万攻苑川，车骑大将军韦伐将骑三万攻（长）〔南〕安。炽磐闻之，引归。

　　【译文】刘宋文帝刘义隆下诏，派遣殿中将军吉恒前往出使北魏。
　　燕国太子冯永去世，将次子冯翼立为太子。

西秦王乞伏炽磐向北凉讨伐，率领军队到达廉川，乞伏炽磐命令太子乞伏暮末等带领三万步骑兵前去讨伐西安，久久不能攻破，又转向进攻番禾。北凉河西王沮渠蒙逊率领大军抗敌，并派遣使者前去游说夏国君主，让夏国君主赫连昌乘西秦后方空虚之乱，对西秦的国都枹罕袭击。夏国君主派遣征南大将军呼卢古带领二万骑兵，对苑川发起进攻，派遣车骑大将军韦伐带领三万骑兵，对南安发起进攻。西秦君王乞伏炽磐听到这个消息时，赶紧将军队调回都城。

九月，徙其境内老弱、畜产于浇河及莫河仍寒川，留左丞相昙达守枹罕。韦伐攻拔南安，获秦秦州刺史翟爽、南安太守李亮。

吐谷浑握逵等帅部众二万馀落叛秦，奔昂川，附于吐谷浑王慕璝。

大旱，蝗。

左光禄大夫范泰上表曰："妇人有三从之义，无自专之道。谢晦妇女犹在尚方，唯陛下留意。"有诏原之。

【译文】九月，乞伏炽磐将国内的老弱妇孺和牲畜向浇河和莫河仍寒川集中迁移，命令左丞相乞伏昙达在枹罕据守。夏国的车骑大将军韦伐率领军队将南安攻克，将西秦秦州刺史翟爽和南安太守李亮擒获。

隶属西秦的吐谷浑部落酋长慕容握逵带领属下二万聚落背叛秦国，逃往昂川，向吐谷浑的可汗慕璝归附。

大旱，出现蝗灾。

刘宋左光禄大夫范泰上书，说："女子一生只有三从的大义，没有自作主张的道理。谢晦的妻儿们如今还在尚方作坊里做工，还敬请皇上留意。"于是，刘宋文帝刘义隆下诏，将她们赦免。

魏主闻夏世祖殂，诸子相图，国人不安，欲伐之。长孙嵩等皆曰："彼若城守，以逸待劳，大檀闻之，乘虚入寇，此危道也。"崔浩曰："往年以来，荧惑再守羽林、钩己而行，其占秦亡。今年五星并出东方，利于西伐。天人相应，不可失也。"嵩固争之，帝大怒，责嵩在官贪污，命武士顿辱之。于是，遣司空奚斤帅四万五千人袭蒲坂，宋兵将军周几帅万人袭陕城，以河东太守薛谨为乡导。谨，辩之子也。

魏主欲以中书博士平棘李顺总前驱之兵，访于崔浩，浩曰："顺诚有筹略，然臣与之婚姻，深知其为人果于去就，不可专委。"帝乃止。浩与顺由是有隙。

【译文】北魏君主拓跋焘听到夏国国王赫连勃勃去世，儿子们互相残杀，造成百姓不安的消息后，准备出兵前去讨伐夏国。长孙嵩等人都说："他们如果围绕城池守城，以逸待劳，而柔然汗国的郁久闾大檀听到这个消息后，将会乘机进攻我国，这是十分危险的计划。"崔浩说："当年，火星两次都是守着羽林星和钩己星紧密而行，占卜算卦秦国将要灭亡；今年，金、木、水、火、土五星同时在东方出现，这天象是在昭示向西讨伐会取得胜利，上天的旨意与民心相配合，这良机万不可失。"长孙嵩仍然坚持不能西征，北魏君主拓跋焘大怒，指责长孙嵩为官贪污，命令士兵殴打侮辱他。于是，拓跋焘命令司空奚斤带领四万五千士兵前往夏国的蒲坂袭击，派遣宋兵将军周几带领一万士兵前往陕城袭击，并将河东太守薛谨任命为向导。薛谨，是薛辩的儿子。

北魏君主拓跋焘想要任命中书博士平棘人李顺统领先锋

部队指挥作战，他前去询问崔浩的意见，崔浩说："李顺的确很有作战谋略；但是我与他是姻亲，深深了解他为人过于自信，不能将这一要职委任给他。"于是，北魏君主拓跋焘不再任命他。而崔浩与李顺之间也从此有了矛盾。

冬，十月，丁巳，魏主发平城。

秦左丞相昙达与夏呼卢古战于嶻嶭山，昙达兵败。十一月，呼卢古、韦伐进攻枹罕。秦王炽磐迁保定连。呼卢古入南城，镇京将军赵寿生帅死士三百人力战却之。呼卢古、韦伐又攻沙州刺史出连虔于湟河，虔遣后将军乞伏万年击败之。又攻西平，执安西将军库洛干，坑战士五千馀人，掠民二万馀户而去。

【译文】冬季，十月，丁巳十一日，北魏君主拓跋焘从平城出发。

西秦左丞相乞伏昙达与夏国的征南大将军呼卢古在嶻嶭山作战，乞伏昙达大败。十一月，呼卢古和车骑大将军韦伐集合兵力进攻西秦的都城枹罕。西秦王乞伏炽磐迁移到定连，率领士兵据守。呼卢古侵入枹罕南城，西秦镇京将军赵寿生统领三百敢死队，拼力抗敌，浴血奋战，将呼卢古击退。呼卢古和韦伐又集合兵力对据守湟河的沙州刺史出连虔进攻，出连虔派遣后将军乞伏万年，将呼卢古的军队击退。呼卢古又再次进攻西平，将安西将军库洛干擒获，并活埋了五千多士兵，掠夺二万多户百姓，随后率军回朝。

仇池氏杨兴平求内附。梁、南秦二州刺史吉翰遣始平太守宠谘据武兴。氐王杨玄遣其弟难当将兵拒谘，谘击走之。

魏主行至君子津，会天暴寒，冰合，戊寅，师轻骑二万济河袭统万。壬午，冬至，夏主方燕群臣，魏师奄至，上下惊扰。魏主军于黑水，去城三十馀里。夏主出战而败，退走入城。门未及闭，内三郎豆代田帅众乘胜入西宫，焚其西门；宫门闭，代田逾宫垣而出。魏主拜代田勇武将军。魏军夜宿城北，癸未，分兵四掠，杀获数万，得牛马十馀万。魏主谓诸将曰："统万未可得也，它年当与卿等取之。"乃徙其民万馀家而还。

【译文】仇池氐族部落酋长杨兴平请求向刘宋归降。刘宋梁州、南秦州二州刺史吉翰，让始平太守庞谘率军占据武兴。氐王杨玄命令他的弟弟杨难当率领士兵前去迎敌，被庞谘打败。

　　北魏君主拓跋焘抵达君子津，恰好遇见酷寒天气，黄河结冰，戊寅初三，拓跋焘亲自率领二万轻骑兵，渡过黄河，对夏国都城统万袭击。壬午初七，冬至，夏国君王赫连昌正在宴请群臣，北魏大军忽然到达，夏国上下君臣无不恐慌。北魏君主拓跋焘在黑水屯驻，离统万城只有三十多里。夏国君王赫连昌率军出城应战，被魏军大败，又连忙撤回城中。城门还没有来得及关好，北魏禁军内三郎豆代田带领士兵乘胜攻入西宫，将西门纵火烧毁；夏国将所有的宫门关闭，豆代田跳宫墙而逃出。北魏君主拓跋焘将豆代田封为勇武将军。当天夜晚，北魏大军在城北驻扎，癸未初八，北魏大军兵分几路四处掠夺，杀了几万夏国军民，掠夺十多万头牛马。北魏君主拓跋焘向各将领说："统万城估计是不能占据了，来年再与各位前来攻打。"于是，迁走当地一万多家百姓，大胜而回。

　　夏弘农太守曹达闻周几将至，不战而走。魏师乘胜长驱，遂入三辅。会几卒于军中，蒲坂守将东平公乙斗闻奚斥将至，遣使诣统万告急。使者至统万，魏军已围其城；还，告乙斗曰："统万已败矣。"乙斗惧，弃城西奔长安，斤遂克蒲坂。夏主之弟助兴先守长安，乙斗至，与助兴弃长安，西奔安定。十二月，斤入长安，秦、雍氐羌皆诣斤降。河西王蒙逊及氐王杨玄闻之，皆遣使附魏。

【译文】夏国的弘农太守曹达听到北魏将军周几将要率军前来攻打，没等大军抵达便独自弃城逃走；北魏大军乘胜追击，长驱直入，一直到长安附近的三辅地区。没想到周几将军在军中去世。夏国蒲坂的守将东平公乙斗听说北魏司空奚斤将要率军前来攻打，便派遣使者前去都城统万告急，请求支援。使者抵达统万城的时候，北魏大军已经将统万城包围，只好回去对赫连乙斗报告说："都城统万城已经被攻陷了。"赫连乙斗十分恐惧，便弃城向西逃往长安，于是，奚斤将蒲坂城占领。夏国君王赫连昌的弟弟赫连助兴先在长安据守，赫连乙斗到来后，便和赫连乙斗一起弃长安城，向西逃到安定。十二月，奚斤率军攻入长安，夏国秦州、雍州两州所属的氐族羌族全部都向奚斤归降。北凉河西王沮渠蒙逊和氐王杨玄听到这个消息的时候，也都派遣使者前往北魏归降。

前吴郡太守徐佩之聚党百馀人，谋以明年正会于殿中作乱，事觉，壬戌，收斩之。

营阳太妃张氏卒。

秦征南将军吉毗镇南滠，陇西人辛澹帅户三千据城逐毗，毗走还枹罕，澹南奔仇池。

魏初得中原，民多逃隐。天兴中，诏采诸漏户，令输缯帛；于是自占为荫茧罗縠户者甚众，不隶郡县，赋役不均。是岁，始诏一切罢之，以属郡县。

【译文】刘宋前吴郡太守徐佩之聚集同伙一百多人，谋划在明年正月初一朝会的时候在朝上发动叛乱，不料计划泄露，壬戌十七日，徐佩之被逮捕并斩首。

刘宋营阳太妃张氏去世。

西秦征南将军乞伏吉毗在南漒镇守，陇西人辛澹率领三千户部众将乞伏吉毗驱逐，占领了南漒城，乞伏吉毗逃回到都城枹罕，辛澹也向南逃跑到仇池。

北魏在刚刚占领中原的时候，百姓大多都是逃跑、隐藏起来。直到天兴年间，北魏君主拓跋焘下诏，将没有纳户籍的人家彻底清查，命令他们缴纳绢布，于是，各逃户自己申报缴纳绸缎布匹的人家很多，都是直接向朝廷缴纳绢布，不隶属于任何郡县，这使得赋税徭役十分不均匀。这一年，北魏君主拓跋焘开始下令罢除清查的制度，让这些人家隶属于郡县。

元嘉四年(丁卯，公元四二七年)春，正月，辛巳，帝祀南郊。

乙酉，魏主还平城。统万徙民在道多死，能至平城者什才六七。

己亥，魏主如幽州。夏主遣平原公定帅众二万向长安。魏主闻之，伐木阴山，大造攻具，再谋伐夏。

山羌叛秦。二月，秦王炽磐遣左丞相昙达招慰武始诸羌，征南将军吉毗招慰洮阳诸羌。羌人执昙达送夏；吉毗为羌所击，奔还，士马死伤者什八九。

魏主还平城。

【译文】元嘉四年(丁卯，公元 427 年)春季，正月，辛巳初七，刘宋文帝刘义隆抵达建康南郊，祭祀神明。

乙酉十一日，北魏君主拓跋焘返回到平城。统万城中被强行迁移的百姓很多都死在了途中，可以到达平城的，只有十分之六七。

己亥二十五日，北魏君主拓跋焘前往幽州。夏国君王赫连昌派遣平原公赫连定率领二万士兵前往长安，打算收复长安。拓跋焘得知这个消息后，命令在阴山砍伐树木，大规模制造攻城的器械，计划再一次向夏国进攻。

山地羌族背叛了西秦国。二月，西秦王乞伏炽磐派遣左丞相乞伏昙达前去抚慰武始山地羌族的各个部落，又派遣征南将军乞伏吉毗安抚洮阳羌族的各个部落。羌族部落将乞伏昙达擒获，并将他送给夏国；乞伏吉毗被羌军的进攻击退，大败而回，死亡伤残的士兵马匹多达十之八九。

北魏君主拓跋焘返回到平城。

乙卯，帝如丹徒；己巳，谒京陵。初，高祖既贵，命藏微时耕具以示子孙。帝至故宫，见之，有惭色。近侍或进曰："大舜躬耕历山，伯禹亲事水土。陛下不睹遗物，安知先帝之至德，稼穑之艰难乎！"

三月，丙子，魏主遣高凉王礼镇长安。礼，斤之孙也。又诏执金吾桓贷造桥于君子津。

丁丑，魏广平王连卒。

丁亥，帝还建康。

戊子，尚书右仆射郑鲜之卒。

秦王炽磐以辅国将军段晖为凉州刺史，镇乐都；平西将军麹景为沙州刺史，镇四平；宁朔将军出连辅政为梁州刺史，镇赤水。

【译文】乙卯十一日，刘宋文帝刘义隆前往丹徒；己巳二十五日，文帝祭拜京陵。起初，刘宋武帝刘裕在显贵之后，命人将他在地位贫贱时所使用的耕田农具全部收藏起来，以传给他的子孙。刘宋文帝到达京口故宫，看到武帝以前用过的农器，不禁深感惭愧。他身边侍奉的人说道："当年大舜在历山亲耕，大禹也亲自治理水土。如果皇上看不到先帝的遗物，哪里会明白先帝的仁德和耕作的困难呢？"

二月，丙子初三，北魏君主拓跋焘派遣高凉王拓跋礼在长安镇守。拓跋礼，是拓跋斤的孙子。又下诏，派遣执金吾桓贷在君子津建筑大桥。

丁丑初四，北魏广平王拓跋连去世。

丁亥十四日，刘宋文帝刘义隆回到京师建康。

戊子十五日，刘宋尚书右仆射郑鲜之去世。

西秦王乞伏炽磐将辅国将军段晖任命为凉州刺史，于乐都镇守；将平西将军麹景任命为沙州刺史，在西平镇守；又将宁朔将军出连辅政任命为梁州刺史，在赤水镇守。

【乾隆御批】宋文以耕具为愧事，虽较葛布龙灯差胜。若元英宗见遗衣缣素木棉重加补缀嗟叹良久，其识趣相越何啻霄壤。

【译文】宋文帝刘义隆把宋高祖刘裕用过的耕作农具当成羞愧的事物，虽然比葛布做的龙灯好一点。像元英宗看见先人遗留的粗布衣物木棉絮外补丁摞补丁感叹了好半天，他们的见识趣味差得不止一个在天上一个在地上。

夏，四月，丁未，魏员外散骑常侍步堆等来聘。

庚戌，以廷尉王徽之为交州刺史，徵前刺史杜弘文。弘文有疾，自舆就路；或劝之待病愈，弘文曰："吾杖节三世，常欲投躯帝庭,况被徵乎!"遂行,卒于广州。弘文,慧度之子也。

魏奚斤与夏平原公定相持于长安。魏主欲乘虚伐统万,简兵练士,部分诸将,命司徒长孙翰等将三万骑为前驱,常山五素等将步兵三万为后继,南阳王伏真等将步兵三万部送攻具,将军贺多罗将精骑三千为前候。素,遵之子也。五月,魏主发平城,命龙骧将军代人陆俟督诸军镇大碛以备柔然。辛巳,济君子津。

【译文】夏季,四月,丁未初四,北魏员外散骑常侍步堆等人前来访问宋国。

庚戌初七,刘宋文帝刘义隆将廷尉王徽之任命为交州刺史,并将前刺史交州杜弘文召回京师。杜弘文正身患重病,接到命令后,亲自备车回京;有人劝他等病略显好转再回去,杜弘文说:"我家在边境镇守,已经有祖孙三代了,常常希望可以回到朝廷效力,更何况如今我得到征召呢!"于是,杜弘文抱病出发,却在广州时病重身亡。杜弘文,是杜慧度的儿子。

北魏司空奚斤与夏国平原公赫连定两军对峙于长安。北魏君主拓跋焘想要乘机讨伐夏国的都城统万,于是,他命令选拔精良士兵严格训练,再将他们分给各将领部署,拓跋焘又让司徒长孙翰率领骑兵三万人作为前锋部队,让常山王拓跋素等率领步兵三万人为后继部队,命令南阳王拓跋伏真等率领步兵三万人护送攻城的械具,将军贺多罗率领三千精锐骑兵作为军前斥候。拓跋素,是拓跋遵的儿子。五月,北魏君主拓跋焘从平城出发,命令龙骧将军、代郡人陆俟率领各路大军在大碛镇守,防备柔然汗国乘虚进攻。辛巳初九,拓跋焘率领军队渡过黄河从君子津西上。

【申涵煜评】杜氏世守交州,当鼎革之际,何难为赵佗、儽嚣?

而宏文乃闻征就道，被疾而死。忘晋朝之旧德，就有宋之新恩，谓之知命则可，知义则未也。

【译文】杜家世代镇守交州，正当处于国家改朝换代之际，为什么被赵佗、傀嚣发难？而且杜弘文在听闻征召就动身出发，在途中患上疾病而逝世。杜弘文忘记晋朝往日的德泽，接受宋朝新来的恩惠，说他深知天命是可以的，但说他知晓大义则是不可以的。

壬午，中护军王华卒。

魏主至拔邻山，筑城，舍辎重，以轻骑三万倍道先行。群臣咸谏曰："统万城坚，非朝夕可拔。今轻车讨之，进不可克，退无所资，不若与步兵、攻具一时俱往。"帝曰："用兵之术，攻城最下，必不得已，然后用之。今以步兵、攻具皆进，彼必惧而坚守。若攻不时拔，食尽兵疲，外无所掠，进退无地。不如以轻骑直抵其城，彼见步兵未至，意必宽弛；吾羸形以诱之，彼或出战，则成擒矣。所以然者，吾之军士去家两千馀里，又隔大河，所谓'置之死地而后生'者也。故以之攻城则不足，决战则有馀矣。"遂行。

【译文】壬午初十，刘宋中护军王华去世。

北魏君主拓跋焘到达拔邻山，兴建城垣，留下辎重，然后率领三万轻装骑兵，倍速先行出发。随行的大臣都对他规劝说："统万城固不可摧，不是一日之间就能够攻破的。现在您轻装前去攻打，估计一时无法攻下，想要撤退的时候没有粮食和军用物资的补给。不如与步兵一起，携带攻城械具进攻统万。"拓跋焘说："布兵的计策中，攻城是最下策，不到万不得已时，不要攻城。如今，如果我们让步兵携带攻城器械同时前进，他们一定会恐惧并坚守城池。如果我们不能即时将城门攻破，当粮食用尽，士兵疲倦，城外又没有什么可以掠夺的时候，恐怕都无法进退了。所以，不如先用轻装骑兵快速直抵城门下，他们看见我们的步兵没有到，肯定会放松警惕，然后我们再用瘦弱的士兵装作不堪一击的样子，将他们引诱出城作战，这样他们就可以被我们俘虏了。我之所以要这么做，是因为我们士兵离家两千多里，之间又隔着黄河，这就是所谓的'置之死地而后生'的道理啊！所以，三万轻骑兵的力量去攻城虽然不够，但是用来与他们决战足够了。"于是便按照拓跋焘的命令，大军出发。

　　六月，癸卯朔，日有食之。

　　魏主至统万，分军伏于深谷，以少众至城下。夏将狄子玉降魏。言："夏主闻有魏师，遣使召平原公定，定曰：'统万坚峻，未易攻拔。待我擒奚斤，然后徐往，内外击之，蔑不济矣。'故夏主坚守以待之。"魏主患之。乃退军以示弱，遣娥清及永昌王健帅骑五千西掠居民。

　　【译文】六月，癸卯朔初一，出现日食。

　　北魏君主拓跋焘到达统万城之后，将军队分散埋伏在深谷中，只用少数士兵前往城下进攻。夏国的将领狄子玉向北魏投降，报告拓跋焘说："夏国君王听到北魏军队将要来到的消息，派遣使者将平原公赫连定召回京师，赫连定说：'统万城坚不可摧，不容易被攻克，等到我将奚斤抓获再前去统万，内外夹击北魏大军，这样就不会有不成功的道理了。'所以夏国君王赫连昌坚守城池以等待平原公赫连定返回。"拓跋焘听了之后感到十分忧虑，于是，命令士兵撤退以示弱，又派娥清和永昌王拓跋健率领五千骑兵向西抢夺侵略居民。

　　魏军(上)〔士〕有得罪亡奔夏者，言魏军粮尽，士卒食菜，辎重在后，步兵未至，宜急击之。夏主从之。甲辰，将步骑三万出城。长孙翰等皆言："夏兵步陈难陷，宜避其锋。"魏主曰："吾远来求贼，惟恐不出。今既出矣。乃避而不击，彼奋我弱，非计也。遂收众伪遁，引而疲之。

【译文】北魏军队中有因犯罪逃亡而对夏国投降的士兵，报告夏国说，魏军的粮食已经用尽，士兵每天只吃蔬菜，疲劳无力，而辎重还远远在后面，步兵也没有到达，应该乘机快速对他们加以攻击。夏国君王采纳了他的意见，甲辰初二，赫连昌亲自率领步骑兵三万人出城迎战。北魏的司徒长孙翰等都说："夏国军队的阵势难以打破，我们还是应该先躲避他的锋锐。"北魏君主拓跋焘却说："我们远道而来，就是想要将敌人引诱出城，唯恐他们不出来。既然现在他们出城了，我们却避开不打，这样只会使敌人士气旺盛，而削弱我们的士气，这不是好办法。"于是，集合军队命令士兵假装逃跑，将夏军引诱前去追击奔跑，使他们力疲。

夏兵为两翼，鼓噪追之，行五六里，会有风雨从东南来，扬沙晦冥。宦者赵倪，颇晓方术，言于魏主曰："今风雨从贼上来，我向之，彼背之，天不助人；且将士饥渴，愿陛下摄骑避之，更待后日。"崔浩叱之曰："是何言也！吾千里制胜，一日之中，岂得变易！贼贪进不止，后军已绝，宜隐军分出，奄击不意。风道在人，岂有常也！"魏主曰："善！"乃分骑为左右队以掎之。魏主马蹶而坠，几为夏兵所获；拓跋齐以身捍蔽，决死力战，夏兵乃退。魏主腾马得上，刺夏尚书斛黎文，杀之，又杀骑兵十馀人，身中流矢，奋击不辍，夏众大溃。齐，翳槐子玄孙也。

【译文】夏国军队兵分两路，左右包抄追赶，喊声震天，追了有五六里，遇到从东南而来的大风雨，黄沙漫天，遮天蔽日。北魏宦官赵倪对法术通晓，对拓跋焘说："现在风雨从敌人的方向吹来，以至于我们逆风，而他们顺风，说明上天是不帮助我们的；并且将士们饥渴难耐，还是希望陛下可以暂时收军躲避他们的锋锐，等待以后再来攻打。"太常崔浩对其叱责说："你这是说的什么话！我们千里而来，已订下制胜的计划，哪里能够在一天当中改变呢？敌人贪图胜利追赶不停，却没有后继的军队，我们应该让隐藏的部队兵分几路，分别出击他们的后方，来一次他们意料不到的袭击，风的作用力要看人如何利用，怎么能永远不变而认定是对我们不利呢？"拓跋焘说："你说得好极了！"于是，将骑兵分两队，以成掎角之势牵制敌军。拓跋焘却因为马翻倒而掉下马来，差点被夏兵抓获；拓跋齐用身体来保护拓跋焘阻挡敌人的进攻，决死奋战，才将攻打他们的夏兵击退。北魏君主拓跋焘又跳上马，将夏国尚书斛黎文刺死，又杀夏国骑兵十多人，自己也被流箭射中，却仍奋力杀敌，夏军终于崩溃。拓跋齐，是拓跋翳槐的玄孙。

魏人乘胜逐夏主至城北，杀夏主之弟河南公满及兄子蒙逊，死者万馀人。夏主不及入城，遂奔上邽。魏主微服逐奔者，入其城；拓跋齐固谏，不听。夏人觉之，诸门悉闭；魏主因与齐等入其宫中，得妇人裙，系之架上，魏主乘之而上，仅乃得免。会日暮，夏尚书仆射问至奉夏主之母出走，长孙翰将八千骑追夏主至高平，不及而还。

【译文】北魏军队乘胜追逐夏国剩余的士兵，将夏国君王逼到了统万城北，斩杀了赫连昌的弟弟河南公赫连满和哥哥的儿子赫连蒙逊，杀死夏国士兵一万多人。夏国君主赫连昌来不及逃入城中，于是逃到上邽。拓跋焘穿上士兵的衣服前去追赶，并进入了统万城；拓跋齐坚决劝阻，拓跋焘却不听。后来夏国发觉了这件事情，便关闭各个城门，拓跋焘就与拓跋齐等人混进宫中，拿了女人穿的裙子，用它作为绳索，绑在长矛上，利用它拓跋焘爬上城墙逃出，才幸免被擒。到黄昏的时候，夏尚书仆射问至将夏国君王的母亲保护出城，北魏司徒长孙翰率领八千骑兵前去追赶夏王赫连昌，追到高平，因赶上而返回军中。

资治通鉴

乙巳，魏主入城，获夏王、公、卿、〔将〕、校及诸母、后妃、姊妹、宫人以万数，马三十馀万匹，牛羊数千万头，府库珍宝、车旗、器物不可胜计，颁赐将士有差。

初，夏世祖性豪侈，筑统万城，高十仞，基厚三十步，上广十步，宫墙高五仞，其坚可以厉刀斧。台榭壮大，皆雕镂图画，被以绮绣，穷极（大）〔文〕采。魏主顾谓左右曰："蕞尔国而用民如此，欲不亡，得乎？"

【译文】乙巳初三，北魏君主拓跋焘进入统万城，将夏国的王、公、卿、将、校以及夏国君王赫连昌的太后太妃、皇后嫔妃、姊妹、宫女等数以万计的人俘虏，还抓获了三十多万匹马，数千万头牛羊，国库里的珍宝、车辆、各种精美器物，多得无法计数。拓跋焘按照阶级功劳将它们分赏给自己部下的将士。

起初，夏王赫连勃勃奢侈豪爽，兴建了统万城，城墙高十仞、城墙底部厚达三十步，上部宽十步，宫殿城墙高五仞，坚固得足够用来磨砺刀斧。亭台楼阁、小亭水榭也非常壮丽高大，全部都有图画雕刻，并用绮丽的锦绣装饰，精致奢华，无以复加。北魏君主拓跋焘看见这些，转头向左右侍臣说："一个小国如此消耗民力兴建奢华的宫殿，哪里不会灭亡呢？"

得夏太史令张渊、徐辩，复以为太史令。得故晋将毛修之、秦将军库洛干，归库洛干于秦，以毛修之善烹调，用为太官令。魏主见夏著作郎天水赵逸所为文，誉夏主太过，怒曰："此竖无道，何敢如是！谁所为邪？当速推之！"崔浩曰："文士褒贬，多过其实，盖非得已，不足罪也。"乃止。魏主纳夏世祖三女为贵人。

奚斤与夏平原公定犹相拒于长安。魏主命宗正娥清、太仆丘堆帅骑五千略地关右。定闻统万已破，遂奔上邽；斤追至雍，不及而还。清、堆攻夏贰城，拔之。

【译文】北魏擒获了夏太史令张渊和徐辩二人，仍然命令他们担任太史令。还擒获了前东晋的大将毛修之和西秦的将军库洛干，拓跋焘将库洛干送回西秦，而毛修之对烹调十分擅长，便任命他为太官令。拓跋焘见到夏国著作郎天水人赵逸所做的一篇文章，过分地称赞夏国君王，他生气地骂道："这家伙是个无道君主，怎么竟敢如此说他！这是谁写的？要快快查出问罪！"崔浩说："文人写文章无论褒或贬，大多是言过其实，不一定就是发自内心，这不足以治罪！"于是，拓跋焘这才停止将赵逸法办。拓跋焘又将夏世祖赫连勃勃的三个女儿纳入后宫作为贵人。

北魏司空奚斤与夏平原公赫连定还一直在长安对峙。北魏君主拓跋焘派遣宗正娥清、太仆丘堆率领五千骑兵前去占领关右一带。赫连定听到都城统万已被攻陷，就率众逃到上邽；奚斤率领士兵追到雍城，无法赶上而班师回朝。娥清、丘堆又集合兵力攻打夏的贰城，贰城被攻克。

魏主诏斤等班师。斤上疏言："赫连昌亡保上邽，鸠合馀烬，未有蟠据之资；今因其危，灭之为易。请益铠马，平昌而还。"魏主不许。斤固请，乃许之，给斤兵万人，遣将军刘拔送马三千匹，并留娥清、丘堆使共击夏。

辛酉，魏主自统万东还，以常山王素为征南大将军、假节，与执金吾桓贷、莫云留镇统万。云，题之弟也。

秦王炽磐还枹罕。

【译文】北魏君主拓跋焘下诏，命令奚斤等人班师回朝。奚斤向拓跋焘说："现在赫连昌逃往上邽，聚集残部自保，但还不足以拥有巩固地盘的实力，我们应该趁他危急之时攻打他，这样就很容易消灭他，请您给我增加士兵和马匹，让我去将赫连昌平定再回来。"拓跋焘没有答应。经奚斤坚决请求，拓跋焘才答应，派给奚斤一万士兵，又派遣将军刘拔送去三千匹马，并留下娥清、丘堆二人帮助奚斤一起攻打夏国。

辛酉十九日，北魏君主拓跋焘从统万出发，向东回国。临行时拓跋焘将常山王拓跋素任命为征南大将军、假节，让他和执金吾桓贷、莫云一起留下镇守统万。莫云，是莫题的弟弟。

西秦王乞伏炽磐回到都城枹罕。

【乾隆御批】汉末犹多殉义之士，至魏渐已寥寥。晋则在朝仅一徐广，在野仅一陶潜。盖自篡窃相仍，人不复知忠节纲目。于潜卒特书晋士，以见完节于是时为尤难。而寡廉鲜耻，习俗恬不为怪。亦可以观世变矣！

【译文】汉代末年出现了很多遵从道义而死的士人，到了魏朝就已经慢慢变少。晋朝在朝做官的只有一个徐广，在野的只有一个陶潜。大概从篡位窃权不断发生后，人们不再知晓忠义节操和纲纪法度。在陶潜死时大书特书晋代士人，可见保全节操在当时非常困难。而对于寡廉鲜耻的人，人们都是习以为常多见不怪了。这也可以看出世态的变化啊！

资治通鉴

秋，七月，己卯，魏主至栒岭。柔然寇云中，闻魏已克统万，乃遁去。

秦王炽磐谓群臣曰："孤知赫连氏必无成，冒险归魏，今果如孤言。"八月，遣其叔父平远将军渥头等入贡于魏。

壬子，魏主还至平城，以所获颁赐留台百官有差。

【译文】秋季，七月，己卯初七，北魏君主拓跋焘到达栒岭。当时，柔然汗国入侵云中，听到北魏军队已将统万攻克，才撤退回去。

西秦王乞伏炽磐向文武百官说："我早就知道赫连氏必然不会有大的成就，才冒险归降魏国，现在发生的事果真应验了我当年所说的话。"八月，乞伏炽磐派遣他的叔叔、平远将军乞伏渥头前往平城向北魏拜见进贡。

壬子十一日，北魏君主拓跋焘回到平城，把缴获的战利品分别按照阶级赏赐给留守的百官。

魏主为人，壮健鸷勇，临城对阵，亲犯矢石，左右死伤相继，神色自若；由是将士畏服，咸尽死力。性俭率，服御饮膳，取给而已。群臣请增峻京城及修宫室曰："《易》云：'王公设险，以守其国。'又萧何云：'天子以四海为家，不壮不丽，无以重威。'"帝曰："古人有言：'在德不在险。'屈丐蒸土筑城而朕灭之。岂在城也？今天下未平，方须民力，土功之事，朕所未为。萧何之对，非雅言也。"每以为财者军国之本，不可轻费。至于赏赐，皆死事勋绩之家，亲戚贵宠未尝横有所及。命将出师，指授节度，违之者多致负败。明于知人，或拔干于卒伍之中，唯其才用所长，不论本末。听察精敏，下无遁情，赏不遗贱，罚不避贵，虽所甚爱之人，终无宽假。常曰：“法者，朕与天下共之，何敢轻也。”然性残忍，果于杀戮，往往已杀而复悔之。

【译文】北魏国主拓跋焘为人健硕勇敢，沉着稳重，无论是临城对阵，还是两军交锋，他都可以亲自冒着箭石攻击，他左右的人不断倒下，不管是死是伤，他的神色一直不变，丝毫不畏惧；因此，将士们都非常敬畏他，愿意为他尽力效死。而且他个性节俭，对待穿衣吃饭，够用就已满足。文武百官请求对京师的城墙加固，修缮宫殿的建筑，说：“《易经》说：‘王公设险，固守国家。’萧何也说：‘帝王以天下四海为家，不壮不丽，就无法增加他的威严。’”拓跋焘却说：“古人曾经说过：‘平定国家只是在于仁德，而不是险要。’赫连屈丐拿蒸过的土筑城，却被我灭掉，这哪里在于城池的坚固不坚固呢？如今天下还不太平，正是需要民力的时候，所以大兴土木，是我不想去做的。萧何说的并不是正确的话。”拓跋焘常常将钱财当作军事和国家的根本，不轻易浪费。至于赏赐，都是赏给战死沙场为国捐躯的有功之家，皇亲贵戚和备受恩宠的亲信大官不会用特权平白无故地得到赏赐。他命令将领征战，都是亲自督导指挥，凡是不听从他旨意的人，大多失败。此外，拓跋焘知人善用，有时会从士兵中选拔将领，只看重他的专长才能，并不在乎他的出身。他观察敏锐，部下没有什么隐情能逃出他的眼睛，他对赏赐不论贫贱，惩罚也不避高官权贵。即使是他最宠爱的人犯罪，也是赏罚分明，决不宽赦。拓跋焘常常说：“法律，应是我与天下百姓一起遵守的，哪里敢轻视呢？”但是，拓跋焘的个性残忍，杀人从不犹豫，但是杀人后，又常常后悔。

九月，丁酉，安定民举城降魏。

氐王杨玄遣将军苻白作围秦梁州刺史出连辅政于赤水。城中粮尽，民执辅政以降。辅政至骆谷，逃还。冬，十月，秦以骁骑将军吴汉为平南将军、梁州刺史，镇南漒。

【译文】九月，丁酉二十六日，夏国安定城居民将城池送上，归附于北魏。

氐王杨玄派遣将军苻白作，在赤水包围秦梁州刺史出连辅政并展开进攻。赤水城中粮食断绝，人民将出连辅政擒获，开城门向苻白作投降。出连辅政在被押送的路上，于骆谷逃回西秦。冬季，十月，西秦王乞伏炽磐将骁骑将军吴汉任命为平南将军兼梁州刺史，在南漒镇守。

十一月，魏主遣军司马公孙轨兼大鸿胪，持节策拜杨玄为都督荆、梁等四州诸军事、梁州刺史、南秦王。及境，玄不出迎；轨责让之，欲奉策以还，玄惧而郊迎。魏主善之，以轨为尚书。轨，表之子也。

十二月，秦梁州刺史吴汉为群羌所攻，帅户两千还于枹罕。

魏主行如中山。癸卯，还平城。

【译文】十一月，北魏君主拓跋焘派军司马公孙轨兼任大鸿胪，持节策，前去拜见杨玄，将他任命为都督荆州、梁州等四州的军务和梁州刺史、南秦王。公孙轨抵达氐王管辖境内的时候，杨玄却不迎接；公孙轨训斥他，并要持节策回朝，杨玄才感到害怕，亲自到郊外迎接公孙轨的到来。拓跋焘认为公孙轨处理得很好，将他提拔为尚书。公孙轨，是公孙表的儿子。

十二月，西秦梁州刺史吴汉受到羌族各部落的进攻，率领两千户百姓返回到都城枹罕。

北魏君主拓跋焘出巡到中山。癸卯初四，返回平城。

资治通鉴卷第一百二十一　宋纪三

起著雍执徐，尽上章敦牂，凡三年。

【译文】起戊辰（公元 428 年），止庚午（公元 430 年），共三年。

【题解】本卷记录了公元 428 年至 430 年，即宋文帝刘义隆元嘉五年至元嘉七年共三年间刘宋与北魏等国的大事。主要记录了北魏与夏交战，长安一带又被夏人占据；记录了魏主拓跋焘听崔浩之言出兵柔然，柔然西逃，魏军获得大胜；记录了宋文帝刘义隆派兵北伐，北伐失败，损失钱粮无数，国贫民乏，刘宋王朝竟搪塞罪责；记录了魏主拓跋焘用崔浩之谋，长安与关中重归北魏；记录了北凉趁西秦新主继位，两次出兵，都被打败；记录了北燕、武都内乱；记录了王弘辞职归家，刘义康进朝辅政；记录了谢灵运不服不满朝臣弄权，纵情山水，被弹劾免职等等。

太祖文皇帝上之中

元嘉五年（戊辰，公元四二八年）春，正月，辛未，魏京兆王黎卒。

荆州刺史、彭城王义康，性聪察，在州职事修治。左光禄大夫范泰谓司徒王弘曰："天下事重，权重难居。卿兄弟盛满，当深存降挹。彭城王，帝之次弟，宜徵还入朝，共参朝政。"弘纳其言。时大旱，疾疫，弘上表引咎逊位，帝不许。

秦商州刺史领浇河太守姚浚叛，降河西，秦王炽磐以尚书焦嵩代浚，帅骑三千讨之。二月，嵩为吐谷浑元绪所执。

魏改元神䴥。

【译文】元嘉五年（戊辰，公元 428 年）春季，正月，辛未初二，北魏京兆王拓跋黎去世。

刘宋荆州刺史、彭城王刘义康，天性聪敏，在荆州，他把职权以内的事务治理得很好。刘宋左光禄大夫范泰对司徒王弘说："国家大事，责任很大，权力很难长久掌握，你们兄弟是现在最有权势和地位的人，应该深深地让自己谦逊谨慎，时刻做好被贬的准备。彭城王刘义康，是皇上的二弟，最好将他征召回京，共同参与朝廷政务的处理。"王弘听取了他的建议。当时，刘宋境内正遭遇旱灾、传染病流行，王弘就上书自责，请求皇上将自己的职位罢除，刘宋文帝刘义隆没有答应。

西秦商州刺史兼浇河太守姚浚发生背叛，向北凉河西王投降，西秦王乞伏炽磐让尚书焦嵩担任姚浚的职务，并带领三千骑兵前去讨伐姚浚。二月，焦嵩被吐谷浑汗国酋长慕容元绪抓获。

北魏将年号改为神䴥。

魏平北将军尉眷攻夏主于上邽，夏主退屯平凉。奚斤进军安定，与丘堆、娥清军合。斤马多疫死，士卒乏粮，乃深垒自固。遣丘堆督租于民间，士卒暴掠，不设儆备，夏主袭之，堆兵败，以数百骑还城。夏主乘胜，日来城下钞掠，不得刍牧，诸将患之。监军侍御史安颉曰："受诏灭贼，今更为贼所困，退守穷城，若不为贼杀，当坐法诛，进退皆无生理。而诸王公晏然曾不为计乎？"

斤曰：“今军士无马，以步击骑，必无胜理，当须京师救骑至，合击之。”颉曰：“今猛寇游逸于外，吾兵疲食尽，不一决战，则死在旦夕，救骑何可待乎！等于就死，死战，不亦可乎！”斤又以马少为辞。颉曰：“今敛诸将所乘马，可得二百匹，颉请募敢死之士出击之，就不能破敌，亦可以折其锐。且赫连昌狷而无谋，好勇而轻，每自出挑战，众皆识之。若伏兵掩击，昌可擒也。”斤犹难之。颉乃阴与尉眷等谋，选骑待之。既而夏主来攻城，颉出应之。夏主自出陈前搏战，军士识其貌，争赴之。会天大风，扬尘，昼昏，夏主财走。颉追之，夏主马蹶而坠，遂擒之。颉，同之子也。

【译文】北魏平北将军尉眷，对夏国君王赫连昌所在的上邽进攻，赫连昌退回据守平凉。北魏大将军奚斤率领大军前往安定，与丘堆、娥清的军队会师。奚斤军队中的马很多都染上瘟疫病死，士兵又缺粮，所以，只好在城堡中深挖沟壑来防守。奚斤派遣丘堆率领士兵前去向民间征粮和租赋，士兵们都十分凶暴，大肆掠夺，缺乏对敌人的防备，夏国君王赫连昌乘机袭击，丘堆大败，只带着骑兵几百名逃回到安定城。赫连昌又乘胜每天前去城下骚扰掠夺，北魏的军队无法得到粮草，将领们都感到十分忧虑。监军侍御史安颉说：“我们受诏是要将敌人消灭，现在反被敌人围困，在这贫瘠的孤城中据守；即使我们不被敌人杀害，也会受到军法处置，不管进退都无法活下去，而诸位王公还安稳地坐在那里，就没有克敌制胜的计谋吗？”奚斤说：“现在我们的士兵没有马，用步兵前去攻打骑兵，肯定没有胜的机会，只能等京师的骑兵救援赶来，合力于内外夹击敌人。”安颉说：“现在敌人就在城外嚣张示威，而我们的士兵疲惫不堪，再加上粮草已尽，我们现在如果不和敌人展开决战，早晚都会全部死去，哪里可以等到救援的骑兵呢？与其坐在这里等待而死，还不如和敌人决一死战，不是也可以吗？"奚斤又以战马太少为由，推辞不肯决战，安颉说："现在将所有将领的战马集合起来，可以凑得二百匹，请让我招募敢死队前去和敌人奋死一战，即使无法打败敌人，也可以打压他们的士气。而且，赫连昌狂妄而无谋，好斗却轻敌，经常亲自率兵出来攻打，我想士兵们都认识他。如果我们伏兵对他突然袭击，一定可以擒获赫连昌。"奚斤仍然不同意。于是，安颉暗地里与尉眷谋划，挑选精良的骑兵以待时机。不久，赫连昌果真前来攻城，安颉率兵出城迎战。赫连昌亲自到阵前和安颉搏斗，北魏的士兵都认识他，于是集中围攻赫连昌。正好大风吹起，扬起漫天尘沙，遮天蔽日，白天如同夜晚一样阴暗，赫连昌败走；安颉随后紧紧追赶，他的马突然翻倒，坠马落地，于是被魏军擒获。安颉，是安同的儿子。

夏大将军、领司徒、平原王定收其馀众数万，奔还平凉，即皇帝位，大赦，改元胜光。

三月，辛巳，赫连昌至平城，魏主馆之于西宫，门内器用皆给乘舆之副，又以妹始平公主妻之；假常忠将军，赐爵会稽公。以安颉为建节将军，赐爵西平公；尉眷为宁北将军，进爵渔阳公。

【译文】夏国的大将军兼司徒、平原王赫连定，将残余的数万士兵聚集在一起，逃回平凉，赫连定即皇帝位，下令大赦，将年号改为胜光。

三月，辛巳十三日，赫连昌被押送回平城，北魏君主拓跋焘在西宫为他安排住宿，房间里器物用品都是按照帝王的使用摆放，又将妹妹始平公主嫁给他；将他封为常忠将军，并授予会稽公爵位。拓跋焘将安颉任命为建节将军，封为西平公；将尉眷任命为宁北将军，封为渔阳公。

资治通鉴

魏主常使赫连昌侍从左右，与之单骑共逐鹿，深入山涧。昌素有勇名，诸将咸以为不可。魏主曰："天命有在，亦何所惧!"亲遇如初。

奚斤自以为元帅，而昌为偏裨所擒，深耻之。乃舍辎重，赍三日粮，追夏主于平凉。娥清欲循水而往，斤不从，自北道邀其走路。至马髦岭，夏军将遁，会魏小将有罪亡归于夏，告以魏军食少无水。夏主乃分兵邀斤，前后夹击之，魏兵大溃，斤及娥清、刘拔皆为夏所擒，士卒死者六七千人。

【译文】北魏君主拓跋焘常常叫赫连昌随侍在他身边，与他单独骑马外出打猎，两匹马一起追逐麋鹿，深入深山峻谷当中。赫连昌一向因勇猛而出名，拓跋焘部下的将领都觉得不应该这样冒险。拓跋焘说："天命一向自有定数，有什么可怕的呢?"所以，仍然像当初一样跟赫连昌十分亲近。

奚斤认为自己是一军的主帅，但赫连昌却是被他手下的副将所擒获，因此觉得非常羞愧。于是，他舍弃辎重，只带三天的军粮，向据守平凉的夏国君王赫连定发起进攻。娥清对他建议沿泾水行走，奚斤没有答应，坚持从北路而行以截击赫连定的军队。等到北魏军队走到马髦岭的时候，夏国军队正想要逃跑，正好北魏军队里的一名小军官因犯罪向夏国投降，将北魏军队食物短缺而又少水的情况告诉夏国君王赫连定，于是，赫连定分兵几路引诱奚斤的军队，前后夹击，北魏军队溃败，奚斤、娥清、刘拔等人都被夏国士兵所擒获，也死了六七千士兵。

丘堆守辎重在安定，闻斤败，弃辎重奔长安，与高凉王礼偕奔薄坂，夏人复取长安。魏主大怒，命安颉斩丘堆，代将其众，镇蒲坂以拒之。

夏，四月，夏主遣使请和于魏，魏主以诏谕之使降。

壬子，魏主西巡。戊午，畋于河西。大赦。

【译文】北魏大将丘堆在安定据守，看管辎重，他听到奚斤兵败的消息后，立马将辎重抛弃，逃往长安，并和高凉王拓跋礼一起逃往蒲坂，夏国军队又重新回到了长安。拓跋焘听闻后大为震怒，命令安颉将丘堆斩杀，并取代丘堆率领军队在蒲坂镇守以抵抗夏国军队。

夏季，四月，夏国君主赫连定派遣使者前往北魏求和，拓跋焘下诏，命令赫连定他们投降。

壬子十五日，北魏君主拓跋焘向西巡视；戊午二十一日，拓跋焘前去河西打猎；下令大赦。

【乾隆御批】奚斤始则坚垒自固，不从安颉之谋；及赫连昌成擒，乃以功出偏裨为耻，冒昧追敌。其进也由于妒功，其被擒也乃由于无能。庸懦好忌者流深可恨亦可哀！

【译文】奚斤开始的时候坚固壁垒自守，不听安颉的计谋；等到赫连昌被擒获，却因为功劳出于偏师副将而感到羞耻，冒昧地迫击敌人。他的进攻是由于嫉妒部将的功劳，他被擒是由于他的无能。这种平庸胆小善妒的人叫人即可恨又可怜！

五月，秦文昭王炽磐卒，太子暮末即位，大赦，改元永弘。

平陆令河南成粲复劝王弘逊位，弘从之，累表陈请。帝不得已，六月，庚戌，以弘为卫将军、开府仪同三司。

甲寅，魏主如长川。

葬秦文昭王于武平陵，庙号太祖。秦王暮末以右丞相元基为侍中、相国、都督中外诸军、录尚书事，以镇军大将军、河州牧谦屯为票骑大将军，徵安北将军、凉州刺史段晖为辅国大将军、御史大夫，叔父右禁将军千年为镇北将军、凉州牧，镇湟河，以征北将军木弈干为尚书令、车骑大将军，以征南将军吉毗为尚书仆射、卫大将军。

【译文】五月，西秦文昭王乞伏炽磐去世，太子乞伏暮末即位，下令大赦，将年号改为永弘。

刘宋平陆令、河南人成粲再次向司徒王弘劝告其辞职，王弘听取了他的建议，一再上书请求辞退官职，刘宋文帝刘义隆不得已，六月，庚戌十四日，将王弘改任为卫将军、开府仪同三司。

甲寅十八日，北魏君主拓跋焘到达长川。

西秦将秦文昭王乞伏炽磐埋葬在武平陵，将庙号定为太祖。西秦王乞伏暮末将右丞相乞伏元基任命为侍中、相国、都督内外各军务、录尚书事，将镇军大将军、河州牧乞伏谦屯任命为骠骑大将军，将安北将军、凉州刺史段晖征召为辅国大将军、御史大夫，将叔父右禁将军乞伏千年任命为镇北将军兼凉州牧，于湟河城镇守，又将征北将军乞伏木弈干任命为尚书令、车骑大将军，将征南将军乞伏吉毗任命为尚书仆射、卫大将军。

河西王蒙逊因秦丧，伐秦西平。西平太守麹承谓之曰："殿下若先取乐都，则西平必为殿下之有；西平苟望风请服，亦明主之所疾也。"蒙逊乃释西平，攻乐都。相国元基帅骑三千救乐都，甫入城，而河西兵至，攻其外城，克之；绝其水道，城中饥渴，死者太半。东羌乞提从元基救乐都，阴与河西通谋，下绳引内其兵，登城者百馀人，鼓噪烧门；元基帅左右奋击，河西兵乃退。

【译文】北凉河西王沮渠蒙逊在乞伏炽磐丧事期间乘机率领大军向西秦的西平讨伐，西平太守麹承向沮渠蒙逊说："如果殿下可以先将乐都攻克，那么西平就一定会是殿下所有；西平若因此望风请降，实为英明君主所看不起的。"于是，沮渠蒙逊放弃攻打西平，改为向乐都进攻。秦相国乞伏元基带领三千骑兵前往乐都支援，乞伏元基的军队刚进城内，北凉的大军就到达了城外，开始进攻，并将外城攻破，切断了通往内城的水源，城中因饥渴而死的士兵超过一半。东羌部落酋长乞伏乞提原本跟从乞伏元基前来救援乐都，但暗地里却与北凉军队通谋，在城楼上放下绳索，将北凉士兵引入，爬上城的就有一百多人，他们大声喊叫并纵火将城门烧毁；乞伏元基率领左右官兵浴血奋战，才将北凉士兵攻出内城外。

初，文昭王疾病，谓暮末曰："吾死之后，汝能保境则善矣。沮渠成都为蒙逊所亲重，汝宜归之。"至是，暮末遣使诣蒙逊，许归成都以求和。蒙逊引兵还，遣使入秦吊祭。暮末厚资送成都，遣将军王伐送之。蒙逊犹疑之，使恢武将军沮渠奇珍伏兵于扪天岭，执伐并其骑士三百人以归。既而遣尚书郎王杼送伐还秦，并遗暮末马千匹及锦罽银缯。秋，七月，暮末遣记室郎中马艾如河西报聘。

魏主还宫。八月，复如广宁观温泉。

柔然纥升盖可汗遣其子将万馀骑寇魏边。魏主自广宁还，追之，不及。九月，还宫。

【译文】起初，秦文昭王乞伏炽磐身患重病的时候，向太子乞伏暮末说："我死后，你只要保住我们的国土不失就已经很好了。沮渠成都一向是沮渠蒙逊所信任和重用的人，你应该将他送回国。"到了这时，乞伏暮末派遣使者前去拜见沮渠蒙逊，允诺将沮渠成都送回以请求双方可以和解。沮渠蒙逊同意了西秦的提议，命令围城军队撤回，并派使者前去西秦国哀悼文昭王。乞伏暮末用厚重礼物将沮渠成都送回国，并命令将军王伐一路护送。沮渠蒙逊对西秦的行为还有疑虑，于是，派恢武将军沮渠奇珍率领军队在扪天岭设下埋伏，将王伐和他的三百骑兵擒获回国。过了不久，又派遣尚书郎王杼将王伐送回西秦；并送给乞伏暮末一千匹马匹和其他绫罗绸缎。秋季，七月，乞伏暮末派遣记室郎中马艾前往北凉报聘。

北魏君主拓跋焘返回平城宫内。八月，拓跋焘又前往广宁观赏温泉。

柔然汗国纥升盖可汗郁久闾大檀命令他的儿子率领骑兵一万多人对北魏的边界进犯。拓跋焘从广宁返回平城，并率兵前去追赶柔然的军队，无法赶上；九月，拓跋焘回宫。

冬，十月，甲辰，魏主北巡。壬子，畋于牛川。

秦凉州牧乞伏千年，嗜酒残虐，不恤政事，秦王暮末遣使让之，千年惧，奔河西。暮末以叔父光禄大夫沃陵为凉州牧，镇湟河。

徐州刺史王仲德遣步骑两千伐魏济阳、陈留。

魏主还宫。

魏定州丁零鲜于台阳第两千馀家叛，入西山，州郡不能讨。闰月，魏主遣镇南将军叔孙建讨之。

【译文】冬季，十月，甲辰初十，北魏君主拓跋焘前往北方巡视；壬子十八日，又前去牛川打猎。

西秦凉州牧乞伏千年，喜爱酗酒，残暴酷虐，不处理政事，西秦王乞伏暮末派使臣前去责备他,乞伏千年十分担忧,便逃到北凉河西。乞伏暮末将他的叔父、光禄大夫乞伏沃陵任命为凉州牧,在湟河城镇守。

刘宋徐州刺史王仲德派遣两千步、骑兵讨伐北魏的济阳、陈留。

北魏君主拓跋焘回宫。

北魏定州丁零部落酋长鲜于台阳等共两千多家百姓背叛北魏,进入西山,地方上的州郡都无法攻讨他们;闰月,拓跋焘派遣镇南将军叔孙建前去讨伐。

十一月,乙未朔,日有食之。

魏主如西河校猎。十二月,甲申,还宫。

河西王蒙逊伐秦,至磐夷,秦相国元基等将骑万五千拒之。蒙逊还攻西平,征虏将军出连辅政等将骑两千救之。

秘书监谢灵运,自以名辈才能,应参时政。上唯接以文义,每侍宴谈赏而已。王昙首、王华、殷景仁名位素出灵运下,并见任遇,灵运意甚不平,多称疾不朝直;或出郭游行且二百里,经旬不归,既无表闻,又不请急。上不欲伤大臣意,讽令自解。灵运乃上表陈疾,上赐假,令还会稽。而灵运游饮自若,为法司所纠,坐免官。

是岁,师子王刹利摩诃及天竺迦毗黎王月爱皆遣使奉表入贡,表辞皆如浮屠之言。

魏镇远将军平舒侯燕凤卒。

【译文】十一月,乙未朔初一,天上出现日食。

北魏君主拓跋焘前往西河,校兵打猎;十二月,甲申二十一日,返回宫中。

北凉河西王沮渠蒙逊再次向西秦进攻，抵达磐夷的时候，西秦相国乞伏元基等率领一万五千骑兵抵抗。沮渠蒙逊率领士兵转向西平进攻，西秦征虏将军出连辅政等率两千骑兵赶去西平救援。

刘宋秘书监谢灵运，自以为他的名望、才能和辈分，都足以有资格参与政务。但是，刘宋文帝刘义隆只重视他的文采，灵运参加侍宴也只是和他谈诗论文而已。王昙首、王华、殷景仁，名望和地位一向都低于谢灵运，却都得到了重用，并委以大任。谢灵运感到十分不平，便常常以生病为借口，不去参加朝会，有时还出城游玩，走了二百里，十多天都可以不回来，既不上书说明情况，也从不请假。刘宋文帝刘义隆不愿意伤害到大臣的心，委婉表示让他自己辞职，于是，谢灵运上表声称自己生病，文帝准许他请假，让他回会稽休养。但他回到会稽后仍旧吃喝玩乐，被法官纠举，罢免了官职。

这一年，师子国王刹利摩诃和天竺迦毗黎王月爱都派遣使者前往刘宋送表书朝贡，那表书上的文辞都像佛教的语言。

北魏镇远将军、平舒侯燕凤去世。

元嘉六年（己巳，公元四二九年）春，正月，王弘上表乞解州、录，以授彭城王义康，帝优诏不许。癸丑，以义康为侍中、都督扬、南徐、衮三州诸军事、司徒、录尚书事、领南徐州刺史。弘与义康二府并置佐领兵，共辅朝政。弘既多疾，且欲委远大权，每事推让义康，由是义康专总内外之务。

【译文】元嘉六年（己巳，公元 429 年）春季，正月，刘宋扬州刺史王弘上表请求文帝解去他扬州刺史、录尚书事等职，并请求将这两个官职交给彭城王刘义康。刘宋文帝下诏对他褒奖，但是没有答应他的请求。癸丑二十日，刘义隆将刘义康任命为侍中、都督扬、南徐、兖三州诸军事、司徒、录尚书事和南徐州刺史。王弘和刘义康的官署，都设置佐吏来带兵保卫，两个人一起辅佐朝政。王弘身患疾病，并且早就下定决心要将大权辞去，因此每件事都推给刘义康，让他处理；于是，刘义康一个人总管了朝廷内外的事务。

又以抚军将军江夏王义恭为都督荆、湘等八州诸军事、荆州刺史，以待中刘湛为南蛮校尉，行府州事。帝与义恭书，诫之曰："天下艰难，家国事重，虽曰守成，实亦未易。隆替安危，在吾曹耳，岂可不感寻王业，大惧负荷！

【译文】刘宋文帝又将抚军将军、江夏王刘义恭任命为都督荆州、湘州等八州诸军事并兼任荆州刺史，将侍中刘湛任命为南蛮校尉，处理府、州的事务。刘义隆给他弟弟刘义恭送去一封信，告诫他说："天下大事，都很艰难，家事与国事的关系又很重大，虽说我们是要保住现在的天下，但也确实是十分不易。国家的盛衰安危，都凭借我们自己的努力，怎么可以不感到王业艰难而寻求治国之道，从而对自己肩负重担而惶恐不安呢！

"汝性褊急，志之所滞，其欲必行，意所不存，从物回改。此最弊事，宜念裁抑。卫青遇士大夫以礼，与小人有恩；西门、安于，矫性齐美；关羽、张飞，任偏同弊。行己举事，深宜鉴此！

"若事异今日，嗣子幼蒙，司徒当周公之事，汝不可不尽祗顺之理。尔时天下安危，决汝二人耳。

"汝一月自用钱不可过三十万，若能省此，益美。西楚府舍，略所谙究，计当不须改作，日求新异。凡讯狱多决当时，难可逆

虑，此实为难。至讯日，虚怀博尽，慎无以喜怒加人。能择善者
而从之，美自归己；不可专意自决，以矜独断之明也！

【译文】"你生性急躁偏激，心里想到什么，就会去做什么，
不顾及一切，心里有时就算没想什么，但随着外物的引诱会立
马发生改变。这是最容易招来祸害的，应该时刻提醒自己加以
克制。卫青对待士大夫施礼有加，同时对小人施以恩惠；西门
豹个性刚直暴躁，常常佩戴苇草，董安于性情温和，行事缓慢，
常常佩戴弓弦，他们都是为了警告自己，来改正自己的缺点，因
此，他们的美名一致被后世颂扬；关羽、张飞却不一样，两个人
的个性都十分偏颇，缺点相同，以致遭受杀害。因此，你自己为
人处世，要深深体会这些做法，并以此为鉴。

"如果以后朝中发生什么不测，我可以承继的儿子还很幼
小，司徒必然要担起周公辅政的责任，你也不能不尽到恭顺辅
政的责任。到那个时候，天下的安危，就由你和刘义康二人决
定了。

"你一个月个人开支不许超过三十万，如果可以更加节省，
那就更好。荆州的官府房舍，我还算熟悉了解，估计还不必改
建，来追求新异。至于刑诉案件，大部分要当时断决，很难事
先考虑周全，这实在是一件很不容易的事情。到了审讯的时
候，要谦虚地听取各方面的意见，谨慎地处理，不要强加自己
主观的喜怒之情。平时处事，要选择善者而听从他，自己就会
获得美好的声望；切记不可一意孤行，来炫耀自己的独断。

"名器深宜慎惜，不可妄以假人。昵近爵赐，尤应裁量。吾
于左右虽为少恩，如闻外论不以为非也。

"以贵凌物，物不服；以威加人，人不厌；此易达事耳。

"声乐嬉游，不宜令过；蒲酒渔猎，一切勿为。供用奉身，皆有节度，奇服异器，不宜兴长。

"又宜数引见佐史。相见不数，则彼我不亲；不亲，无因得尽人情；人情不尽，复何由知众事也！"

【译文】"名位的使用一定要谨慎爱惜，不能对他人随便赏赐。赏赐爵位给亲近的人，更是要再三斟酌考虑。我对于左右侍奉的人，虽然没特别的恩惠，但如果听到有人对我的评论，并不认为他们说的是错的。

假借高贵权势来凌辱别人，别人肯定不会诚服；凭借威严来管辖他人，他人不会满意；这是很容易明白的事情。

"声乐以及嬉笑游玩，都不能太过分；赌博、喝酒、捕鱼、打猎，这一切行为都不应该做。日常需要的物品和衣服饮食，都不能没有节制，对于奇巧的服饰和玩物，也不应该任其滋长。

"还有，你应该常常接见府中的官员。如果见面次数少，则不能和他彼此亲近；不亲近，就无法彻底知道别人的思想；不完全了解他们的思想感情，又怎么去知道社会的具体事情呢？"

夏酒泉公俊自平凉奔魏。

丁零鲜于台阳等请降于魏，魏主赦之。

秦出连辅政等未至西平，河西王蒙逊拔西平，执太守麹承。

二月，秦王暮末立妃梁氏为王后，子万载为太子。

三月，丁巳，立皇子劭为太子。戊午，大赦。

【译文】夏国酒泉公赫连俊从平凉逃亡到魏国。

丁零部落酋长鲜于台阳等请求向北魏归降，北魏君主拓跋焘赦免了他。

西秦的征虏将军出连辅政还没有率领军队赶到西平救援，

北凉河西王沮渠蒙逊已经占领了西平，将太守麹承擒获。

二月，西秦王乞伏暮末将妃子梁氏封为皇后，儿子乞伏万载立为太子。

三月，丁巳二十五日，刘宋文帝将皇子刘劭立为太子；戊午二十六日，下令大赦天下。

辛酉，以左卫将军殷景仁为中领军。帝以章太后早亡，奉太后所生苏氏甚谨。苏氏卒，帝往临哭，欲追加封爵，使群臣议之。景仁以为古典无之，乃止。

初，秦尚书陇西辛进从文昭王游陵霄观，弹飞鸟，误中秦王暮末之母，伤其面。及暮末即位，问母面伤之由，母以状告。暮末怒，杀进，并其五族二十七人。

夏，四月，癸亥，以尚书左仆射王敬弘为尚书令，临川王义庆为左仆射，吏部尚书济阳江夷为右仆射。

【译文】辛酉二十九日，刘宋文帝刘义隆将左卫将军殷景仁任命为中领军。刘义隆因母亲章太后很早就去世，而对太后母亲苏氏侍奉得十分恭敬。苏氏去世的时候，刘宋文帝亲自前往恸哭哀吊，并且想要追加封爵，让大臣们商量讨论，殷景仁认为古书上从没有追封外祖母的先例，刘义隆才停止。

起初，西秦尚书、陇西人辛进在文昭王乞伏炽磐身边跟随前去游览陵霄观，用弹丸打飞鸟的时候，误打到西秦王乞伏暮末的母亲，将她的容貌损毁。等到乞伏暮末即位的时候，询问到母亲脸上受伤的原因，母亲便将当时的情形告诉给他。乞伏暮末听后非常生气，将辛进及他的五族亲属共二十七人杀死。

夏季，四月，癸亥初二，刘宋文帝将尚书左仆射王敬弘任命为尚书令，将临川王刘义庆任命为左仆射，将吏部尚书济阳人江夷任命为右仆射。

初，魏太祖命尚书郎邓渊撰《国记》十馀卷，未成而止。世祖更命崔浩与中书侍郎邓颖等续成之，为《国书》三十卷。颖，渊之子也。

魏主将击柔然，治兵于南郊，先祭天，然后部勒行陈。内外群臣皆不欲行，保太后固止之，独崔浩劝之。

【译文】起初，魏太祖命令尚书邓渊撰写十多卷《国记》，书还没有写完就中断了。于是，拓跋焘任命崔浩和中书侍郎邓颖等人接着编写，称为《国书》，一共三十卷。邓颖，是邓渊的儿子。

北魏君主拓跋焘将对柔然汗国进攻，在南郊举行阅兵大典，先是祭天神，然后调动军队排列战阵。当时，朝廷内外的大臣们都不主张出征打这一仗，拓跋焘的乳娘保太后也一再阻止他的行动，只有太常崔浩支持拓跋焘出征。

尚书令刘絜等共推太史令张渊、徐辩使言于魏主曰："今兹己巳，三阴之岁，岁星袭月，太白在西方，不可举兵，北伐必败，虽克，不利于上。"群臣因共赞之曰："渊等少时尝谏苻坚南伐，坚不从而败，所言无不中，不可违也。"魏主意不决，诏浩与渊、辩论难于前。浩诘渊、辩曰："阳为德，阴为刑，故日食修德，月食修刑。夫王者用刑，小则肆诸市朝，大则陈诸原野：今出兵以讨有罪，乃所以修刑也。臣窃观天文，比年以来，月行掩昴，至今犹然。其占，三年天子大破旄头之国。蠕蠕、高车，旄头之众（上）〔也〕。愿陛下勿疑。"渊、辩复曰："蠕蠕，荒外无用之物，得其地不可耕而食，得其民不可臣而使，轻疾无常，难得而制；有何汲汲，而劳士马以伐之？”浩曰：“渊、辩言天道，犹是其职，至于人事形势，尤非其所知。此乃汉世常谈，施之于今，殊不合事宜。何则？蠕蠕本国家北边之臣，中间叛去。今诛其元恶，收其良民，令复旧役，非无用也。世人皆谓渊、辩通解数术，明决成败，臣请试问之：属者统万未亡之前，有无败征？若其不知，是无术也；知而不言，是不忠也。”时赫连昌在坐，渊等自以未尝有言，惭不能对。魏主大悦。

【译文】尚书令刘絜等人共同将太史令张渊、徐辩推举出来，向拓跋焘分析说：“今年是己巳年，恰好是三种阴气相聚的时候。木星突然掩遮月亮，在西方又出现太白星，这说明是不可以出兵进攻的。如果北伐一定会失败，就算取得胜利，也不利于皇上您。”大臣们也一起支持张渊和徐辩的说法，说：“张渊、徐辩在年轻的时候，就曾劝谏苻坚不要南征，苻坚不听取他们的建议而失败，他所预言的事情没有一件是不准确的，我们不可违背他说的话。”拓跋焘心里很不高兴，便下诏，让崔浩和张渊、徐辩二人在御前互相辩论。崔浩向张渊、徐辩二人质问，说：“阳年代表恩德，阴年代表刑罚，所以在出现日食的时候，要积累恩德，出现月食的时候，要整治刑罚。帝王使用刑罚，从小规模上来看，是在市井朝廷处决犯人，从大规模上说，就是在原野与敌人对战。现在，对有罪的国家进行讨伐，就是用来整治刑罚。我观察天象，近年以来，一直都是月亮掩盖昴星，到现在仍然是这样。占卜表明，三年内将会有帝王大败旄头星的国家。柔然、高车，都是旄头星的部众。希望皇上不要有所怀疑。”张渊、徐辩又说：“柔然，是没有用的远荒外的东西，我们就算得到他们的土地，也无法用来耕种生产粮食；我们就算得到他们的百姓，也不能作为臣子来使唤；而且他们的行动急速

资治通鉴

轻快，出没常常无规律可循，很难攻占并将他们制伏，所以，为什么要如此急迫地动用大队人马前去讨伐呢？"崔浩说："张渊、徐辩二人谈论天文，还算是他们的本职，但是说到民间的事情和形势，就显然不是他们能清楚了解的了。这个观点是汉代以来的老生常谈，用在现在，根本不合时宜。这是什么原因呢？柔然原本就是我国北边的藩属，后来背叛我国离去。现在是要将叛贼的元凶诛杀，将良民收回，让他们仍为我们效力，这并不是没有用处的。世人都相信张渊、徐辩二人的天文历法，可以明确预知成败，那么，我就想要问问：在夏国的统万城还没有被攻克以前，有没有预测出败亡的征兆呢？如果他们二人不知道，那就是对天文并不精通；如果知道却没有说，那这就是对皇上不忠。"当时前夏国君主赫连昌也在，张渊、徐辩二人自以为无法说过他，惭愧得无法回答。拓跋焘听了以后十分高兴。

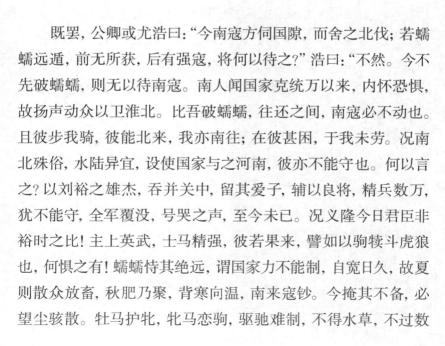

　　既罢，公卿或尤浩曰："今南寇方伺国隙，而舍之北伐；若蠕蠕远遁，前无所获，后有强寇，将何以待之？"浩曰："不然。今不先破蠕蠕，则无以待南寇。南人闻国家克统万以来，内怀恐惧，故扬声动众以卫淮北。比吾破蠕蠕，往还之间，南寇必不动也。且彼步我骑，彼能北来，我亦南往；在彼甚困，于我未劳。况南北殊俗，水陆异宜，设使国家与之河南，彼亦不能守也。何以言之？以刘裕之雄杰，吞并关中，留其爱子，辅以良将，精兵数万，犹不能守，全军覆没，号哭之声，至今未已。况义隆今日君臣非裕时之比！主上英武，士马精强，彼若果来，譬如以驹犊斗虎狼也，何惧之有！蠕蠕恃其绝远，谓国家力不能制，自宽日久，故夏则散众放畜，秋肥乃聚，背寒向温，南来寇钞。今掩其不备，必望尘骇散。牡马护牝，牝马恋驹，驱驰难制，不得水草，不过数日，必聚而困弊，可一举而灭也。暂劳永逸，时不可失，患在上无此意。今上意已决，奈何止之！"寇谦之谓浩曰："蠕蠕果可克乎？"浩曰："必克。但恐诸将琐琐，前后顾虑，不能乘胜深入，使不全举耳。"

【译文】辩论结束之后，朝中大臣有的责怪崔浩说："现在南方的敌人刘宋正在等待时机进攻我国，而我们却将其抛诸脑后，前往北方征伐；如果柔然知道我们进攻后远走逃跑，那么我们前面没有收获，而后面却有敌人入侵，这要如何解决呢？"崔浩说："不会这样的。如果我们现在不先将柔然攻破，那么将无法对付南方来的敌人。南方人自从听闻我国将统万攻占以来，内心一直对我们十分恐惧，所以扬言要发动兵力以保卫淮北地区。在我们将柔然攻破，一去一回的时间内，南方敌人必定不敢向我们进攻。何况，敌人多是步兵，而我们主要是骑兵，他们如果可以北来，那么我们照样也可以南去，他们步兵行动已经很困难的时候，我们还没有疲劳。何况南北的风俗生活习惯大不相同，南方水路交错，而北方是一片平原，水陆作战方法分别都不一样，就算我们把黄河以南的地方送给他们，他们也无法守住。为什么这么说呢？当年，以武帝刘裕的雄才大略，将关中吞并，让他的爱子留下据守，并让精良的将领和士兵留下来辅助，可还是无法守住，导致最后全军覆没，战场上哀号的声音，到现在都没有消失。况且，现在的刘义隆和他文武百官，根本不能和刘裕时相比。但我们的皇上却是英明神武，军队精强，如果他们真的敢来进攻，就好比让马驹、牛犊来和虎狼相斗一样，哪里有什么好担心的！柔然一直因为他们地方距离我国遥远，以为我们的力量无法将他们制伏，便松散了很久，所以，夏天的时候，就会将人民分散，各自前去放牧，到了秋天，便是兵肥马壮，那时，他们就会聚集在一起，离开寒冷，面向温暖的南方，来南下掠夺。现在正是初夏，如果我们出其不意地率兵攻击，他们一定会看到飞扬的尘沙而惊慌逃散。这时，公马护着母马，母马爱着小马，牲畜便会很难控制驱赶，等到无法找到水草，没过几天，他们肯定会聚集在一起，趁着他们疲劳困顿之际，我们一定能够一举将他们消灭，短暂的辛苦将会换来永久的安逸，这样的机会不可失去。以前我担心皇上没有北征的想法，现在皇上的决心已经下定，怎么可以阻止呢？"寇谦之向崔浩询问，说："我们真的可以将柔然一举攻克吗？"崔浩回答说："当然能够攻克。只是担心将领们眼光短浅，顾虑太多，无法乘胜深入，导致不能取得全面的胜利。"

先是，帝因魏使者还，告魏主曰："汝趣归我河南地！不然，将尽我将士之力。"魏主方议伐柔然，闻之大笑，谓公卿曰："龟鳖小竖，自救不暇，夫何能为！就使能来，若不先灭蠕蠕，乃是坐待寇至，腹背受敌，非良策也。吾行决矣。"

庚寅，魏主发平城，使北平王长孙嵩、广陵公楼伏连居守。魏主自东道向黑山，使平阳王长孙翰自西道向大娥山，同会柔然之庭。

【译文】以前，刘宋文帝刘义隆曾趁着北魏使者回国，让使者告诉北魏君主拓跋焘，说："你要尽快将我黄河以南的土地归还给我，否则，我的士兵只能全力攻取了。"拓跋焘当时正在商议对柔然讨伐的事情，听到这番话时，大笑不已，向左右侍奉的人说："乌龟小丑！他自己都无法自救，哪里还会有什么作为呢？就算他真的前来，我们如果不先将柔然灭掉，就是坐等敌人前来进攻，那样我们就会面临腹背受敌的情况，这不是一个好计谋。所以，我决定立马北征！"

庚寅二十九日，北魏君主拓跋焘从平城率军出发，派遣北平王长孙嵩、广陵公楼伏连在京师留守。拓跋焘向东取道黑山，命令平阳王长孙翰从西取道大娥山，约定在柔然的王庭会师。

五月，壬辰朔，日有食之。

王敬弘固让尚书令，表求还东。癸巳，更以敬弘为侍中、特进、左光禄大夫，听其东归。

丁未，魏主至漠南，舍辎重，帅轻骑兼马袭击柔然，至栗水，柔然纥升盖可汗先不设备，民畜满野，惊怖散去，莫相收摄。纥升盖烧庐舍，绝迹西走，莫知所之。其弟匹黎先主东部，闻有魏寇，帅众欲就其兄；遇长孙翰，翰邀击，大破之，杀其大人数百。

【译文】五月，壬辰朔初一，出现日食。

王敬弘坚决请求将尚书令的官职辞让，上书请求可以返回家乡会稽。癸巳初二，刘宋文帝将王敬弘任命为侍中、特进、左光禄大夫，允许他回到会稽。

丁未十六日，北魏君主拓跋焘抵达沙漠南边，将辎重留下，亲自率领轻装骑兵和备用战马向柔然进攻，很快就到了栗水。柔然纥升盖可汗郁久闾大檀预先没有防备，放牧的人民和牲畜在原野到处分布，在看到北魏大军到来后，全都惊慌失措，四处逃散，而无法集合兵力。于是，纥升盖可汗纵火将房屋烧毁，向西逃跑，没有人知道他去了哪里。他的弟弟郁久闾匹黎先在东部主持军务，在听到北魏军队入侵的消息后，率领大众想要向他哥哥靠近；刚刚出发就遇到北魏的平阳王长孙翰，长孙翰袭击了他们的军队，将其大败，并杀死部落酋长等几百人。

夏主欲复取统万，引兵东至侯尼城，不敢进而还。

河西王蒙逊伐秦，秦王暮末留相国元基守枹罕，迁保定连。

南安太守翟承伯等据罕开谷以应河西，暮末击破之，进至治城。

西安太守莫者幼眷据沩川以叛，暮末讨之，为幼眷所败，还于定连。

蒙逊至枹罕，遣世子兴国进攻定连。六月，暮末逆击兴国于治城，擒之，追击蒙逊至谭郊。

【译文】夏国君王赫连定想要收复统万，于是，他亲率大军向东到达侯尼城，却不敢发动进攻，便又撤回宫中。

北凉河西王沮渠蒙逊向西秦讨伐，西秦王乞伏暮末派遣相国乞伏元基在枹罕留守，自己退到定连城据守。

西秦南安太守翟承伯等背叛国家，他在罕开谷据守，接应河西王军队的进攻，乞伏暮末率兵将翟承伯的军队击败，并进入治城。

西秦西安太守莫者幼眷在沩川据守，背叛西秦，乞伏暮末率兵前去攻打，反被莫者幼眷打败，于是，乞伏暮末又退回到定连据守。

沮渠蒙逊率领大军到达枹罕并将之包围，命令世子沮渠兴国向定连城进攻。六月，乞伏暮末在治城对沮渠兴国进行反击，并将沮渠兴国擒获，追击撤退的沮渠蒙逊大军，一直到谭郊。

吐谷浑王慕璝遣其弟没利延将骑五千会蒙逊伐秦，暮末遣辅国大将军段晖等邀击，大破之。

柔然纥升盖可汗既走，部落四散，窜伏山谷，杂畜布野，无人收视。魏主循栗水西行，至菟园水，分军搜讨，东西五千里，南北三千里，俘斩甚众。高车诸部乘魏兵势，钞掠柔然。柔然种类前后降魏者三十馀万落，获戎马百馀万匹，畜产、车庐，弥漫山泽，亡虑数百万。

【译文】吐谷浑王慕璝派遣他弟弟没利延率领五千骑兵和沮渠蒙逊率领的大军会合，共同讨伐西秦，乞伏暮末派遣辅国大将军段晖等前去阻击敌人，并大败没利延的骑兵和北凉的军队。

柔然纥升盖可汗郁久闾大檀逃走后，他属下的部落也四处逃散，在山谷中躲藏，牛马等牲畜在原野上遍布，没有人照顾收养。北魏君主拓跋焘一直沿着栗水向西前行，到达菟园水，分散大军四处搜寻柔然的残余部落，范围在东西有五千里，南北有三千里，将很多敌人擒获斩杀。高车的各部落趁着北魏军队进攻的机会，对柔然攻打掠夺。因此，柔然各部落前后就有三十多万聚落向北魏投降，北魏大军缴获战马多达一百多万匹，牲畜、篷车在山涧水泽遍布，有几百万之多。

魏主循弱水西行，至涿邪山，诸将虑深入有伏兵，劝魏主留止，寇谦之以崔浩之言告魏主，魏主不从。秋，七月，引兵东还；至黑山，以所获班赐将士有差。既而得降人言："可汗先被病，闻魏兵至，不知所为，乃焚穹庐，以车自载，将数百人入南山。民畜窘聚，方六十里无人统领，相去百八十里，追兵不至，乃徐西遁，唯此得免。"后闻凉州贾胡言："若复前行二日，则尽灭之矣。"魏主深悔之。

【译文】北魏君主拓跋焘沿着弱水岸向西前行，到达涿邪山，将领们担心继续深入会有柔然的军队埋伏，所以规劝拓跋焘停下，不要再向前前进，寇谦之便把崔浩说的那些话对拓跋焘又说了一遍，希望可以乘胜追击，拓跋焘没有准许。秋季，七月，拓跋焘率军东回；抵达黑山的时候，把缴获的战利品按照阶级次序，赏赐给了将士。不久，听柔然投降的人说："可汗原先抱病在床，听到北魏大军讨伐的消息时，不知所措，慌忙将帐篷纵火烧毁，坐着马车，率领数百人逃跑到南山。而放牧的人与牲畜聚集在一起，没有人可以统领，可汗与涿邪山只相距了一百八十里，因为北魏没有派遣追兵，才开始向西逃跑，得以幸免。"此后，又听到凉州的匈奴商人说："如果向前再继续追赶两天，就可以把柔然彻底消灭了。"拓跋焘听后，十分后悔。

纥升盖可汗愤悒而卒，子吴提立，号敕连可汗。

武都孝昭王杨玄疾病，欲以国授其弟难当。难当固辞，请立玄子保宗而辅之；玄许之。玄卒，保宗立。难当妻姚氏劝难当自立，难当乃废保宗，自称都督雍、凉、秦三州诸军事、征西大将军、开府仪同三司、秦州刺史、武都王。

河西王蒙逊遣使送谷三十万斛以赎世子兴国于秦，秦王暮末不许。蒙逊乃立兴国母弟菩提为世子。暮末以兴国为散骑常侍，以其妹平昌公主妻之。

【译文】柔然纥升盖可汗郁久闾大檀忧愤而死，他的儿子郁久闾吴提继承汗位，封号为敕连可汗。

武都孝昭王杨玄身患重病，准备将王位交给他的弟弟杨难当，杨难当一再坚决辞绝，并请求将杨玄的儿子杨保宗立为君王，而他从旁辅助；最终杨玄答应了这个建议。杨玄去世之后，杨保宗即位。然而，杨难当的妻子姚氏劝杨难当自立为王，于是，杨难当将杨保宗废黜，将自己封为都督雍州、凉州、秦州三州诸军事、征西大将军、开府仪同三司、秦州刺史兼武都王。

北凉河西王沮渠蒙逊派遣使者前往西秦，并送去谷子三十万斛请求可以将世子沮渠兴国赎回,西秦王乞伏暮末没有答应。于是,沮渠蒙逊将沮渠兴国的同母弟弟沮渠菩提立为世子。乞伏暮末将沮渠兴国任命为散骑常侍,并将自己的妹妹平昌公主嫁给他做妻子。

八月,魏主至漠南,闻高车东部屯巳尼陂,人畜甚众,去魏军千馀里,遣左仆射安原等将万骑击之。高车诸部迎降者数十万落,获马牛羊百馀万。

冬,十月,魏主还平城。徙柔然、高车降附之民于漠南,东至濡源,西暨五原阴山,三千里中,使之耕牧而收其贡赋;命长孙翰、刘絜、安原及侍中代人古弼同镇抚之。自是魏之民间马牛羊及毡皮为之价贱。

【译文】八月,北魏君主拓跋焘抵达沙漠南边,听说高车东部落在巳尼陂屯居,人和牲畜众多,和魏军距离只有一千多里,于是,拓跋焘派遣左仆射安原等率领骑兵一万余人向高车进攻。高车各部落向北魏军队投降的就有数十万聚落,共缴获一百多万头马牛羊。

冬季,十月,北魏君主拓跋焘返回平城。将柔然、高车各部落投降的百姓迁往沙漠南部,在东到濡源,西到五原阴山,绵延三千里的草原上将他们安置,命他们自己耕田放牧,并上缴贡赋;拓跋焘派遣长孙翰、刘絜、安原和侍中代人古弼共同在这里镇守安抚牧民。从这以后,北魏民间的马牛羊和毡皮的价格开始下降。

魏主加崔浩侍中、特进、抚军大将军,以赏其谋画之功。浩善占天文,常置铜铤于醋器中,夜有所见,即以铤画纸作字以记

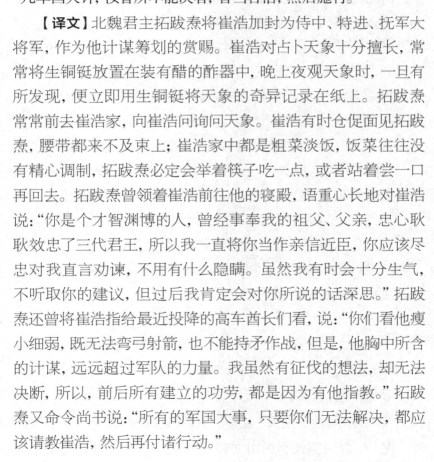

其异。魏主每如浩家，问以灾异，或仓猝不及束带；奉进疏食，不暇精美，魏主必为之举箸，或立尝而还。魏主尝引浩出入卧内，从容谓浩曰："卿才智渊博，事朕祖考，著忠三世，故朕引卿以自近。卿宜尽忠规谏，勿有所隐。朕虽或时忿恚，不从卿言，然终久深思卿言也。"尝指浩以示新降高车渠帅曰："汝曹视此人尪纤懦弱，不能弯弓持矛，然其胸中所怀，乃过于兵甲。朕虽有征伐之志而不能自决，前后有功，皆此人所教也。"又敕尚书曰："凡军国大计，汝曹所不能决者，皆当咨浩，然后施行。"

【译文】北魏君主拓跋焘将崔浩加封为侍中、特进、抚军大将军，作为他计谋筹划的赏赐。崔浩对占卜天象十分擅长，常常将生铜铤放置在装有醋的酢器中，晚上夜观天象时，一旦有所发现，便立即用生铜铤将天象的奇异记录在纸上。拓跋焘常常前去崔浩家，向崔浩问询问天象。崔浩有时仓促面见拓跋焘，腰带都来不及束上；崔浩家中都是粗菜淡饭，饭菜往往没有精心调制，拓跋焘必定会举着筷子吃一点，或者站着尝一口再回去。拓跋焘曾领着崔浩前往他的寝殿，语重心长地对崔浩说："你是个才智渊博的人，曾经事奉我的祖父、父亲，忠心耿耿效忠了三代君王，所以我一直将你当作亲信近臣，你应该尽忠对我直言劝谏，不用有什么隐瞒。虽然我有时会十分生气，不听取你的建议，但过后我肯定会对你所说的话深思。"拓跋焘还曾将崔浩指给最近投降的高车酋长们看，说："你们看他瘦小细弱，既无法弯弓射箭，也不能持矛作战，但是，他胸中所含的计谋，远远超过军队的力量。我虽然有征伐的想法，却无法决断，所以，前后所有建立的功劳，都是因为有他指教。"拓跋焘又命令尚书说："所有的军国大事，只要你们无法解决，都应该请教崔浩，然后再付诸行动。"

秦王暮末之弟轲殊罗烝于文昭王左夫人秃发氏，暮末知而禁之。轲殊罗惧，与叔父什寅谋杀暮末，奉沮渠兴国以奔河西。使秃发氏盗门钥，钥误，门者以告暮末。暮末悉收其党杀之，而赦轲殊罗。执什寅，鞭之，什寅曰："我负汝死，不负汝鞭!" 暮末怒，刳其腹，投尸于河。

夏主少凶暴无赖，不为世祖所知。是月，畋于阴槃，登苟蓝山，望统万城泣曰："先帝若以朕承大业者，岂有今日之事乎!"

【译文】西秦王乞伏暮末的弟弟乞伏轲殊罗和他父亲文昭王的左夫人秃发氏乱伦通奸，乞伏暮末知道这件事后对他警告禁止。乞伏轲殊罗十分忧虑，便与他的叔父乞伏什寅密谋杀害乞伏暮末，然后带着沮渠兴国前去北凉河西投奔。乞伏轲殊罗让秃发氏前去偷寝殿的钥匙，结果却将钥匙偷错，守门的人将这件事报告给乞伏暮末。于是，乞伏暮末把参与密谋的全部同党抓获斩杀，却将乞伏轲殊罗赦免。又把乞伏什寅抓获，用鞭抽打，乞伏什寅说："我欠你一条命理应去死，但是却不欠你的鞭子!" 乞伏暮末十分生气，将他的肚子剖开，把尸体扔到河中。

夏国君王赫连定年少时凶暴残虐，但世祖赫连勃勃却并不知道。这个月，赫连定前去阴槃打猎，他登上苟蓝山，远远对统万城眺望，哀痛不已，他哭着说："如果先帝让我来继承大业，怎么会发生都城被攻破的事呢!"

十一月，己丑朔，日有食之，不尽如钩，星昼见，至晡方没，河北地暗。

魏主西巡，至柞山。

十二月，河西王蒙逊、吐谷浑王慕璝皆遣使入贡。

是岁，魏内都大官中山文懿公李先、青冀二州刺史安同皆卒。先年九十五。

秦地震，野草皆自反。

【译文】十一月，己丑朔初一，发现日食，但是没有全部蚀尽，只剩下如钩的一小部分；在白天也可以看见星星，直到下午才出现日全食，使黄河以北的地方全部陷入昏暗。

北魏君主拓跋焘向西巡视，到达柞山。

十二月，北凉河西王沮渠蒙逊、吐谷浑王慕璝派遣使者向刘宋进贡。

这一年，北魏内都大官、中山文懿公李先，青州、冀州二州刺史安同都先后去世。李先享年九十五岁。

西秦地震，原野的草根都被翻出来。

元嘉七年（庚午，公元四〇年）春，正月，癸巳，以吐谷浑王慕璝为征西将军，沙州刺史、陇西公。

庚子，魏主还宫。壬寅，大赦。癸卯，复如广宁，临温泉。

二月，丁卯，魏平阳威王长孙翰卒。

戊辰，魏主还宫。

【译文】元嘉七年（庚午，公元430年）春季，正月，癸巳初六，刘宋文帝刘义隆将吐谷浑王慕璝任命为征西将军、沙州刺史兼陇西公。

庚子十三日，北魏君主拓跋焘回宫；壬寅十五日，下令大赦；癸卯十六日，拓跋焘又抵达广宁，观赏温泉。

二月，丁卯初十，北魏国阳平威王长孙翰去世。

戊辰十一日，北魏君主拓跋焘回宫。

帝自践位以来，有恢复河南之志。三月，戊子，诏简甲卒

五万给右将军到彦之，统安北将军王仲德、兖州刺史竺灵秀舟师入河，又使骁骑将军段宏将精骑八千直指虎牢，豫州刺史刘德武将兵一万继进，后将军长沙王义欣将兵三万监征讨诸军事。义欣，道怜之子也。

先遣殿中将军田奇使于魏，告魏主曰："河南旧是宋土，中为彼所侵，今当修复旧境，不关河北。"魏主大怒曰："我生发未燥，已闻河南是我地。此岂可得! 必若进军，今当权敛戍相避，须冬寒地净，河冰坚合，自更取之。"

【译文】刘宋文帝刘义隆自即位以来，一直都有将黄河以南收复的心愿。三月，戊子初二，拓跋焘下诏，选拔五万优良带甲士兵，分配给右将军到彦之，令他与安北将军王仲德、兖州刺史竺灵秀一起乘船率军进入黄河，同时，又派遣骁骑将军段宏率领八千精锐骑兵进攻虎牢，派遣豫州刺史刘德武率领一万士兵随后跟进，派遣后将军、长沙王刘义欣率领三万士兵对征讨的军务进行监督。刘义欣，是刘道怜的儿子。

在派军进攻之前，刘宋文帝刘义隆先派遣殿中将军田奇向北魏出使，对北魏君主拓跋焘说："黄河以南本来就是我们刘宋的土地，后来却被你们占领，现在，我们要将旧的边界修复，但是，不包括黄河以北的国家。"拓跋焘十分生气，说："我生下来，头发还没干的时候，就知道黄河以南是我们的领土，这土地哪是你们可以占领的? 如果你们一定要前来攻取，现在我们会暂且撤军相避，等到冬天天寒地冻，黄河水结冰的时候，我一定会重新取回。"

甲午，以前南广平太守尹冲为司州刺史。

长沙王义欣出镇彭城，为众军声援。以游击将军胡藩戍广陵，行府州事。

壬寅，魏封赫连昌为秦王。

魏有新徙敕勒千馀家，苦于将吏侵渔，出怨言，期以草生牛马肥，亡归漠北。尚书令刘絜、左仆射安原奏请及河冰未解，徙之河西，向春冰解，使不得北遁。魏主曰："此曹习俗，放散日久，譬如圈中之鹿，急则奔突，缓之自定。吾区处自有道，不烦徙也。"絜等固请不已，乃听分徙三万馀落于河西，西至白盐池。敕勒皆惊骇，曰："圈我于河西，欲杀我也！"谋西奔凉州。刘絜屯五原河北，安原屯悦拔城以备之。癸卯，敕勒数千骑叛，北走，絜追讨之；走者无食，相枕而死。

【译文】甲午初八，刘宋文帝刘义隆将前南广平太守尹冲任命为司州刺史。

长沙王刘义欣率军在彭城镇守，为刘宋各路大军声援。又派遣游击将军胡藩在广陵据守，处理府州的政务。

壬寅十六日，北魏君主拓跋焘将赫连昌封为秦王。

北魏最近归降被强行迁来的敕勒部落有一千多家，他们对于北魏士兵和官员的压榨苦不堪言，哀怨声一片，因此私下里计划等到草木茂盛，牧马肥壮的时候，向沙漠以北的家乡出逃。尚书令刘絜、左仆射安原向北魏君主拓跋焘上书，请求在黄河水没有融化的时候，强行将他们迁到河西，这样，在明年春天河水冰解的时候，他们就无法向北逃跑。拓跋焘却说："这些人长久的习俗，就是四处游荡放牧，好像那些关在苑囿中的野鹿，如果逼得太急就乱闯，如果对他们宽和些，必定就会平静下来。我自有方法对付他们，所以，不用麻烦将他们迁走。"刘絜等人却多次请求，北魏君主没有办法，只好将牧民分出三万多聚落，向河西迁移，直到向西行到白盐池。敕勒部族的牧民都十分惊慌，说："他们将我们迁到河西圈起来，是想要将我们杀死啊！"于是，又计划逃奔凉州。刘絜在五原的黄河北岸驻扎，安原在悦拔城屯驻，对他们严密防备。癸卯十七日，敕勒部族的数千人骑马向北逃走，刘絜率军前去追赶；逃跑的人因为没有食物和水，互相枕藉，死在一起。

魏南边诸将表称："宋人大严，将入寇。请兵三万，先其未发，逆击之，足以挫其锐气，使不敢深入。"因请悉诸河北流民在境上者，以绝其乡导。魏主使公卿议之，皆以为当然。崔浩曰："不可。南方下湿，入夏之后，水潦方降，草木蒙密，地气郁蒸，易生疾疠，不可行师。且彼既严备，则城守必固，留屯久攻，则粮运不继；分军四掠，则众力单寡，无以应敌。以今击之，未见其利。彼若果能北来，宜待其劳倦，秋凉马肥，因敌取食，徐往击之，此万全之计也。朝廷群臣及西北守将，从陛下征伐，西平赫连，北破蠕蠕，多获美女、珍宝，牛马成群。南边诸将闻而慕之，亦欲南钞以取资财，皆营私计，为国生事，不可从也。"魏主乃止。

【译文】北魏在南方边境驻守的将领们上表说："刘宋已经开始戒备，准备向我国侵犯，请求给我们增援三万士兵，在他们还没有进攻的时候，先下手制敌。这样，足以将他们的士气挫败，让他们不敢深入侵犯我国境内。"并且请求将住在黄河以北边境的汉族难民全部杀死，以避免他们可能当作刘宋大军的向导。北魏君主拓跋焘让文武百官们商议讨论，大家全都认为不错。崔浩却说："不可以这样。南方土地低洼潮湿，进入夏天后，雨水增加，草木十分茂密，地方空气闷热潮湿，这样很容易生病，所以，对军事活动不利。何况他们已经加强严备，城池一定是坚固难攻。我们军队如果在城下驻扎来长久攻城，粮食补给就会供应不暇；如果将军队分散，四处掠夺，力量就会变得分散薄弱，无法抵抗敌人的进攻。所以，我们现在先对他们进攻，是没有什么益处的。他们军队如果真的北来进攻，我们应与他们周旋，等他们疲劳，在秋天天气变得凉爽，马匹肥壮的时候，我们就可以夺取敌人的粮食，慢慢地与他们攻打，这才是万全之计。朝廷的大臣和西北边境的守将们跟从陛下出征讨伐，向西平定夏国的赫连昌，向北又攻破柔然，掳获了很多美女、珍宝以及成群的牛马。在南边驻守的将领们知道后十分羡慕，也希望可以向南进攻，抢夺财物，他们这都是为了自己的利益，却为国家制造困难，所以，千万不能听从他们的建议。"拓跋焘这才停止。

诸将复表："南寇已至，所部兵少，乞简幽州以南劲兵助己戍守，乃就漳水造船严备以拒之。"公卿皆以为宜如所请，并署司马楚之、鲁轨、韩延之等为将帅，使招诱南人。浩曰："非长策也。楚之等皆彼所畏忌，今闻国家悉发幽州以南精兵，大造舟舰，随以轻骑，谓国家欲存立司马氏，诛除刘宗，必举国震骇，惧于灭亡，当悉发精锐，并心竭力，以死争之，则我南边诸将无以御之。今公卿欲以威力却敌，乃所以速之也。张虚声而召实害，此之谓矣。故楚之之徒，往则彼来，止则彼息，其势然也。且楚之等皆纤利小才，止能招合轻薄无赖而不能成大功，徒使国家兵连祸结而已。昔鲁轨说姚兴以取荆州，至则败散，为蛮人掠卖为奴，终于祸及姚泓，此已然之效也。"魏主未以为然。浩乃复陈天时，以为南方举兵必不利，曰："今兹害气在扬州，一也；庚午自刑，先发者伤，二也；日食昼晦，宿值斗、牛，三也；

荧惑伏于翼、轸，主乱及丧，四也；太白未出，进兵者败，五也。夫兴国之君，先修人事，次尽地利，后观天时，故万举万全。今刘义隆新造之国，人事未洽；灾变屡见，天时不协；舟行水涸，地利不尽。三者无一可，而义隆行之，必败无疑。"魏主不能违众言，乃诏冀、定、相三州造船三千艘，简幽州以南戍兵集河上以备之。

【译文】北魏在南边驻守的将领们又向拓跋焘上表，说："南方敌人已经开始进攻，我们的士兵太少，请求皇上可以选幽州以南的精兵前来增援，帮助戍守城池，并请在漳水边建造舰船，来防止敌人的入侵。"朝廷的文武百官都认为他们的请求应该准许，并派遣司马楚之、鲁轨、韩延之等率领精兵，来引诱刘宋的百姓归降。崔浩却说："这不是长久之计。司马楚之等人刘宋国人都十分畏惧忌惮，如果他们现在知道我们动员幽州以南的精良士兵，并大规模地制造军舰，又有轻骑作为后继部队配合，必定会认为我国想要对东晋司马氏的政权重新恢复，消灭刘氏；那么，他们一定会害怕被消灭，便发动全国的精锐士兵，齐心协力，用死抵抗，这样，我国在南方边境驻守的将领们肯定就不能抵御他们的进攻。如今文武百官想要用武力声望来将敌人击退，只会加速他们军队对我们的反攻。虚张声势却将招来实际的祸害，说的就是这种做法啊！所以司马楚之这些叛变过来的将领前去进攻，刘宋军队一定会来；不去进攻，他们一定会停，这是情势的必然。而且司马楚之等人都是贪图小利、目光短浅的小人物，对付的只能是一些轻薄无赖的人，根本不会成就大功，只会徒然使国家兵连祸结。从前鲁轨曾劝说姚兴派遣背叛之人前去攻取荆州，结果士兵刚进入东晋境内就溃败瓦解，被南蛮人抓获并出卖为奴隶，所导致的延祸最终牵连到姚兴，使后秦灭亡，这是看得到的事实啊。"拓跋焘对这些话却不放在心上。于是，崔浩又陈述分析天象，认为对南方发起进攻必定会不利，说："今年为庚午年，'害气'在扬州，这是第一；'庚'和'午'，双方又是相克，所以先发起战争的就一定会先受到伤害，这是第二；并且出现日食而白天昏暗，太阳又行经停留在斗宿、牛宿，这是第三；火星在翼宿、轸宿之后隐藏，昭示着天下动乱丧亡，这是第四；金星却没有显示，军事上的活动必然会失败，这是第五；身为一个志向于振兴国家的君王，应该先将百姓的事整治好，其次再充分利用地利，最后观察顺应天时，这样做事才会什么都顺利成功。如今，刘义隆管理的是新建立的国家，百姓和朝廷还没有安定，天灾和异变经常出现，这是天时不和；国家各个地方水道干涸，不利于行船，这是地利不和。人事、天时、地利这三样里没一样是有利的，而刘义隆却要发动进攻，毫无疑问，结果一定会失败。"拓跋焘不能不考虑大多数人的意见，于是下诏，命令冀、定、相三州兴建战舰三千艘，派遣幽州以南的各地守军在黄河边集合防备。

秦乞伏什寅母弟前将军白养、镇卫将军去列，以什寅之死，有怨言，秦王暮末皆杀之。

夏，四月，甲子，魏主如去中。

敕勒万馀落复叛走，魏主使尚书封铁追讨灭之。

六月，己卯，以氐王杨难当为冠军将军、秦州刺史、武都王。

【译文】西秦国乞伏什寅的同母胞弟、前将军乞伏白养与镇卫将军乞伏去列，因乞伏什寅的死而怨愤不满，口出怨言，于是，乞伏暮末把他们先后杀掉。

夏季，四月，甲子初八，北魏君主拓跋焘到达云中。

敕勒部落的牧民有一万多聚落再次反抗逃走，拓跋焘命令尚书封铁前去追讨，将他们一举消灭。

六月，己卯二十四日，刘宋文帝将氐王杨难当任命为冠军将军、秦州刺史，加封武都王。

魏主使平南大将军、丹杨王大毗屯河上，以司马楚之为安南大将军、荆州刺史，封琅邪王，顿颍川以备宋。

吐谷浑王慕璝将其众万八千袭秦定连，秦辅国大将军段晖等击走之。

到彦之自淮入泗，水渗，日行才十里，自四月至秋七月，始至须昌。乃溯河西上。

【译文】北魏君主拓跋焘派遣平南大将军、丹杨王拓跋大毗在黄河边屯驻，派遣司马楚之作为安南大将军，加封琅邪王，在颍川屯驻以防备刘宋大军的进攻。

吐谷浑王慕璝率领一万八千人前去西秦国所属的定连城袭击，西秦辅国大将军段晖等将他的军队击退。

刘宋右将军到彦之率军从淮水进入泗水，结果天旱水少，一天只能走十里，从四月到秋季七月，才到达须昌。然后，从黄河逆流向西而上。

魏主以河南四镇兵少，命诸军悉收众北渡。戊子，魏碻磝戍兵弃城去。戊戌，滑台戍兵亦去。庚子，魏主以大鸿胪阳平公杜超为都督冀、定、相三州诸军事、太宰，进爵阳平王，镇邺，为诸军节度。超，密太后之兄也。庚戌，魏洛阳、虎牢戍兵皆弃城去。

【译文】北魏君主拓跋焘觉得黄河以南四个军事重镇的兵力太少，下令各地将领全部收兵，撤退到黄河以北。戊子初四，北魏驻守碻磝的士兵弃城而去；戊戌十四日，驻守滑台的士兵也撤去。庚子十六日，拓跋焘将大鸿胪阳平公杜超任命为都督冀州、定州、相州三州诸军事、太宰，加封为阳平王，在邺城镇守，统领各地大军。杜超，是拓跋焘乳娘密太后的哥哥。庚戌二十六日，北魏在洛阳、虎牢镇守的士兵也全部弃城撤退。

到彦之留朱修之守滑台，尹冲守虎牢，建武将军杜骥守金墉。骥，预之玄孙也。诸军进屯灵昌津，列守南岸，至于潼关。于是司、兖既平，诸军皆喜，王仲德独有忧色，曰："诸贤不谙北土情伪，必堕其计。胡虏虽仁义不足，而凶狡有馀，今敛戍北归，必并力完聚。若河冰既合，将复南来，岂可不以为忧乎！"

甲寅，林邑王范阳迈遣使入贡，自陈与交州不睦，乞蒙恕宥。

【译文】到彦之将朱修之留下在滑台镇守，司州刺史尹冲在虎牢镇守，建武将军杜骥在金墉镇守。杜骥，是杜预的玄孙。刘宋的各路大军向灵昌津进驻，在黄河南岸成列驻守，一直连续到潼关。司州、兖州全部平定以后，各路大军都十分兴奋，只有安北将军王仲德面色忧虑，说："各路大军不了解北人的真假虚实，一定会中敌人的阴谋。胡人不仅没有足够的仁义道德，而且还十分凶暴狡诈，现在他们全部都弃城北去，肯定是在尽力整顿大军。等到黄河结冰的时候，必定会再次南来，哪里不让人忧虑呢？"

甲寅三十日，林邑王范阳迈派遣使者向刘宋建康进贡，说明自己与刘宋所属的交州有冲突的原因，请求文帝可以宽宥他们。

【乾隆御批】魏南边守将请逆击宋人，虽未必尽由私利起见，然其谋画则不及崔浩远矣。至欲悉诛境上流民尤为乖谬。河北皆魏地，流民皆魏民，安有防人侵掠，自先戕贼无辜乎？

【译文】魏朝南部边境的守将请求迎击宋人，虽然未必都出于私利，但是他们的谋划却比崔浩差远了。至于想把边境上的流民全都杀掉的想法就更为荒谬。黄河以北都是魏朝的土地，流民也都是魏朝的人民，哪有为了防备敌人的侵占掠夺，就自己先去杀害无辜百姓的呢？

八月，魏主遣冠军将军安颉督护诸军，击到彦之。丙寅，彦之遣裨将吴兴姚耸夫渡河攻冶坂，与颉战；耸夫兵败，死者甚众。戊寅，魏主遣征西大将军长孙道生会丹杨王大毗屯河上以御彦之。

燕太祖寝疾，召中书监申秀、侍中阳哲于内殿，属以后事。九月，病甚，辇而临轩，命太子翼摄国事，勒兵听政，以备非常。

【译文】八月，北魏君主拓跋焘命令冠军将军安颉前往各军督导，向到彦之的军队发起进攻。丙寅十二日，到彦之派遣副将吴兴人姚耸夫渡过黄河北上，向冶坂进攻，和安颉应战；耸夫大败，士兵死伤无数。戊寅二十四日，拓跋焘派遣征西大将军长孙道生和丹杨王拓跋大毗会合，在黄河边屯驻，防止到彦之军队的进攻。

北燕太祖身患重病，将中书监申秀、侍中阳哲召到内殿，嘱托后事。九月，冯跋病重，坐辇车前往金銮殿，让太子冯翼主持国事，统领全国军队，以防止意外事情的发生。

宋夫人欲立其子受居，恶翼听政，谓翼曰："上疾将瘳，奈何遽欲代父临天下乎！"翼性仁弱，遂还东宫，日三往省疾。宋夫人矫诏绝内外，遣阉寺传问而已，翼及诸子、大臣并不得见，唯中给事胡福独得出入，专掌禁卫。

　　福虑宋夫人遂成其谋，乃言于司徒、录尚书事、中山公弘，弘与壮士数十人被甲入禁中，宿卫皆不战而散。宋夫人命闭东阁，弘家僮库斗头劲捷有勇力，逾阁而入，至于皇堂，射杀女御一人。太祖惊惧而殂。弘遂即天王位，遣人巡城告曰："天降凶祸，大行崩背，太子不侍疾，群公不奔丧，疑有逆谋，社稷将危。吾备介弟之亲，遂摄大位以宁国家，百官叩门入者，进陛二等。"

　　【译文】冯跋的妃子宋夫人想让她的儿子冯受居继承帝位，所以她对太子冯翼主持政事十分厌恶，对冯翼说："皇上的病马上就要好了，你怎么可以这么急着代父亲统治天下呢？"太子冯翼，生性仁慈文弱，听从了宋夫人的话，退位返回东宫，不再主持朝政，每天三次前去殿内看望父王的病情。于是，宋夫人假传圣旨，下令将文武百官隔绝在宫外，不许进宫看望，若是有事，只能派太监传话。太子冯翼和其他几个皇子、文武百官都无法见到太祖皇上，只有中给事胡福一个人可以独自自由出入，专门统领皇宫的守卫。

　　胡福对宋夫人的谋划十分担忧，于是，就向太祖的弟弟司徒、录尚书事、中山公冯弘报告了宋夫人的异常情况，冯弘便亲自率领数十个壮士全副武装，进入后宫，士卫们没有抵抗就散开了。于是，宋夫人下令将东门关闭，冯弘的家童库斗头敏捷而十分有力，翻墙越门进入后宫，在大殿里，射死了一个宫女。冯跋因为受到惊怕而去世，于是，冯弘乘机在金銮殿即位，并派人在城中的大小街巷布告，说："上天降下大祸，皇帝受惊去世，太子冯翼不在身边侍候疾病，文武百官也无人前来哀吊，恐怕有人计谋叛逆，危及到国家安全。现在，我以弟弟的身份，暂时即帝位以将国家安定，百官中有进宫朝见的，一律官加两等。"

太子翼帅东宫兵出战而败，兵皆溃去，弘遣使赐翼死。太祖有子百馀人，弘皆杀之。谥太祖葬皇帝，文成长谷陵。

己丑，夏主遣其弟谓以代伐魏鄜城，魏平西将军始平公隗归等击之，杀万馀人，谓以代遁去。夏主自将数万人邀击隗归于鄜城东，留其弟上谷公社干、广阳公度洛孤守平凉，遣使来求和，约合兵灭魏，遥分河北：自恒山以东属宋，以西属夏。

【译文】太子冯翼率领东宫士兵出战，手下的士兵都四处逃去，大败，冯弘命人前去赐死太子冯翼。冯跋有一百多个儿子，冯弘将他们都杀害。对冯跋追谥号文成皇帝，庙号太祖，在长谷陵埋葬。

己丑初六，夏国君主赫连定命令他的弟弟赫连谓以代向北魏的鄜城进攻，北魏平西将军、始平公隗归等率兵反击，斩杀一万多夏国士兵，赫连谓以代出逃。赫连定亲自率领数万士兵在鄜城东与隗归迎战，让他的弟弟、上谷公赫连社干和广阳公度洛孤留下在平凉镇守，并派遣使者前往刘宋求和，请求集合兵力消灭北魏，黄河北部的地区事先分割好，即从恒山以东的土地属于刘宋，以西的土地归属夏国。

魏主闻之，治兵，将伐夏，群臣咸曰："刘义隆兵犹在河中，舍之西行，前寇未可必克，而义隆乘虚济河，则失山东矣。"魏主以问崔浩，对曰："义隆与赫连定遥相招引，以虚声唱和，共大国，义隆望定进，定徒义隆前，皆莫敢先入；譬如连鸡，不得俱飞，无能为害也。臣始谓义隆军来，当屯止河中，两道北上，东道向冀州，西道冲邺，如此，则陛下当自讨之，不得徐行。今则不然，

530

东西列兵径两千里，一处不过数千，形分势弱。以此观之，仁儿
情见，此不过欲固河自守，无北渡意也。赫连定残根易摧，拟之
必仆。克定之后，东出潼关，席卷而前，则威震南极，江、淮以
北无立草矣。圣策独发，非愚近所及，愿陛下勿疑。"甲辰，魏主
如统万，遂袭平凉，以卫兵将军王斤镇蒲坂。斤，建之子也。

【译文】北魏君主拓跋焘听闻这个消息后，立马统领军队想
要讨伐夏国，文武百官都说："刘宋刘义隆的军队，现在还停留
在黄河边上，我们不顾其他而调兵向西讨伐，前面夏国的敌人
未必能一举平定，而后面刘义隆的军队就要举兵渡过黄河，乘
虚而入，这样我们太行山以东的土地就要被刘宋军队抢走了。"
拓跋焘向崔浩询问，崔浩说："刘义隆和赫连定，他们距离遥远
却相互拉拢，只不过是虚张声势，相互唱和，想要一起来窥视
我国，刘义隆希望赫连定可以先发兵进攻，赫连定却在等待刘
义隆先举兵进攻，两个人都不敢先攻打我们的国家；他们就像
是捆绑在一起的两只鸡，无法同时起飞，肯定不会成为祸害。
我起初以为刘义隆举兵进攻，应当在黄河中游据守，然后再兵
分两路北上，东路直至冀州，西路则向邺城进攻，这样，皇上您
就需要亲自率兵讨伐，不可慢行。但是现在却不是这样，刘宋
在东西设防的士兵长达两千里，不过每一个地方的士兵不过几
千而已，军队兵力分散，这样的部署看来只不过是想要在黄河
沿岸防守，并没有渡过黄河北伐的意图。对于赫连定，他的政
权不稳，就像枯树的残根，很容易倒，一击就垮。我们对赫连
定平定以后，就可以东出潼关，向前席卷，那么必会在最南方都
产生威慑，长江、淮河以北就可以全部占领。皇上的英明独见，
不是我们一般人可以比过的，希望皇上不要怀疑。"甲辰二十一
日，北魏君主拓跋焘抵达统万，率领大军向平凉进攻，派遣卫

兵将军王斤在蒲坂留守。王斤是王建的儿子。

秦自正月不雨，至于九月，民流叛者甚众。

冬，十月，以竟陵王义宣为南徐州策史，独成石头。

戊午，立钱署，铸四铢钱。

到彦之、王仲德沿河置守，还保东平。

【译文】西秦国从正月开始，就不下雨，一直持续到九月，流亡背叛的百姓很多。

冬季，十月，刘宋文帝将竟陵王刘义宣任命为南徐州刺史，仍在石头城镇守。

戊午初五，文帝设立钱币署，开始四铢钱的铸造。

刘宋右将军到彦之、安北将军王仲德在黄河沿岸部署好防线后，便返回驻守东平。

【乾隆御批】四铢轻薄，民得因缘为奸，正坐变更成法之弊。乃患盗铸众，转请听民铸钱，何异扬汤止沸耶？甚至断新钱用古钱，则更因噎废食矣。晋宋以降，元嘉之政，所谓彼善于此耳，然钱法败坏若此，亦奚足称。

【译文】四铢钱又轻又薄，百姓因此乘机弄奸作假，正好利用变更已成之法的弊端。由于害怕私自铸钱的人多，转而听任百姓私人铸造，这与扬汤止沸有什么不同呢？至于停止流通新钱只用古钱的做法，则更是因噎废食了。晋宋以来，元嘉的治政，相对来说稍好一点，然而在钱币制度上如此败坏，又有什么值得称赞的呢？

乙亥，魏安颉自委粟津济河，攻金墉。金墉城不治既久，又无粮食。杜骥欲弃城走，恐获罪。初，高祖灭秦，迁其钟虡于江南，有大钟没于洛水，帝使姚耸夫将千五百人往取之。骥绐之曰："金墉城已修完，粮食亦足，所乏者人耳。今虏骑南渡，当相与并力御之。大功既立，牵钟未晚。"耸夫从之。既至，见城不可守，乃引去，骥遂南遁。丙子，安颉拔洛阳，杀将士五千馀人。杜骥归，言于帝曰："本欲以死固守，姚耸夫及城遽走，人情沮败，不可复禁。"上大怒，诛耸夫于寿阳。耸夫勇健，诸偏裨莫及也。

【译文】乙亥二十二日，北魏冠军将军安颉从委粟津率领大军渡过黄河南下，向金墉进攻。金墉城已经很久没有修整，防御工事残破，城中又没有粮食，所以，驻守金墉城的杜骥想要弃城逃走，又担心受到皇上的制裁。起初，宋高祖刘裕消灭后秦的时候，将后秦的皇家钟虡搬运回江南，但是途中有一个大钟掉到洛水中，刘义隆派遣姚耸夫率领一千五百士兵前往打捞。杜骥乘机对他哄骗，说："现在金墉城已经修缮完毕，粮食也已补足，只是缺少士兵防守，如今北魏敌人骑兵大举南下，我们应合力防御敌人的进攻，等到大败敌人之后，再去捞钟也不晚。"姚耸夫听取了他的建议。等到了金墉之后，看到城池无法据守，于是率兵而去，杜骥也趁机放弃城池向南逃走。丙子二十五日，北魏将军安颉攻打洛阳，斩杀刘宋的守城士兵五千多人。杜骥逃回京师建康，他报告刘宋文帝说："我本来是想要以死坚守，可是姚耸夫到达城池后立刻转身就走，让士兵的人心士气溃败，无法挽回。"刘宋文帝刘义隆闻之大怒，立马下令将姚耸夫在寿阳杀死。姚耸夫英勇善战，是其他偏将所赶不上的。

　　魏河北诸军会于七女津。到彦之恐其南渡，遣裨将王蟠龙溯流夺其船，杜超等击斩之。安颉与龙骧将军陆俟进攻虎牢，辛巳，拔之；尹冲及荥阳太守清河崔模降魏。

秦王暮末为河西所逼，遣其臣王恺、乌讷阗请迎于魏，魏人许以平凉、安定封之。暮末乃焚城邑，毁宝器，帅户万五千，东如上邽。至高田谷，给事黄门侍郎郭恒谋劫沮渠兴国以叛；事觉，暮末杀之。夏主闻暮末将至，发兵拒之。暮末留保南安，其故地皆入于吐谷浑。

【译文】北魏黄河以北的各路大军在七女津集合。到彦之害怕北魏大军会南下渡过黄河进攻，便派遣裨将王蟠龙逆流而上夺取北魏的战船，却被北魏阳平王杜超等杀死。于是，北魏冠军将军安颉、龙骧将军陆俟集合兵力，共同向虎牢进攻。辛巳二十八日，虎牢攻陷；司州刺史尹冲和荥阳太守清河人崔模向北魏军队投降。

西秦王乞伏暮末被河西军事逼迫，所以派遣使臣王恺、乌讷阗前往北魏，请求派兵支援，北魏君主同意将平凉、安定二地封给乞伏暮末。于是，乞伏暮末在城邑纵火焚烧，将带不走的宝物摧毁，然后率领一万五千户百姓，向东前往上邽，他们走到高田谷的时候，给事黄门侍郎郭恒等人商量将沮渠兴国劫走，叛变西秦。结果郭恒的阴谋被发觉，乞伏暮末将他杀死。夏国君主赫连定听到乞伏暮末将率领大军前来进攻，于是出兵抵抗。乞伏暮末只能在南安城固守，西秦的其他地方全部都被吐谷浑攻占。

十一月，乙酉，魏主至平凉，夏上谷公社干等婴城固守。魏主使赫连昌招之，不下，乃使安西将军古弼等将（军）兵趣安定。夏主自鄜城还安定，将步骑二万北救平凉，与弼遇，弼伪退以诱之；夏主追之，魏主使高车驰击之，夏兵大败，斩首数千级。夏主还走，登鹑觚原，为方阵以自固，魏兵就围之。

【译文】十一月，乙酉初三，北魏君主拓跋焘到达平凉，夏国上谷公赫连社干等带领士兵在城中固守；拓跋焘派遣赫连昌前去招降，赫连社干等没有答应，于是，拓跋焘又命令安西将军古弼等率领大军直指安定城。夏国君主赫连定从郿城返回安定，并率领二万步、骑兵向北救援平凉，途中与古弼率领的大军相遇，古弼假装战败撤退，引诱敌人深入；赫连定率军追赶，拓跋焘派遣高车部落前去迎击，夏国军队大败，士兵被斩杀数千人。赫连定逃走，退回鹑觚原据守，布置方阵自保，北魏大军将其包围。

壬辰，加征南大将军檀道济都督征讨诸军事，帅众伐魏。

甲午，魏寿光侯叔孙建、汝阴公长孙道生济河而南。

到彦之闻洛阳、虎牢不守，诸军相继奔败，欲引兵还。殿中将军垣护之以书谏之，以为宜使竺灵秀朱修之守滑台，自帅大军进拟河北，且曰："昔人有连年攻战，失众乏粮，犹张胆争前，莫肯轻退。况今青州丰穰，济漕流通，士马饱逸，威力无损。若空弃滑台，坐丧成业，岂朝廷受任之旨邪！"彦之不从。护之，苗之子也。

【译文】壬辰初十，刘宋文帝刘义隆加封征南大将军檀道济为都督征讨诸军事，率领大军前去讨伐北魏。

甲午十二日，北魏寿光侯叔孙建和汝阴公长孙道生一起率军渡黄河南下。

到彦之听到洛阳、虎牢相继失守，各路大军败逃的消息后，也准备率军撤回，殿中将军垣护之给到彦之写信劝阻，建议他应派遣竺灵秀前去帮助朱修之在滑台固守，而自己亲自率领大军向黄河以北发起进攻，还说："以前，曾经有人连年征战，就算士兵折损，粮食紧缺，仍然奋勇前进，不愿轻易撤退。况且，现在青州粮食丰收，济水漕运通畅，士兵和战马都是壮饱强健，战斗力没有损伤。如果我们白白地放弃滑台，坐看成功的大业被抢走，这不是辜负朝廷托给我们的重任吗？"到彦之没有同意。垣护之，是垣苗的儿子。

彦之欲焚舟步走，王仲德曰："洛阳既陷，虎牢不守，自然之势也。今虏去我犹千里，滑台尚有强兵，若遽舍舟南走，士卒必散。当引舟入济，至马耳谷口，更详所宜。"彦之先有目疾，至是大动；且将士疾疫，乃引兵自清入济。南至历城，焚舟弃甲，步趋彭城。竺灵秀弃须昌，南奔湖陆，表、衮大扰。长沙王义欣在彭城，将佐恐魏兵大至，劝义欣委镇还都，义欣不从。

魏兵攻济南，济南太守武进萧承之帅数百人拒之。魏众大集，承之使偃兵，开城门。众曰："贼众我寡，奈何轻敌之甚！"承之曰："今悬守穷城，事已危急，若复示弱，必为所屠，唯当见强以待之耳。"魏人疑有伏兵，遂引去。

【译文】到彦之准备将船只烧毁，走陆路撤退，安北将军王仲德说："洛阳沦陷，虎牢被攻克，这是必然的形势。但是，如今敌人与我们的距离还有千里之遥，滑台城又有精锐部队据守，如果仓促将船只抛弃逃跑，士兵们一定会散乱。我们应该乘坐战船前往济水，等到马耳谷口，再做详细的决定。"到彦之本来就有眼病，到这时更加劳累严重，难忍疼痛，而且染上瘟疫的将士很多，因此，到彦之率兵从清水前往济水。向南抵达历城后，将战船烧毁，抛弃盔甲，走陆路直到彭城。兖州刺史竺灵秀也将须昌放弃，向南逃到湖陆，青州、兖州陷入惊慌之中。长沙王刘义欣正在彭城，左右的将领担心北魏大军即将攻来，规劝刘义欣放弃彭城而退回京师建康，刘义欣不答应。

北魏大军开始向济南进攻，济南太守武进人萧承之率领士兵几百人誓死抵抗。北魏大军在城下集合，准备攻城，萧承之传令收兵进城隐藏起来，并将城门大开。他手下的士兵说："敌人众多而我们弱少，哪里可以如此轻敌呢？"萧承之说："我们现在是孤立地在敌人后方守城，形势十分危急，如果向敌人示弱，肯定会被杀害，所以只有装作有强大的力量来对待敌人了。"北魏军队看到这种情况，怀疑城内有重兵埋伏，就撤退离去。

魏军围夏主数日，断其水草，人马饥渴。丁酉，夏主引众下鹑觚原。魏武卫将军（兵）〔丘〕眷击之，夏众大溃，死者万馀人。夏主中重创，单骑走，收其馀众，驱民五万，西保上邽。魏人获夏主之弟丹杨公乌视拔、武陵公秃骨及公侯以下百馀人。是日，魏兵乘胜进攻安定，夏东平公乙斗弃城奔长安，驱略数千家，西奔上邽。

【译文】北魏军队已经将夏国君主赫连定包围了好几天，并将夏国士兵的水源和粮草的补给切断，使得夏国的人马都十分饥渴。丁酉十五日，赫连定率领士兵从鹑觚原冲下山。北魏武卫将军丘眷率兵前去阻击，夏国军队大败，有一万多人被杀。夏国君主赫连定身受重伤，一个人骑马逃走，途中将逃散的残兵聚集，驱使五万百姓向西退回，以保卫上邽。北魏军队将赫连定的弟弟丹杨公赫连乌视拔、武陵公赫连秃骨以及公侯以下的贵族和大臣一共一百多人擒获。这一天，北魏大军乘胜向安定进攻，夏国的守将东平公赫连乙斗弃城，向长安逃走，又将数千家的夏国百姓驱使，向西逃往上邽。

戊戌，魏叔孙建攻竺灵秀于湖陆，灵秀大败，死者五千馀人。建还顿城。

己亥，魏主如安定。庚子，还，临平凉，掘堑围之。安慰初附，赦秦、雍之民，赐复七年。夏陇西守将降魏。

辛丑，魏安颉督诸军攻滑台。

河西王蒙逊遣尚书郎宗舒等入贡于魏，魏主与之宴，执崔浩之手以示舒等曰："汝所闻崔公，此则是也。才略之美，于今无比。朕动止咨之，豫陈成败，若合符契，未尝失也。"

【译文】戊戌十六日，北魏寿光侯叔孙建向据守湖陆的刘宋兖州刺史竺灵秀大军发起进攻，竺灵秀大败，五千多士兵被斩杀。叔孙建在顿城屯驻。

己亥十七日，北魏君主拓跋焘前往安定；庚子十八日，返回平凉，让士兵在平凉城四周挖深沟，将平凉城重重包围起来。拓跋焘对刚刚归附的百姓进行安抚，将秦州、雍州二地人民的七年赋税徭役免去。夏国陇西的守将也投降北魏。

辛丑十九日，北魏冠军将军安颉统领各路军队向滑台城发起进攻。

北凉河西王沮渠蒙逊派遣尚书郎宗舒等人前往北魏纳贡，拓跋焘举行宴会款待使者，宴中拓跋焘拉着崔浩的手，向宗舒等人介绍，说："你们以前听闻的崔公，就是这位！他才华与智慧的美好，是当今之世无人相比的。我的一举一动都询问他的意见，他预计军事上的胜败，就如相合在一起的符信一样，从来没有出过差错。"

魏以叔孙建都督冀、青等四州诸军事。

魏尚书库结帅骑五千迎秦王暮末。秦卫将军吉毗以为不宜

资治通鉴

内徙，暮末从之，库结引还。

南安诸羌万馀人叛秦，推安南将军、督八郡诸军事、广宁太守焦遗为主，遗不从，乃劫遗族子长城护军亮为主，帅众攻南安。暮末请救于氐王杨难当，难当遣将军苻南帅骑三千救之，暮末与之合击诸羌。诸羌溃，亮奔还广宁，暮末进军攻之。以手令与焦遗使取亮；十二月，遗斩亮者出降，暮末进遗号镇国将军。秦略阳太守弘农杨显以郡降夏。

【译文】北魏君主将叔孙建任命为都督冀州、青州、徐州、济州四州诸军事。

北魏尚书库结率领五千骑兵前去迎接西秦王乞伏暮末。西秦卫将军乞伏吉毗认为西秦族人不应该向北魏投靠而被迁往内地，乞伏暮末同意了乞伏吉毗的话，库结只好率兵返回。

南安各羌族部落的一万多人反叛西秦的统治，一起推举安南将军、督八郡诸军事、广宁太守焦遗作为他们的首领，焦遗没有答应。于是，部落族人将焦遗同族的侄子、长城护军焦亮劫持，推举他作为首领，集合众人向南安进攻。乞伏暮末对氐王杨难当请求援救。杨难当派遣将军苻南率领三千骑兵前去救援西秦。乞伏暮末与三千援兵集合兵力对各羌族部落的进攻进行反击。大败各羌族部落的军队，焦亮逃回广宁，乞伏暮末率兵前往广宁进攻。又亲自以手令命焦遗将焦亮斩杀，十二月，焦遗将焦亮斩杀，并出城向西秦投降，乞伏暮末将焦遗任命为镇国将军。西秦略阳太守弘农人杨显将郡城献出，向夏国投降。

辛酉，以长沙王义欣为豫州刺史，镇寿阳。寿阳土荒民散，城郭颓败，盗贼公行。义欣随宜经理，境内安业，道不拾遗，城府完实，遂为盛藩。芍陂久废，义欣修治堤防，引河水入陂，溉田万馀顷，无复旱灾。

丁卯，夏上谷公社干、广阳公度洛孤出降，魏克平凉。

关中侯豆代田得奚斤、娥清等，献于魏主。魏主以夏主之后赐代田，命斤膝行执酒以奉代田，谓斤曰："全汝生者，代田也。"赐代田爵井陉侯，加散骑常侍、右卫将军，领内都幢将。

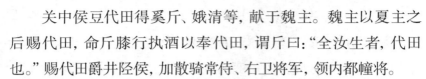

【译文】辛酉初九，刘宋将长沙王刘义欣任命为豫州刺史，在寿阳镇守。寿阳的土地荒凉，百姓四处离散，城垣破败，贼人公然抢劫。刘义欣到达寿阳后，针对具体的情形，采取了合适的治理措施，没多久便让境内的百姓安居乐业，路不拾遗，城郭府第修缮坚固，成为强盛的地方屏障。芍陂湖也早就残破不堪，刘义欣命人兴筑堤防，将河水引入湖中，便于溉灌一万多顷的农田，从此之后，旱灾再也没有发生了。

丁卯十五日，夏国的上谷公赫连社干、广阳公赫连度洛孤出平凉城向北魏投降，于是，北魏大军将平凉城占领。

北魏关中侯豆代田，将司空奚斤、娥清等人救出，并呈献给北魏君主拓跋焘，拓跋焘把夏国君主赫连定的皇后赏赐给豆代田，并命令奚斤跪下用膝盖行走，向豆代田敬酒致谢，拓跋焘向奚斤说："是豆代田保全了你的生命啊！"于是，将豆代田封为井陉侯，加授散骑常侍、右卫将军兼内都幢将。

夏长安、临晋、武功守将皆走，关中悉入于魏。魏主留巴东公延普镇安定，以镇西将军王斤镇长安。壬申，魏主东还，以奚斤为宰士，使负酒食以从。

王斤骄矜不法，信用左右，调役百姓，民不堪命，南奔汉川者数千家。魏主案治得实，斩斤以徇。

右将军到彦之、安北将军王仲德皆下狱免官，兖州刺史竺灵秀坐弃军伏诛。上见垣护之书而善之，以为北高平太守。

【译文】夏国据守长安、临晋、武功等地的将士们都弃城逃走，大片的关中土地全部归北魏所有。北魏君主拓跋焘将巴东公拓跋延普留下在安定城镇守，让镇西将军奚斤在长安镇守。壬申二十日，北魏君主向东返回都城，将奚斤任命为宰士，命令他跟随左右伺候酒食。

北魏镇西将军奚斤骄横恣意，没有规矩，纵容左右的亲信，来役使调动百姓，百姓实在是无法忍受，有好几千家都向南逃往汉川。拓跋焘调查证实了罪状，将奚斤斩杀以治罪。

刘宋右将军到彦之、安北将军王仲德因为作战不当都被撤职，抓获下狱，兖州刺史竺灵秀，因为弃军逃跑，被斩杀。刘宋文帝刘义隆看见殿中将军垣护之写给到彦之反对撤军的信，十分赞许，将他任命为北高平太守。

彦之之北伐也，甲兵资实甚盛；乃败还，委弃荡尽，府藏、武库为之空虚。它日，上与群臣宴，有荒外降人在坐。上问尚书库部郎顾琛："库中仗犹有几许？"琛诡对："有十万人仗。"上既问而悔之，得琛对，甚喜。琛，和之曾孙也。

彭城王义康与王弘并录尚书，义康意犹怏怏，欲得扬州，形于辞旨；以弘弟昙首居中，为上所亲委，愈不悦。弘以老病，屡乞骸骨，昙首自求吴郡，上皆不许。义康谓人曰："王公久病不起，神州讵宜卧治！"昙首劝弘减府中文武之半以授义康，上听割两千人，义康乃悦。

【译文】到彦之率领大军向北讨伐的时候，武器和各种物资都非常充盛，等到大军战败后，全部丢失殆尽，因此，朝廷的粮仓以及兵器库变得空虚。后来，刘义隆和大臣们一起宴会，在座的也有北方投降的人，刘义隆向尚书库部郎顾琛询问说："我们兵器库中还有多少武器可以供士兵使用？"顾琛虚报说："足够十万人作战。"刘义隆问完后觉得很后悔，等听到顾琛的回答，才略觉宽慰，十分高兴。顾琛，是顾和的曾孙。

刘宋彭城王刘义康与王弘共同被任命为录尚书，刘义康心里感到不快，从他的话语中可以听出他想要担任扬州刺史；此外，又因为王弘的弟弟王昙首担任侍中，深得刘义隆的信任，刘义康便更加不悦。王弘以年老多病为缘由，多次向文帝请求辞官，王昙首也主动提出愿意前往吴郡担任太守，文帝没有准许。刘义康向别人说："王弘长久抱病在床，国家难道要躺在床上来治理吗？"于是，王昙首向王弘劝说，将府中文武官员的一半拨给义康管理，刘义隆准许拨给他两千人，刘义康才高兴。

资治通鉴卷第一百二十二　宋纪四

起重光协洽，尽旃蒙大渊献，凡五年。

【译文】起辛未（公元431年），止乙亥（公元435年），共五年。

【题解】本卷记录了公元431年至435年，即宋文帝刘义隆元嘉八年至十二年共五年间刘宋与北魏等国的大事。记录了宋将檀道济"唱筹量沙"，稳定军心；记录了宋将朱脩之坚守滑台数月，城破被俘，被魏人钦佩；记录了魏主拓跋焘出兵攻燕，燕王称藩；记录了刘宋益州官员逼反百姓，官军讨伐，变民奔散入山；记录了氐王杨难当突袭梁州，官军讨伐，收复汉中；记录了刘湛刺杀恩人殷景仁，因有宋文帝刘义隆维护失败；记录了夏主赫连定伐秦，使西秦灭亡，后被吐谷浑王慕容慕璝击败俘获，夏政权灭亡；记录了四方归附北魏，魏国势力空前强大；记录了魏主拓跋焘励精图治，崔浩实行门阀制度，得罪众人；记录了刘宋诗臣谢灵运恃才傲物，在广州被弃市；此外还记录了北凉对北魏、刘宋称藩进贡，敦煌谣言预言其亡等等。

太祖文皇帝上之下

元嘉八年（辛未，公元四三一年）春，正月，壬午朔，燕大赦，改元大兴。

丙申，檀道济等自清水救滑台，魏叔孙建、长孙道生拒之。丁酉，道济至寿张，遇魏安平公乙旃眷，道济帅宁朔将军王仲德、骁骑将军段宏奋击，大破之；转战至高梁亭，斩魏济州刺史悉烦库结。

【译文】元嘉八年(辛未，公元431年)春季，正月，壬午朔初一，北燕下令大赦，将年号改为大兴。

丙申十五日，刘宋檀道济等率领大军从清水出发，前往被北魏大军围困的滑台救援，北魏叔孙建、长孙道生率领军队抵抗刘宋的军队。丁酉十六日，檀道济抵达寿张，遇见北魏安平公拓跋乙旃眷的军队，于是，檀道济率领宁朔将军王仲德、骁骑将军段宏进攻，大败北魏军队；又转向高梁亭进攻，将北魏济州刺史悉烦库结斩杀。

夏主击秦将姚献，败之；遂遣其叔父北平公韦伐帅众一万攻南安。城中大饥，人相食。秦侍中、征虏将军出连辅政，侍中、右卫将军乞伏延祚，吏部尚书乞伏跋跋，逾城奔夏；秦王暮末穷蹙，舆榇出降，并沮渠兴国送于上邽。秦太子司直焦楷奔广宁，泣谓其父遗曰："大人荷国宠灵，居藩镇重任。今本朝颠覆，岂得不帅见众唱大义以殄寇仇！"遗曰："今主上已陷贼庭，吾非爱死而忘义，顾以大兵追之，是趣绝其命也。不如择王族之贤者，奉以为主而伐之，庶有济也。"楷乃筑坛誓众，二旬之间，赴者万馀人。会遗病卒，楷不能独举事，亡奔河西。

【译文】夏国君王赫连定向西秦将军姚献的军队发起进攻，并将他打败；接着又派遣他的叔父北平公赫连韦伐率领一万士兵向南安进攻。当时，南安城中发生大饥荒，出现人吃人的局面。西秦侍中征虏将军出连辅政、侍中右卫将军乞伏延祚、吏部尚书乞伏跋跋向城外逃去，并向夏国投降；西秦王乞伏暮末穷途末路，于是，他乘车载着空棺木出城，投降夏国，并将沮渠兴国一同押送到上邽。西秦太子司直焦楷，向广宁逃跑，他哭着对他的父亲焦遗说："您一向承蒙国家的恩宠，身居藩镇大臣委以重任，统领一方，如今本朝被灭，您为什么不倡大义来号召率领大家，将敌人消灭呢？"焦遗说："我不是那些爱惜性命而忘掉大义的人，如今主上已经被敌人擒获，如果我们以大军前去追击，只会加快害死主上的性命，还不如在王族中选择有能力的贤者，我们拥护他为王，再前去讨伐敌人，这样或许还会有希望。"于是，焦楷兴建土坛召集大众盟誓，在二十天的时间内，就有一万多人前来归附。恰好，焦遗患病去世，焦楷无法独力起兵承担这件大事，于是，率领大众向河西逃跑。

资治通鉴卷第一百二十二 宋纪四

【乾隆御批】穷蹙出降，乞延残喘，于理当怜而宥之。赫连定乃竟残害无噍类，残忍极矣。未半年而定亦殄灭，足为暴戾者戒。

【译文】西秦君主乞伏暮末窘迫困厄出来投降，请求苟延残喘，按理应该怜悯并宽赦他。赫连定竟然把他残杀并使他的家族没有一个人生存，真是残忍到了极点。不出半年赫连定也被人消灭，足可以作为暴戾者的借鉴。

二月，戊午，以尚书右仆射江夷为湘州刺史。

檀道济等进至济上，二十馀日间，前后与魏三十馀战，道济多捷。军至历城，叔孙建等纵轻骑邀其前后，焚烧谷草，道济军乏食，不能进。由是安颉、司马楚之等得专力攻滑台，魏主复使楚兵将军王慧龙助之。朱修之坚守数月，粮尽，与士卒熏鼠食之。辛酉，魏克滑台，执修之及东郡太守申谟，虏获万馀人。谟，钟之曾孙也。

【译文】二月，戊午初七，刘宋文帝刘义隆将尚书右仆射江夷任命为湘州刺史。

刘宋檀道济等率领大军前往济水岸，在二十多天的时间内，和北魏军队先后打了三十多次，檀道济胜仗过半。大军抵达历城，北魏叔孙建等派遣轻骑兵在大军的前后出没，往来进攻，并放火将刘宋大军的粮草烧毁，檀道济的军队因此缺乏粮食，无法率兵前进，所以北魏冠军将军安颉、安南大将军司马楚之等乘机集合兵力向滑台发起进攻，北魏君主拓跋焘又派遣楚兵将军王慧龙前去滑台增援。刘宋朱修之在滑台坚守了几个月，城中的粮食全部吃完，士兵们用烟将老鼠熏出烤着吃掉。辛酉初十，北魏大军将滑台攻破，擒获朱修之和东郡太守申谟以及一万多士兵。申谟，是申钟的曾孙。

癸酉，魏主还平城，大飨，告庙，将帅及百官皆受赏，战士赐复十年。于是，魏南鄙大水，民多饿死。尚书令刘絜言于魏主曰："自顷边寇内侵，戎车屡驾；天赞圣明，所在克殄；方难既平，皆蒙优锡。而郡国之民，虽不征讨，服勤农桑，以供军国，实经世之大本，府库之所资。今自山以东，遍遭水害，应加哀矜，以弘覆育。"魏主从之，复境内一岁租赋。

【译文】癸酉二十二日，北魏君主拓跋焘返回平城，举行盛大宴会，并祭祀宗庙，所有的将帅和文武百官都受到了封赏，士兵们全部免除徭役十年。北魏的南方边境发生严重的洪水，有很多百姓都被饿死。尚书令刘絜向拓跋焘说："不久前刘宋敌人入侵我国，我们曾多次率兵前去抵抗，上天保佑帮助皇上圣明，让我们的军队到处都可以取得胜利。现在，动乱已经得到平息，将士和百官们也都受到了奖赏。而各郡的百姓，虽没有亲自参加战争，但是，他们一直认真于务农养蚕，来支持军队和国家的供应需要，实在是治理国家的根本，更是府库薪饷的重要供应者。如今，从太行山以东，到处洪水成灾，我们应该对这些受灾的百姓加以怜惜，以光大皇上您保护万民的恩德。"拓跋焘听从了他的建议，下令将灾区百姓一年的租赋都免去。

檀道济等食尽，自历城引还；军士有亡降魏者，具告之。魏人追之，众恟惧，将溃。道济夜唱筹量沙，以所馀少米覆其上。及旦，魏军见之，谓道济资粮有馀，以降者为妄而斩之。时道济兵少，魏兵甚盛，骑士四合。道济命军士皆被甲，己白服乘舆，引兵徐出。魏人以为有伏兵，不敢逼，稍稍引退，道济全军而返。

【译文】刘宋檀道济军队因为粮草断绝，只能从历城撤退；大军中有一些将士逃跑向北魏投奔，将刘宋军队缺粮的情况据实告诉了北魏军队。于是，北魏大军乘机追赶，刘宋大军人心涣散，马上就要溃败。檀道济在晚上利用夜色的掩护，命令士兵将沙子当作粮食来一斗一斗地量，并高声喊出数字，然后用所剩的为数不多的粮食在沙子上覆盖，用来欺骗北魏士兵。第二天清晨，北魏大军看到这个情形，认为檀道济的军队中还有余粮，就以欺妄之罪将那些投降的士兵斩杀了。当时，檀道济士兵缺少，北魏士兵却有很多，骑兵从四面而来将檀道济的军队包围。檀道济命令士兵们都将甲衣披上，自己则穿着白衣，乘坐着战车率领军队慢慢而出。北魏大军以为檀道济设有伏兵，不敢上前，并稍微撤退，因此，檀道济的军队得以保全，而安全撤退。

青州刺史萧思话闻道济南归，欲委镇保险，济南太守萧承之固谏，不从。丁丑，思话弃镇奔平昌；参军刘振之戍下邳，闻之，亦委城走。魏军竟不至，而东阳积聚已为百姓所焚。思话坐征，系尚方。

燕王立夫人慕容氏为王后。

庚戌，魏安颉等还平城。魏主嘉朱修之守节，拜侍中，妻以宗女。

【译文】刘宋青州刺史萧思话听到檀道济的大军向南撤退的消息后，准备弃城前往险要地带自保，济南太守萧承之一直再三劝阻，萧思话不听从他的劝告。丁丑二十六日，萧思话弃城逃往平昌，参军刘振之正在下邳镇守，听到萧思话弃城逃跑的消息后，也弃下邳城逃走。可是，北魏大军并没有前来进攻，而东阳城的大批物资，被百姓在先前纵火烧毁。萧思话被惩罚治罪，召回京师囚禁。

北燕王冯弘将夫人慕容氏立为王后。

庚戌（有误），北魏安颉率领大军返回平城。北魏君主拓跋焘对朱修之镇守滑台的坚守气节十分赞赏，于是，将他封为侍中，并把宗室的女儿许配给他做妻子。

初，帝之遣到彦之也，戒之曰："若北国兵动，先其未至，径前入河；若其不动，留彭城勿进。"及安颉得宋俘，魏主始闻其言。谓公卿曰："卿辈前谓我用崔浩计为谬，惊怖固谏。常胜之家，始皆自谓逾人，至于归终，乃不能及。"

司马楚之上疏，以为诸方已平，请大举伐宋，魏主以兵久劳，不许。徵楚之为散骑常侍，以王慧龙为荥阳太守。

【译文】起初，刘宋文帝刘义隆命令到彦之率军北伐的时候，告诫他说："如果北魏大军有所动作，我军应该在他们没有攻到之前，先行渡过黄河；如果北魏大军没有动作，我军就在彭城留守，不要再前进。"等到安颉将刘宋大军抓获，拓跋焘才了解了刘义隆的战略，于是对文武大臣说："你们以前总是说我用崔浩的方法是错误的，所以担心失措一直向我谏劝。经常打胜仗的人，在开始时都认为自己比别人强，等到事情的最后，才明白能力是无法与别人相比的。"

北魏安南大将军司马楚之向拓跋焘上书，认为现在四面都已经平定，请求皇上派遣大军向刘宋讨伐。北魏君主拓跋焘认为士兵接连征战已经疲劳，没有答应。将司马楚之征召回京，任命为散骑常侍，将王慧龙任命为荥阳太守。

慧龙在郡十年，农战并修，大著声绩，归附者万馀家。帝纵反间于魏，云"慧龙自以功高位下，欲引宋人入寇，因执司马楚之以叛。"魏主闻之，赐慧龙玺书曰："刘义隆畏将军如虎，欲相中害，朕自知之。风尘之言，想不足介意。"帝复遣刺客吕玄伯刺之，曰："得慧龙首，封二百户男，赏绢千匹。"玄伯诈为降人，求屏人有所论；慧龙疑之，使人探其怀，得尺刀。玄伯叩头请死，慧龙曰："各为其主耳。"释之。左右谏曰："宋人为谋未已，不杀玄伯，无以制将来。"慧龙曰："死生有命，彼亦安能害我！我以仁义为扞蔽，又何忧乎！"遂舍之。

【译文】王慧龙在荥阳担任郡守的十年时间里，不仅让农业繁荣，军事备战也得到了发展，政绩显著，声名远播，各地有一万多家百姓前来归附。刘宋文帝刘义隆向北魏乘机使用反间计，说："王慧龙自认为自己的功劳显著，而官位却十分低微，因此，准备将刘宋大军引入进攻，然后将司马楚之抓获叛变，投奔刘宋。"拓跋焘听到这些话后，给王慧龙颁赐了一封玺书说："刘义隆对将军的害怕就像见到了老虎一样，我完全知道他想要用计陷害于你，所以，对于那些不可信的谣言，我想你也不要介意！"刘义隆又派遣刺客王玄伯前往暗杀王慧龙，说："如果你将王慧龙的人头砍下，我便封你为食邑二百户的男爵，赏赐丝绢一千匹。"于是，王玄伯假装成投降的人，请求将旁人屏退单独和王慧龙说话；王慧龙对他心存怀疑，便派人搜王玄伯的身，结果在王玄伯的怀中搜出短刀。王玄伯立马叩头请罪，王慧龙说："我们都是为自己的国君行事罢了！"便将王玄伯释放。王慧龙左右的官吏都劝阻说："刘宋人的阴谋一直没有停止，如果不斩杀王玄伯，就无法阻止将来再有这种事情发生。"王慧龙却说："一个人的死生都是由上天决定的，他们怎么可以伤害得了我呢？我用仁义作为屏障来抵挡，没有什么好忧虑的。"于是，王慧龙将王玄伯释放。

资治通鉴

夏五月，庚寅，魏主如云中。

六月，乙丑，大赦。

夏主杀乞伏暮末及其宗族五百人。

夏主畏魏人之逼，拥秦民十馀万口，自治城济河，欲击河西王蒙逊而夺其地。吐谷浑王慕璝遣益州刺史慕利延、宁州刺史拾虔帅骑三万，乘其半济，邀击之，执夏主定以归，沮渠兴国被创而死。拾虔，树洛干之子也。

魏之边吏获柔然逻者二十馀人，魏主赐衣服而遣之，柔然感悦。闰月，乙未，柔然敕连可汗遣使诣魏，魏主厚礼之。

魏主遣散骑侍郎周绍来聘，且求昏；帝依违答之。

【译文】夏天，五月，庚寅十一日，北魏君主拓跋焘抵达云中。

六月，乙丑十六日，刘宋下令大赦天下。

夏国君主赫连定将擒获的乞伏暮末以及他的宗族五百人全部斩杀。

夏国君主赫连定担心北魏军队讨伐，便将西秦十多万百姓劫持，从治城渡过黄河，想要向北凉河西王沮渠蒙逊发起进攻，夺取北凉的土地。吐谷浑王慕璝命令益州刺史慕容慕利延、宁州刺史慕容拾虔，率领三万骑兵，在夏国军队渡黄河过了一半的时候，乘机发起进攻，将夏国君主赫连定擒获，班师回朝，沮渠兴国因受重伤死去。慕容拾虔，是慕容树洛干的儿子。

北魏驻守边境的官吏，擒获柔然汗国二十多个巡逻士兵。北魏君主拓跋焘赏赐给他们衣食，并将它们释放送回柔然。柔然人非常感动。闰月，乙未十六日，柔然汗国敕连可汗派遣使者前往北魏访问，北魏君主拓跋焘用厚礼接待了他们。

北魏君主拓跋焘派遣散骑侍郎周绍前往刘宋访问，并且请求联姻；刘宋文帝刘义隆含糊其辞地给以回答。

荆州刺史江夏王义恭，年寝长，欲专政事，长史刘湛每裁抑之，遂与湛有隙。帝心重湛，使人诘让义恭，且和解之。是时，王华、王昙首皆卒，领军将军殷景仁素与湛善，白帝以时贤零落，徵湛为太子詹事，加给事中，共参政事。以雍州刺史张邵代湛为抚军长史、南蛮校尉。

【译文】刘宋荆州刺史、江夏王刘义恭，渐渐长大，想要亲自处理政事，但是长史刘湛常常阻止他，于是，刘义恭和刘湛之间产生了矛盾。刘宋文帝刘义隆心中对刘湛十分看重，命人前去责备刘义恭，并从中对两人的矛盾加以调解。当时，王华、王昙首都已经去世，领军将军殷景仁素来与刘湛的关系友善，便对刘宋文帝报告说，如今人才都已去世，建议文帝将刘湛征召为太子詹事。于是，刘义隆将刘湛任命为太子詹事，加封为给事中，共同处理朝政。又将雍州刺史张邵代替刘湛任命为抚军长史、南蛮校尉。

【译文】谢述请求宽恕张劭的死罪，已经被采纳后又怕侵夺皇上的恩赐便赶快焚烧他的奏表，可以说懂得人臣事奉君王的大义。可惜他还是告诉了他的儿子。但是比起明朝那些向皇帝上书直言论事救人、陈说纷纭，唯恐世人不知道事情是自己干的人来，何止是天空和土壤的差别。

顷之，邵坐在雍州营私畜聚，赃满二百四十五万，下廷尉，当死。左卫将军谢述上表，陈邵先朝旧勋，宜蒙优贷。帝手诏酬纳，免邵官，削爵土。述谓其子综曰："主上矜邵夙诚，特加曲恕，吾所言谬会，故特见酬纳耳。若此迹宣布，则为侵夺主恩，不可之大者也。"使综对前焚之。帝后谓邵曰："卿之获免，谢述有力焉。"

【译文】过了不久，张邵因为以前在雍州刺史的任职期间营私舞弊，贪污钱财，赃款多达二百四十五万，被抓获入狱，按照法律应该判处死刑。左卫将军谢述向皇上上书，陈述说，张邵是先朝时期的功臣，理应得到原谅。刘义隆听取了谢述的建议，亲自下诏，将张邵的官职撤免，并削去他的爵位和封土。谢述对他的儿子谢综说："因为皇上怜惜张邵一向忠诚，所以特别赦免了他的罪行，我所说的只是恰好和皇上的想法一样，皇上同意了而已。这件事如果借机四处张扬，那就是对皇上的恩赐的侵犯，这是肯定不行的。"于是，让谢综在他面前将奏章烧掉。后来，文帝刘义隆对张邵说："你可以得到赦免，谢述可是出了力量啊。"

秋，七月，己酉，魏主如河西。

八月，乙酉，河西王蒙逊遣子安周入待于魏。

吐谷浑王慕璝遣侍郎谢太宁奉表于魏，请送赫连定。己丑，魏以慕璝为大将军，封西秦王。

左仆射临川王义庆固求解职；甲辰，以义庆为中书令，丹杨尹如故。

【译文】秋季，七月，己酉初一，北魏君主拓跋焘抵达河西。

八月，乙酉初七，北凉河西王沮渠蒙逊派遣他的儿子沮渠安周作为人质前往北魏，侍奉拓跋焘。

吐谷浑王慕璝派遣侍郎谢太宁，带上奏章前去出使北魏，表示愿意将夏国君主赫连定送给北魏。己丑十一日，北魏君主拓跋焘将慕璝任命为大将军，封为西秦王。

刘宋左仆射、临川王刘义庆坚持向文帝请求将左仆射的职位辞去；甲辰二十六日，刘义隆将刘义庆任命为中书令，仍兼丹杨尹。

九月，癸丑，魏主还宫。庚申，加太尉长孙嵩柱国大将军。以左光禄大夫崔浩为司徒，征西大将军长孙道生为司空。道生性清俭，一熊皮鄣泥，数十年不易。魏主使歌工历颂群臣曰："智如崔浩，廉若道生。"

【译文】九月，癸丑初六，北魏君主拓跋焘返回宫中。庚申十三日，拓跋焘将太尉长孙嵩加封为柱国大将军，将左光禄大夫崔浩任命为司徒，将征西大将军长孙道生任命为司空。长孙道生生性节俭淡泊，一张用熊皮做成的马鞯，数十年都不换。拓跋焘命令乐工编歌颂群臣的歌，辞有："足智多谋如崔浩，两袖清风像道生。"

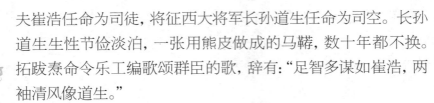

魏主欲选使者诣河西，崔浩荐尚书李顺，乃以顺为太常。拜河西王蒙逊为侍中、都督凉州、西域、羌、戎诸军事、太傅、行征西大将军、凉州牧、凉王，王武威、张掖、燉煌、酒泉、西海、金城、西平七郡。册曰："盛衰存亡，与魏升降。北尽穷发，南极庸、嵋，西被崑岭，东至河曲，王实征之，以夹辅皇室。"置将相、群卿、百官，承制假授，建天子旌旗，出入警跸，如汉初诸侯王故事。

【译文】北魏君主拓跋焘想要选派使者前往河西，崔浩将尚书李顺推荐给他，于是，拓跋焘将李顺任命为太常，前往北凉任命河西王沮渠蒙逊为侍中，都督凉州、西域、羌、戎诸军事、太傅，并兼征西大将军、凉州牧和凉王，统治的地区包括武威、张掖、敦煌、酒泉、西海、金城、西平七个城池。册封的诏书说："北凉河西国的兴衰存亡，与我们北魏的命运密切相关。向北到达穷发，向南到达上庸、岷山，向西到达昆仑山，向东到达河曲的广大地区，都归河西王统治管辖，如果有不听从命令的，河西王准许向他征讨，来在旁辅佐北魏朝廷。"同时，在凉州设置将相、群卿、文武百官，河西王能够代表皇上直接任命官员。还允许竖立天子的专有旌旗，出入时能够戒严道路，全部效仿汉朝初辅佐汉帝的各侯王的制度。

壬申，魏主诏曰："今二寇摧殄，将偃武修文，理废职，举逸民。范阳卢玄、博陵崔绰、赵郡李灵、河间邢颖、勃海高允、广平游雅、太原张伟等，皆贤俊之胄，冠冕州邦。《易》曰：'我有好爵，吾与尔縻之。'如玄之比者，尽敕州郡以礼发遣。"遂徵玄等及州郡所遣至者数百人，差次叙用。崔绰以母老固辞。玄等皆拜中书博士。玄，谌之曾孙；灵，顺之从父兄也。

玄舅崔浩，每与玄言，辄叹曰："对子真使我怀古之情更深。"浩欲大整流品，明辨姓族。玄止之曰："夫创制立事，各有其时；乐为此者，讵有几人！宜加三思。"浩不从，由是得罪于众。

資治通鑑卷第一百二十二　宋紀四

【译文】壬申二十五日，北魏君主拓跋焘下诏，说："如今秦、夏二国的敌人已经被我们消灭，我们要停止军事，发展文治，将过去荒废和忽略的工作重新整理，举用那些隐逸的贤者为官。范阳人卢玄、博陵人崔绰、赵郡人李灵、河间人邢颖、渤海人高允、广平人游雅、太原人张伟等，他们都是贤者的后代，才干与谋略在州郡十分突出。《易经》上说：'我有美好的酒器，和你们一起共饮。'像卢玄他们一样有才能的贤者，各地州郡都要按照朝廷的礼节，将他们送回到京师。"因此，将卢玄等以及各地州郡所推荐的几百名贤者征召入京，根据他们的才能，分别加以录用。崔绰因为母亲年纪已大，坚决请求辞退官职，卢玄等人都被任命为中书博士。卢玄，是卢谌的曾孙。李灵，是李顺的堂兄。

卢玄的舅舅就是司徒崔浩，崔浩每次与卢玄交谈，往往叹息着说："看着你，就让我思念古代学术之情更加深厚。"崔浩准备对文武百官的阶级品流进行大整顿，辨别出他们的出身和姓氏的等级。卢玄加以劝阻，说："想要创设一种新制度，改革现行的规章，需要有适宜的时机，现在同意您这项工作的能有几个人呢？您应该三思而后行。"崔浩没有听取他的建议，因此，将朝中的众多大臣都得罪。

初，魏昭成帝始制法令："反逆者族。其馀当死者听入金、马赎罪。杀人者听与死家马牛、葬具以平之。盗官物，一备五；私物，一备十。"四部大人共坐王庭决辞讼，无系讯连逮之苦，境内安之。太祖入中原，患前代律令峻密，命三公郎王德删定，务崇简易。季年被疾，刑罚滥酷；太宗承之，吏文亦深。冬，十月，戊寅，世祖命崔浩更定律令，除五岁、四岁刑，增一年刑；巫蛊者，负杀羊、抱犬沉诸渊。初令官阶九品者得以官爵除刑。妇人当刑而孕，产后百日乃决。阙左悬登闻鼓，以达冤人。

【译文】起初，北魏昭成帝时开始制定法令："凡是谋反背叛的人要全族诛灭。除反叛外的其他犯有死罪的人，可以用金钱、马匹赎罪。同意杀人者给丧者家属牛马、棺木来赎罪私下调解。对于盗取官家财物的人，要偷一赔五，对于盗窃私人财物的，要偷一赔十。"当时，四部的大人一同在公堂上处理诉讼案件，于是，诉讼者从来没有被羁押，囚禁，拖延审讯的苦处，境内的百姓都十分安宁。等到太祖进入中原以后，认为前代的政律过于细密苛刻，于是，命令三公郎王德对从前的政法重新删订，来制定新的政法，以求简单易懂。太祖晚年身患重病，刑罚泛滥，政法严酷，明元帝拓跋嗣即位以后，和前代的法律制度一样，吏治的规定也十分苛刻。冬季，十月，戊寅初一，拓跋焘命令崔浩对法律重新制定，把五年和四年的有期徒刑废除，并增加一年的有期徒刑。利用巫术蛊惑众人的人，要背着黑羊、抱着狗，投入深潭中。重新设定，对于九品之内的官阶犯罪能够用官职和爵位抵免罪名，女子怀有身孕而要受死刑的，在生产一百天后再施刑。并且规定在朝廷城门的左边设置登闻鼓，让有冤情的人可以前去击鼓申冤。

魏主如漠南，十一月，丙辰，北部敕勒莫弗库若干帅所部数万骑，驱鹿数百万头，诣魏主行在。魏主大猎以赐从官。十二月，丁丑，还宫。

是岁，凉王改元义和。

林邑王范阳迈寇九德，交州兵击却之。

【译文】北魏君主拓跋焘抵达沙漠南。十一月，丙辰初十，北部敕勒部落的酋长库若干，率领部众骑兵几万人，驱赶鹿群几百万头，前往拜见拓跋焘的行宫。拓跋焘举行大规模的狩猎，对随行官员赏赐。十二月，丁丑初一，拓跋焘返回宫中。

这一年，北凉将年号改为义和。

林邑王范阳迈对刘宋的九德发起进攻，交州士兵将他们击退。

元嘉九年（壬申，公元四三二年）春，正月，丙午，魏主尊保太后窦氏为皇太后，立贵人赫连氏为皇后，子晃为皇太子。大赦，改元延和。

燕王立慕容后之子王仁为太子。

三月，庚戌，卫将军王弘进位太保，加中书监。丁巳，征南大将军檀道济进位司空，还镇寻阳。

【译文】元嘉九年（壬申，公元 432 年）春季，正月，丙午初一，北魏君主拓跋焘将他的乳母保太后窦氏尊封为皇太后，将贵人赫连氏封为皇后，将皇子拓跋晃立为皇太子；下令大赦天下，将年号改为延和。

北燕王冯弘将慕容皇后生的儿子冯王仁立为太子。

三月，庚戌初六，刘宋将卫将军王弘加封为太保，并加授中书监。丁巳十三日，将征南大将军檀道济进封为司空，并派遣他前去镇守寻阳。

壬申，吐谷浑王慕璝送赫连定于魏，魏人杀之。慕璝上表曰："臣俘擒僭逆，献捷王府，爵秩虽崇而士不增廓，车旗既饰而财不周赏，愿垂鉴察。"魏主下其议。公卿以为："慕璝所致唯定而已，塞外之民皆为己有，而贪求无厌，不可许也。"魏主乃诏曰："西秦王所得金城、枹罕、陇西之地，朕即与之，乃是裂土，何须复廓。西秦款至，绵绢随使疏数，临时增益，非一赐而止也。"自是慕璝贡使至魏者稍简。

【译文】壬申二十八日，吐谷浑王慕璝把夏国君主赫连定呈献给北魏，拓跋焘下令将他斩杀。慕璝对北魏君主拓跋焘上书说："我将叛逆者赫连定擒获，呈献给陛下，陛下您所给我封的爵位虽然尊崇，但是领土面积却没有加大。车辆的旗帜虽然按照爵位得到了装饰，但是，却没有足够的财物赏赐部下，这些希望您可以了解。"拓跋焘将他的请求交给文武百官们商讨。百官们认为："慕璝的功劳，只是将赫连定擒获而已。塞外的百姓都已经归他管理，但是他却不知满足贪得无厌，他的要求不可以答应。"于是，北魏君主拓跋焘下诏说："西秦王慕璝所攻占的金城、枹罕、陇西等地，我已经答应赏赐给你，这就是分封给你的土地，哪里还有什么必要再加大土地呢？西秦对我们诚心相待，所赏赐的丝绵绢布也是依据使者来往的次数而临时决定增加，不是只赏赐一次以后就没有的。"从此，慕璝派遣使者向北魏的进贡就减少了。

魏方士祁纤奏改代为万年，以代尹为万年尹，代令为万年令。

崔浩曰: "昔太祖应天受命, 兼称代、魏以法殷商。国家积德, 当享年万亿, 不待假名以为益也。纤之所闻, 皆非正义, 宜复旧号。" 魏主从之。

【译文】北魏方士祁纤上书皇上, 奏请将代郡改为万年, 将代尹改作为万年尹, 将代令改作万年令。司徒崔浩说: "以前, 太祖顺应上天的旨意, 来效仿殷商, 将代和魏兼称。国家所积累的仁德, 可以让国家享年长达万亿年之久, 没有必要假借名称来得到益处。祁纤所奏请的, 都不是正当的大义, 所以应当恢复旧有的称号。" 北魏君主拓跋焘同意了他的建议。

夏, 五月, 壬申, 华容文昭公王弘卒。弘明敏有思致, 而轻率少威仪, 性褊隘, 好折辱人, 人以此少之。虽贵显, 不营财利; 及卒, 家无馀业。帝闻之, 特赐钱百万, 米千斛。

魏主治兵于南郊, 谋伐燕。

帝遣使者赵道生聘于魏。

【译文】夏季, 五月, 壬申二十九日, 刘宋太保、华容文昭公王弘去世。王弘为人聪慧而富有思想, 但是却举止轻率, 威仪无法让大家信服。他个性偏激狭隘, 常常侮辱人, 因此, 别人常常对他不满。他虽然官居高位, 地位尊崇, 但是却不私谋财利; 等到去世的时候, 家中没有多余的家产, 文帝刘义隆知道以后, 特别赏赐百万钱财、一千斛米给王弘的家属。

北魏君主拓跋焘前往平城南郊练兵, 想要向北燕进攻。

刘宋文帝刘义隆派遣使者赵道生前去出使北魏。

六月, 戊寅, 司徒、南徐州刺史彭城王义康改领扬州刺史。

诏分青州置冀州, 治历城。

吐谷浑王慕璝遣其司马赵叔入贡，且来告捷。

庚寅，魏主伐燕。命太子晃录尚书事，时晃才五岁。又遣左仆射安原、建宁王崇等屯漠南以备柔然。

辛卯，魏主遣散骑常侍邓颖来聘。

【译文】六月，戊寅初五，刘宋文帝将司徒、南徐州刺史、彭城王刘义康改任为扬州刺史。

刘宋文帝刘义隆下诏，将青州分出一部分设立冀州，州治在历城。

吐谷浑王慕璝命令司马赵叔出使刘宋进贡，并且呈报抓获赫连定的消息。

庚寅十七日，北魏君主拓跋焘亲自率领大军前往北燕讨伐。将太子拓跋晃任命为录尚书事，当时的拓跋晃只有五岁。又命令左仆射安原、建宁王拓跋崇等在沙漠以南驻守，防御柔然汗国的进攻。

辛卯十八日，北魏君主拓跋焘派遣散骑常侍邓颖出使刘宋访问。

乙未，以吐谷浑王慕璝为都督西秦、河、沙三州诸军事、征西大将军、西秦、河二州刺史，进爵陇西王，且命慕璝悉归南方将士先没于夏者，得百五十馀人。

又加北秦州刺史杨难当征西将军。难当以兄子保宗为镇南将军，镇宕昌；以其子顺为秦州刺史，守上邽。保宗谋袭难当，事泄，难当囚之。

【译文】乙未二十二日，刘宋文帝刘义隆将吐谷浑王慕璝任命为都督西秦、河、沙三州诸军事，征西大将军，西秦、河二州刺史，加封晋爵为陇西王，并且命令慕璝将从前擒获的刘宋士兵，共一百五十多人归还刘宋。

刘宋文帝又将北秦州刺史杨难当加封为征西将军。杨难当将他的侄子杨保宗任命为镇南将军，在宕昌镇守；又将他的儿子杨顺任命为秦州刺史，在上邽镇守。杨保宗因为袭击他的叔父杨难当的谋划泄露，所以杨难当将杨保宗囚禁起来。

壬寅，以江夏王义恭为都督南兖等六州诸军事、开府仪同三司、南兖州刺史，临川王义庆为都督荆、雍等七州诸军事、荆州刺史，竟陵王义宣为中书监，衡阳王义秀为南徐州刺史。初，高祖以荆州居上流之重，土地广远，资实兵甲居朝廷之半，故遗诏令诸子居之。上以义庆宗室令美，且烈武王有大功于社稷，故特用之。

【译文】壬寅二十九日，刘宋文帝刘义隆将江夏王刘义恭任命为都督南兖等六州诸军事、开府仪同三司、南兖州刺史，将临川王刘义庆任命为都督荆、雍等七州诸军事、荆帅刺史，将竟陵王刘义宣任命为中书监，将衡阳王刘义秀任命为南徐州刺史。起初，刘宋高帝刘裕以为，荆州是长江上流的军事重地，土地面积辽阔，物资和军事力量占到了全国的一半，所以，去世前下遗诏，命令他的儿子前去镇守。刘义隆认为刘义庆是宗室中少有的享有美誉的贵族，而且他的父亲烈武王对国家有大功，所以，特别将他任命为荆州刺史。

秋，七月，己未，魏主至濡水。庚申，遣安东将军奚斤发幽州民及密云丁零万馀人，运攻具，出南道，会和龙。魏主至辽西，燕王遣其侍御史崔聘奉牛酒犒师。己巳，魏主至和龙。

庚午，以领军将军殷景仁为尚书仆射，太子詹事刘湛为领军将军。

【译文】秋季,七月,己未十七日,北魏君主拓跋焘到达濡水。庚申十八日,拓跋焘派遣安东将军奚斤将幽州和密云境内的丁零百姓一万多人聚集起来,运送攻击的器具,从南路动身,和北魏大军会师于北燕都城和龙城下。拓跋焘到达辽西,北燕王派遣侍御史崔聘,将牛羊佳酒呈上,犒赏北魏士兵。己巳二十七日,拓跋焘到达北燕都城和龙。

庚午二十八日,刘宋文帝刘义隆将领军将军殷景仁任命为尚书仆射,将太子詹事刘湛任命为领军将军。

益州刺史刘道济,粹之弟也,信任长史费谦、别驾张熙等,聚敛兴利,伤政害民,立官冶,禁民鼓铸而贵卖铁器,商贾失业,吁嗟满路。

流民许穆之,变姓名称司马飞龙,自云晋室近亲,往依氐王杨难当。难当因民之怨,资飞龙以兵,使侵扰益州。飞龙招合蜀人,得千馀人,攻杀巴兴令,逐阴平太守;道济遣军击斩之。

【译文】刘宋益州刺史刘道济是刘粹的弟弟,他宠信长史费谦、别驾张熙等人,聚敛钱财,对处理政事造成了损害,并祸害百姓,他自己设立官方冶炼的部门,禁止百姓私自铸造,用高价出卖铁器,导致商人失业,百姓到处哀怨。

流民许穆之,将姓名改为司马飞龙,说自己是东晋皇室的近亲,前去向氐王杨难当投奔。杨难当利用益州人民的哀怨,将士兵借给司马飞龙,让他率兵前去进犯侵扰益州。司马飞龙又招募了共一千多蜀人,前去进攻巴兴城,将巴兴县令杀死,又将阴平太守驱逐;刘道济命令一支军队前去攻击斩杀司马飞龙的部队。

道济欲以五城人帛氏奴、梁显为参军督护，费谦固执不与。氏奴等与乡人赵广构扇县人，诈言司马殿下犹在阳泉山中，聚众得数千人，引向广汉；道济参军程展会治中李抗之将五百人击之，皆败死。巴西人唐频聚众应之，赵广等进攻涪城，陷之。于是，涪陵、江阳、遂宁诸郡守皆弃城走，蜀土侨、旧俱反。

燕石城太守李崇等十郡降于魏。魏主发其民三万穿围堑以守和龙。崇，绩之子也。

【译文】刘道济想要将五城人帛氏奴、梁显任命为参军督护，长史费谦坚持反对。于是，氏奴等与他的同乡人赵广勾结在一起鼓动县城的百姓，谎称司马飞龙仍在阳泉山中，聚集部众几千人，向广汉进攻。刘道济派遣参军程展，与治中李抗之会合，率领五百士兵进行反攻，结果二人都战败而死。巴西人唐频聚众响应，赵广率兵前去进攻涪城，涪城被攻克。于是，涪陵、江阳、遂宁各地的太守听到消息后，纷纷弃城逃走，然后，益州境内的原住居民和外来侨民都纷纷起兵反叛。

北燕石城太守李崇等十郡，投降了北魏。北魏君主拓跋焘用三万百姓挖掘壕沟，兴筑工事，将和龙城包围，守卫和龙城。李崇，是李绩的儿子。

八月，燕王使数万人出战，魏昌黎公丘等击破之，死者万馀人。燕尚书高绍帅万馀家保羌胡固；辛巳，魏主攻绍，斩之。平东将军贺多罗攻带方，抚军大将军永昌王健攻建德，票骑大将军乐平王丕攻冀阳，皆拔之。

九月，乙卯，魏主引兵西还，徙营丘、成周、辽东、乐浪、带方、玄菟六郡民三万家于幽州。

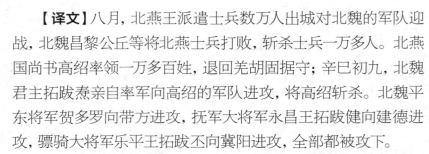

【译文】八月，北燕王派遣士兵数万人出城对北魏的军队迎战，北魏昌黎公丘等将北燕士兵打败，斩杀士兵一万多人。北燕国尚书高绍率领一万多百姓，退回羌胡固据守；辛巳初九，北魏君主拓跋焘亲自率军向高绍的军队进攻，将高绍斩杀。北魏平东将军贺多罗向带方进攻，抚军大将军永昌王拓跋健向建德进攻，骠骑大将军乐平王拓跋丕向冀阳进攻，全部都被攻下。

九月，乙卯十四日，北魏君主拓跋焘率兵向西回国，将营丘、成周、辽东、乐浪、带方、玄菟六郡的三万家百姓强行迁到幽州。

燕尚书郭渊劝燕王送款献女于魏，乞为附庸。燕王曰："负衅在前，结忿已深，降附取死，不如守志更图也。"

魏主之围和龙也，宿卫之士多在战陈，行宫人少。云中镇将朱修之谋与南人袭杀魏主，因入和龙，浮海南归；以告冠军将军毛修之，毛修之不从，乃止。既而事泄，朱修之逃奔燕。魏人数伐燕，燕王遣修之南归求救。修之泛海至东莱，遂还建康，拜黄门侍郎。

【译文】北燕尚书郭渊向北燕王规劝，将女儿献给北魏表示自己的诚意，请求成为北魏的附庸国。北燕王冯弘说："两国之间早已产生嫌隙，并且结怨已深。所以，请求归附就如同灭亡，还不如坚守城池，另行等待转机。"

北魏君主拓跋焘率军围攻和龙的时候，他护驾的士兵大多在战场上杀敌，留在行宫的人数十分少。北魏云中镇将朱修之谋划和来自南方的归附之人联合，袭击杀害拓跋焘，然后前往和龙投奔，再乘船回到刘宋；朱修之将这个计划告诉了降魏的前宋冠军将军毛修之，毛修之拒绝加入，朱修之的谋划只好停止。不久，计划泄露，朱修之逃往北燕。北魏大军多次对北燕国猛烈进攻，于是，北燕王将朱修之遣送回刘宋求救。朱修之经过海道乘船到东莱，然后返回建康，刘宋将他任命为黄门侍郎。

赵广等进攻成都，刘道济婴城自守。贼众顿聚日久，不见司马飞龙，欲散去。广惧，将三千人及羽仪诣阳泉寺，诈云迎飞龙。至则谓道人栒罕程道养曰："汝但自言是飞龙，则坐享富贵；不则断头！"道养惶怖许诺。广乃推道养为蜀王、车骑大将军、益、梁二州牧，改元泰始，备置百官。以道养弟道助为骠骑将军、长沙王，镇涪城；赵广、帛氏奴、梁显及其党张寻、严遐皆为将军，奉道养还成都，众至十馀万，四面围城，使人谓道济曰："但送费谦、张熙来，我辈自解去。"道济遣中兵参军裴方明、任浪之各将千馀人出战，皆败还。

【译文】刘宋益州叛逆者赵广率兵向成都进攻，益州太守刘道济绕城防卫。反叛的群众集合了很久，也没有看到司马飞龙，于是准备散去。赵广感到十分恐慌，率领三千人以及迎驾的仪仗前往阳泉寺，谎称是要迎接司马飞龙。到达阳泉寺后，赵广对道人栒罕人程道养说："只要你自称为司马飞龙，就能够享受荣华富贵；要不然你会被砍头！"程道养听后十分惊恐，答应了赵广。于是，赵广将程道养拥举为蜀王、车骑大将军、益梁二州牧，将年号改为泰始，并且设立文武百官。又将程道养的弟弟程道助任命为骠骑将军、长沙王，在涪城镇守；赵广、帛氏奴、梁显以及其他同党张寻、严遐等人，也都成为将军，将程道养拥奉回成都，没过多久，从四面而来的群众就发展到十多万，将成都城四面包围，赵广派人对刘道济说："只要你将费谦、张熙二人交出来，我们一定会离开！"刘道济派遣中兵参军裴方明、任浪之各自率领一千多士兵出城迎战，都大败而归。

冬，十一月，乙巳，魏主还平城。

壬子，以少府中山甄法崇为益州刺史。

初，燕王嫡妃王氏，生长乐公崇，崇于兄弟为最长。及即
位，立慕容氏为王后，王氏不得立，又黜崇，使镇肥如。崇母弟
广平公朗、乐陵公邈相谓曰："今国家将亡，人无愚智皆知之。王
复受慕容后之谮，吾兄弟死无日矣。"乃相与亡奔辽西，说崇使降
魏，崇从之。会魏主使给事郎王德招崇，十二月，己丑，崇使邈
如魏，请举郡降。燕王闻之，使其将封羽围崇于辽西。

【译文】冬季，十一月，乙巳初四，北魏君主拓跋焘返回平
城。

壬子十一日，刘宋文帝刘义隆将少府中山人甄法崇任命为
益州刺史。

起初，北燕王冯弘的嫡妻王氏，生下长乐公冯崇，冯崇是
兄弟间年纪最大的，等到北燕王冯弘即位后，将慕容氏封为王
后，王氏却没能当王后。接着北燕王冯弘又将冯崇废黜，任命
他前去肥如镇守。冯崇的同母弟弟广平公冯朗和乐陵公冯邈相
互商量说："如今国家将要灭亡，不论聪明的人还是愚笨的人都
已经明白。父王却听信慕容王后的谗言，我们兄弟两个人就要
死了。"于是，他们两人一起逃往辽西，向冯崇游说投降北魏，
冯崇听取了他们的建议。恰好，北魏君主拓跋焘派遣给事郎王
德向冯崇招降。十二月，己丑十九日，冯崇派冯邈前往魏国，打
算将辽西献出，投降北魏。燕王冯弘知道以后，派遣将领封羽
将冯崇包围在了辽西。

魏主徵诸名士之未仕者,州郡多逼遣之。魏主闻之,下诏令守宰以礼申谕,任其进退,毋得逼遣。

初,帝以少子绍为庐陵孝献王嗣,以江夏王义恭子郎为营阳王嗣;庚寅,封绍为庐陵王,郎为南丰县王。

裴方明等复出击程道养营,破之,焚其积聚。

【译文】北魏君主拓跋焘征召国内没有任职的知名人士,地方州郡大多用强迫的手段遣送。拓跋焘知道后,下诏说:"各地州郡的官员要以礼来传达皇上的旨意,由他们的意愿决定是否去留,不能强行遣送。"

起初,刘宋文帝刘义隆将自己的小儿子刘绍过继给庐陵王刘义真为子,命令江夏王刘义恭将他的儿子刘朗过继给营阳王刘义符为子;庚寅二十日,将刘绍封为庐陵王,将刘朗封为南丰县王。

刘宋成都中兵参军裴方明又率领士兵出城向程道养的营地进攻,大败程营,并纵火将程道养的军用物资烧毁。

贼党江阳杨孟子将千馀人屯城南,参军梁俊之统南楼,投书说谕孟子,邀使入城见刘道济,道济板为主簿,克期讨贼。赵广知其谋,孟子惧,将所领奔晋原,晋原太守文仲兴与之同拒守。赵广遣帛氐奴攻晋原,破之,仲兴、孟子皆死。裴方明复出击贼,屡战,破之,贼遂大溃;程道养收众得七千人,还广汉,赵广别将五千馀人还涪城。

【译文】叛军将领、江阳人杨孟子率领士兵一千多人在成都城南驻守,宋参军梁俊之在成都南方城楼镇守,梁俊之写信劝杨孟子投降,杨孟子同意后进城去见刘道济,刘道济先暂时将杨孟子任命为主簿,商量好日期,共同向叛军讨伐。赵广知晓了杨孟子的计谋,杨孟子大为恐慌,率领他的士兵向晋原投奔。

晋原太守文仲兴与他一起据守城池。赵广派遣帛氏奴向晋原进攻，晋原沦陷，文仲兴、杨孟子都被杀害。裴方明又出城进攻，经过几次战斗，大败叛军；程道养聚集剩余士兵七千人，逃回广汉，赵广另外率领五千多士兵返回涪城。

先是，张熙说道济粜仓谷，故自九月末围城至十二月，粮储俱尽。方明将两千人出城求食，为贼所败，单马独还，贼众复大集。方明夜缒而上，道济为设食，涕泣不能食。道济曰："卿非大丈夫，小败何苦！贼势既衰，台兵垂至，但令卿还，何忧于贼！"即减左右以配之。贼于城外扬言，云"方明已死"，城中大恐。道济夜列炬火，出方明以示众，众乃安。道济悉出财物于北射堂，令方明募人。时城中或传道济已死，莫有应者。梁俊之说道济遣左右给使三十馀人出外，且告之曰："吾病小损，各听归家休息。"给使既出，城中乃安，应募者日有千馀人。

【译文】起初，张熙向刘道济建议将仓库的粮食售出，因此，从九月底叛军开始围城起一直到十二月，所有储存的粮食全部都吃完了。裴方明率领两千士兵出城前去寻找粮食，却被叛军大败，裴方明一个人奋战独自逃回，叛军又聚集在一起将城池包围。裴方明趁着夜色逃到城下，士兵们用绳子将他接回城里，刘道济为裴方明准备饭菜，裴方明痛哭，无法下咽。刘道济说："你现在这样怎么是大丈夫，一点小失败不至于如此沮丧！现在敌人的力量已经微弱，朝廷的援军马上就会到，只要你能活着，哪里值得忧虑呢？"于是，刘道济分出一些左右亲兵配给裴方明统率。敌人在城外四处宣称："裴方明已经被斩杀！"城中的士兵听说后都大为恐慌。刘道济在晚上派人将一列火把点燃，推出裴方明和大家相见，军心这才安定。刘道济将所有的财物拿出来放在北射堂，命裴方明拿着钱财前去招募新军。当时城中有谣言说刘道济已经死了，所以无人前来应召。梁俊之向刘道济建议说，将他的三十多左右奴仆送出府，并告诉他们说："我的病已经好多了，你们都可以回去休息了！"奴仆们回去以后，城中的百姓知道了刘道济没有死，情绪逐渐稳定下来，每日来应募的就有一千多人。

　　初，晋谢混尚晋陵公主。混死，诏公主与谢氏绝婚；公主悉以混家事委混从子弘微。混仍世宰辅，僮仆千人，唯有二女，年数岁，弘微为之纪理生业，一钱尺帛有文簿。九年而高祖即位，公主降号东乡君，听还谢氏。入门，室宇仓廪，不异平日，田畴垦辟，有加于旧。东乡君叹曰："仆射平生重此子，可谓知人；仆射为不亡矣！"亲旧见者为之流涕。是岁，东乡君卒，公私咸谓赀财宜归二女，田宅、僮役应属弘微。弘微一无所取，自以私禄葬东乡君。

　　【译文】起初，东晋的谢混将晋陵公主娶为妻子。谢混去世以后，晋帝司马德文下诏，让晋陵公主和谢家的婚姻关系断绝；于是，晋陵公主将谢混的家业全部托付给谢混的侄子谢弘微。谢混的家一向都是国家的宰相，只是奴仆就多达一千人，谢混只有两个女儿，没有儿子，女儿的年纪只有几岁，谢弘微为谢混他们经营生计，对于一个钱或者一尺帛都详细记账。九年以后，宋高祖刘裕即位，将晋陵公主封号降为东乡君，刘宋高帝同意她再次回到谢家。东乡君进入家门以后，看到粮仓以及房屋，和以前一样，除此以外又开辟土地，家里的田地比以前还要多。她叹息说："谢混生前一直对这个孩子很看重，可以说是有知人之明；所以，谢混可以说是没有死啊！"亲戚以及旧友们看到这种情形，也不禁感动得哭泣。同一年，东乡君去世。谢氏家族和官府都说，谢家的钱财应归两个女儿，而田地房屋、奴仆则应该归弘微所有。但是弘微却什么都不要，还用自己的钱，将东乡君埋葬。

混女夫殷叡好樗蒲，闻弘微不取财物，乃夺其妻妹及伯母、两姑之分以还戏责。内人皆化弘微之让，一无所争。或讥之曰："谢氏累世财产，充殷君一朝戏责。理之不允，莫此为大。卿视而不言，譬弃物江海以为廉耳。设使立清名而令家内不足，亦吾所不取也。"弘微曰："亲戚争财，为鄙之甚。今内人尚能无言，岂可导之使争乎！分多共少，不至有乏，身死之后，岂复见关也？"

秃发保周自凉奔魏，魏封保周为张掖公。

【译文】谢混的大女婿殷叡喜爱赌博，听到弘微不要谢家遗产的消息后，就将他妻子的妹妹和伯母以及两个姑母所应得的钱财都拿来偿还赌债。谢家的人都明白弘微的谦让，所以对此没有任何争执。有的人批评谢弘微说："谢家的几代财产，全部都成了殷叡一天的赌债，没有比这更不合理的事情了。你看着这种情况却不说话，就如将财物全部都丢弃在江河里还自认为廉洁一样。如果为了取得清廉的名声而使家中生活困难，这也是我们不赞同的行为。"谢弘微说："和亲戚之间争夺财产，可以说是最卑鄙的事了，现在我家里的人都可以不讲话，我哪里能够再让她们去争呢？至于家产分多分少，也都不会到匮乏的地步，人在死了以后，又怎么去在乎身外之物呢？"

向北凉投奔的秃发保周又从北凉逃往北魏，北魏将秃发保周任命为张掖公。

【申涵煜评】时人多以放纵为达，不能不动心于名利。弘微不争财，不私产，观其言，曰："分多共少，不至有乏。"身死之后，岂足见关是之谓真达人，安知贪者不反笑以为拙。

【译文】当时的人大多把不受礼法的约束作为通晓事理的行为，不可能不对声名利益的诱惑而意志松动。谢弘微不争财物，没有匿藏私有的财产，观察他的言语，说道："财产多了就分开使用或财产少就一起使用，不至于困乏就可以了。"谢弘微逝世之后，难道不是可以看出这才是乐观阔达的人，哪里知道贪心的人反而会讥笑他愚笨呢。

魏李顺复奉使至凉。凉王蒙逊遣中兵校郎杨定归谓顺曰："年衰多疾，腰髀不随，不堪拜伏；比三五日消息小差，当相见。"顺曰："王之老疾，朝廷所知；岂得自安，不见诏使！"明日，蒙逊延顺入至庭中，蒙逊箕坐隐几，无动起之状。顺正色大言曰："不谓此叟无礼乃至于此！今不忧覆亡而敢陵侮天地，魂魄逝矣，何用见之！"握节将出。凉王使定归追止之，曰："太常既雅恕衰疾，传闻朝廷有不拜之诏，是以敢自安耳。"顺曰："齐桓公九合诸侯，一匡天下，周天下赐胙，命无下拜，桓公犹不敢失臣礼，下拜登受。今王虽功高，未如齐桓；朝廷虽相崇重，未有不拜之诏；而遽自偃蹇，此岂社稷之福邪！"蒙逊乃起，拜受诏。

【译文】北魏太常李顺，奉命再次出使前往北凉。北凉王沮渠蒙逊派遣中兵校郎杨定归对李顺说："我如今年老多病，腰腿不是太灵活，无法弯腰以礼相待；还是等个三五天病情稍微好转一点，再相见吧。"李顺说："你年老多病的情况，朝廷很早就是知道的；哪里能够因为自己的不方便，就不出来拜见朝廷的钦差大臣呢！"第二天，沮渠蒙逊将李顺请进宫中，沮渠蒙逊靠着椅子坐在那里不动，完全没有起身行礼的样子。李顺态度严厉，大声说："我没想到你这老家伙竟然无礼到这种样子！如今你不忧虑国家的覆亡，反而敢侮辱天地；你这种样子已经是魂飞魄散了，没有什么必要见你了！"于是，他手握着符节，转身就要走出。北凉王沮渠蒙逊急忙派杨定归将他追回，并劝他说："太常您既然早已经宽恕我年老多病，并且听说朝廷有特许我不用下拜行礼的命令，所以才敢如此方便。"李顺说："当年齐桓公荣任九次诸侯的盟主，匡扶天下；周天子赏赐给他祭肉，并允许他不用叩拜，齐桓公仍不敢失臣子对君主的礼节，下拜之后才上台接受祭肉。现在大王您虽然功德很高，但是仍比不上齐桓公；朝廷虽然尊崇你，但是没有下过不拜的诏书，而你却举止傲慢，这怎么会是社稷之福呢？"沮渠蒙逊才起身下拜，接受朝廷的诏命。

使还，魏主问以凉事。顺曰："蒙逊控制河右逾三十年，经涉艰难，粗识机变，绥集荒裔，群下畏服；虽不能贻厥孙谋，犹足以终其一世。然礼者德之舆，敬者身之基也；蒙逊无礼，不敬，以臣观之，不复年矣。"魏主曰："易世之后，何时当灭？"顺曰："蒙逊诸子，臣略见之，皆庸才也。如闻燉煌太守牧犍，器性粗立，继蒙逊者，必此人也。然比之于父，皆云不及。此殆天之所以资圣明也。"魏主曰："朕方有事东方，未暇西略。如卿所言，不过数年之外，不为晚也。"

【译文】使者李顺回到北魏平城，北魏君主拓跋焘向他询问关于北凉的事情。李顺说："沮渠蒙逊掌控黄河以西，已经三十多年了，其间他经历过很多艰难，大致上可以随机应变，可以将怀柔远方民族平服，并使部下敬畏服从；虽然无法为子孙留下基业，还可以在有生之年掌握大权。但是，礼节是道德的体现，

572

恭敬是修身的基础；沮渠蒙逊没有礼节，没有恭敬，在我认为，他的时间不会长了。"拓跋焘说："他去世以后下一代即位，什么时候才可以灭北凉？"李顺说："沮渠蒙逊的几个儿子，我大体上观察，都是平庸之辈。我听说敦煌太守沮渠牧犍，性格豪放，颇为成器，将来可以继承王位的，一定会是他。但是和他的父亲还是无法比较的。这是上天来帮助您建立伟业啊！"拓跋焘说："我如今正在向东方北燕出兵，还没有时间向西进攻。如果真如你所说的那样，我们吞并北凉也就是数年之后的事，到那时并不算晚。"

初，罽宾沙门昙无谶，自云能使鬼治病，且有秘术。凉王蒙逊甚重之，谓之"圣人"，诸女及子妇皆往受术。魏主闻之，使李顺往徵之。蒙逊留不遣，仍杀之。魏主由是怒凉。

蒙逊荒淫猜虐，群下苦之。

【译文】起初，罽宾的僧人昙无谶，自称可以驱使鬼神来治百病，并且有秘密的法术可以使女人多子。北凉王沮渠蒙逊对他十分器重，将他称为圣人，并让他的女儿以及儿媳都前往昙无谶那里接受他关于多子的法术。北魏君主拓跋焘知道后，派遣李顺前往北凉召见昙无谶。沮渠蒙逊却不愿意给，并将昙无谶杀害。拓跋焘从这之后十分怨恨北凉。

沮渠蒙逊荒淫无道，暴虐猜疑，大臣和百姓都十分痛苦。

元嘉十年（癸酉，公元四三三年）春，正月，乙卯，魏主遣永昌王健督诸军救辽西。

己未，大赦。

丙寅，魏以乐安王范为都督秦、雍等五州诸军事、卫大将军、开府仪同三司、长安镇都大将。魏主以范年少，更选旧德平西将军崔徽、征北大将军雁门张黎为之副，共镇长安。徽，宏之弟也。范廉恭宽惠，徽务敦大体，黎清约公平，政刑简易，轻徭薄赋，关中遂安。

【译文】元嘉十年（癸酉，公元433年）春，正月，乙卯十五日，北魏君主拓跋焘派遣永昌王拓跋健率领各军营前往辽西支援。

己未十九日，刘宋朝廷下令大赦天下。

丙寅二十六日，北魏君主拓跋焘将乐安王拓跋范任命为都督秦、雍等五州诸军事、卫大将军、开府仪同三司、长安镇都大将。拓跋焘因为拓跋范还年轻，于是又选派了德高望重的老臣平西将军崔徽，以及征北大将军、雁门人张黎作为拓跋范的副手，共同在长安镇守。崔徽，是崔宏的弟弟。拓跋范为人谦虚恭谨，对部下也是宽和体恤。崔徽懂得识大体，张黎廉政公平，于是，当地的政令刑罚十分简单，人民的徭役赋税也十分轻，关中地区因此十分安定。

二月，庚午，魏主以冯崇为都督幽、平、东夷诸军事、车骑大将军、幽、平二州牧，封辽西王，录其国尚书事，食辽西十郡，承制假授尚书、刺史、征虏已下官。

魏平凉休屠征西将军金崖、羌泾州刺史狄子玉与安定镇将延普争权，崖、子玉举兵攻普，不克，退保胡空谷。魏主以虎牢镇大将陆俟为安定镇大将，击崖等，皆擒之。

【译文】二月，庚午初一，北魏君主拓跋焘将冯崇任命为都督幽平东夷诸军事、车骑大将军，幽、平二州牧，加授辽西王，以及录其国尚书事，将辽西十郡作为他的采邑，并能依据朝廷旧有的制度任命尚书、刺史、征虏以下的官职。

北魏平凉匈奴族休屠部落人征西将军金崖以及羌族人泾州刺史狄子玉，和镇守安定的守将延普争夺权力，金崖和狄子玉二人率兵前去攻打延普，没有攻下，撤退回到胡空谷据守。北魏君主拓跋焘将虎牢镇大将陆俟任命为安定镇大将，向金崖、狄子玉二人进攻，前后将他们擒获。

魏主徵陆俟为散骑常侍，出为怀荒镇大将，未期岁，高车诸莫弗讼俟严急无恩，复请前镇将郎孤。魏主徵俟还，以孤代之。俟既至，言于帝曰："不过期年，郎孤必败，高车必叛。"帝怒，切责之，使以建业公归第。明年，诸莫弗果杀郎孤而叛。帝大惊，立召俟问之曰："卿何以知其然也?"俟曰："高车不知上下之礼，故臣临之以威，制之以法，欲以渐训导，使知分限。而诸莫弗恶臣所为，讼臣无恩，称孤之美。臣以罪去，孤获还镇，悦其称誉，益收名声，专用宽恕待之。无礼之人，易生骄慢，不过期年，无复上下，孤所不堪，必将复以法裁之。如此，则众心怨恚，必生祸乱矣。"帝笑曰："卿身虽短，思虑何长也!"即日复以为散骑常侍。

【译文】北魏君主拓跋焘将陆俟征召为散骑常侍，担任怀荒镇大将，还不到一年的时间，北方高车部落各酋长指控陆俟治理苛刻，不知道对属下恩德，请求将前镇将郎孤恢复职务。于是，拓跋焘将陆俟召回，让郎孤前去代替陆俟。陆俟回京以后，向拓跋焘说："用不了一年的时间，郎孤肯定会失败，高车部落一定会叛变。"拓跋焘听了之后十分生气，对他严厉斥责，让他以建业公的名义回家。等到第二年，高车部落各莫弗真地将郎孤杀害而叛变朝廷。拓跋焘感到十分诧异，立马将陆俟召回，向他询问，说："你怎么事先就知道这件事会发生呢?"陆俟说："高车部落的人不知上下尊卑的礼仪，所以我用苛刻的手段对他们统治，用法律对他们制伏和约束，准备慢慢训导他们，让他们明白上下尊卑，懂得约束自己。然而高车的各莫弗对我的作为十分厌恶，指控我没有恩德，而对郎孤的美德称赞。我因罪而被免职，郎孤才可以官复原职回怀荒镇镇守，他常常因他的美誉而十分高兴，便更加想要得到别人对他的赞誉，于是，他专门用宽恕的态度对待高车部落的人。而像高车部落这样没有礼节的人，更容易滋生傲慢，所以不超过一年的时间，就没有了上下尊卑，郎孤无法忍受他们的作为，肯定会再次用刑法来对他们约束。这样一来，众部落必定会心生怨恨，一定会发生祸乱啊。"拓跋焘笑着说："你虽然身材短小，但是思虑却十分长远啊！"当日，便又恢复了陆俟原任的散骑常侍。

壬午，魏主如河西，遣兼散骑常侍宋宣来聘，且为太子晃求婚；帝依违答之。

刘道济卒，梁俊之、裴方明等密埋其尸于斋后，诈为道济教命以答签疏，虽其母、妻亦不知也。程道养于毁金桥登坛郊天，方明将三千人出击之，道养等大败，退保广汉。

荆州刺史临川王义庆以巴东太守周籍之督巴西等五郡诸军事，将两千人救成都。

【译文】壬午十三日，北魏君主拓跋焘抵达河西，派遣兼散骑常侍宋宣前往刘宋访问，并且为太子拓跋晃向刘宋求婚；刘宋文帝敷衍地对他回答。

刘宋益州刺史刘道济去世，梁俊之、裴方明等人秘密地将他的尸体埋葬在书斋后面，并仿照刘道济的笔迹，批答部下的签呈和文书，就是刘道济的母亲和妻子也不知道实情。叛军首领程道养，在毁金桥登上土坛，祭祀神明，裴方明率领三千士兵出城前去攻击他，大败程道养军，于是，程道养退回广汉据守。荆州刺史、临川王刘义庆将巴东太守周籍之任命为督巴西等五郡诸军事，率领两千士兵前去救援成都。

三月，亡人司马天助降于魏，自称晋会稽世子元显之子；魏人以为青、徐二州刺史、东海公。

壬子，魏主还宫。

赵广等自广汉至郫，连营百数。周籍之与裴方明等合兵攻郫，克之，进击广等于广汉，广等走还涪及五城。夏，四月，戊寅，始发刘道济丧。

帝闻梁、南秦二州刺史甄法护刑政不治，失氐、羌之和，乃自徒中起萧思话为梁、南秦二州刺史。法护，法崇之兄也。

【译文】三月，流亡人前东晋皇族司马天助向北魏归降，他自称是东晋会稽世子司马元显的儿子；北魏君主拓跋焘将他任命为青州、徐州二州刺史、东海公。

壬子十三日，北魏君主拓跋焘回宫。

赵广等人率军从广汉到达郫县，扎营驻寨，几百个营地相互连接。周籍之和裴方明集合兵力前去郫县进攻，郫县攻克以后，又率军向广汉的赵广进攻，赵广率领士兵向涪和五城逃走。夏季，四月，戊寅初十，裴方明才将刘道济去世的消息发布。

刘宋文帝刘义隆知道梁、南秦二州刺史甄法护统治不好，造成氐族、羌族两个部落对朝廷不信服，于是，刘宋文帝将正在徒刑中的萧思话征召为梁、南秦二州刺史。甄法护，是甄法崇的哥哥。

凉王蒙逊病甚，国人共议，以世子菩提幼弱，立菩提之兄燉煌太守牧犍为世子，加中外都督、大将军、录尚书事。蒙逊卒，谥曰武宣王，庙号太祖。牧犍即河西王位，大赦，改元永和，立子封坛为世子，加抚军大将军、录尚书事，遣使请命于魏。牧犍聪颖好学，和雅有度量，故国人立之。

先是，魏主遣李顺迎武宣王女为夫人。会卒，牧犍称先王遗意，遣左丞宋繇送其妹兴平公主于魏，拜右昭仪。

【译文】北凉王沮渠蒙逊病情加重，朝中贵族和百官共同讨论，以世子沮渠菩提年纪尚小为由，将沮渠菩提的哥哥、敦煌太守沮渠牧犍立为世子，并加封沮渠牧犍为中外都督、大将军、录尚书事。沮渠蒙逊去世以后，谥号为武宣王，将庙号称为太祖。沮渠牧犍即位，下令大赦，将年号改为永和。将自己的儿子沮渠封坛立为世子，并加封为抚军大将军、录尚书事。沮渠牧犍派遣使者前去北魏，请求任命为附庸国。沮渠牧犍聪明好问，温文尔雅，宽和而有气度，所以国人都拥护他为王。

起初，北魏君主拓跋焘命令李顺将沮渠蒙逊的女儿迎娶为夫人，恰好沮渠蒙逊去世，沮渠牧犍声称要按照先王沮渠蒙逊的遗命，派遣左丞宋繇将他的妹妹兴平公主护送到北魏出嫁，拓跋焘将她封为右昭仪。

魏主谓李顺曰："卿言蒙逊死，今则验矣；又言牧犍立，何其妙哉！朕克凉州，亦当不远。"于是，赐绢千匹，厩马一乘，进号安西将军，宠待弥厚，政事无巨细皆与之参议。

遣顺拜牧犍都督凉沙河三州、西域羌戎诸军事、车骑将军、开府仪同三司、凉州刺史、河西王，以宋繇为河西王右相。牧犍以无功受赏，留顺，上表乞安、平一号；优诏不许。

牧犍尊燉煌刘昞为国师，亲拜之，命官属以下皆北面受业。

【译文】拓跋焘向李顺说:"你曾经说沮渠蒙逊快死了,如今果真应验。你又说会将沮渠牧犍立为王,也应验了,按照你的推算,距离我攻克凉州的日子,想必也不远了。"于是,赏赐李顺绢一千匹,厩马四匹,加封为安西将军,从此对李顺非常厚重宠爱,不论大小政务都准许他参与商量讨论。

拓跋焘派遣李顺出使北凉,将沮渠牧犍封为都督凉、沙、河三州西域羌戎诸军事、车骑将军、开府仪同三司、凉州刺史,加封为河西王,并将宋繇任命为河西王的右相。沮渠牧犍认为自己没有功劳而接受赏赐,心里不安,便将李顺留下,上书请求,只任命为安西将军或平西将军的一个称号就可以了;拓跋焘下诏,没有答应。

沮渠牧犍将敦煌人刘昞尊奉为国师,亲自前去拜迎,并且命朝中官属以下,都北面向刘昞朝拜,听从他的训导。

五月,己亥,魏主如山北。

林邑王范阳迈遣使入贡,求领交州;诏答以道远,不许。

裴方明进军向涪城,破张寻、唐频、擒程道助,斩严遐,于是赵广等皆奔散。

六月,魏永昌王健、左仆射安原督诸军击和龙,将军楼教别将五千骑围凡城。燕守将封羽以凡城降,收其三千馀家而还。

辛巳,魏人发秦、雍兵一万,筑小城于长安城内。

秋,八月,冯崇上表请说降其父,魏主不听。

【译文】五月,己亥初一,北魏君主拓跋焘前往武周山北。

林邑王范阳迈派遣使者出使刘宋进贡,请求担任交州刺史;刘宋文帝下诏,称林邑距离交州太远,没有答应。

刘宋裴方明率领军队向涪城进攻,将张寻、唐频先后击破，并将程道助擒获，斩杀严遐，于是，赵广等四散逃散，叛军从此瓦解。

六月，北魏永昌王拓跋健、左仆射安原率领各军向和龙发起进攻，将军楼敦另外率领五千骑兵将凡城包围。北燕守将封羽将凡城呈献并投降北魏，北魏士兵擒获北燕三千多家百姓而回。

辛巳十四日，北魏朝廷征集秦、雍二州士兵共一万人，在长安城内另外建筑一座小城。

秋季，八月，冯崇上书，请求北魏君主拓跋焘同意他回国游说他的父亲北燕王冯弘投降，拓跋焘没有答应。

九月，益州刺史甄法崇至成都，收费谦，诛之。程道养、张寻将两千馀家逃入郪山，馀党各拥众藏窜山谷，时出为寇不绝。

戊午，魏主遣兼大鸿胪崔赜持节拜氏王杨难当为征南大将军、开府仪同三司、秦、梁二州牧、南秦王。赜，逞之子。

杨难当因萧思话未至，甄法护将下，举兵袭梁州，破白马，获晋昌太守张范，败法护参军鲁安期等；又攻葭萌，获晋寿太守范延郎。冬，十一月，丁未，法护弃城奔洋川之西城。难当遂有汉中之地，以其司马赵温为梁、秦二州刺史。

甲寅，魏主还宫。

【译文】九月，刘宋益州刺史甄法崇前往成都，将费谦逮捕，随即处死。叛军首领程道养、张寻率领两千多家百姓逃往郪山，其他余党各自率兵藏匿在山谷中，并时常出来进攻。

戊午二十二日，北魏君主拓跋焘派遣兼大鸿胪崔赜拿着符节前去出使杨难当，将氏王杨难当任命为征南大将军、开府仪同三司，秦、梁二州牧、加封为南秦王。崔赜，是崔逞的儿子。

杨难当因为刘宋新任梁、南二州刺史萧思话还没有到任，原刺史甄法护又即将离职，乘机率领士兵前去梁州袭击，将白马城攻破，并擒获晋昌太守张范，将甄法护参军鲁安期率领的军队打败；随后，杨难当又向葭萌进攻，擒获晋寿太守范延郎。冬季，十一月，丁未十二日，甄法护弃城逃跑，向洋川的西城投奔。于是，杨难当将汉中的广大土地全部占领，并将他的司马赵温任命为梁、秦二州的刺史。

甲寅十九日，北魏君主拓跋焘回宫。

十二月，己巳，魏大赦。

辛未，魏主如阴山之北。

魏宁朔将军卢玄来聘。

前秘书监谢灵运，好为山泽之游，穷幽极险。从者数百人，伐木开径；百姓惊扰，以为山贼。会稽太守孟𫖮与灵运有隙，表其有异志，发兵自防。灵运诣阙自陈，上以为临川内史。

【译文】十二月，己巳初五，北魏君主拓跋焘下令大赦。

辛未初七，北魏君主拓跋焘抵达阴山以北。

北魏宁朔将军卢玄前往刘宋访问。

刘宋前秘书监谢灵运，喜爱游玩山水，探险搜奇。随从他一起的有几百人，常常在山中砍树开路；当地百姓大为恐慌，认为是山贼前来抢劫。会稽太守孟𫖮和谢灵运以前就有矛盾，便上书皇帝，指控谢灵运心有背叛，并且出兵守卫。谢灵运赶赴朝廷，亲自为自己陈情，刘宋文帝刘义隆将他任命为临川内史。

灵运游放自若，废弃郡事，为有司所纠。是岁，司徒遣使随州从事郑望生收灵运；灵运执望生，兴兵逃逸，作诗曰："韩亡子房奋，秦帝鲁连耻。"追讨，擒之。廷尉奏灵运帅众反叛，论正斩刑。上爱其才，欲免官而已。彭城王义康坚执，谓不宜恕。乃降死一等，徙广州。

久之，或告灵运令人买兵器，结健儿，欲于三江口篡取之，不果。诏于广州弃市。

灵运恃才放逸，多所陵忽，故及于祸。

魏立徐州于外黄，以刁雍为刺史。

【译文】谢灵运在职后，仍然一直游乐自若，郡中的政务全部废弃不管，于是被有关部门纠劾。这一年，司徒刘义康命令使节和江州从事郑望生一同前去逮捕谢灵运；谢灵运却将郑望生擒获，率领军队逃走，还写下诗说："韩国灭亡张良起，秦王称帝仲连耻。"于是朝廷命令军队前去追讨，将谢灵运逮捕，廷尉给宋文帝上书说，谢灵运率军背叛朝廷，应该判死刑，宋文帝看重他的才华，打算只免掉他的官职，不用伏法。彭城王刘义康却坚持反对，认为谢灵运所犯下的罪过不可以宽恕。于是，文帝下诏，对谢灵运降罪一等，放逐到广州。

过了很久以后，有人向宋文帝告发谢灵运让人购买兵器，结交勇士，准备夺取三江口起义背叛朝廷，却没有成功。于是，文帝下诏，将谢灵运在广州处死。

谢灵运自恃才华，骄傲放纵，轻视别人且不注意小节，因此招来祸害。

北魏设置了徐州于外黄，将刁雍任命为徐州刺史。

【乾隆御批】灵运直是作反，乃以诗文过，果有其志，则不应为宋官矣。史以恃才陵物为其及祸之由，是犹曲为迁就，岂春秋正义哉。

【译文】所谓谢灵运造反，就是因为诗文的过错，他如果真有造反的志向，就不应该当宋朝的官员。史学家把恃才傲物作为他招致灾祸的根由，这完全是故意迁就他，哪里是春秋笔法的正确用义呢？

元嘉十一年（甲戌，公元四三四年）春，正月，戊戌，燕王遣使请和于魏，魏主不许。

杨难当以克汉中告捷于魏，送雍州流民七千家于长安。萧思话至襄阳，遣横野司马萧承之为前驱。承之缘道收兵，得千人，进据磝头。杨难当焚掠汉中，引众西还，留赵温守梁州；又遣其魏兴太守薛健据黄金山。思话遣阴平太守萧坦攻铁城戍，拔之。

【译文】元嘉十一年（甲戌，公元 434 年）春季，正月，戊戌初四，北燕王冯弘派遣使者前往北魏出使，请求讲和交好，拓跋焘没有同意。

杨难当将他攻克汉中的消息报告给北魏君主拓跋焘，并将雍州的七千多家难民迁移到长安。刘宋新任命的梁州、南秦州刺史萧思话前往襄阳，派遣横野司马萧承之作为前锋，想要将失地收回。萧承之一路上招兵买马，聚集了一千多人，在磝头据守。杨难当大肆烧毁掠夺汉中，然后率领士兵离开汉中，向西返回，将赵温留在梁州镇守；又命令他的魏兴太守薛健在黄金山据守。萧思话派遣阴平太守萧坦向铁城戍发起进攻，并将铁城戍占领。

二月，赵温、薛健与其冯翊太守蒲甲子合攻坦营，坦击破之，温等退保西水。临川王义庆遣龙骧将军裴方明将三千人助承之，拔黄金戍而据之。温弃州城，退据小城，健、甲子退保下桃城。思话继至，与承之共击赵温等，屡破之。行参军王灵济别将出洋川，攻南城，拔之，擒其守将赵英。南城空无所资，灵济引兵还，与承之合。

魏主以西海公主妻柔然敕连可汗，又纳其妹为夫人，遣颍川王提往逆之。丁卯，敕连遣其异母兄秃鹿傀送妹，并献马两千匹。魏主以其妹为左昭仪。提，曜之子也。

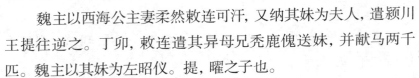

【译文】二月，杨难当的部将赵温、薛健和冯翊太守蒲甲子，一起集合兵力向萧坦军营发起进攻，萧坦率领士兵将他们打败，赵温等人率领军队退回西水据守。刘宋临川王刘义庆派遣龙骧将军裴方明率领三千士兵前去支援萧承之，将黄金戍攻克。于是，赵温将州城放弃，撤退回小城防卫，刘宋的薛健、蒲甲子二人则退往桃城据守。萧思话率领士兵随后来到，与萧承之一起集合兵力共同向赵温等发起进攻，并每次都将他们打败。刘宋行参军王灵济，另外率领士兵前往洋川，将南城攻克占领，并将守将赵英擒获。南城城内的粮草缺乏，不能够补给军队所需，于是，王灵济率兵撤回，与萧承之的军队会合。

北魏君主拓跋焘将西海公主嫁给柔然敕连可汗郁久闾吴提，又将敕连可汗郁久闾吴提的妹妹娶为夫人，命令颍川王拓跋提前去送亲和迎接。丁卯初四，敕连可汗郁久闾吴提派遣他的异母哥哥秃鹿傀，将他妹妹和两千匹马护送南下，前往北魏。拓跋焘将他的妹妹册封为左昭仪。拓跋提，是拓跋曜的儿子。

辛卯，魏主还宫；三月，甲寅，复如河西。

杨难当遣其子和将兵与蒲甲子等共击萧承之，相拒四十馀日，围承之数十重，短兵接，弓矢无所复施。氐悉衣犀甲，戈矛所不能入。承之断稍长数尺，以大斧椎之，一稍辄贯数人。氐不能当，烧营走，据大桃。闰月，承之等追击之，至南城，氐败走，斩获甚众，悉收汉中故地，置戍于葭萌水。

【译文】辛卯二十八日，北魏君主拓跋焘回宫；三月，甲寅二十一日，拓跋焘又前往河西。

杨难当派遣他的儿子杨和率领士兵与蒲甲子一起向萧承之发起进攻，双方一直对峙了四十多天，杨难当的军队将萧承之的军队包围了好几十重，两方军队短兵相见，弓箭全部都无法使用。氐王的士兵大都穿着坚硬的铠甲，戈矛都无法刺进去。

萧承之将长矛折断，仅余数尺然后再用大斧击打，这样一捎就能穿透几个敌人。氐王的士兵无法抵挡，便纵火将军营烧毁逃走，在大桃据守。闰月，萧承之率领士兵乘胜追击他们，一直到达南城。氐王士兵大败逃走，斩杀了许多士兵，于是，刘宋将汉中旧土全部收回，在葭萌水留下士兵设置戍所驻守。

【乾隆御批】斧椎断矟辄贯数人，氐岂肯聚立以待，乃前夸犀甲之坚，后侈斧椎之利。遂不自知其言之鉴枘，著书家恶道不堪一喙。

【译文】用斧头捶打断矛就可以刺穿好几个人，难道说这些氐人就站在一起等他刺吗？前面夸口犀牛皮铠甲的坚固，后边又侈谈斧椎的锐利。就不知道自己的话自相矛盾，写书人低劣的做法不值一笑。

初，桓希既败，氐王杨盛据汉中，梁州刺史范元之、傅歆皆治魏兴，唯得魏兴、上庸、新城三郡。及索邈为刺史，乃治南城。至是，南城为氐所焚，不可复固，萧思话徙镇南郑。

甲戌，赫连昌叛魏西走；丙子，河西候将格杀之。魏人并其群弟诛之。

己卯，魏主还宫。

辛巳，燕王遣尚书高颙上表称藩，请罪于魏，乞以季女充掖庭；魏主乃许之，征其太子王仁入朝。

【译文】起初，桓希战败，氐王杨盛在汉中据守，东晋梁州刺史范元之、傅歆都将魏兴设置为政府，但是所统治的地方只有魏兴、上庸、新城三个郡而已。等到索邈任命为刺史，才将南城作为州政府。到这时，氐王的士兵将南城纵火烧毁，无法修缮恢复，萧思话便决定将州治迁移到南郑。

甲戌十一日，前夏王赫连昌叛变北魏往西逃走；丙子十三日，北魏河西候的边防将领将赫连昌斩杀。不久北魏朝廷下令将他的弟弟们全部诛杀。

己卯十六日，北魏君主拓跋焘回宫。

辛巳十八日，北燕王冯弘派遣尚书高颙向北魏皇帝上书请罪，表示愿意作为北魏藩属，并请求将自己的小女儿呈献给北魏后宫；拓跋焘答应，将北燕王太子冯王仁征召到北魏朝见。

燕王送魏使者于什门还平城。什门在燕二十一年，不屈节。魏主下诏褒称，以比苏武，拜治书御史，赐羊千口，帛千匹，策告宗庙，颁示天下。

戊子，休屠金当川围魏阴密。夏，四月，乙未，魏征西大将军常山王素击之。丁未，魏主行如河西。壬戌，获当川，斩之。

甄法护坐委镇，赐死于狱。杨难当遣使奉表谢罪，帝下诏赦之。

河西王牧犍遣使上表，告嗣位。戊寅，诏以牧犍为都督凉、秦等四州诸军事、征西大将军、凉州刺史、河西王。

【译文】北燕王冯弘将北魏使者于什门送回到平城。于什门在北燕囚禁了二十一年，也从不向北燕人低头，丧失礼节。北

资治通鉴

魏君主拓跋焘下诏，对于什门进行褒扬，将他和苏武媲美，并将他任命为治书御史，赏赐一千头羊，一千匹锦帛，用策文在宗庙祭告，并告示天下。

戊子二十五日，叛变北魏的匈奴休屠部落酋长金当川率军将北魏所属的阴密包围。夏季，四月，乙未初二，北魏征西大将军、常山王拓跋素率领士兵对金当川反击。丁未十五日，北魏君主拓跋焘抵达黄河以西。壬戌三十日，北魏士兵将金当川擒获，并将他斩杀。

刘宋前任梁州、南秦州刺史甄法护，因弃城逃走，被朝廷逮捕入狱，在狱中自尽。氐王杨难当派遣使节出使刘宋，呈上奏章请罪，刘宋文帝刘义隆下诏书赦免了他。

北凉河西王沮渠牧犍派遣使者携带奏章前去出使刘宋，将他嗣位的消息报告刘宋文帝。戊寅（并无此日），刘宋文帝下诏书，将沮渠牧犍任命为都督凉、秦等四州诸军事、征西大将军、凉州刺史，加封为河西王。

六月，甲辰，魏主还宫。

燕王不遣太子质魏，散骑常侍刘滋谏曰："昔刘禅有重山之险，孙皓有长江之阻，皆为晋擒。何则？强弱之势异也。今吾弱于吴、蜀而魏强于晋，不从其欲，将有危亡之祸。愿亟遣太子，而修政事，抚百姓，收离散，赈饥穷，劝农桑，省赋役，社稷犹庶几可保。"燕王怒，杀之。

辛亥，魏主遣抚军大将军永昌王健等伐燕，收其禾稼，徙民而还。

【译文】六月，甲辰十三日，北魏君主拓跋焘回宫。

北燕王冯弘不想将太子冯王仁送往北魏充当人质。散骑常侍刘滋劝他说:"从前刘禅有重山险要作为屏障,孙皓也有长江的保护,但是最后都被晋所擒获。这是什么原因呢?是因为实力强弱悬殊造成的啊。如今,我国的实力与以前的吴、蜀国二国相比都十分弱小,而北魏的实力却比以前的晋国还要强大,所以,如果我们无法满足他们的要求,就会招致灭亡的祸害,还是希望您将太子尽快送过去,然后再整顿政务,抚慰人民,将离散的百姓聚集起来,赈救穷困潦倒的百姓,鼓励发展农桑,发展农业,减少征收赋役,这样,我们国家应该还能保住。"北燕王冯弘听了之后十分生气,将刘滋斩杀。

辛亥二十日,北魏君主拓跋焘派遣抚军大将军、永昌王拓跋健等前往北燕讨伐,将他们的粮食全部收割,强行将北燕的人民迁移回国。

秋,七月,壬午,魏主如美稷,遂至隰城,命阳平王它督诸军击山胡白龙于西河。它,熙之子也。

魏主轻山胡,日引数十骑登山临视之。白龙伏壮士十馀处掩击之,魏主坠马,几为所擒。内和行长代人陈建以身扦之,大呼奋击,杀胡数人,身被十馀疮,魏主乃免。

九月,戊子,大破胡众,斩白龙,屠其城。冬,十月,甲午,魏人破白龙馀党于五原,诛数千人,以其妻子赐将士。

十一月,魏主还宫。十二月,甲辰,复如云中。

【译文】秋季,七月,壬午二十一日,北魏君主拓跋焘前往美稷,又转向隰城,命令阳平王拓跋它率领各路军队向在西河的山胡部落酋长白龙进攻。拓跋它,是拓跋熙的儿子。

北魏君主拓跋焘对山胡部落轻视,白天只带几十个骑兵登山俯视。白龙让精兵埋伏在周围十多处对他突然袭击,拓跋泰摔下马，差一点被抓获。多亏内和行长代人陈建对他以身相护，大声呼救，并奋勇杀敌，斩杀数个敌人，而自己身上也受伤十多处，才使得拓跋焘幸免于被抓获。

九月，戊子二十八日，北魏士兵攻克山胡部落，将酋长白龙斩杀，并将城池的全部百姓屠杀。冬季，十月，甲午初五，北魏士兵再次攻克在五原据守的白龙党羽，几千人都被斩杀，拓跋焘将他们的妻子女儿都赏赐给了军队中的将士。

十一月，北魏君主拓跋焘回宫。十二月，甲辰十六日，拓跋焘又前往云中。

元嘉十二年(乙亥，公元四三五年)春，正月，己未朔，日有食之。

辛酉，大赦。

辛未，上祀南郊。

燕王数为魏所攻，遣使诣建康称藩奉贡。癸酉，诏封为燕王，江南谓之黄龙国。

甲申，魏大赦，改元太延。

【译文】元嘉十二年(乙亥，公元 435 年)春季，正月，己未朔初一，出现日食。

辛酉初三，刘宋文帝下令大赦天下。

辛未十三日，刘宋文帝前往南郊祭祀神明。

北燕常常遭到北魏的袭击，北燕王冯弘派遣使者出使建康刘宋进贡，表示愿意作为藩属。癸酉十五日，刘宋文帝下诏，将北燕王冯弘封为燕王，江南人将北燕称为黄龙国。

甲申二十六日，北魏君主拓跋焘下令大赦，将年号改为太延。

有老父投书于燉煌东门，求之，不获。书曰："凉王三十年若七年。"河西王牧犍以问奉常张慎，对曰："昔虢之将亡，神降于莘。愿殿下崇德修政，以享三十年之祚；若盘于游田，荒于酒色，臣恐七年将有大变。"牧犍不悦。

二月，丁未，魏主还宫。

三月，癸亥，燕王遣大将汤烛入贡于魏，辞以太子王仁有疾，故未之遣。

【译文】北凉河西有一位老人在敦煌城的东门放了一封信，官府命人寻他，已经找不到了。信上说："凉王三十又七年。"北凉河西王沮渠牧犍向奉常张慎询问这封信的含义，张慎说："以前虢国将要灭亡的时候，神祇曾于莘降临。我想陛下您应该崇尚美德，励精图治，这样应该会有三十年的统治时间；如果陛下沉溺于游猎，荒淫酒色而将政事荒废，我担心在七年以后，会有变故发生。"沮渠牧犍听了之后十分不悦。

二月，丁未二十日，北魏君主拓跋焘回宫。

三月，癸亥初六，北燕王冯弘派遣大将汤烛出使北魏进贡，并借口太子冯王仁有病在身，所以无法将他遣送为人质前往北魏。

领军将军刘湛与仆射殷景仁素善，湛之入也，景仁实引之。湛既至，以景仁位遇本不逾己，而一旦居前，意甚愤愤；俱被时遇，以景仁专管内任，谓为间己，猜隙渐生。知帝信仗景仁，不可移夺，时司徒义康专秉朝权，湛尝为义康上佐，遂委心自结，欲因宰相之力以回上意，倾黜景仁，独当时务。

【译文】刘宋领军将军刘湛和仆射殷景仁二人素来十分友好，刘湛的官职，实际上就是殷景仁举荐的。刘湛任职以后，认为殷景仁的地位职位都比不过自己，而现在殷景仁的官位竟然位居他前面，心里十分不平；刘湛、殷景仁都承蒙文帝的赏识，但是殷景仁却专管内部事务，刘湛担心殷景仁会离间自己和皇上的关系，于是，对他的猜忌逐渐萌生。刘湛明白皇上深信并依赖殷景仁，无法夺得皇上对殷景仁的宠信，当时，司徒刘义康手握朝廷大权，刘湛曾经在刘义康身边担任上佐，所以他尽心地利用旧有关系与刘义康结交，想让他的力量来影响皇上的意图，将殷景仁罢免，自己能独揽政权。

夏，四月，己巳，帝加景仁中书令、中护军，即家为府；湛加太子詹事。湛愈愤怒，使义康毁景仁于帝；帝遇之益隆。景仁对亲旧叹曰："引之令入，入便噬人！"乃称疾解职，表疏累上，帝不许，使停家养病。

湛议遣人若劫盗者于外杀之，以为帝虽知，当有以解之，不能伤义康至亲之爱。帝微闻之，迁护军府于西掖门外，使近宫禁，故湛谋不行。

【译文】夏天，四月，己巳（疑误），刘宋文帝将殷景仁加封为中书令、中护军，同意他在家里处理政务；将刘湛加封为太子詹事。于是，刘湛更加不平，让刘义康在文帝面前诋毁殷景仁；但是文帝却更加礼重殷景仁。殷景仁叹息着对亲朋旧交说："我将他推荐入朝为官，没想到他做官了就咬人！"于是，殷景仁上书给文帝称病请求辞职，多次上书文帝都不答应，要他安心养病。

刘湛向刘义康建议派人假扮强盗趁着殷景仁外出的时候在外面将他杀害，认为文帝即使事后知道了情况，也可以化解，总不至于因为殷景仁的缘故伤害了与刘义康的手足之情。文帝稍微了解他们的计谋，便将殷景仁的护军府迁往西掖门外，使他靠近皇宫禁院，刘湛的计谋才因此无法得逞。

【乾隆御批】刘湛始因景仁而进，既乃猜嫌忌嫉反噬相加，阿附权藩，藉势倾害，实小人奸险之尤者。宋主既闻其谋，乃不即为穷治而隐忍以酿祸，何哉？

【译文】刘湛当初凭借殷景仁而进身朝廷，后来因猜疑嫉妒反而对殷景仁恶语相加，投靠权势藩王，借势倾轧陷害，确实是小人当中最奸诈险恶的了。宋帝既然知道他的阴谋，却不立即追究而是隐瞒忍耐以致酿成大祸，这到底是为什么？

【申涵煜评】湛为殷景仁所引，负恩反噬，倾害百端，又欲附义康以危帝室，真小人之尤。彼亦自知必败，不知何丧心至此，殆所谓"苟患失之，无所不至"者欤？

【译文】刘湛被殷景仁所举荐而来的，他却辜负殷景仁的恩情反过来谋杀他，陷害别人的行为各种各样，又企图依附刘义康来损害刘宋朝的帝室，真是无耻小人。他也认识到自己必将遭受失败，但是不知道他为何丧失良心到了这种地步，难道是所说的"如果他越害怕失去，那么他就什么都做得出来了"？

义康僚属及诸附丽湛者，潜相约勒，无敢历殷氏之门。彭城王主簿沛郡刘敬文父成，未悟其机，诣景仁求郡。敬文遽往谢湛曰："老父悖耄，遂就殷铁干禄。由敬文暗浅，上负生成，阖门惭惧，无地自处。"唯后将军司马庾炳之游二人之间，皆得其欢心，而密输忠于朝廷。景仁卧家不朝谒，帝常使炳之衔命往来，湛不疑也。炳之，登之之弟也。

燕王遣右卫将军孙德来乞师。

【译文】刘义康的幕僚以及与刘湛相结交的党羽，私下互相规束，谁也没有胆量去殷景仁家。彭城王主簿沛郡人刘敬文的父亲刘成，不知道其中的玄机，前往殷景仁的家，请求担任郡太守。刘敬文听说以后立马前往刘湛处请罪，说："我父亲人老糊涂，跑到殷铁家里求官。都是因为我愚蠢浅疏，对您的栽培之恩有所辜负，我们全家都十分惭愧惶恐，感到无地自容。"当时，只有后将军司马庾炳之一人能够同时在殷景仁和刘湛二人之间交往，而且二人对他都十分喜爱，而庾炳之却私下里秘密向朝廷报告，以表示自己的忠忱。殷景仁因身体抱病，一直卧病在床，无法朝见，文帝就常派遣庾炳之来往于宫内外传递消息，刘湛也不对他怀疑。庾炳之，是庾登之的弟弟。

北燕王冯弘派遣右卫将军孙德前往刘宋，请求派遣军队支援。

五月，庚申，魏主进宜都公穆寿爵为王，汝阴公长孙道生为上党王，宜城公奚斤为恒农王，广陵公楼伏连为广陵王；加寿征东大将军。寿辞曰："臣祖父崇所以得效功前朝，流福于后者，由梁眷之忠也。今眷元勋未录，而臣独弈世受赏，心实愧之。"魏主悦，求眷后，得其孙，赐爵郡公。寿，观之子也。

【译文】五月，庚申初四，北魏君主拓跋焘将宜都公穆寿加封为宜都王，汝阴公长孙道生加封为上党王，宜城公奚斤加封为恒农王，广陵公楼伏连加封为广陵王；并将穆寿加封为征东大将军。穆寿推辞说："我的祖父穆崇，可以在前朝为朝廷效力立功，使后代蒙荫福祉的原因，是因为梁眷的忠诚。如今，梁眷尚有立功却没有得到录用，而我却历世单独受到朝廷的封赏，心中感到十分惭愧。"拓跋焘听了之后十分高兴，下令寻找梁眷的后人，最终，找到了梁眷的孙子，将他晋爵为郡公。穆寿，是穆观的儿子。

龟兹、疏勒、乌孙、悦般、渴槃陀、鄯善、焉耆、车师、粟特九国入贡于魏。魏主以汉世虽通西域，有求则卑辞而来，无求则骄慢不服，盖自知去中国绝远，大兵不能至故也。今报使往来，徒为劳费，终无所益，欲不遣使。有司固请，以为："九国不惮险远，慕义入贡，不宜拒绝，以抑将来。"乃遣使者王恩生等二十辈使西域。恩生等始度流沙，为柔然所执，恩生所敕连可汗，持魏节不屈。魏主闻之，切责敕连，敕连乃遣恩生等还。竟不能达西域。

【译文】西域龟兹、疏勒、乌孙、悦般、渴槃陀、鄯善、焉耆、车师、粟特九国派遣使者前往北魏进贡。北魏君主拓跋焘认为，虽然自汉朝就与西域互通使者，但是，西域各国都是他们有所求的时候，卑辞恭谨，没有所求的时候，就十分傲慢，不将朝廷约束放在眼里，因为他们明白西域和中原距离太远，中原的士兵无法到达。如今，使者前来朝贡，互相往来只是白白浪费，对我北魏朝廷没有什么好处，因此，我不准备派使者回访。有关负责部门坚决请求，认为"西域的九个国家不辞万里，不怕路途危险，仰慕皇上的仁义前来朝贡，我们不能加以拒绝，那样会压抑将来关系的发展"。于是，拓跋焘派遣使者王恩生等二十多人前去西域各国回访。王恩生等人刚刚渡过沙漠，就被柔然汗国所抓获，王恩生见到敕连可汗郁久闾吴提后，手持北魏符节坚决不屈服。拓跋焘知道这个消息后，对敕连可汗严厉斥责，敕连可汗才将王恩生等人送回，这样北魏居然没有到达西域。

甲戌，魏主如云中。

六月，甲午，魏主以时和年丰，嘉瑞沓臻，诏大酺五日，遍祭百神，用答天贶。

丙午，高句丽王琏遣使入贡于魏，且请国讳。魏主使录帝系及讳以与之；拜琏都督辽海诸军事、征东将军、辽东郡公、高句丽王。琏，钊之曾孙也。

【译文】甲戌十八日，北魏君主拓跋焘抵达云中。

六月，甲午初八，北魏君主拓跋焘认为四季风调雨顺，粮食丰收，吉利的征兆不时地出现，于是下令全国聚会饮酒五天，对所有神明祭拜，来报答神明的恩赐。

丙午二十日，高句丽王琏派遣使者向北魏进贡，并且请求告知国家皇帝以及列祖列宗的名号避免犯讳。拓跋焘派遣使者将帝系和祖先的名号抄录给他们；将琏任命为都督辽海诸军事、征东将军、辽东郡公、高句丽王。高琏，是高钊的曾孙。

戊申，魏主命骠骑大将军乐平王丕、镇东大将军徒河屈垣等帅骑四万伐燕。

扬州诸郡大水，己酉，运徐、豫、南兖谷以赈之。扬州西曹主簿沈亮建议，以为酒糜谷而不足疗饥，请权禁止；诏从之。亮，林子之子也。

【译文】戊申二十二日，北魏君主拓跋焘派遣骠骑大将军乐平王拓跋丕、镇东大将军徒河屈垣等率领四万骑兵前去讨伐北燕。

刘宋扬州各郡发生大水，己酉二十三日，刘宋朝廷将徐州、豫州、南兖州的谷子运去赈灾。扬州西曹主簿沈亮提出建议说，用谷子酿酒却无法充饥，这就是浪费，请求朝廷下令禁止酿酒；文帝同意了他的建议于是下诏。沈亮，是沈林子的儿子。

秋，七月，魏主畋于稠阳。

己卯，魏乐平王丕等至和龙。燕王以牛酒犒军，献甲三千。屈垣责其不送侍子，掠男女六千口而还。

八月，丙戌，魏主如河西。九月，甲戌，还宫。

魏左仆射河间公安原，恃宠骄恣；或告原谋为逆，冬，十月，癸卯，原坐族诛。

【译文】秋季，七月，北魏君主拓跋焘前往稠阳打猎。

己卯二十四日，北魏乐平王拓跋丕等率领士兵前往北燕都城和龙。北燕王冯弘拿牛肉美酒犒劳北魏士兵，将甲胄三千献上。北魏镇东大将军屈垣责备北燕王没有将儿子送去做人质，最后掠夺了北燕男女共六千人回国。

八月，丙戌初一，北魏君主拓跋焘前往河西。九月，甲戌二十日，拓跋焘回宫。

北魏左仆射、河间公安原，恃皇帝对他的宠爱而骄纵恣意。有人向朝廷告发安原计划谋反。冬季，十月，癸卯十九日，安原和他全家族都被诛杀。

甲辰，魏主如定州；十一月，乙丑，如冀州；己巳，畋于广州；丙子，如邺。

魏人数伐燕，燕日危蹙，上下忧惧。太常杨岷复劝燕王速遣太子入侍。燕王曰："吾未忍为此。若事急，且东依高丽以图后举。"岷曰："魏举天下以击一隅，理无不克。高丽无信，始虽相亲，终恐为变。"燕王不听，密遣尚书阳伊请迎于高丽。

【译文】甲辰二十日，北魏君主拓跋焘前往定州。十一月，乙丑十二日，拓跋焘又抵达冀州；己巳十六日，拓跋焘前往广州打猎；丙子二十三日，拓跋焘前往邺城。

北魏君主拓跋焘数次派兵前去讨伐北燕，北燕国情日益危急，全国上下都感到十分忧惧。太常杨嶬又向北燕王劝说，快速将太子送到北魏做人质。北燕王说："我实在是不忍这样。如果国家危急，可暂且先向高丽投靠，以等待时机振兴国家。"杨嶬说："北魏拿全国的力量来讨伐一个小国，根本没有不获胜的道理。高丽一向不守信用，虽然从前表示亲近，但最后恐怕还是要发生变化。"燕王冯弘没有听取他的建议，秘密派遣使者尚书阳伊前往高丽请求派兵救援。

资治通鉴卷第一百二十二 宋纪四

丹杨尹萧摹之上言："佛化被于中国，已历四代，形像塔寺，所在千数。自顷以来，情敬浮末，不以精诚为至，更为奢竞为重，材竹铜彩，糜损无极；无关神祇，有累人事，不为之防，流遁未息。请自今欲铸铜像及造塔寺者，皆当列言，须报乃得为之。"诏从之。摹之，思话从叔也。

魏秦州刺史薛谨击吐没骨，灭之。

杨难当释杨保宗之囚，使镇童亭。

【译文】刘宋丹杨尹萧摹之向刘宋文帝上书说："佛教传入中原，已经历经四代，佛像、宝塔、寺庙，有好几千。最近以来，世俗对浮华崇尚，不将真诚作为人生的重要品质，而是更加在奢侈上比赛，木材、竹子、铜、彩缎的浪费没有限制；这样既对神祇没有帮助，又有害于百姓，如果不对此加以禁止，流弊就无法停止。请下令从现在开始如果有要铸铜像或者建造塔寺的，都要事先向朝廷报告，等到准许后才可以去做。"刘宋文帝下诏，按照他的建议执行。萧摹之，是萧思话的叔父。

北魏秦州刺史薛谨对吐没骨部落发起进攻，将吐没骨部落彻底灭掉。

　　杨难当将被囚禁的侄子杨保宗释放，派遣他前去童亭镇守。

资治通鉴